U0660362

全国中级注册安全工程师职业资格考试辅导教材

安全生产法律法规

（2019版）

中国安全生产科学研究院　组织编写

应急管理出版社
·北　京·

图书在版编目（CIP）数据

安全生产法律法规:2019 版/中国安全生产科学研究院组织编写. --北京:应急管理出版社,2019(2019.9 重印)
全国中级注册安全工程师职业资格考试辅导教材
ISBN 978-7-5020-7509-5

Ⅰ.①安… Ⅱ.①中… Ⅲ.①安全生产—安全法规—中国—资格考试—教材 Ⅳ.①D922.54

中国版本图书馆 CIP 数据核字(2019)第 096117 号

安全生产法律法规 2019 版
(全国中级注册安全工程师职业资格考试辅导教材)

组织编写 中国安全生产科学研究院
责任编辑 尹忠昌 唐小磊
编　　辑 曲光宇
责任校对 尤 爽
封面设计 卓义云天

出版发行 应急管理出版社（北京市朝阳区芍药居 35 号 100029）
电　　话 010-84657898（总编室） 010-84657880（读者服务部）
网　　址 www.cciph.com.cn
印　　刷 海森印刷（天津）有限公司
经　　销 全国新华书店

开　　本 787mm×1092mm 1/16 **印张** 32 1/4 **字数** 771 千字
版　　次 2019 年 7 月第 1 版 2019 年 9 月第 6 次印刷
社内编号 20180839 **定价** 99.00 元

前　　言

安全生产事关人民群众生命财产安全和社会稳定大局。近年来，在党中央、国务院的高度重视和正确领导下，在各地区、各部门的共同努力下，全国安全生产状况保持了总体稳定、趋向好转的态势，但风险挑战依然较多。安全发展是科学发展、构建和谐社会的必然要求。习近平总书记在党的十九大报告中指出，要树立安全发展理念，弘扬生命至上、安全第一的思想，健全公共安全体系，完善安全生产责任制，坚决遏制重特大安全事故，提升防灾减灾救灾能力。《国家中长期人才发展规划纲要（2010—2020）》确立了人才是我国经济社会发展的第一资源的理念。施行注册安全工程师职业资格制度，是牢固树立科学人才观，深入实施“人才强安”战略的重要举措。

注册安全工程师职业资格考试自2004年首次开展以来，全国累计32.7万人通过考试取得注册安全工程师职业资格。主要分布在煤矿、金属与非金属矿山、建筑施工、金属冶炼以及危险化学品的生产、储存等企业和专业服务机构。其中，本科及以上学历占54%以上，年龄在50岁以下人员占96%以上，30~40岁人员占比约49%，已形成一支学历较高、年富力强、素质过硬且实践经验丰富的注册安全工程师队伍，为促进我国安全生产形势好转发挥了重要作用。

为推动注册安全工程师职业资格制度的健康发展，国务院有关部门在总结多年实践工作的基础上，积极推动注册安全工程师法制化进程。2014年8月31日修订的《中华人民共和国安全生产法》，首次确立了注册安全工程师的法律地位。2017年9月，人力资源社会保障部将注册安全工程师列入准入类国家职业资格目录。

为贯彻《安全生产法》，健全完善注册安全工程师职业资格制度，加强注册安全工程师专业能力，构建注册安全工程师“以用为本、科学准入、持续教育、事业化发展”四位一体工作格局，2017年11月，国家安全生产监督管理总局、人力资源社会保障部联合发布了《注册安全工程师分类管理办法》，确立了注册安全工程师职业资格按照专业类别实施分专业考试的指导思想，将注册安全工程师专业类别划分为煤矿安全、金属非金属矿山安全、化工安全、金属冶炼安全、建筑施工安全、道路运输安全和其他安全（不包括消防安全）。2019年1月，应急管理部、人力资源社会保障部联合发布了《注册安全工程师职业资格制度规定》《注册安全工程师职业资格考试实施办法》；2019年4月，应急管理部颁布了《中级注册安全工程师职业资格考试大纲》和《初级注册安全工程师职业资格考试大纲》，正式实施注册安全工程师分专业考试。

为了方便考生复习考试，中国安全生产科学研究院根据《中级注册安全工程师职业资格考试大纲》，组织专家编写了全国中级注册安全工程师职业资格考试辅导教材。本套教材包括公共科目和专业科目，其中，公共科目为《安全生产法律法规》《安全生产管理》和《安全生产技术基础》，专业科目为《安全生产专业实务》，包括煤矿安全、金属非金属矿山安全、化工安全、金属冶炼安全、建筑施工安全和其他安全。

本套教材具有较强的针对性、实用性和可操作性，主要供安全生产专业人员参加中级注册安全工程师职业资格考试复习之用，也可用于指导安全生产管理和技术人员的工作实践。

在教材编写过程中，很多专家做了大量的工作，付出了辛勤劳动，在此表示衷心感谢！由于时间和水平的限制，教材难免存在疏漏之处，敬请批评指正，以便持续改进！

中国安全生产科学研究院

2019年6月

目 录

第一章　安全生产相关国家政策

第一节　习近平新时代中国特色社会主义思想及依法治国简述

2017 年 10 月 18 日，中国共产党第十九次全国代表大会召开。大会的主题是：不忘初心，牢记使命，高举中国特色社会主义伟大旗帜，决胜全面建成小康社会，夺取新时代中国特色社会主义伟大胜利，为实现中华民族伟大复兴的中国梦不懈奋斗。党的十九大确立了习近平新时代中国特色社会主义思想。

新时代中国特色社会主义思想，是对马克思列宁主义、毛泽东思想、邓小平理论、“三个代表”重要思想、科学发展观的继承和发展，是马克思主义中国化最新成果，是党和人民实践经验和集体智慧的结晶，是中国特色社会主义理论体系的重要组成部分，是全党全国人民为实现中华民族伟大复兴而奋斗的行动指南，必须长期坚持并不断发展。

新时代中国特色社会主义思想的精神内涵主要体现八个明确。一是明确坚持和发展中国特色社会主义，总任务是实现社会主义现代化和中华民族伟大复兴，在全面建成小康社会的基础上，分两步走在 21 世纪中叶建成富强民主文明和谐美丽的社会主义现代化强国；二是明确新时代我国社会主要矛盾是人民日益增长的美好生活需要和不平衡不充分的发展之间的矛盾，必须坚持以人民为中心的发展思想，不断促进人的全面发展、全体人民共同富裕；三是明确中国特色社会主义事业总体布局是“五位一体”、战略布局是“四个全面”，强调坚定道路自信、理论自信、制度自信、文化自信；四是明确全面深化改革总目标是完善和发展中国特色社会主义制度、推进国家治理体系和治理能力现代化；五是明确全面推进依法治国总目标是建设中国特色社会主义法治体系、建设社会主义法治国家；六是明确党在新时代的强军目标是建设一支听党指挥、能打胜仗、作风优良的人民军队，把人民军队建设成为世界一流军队；七是明确中国特色大国外交要推动构建新型国际关系，推动构建人类命运共同体；八是明确中国特色社会主义最本质的特征是中国共产党领导，中国特色社会主义制度的最大优势是中国共产党领导，党是最高政治领导力量，提出新时代党的建设总要求，突出政治建设在党的建设中的重要地位。

为了深刻领会新时代中国特色社会主义思想的精神实质和丰富内涵，提出了新时代坚持和发展中国特色社会主义的基本方略包括 14 个方面以及具体措施。基本方略之一就是坚持全面依法治国。全面依法治国是中国特色社会主义的本质要求和重要保障。必须把党的领导贯彻落实到依法治国全过程和各方面，坚定不移走中国特色社会主义法治道路，完善以宪法为核心的中国特色社会主义法律体系，建设中国特色社会主义法治体系，建设社会主义法治国家，发展中国特色社会主义法治理论，坚持依法治国、依法执政、依法行政共同推进，坚持法治国家、法治政府、法治社会一体建设，坚持依法治国和以德治国相结合，依法治国和依规治党有机统一，深化司法体制改革，提高全民族法治素养和道德素质。

依法治国首先是依宪治国。我国宪法以国家根本法的形式，确立了中国特色社会主义道路、中国特色社会主义理论体系、中国特色社会主义制度的发展成果，反映了我国各族人民的共同意志和根本利益，成为历史新时期党和国家的中心工作、基本原则、重大方针、重要政策在国家法制上的最高体现。宪法明确了社会主义法制的基本原则，明确规定中华人民共和国实行依法治国，建设社会主义法治国家，国家维护社会主义法制的统一和尊严。宪法是国家的根本法，是治国安邦的总章程，具有最高的法律地位、法律权威、法律效力，具有根本性、全局性、稳定性、长期性。全国各族人民、一切国家机关和武装力量、各政党和各社会团体、各企业事业组织都必须以宪法为根本的活动准则，并且负有维护宪法尊严、保证宪法实施的职责。

依法治国是党领导人民治理国家的基本方略，法治是治国理政的基本方式。法治国家、法治政府、法治社会三者各有侧重、相辅相成。落实依法治国基本方略，加快建设社会主义法治国家，必须坚持厉行法治，全面推进科学立法、严格执法、公正司法、全民守法。推进科学立法，关键是完善立法体制，提高立法质量。要深入推进科学立法、民主立法、依法立法，以良法促进发展、保障善治。推进严格执法，重点是解决执法不规范、不严格、不透明、不文明以及不作为、乱作为等问题。要以建设法治政府为目标，推进依法行政，严格规范公正文明执法。推进公正司法，要以优化司法职权配置为重点，健全司法权力分工负责、相互配合、相互制约的制度安排。深化司法体制综合配套改革，全面落实司法责任制，努力让人民群众在每一个司法案件中感受到公平正义。推进全民守法，必须着力增强全民法治观念。全面推进依法治国需要全社会共同参与，需要全社会法治观念增强，必须在全社会弘扬社会主义法治精神，建设社会主义法治文化。要加大全民普法力度，建设社会主义法治文化，树立宪法法律至上、法律面前人人平等的法治理念，使人民认识到法律既是保障自身权利的有力武器，也是必须遵守的行为规范，培训社会成员办事依法、遇事找法、解决问题靠法的良好环境，自觉抵制违法行为，自觉维护法治权威。坚持依法治国和以德治国相结合。法律是成文的道德，道德是内心的法律，法律和道德都具有规范社会行为、维护社会秩序的作用。治理国家、治理社会必须一手抓法治、一手抓德治，既重视发挥法律的规范作用，又重视发挥道德的教化作用，实现法律和道德相辅相成、法治和德治相得益彰。发挥好法律的规范作用，必须以法治体现道德理念，强化法律对道德建设的促进作用。发挥好道德的教化作用，必须以道德滋养法治精神，强化道德对法治文化的支撑作用。

第二节　国家领导人有关安全生产讲话

一、2013 年 6 月 6 日国家领导人就做好安全生产工作作出重要指示

中共中央总书记、国家主席、中央军委主席习近平对近一个时期全国多个地区接连发生多起重特大安全生产事故，造成重大人员伤亡和财产损失高度重视，6 月 6 日就做好安

全生产工作作出重要指示。

习近平指出，接连发生的重特大安全生产事故，造成重大人员伤亡和财产损失，必须引起高度重视。人命关天，发展决不能以牺牲人的生命为代价。这必须作为一条不可逾越的红线。

习近平要求，国务院有关部门将这些事故及发生原因的情况通报各地区各部门，使大家进一步警醒起来，吸取血的教训，痛定思痛，举一反三，开展一次彻底的安全生产大检查，坚决堵塞漏洞、排除隐患。

习近平强调，要始终把人民生命安全放在首位，以对党和人民高度负责的精神，完善制度、强化责任、加强管理、严格监管，把安全生产责任制落到实处，切实防范重特大安全生产事故的发生。

按照习近平指示精神和国务院常务会议决定，国务院6月7日下午召开全国安全生产电视电话会议。中共中央政治局常委、国务院总理李克强要求会议按照国务院常务会议关于抓好安全生产工作的部署，深刻汲取近期连续发生安全生产事故的沉痛教训，扎扎实实开展好安全生产大检查，认真整改存在的问题，健全各项制度，切实维护人民生命安全。

二、中共中央总书记、国家主席、中央军委主席习近平针对2013年11月22日山东青岛输油管线泄漏引发重大爆燃事故作出重要批示

11月22日上午，山东青岛黄岛经济开发区中石化黄潍输油管线泄漏引发重大爆燃事故，造成人民群众生命财产重大损失。习近平得知消息后，立即作出批示，要求山东省和有关部门、企业组织力量排除险情，千方百计搜救失踪、受伤人员，并查明事故原因，总结事故教训，落实安全生产责任，强化安全生产措施，坚决杜绝此类事故，并要求国务院立即派出领导前往指导抢险搜救工作。

习近平指出，各级党委和政府、各级领导干部要牢固树立安全发展理念，始终把人民群众生命安全放在第一位。各地区各部门、各类企业都要坚持安全生产高标准、严要求，招商引资、上项目要严把安全生产关，加大安全生产指标考核权重，实行安全生产和重大安全生产事故风险“一票否决”。责任重于泰山。要抓紧建立健全安全生产责任体系，党政一把手必须亲力亲为、亲自动手抓。要把安全责任落实到岗位、落实到人头，坚持管行业必须管安全、管业务必须管安全，加强督促检查、严格考核奖惩，全面推进安全生产工作。

习近平强调，所有企业都必须认真履行安全生产主体责任，做到安全投入到位、安全培训到位、基础管理到位、应急救援到位，确保安全生产。中央企业要带好头做表率。各级政府要落实属地管理责任，依法依规，严管严抓。

习近平指出，安全生产，要坚持防患于未然。要继续开展安全生产大检查，做到“全覆盖、零容忍、严执法、重实效”。要采用不发通知、不打招呼、不听汇报、不用陪同和接待，直奔基层、直插现场，暗查暗访，特别是要深查地下油气管网这样的隐蔽致灾隐患。要加大隐患整改治理力度，建立安全生产检查工作责任制，实行谁检查、谁签字、谁负责，做到不打折扣、不留死角、不走过场，务必见到成效。

习近平指出，要做到“一厂出事故、万厂受教育，一地有隐患、全国受警示”。各地区和各行业领域要深刻吸取安全事故带来的教训，强化安全责任，改进安全监管，落实防范措施。

习近平最后指出，冬季已经来临，岁末年初历来是事故高发期。希望大家以对党和人民高度负责的态度，牢牢绷紧安全生产这根弦，把工作抓实抓细抓好，坚决遏制重特大事故，促进全国安全生产形势持续稳定好转。

11月24日习近平到山东考察贯彻落实党的十八届三中全会精神、做好经济社会发展工作，下午专程到青岛市，考察黄岛经济开发区黄潍输油管线事故抢险工作。他强调，这次事故再一次给我们敲响了警钟，安全生产必须警钟长鸣、常抓不懈，丝毫放松不得，否则就会给国家和人民带来不可挽回的损失。必须建立健全安全生产责任体系，强化企业主体责任，深化安全生产大检查，认真吸取教训，注重举一反三，全面加强安全生产工作。

三、2014年8月2日国家领导人就江苏苏州昆山中荣金属制品有限公司爆炸事故作出重要指示

2014年8月2日7时34分，江苏苏州昆山市开发区中荣金属制品有限公司抛光二车间发生特别重大铝粉爆炸事故，当天造成75人死亡，185人受伤。

事故发生后，党中央、国务院高度重视。中共中央总书记、国家主席、中央军委主席习近平立即作出重要指示，要求江苏省和有关方面全力做好伤员救治，做好遇难者亲属的安抚工作；查明事故原因，追究责任人责任，汲取血的教训，强化安全生产责任制。正值盛夏，要切实消除各种易燃易爆隐患，切实保障人民群众生命财产安全。

中共中央政治局常委、国务院总理李克强作出批示，要求全力组织力量对现场进行深入搜救，千方百计救治受伤人员，抓紧排查隐患，防止发生次生事故，强化安全生产措施，坚决遏制此类事故再度发生。

四、2015年8月15日中共中央总书记、国家主席、中央军委主席习近平对切实做好安全生产工作作出重要指示

近一个时期以来，全国多个地区发生重特大安全生产事故，特别是天津港“8·12”瑞海公司危险品仓库特别重大火灾爆炸事故，造成重大人员伤亡和财产损失。中共中央总书记、国家主席、中央军委主席习近平对切实做好安全生产工作高度重视，8月15日作出重要指示。

习近平指出，确保安全生产、维护社会安定、保障人民群众安居乐业是各级党委和政府必须承担好的重要责任。天津港“8·12”瑞海公司危险品仓库特别重大火灾爆炸事故以及近期一些地方接二连三发生的重大安全生产事故，再次暴露出安全生产领域存在突出问题、面临严峻形势。血的教训极其深刻，必须牢牢记取。各级党委和政府要牢固树立安全发展理念，坚持人民利益至上，始终把安全生产放在首要位置，切实维护人民群众生命财产安全。要坚决落实安全生产责任制，切实做到党政同责、一岗双责、失职追责。要健全预警应急机制，加大安全监管执法力度，深入排查和有效化解各类安全生产风险，提高

安全生产保障水平，努力推动安全生产形势实现根本好转。各生产单位要强化安全生产第一意识，落实安全生产主体责任，加强安全生产基础能力建设，坚决遏制重特大安全生产事故发生。

五、2015 年 12 月 20 日深圳光明新区渣土受纳场发生山体滑坡，国家领导人对此作出重要指示

12 月 20 日 11 时 40 分许，广东深圳市光明新区红坳渣土受纳场发生山体滑坡，附近西气东输管道发生爆炸。事故共造成 73 人死亡，4 人下落不明，17 人受伤。事故还造成 33 栋建筑物被损毁、掩埋。

灾害发生后，党中央、国务院高度重视。中共中央总书记、国家主席、中央军委主席习近平立即作出重要指示，要求广东省、深圳市迅速组织力量开展抢险救援，第一时间抢救被困人员，尽最大努力减少人员伤亡，做好伤员救治、伤亡人员家属安抚等善后工作。注意科学施救，防止发生次生灾害。中央有关部门指导地方加强各类灾害和安全生产隐患排查，制定预案，加强预警及应急处置等工作，确保人民群众生命财产安全。

中共中央政治局常委、国务院总理李克强作出批示，要求抓紧核实情况，全力组织搜救，全力救治受伤人员，尽最大努力减少伤亡。全面排查周边安全隐患，防止发生二次灾害。同时，查清灾害原因，做好善后处置。国土资源部、住房城乡建设部等部门要派员指导地方做好抢险救援工作。

六、2016 年 1 月国家领导人在中共中央政治局常委会会议上发表重要讲话

中共中央总书记、国家主席、中央军委主席习近平在中共中央政治局常委会会议上发表重要讲话，对全面加强安全生产工作提出明确要求，强调血的教训警示我们，公共安全绝非小事，必须坚持安全发展，扎实落实安全生产责任制，堵塞各类安全漏洞，坚决遏制重特大事故频发势头，确保人民生命财产安全。中共中央政治局常委、国务院总理李克强作出批示。

习近平强调，重特大突发事件，不论是自然灾害还是责任事故，其中都不同程度存在主体责任不落实、隐患排查治理不彻底、法规标准不健全、安全监管执法不严格、监管体制机制不完善、安全基础薄弱、应急救援能力不强等问题。

习近平对加强安全生产工作提出 5 点要求。一是必须坚定不移保障安全发展，狠抓安全生产责任制落实。要强化“党政同责、一岗双责、失职追责”，坚持以人为本、以民为本。二是必须深化改革创新，加强和改进安全监管工作，强化开发区、工业园区、港区等功能区安全监管，举一反三，在标准制定、体制机制上认真考虑如何改革和完善。三是必须强化依法治理，用法治思维和法治手段解决安全生产问题，加快安全生产相关法律法规制定修订，加强安全生产监管执法，强化基层监管力量，着力提高安全生产法治化水平。四是必须坚决遏制重特大事故频发势头，对易发重特大事故的行业领域采取风险分级管控、隐患排查治理双重预防性工作机制，推动安全生产关口前移，加强应急救援工作，最大限度减少人员伤亡和财产损失。五是必须加强基础建设，提升安全保障能力，针对城市建设、危旧房屋、玻璃幕墙、渣土堆场、尾矿库、燃气管线、地下管廊等重点隐患和煤

矿、非煤矿山、危化品、烟花爆竹、交通运输等重点行业以及游乐、“跨年夜”等大型群众性活动，坚决做好安全防范，特别是要严防踩踏事故发生。

李克强指出，当前安全生产形势依然严峻，务必高度重视，警钟长鸣。各地区各部门要坚持人民利益至上，牢固树立安全发展理念，以更大的努力、更有效的举措、更完善的制度，进一步落实企业主体责任、部门监管责任、党委和政府领导责任，扎实做好安全生产各项工作，强化重点行业领域安全治理，加快健全隐患排查治理体系、风险预防控制体系和社会共治体系，依法严惩安全生产领域失职渎职行为，坚决遏制重特大事故频发势头，确保人民群众生命财产安全。

七、2016 年 7 月国家领导人在中共中央政治局常委会会议上发表重要讲话

中共中央总书记、国家主席、中央军委主席习近平在中共中央政治局常委会会议上发表重要讲话，对加强安全生产和汛期安全防范工作作出重要指示，强调安全生产是民生大事，一丝一毫不能放松，要以对人民极端负责的精神抓好安全生产工作，站在人民群众的角度想问题，把重大风险隐患当成事故来对待，守土有责，敢于担当，完善体制，严格监管，让人民群众安心放心。

习近平指出，各级党委和政府特别是领导干部要牢固树立安全生产的观念，正确处理安全和发展的关系，坚持发展决不能以牺牲安全为代价这条红线。经济社会发展的每一个项目、每一个环节都要以安全为前提，不能有丝毫疏漏。要严格实行党政领导干部安全生产工作责任制，切实做到失职追责。要把遏制重特大事故作为安全生产整体工作的“牛鼻子”来抓，在煤矿、危化品、道路运输等方面抓紧规划实施一批生命防护工程，积极研发应用一批先进安防技术，切实提高安全发展水平。

习近平强调，要加快完善安全生产管理体制，强化安全监管部门综合监管责任，严格落实行业主管部门监管责任、地方党委和政府属地管理责任，加强基层安全监管执法队伍建设，制定权力清单和责任清单，督促落实到位。要发挥各级安委会指导协调、监督检查、巡查考核的作用，形成上下合力，齐抓共管。要改革安全生产应急救援体制，提高组织协调能力和现场救援实效。要完善各类开发区、工业园区、港区、风景区等功能区安全监管体制，严格落实安全管理措施。要完善安全生产许可制度，严把安全准入关。要健全安全生产法律法规和标准体系，统筹做好涉及安全生产的法律法规和标准的制定修订工作。

习近平强调，要加强城市运行管理，增强安全风险意识，加强源头治理。要加强城乡安全风险辨识，全面开展城市风险点、危险源的普查，防止认不清、想不到、管不到等问题的发生。

习近平指出，目前正值主汛期，一些地区出现了严重洪涝灾害，这是对我们的重大考验。各级党委和政府要坚持守土有责、履职尽责，做好防汛抗洪抢险各项工作，切实保护人民群众生命财产安全。

中共中央政治局常委、国务院总理李克强作出批示指出，今年以来，在各方面共同努力下，全国安全生产形势总体稳定，但重特大事故多发势头仍未得到有效遏制，造成的重大人员伤亡和损失令人痛心，也暴露出安全生产相关领域的工作仍存在诸多不足与隐患。

各地区、各部门尤其是各级领导干部要深刻汲取教训，坚持生命安全至上、人民利益至上，坚持安全发展理念，坚持依法治安、源头防范、系统治理，切实加强安全风险识别管控和隐患排查治理，切实加大安全基础保障能力建设力度，切实落实安全生产责任制、强化工作考核，依法严惩违法违规和失职渎职行为。加快制定完善相关法律法规和标准，进一步深化安全监管体制改革和机制创新。当前，要特别重视做好极端天气和重大灾害预警预报、检查督查和应急处置工作，强化各项安全防范措施，坚决遏制重特大事故发生，切实把保障人民群众生命安全的承诺落到实处。

八、2016 年 10 月 31 日国家领导人在全国安全生产监管监察系统先进集体和先进工作者表彰大会上的重要指示

中共中央总书记、国家主席、中央军委主席习近平指出，安全生产事关人民福祉，事关经济社会发展大局。党的十八大以来，安全监管监察部门广大干部职工贯彻安全发展理念，甘于奉献、扎实工作，为预防生产安全事故作出了重要贡献。习近平强调，各级安全监管监察部门要牢固树立发展决不能以牺牲安全为代价的红线意识，以防范和遏制重特大事故为重点，坚持标本兼治、综合治理、系统建设，统筹推进安全生产领域改革发展。各级党委和政府要认真贯彻落实党中央关于加快安全生产领域改革发展的工作部署，坚持党政同责、一岗双责、齐抓共管、失职追责，严格落实安全生产责任制，完善安全监管体制，强化依法治理，不断提高全社会安全生产水平，更好维护广大人民群众生命财产安全。

国务院总理李克强作出批示指出，安全生产是经济社会发展的重要基础和保障。当前，我国安全生产形势依然复杂严峻，工作不能有丝毫松懈。望牢固树立新发展理念，坚持人民利益至上，切实增强红线意识，进一步推进安全生产领域改革，深化重点行业领域专项治理，狠抓隐患排查、责任落实、健全制度和完善监管，强化安全科技、应急管理等基础工作，加快建立安全风险防控体系，更加细致扎实地做好安全生产各项工作，为全面建成小康社会作出更大贡献。

九、2016 年 11 月 24 日江西宜春市丰城发电厂三期在建项目发生冷却塔施工平台坍塌特别重大事故。国家领导人对此作出重要指示

事故发生后，正在国外访问的中共中央总书记、国家主席、中央军委主席习近平立即作出重要指示，要求江西省和有关部门组织力量做好救援救治、善后处置等工作，尽快查明原因，深刻汲取教训，严肃追究责任。近期一些地方接连发生安全生产事故，国务院要组织各地区各部门举一反三，全面彻底排查各类隐患，狠抓安全生产责任落实，切实堵塞安全漏洞，确保人民群众生命和财产安全。

中共中央政治局常委、国务院总理李克强作出批示，要求争分夺秒抢救被困人员，全力以赴救治伤员，尽最大努力减少伤亡。原安全生产监督管理总局（应急管理部）要牵头成立国务院工作组抓紧赶赴现场，指导和帮助地方做好搜救、救治等相关工作，查明事故原因并依法问责。要进一步督促地方严格落实各领域安全生产责任，强化监管和防范措施，严防此类重特大事故再次发生。

十、2018 年 1 月 25 日国家领导人在全国安全生产电视电话会议上作出重要批示

中共中央政治局常委、国务院总理李克强作出重要批示。批示指出：安全生产工作事关经济社会发展大局，不能有丝毫放松。2017 年，国务院安全生产委员会认真贯彻党中央、国务院决策部署，推动安全生产工作取得积极成效，实现事故总量、较大事故、重特大事故“三个继续下降”，为保障经济平稳运行和人民生命财产安全作出了积极贡献。谨向全系统的同志们致以诚挚问候！新的一年，望全面深入贯彻党的十九大精神，以习近平新时代中国特色社会主义思想为指导，坚持以人民为中心，牢固树立安全发展理念，统筹推进安全生产领域改革发展，进一步健全完善安全生产责任体系、法治体系、风险防控体系和监管保障体系，抓住重点领域深入排查治理安全隐患，坚决防范遏制重特大事故，为推动经济高质量发展和民生改善作出新的贡献。

十一、2019 年 3 月 21 日 14 时 48 分许，江苏盐城市响水县陈家港镇天嘉宜化工有限公司化学储罐发生爆炸事故，并波及周边 16 家企业。国家领导人对此作出重要指示

事故发生后，党中央、国务院高度重视。正赴国外访问途中的中共中央总书记、国家主席、中央军委主席习近平立即作出重要指示，要求江苏省和有关部门全力抢险救援，搜救被困人员，及时救治伤员，做好善后工作，切实维护社会稳定。要加强监测预警，防控发生环境污染，严防发生次生灾害。要尽快查明事故原因，及时发布权威信息，加强舆情引导。习近平强调，近期一些地方接连发生重大安全事故，各地和有关部门要深刻吸取教训，加强安全隐患排查，严格落实安全生产责任制，坚决防范重特大事故发生，确保人民群众生命和财产安全。

中共中央政治局常委、国务院总理李克强作出批示，要科学有效做好搜救工作，全力以赴救治受伤人员，最大程度减少伤亡，采取有力措施控制危险源，注意防止发生次生事故。应急管理部督促各地进一步排查并消除危化品等重点行业安全生产隐患，夯实各环节责任。

第三节　有关安全生产的重要文件

一、中共中央　国务院关于推进安全生产领域改革发展的意见

2016 年 12 月 9 日，《中共中央　国务院关于推进安全生产领域改革发展的意见》（以下简称《意见》）印发实施，标志着我国安全生产领域改革发展迎来了一个新的春天。《意见》以习近平总书记系列重要讲话特别是关于安全生产重要论述为指导，顺应全面建成小康社会发展大势，总结实践经验，吸收创新成果，坚持目标和问题导向，科学谋划安全生产领域改革发展蓝图，是今后一个时期全国安全生产工作的行动纲领。

（一）《意见》的总体要求

1. 指导思想

全面贯彻党的十八大和十八届三中、四中、五中、六中全会精神，以邓小平理论、

"三个代表"重要思想、科学发展观为指导，深入贯彻习近平总书记系列重要讲话精神和治国理政新理念新思想新战略，进一步增强"四个意识"，紧紧围绕统筹推进"五位一体"总体布局和协调推进"四个全面"战略布局，牢固树立新发展理念，坚持安全发展，坚守发展决不能以牺牲安全为代价这条不可逾越的红线，以防范遏制重特大生产安全事故为重点，坚持安全第一、预防为主、综合治理的方针，加强领导、改革创新，协调联动、齐抓共管，着力强化企业安全生产主体责任，着力堵塞监督管理漏洞，着力解决不遵守法律法规的问题，依靠严密的责任体系、严格的法治措施、有效的体制机制、有力的基础保障和完善的系统治理，切实增强安全防范治理能力，大力提升我国安全生产整体水平，确保人民群众安康幸福、共享改革发展和社会文明进步成果。

2. 基本原则

《意见》提出了五项基本原则。一是坚持安全发展。贯彻以人民为中心的发展思想，始终把人的生命安全放在首位，正确处理安全与发展的关系，大力实施安全发展战略，为经济社会发展提供强有力的安全保障。二是坚持改革创新。不断推进安全生产理论创新、制度创新、体制机制创新、科技创新和文化创新，增强企业内生动力，激发全社会创新活力，破解安全生产难题，推动安全生产与经济社会协调发展。三是坚持依法监管。大力弘扬社会主义法治精神，运用法治思维和法治方式，深化安全生产监管执法体制改革，完善安全生产法律法规和标准体系，严格规范公正文明执法，增强监管执法效能，提高安全生产法治化水平。四是坚持源头防范。严格安全生产市场准入，经济社会发展要以安全为前提，把安全生产贯穿城乡规划布局、设计、建设、管理和企业生产经营活动全过程。构建风险分级管控和隐患排查治理双重预防工作机制，严防风险演变、隐患升级导致生产安全事故发生。五是坚持系统治理。严密层级治理和行业治理、政府治理、社会治理相结合的安全生产治理体系，组织动员各方面力量实施社会共治。综合运用法律、行政、经济、市场等手段，落实人防、技防、物防措施，提升全社会安全生产治理能力。

3. 目标任务

到2020年，安全生产监管体制机制基本成熟，法律制度基本完善，全国生产安全事故总量明显减少，职业病危害防治取得积极进展，重特大生产安全事故频发势头得到有效遏制，安全生产整体水平与全面建成小康社会目标相适应。到2030年，实现安全生产治理体系和治理能力现代化，全民安全文明素质全面提升，安全生产保障能力显著增强，为实现中华民族伟大复兴的中国梦奠定稳固可靠的安全生产基础。

（二）五项制度性改革

《意见》以问题为导向，立足当前、着眼长远，提出了五方面制度性改革举措和工作要求，为新形势下全面推进安全生产工作提供了方向性、制度化的顶层设计。

1. 加快落实安全生产责任制

坚持党政同责、一岗双责、齐抓共管、失职追责，健全安全生产责任体系。强化地方党委和政府的领导责任，明确党政主要负责人是本地区安全生产第一责任人，班子其他成员对分管范围内的安全生产工作负领导责任。地方各级安全生产委员会主任由政府主要负责人担任，成员由同级党委和政府及相关部门负责人组成。地方各级党委要认真贯彻执行党的安全生产方针，在统揽本地区经济社会发展全局中同步推进安全生产工作，定期研究决定安全生产重大问题。加强安全生产监管机构领导班子、干部队伍建设。严格安全生产履职绩效考核和失职责任追究。强化安全生产宣传教育和舆论引导。发挥人大对安全生产工作的监督促进作用、政协对安全生产工作的民主监督作用。推动组织、宣传、政法、机构编制等单位支持保障安全生产工作。动员社会各界积极参与、支持、监督安全生产工作。地方各级政府要把安全生产纳入经济社会发展总体规划，制定实施安全生产专项规划，健全安全投入保障制度。及时研究部署安全生产工作，严格落实属地监管责任。充分发挥安全生产委员会作用，实施安全生产责任目标管理。建立安全生产巡查制度，督促各部门和下级政府履职尽责。加强安全生产监管执法能力建设，推进安全科技创新，提升信息化管理水平。严格安全准入标准，指导管控安全风险，督促整治重大隐患，强化源头治理。加强应急管理，完善安全生产应急救援体系。依法依规开展事故调查处理，督促落实问题整改。

强化部门监管责任。按照管行业必须管安全、管业务必须管安全、管生产经营必须管安全和谁主管谁负责的原则，厘清安全生产综合监管与行业监管的关系，明确各有关部门安全生产和职业健康工作职责，并落实到部门工作职责规定中。安全生产监督管理部门负责安全生产法规标准和政策规划制定修订、执法监督、事故调查处理、应急救援管理、统计分析、宣传教育培训等综合性工作，承担职责范围内行业领域安全生产和职业健康监管执法职责。负有安全生产监督管理职责的有关部门依法依规履行相关行业领域安全生产和职业健康监管职责，强化监管执法，严厉查处违法违规行为。其他行业领域主管部门负有安全生产管理责任，要将安全生产工作作为行业领域管理的重要内容，从行业规划、产业政策、法规标准、行政许可等方面加强行业安全生产工作，指导督促企事业单位加强安全管理。党委和政府其他有关部门要在职责范围内为安全生产工作提供支持保障，共同推进安全发展。

强化企业主体责任。明确企业对本单位安全生产和职业健康工作负全面责任，建立健全自我约束、持续改进的内生机制，做到安全责任、管理、投入、培训和应急救援“五到位”，并对生产经营全过程实行安全责任追溯。对被追究刑事责任的生产经营者依法实施相应的职业禁入，对事故发生负有重大责任的社会服务机构和人员依法严肃追究法律责任，并依法实施相应的行业禁入。企业要定期开展风险评估和危害辨识。针对高危工艺、设备、物品、场所和岗位，建立分级管控制度，制定落实安全操作规程。树立隐患就是事故的观念，建立健全隐患排查治理制度、重大隐患治理情况向负有安全生产监督管理职责的部门和企业职代会“双报告”制度，实行自查自改自报闭环管理。严格执行安全生产和职业健康“三同时”制度。

2. 着力完善安全生产监管监察体制

坚持管安全生产必须管职业健康，建立安全生产和职业健康一体化监管执法体制。依托国家煤矿安全监察体制，强化非煤矿山安全生产监管监察。着重加强危险化学品安全监管体制改革和力量建设，明确和落实危险化学品建设项目立项、规划、设计、施工及生产、储存、使用、销售、运输、废弃处置等环节的法定安全监管责任，建立有力的协调联动机制。完善海洋石油安全生产监督管理体制机制，理顺民航、铁路、电力等行业跨区域监管体制。将地方安全生产监督管理部门作为行政执法机构，完善开发区、工业园区、港区、风景区等各类功能区的安全生产监管体制，强化安全生产行政执法职能，切实消除监管盲区。按照政事分开的原则，推进安全生产应急救援管理体制改革，提高组织协调能力和现场救援时效。

3. 大力推进安全生产依法治理

借鉴“醉驾入刑”的法治思路，研究修改刑法有关条款，将生产经营过程中极易导致重大生产安全事故的违法行为列入刑法调整范围，提高涉事企业和人员的违法成本。加强安全生产地方性法规建设，解决区域性安全生产突出问题。完善安全生产和职业危害预防治理国家标准的发布机制，强化标准的规范约束效力。建立行政执法和刑事司法衔接制度，完善司法机关参与事故调查机制，健全事故调查分析技术支撑体系。建立事故暴露问题整改督办制度，事故结案后一年内要组织开展评估，并向社会公开。完善安全生产监管执法人员依法履行法定职责制度，激励并保证监管执法人员忠于职守、履职尽责。严格高危行业领域安全准入条件。完善安全生产监管执法制度，明确每个生产经营单位安全生产监督和管理主体，制定实施执法计划，完善执法程序规定，依法严格查处各类违法违规行为。对违法行为当事人拒不执行安全生产行政执法决定的，负有安全生产监督管理职责的部门应依法申请司法机关强制执行。建立执法行为审议制度和重大行政执法决策机制，评估执法效果，防止滥用职权。健全领导干部非法干预安全生产监管执法的记录、通报和责任追究制度。完善安全生产执法纠错和执法信息公开制度，加强社会监督和舆论监督，保证执法严明、有错必纠。

4. 建立安全生产预防控制体系

加强安全风险管控，高危项目审批必须把安全生产作为前置条件，城乡规划布局、设计、建设、管理等各项工作必须以安全为前提，实行重大安全风险“一票否决”。强化企业预防措施。大力推进企业安全生产标准化建设，实现安全管理、操作行为、设备设施和作业环境的标准化。开展经常性的应急演练和人员避险自救培训，着力提升现场应急处置能力。强化城市运行安全保障，提高基础设施安全配置标准，构建现代化城市安全保障体系，推进安全发展示范城市建设。强化安全防范工程建设，重点推进对煤矿瓦斯等重大灾害及矿山采空区、尾矿库的治理，加快实施人口密集区危险化学品和化工企业生产、仓储场所安全搬迁工程。完善职业病防治体系，实施职业健康促进计划，加强企业职业健康监管执法。

5. 加强安全生产基础保障能力建设

强化安全生产预防及应急相关资金使用管理，完善安全生产专用设备企业所得税优惠目录，落实企业安全生产费用提取管理使用制度。强化安全生产科技支撑，加快安全关键技术装备研发，推动工业机器人、智能装备在危险工序和环节广泛应用。健全投融资服务体系，引导企业集聚发展灾害防治、预测预警、检测监控、个体防护、应急处置、安全文化等技术、装备和服务产业。继续加强安全生产信息化建设，提升现代信息技术与安全生产融合度，构建安全生产与职业健康信息化全国“一张网”。将安全生产专业技术服务纳入现代服务业发展规划，培育多元化服务主体。建立政府购买安全生产服务制度。支持发展安全生产专业化行业组织，强化自治自律。切实改进注册安全工程师制度。鼓励中小微企业订单式、协作式购买运用安全生产管理和技术服务。建立安全生产和职业健康技术服务机构公示制度和由第三方实施的信用评定制度，严肃查处租借资质、违法挂靠、弄虚作假、垄断收费等各类违法违规行为。建立安全生产不良记录“黑名单”制度，健全安全生产责任保险制度，切实发挥保险机构参与风险评估管控和事故预防功能。将安全生产监督管理纳入各级党政领导干部培训内容。把安全知识普及纳入国民教育，建立完善中小学安全教育和高危行业职业安全教育体系。把安全生产纳入农民工技能培训内容。严格落实企业安全教育培训制度，切实做到先培训、后上岗。推进安全文化建设，加强警示教育，强化全民安全意识和法治意识。

二、安全生产“十三五”规划

2017 年 1 月 12 日，国务院办公厅印发《安全生产“十三五”规划》(以下简称《规划》)，明确了“十三五”时期安全生产工作的指导思想、发展目标和主要任务，对全国安全生产工作进行全面部署。

(一)《规划》的目标

《规划》指出，要大力弘扬安全发展理念，科学统筹经济社会发展与安全生产，坚持改革创新、依法监管、源头防范、系统治理，着力完善体制机制，着力健全责任体系，着力加强法治建设，着力强化基础保障，大力提升整体安全生产水平。到 2020 年，全社会安全文明程度明显提升，事故总量显著减少，重特大事故频发势头得到有效遏制，职业病危害防治取得积极进展，安全生产总体水平与全面建成小康社会目标相适应。具体目标为：生产安全事故起数降幅 10%，生产安全事故死亡人数降幅 10%；重特大事故起数降幅 20%，重特大事故死亡人数降幅 22%；亿元国内生产总值生产安全事故死亡率降幅 30%；工矿商贸就业人员十万人生产安全事故死亡率降幅 19%；煤矿百万吨死亡率降幅 15%；营运车辆万车死亡率降幅 6%；万台特种设备死亡人数降幅 20%。注：降幅为 2020 年末较 2015 年末下降的幅度。

(二) 主要任务及工作重点

《规划》提出了安全生产工作 7 个方面主要任务。一是构建更加严密的责任体系。强化企业主体责任，坚持“党政同责、一岗双责、齐抓共管、失职追责”和“管行业必须管安全，管业务必须管安全、管生产经营必须管安全”，强化地方各级党委、政府对安全生产工作的领导，严格目标考核与责任追究。二是强化安全生产依法治理。完善法律法规标准体系，加大监管执法力度，健全审批许可制度，提高监管监察执法效能。三是坚决遏制重特大事故频发势头。在煤矿、非煤矿山、危险化学品、烟花爆竹、工贸行业、道路交通、城市运行安全等 17 个重点领域、重点区域、重点部位、重点环节和重大危险源，采取有效的技术、工程和管理控制措施，加快构建风险等级管控、隐患排查治理两条防线。四是推进职业病危害源头治理。夯实职业病危害防护基础，加强作业场所职业病危害管控，提高防治技术支撑水平。五是强化安全科技引领保障。加强安全科技研发，推动科技成果转化，推进安全生产信息化建设。六是提高应急救援处置效能。健全先期响应机制，增强现场应对能力，统筹应急资源保障。七是提高全社会安全文明程度。强化舆论引导，提升全民安全素质，大力倡导安全文化。

同时，在主要任务的基础上，针对不同领域和工作特点，《规划》提出了十一个工作重点和事故防范重点。

1. 安全生产法律法规制修订重点

推动危险化学品安全法、安全生产法实施条例、生产安全事故应急条例、高危粉尘作业与高毒作业职业卫生监督管理条例、电梯安全条例等制定工作，以及矿山安全法、道路交通安全法、海上交通安全法、消防法、铁路法、安全生产许可证条例、煤矿安全监察条例、烟花爆竹安全管理条例、生产安全事故报告和调查处理条例、道路交通安全法实施条例、内河交通安全管理条例、水库大坝安全管理条例等修订工作。

2. 安全生产标准制修订重点

煤矿、非煤矿山、危险化学品、金属冶炼、新型煤化工、高铁运输、城市轨道交通、海洋石油、太阳能发电、地热发电、海洋能发电、城市地下综合管廊、安全防护距离、交通安全设施、个体防护装备、页岩气和煤层气开发、重大事故隐患判定、安全风险分级管控、职业病危害控制、安全生产应急管理、粉尘防爆、化工新工艺准入、油气输送管网建设与运行、风电建设与运行、人工影响天气作业等方面的安全生产标准。

3. 煤矿重大灾害治理重点

瓦斯：通风系统不完善、不可靠，抽采系统能力不足，瓦斯治理不到位，防突措施不落实，瓦斯超限作业，监控系统功能不全等。

水害：水文地质条件不清，探放水未落实“三专”（专业人员、专用设备、专门队伍）要求，承压水超前治理不到位，未按规定留设或开采防隔水煤柱等。

冲击地压：冲击地压矿井采掘布局不合理，未进行冲击地压预测预报，未有效实施解危措施等。

粉尘：粉尘防控体系落实不到位，粉尘检测检验和防治标准不健全，粉尘监测监控系统不完善，粉尘防治技术措施实施不到位等。

4. 危险化学品事故防范重点

重点部位：化学品仓储区、城区内化学品输送管线、油气站等易燃易爆剧毒设施；大型石化、煤化等生产装置；国家重要油气储运设施等重大危险源。

重点环节：动火、受限空间作业、检维修、设备置换、开停车、试生产、变更管理。

5. 工贸行业事故防范重点

粉尘涉爆：除尘系统、作业场所积尘。

金属冶炼：高温液态金属吊运、冶金煤气。

涉氨制冷：快速冻结装置、氨直接蒸发制冷空调系统。

6. 道路交通事故防范重点

重点管控的车辆类型：危险货物运输车辆、长途客车、旅游包车、校车、重型载货汽车、低速载货汽车和面包车。

事故防范的重点路段：急弯陡坡、临水临崖、连续下坡、团雾多发路段，隧道桥梁，“公跨铁”立交、平交道口。

7. 建筑施工事故防范重点

重点部位：大跨度桥梁及复杂隧道、高边坡及高挡墙、高架管线、围堰等。

关键环节：基坑支护及降水工程、结构拆除、土石方开挖、脚手架及模板支撑、起重吊装及安装拆卸工程、爆破拆除等。

8. 职业病危害治理重点

重点行业：矿山、化工、金属冶炼、陶瓷生产、耐火材料、电子制造。

重点作业：采掘、粉碎、打磨、焊接、喷涂、刷胶、电镀。

重点因素：煤（岩）尘、石棉尘、矽尘、苯、正己烷、二氯乙烷。

9. 安全生产科技研发重点方向

煤矿重大灾害风险判识及监控预警；超大规模矿山提升运输系统及自动化控制；露天矿山高陡边坡安全监测预警；深海石油天然气安全开采；危险货物港口、化工园区多灾害耦合风险评估与防控；化工工艺装备监测预警与事故防控；危险化学品火灾高效灭火材料及装备；在役油气输送管道风险动态快速监测预警；危险化学品泄漏高灵敏快速检测；危险化学品水上应急处置技术；重点车辆危险驾驶行为辨识与干预；道路交通事故检验鉴定与综合重建技术；高铁运行安全监测监控、防破坏和灾害预警；尘肺病与职业中毒防治；粉尘爆炸事故防控；高危作业场所人员安全行为自动识别；安全监管监察智能化。

10. 安全生产工艺技术推广重点

大型矿山自动化开采；中小型矿山机械化开采；井下大型固定设施无人值守；矿山地压灾害监测与治理；中小型金属非金属矿山采掘设备；油气田硫化氢防护监测；高含硫油品加工安全技术；危险化学品库区雷电预警系统；高陡边坡坝体位移监测预警系统；柔性施压快速封堵技术与装备；水电站大坝安全在线监控；尘源自动跟踪喷雾降尘、吹吸式通风等尘毒危害治理技术装备；高毒物质替代技术；小型移动应急指挥系统；高铁、长大铁路隧道和桥梁专用铁路救援设备；客运车辆、危险化学品运输车辆安全防控技术；高速公路重大交通事故应急指挥决策系统。

11. 应急救援体系建设重点

行业领域：危险化学品、油气输送管道、矿山、高速铁路、高速公路、高含硫油气田、城市输供电系统、城市燃气管网等。

救援能力：人员快速搜救、大型油气储罐灭火、大功率排水、大口径钻进、大负荷稳定供电、仿真模拟、实训演练、通信指挥及决策、事故紧急医疗救援、应急物资及装备储备和调运等。

（三）重点工程

1. 监管监察能力建设工程

为各级安全监管监察部门补充配备执法装备、执法车辆以及制式服装，完善基础工作条件。建立国家、区域安全监管监察执法效果综合评估考核机制。建设完善国家安全监管监察执法综合实训华北、中南、西南、华南基地。建设安全生产行政审批“一库四平台”（行政审批项目库，网上审批运行平台、政务公开服务平台、法制监督平台、电子监察平台）和安全生产诚信系统。

2. 信息预警监控能力建设工程

建设全国安全生产信息大数据平台。推动矿山等高危行业企业建设安全生产数据采集上报与信息管理系统，改造升级在线监测监控系统。完善国家主干公路网交通安全防控监测信息系统。建设渔船渔港动态监管、海洋渔业通信、应急救助和海洋渔船（含远洋渔船）船位监测系统。完善渔船集中检验监察平台。推进航空运输卫星通信信息监控能力建设。

3. 风险防控能力建设工程

推动企业安全生产标准化达标升级。推进煤矿安全技术改造；创建煤矿煤层气（瓦斯）高效抽采和梯级利用、粉尘治理，兼并重组煤矿水文地质普查，以及大中型煤矿机械化、自动化、信息化和智能化融合等示范企业；建设智慧矿山。实施非煤矿山采空区和“头顶库”隐患治理；推动开采深度超过 800 米的矿井建设在线地压监测系统。开展油气输送管道安全隐患整治攻坚，建设国家油气输送管道地理信息系统；实施危险化学品重大危险源普查与监控。创建金属冶炼、粉尘防爆、液氨制冷等重点领域隐患治理示范企业。推进公路安全生命防护工程建设。加快深远海搜救、探测、打捞和航空安全保障能力建设。实施重点水域、重点港口、重点船舶以及重要基础设施隐患治理。加强高速铁路安全防护。完善内河重要航运枢纽安全设施。

4. 职业病危害治理能力建设工程

开展全国职业病危害状况普查、重点行业领域职业病危害检测详查。实施以高危粉尘作业和高毒作业职业病危害为重点的专项治理。建设区域职业病危害防治平台。完善职业病危害基础研究平台、省级职业病危害检测与物证分析实验室。

5. 城市安全能力建设工程

实施危险化学品和化工企业生产、仓储安全搬迁，到 2020 年现有位于城镇内人口密集区域的危险化学品生产企业全部启动搬迁改造，完成大型城市城区内安全距离不达标的危险化学品仓储企业搬迁。建设城市安全运行数据综合管理系统。实施区域火灾隐患综合治理。完善城镇建成区消防站、消防装备、市政消火栓等基础设施。推动老旧电梯更新改造。

6. 科技支撑能力建设工程

在高危行业领域创建“机械化换人、自动化减人”示范企业。建设完善国家矿山、危险化学品、职业病危害、城市安全、应急救援等行业领域重大事故防控技术支撑基地。建设安全监管监察执法装备创新研发基地和矿山物联网安全认证与检测平台。完善矿用产品安全准入验证分析中心实验室。建设具备宣传教育、实操实训、预测预警、检测检验和应急救援功能的省级综合技术支撑基地。

7. 应急救援能力建设工程

建设国家安全生产应急救援综合指挥平台和应急通信保障系统。建设重点行业和区域安全生产应急救援联动指挥决策平台。建成国家安全生产应急救援综合实训演练基地，建设危险化学品和油气输送管道应急救援基地，完善国家、区域矿山应急救援基地，健全国家矿山医疗救护体系。推进国家陆地搜寻与救护基地建设和高危行业应急救援骨干队伍、基层应急救援队伍建设，加强安全生产应急救援物资储备库建设。

8. 文化服务能力建设工程

建设国家安全生产新闻宣传数字传播系统和安全生产新闻宣传综合平台。建成安全生产网络学院和远程教育培训平台。完善“安全科学与工程”一级学科。实施全民安全素质提升工程和企业产业工人安全生产能力提升工程。建设安全生产主题公园、主题街道、安全体验馆和安全教育基地。

三、危险化学品安全综合治理方案

2016 年 11 月 29 日，国务院办公厅印发《危险化学品安全综合治理方案》(以下简称《方案》)。

（一）《方案》的工作目标和组织领导

1. 工作目标

企业安全生产主体责任得到有效落实。涉及危险化学品的各行业安全风险和重大危险源进一步摸清并得到重点管控，人口密集区危险化学品企业搬迁工程全面启动实施，危险化学品信息共享机制初步建立，油气输送管道安全隐患整治攻坚战成果得到巩固。危险化学品安全监管体制进一步理顺、机制进一步完善、法制进一步健全。危险化学品安全生产基础进一步夯实，应急救援能力得到大幅提高，安全保障水平进一步提升，危险化学品重特大事故得到有效遏制。

2. 组织领导

危险化学品安全综合治理工作由国务院安全生产委员会（以下简称国务院安委会）组织领导。国务院安委会视情召开危险化学品安全综合治理专题会议，研究部署推动各项工作落实。各有关部门按职责分工做好相关行业领域危险化学品安全综合治理工作。各省、自治区、直辖市人民政府负责组织开展好本行政区域内危险化学品安全综合治理工作。

（二）《方案》的时间进度和工作安排

2016 年 12 月开始至 2019 年 11 月结束，分三个阶段进行。

（1）部署阶段（2016 年 12 月）。各地区、各有关部门要按照总体要求，制定具体实施方案，明确职责，细化措施；要认真开展危险化学品安全综合治理动员部署，进行广泛宣传，营造良好氛围。

（2）整治阶段（2017 年 1 月至 2018 年 3 月开展深入整治，并取得阶段性成果；2018 年 4 月至 2019 年 10 月深化提升）。各地区、各有关部门要精心组织，认真实施，定期开展督导检查，及时解决危险化学品安全综合治理过程中发现的问题，确保各项工作按期完成。

（3）总结阶段（2019 年 11 月）。各地区、各有关部门要认真总结经验成果，形成总结报告并报送国务院安委会办公室，由国务院安委会办公室汇总后报国务院安委会。

（三）《方案》的治理内容

《方案》提出了十个主要方面及 40 个小项内容。一是包括全面摸排危险化学品安全风险：全面摸排风险；重点排查重大危险源。二是有效防范遏制危险化学品重特大事故：加强高危化学品管控；加强危险化学品重大危险源管控；加强化工园区和涉及危险化学品重大风险功能区及危险化学品罐区的风险管控；全面启动实施人口密集区危险化学品生产企业搬迁工程；加强危险化学品运输安全管控；巩固油气输送管道安全隐患整治攻坚战成果。三是健全危险化学品安全监管体制机制：进一步健全和完善政府监管责任体系；建立更加有力的统筹协调机制；强化行业主管部门危险化学品安全管理责任。四是强化对危险化学品安全的依法治理：完善法律法规体系；完善危险化学品安全标准管理体制；制定完善有关标准。五是加强规划布局和准入条件等源头管控：统筹规划编制；规范产业布局；严格安全准入；加强危险化学品建设工程设计、施工质量的管理。六是依法推动企业落实主体责任：加强安全生产有关法律法规贯彻落实；认真落实“一书一签”要求；推进科技强安；深入推进安全生产标准化建设；严格规范执法检查；依法严肃追究责任；建立实施“黑名单”制度；严格危险化学品废弃处置。七是大力提升危险化学品安全保障能力：强化危险化学品安全监管能力建设；积极利用社会力量，助力危险化学品安全监管；严格安全、环保评价等第三方服务机构监管；借鉴国际先进经验，防范重特大事故。八是加强危险化学品安全监管信息化建设：完善危险化学品登记制度；建立全国危险化学品监管信息共享平台；建设国家危险化学品安全公共服务互联网平台。九是加强危险化学品应急救援工作：进一步规范应急处置要求；加大资金支持力度；强化危险化学品专业应急能力建设；加强危险化学品应急预案管理。十是加强危险化学品安全宣传教育和人才培养：大力推进危险化学品安全宣传普及；加强化工行业管理人才培养；加快化工产业工人培养。

四、关于加强全社会安全生产宣传教育工作的意见

2016 年 4 月 25 日，国家安全生产监督管理总局、中共中央宣传部、教育部、文化部、国家新闻出版广电总局、中华全国总工会、共青团中央、全国妇联八部门联合印发了《关于加强全社会安全生产宣传教育工作的意见》(安监总宣教〔2016〕42 号)。《关于加强全社会安全生产宣传教育工作的意见》是深入学习贯彻习近平总书记关于安全生产系列重要指示精神、细化落实“十三五”规划相关部署要求的重要举措，旨在通过全面加强全社会安全生产宣传教育，牢固树立安全发展理念，增强全民安全文明素质，进一步提高全社会整体本质安全水平，提升人民群众安全感。

（一）安全生产宣传教育重点工作

《关于加强全社会安全生产宣传教育工作的意见》明确做好 6 个方面的安全生产宣传教育重点工作。

（1）重点做好安全发展观念的宣传教育。要大力宣传习近平总书记关于安全生产系列重要讲话精神，大力宣传党中央、国务院的决策部署，大力宣传安全生产事关人民群众生命财产安全和改革发展稳定大局的重要意义，大力宣传以人为本、安全发展的观念，大力宣传“安全第一、预防为主、综合治理”的方针，全面树立安全红线不可逾越的鲜明导向，使各级党委政府将安全生产作为最大的民生、最过硬的政绩、最重要的软实力，使企业将安全生产作为第一责任、第一效益、第一品牌和最核心的竞争力，引导全社会深刻认识安全生产就是保生命、保健康、保幸福，进一步营造安全生产人人有责、安全生产从我做起的良好氛围。

（2）重点做好安全生产形势任务的宣传教育。要辩证分析当前安全生产形势，既要大力宣传总体向好的发展态势，引导全社会坚定对安全生产工作的信心，又要客观介绍依然严峻复杂的客观现实，引导全社会增强安全生产忧患意识和责任意识。要通过历史变化、现实成就和国际比较，引导全社会深刻认识安全生产工作的长期性、艰巨性、复杂性

和反复性，形成全社会对安全生产形势的理性认识和合理预期。要及时回应安全生产热点问题，通俗易懂、图文并茂地阐释安全生产是什么、为什么、怎么干。

（3）重点做好安全生产措施和经验的宣传教育。要深入宣传阐释当前和“十三五”时期安全生产工作的总体思路、主要目标和重点措施，大力宣传党和政府保护人民群众生命健康安全的坚强决心、重大举措和明显成效。要将防范遏制重特大事故作为重中之重，强化相关方法措施的宣传。要把企业安全生产主体责任挺在前面，深入阐释企业安全生产主体责任、政府部门监管责任和党委政府领导责任的具体内容和明确界限，推动树立安全生产责任不可推卸、安全生产任务必须落实的鲜明导向。要大力宣传安全生产理念创新、制度创新、机制创新和体制创新的措施，为全面推进安全生产领域改革创造良好舆论氛围。要大力宣传安全生产好经验、好做法和先进人物事迹，纳入道德模范、时代楷模、最美人物等系列宣传，充分展示安全监管监察队伍心系生命、忠于职守、敢于担当、无私奉献、攻坚克难的高尚品质和精神风貌，树立安全生产新风正气。

（4）重点做好安全生产法治的宣传教育。要深入宣传依法治安在实施推进全面依法治国战略部署方面的重要意义，深入普及以《安全生产法》为核心的安全生产法律法规标准，大力宣传政府及有关部门、企业和从业人员等各方面安全生产的权利、义务，推动树立安全生产法治信仰、法治思维和法治方式。要认真讲好安全生产法治故事，直播公开审判案例，公布企业的安全生产不良信息和安全生产“黑名单”企业，推动树立安全生产法律不可践踏的鲜明导向。要加强安全生产舆论监督，定期曝光安全生产重大隐患、违法违规生产经营建设行为和发生重特大事故的企业及其负责人。要全面推进安全生产信息公开，凝聚形成安全生产人人了解、人人参与、人人监督、人人自律的合力。

（5）重点做好安全生产知识技能的宣传教育。要通过撰写报道、制作节目、开展活动等方式全面普及与人民群众息息相关的生产生活安全知识，进一步提升全社会的安全文明素质。要有针对性地加强全员安全教育培训，全面提升按章作业的思想自觉和行为自觉，全面提高风险辨识、隐患排查治理、事故应急处置和逃生自救互救能力。要针对重大活动、重要节日和重点时段，有针对性地进行重点宣传。

（6）重点做好生产安全事故的警示教育。要围绕容易发生重特大事故的行业领域、重点时间节点、关键薄弱环节，强化季节性动向性安全生产预防预警宣传。要突出应急响应、事故原因分析、问题整改和人文关怀，及时准确公开重特大典型事故的信息，稳妥做好生产安全事故报道。要突出事故原因剖析、事故教训警示，提醒各地举一反三、严防类似事故发生，切实做到一地出事故、全国受教育。

（二）宣传工作格局

《关于加强全社会安全生产宣传教育工作的意见》明确要着力构建全媒体、分众化的安全生产宣传教育工作格局。

一是加大主流媒体宣传教育工作力度。各级党委宣传部门要将安全生产纳入年度宣传重点工作，推动建立党委政府统一领导、安全监管和宣传部门协同配合、新闻媒体积极参与的安全生产宣传教育工作体系，定期共同研究安全生产工作的宣传议题、新闻线索和报道素材，确保安全生产实际工作和宣传报道同部署、同推进。要统筹协调所属主流媒体加大安全生产宣传教育力度，推动中央和地方党报、党刊、电视台、广播台等分别开设安全生产宣传教育固定栏目，增加版面、时段和频次。要在重要时间节点开展安全生产主题采访活动，形成规模效应。要认真做好重特大生产安全事故的应急报道和舆论引导，确保舆情平稳有序，维护社会稳定和人心安定，维护党和政府的形象。中央主流媒体要主动策划，创新方式手段，把握时度效，推出一批有影响力的新闻报道。

二是加大行业媒体宣传教育工作力度。要大力支持安全生产委员会成员单位所办媒体创新发展，支持行业媒体主动设置议题，加大权威新闻、首发新闻、独家新闻、深度报道、系列评论工作力度，与安全生产工作形成良性互动。鼓励各地区安全生产委员会办公室面向各级领导干部免费赠阅安全生产报和安全生产杂志等安全生产专业报刊。

三是加大安全生产网站群建设力度。要统一技术标准和基本规范，建设安全生产网站群，实现优势互补和工作联动。创新网站宣传形式，多用数字化、图表、音频、视频等展现信息。拓展网站互动服务功能，办好公众建言献策专栏和情景化导航服务系统。建立安全法规标准、事故案例、视频课程、统计数据等信息资源库，为公众查询提供服务。与门户网站建立共建共享工作机制，提升安全生产信息传播力影响力。

四是加大安全生产新媒体建设力度。市（地）级以上安全监管监察部门要开通安全生产政务微信、微博、新闻客户端和手机报，充分发挥新媒体交互性、贴近性等特点，坚持同一内容多媒体生产、多渠道传播、多形态展现，努力做到“用户在哪里，我们就覆盖到哪里”。要团结安全生产专家学者和责任感强、影响力大、受众面广的网络名人，强化互粉互联。要强化安全生产网络评论工作，正确引领网上舆论。各级安全监管监察干部要以个人名义开设微博、微信，自觉关注、宣传安全生产工作。

（三）安全生产宣传教育“七进”

《关于加强全社会安全生产宣传教育工作的意见》明确要扎实推进安全生产宣传教育进企业、进学校、进机关、进社区、进农村、进家庭、进公共场所，切实提高全民安全生产意识。

（1）推进安全生产宣传教育进企业。要把安全生产教育培训纳入企业发展规划，健全制度，明确机构和人员，保障经费需求。严格落实先培训后上岗、每年再培训、转岗再培训和新工艺、新技术、新设备、新材料、新标准培训制度。继续推进安全文化示范企业创建工作，推动企业加强安全文化建设，建立安全宣誓、岗位安全描述、班前安全会等制度。广泛开展送安全知识上门活动，努力解决中小企业安全教育无人管和管不好等突出问题。

（2）推进安全生产宣传教育进学校。要把安全教育纳入国民教育体系，认真落实《中小学公共安全教育指导纲要》，在课堂教学、社会实践、团组织和少先队活动中严格落实安全教育内容。推动中等、高等学校和职业院校加大安全教育力度。推动各类学校每学期至少开展一次安全应急演练、开展一次安全专题讲座，定期在校园广播、电子显示屏、校园网、校刊板报等宣传阵地刊播安全教育内容，在教室、餐厅等醒目位置设置安全提示专栏。

（3）推进安全生产宣传教育进机关。要把安全生产宣传教育纳入机关宣传教育的重要内容，大力宣传习近平总书记关于“党政同责、一岗双责、失职追责”和管行业必须管安全，管业务必须管安全，管生产经营必须管安全等重要指示精神。推动树立安全培训不到位就是重大安全隐患的意识，将安全生产教育培训纳入各地党校和干部培训课程，把相关典型案例教学作为重要抓手之一，编印、发放安全生产教育读本，拍摄并组织观看安全生产宣传教育片，设计安全生产教育系列挂图和宣传画在机关宣传栏、橱窗、食堂等场所张贴，举办安全生产教育专题讲座等。

（4）推进安全生产宣传教育进社区。要在社区、住宅小区因地制宜设置安全生产宣传牌（栏）、橱窗，在小区楼宇电视、户外显示屏、广播等经常性播放安全常识。要发动社区老年协会、老年大学、物业管理公司、志愿者组织等参与安全生产宣传教育工作。要制定社区专兼职安全宣传员制度。要把安全生产宣传教育纳入“安全社区”“平安社区”“文明社区”等创建、评定内容。

（5）推进安全生产宣传教育进农村。要推动农村党支部、村民委员会在集市、村庄公共活动场所等地设置安全生产宣传橱窗、标语，利用文化活动站、学习室、乡村广播等，开展经常性安全生产宣传教育。要利用农闲、节庆、民俗活动和农民工返乡等有利时机，集中开展有针对性的安全生产宣传教育活动。要积极开展群众喜闻乐见的安全生产文艺作品创作和演出，把安全教育纳入文化下乡、送电影下乡和群众文化等活动。

（6）推进安全生产宣传教育进家庭。要定期在中小学生中开展“安全伴我在校园”“我把安全带回家”主题征文、演讲等活动，努力发挥“教育一个学生、带动一个家庭、影响整个社会”的作用。要把安全教育作为“文明家庭”“五好家庭”等活动创建内容。鼓励企业面向家庭开展生产安全事故警示教育，筑牢家庭安全生产防线。

（7）推进安全生产宣传教育进公共场所。各地区要在重要场所、重点地段、重要区域以及高速路口、过街天桥、道路隔离带、护栏、灯杆等醒目位置悬挂安全生产横幅、标语，在电子显示屏等持续滚动播出安全生产知识。要开展“安全宣传进影院”活动，推动影院播放公益安全生产宣教片。要积极建设安全科普体验场馆，开发安全体验项目。

（四）活动方式

《关于加强全社会安全生产宣传教育工作的意见》明确要广泛开展形式多样、富有实效的安全生产宣传教育活动。

一是认真开展全国“安全生产月”和“安全生产万里行”活动。要以“安全生产月”为契机，组织开展安全生产宣传咨询日，文艺巡演，书法、绘画和摄影作品展览，安全生产公开课，安全生产巡回演讲，安全生产主题征文等丰富多彩的宣传教育活动。要建立“安全生产万里行”全市行、全省行和常年行工作机制，组建相对稳定的专业队伍，制作“安全生产报告”等调查性栏目，强化新闻宣传和舆论监督。会同中央和地方主流媒体，层层策划打造安全隐患曝光平台、生死之间安全生产警示录、守护生命主题演讲、安全生产知识竞赛等群众喜闻乐见的安全生产宣传教育精品力作。

二是认真开展形式多样的群众性安全生产共建共享活动。要将安全生产纳入文明城市、文明村镇、文明单位、文明校园、文明家庭创建内容，加大指标考核权重。要建立完善与各级工会、共青团、妇联、行业协会等群众团体和社会组织的沟通合作机制，深入开展“安康杯”竞赛、“青年安全生产示范岗”、“五好文明家庭”、“平安校园”创建和“职业病防治法宣传周”等活动，进一步夯实安全生产的群众基础。

三是认真开展安全文化精品创作展播活动。要推动相关专业团队创作安全生产主题公益广告、影视剧、动漫、微视频、游戏等作品，分门别类地宣传普及企业、机关、社区、家庭等安全生产知识。要搭建平台、加强指导，积极扶持安全生产广播、电视节目以及电影、电视剧的制作和播出，定期开展安全生产优秀剧目、图书、影视片、音乐作品评选推介活动，定期开展安全生产好新闻评选和优秀作品展映展播。要鼓励开展群众性安全生产文艺活动，通过举办群众喜闻乐见的专题晚会、巡回演出、文艺汇演等普及安全生产知识。

（五）保障措施

《关于加强全社会安全生产宣传教育工作的意见》明确全面加强支撑保障能力建设，主要从4个方面作了规定。

一是强化组织领导。要坚持党对新闻舆论工作的领导，坚持党管宣传、党管媒体、党管网络，严格落实党委（党组）意识形态责任制。要层层建立安全生产宣传教育工作领导机制和工作协调机制，制定年度宣传教育计划，定期进行宣传效果评估，督促落实工作责任。各地区党委宣传部门和政府安全监管、教育、新闻出版广电等部门主要负责人要亲自过问安全生产宣传教育工作，分管负责人要直接负责，逐级制定具体措施，落实工作责任。要把全民安全生产宣传教育工作与精神文明创建、社会治安综合治理、文化科技卫生“三下乡”等群众性精神文明建设有机结合起来。要将安全生产宣传教育工作纳入安全生产责任体系建设和目标考核重点内容，研究建立全民安全意识评估指标体系和安全生产宣传教育工作绩效评估体系。要大力宣传推广全民安全生产宣传教育工作的先进经验和先进典型，以点带面、推动工作。

二是强化制度建设。要建立安全生产宣传教育定期研究机制，定期策划重点宣传议题，围绕阶段性选题挖掘线索、广开渠道，上下联动、形成声势。要层层建立新闻发言人和新闻发布会制度，确保发布流程、发布语言和发言人制度化、机制化。要完善宣传教育内容审核制度，严肃纪律，规范行为，对信息公开的主体、内容、方式、程序、权限及责任追究等作出明确规定。要完善舆情研判制度，做到专人负责，监测全天候、处置即时化。要完善敏感事件应对制度，建立预案，提早研判，第一时间有效回应，澄清谬误，明辨是非，切实把问题化解在萌芽状态、化解在基层。要建立快捷有效的沟通机制，使不同平台、不同层级的安全生产宣传教育工作按照一个立场从不同角度同时有效发声，凝聚力量，形成声势。

三是强化队伍建设。要加强安全生产宣传教育机构建设和人员配备工作，把专业水平高、责任心强的人员配置到安全生产宣传教育工作岗位。要继续抓好安全生产新闻发言人、专家、记者和通讯员、网络评论员和安全生产监督员五支队伍建设，打造一支政治坚定、业务精湛、作风优良、党和人民放心的安全生产宣传教育队伍。要强化对安全生产宣传教育队伍的专题培训，不断提高相关人员的政策把握能力、舆情研判能力、解疑释惑能力和舆论引导能力。要推动市（地）级以上有关部门组织安全生产宣讲团，建设自愿从事安全生产宣传教育工作的志愿者队伍，经常深入基层和企业开展安全生产宣讲活动。

四是强化经费投入。各地要列支专门经费用于安全生产宣传教育工作，实行分级投入、分级管理。要争取财政、发展改革等部门支持，实施全民安全素质提升工程，强化安全生产宣传教育体系和能力建设。要建立从安全责任险、工伤保险基金中提取一定比例资金用于安全生产宣传教育的政策机制。要拓宽社会资源进入安全生产宣传教育的途径，积极争取社会各界捐助，拓宽市场化的筹资渠道。

五、关于推进城市安全发展的意见

2018 年 1 月，中共中央办公厅、国务院办公厅印发了《关于推进城市安全发展的意见》，标志着我国城市安全发展进入了新的历史时期。《关于推进城市安全发展的意见》以习近平新时代中国特色社会主义思想为指导，全面贯彻党的十九大精神，以防范遏制重特大生产安全事故为重点，覆盖涉及城市安全的关键环节，明确推进城市安全发展的制度措施，着力打造安全发展型城市。

（一）总体要求

1. 指导思想

全面贯彻党的十九大精神，以习近平新时代中国特色社会主义思想为指导，紧紧围绕统筹推进“五位一体”总体布局和协调推进“四个全面”战略布局，牢固树立安全发展理念，弘扬生命至上、安全第一的思想，强化安全红线意识，推进安全生产领域改革发展，切实把安全发展作为城市现代文明的重要标志，落实完善城市运行管理及相关方面的安全生产责任制，健全公共安全体系，打造共建共治共享的城市安全社会治理格局，促进建立以安全生产为基础的综合性、全方位、系统化的城市安全发展体系，全面提高城市安全保障水平，有效防范和坚决遏制重特大安全事故发生，为人民群众营造安居乐业、幸福安康的生产生活环境。

2. 基本原则

《关于推进城市安全发展的意见》提出了四项基本原则。一是坚持生命至上、安全第一。牢固树立以人民为中心的发展思想，始终坚守发展决不能以牺牲安全为代价这条不可逾越的红线，严格落实地方各级党委和政府的领导责任、部门监管责任、企业主体责任，加强社会监督，强化城市安全生产防范措施落实，为人民群众提供更有保障、更可持续的安全感。二是坚持立足长效、依法治理。加强安全生产、职业健康法律法规和标准体系建设，增强安全生产法治意识，健全安全监管机制，规范执法行为，严格执法措施，全面提升城市安全生产法治化水平，加快建立城市安全治理长效机制。三是坚持系统建设、过程管控。健全公共安全体系，加强城市规划、设计、建设、运行等各个环节的安全管理，充分运用科技和信息化手段，加快推进安全风险管控、隐患排查治理体系和机制建设，强化系统性安全防范制度措施落实，严密防范各类事故发生。四是坚持统筹推动、综合施策。充分调动社会各方面的积极性，优化配置城市管理资源，加强安全生产综合治理，切实将城市安全发展建立在人民群众安全意识不断增强、从业人员安全技能素质显著提高、生产经营单位和区域安全保障水平持续改进的基础上，有效解决影响城市安全的突出矛盾和问题。

3. 总体目标

到 2020 年，城市安全发展取得明显进展，建成一批与全面建成小康社会目标相适应的安全发展示范城市；在深入推进示范创建的基础上，到 2035 年，城市安全发展体系更加完善，安全文明程度显著提升，建成与基本实现社会主义现代化相适应的安全发展城市。持续推进形成系统性、现代化的城市安全保障体系，加快建成以中心城区为基础，带动周边、辐射县乡、惠及民生的安全发展型城市，为把我国建成富强民主文明和谐美丽的社会主义现代化强国提供坚实稳固的安全保障。

（二）城市安全发展的途径

《关于推进城市安全发展的意见》针对城市安全基础薄弱，安全管理水平与现代化城市发展要求不适应、不协调等问题，提出了加强城市安全发展的工作方法和途径。

（1）加强城市安全源头治理。坚持安全发展理念，严密细致制定城市经济社会发展总体规划及城市规划、城市综合防灾减灾规划等专项规划，居民生活区、商业区、经济技术开发区、工业园区、港区以及其他功能区的空间布局要以安全为前提。加强建设项目实施前的评估论证工作，将安全生产的基本要求和保障措施落实到城市发展的各个领域、各个环节。加强体现安全生产区域特点的地方性法规建设，形成完善的城市安全法治体系。加强城市交通、供水、排水防涝、供热、供气和污水、污泥、垃圾处理等基础设施建设、运营过程中的安全监督管理，严格落实安全防范措施。完善高危行业企业退城入园、搬迁改造和退出转产扶持奖励政策。制定中心城区安全生产禁止和限制类产业目录，推动城市产业结构调整，治理整顿安全生产条件落后的生产经营单位，经整改仍不具备安全生产条件的，要依法实施关闭。加快推进城镇人口密集区不符合安全和卫生防护距离要求的危险化学品生产、储存企业就地改造达标、搬迁进入规范化工园区或依法关闭退出。结合企业管理创新，大力推进企业安全生产标准化建设，不断提升安全生产管理水平。

（2）健全城市安全防控机制。对城市安全风险进行全面辨识评估，建立城市安全风险信息管理平台，绘制“红、橙、黄、蓝”四色等级安全风险空间分布图。编制城市安全风险白皮书，及时更新发布。对重点人员密集场所、安全风险较高的大型群众性活动开展安全风险评估，建立大客流监测预警和应急管控处置机制。制定城市安全隐患排查治理规范，健全隐患排查治理体系。进一步完善城市重大危险源辨识、申报、登记、监管制度，建立动态管理数据库，加快提升在线安全监控能力。加强广告牌、灯箱和楼房外墙附着物管理，严防倒塌和坠落事故。加强老旧城区火灾隐患排查，督促整改私拉乱接、超负荷用电、线路短路、线路老化和影响消防车通行的障碍物等问题。加强城市隧道、桥梁、易积水路段等道路交通安全隐患点段排查治理，保障道路安全通行条件。加强安全社区建设。推行高层建筑消防安全经理人或楼长制度，建立自我管理机制。坚持快速、科学、有效救援，健全城市安全生产应急救援管理体系，加快推进建立城市应急救援信息共享机制，健全多部门协同预警发布和响应处置机制，提升防灾减灾救灾能力，提高城市生产安全事故处置水平。完善事故应急救援预案，实现政府预案与部门预案、企业预案、社区预案有效衔接，定期开展应急演练。完善应急救援联动机制，强化应急状态下交通管制、警戒、疏散等防范措施。强化有限空间作业和现场应急处置技能。根据城市人口分布和规模，充分利用公园、广场、校园等宽阔地带，建立完善应急避难场所。

（3）提升城市安全监管效能。完善党政同责、一岗双责、齐抓共管、失职追责的安全生产责任体系。全面落实城市各级党委和政府对本地区安全生产工作的领导责任、党政主要负责人第一责任人的责任，及时研究推进城市安全发展重点工作。科学划分经济技术开发区、工业园区、港区、风景名胜区等各类功能区的类型和规模，明确健全相应的安全生产监督管理机构。理顺城市无人机、新型燃料、餐饮场所、未纳入施工许可管理的建筑施工等行业领域安全监管职责，落实安全监督检查责任。推进实施联合执法，解决影响人民群众生产生活安全的“城市病”。加强安全生产监管执法机构规范化、标准化、信息化建设，充分运用移动执法终端、电子案卷等手段提高执法效能，改善现场执法、调查取证、应急处置等监管执法装备，实施执法全过程记录。实行派驻执法、跨区域执法或委托执法等方式，加强街道（乡镇）和各类功能区安全生产执法工作。

（4）强化城市安全保障能力。制定完善政府购买安全生产服务指导目录，强化城市安全专业技术服务力量。完善城市社区安全网格化工作体系，强化末梢管理。加大城市安全运行设施资金投入，积极推广先进生产工艺和安全技术，提高安全自动监测和防控能力。加强城市安全监管信息化建设，建立完善安全生产监管与市场监管、应急保障、环境保护、治安防控、消防安全、道路交通、信用管理等部门公共数据资源开放共享机制，加快实现城市安全管理的系统化、智能化。深入推进城市生命线工程建设，积极研发和推广应用先进的风险防控、灾害防治、预测预警、监测监控、个体防护、应急处置、工程抗震等安全技术和产品。建立城市安全智库、知识库、案例库，健全辅助决策机制。升级城市放射性废物库安全保卫设施。建立完善安全生产和职业健康相关法律法规、标准的查询、解读、公众互动交流信息平台。积极开展安全文化创建活动，鼓励创作和传播安全生产主题公益广告、影视剧、微视频等作品。鼓励建设具有城市特色的安全文化教育体验基地、场馆，积极推进把安全文化元素融入公园、街道、社区，营造关爱生命、关注安全的浓厚社会氛围。

第二章　安全生产法律基础知识

第一节　法律基础知识

一、法的概念

（一）法的定义

“法律”一词通常在广、狭两义上使用。广义的“法律”，是指法律的整体。例如就我国现在的法律而论，它包括作为根本法的宪法、全国人大及其常委会制定的法律、国务院制定的行政法规、国务院有关部门制定的部门规章、地方国家机关制定的地方性法规和地方政府规章等。狭义的法律，仅指全国人大和人大常委会制定的法律。在人们日常生活中，使用“法律”一词多是从广义上来说的，如“执法必严”“违法必究”“人人守法”“法律面前一律平等”，其中涉及的“法”和“法律”都是从广义上讲的。《中华人民共和国宪法》第六十二条和第六十七条规定全国人大和常委会有权制定法律，这两条中所讲的“法律”，是在狭义上使用的。为了加以区别，有的法学著作将广义的“法律”称之为“法”，但在很多场合下，仍根据约定俗成原则，统称为法律，即有时作广义解，有时作狭义解。

（二）法的本质

法的本质，即法的根本属性。是指法这一事物的内在必然联系，它是由其本身所包含的特殊矛盾构成的。任何事物都有本质和现象这两个方面，它们密切联系，本质要通过现象表现出来，现象是外在的，本质是内在的，透过现象分析本质是我们研究问题的关键。古往今来法学界对法本质的研究著书立说的文献浩如烟海，由于意识形态的差异，可以把这些对法本质的著述分为非马克思主义法学关于法本质的观点和马克思主义法学关于法本质的观点。

1. 非马克思主义法学关于法本质的观点

（1）意志、理性、正义说：意志说把法的本质归结为意志，可分为神意论，即将法的本质归结为神的意志；公意论，即将法的本质认为是公共意志或共同意志。理性说认为法的本质体现了上帝的理性、人的理性和本性。正义说把法的本质归结为正义，即法应体现善和公正。

（2）权力、规范、工具说：权力说把法的本质认为是国家对臣民的命令，法是掌握主权者的命令，如不服从就以制裁的威胁作后盾。规范说把法的本质认为是一种规范或规则，是一个社会决定什么行为应受公共权力加以惩罚或强制而直接或间接使用的一种特殊的行为规范或规则。工具说把法的本质认为是达到某种目的的工具。

2. 马克思主义法学关于法本质的观点

马克思主义认为法是统治阶级意志的体现，这个意志的内容是由统治阶级的物质生活条件决定的，是阶级社会的产物，说明了法的本质的根本属性是由阶级性、物质性、社会性等多样性组成，法的这三个根本属性对说明法的本质是缺一不可的。

当前，我国正在努力实现国家各项工作法治化，向着建设法治中国不断前进。正确认识法的本质，对于我们自觉坚持、扎实推进依法治国意义重大。我们应以辩证的思维，全面理解法的本质。①法是主观性与客观性的统一。法律的内容具有客观性，形式上则具有主观性，是二者的统一。②法是阶级性与共同性的统一。法的阶级性是法由统治阶级制定或认可并由国家强制力保障实施的统治阶级意志。法的共同性是指某些法律内容、形式、作用效果并不以阶级为界限，而是带有相同或相似性。阶级性与共同性并不矛盾，随着世界交往的密切发展，人类共同问题的凸显，不同意识形态的文明相互借鉴，各国求同存异，采取了大量的全球统一的法律措施，使法律的共同性具有了鲜明的时代特征。③法是利益性与正义性的统一。利益和正义是法律的两类价值，法律确认、分配和调整利益，法律对利益的调整目的应当是实现社会正义，只有实现正义，各个主体在追求利益时才能有保证。法是利益性与正义性的统一。

（三）法的特征

法作为上层建筑，具有如下4个基本特征：

（1）法是调整人们行为的规范。这是它与思想意识、国家、政党的区别之一。每一法律规范都是由行为模式和法律后果两部分组成的。通过行为模式和法律后果来规制人们的行为。

（2）法是由国家制定或认可并具有普遍的约束力。制定和认可是国家创制法律的两种形式，表明了法律的国家意志性。其他诸如道德、宗教、政党团体的规章等均不具有国家意志的属性。

（3）法通过规定人们的权利和义务来调整社会关系。法作为特殊的社会规范，它是以规定人们的权利和义务作为主要内容的。法对社会关系的调整，总是通过规定人们在一定关系中的权利与义务来实现的。

（4）法通过一定的程序由国家强制力保证实施。国家强制力指国家的军队、警察、法庭、监狱等有组织的国家暴力。如果没有国家强制力为后盾，法律就会对公民违法行为失去权威性，法律所体现的意志就得不到贯彻和保障。

（四）法的要素

1. 法的要素

法的要素是指法的现象是由哪些因素或部分组成的。法的构成要素主要是规范。一般说来，法由法律概念、法律原则、法律技术性规定以及法律规范四个要素构成。法律概念是指法律上规定的或人们在法律推理中通用的概念。法律概念是法律规范或法律原则的必不可少的因素。法律原则是指法律上规定的用以进行法律推理的准则。它没有规定的事实状态，也没有规定具体的法律后果，但在立法、执法和司法和法律监督中是不可或缺的。法律原则比法律规范更抽象、概括，对理解、适用法律规范或进行法律推理，具有指导意义。一般地说，法律、法规中的总则和宪法中大部分条文规定了法律原则，法律总则和分则中往往包括了有关法律概念。法律、法规中关于该法何时开始生效、凡与该法抵触者无效等的规定，则属于法律技术性规定。法的主体是法律规范。

2. 法律规则的逻辑构成

从逻辑上说，每个法律规范由行为模式和法律后果两个部分构成。行为模式大体上可分为三类：①可以这样行为。②应该这样行为。③不应该这样行为。这三种行为规范就意味有三种法律规范：①授权性法律规范。②命令性法律规范。③禁止性法律规范。授权性法律规范赋予人们权利，而且是受法律保护的。命令性法律规范和禁止性规范规定的义务人们必须遵守，不遵守就意味着违法犯罪，法律就要惩罚违法犯罪的行为，以确保法律的权威。所以，后两类法律规范又可合称为义务性规范。法律后果大体上可分为两类：①肯定性法律后果，即法律承认这种行为合法、有效并加以保护以至奖励。②否定性法律后果，即法律不予承认，加以撤销以至制裁。

3. 法律规则的分类

（1）根据不同的行为模式，可分为授权性法律规范、命令性法律规范和禁止性法律规范。

（2）根据法的效力的强弱程度，可分为强行性规范，即不问个人意愿如何，必须加以适用的规范。任意性规范，即适用与否由个人自行选择的规范。

（3）从法律规范的内容是否确定，可分为确定性规范，即明确规定一定行为，不必再援用其他规则。委托性规范，即这种规范本身未规定行为规则，而规定委托（授权）其他机关加以规定。准用性规范，即并未规定行为规则，而规定参照、援用其他法律条文或其他法规。

（五）法的渊源

法的渊源简称“法源”，通常指法的创立方式及表现为何种法律文件形式，在中国也称为法的形式，用以指称法的具体的外部表现形态。当代中国法的渊源主要为以宪法为核心的各种制定法，包括宪法、法律、行政法规、地方性法规、自治法规、行政规章、特别行政区法、国际条约。

1. 宪法

宪法是国家的根本法，具有最高的法律地位和法律效力。宪法的特殊地位和属性，体现在4个方面：一是宪法规定国家的根本制度、国家生活的基本准则。如我国宪法就规定了中华人民共和国的根本政治制度、经济制度、国家机关和公民的基本权利和义务。宪法所规定的是国家生活中最根本、最重要的原则和制度，因此宪法成为立法机关进行立法活动的法律基础，宪法被称为“母法”“最高法”。但是宪法只规定立法原则，并不直接规定具体的行为规范，所以它不能代替普通法律。二是宪法具有最高法律效力，即具有最高的效力等级，是其他法的立法依据或基础，其他法的内容或精神必须符合或不得违背宪法的规定或精神，否则无效。三是宪法的制定与修改有特别程序。我国宪法草案是由宪法修改委员会提请全国人民代表大会审议通过的。四是宪法的解释、监督均有特别规定。我国1982年宪法规定，全国人民代表大会和全国人民代表大会常务委员会监督宪法的实施，全国人民代表大会常务委员会有权解释宪法。

2. 法律

这里所谓法律是指狭义上的法律，是由全国人大及其常委会依法制定和变动的，规定和调整国家、社会和公民生活中某一方面带根本性的社会关系或基本问题的一种法。法律的地位和效力低于宪法而高于其他法，是法的形式体系中的二级大法。法律是行政法规、地方性法规和行政规章的立法依据或基础，行政法规、地方性法规和行政规章不得违反法律，否则无效。法律分为基本法律和基本法律以外的法律两种。基本法律由全国人大制定和修改，在全国人大闭会期间，全国人大常委会也有权对其进行部分补充和修改，但不得同其基本原则相抵触。基本法律规定国家、社会和公民生活中具有重大意义的基本问题，如刑法、民法等。基本法律以外的法律由全国人大常委会制定和修改，规定由基本法律调整以外的国家、社会和公民生活中某一方面的重要问题，其调整面相对较窄，内容较具体，如安全生产法、商标法、文物保护法等。两种法律具有同等效力。全国人大及其常委会还有权就有关问题作出规范性决议或决定，它们与法律具有同等地位和效力。

3. 行政法规

行政法规专指最高国家行政机关即国务院制定的规范性文件。行政法规的名称通常为条例、规定、办法、决定等。行政法规的法律地位和法律效力次于宪法和法律，但高于地方性法规、行政规章。行政法规在中华人民共和国领域内具有约束力。这种约束力体现在两个方面：一是具有拘束国家行政机关自身的效力。作为最高国家行政机关和中央人民政府的国务院制定的行政法规，是国家最高行政管理权的产物，它对一切国家行政机关都有拘束力，都必须执行。其他所有行政机关制定的行政措施均不得与行政法规的规定相抵触；地方性法规、行政规章的有关行政措施不得与行政法规的有关规定相抵触。二是具有拘束行政管理相对人的效力。依照行政法规的规定，公民、法人或者其他组织在法定范围内享有一定的权利，或者负有一定的义务。国家行政机关不得侵害公民、法人或者其他组织的合法权益；公民、法人或者其他组织如果不履行法定义务，也要承担相应的法律责任，受到强制执行或者行政处罚。

4. 地方性法规

地方性法规是指地方国家权力机关依照法定职权和程序制定和颁布的、施行于本行政区域的规范性文件。地方性法规的法律地位和法律效力低于宪法、法律、行政法规，但高于地方政府规章。根据我国宪法和立法法等有关法律的规定，地方性法规由省、自治区、直辖市的人民代表大会及其常务委员会，在不同宪法、法律、行政法规相抵触的前提下制定，报全国人大常委会和国务院备案。省、自治区的人民政府所在地的市、经济特区所在地的市和经国务院批准的较大的市的人民代表大会及其常委会根据本市的具体情况和实际需要，在不同宪法、法律、行政法规和本省、自治区的地方性法规相抵触前提下，可以制定地方性法规，报所在的省、自治区的人民代表大会常务委员会批准后施行。

5. 自治法规

自治法规是民族自治地方的权力机关所制定的特殊的地方规范性法律文件即自治条例和单行条例的总称。自治条例是民族自治地方根据自治权制定的综合性法律文件；单行条例则是根据自治权制定的调整某一方面事项的规范性法律文件。各民族自治地方的人大都有权按照当地民族的政治、经济、文化特点，制定自治条例和单行条例。自治区的自治条例和单行条例报全国人大常委会批准后生效。自治州、自治县的自治条例和单行条例，报省或自治区人大常委会批准后生效，并报全国人大常委会备案。自治条例和单行条例同地方性法规在立法依据、程序、层次、构成方面有区别，同宪法和其他规范性法律文件亦有区别。自治条例和单行条例在我国法的渊源中是低于宪法、法律的一种形式。自治条例和单行条例可作民族自治地方的司法依据。

6. 行政规章

行政规章是有关行政机关依法制定的事关行政管理的规范性文件的总称。分为部门规章和政府规章两种。部门规章是国务院所属部委根据法律和国务院行政法规、决定、命令，在本部门的权限内，所发布的各种行政性的规范性文件，亦称部委规章。其地位低于宪法、法律、行政法规，不得与它们相抵触。政府规章是有权制定地方性法规的地方人民政府根据法律、行政法规制定的规范性文件，亦称地方政府规章。政府规章除不得与宪法、法律、行政法规相抵触外，还不得与上级和同级地方性法规相抵触。

7. 国际条约

国际条约指两个或两个以上国家或国际组织间缔结的确定其相互关系中权利和义务的各种协议，是国际间相互交往的一种最普遍的法的渊源或法的形式。国际条约本属国际法范畴，但对缔结或加入条约的国家的国家机关、公职人员、社会组织和公民也有法的约束力；在这个意义上，国际条约也是该国的一种法的渊源或法的形式，与国内法具有同等约束力。随着中国对外开放的发展，与别国交往日益频繁，与别国缔结的条约和加入的条约日渐增多。这些条约也是中国司法的重要依据。

8. 其他法源

除上述法的渊源外，在中国还有这样几种成文的法的渊源：一是“一国两制”条件下特别行政区的规范性文件；二是中央军事委员会制定的军事法规和军内有关方面制定的军事规章；三是有关机关授权别的机关所制定的规范性文件。

经济特区的规范性文件，如果是根据宪法和地方组织法规定的权限制定的，属于地方性法规；如果是根据有关机关授权制定的，则属于根据授权而制定的规范性文件的范畴。

（六）法的分类

法的分类是指从不同的角度，按照不同的标准，将法律规范划分为若干不同的种类。从不同角度或标准，我们可以对法作不同分类。

（1）根据法的创制和适用主体不同为标准，可以把法分为国内法和国际法。

（2）根据法的效力、内容和制定程序不同为标准，可以把法分为根本法和普通法。根本法即宪法，普通法即宪法以外的其他法律，这里的普通法不是指英美法系中的普通法。

（3）根据法的适用范围的不同为标准，可以把法分为一般法和特别法。一般法是指对一般人、一般事项、一般时间、一般空间范围有效的法律，特别法是指对特定部分人、特定事、特定地区、特定时间有效的法律。

（4）根据法律规定的内容的不同为标准，可以把法分为实体法和程序法。实体法是指规定主要权利和义务（职权和职责）的法律，如民法、刑法等，程序法一般是指保证权利和义务得以实施的程序的法律，如民事诉讼法、刑事诉讼法等。

（5）根据法律的创制和表达形式不同为标准，可以把法分为成文法和不成文法。成文法是指由国家机关制定和公布，以成文形式出现的法律，故又称制定法。不成文法是指由国家认可其具有法律效力的法律，又称为习惯法。

（6）根据国家的意识形态不同为标准，可以把法分为社会主义法和资本主义法。

二、法的作用

法的作用是指法对人与人之间所形成的社会关系所发生的一种影响，它表明了国家权力的运行和国家意志的实现。法的作用可以分为规范作用和社会作用。规范作用是从法是调整人们行为的社会规范这一角度提出来的，而社会作用是从法在社会生活中要实现一种目的的角度来认识的，规范作用是手段，社会作用是目的。

（一）法的规范作用

根据行为的不同主体，法的规范作用可分为指引、评价（教育）、预测和强制作用。

（1）指引作用：①对个人行为的指引。对个人行为的指引有两种：一是个别指引（或称个别调整），即通过一个具体的指示就具体的人和情况的指引；二是规范性指引（或称规范性调整），即通过一般的规则就同类的人或情况的指引。②确定的指引和有选择的指引。确定的指引是指人们必须根据法律规范的指引而行为，有选择的指引是指人们对法律规范所指引的行为有选择余地，法律容许人们自己决定是否这样行为。

（2）评价作用：①对他人行为的评价。作为一种社会规范，法律具有判断、衡量他人行为是否合法有效的评价作用。②法律是一种评价准则。法是一个重要的评价准则，即根据法来判断某种行为是否正当。

（3）教育作用：即通过法的实施而对一般人今后的行为所发生的影响。一部法律能否真正起教育作用或起教育作用的程度，归根结底要取决于法律规定本身能否真正体现绝大多数社会成员的利益。

（4）预测作用：法律的预测作用，或者说法律有可预测性的特征，即依靠作为社会规范的法律，人们可以预先估计到他们之间将如何行为。

（5）强制作用：这种规范作用的对象是违法者的行为。法的强制作用不仅在于制裁违法犯罪行为，而且在于预防违法犯罪行为、增进社会成员的安全感。

（二）法的社会作用

法的社会作用是相对于法的规范作用而言的，指法律对社会和人的行为的实际影响。我国社会主义法的社会作用大体可以归纳为6个方面：

（1）维护秩序，促进建设与改革开放，实现富强、民主与文明。

（2）根据一定的价值准则分配利益，确认和维护社会成员的权利和义务。

（3）为国家机关及其公职人员执行任务的行为提供法律依据，并对他们滥用权力或不尽职责的行为实行制约。

（4）预防和解决社会成员之间以及与国家机关之间或国家机关之间的争端。

（5）预防和制裁违法犯罪行为。

（6）为法律本身的运作与发展提供制度和程序。

法的规范作用与法的社会作用是相辅相成的，法是以自己特有的规范作用实现其社会作用的。

（三）法的局限性

法的局限性在于：①法律并不是调整社会关系的唯一手段。除法律外，还有经济、政治、行政、道德等各种手段，法律不是唯一的社会规范。②法的稳定性、抽象性与现实生活多变性、具体化存有矛盾。③法的作用的发挥，需要其他各种条件的配合。“徒善不足以为政，徒法不足以自行。”法律作为国家制定或认可的社会规范体系，需要合适的人去正确执行和适用，所以执法人员的专业知识和思想道德水平、公民的自觉守法，良好的法律文化氛围和全社会对法的充分信任，这些都是一个国家实现法治的所必要的。法的局限性可以通过其他途径加以辅助来弥补。

三、法律体系与法的效力

（一）法律体系

1. 法律体系的概念、特征

1）法律体系的概念

法律体系是按照一定的原则和标准划分的同类法律规范组成法律部门而形成一个有机联系的整体，即部门法体系。法律体系的外部结构表现为宪法、基本法律、法律、地方性法规以及有法律效力的解释等，其主干是各种部门法。法律体系的外部结构要求各个部门法门类齐全、严密完整。法律体系的内部结构的基本单位是各种法律规范。各种法律规范的和谐一致是法律部门内部和相互间以至整个体系协调统一的基础。

2）法律体系的特征

由于各种因素的影响，各国法的体系在结构上不尽相同，但在以下 4 个方面是很相近或相同的。一是法的体系的结构具有高度的组织性。二是法的体系结构的确立，是以社会结构为基础，以法律自身的规律为中介。三是法律体系结构的发展具有历史的连续性和继承性。四是法律体系的结构具有一定的开放性。上述 4 个方面既是法律体系在结构上的一般特点，又是确立法律体系在结构上的一般要求。

2. 法律体系与法律部门

法律部门的划分是人们对一国现行法律规范，按照一定的标准和原则，按照法律调整社会关系的不同领域和不同方法所划分的同类法律规范的总和。所作的分类，属于主观认识的范畴。但是划分标准的确定，必须符合法律部门形成和发展的客观实际。法律部门是法的体系的一种中观构成要素，各个不同的法律部门的有机结合，便成为一国的法律体系。

3. 我国现行法律体系

我国社会主义法律体系主要包括下列法律部门：

（1）宪法：宪法又称国家法，规定国家的社会制度和国家制度的基本原则、国家机关的组织和活动的基本原则以及公民的基本权利和义务等重要内容的规范性文件，是国家的根本法。

（2）行政法：行政法是有关行政管理活动的各种法律规范的总和。

（3）财政法：财政法是调整国家机关的财政活动，主要是财政资金的积累和分配的法律规范的总和。

（4）民法：民法是调整平等主体之间的财产关系和人身关系的法律规范的总称。

（5）经济法：经济法是国家领导、组织、管理经济的法律规范的总和。

（6）劳动法：劳动法是调整劳动关系以及由此而产生的其他关系的法律规范的总称。

（7）婚姻法：婚姻法是调整婚姻关系和家庭关系的法律规范的总和。

（8）刑法：刑法是关于犯罪和刑罚的法律规范的总称。

（9）诉讼法：诉讼法是关于诉讼程序的法律规范的总称。

（10）国际法：国际法是调整国际交往中国家间相互关系的法律规范的总称。

（二）法的效力

1. 法的效力概念

法的效力，通常有广狭两种理解。从广义上说，法的效力是泛指法律的约束力。不论是规范性法律文件，还是非规范性法律文件，对人们的行为都产生法律上的约束作用。狭义上的法的效力，是指法律的具体生效的范围，对什么人，在什么地方和在什么时间适用的效力。

正确理解法的效力问题，是适用法律的重要条件。本章所讲的法的效力，是就狭义而言的。

2. 法的效力层次

我国现行立法体制是“一元、两级、多层次、多类别”。与此相适应，我国立法的效力是有层次的。法的效力层次是指规范性法律文件之间的效力等级关系。根据《中华人民共和国立法法》的有关规定，法律效力的层次主要内容如下：

（1）上位法的效力高于下位法。

① 宪法规定了国家的根本制度和根本任务，是国家的根本法，具有最高的法律效力。

② 法律效力高于行政法规、地方性法规、规章。

③ 行政法规效力高于地方性法规、规章。

④ 地方性法规效力高于本级和下级地方政府规章。

⑤ 自治条例和单行条例依法对法律、行政法规、地方性法规作变通规定的，在本自治地方适用自治条例和单行条例的规定。

⑥ 部门规章与地方政府规章之间具有同等效力，在各自的权限范围内施行。

（2）在同一位阶的法之间，特别规定优于一般规定，新的规定优于旧的规定。

3. 法的效力范围

法的效力范围，亦称适用范围，是指法适用于哪些地方、适用于什么人，在什么时间生效。

（1）法的时间效力：法的时间效力是指法从何时开始生效，到何时终止生效，以及对其生效以前的事件和行为有无溯及力的问题。

（2）法的空间效力：法的空间效力是指法生效的地域（包括领海、领空），即法在哪些地方有效，通常全国性法律适用于全国，地方性法规仅在本地区有效。

（3）法对人的效力：法对人的效力是指法适用哪些人。在世界各国的法律实践中先后采用过四种对自然人的效力的原则：一是属人主义。二是属地主义。三是保护主义。四是以属地主义为主，与属人主义、保护主义相结合的“折衷主义”，这是近代以来多数国家所采用的原则，我国也是如此，采用这种原则的原因是：既要维护本国利益，坚持本国主权，又要尊重他国主权，照顾法律适用中的实际可能性。

四、法的实施

法的实施，也叫法律的实施，是指法在社会生活中被人们实际施行。包括法的执行、法的适用、法的遵守和法律监督。

（一）法的执行

简称执法，是指掌管法律，手持法律做事，传布、实现法律。广义的执法，或法的执行，是指所有国家行政机关、司法机关及其公职人员依照法定职权和程序实施法律的活动。狭义的执法，或法的执行，则专指国家行政机关及其公职人员依法行使管理职权、履行职责、实施法律的活动，简称“执法”。

1. 法的执行的特点

（1）法的执行是以国家的名义对社会进行全面管理，具有国家权威性。

（2）法的执行的主体，是国家行政机关及其公职人员。

（3）法的执行具有国家强制性，行政机关执行法律的过程同时是行使执法权的过程。

（4）法的执行具有主动性和单方面性。

2. 法的执行的主要原则

（1）依法行政的原则。这是指行政机关必须在宪法和法律赋予的权力和职责范围内，通过法定方式和途径，运用适当的方法，严格依照法定程序，管理国家事务和社会事务。

（2）讲求效能的原则。这是指行政机关应当在依法行政的前提下，讲究效率，主动有效地行使其权能，以取得最大的行政执法效益。

（二）法的适用

1. 法的适用的概念

通常是指国家司法机关根据法定职权和法定程序，具体应用法律处理案件的专门活动，简称“司法”。

2. 法的适用主体

法的适用主体是指行使司法权的司法机关，按照我国现行法律体制和司法体制，司法权一般包括审判权和检察权，审判权由人民法院行使，检察权由人民检察院行使，人民法院和人民检察院是我国法的适用主体。

3. 法的适用的特点

（1）法的适用是由特定的国家机关及其公职人员，按照法定职权实施法律的专门活动，具有国家权威性。

（2）法的适用是司法机关以国家强制力为后盾实施法律的活动，具有国家强制性。

（3）法的适用是司法机关依照法定程序、运用法律处理案件的活动，具有严格的程序性及合法性。

（4）法的适用必须有表明法的适用结果的法律文书，如判决书、裁定书和决定书等。

4. 法的适用情形

（1）当公民、社会组织和其他国家机关在相互关系中发生了自己无法解决的争议，致使法律规定的权利义务无法实现时，需要司法机关适用法律裁决纠纷，解决争端。

（2）当公民、社会组织和其他国家机关在其活动中遇到违法、违约或侵权行为时，需要司法机关适用法律制裁违法犯罪，恢复权利。

5. 法的适用的要求

（1）正确。首先体现为事实认定正确；其次定性要正确；再次处理要正确。

（2）合法。合法是指对案件的处理，必须严格依法办事，符合法律规定。具体包括3个方面的内容：首先，适用的主体必须合法；其次，必须符合实体法的规定；再次，处理案件不仅要符合实体法的规定，而且要遵守程序法的规定，按照法定程序办事。

（3）及时。及时是指在正确、合法的前提下，法律适用机关必须有高度的责任感，必须不断改进工作，提高办案效率，及时审结案件，不得随意拖延、积压案件。

正确、合法、及时是有机统一而不可分割的整体，只有3个方面都得到切实贯彻，才能保证法的适用。

（三）法的遵守

1. 法的遵守的概念

法的遵守可以有广义与狭义两种含义。广义的法的遵守，就是法的实施。狭义的法的遵守，也叫守法，专指公民、社会组织和国家机关以法律为自己的行为准则，依照法律行使权利、权力，履行义务、职责的活动。

2. 法的遵守的意义

（1）认真遵守法律是广大人民群众实现自己根本利益的必然要求。

（2）认真遵守法律，是建设社会主义法治国家的必要条件。

（四）法律监督

1. 法律监督的概念及意义

1）法律监督的概念

法律监督有广义和狭义两种含义。狭义的法律监督，是指由特定国家机关依照法定权限和法定程序，对立法、司法和执法活动的合法性所进行的监督。广义的法律监督，是指由所有国家机关、社会组织和公民对各种法律活动的合法性所进行的监督。二者都以法律实施及人们行为的合法性为监督的基本内容。

2）法律监督的意义

法律监督对完善国家法律制度，建设社会主义法治社会，具有深远意义。

（1）法律监督是维护社会主义法制的统一和尊严的重要措施。

（2）法律监督是制约权力滥用的基本手段。

（3）法律监督是社会主义法治建设的重要方面，是完善社会主义法治建设的内在要求。

2. 法律监督的构成

1）法律监督的主体

法律监督的主体主要可以概括为三类：国家机关、社会组织和公民。在我国，监督主体具有广泛性和多元性。全国人民、国家机关、政党、社会团体和社会组织、大众传媒都是监督的主体。

2）法律监督的客体

法律监督的客体是指监督谁或者说谁被监督。所有国家机关、政党、社会团体、社会组织、大众媒体和公民既是监督的主体，也是监督的客体。在我国，法律监督客体的重点，应该是国家司法机关和行政执法机关及其工作人员。

3）法律监督的内容

法律监督的内容包括：国家立法机关行使国家立法权和其他职权的行为，国家司法机关行使司法权的行为，国家行政机关行使国家行政权的行为，共产党依法治政和各民主党派依法参与国家政治生活和社会生活的行为，以及普通公民的法律行为。

第二节 中国特色社会主义法治和依法行政

一、中国特色社会主义法治

法律是治国之重器，法治是国家治理体系和治理能力的重要依托。全面推进依法治国，是解决党和国家事业发展面临的一系列重大问题，解放和增强社会活力、促进社会公平正义、维护社会和谐稳定、确保党和国家长治久安的根本要求。要推动我国经济社会持续健康发展，不断开拓中国特色社会主义事业更加广阔的发展前景，就必须全面推进社会主义法治国家建设，从法治上为解决这些问题提供制度化方案，坚持走中国特色社会主义法治道路，建设中国特色社会主义法治体系。党的十八大以来，党和国家高度重视依法治国，强调落实依法治国基本方略，加快建设社会主义法治国家。

（一）法治和中国特色社会主义法治的概念

党的十八大提出要全面推进依法治国，强调要加快建设社会主义法治国家。党的十八届三中全会提出全面推进法治中国建设，为中国特色社会主义法治建设指明了方向，提供了目标。党的十八届四中全会对全面推进依法治国作出了总体部署。

1. 法治的概念

法治，从字面上看就是法律之治、法律的统治，即通过法律来治理国家。在法治状态下，所有公民与社会组织皆依法行事，公民个人享有宪法和法律保障的广泛的权利，同时负有相应的法律义务；立法、司法、行政等权力部门都在法律框架内有序运行，依法律产生，受法律约束，对法律负责，国家的权力与公民的权利都通过法律得到合理配置。法治是人类迄今为止探索出来的治理国家的最合理模式。实施法治是社会文明进步的重要标志，是人类社会的共同价值追求。因此，所谓法治，就是通过法律使权利得到合理配置的社会状态。法治是一种宏观的治国方略，是一种理性的办事原则。法治与民主的观念相联系，是一种文明的法律观念和法律精神。法治还意味着一种理想的社会状态，这种理想的社会状态，被称之为“法治社会”。

2. 中国特色社会主义法治的概念

中国特色社会主义法治，是指在社会主义条件下，坚持“依法治国、执法为民、公平正义、服务大局、党的领导”的理念，依靠有中国特色的符合中国国情的法律制度和体系来治理国家。其中，依法治国是其核心内容，执法为民是本质要求，公平正义是价值追求，服务大局是重要使命，党的领导是根本保证。中国特色社会主义法治是党的领导、人民当家做主与依法治国的有机统一；是法治国家、法治政府与法治社会的有机统一；是根植于中国社会实际，自我发展、自我创新、自我完善的有机统一。

（二）党和国家高度重视中国特色社会主义法治建设

改革开放以来，党和国家一贯高度重视法治。1978 年 12 月，邓小平同志就指出：“应该集中力量制定刑法、民法、诉讼法和其他各种必要的法律，例如工厂法、人民公社法、森林法、草原法、环境保护法、劳动法、外国人投资法等，经过一定的民主程序讨论通过，并且加强检察机关和司法机关，做到有法可依，有法必依，执法必严，违法必究。”为有效地保障社会主义民主和加强社会主义法治，党和国家在中国特色社会主义法治建设道路上不懈地探索，使之在广度和深度上不断发展。党的十一届三中全会提出，必须做到“有法可依，有法必依，执法必严，违法必究”，这是对社会主义法治基本内容的精辟概括，其核心是依法办事。党的第十五次全国代表大会提出依法治国、建设社会主义法治国家，强调依法治国是党领导人民治理国家的基本方略，是发展社会主义市场经济的客观需要，是社会文明进步的重要标志，是国家长治久安的重要保障。党的十六大提出，发展社会主义民主政治，最根本的是要把坚持党的领导、人民当家做主和依法治国有机统一起来。党的十七大报告首次把“法治政府建设取得新成效”作为实现全面建设小康社会奋斗目标的新要求，提出依法治国是社会主义民主政治的基本要求，强调要全面落实依法治国基本方略，加快建设社会主义法治国家。党的十八大强调了法治在国家治理和社会管理中的重要作用，提出法治是治国理政的基本方式，要加快建设社会主义法治国家，全面推进依法治国；到 2020 年，依法治国基本方略全面落实，法治政府基本建成，司法公信力不断提高，人权得到切实尊重和保障，明确指出要推进科学立法、严格执法、公正司法、全民守法，坚持法律面前人人平等，保证有法必依、执法必严、违法必究，把“法治政府基本建成”作为实现 2020 年全面建成小康社会目标的新要求，给各级政府建成法治政府提出了时间表。党的十八届三中全会进一步提出，建设法治中国，必须坚持依法治国、依法执政、依法行政共同推进，坚持法治国家、法治政府、法治社会一体建设。全面贯彻落实这些部署和要求，关系加快建设社会主义法治国家，关系落实全面深化改革顶层设计，关系中国特色社会主义事业长远发展。党的十八届四中全会为贯彻落实党的十八大作出的战略部署，加快建设社会主义法治国家，研究了全面推进依法治国若干重大问题，作出《中共中央关于全面推进依法治国若干重大问题的决定》。

《中共中央关于全面推进依法治国若干重大问题的决定》确定了全面推进依法治国的总目标，描绘了建设法治中国的总蓝图，作出了加强社会主义法治建设的新部署，发出了建设中国特色社会主义法治体系的动员令，是我们党团结带领全国各族人民在新的历史起点上全面推进依法治国、加快建设社会主义法治国家的奋斗宣言和行动纲领，是一篇闪耀着马克思主义光辉的历史性文献，在中国法治史上具有里程碑意义。《中共中央关于全面推进依法治国若干重大问题的决定》共分三大板块。导语和第一部分构成第一板块，属于总论。第一部分旗帜鲜明提出坚持走中国特色社会主义法治道路、建设中国特色社会主义法治体系、建设社会主义法治国家，阐述全面推进依法治国的重大意义、指导思想、总目标、基本原则，阐述中国特色社会主义法治体系的科学内涵，阐述党的领导和依法治国的关系等重大问题。第二部分至第五部分构成第二板块，从目前法治工作基本格局出发，对科学立法、严格执法、公正司法、全民守法进行论述和部署。第二部分讲完善以宪法为核心的中国特色社会主义法律体系、加强宪法实施，从健全宪法实施和监督制度、完善立法体制、深入推进科学立法民主立法、加强重点领域立法4个方面展开，对宪法实施和监督提出基本要求和具体措施，通过部署重点领域立法体现依法治国同中国特色社会主义事业总体布局的关系。第三部分为深入推进依法行政、加快建设法治政府，从依法全面履行政府职能、健全依法决策机制、深化行政执法体制改革、坚持严格规范公正文明执法、强化对行政权力的制约和监督、全面推进政务公开6个方面展开。第四部分为保证公正司法、提高司法公信力，从完善确保依法独立公正行使审判权和检察权的制度、优化司法职权配置、推进严格司法、保障人民群众参与司法、加强人权司法保障、加强对司法活动的监督6个方面展开。第五部分为增强全民法治观念、推进法治社会建设，从推动全社会树立法治意识、推进多层次多领域依法治理、建设完备的法律服务体系、健全依法维权和化解纠纷机制4个方面展开。第六部分、第七部分和结束语构成第三板块。第六部分为加强法治工作队伍建设，从建设高素质法治专门队伍、加强法律服务队伍建设、创新法治人才培养机制3个方面展开。第七部分为加强和改进党对全面推进依法治国的领导，从坚持依法执政、加强党内法规制度建设、提高党员干部法治思维和依法办事能力、推进基层治理法治化、深入推进依法治军从严治军、依法保障"一国两制"实践和推进祖国统一、加强涉外法律工作7个方面展开。最后，号召全党全国为建设法治中国而奋斗。

当前，全面建成小康社会进入决定性阶段，改革进入攻坚期和深水区。我国面对的改革发展稳定任务之重前所未有、矛盾风险挑战之多前所未有，依法治国在党和国家工作全局中的地位更加突出、作用更加重大。全面推进依法治国是关系我们党执政兴国、关系人民幸福安康、关系党和国家长治久安的重大战略问题，是完善和发展中国特色社会主义制度、推进国家治理体系和治理能力现代化的重要方面。我们要实现党的十八大和十八届三中、四中全会作出的一系列战略部署，全面建成小康社会、实现中华民族伟大复兴的中国梦，全面深化改革、完善和发展中国特色社会主义制度，就必须按照党和国家关于全面推进依法治国的总体部署、采取切实措施、迈出坚实步伐。

（三）中国特色社会主义法治建设的现状、指导思想、总目标和基本原则

1. 现状

长期以来，特别是党的十一届三中全会以来，我们党深刻总结我国社会主义法治建设的成功经验和深刻教训，提出为了保障人民民主，必须加强法治，必须使民主制度化、法律化，把依法治国确定为党领导人民治理国家的基本方略，把依法执政确定为党治国理政的基本方式，积极建设社会主义法治，取得历史性成就。目前，中国特色社会主义法律体系已经形成，法治政府建设稳步推进，司法体制不断完善，全社会法治观念明显增强。

同时，必须清醒看到，同党和国家事业发展要求相比，同人民群众期待相比，同推进国家治理体系和治理能力现代化目标相比，我国法治建设还存在许多不适应、不符合的问题，主要表现为：有的法律法规未能全面反映客观规律和人民意愿，针对性、可操作性不强，立法工作中部门化倾向、争权诿责现象较为突出；有法不依、执法不严、违法不究现象比较严重，执法体制权责脱节、多头执法、选择性执法现象仍然存在，执法司法不规范、不严格、不透明、不文明现象较为突出，群众对执法司法不公和腐败问题反映强烈；

部分社会成员遵法信法守法用法、依法维权意识不强，一些国家工作人员特别是领导干部依法办事观念不强、能力不足，知法犯法、以言代法、以权压法、徇私枉法现象依然存在。这些问题，违背社会主义法治原则，损害人民群众利益，妨碍党和国家事业发展，必须下大气力加以解决。

2. 指导思想

全面推进依法治国，必须贯彻落实党的十八大和十八届三中、四中全会精神，高举中国特色社会主义伟大旗帜，以马克思列宁主义、毛泽东思想、邓小平理论、“三个代表”重要思想、科学发展观为指导，深入贯彻习近平总书记系列重要讲话精神，坚持党的领导、人民当家做主、依法治国有机统一，坚定不移走中国特色社会主义法治道路，坚决维护宪法法律权威，依法维护人民权益、维护社会公平正义、维护国家安全稳定，为实现“两个一百年”奋斗目标、实现中华民族伟大复兴的中国梦提供有力法治保障。

3. 总目标

全面推进依法治国，总目标是建设中国特色社会主义法治体系，建设社会主义法治国家。这就是，在中国共产党领导下，坚持中国特色社会主义制度，贯彻中国特色社会主义法治理论，形成完备的法律规范体系、高效的法治实施体系、严密的法治监督体系、有力的法治保障体系，形成完善的党内法规体系，坚持依法治国、依法执政、依法行政共同推进，坚持法治国家、法治政府、法治社会一体建设，实现科学立法、严格执法、公正司法、全民守法，促进国家治理体系和治理能力现代化。

4. 基本原则

（1）坚持中国共产党的领导。党的领导是中国特色社会主义最本质的特征，是社会主义法治最根本的保证。把党的领导贯彻到依法治国全过程和各方面，是我国社会主义法治建设的一条基本经验。我国宪法确立了中国共产党的领导地位。坚持党的领导，是社会主义法治的根本要求，是党和国家的根本所在、命脉所在，是全国各族人民的利益所系、幸福所系，是全面推进依法治国的题中应有之义。党的领导和社会主义法治是一致的，社会主义法治必须坚持党的领导，党的领导必须依靠社会主义法治。只有在党的领导下依法治国、厉行法治，人民当家做主才能充分实现，国家和社会生活法治化才能有序推进。依法执政，既要求党依据宪法法律治国理政，也要求党依据党内法规管党治党。必须坚持党领导立法、保证执法、支持司法、带头守法，把依法治国基本方略同依法执政基本方式统一起来，把党总揽全局、协调各方同人大、政府、政协、审判机关、检察机关依法依章程履行职能、开展工作统一起来，把党领导人民制定和实施宪法法律同党坚持在宪法法律范围内活动统一起来，善于使党的主张通过法定程序成为国家意志，善于使党组织推荐的人选通过法定程序成为国家政权机关的领导人员，善于通过国家政权机关实施党对国家和社会的领导，善于运用民主集中制原则维护中央权威、维护全党全国团结统一。

（2）坚持人民主体地位。人民是依法治国的主体和力量源泉，人民代表大会制度是保证人民当家做主的根本政治制度。必须坚持法治建设为了人民、依靠人民、造福人民、保护人民，以保障人民根本权益为出发点和落脚点，保证人民依法享有广泛的权利和自由、承担应尽的义务，维护社会公平正义，促进共同富裕。必须保证人民在党的领导下，依照法律规定，通过各种途径和形式管理国家事务，管理经济文化事业，管理社会事务。

必须使人民认识到法律既是保障自身权利的有力武器，也是必须遵守的行为规范，增强全社会学法遵法守法用法意识，使法律为人民所掌握、所遵守、所运用。

（3）坚持法律面前人人平等。平等是社会主义法律的基本属性。任何组织和个人都必须尊重宪法法律权威，都必须在宪法法律范围内活动，都必须依照宪法法律行使权力或权利、履行职责或义务，都不得有超越宪法法律的特权。必须维护国家法制统一、尊严、权威，切实保证宪法法律有效实施，绝不允许任何人以任何借口任何形式以言代法、以权压法、徇私枉法。必须以规范和约束公权力为重点，加大监督力度，做到有权必有责、用权受监督、违法必追究，坚决纠正有法不依、执法不严、违法不究行为。

（4）坚持依法治国和以德治国相结合。国家和社会治理需要法律和道德共同发挥作用。必须坚持一手抓法治、一手抓德治，大力弘扬社会主义核心价值观，弘扬中华传统美德，培育社会公德、职业道德、家庭美德、个人品德，既重视发挥法律的规范作用，又重视发挥道德的教化作用，以法治体现道德理念、强化法律对道德建设的促进作用，以道德滋养法治精神、强化道德对法治文化的支撑作用，实现法律和道德相辅相成、法治和德治相得益彰。

（5）坚持从中国实际出发。中国特色社会主义道路、理论体系、制度是全面推进依法治国的根本遵循。必须从我国基本国情出发，同改革开放不断深化相适应，总结和运用党领导人民实行法治的成功经验，围绕社会主义法治建设重大理论和实践问题，推进法治理论创新，发展符合中国实际、具有中国特色、体现社会发展规律的社会主义法治理论，为依法治国提供理论指导和学理支撑。汲取中华法律文化精华，借鉴国外法治有益经验，但决不照搬外国法治理念和模式。

全面推进依法治国是一个系统工程，是国家治理领域一场广泛而深刻的革命，需要付出长期艰苦努力，我们必须更加自觉地坚持依法治国，更加扎实地推进依法治国，努力实现国家各项工作法治化，向着建设法治中国不断前进。

二、依法行政

推进依法治国，建设社会主义法治国家，关键是推进依法行政，建设法治政府。自党的十五大提出依法治国基本方略以来，历次党代会都对依法行政提出明确要求。依法行政是现代政治文明的重要标志。贯彻依法治国基本方略，推进依法行政，建设法治政府，是我们党治国理政从理念到方式的革命性变化，是我国政治体制改革迈出的重要一步，具有划时代的重要意义。

在国家权力体系中，行政权力是国家行政机关管理内政和外交的权力，即各级政府依照国家法律和国家权力机关的授权行使对国家的政治、经济、文化、教育、科技、安全等各项行政事务进行管理的权力。这些事务都是由各级政府进行的，政府能否合法有效地行使好行政权力，管理好国家各项行政事务，不仅关系到公民、法人和其他组织的切身利益，而且直接关系到国家的前途和命运，因此，依法行政是现代法治国家中政府行使行政权力所普遍遵循的基本准则，也是实现依法治国的关键和根本保障。

（一）依法行政的内涵

依法行政，就是各级政府及其公务人员在宪法和法律赋予的权力和职责范围内，通过法定方式和途径，运用适当的方法，严格依照法定程序，管理国家事务和社会事务，做到既不失职，又不越位，既要防止和避免行政权力的滥用，保障公民、法人和其他组织的合法权益，又要强化管理手段，提高行政效率，维护公共利益和社会秩序。在这一概念中蕴含着法律高于政府、权利与权力的平衡制约、实质正义与程序正义、守法的普遍性等一系列法治要素。

行政权必须受到法律的约束是现代法治的必然要求。尽管各国在推进法治的发展进程中，对“依法行政”的表述各不相同，但在具体运行过程中，依法行政在实质上都已成为各国政府所普遍遵循的基本准则。

（二）依法行政的目标

为了更加扎实、更有成效地推进依法行政，2004 年 3 月国务院制定发布了《全面推进依法行政实施纲要》，明确提出：“全面推进依法行政，经过十年左右坚持不懈的努力，基本实现建设法治政府的目标。”因此，建设法治政府是我国依法行政的基本目标。党的十八届四中全会审议通过的《中共中央关于全面推进依法治国若干重大问题的决定》第三部分即深入推进依法行政、加快建设法治政府。

法治政府具有丰富的内涵，核心是用法律规范政府权力，提高政府品格，更好地为民服务。具体而言，法治政府应当是有限政府、服务政府、阳光政府、诚信政府、效能政府和责任政府。

（1）有限政府。法治下的政府必然是有限政府，有限政府是法治得以实现的基本保障，法治与有限政府彼此相互依存。政府职能转变的关键是做到有所为有所不为，使政府成为有限政府。建立有限政府是经济社会发展的现实要求，目的在于实现政府的廉洁、勤政、务实、高效，进一步加强和改善政府的服务功能。在现代市场经济条件下，需要进一步明确市场与政府各自的职责和功能，科学地界定市场与政府各自作用的领域，使政府在新的社会条件下扮演好自己的角色，提供有效的公共服务，充分调动市场主体的积极性。

在建立有限政府过程中，必须合理划分和依法界定各级政府间、政府各部门间的职能和权限，理顺政府与市场、政府与社会的关系，实现政企分开、政事分开、政社分开，以保证政府有效行使经济调节、市场监管、社会管理和公共服务的职能。

（2）服务政府。服务政府是奉行以公众权益为中心，以服务公众为核心原则，以社会为本位，通过为社会提供优质、高效的服务，来实现其自身价值的一种政府治理模式。现代服务行政，一是要求政府不仅是公共产品的提供者，而且是全面、准确、及时的信息的提供者。二是政府应转变行政管理的方式和手段，不断建立和发展行政给付和奖励制度，通过行政合同、行政指导、行政救助、社会优抚等方式，充分体现执法为民理念。三是行政处罚的过程也要体现便民原则。四是政府必须彻底抛弃旧的治民观念和“为民做主”观念，确立为民服务和“由民做主”的观念。

（3）阳光政府。阳光是最好的防腐剂，权力只有在阳光下运行，才能防止各种消极腐败现象和各种权力寻租现象的发生，才能维护社会稳定、增进社会公平和提高行政效率。阳关政府意味着行政权的依据公开、行政权运作的过程公开和行政权运作的结果必须公开，即正义不仅要实现，而且要以看得见的方式实现。因此，政府在推进依法行政过程中，应当建立和完善重大决策听证制、重要事项公示制、重点工作通报制、政务信息公开制等制度，并依照法定程序保证公众的知情权、参与权、救济权，以实现好、维护好、发展好人民群众的根本利益。

（4）诚信政府。法治政府必须首先是诚信政府。在现代社会中，政府诚信是整个社会诚信体系的基础和核心，它引导、影响着公众的诚信精神，对社会诚信的构建具有重要的示范效应和推动作用。建设诚信政府必须把政府诚信放在社会信用建设的突出位置，用法律形式将政府的权限范围及政府权力运行的各个具体环节固定下来，并以诚信规范和约束政府自身行为，真正做到说实话，办实事，言必行，行必果，认真解决一些政府部门中存在的各种各样失信于民的问题，努力提高政府的公信力。

（5）效能政府。效能政府就是政府用最少的投入做更多的事，即行政事务处理所用的人力资本与预算投入应当最小，或相同的人力资本与预算资金的投入所处理的公共服务应当最大化。它是政府及其公务人员在行政管理活动中所发挥功能的程度及其产生效率、效益、效果的综合体现。加快效能政府建设，是贯彻落实科学发展观，加快地区经济社会发展的必然要求。建设效能政府，一是要进一步推进政府管理体制改革和创新，优化政府结构，减少行政层级，理顺职责分工。二是要全面推行政府绩效管理制度，建立科学的政府绩效评估体系和经济社会发展综合评价体系。三是要大力开展机关效能建设，实施工作目标责任制，严格考核奖惩和监督，加强行政问责，完善行政程序，设定办事权限，推进电子政务，运用现代管理方式，不断减少行政运行成本。

（6）责任政府。法治政府必然要求构建一个负责任的政府。没有责任政府，法治就无法真正实现。责任是政府权力的核心，是政府属性的本质。责任政府有三个要点：一是行政机关内部决策权的配置，二是权责一致，三是问责制。

（三）依法行政基本原则

依法行政基本原则是贯穿于依法行政整个过程的核心内容，是指导和规范依法行政的基本准则，是依法行政精神实质和价值目标的集中体现，也是依法行政理论中带有基础性、根本性的问题。2004 年国务院《全面推进依法行政实施纲要》中规定了依法行政的基本原则，主要包括：

1. 坚持党的领导、人民当家做主和依法治国的有机统一

我国民主政治建设和法治建设的经验表明，党的领导是人民当家做主和依法治国的根本保证，人民当家做主是社会主义民主政治的本质和核心，依法治国是党领导人民治理国家的基本方略。作为社会主义民主政治的最大特点和优势，坚持党的领导、人民当家做主和依法治国的有机统一，就是强调以党的领导保证民主法制建设的社会主义方向，以民主的发展保证党的先进性和法治的正义性，以法治保证党的领导、人民当家做主的地位及其实现。三者的有机统一构建了社会主义政治文明的理论依据和实践路径，为社会主义民主政治指明了方向。三者的有机统一作为我国民主政治建设和政治体制改革的重要理论成果，贯穿于全民推进依法行政、建设法治政府的全过程。

2. 坚持把维护最广大人民的根本利益作为政府工作的出发点

坚持全心全意为人民服务的根本宗旨，维护最广大人民的根本利益，是我们的立党之本、执政之本，也是依法行政之本。我们的政府是人民的政府，公民的权利是国家权力之本，是行政权力之源。人民政府应当始终是最广大人民的根本利益的忠实代表者和坚定维

护者，坚持全心全意为人民服务，坚持对人民负责，坚持对体现人民群众共同意志的法律负责，是依法行政的本质所在。依法行政，既要有利于维护行政机关的权威，更要有利于维护人民的合法权益。归根结底，都是为了维护最广大人民的根本利益，这是社会主义法制的本质要求，也是宪法的根本原则。因此，推进依法行政，必须坚持把最广大人民的根本利益始终放在第一位，把维护最广大人民的根本利益作为我们全部政府工作的出发点和落脚点，按照法律化的制度正确处理政府与人民的关系，在立法和执法工作中体现国家意志与人民意志的一致性，体现对上级机关负责与对人民负责的一致性。只有将人民利益始终放在第一位，而不是将地方利益和部门利益放在第一位，才能从根本上实现从公民义务本位和政府权力本位向公民权利本位和政府责任本位转变。

3. 坚持维护宪法权威，确保法制统一和政令畅通

维护宪法尊严和保证宪法实施，维护国家的政令和法制的统一，是一个重大的政治原则和法治原则问题。因为，宪法是国家的根本大法，在国家法律体系中居于至高无上的地位，具有最高的法律效力，是制定一切法律法规的依据。它规定了国家的政治、经济和社会根本制度，规定了公民的基本权利和义务。作为公民的“权利保障书”，宪法界定和协调了国家权力和公民个人权利的关系，并且是侧重于通过限制国家权力的范围及监督国家权力的行使，来保护公民的基本权利。因此，依法行政，最根本的是依宪行政。这就要求各级政府在立法过程中，避免下位法与上位法出现冲突，特别要避免“部门权力化、权力利益化、利益法规化”的倾向出现，防止和克服地方和部门的保护主义。同时，各级政府都要把宪法作为根本的行为准则，严格按照法定权限和程序行使权力、履行职责。任何组织或者个人都不得有超越宪法和法律的特权，一切违反宪法和法律的行为，都必须予以追究。

4. 坚持以科学发展观为指导

科学发展观是中国特色社会主义理论体系最新成果，是中国共产党集体智慧的结晶，是指导党和国家全部工作的强大思想武器。科学发展观同马克思列宁主义、毛泽东思想、邓小平理论、“三个代表”重要思想一道，是党必须长期坚持的指导思想。全面推进依法行政，建设法治政府必须以科学发展观为指导，进一步增强贯彻落实科学发展观的自觉性和坚定性，不断完善贯彻落实科学发展观的体制机制。在行政立法和执法的各个环节将尊重和保障人民的根本利益和权利放在第一位，把发展作为执政兴国的第一要务，并在推进依法行政的进程中正确处理好与发展有关的各方面的利益关系，统筹城乡、区域、经济与社会、人与自然以及国内和对外开放等各项事业的发展，正确处理中央与地方的关系、全局与局部的关系以及长远与当前的关系等。用制度为全面协调可持续发展作出具有平衡性、稳定性和前瞻性的安排，为科学发展提供制度供给和制度保障，使依法行政成为贯彻落实科学发展观的重要保障和基本途径。

5. 坚持依法治国和以德治国的有机结合

对一个国家的治理来说，法治和德治，从来都是相辅相成、相互促进的。二者缺一不可，也不可偏废。在依法行政过程中，坚持依法治国和以德治国相结合，其关键是要实现依法治权和以德治官的有机结合。历史经验表明，法治搞得好不好关键在人，关键在于有没有一批高素质的执法者，高素质的执法者的造就是离不开德治的。一方面，在政府公务

人员的职业道德中，为人民服务是一个最基本的原则和要求。在这一原则之下，包含着诸如恪尽职守、勤政爱民、公正廉洁、秉公执法、热情服务等具体的道德规范。这些规范对政府公务人员依法行政所提供的道德意识、人格、情感上的支持是显而易见的。因此，公务人员道德素养的提高，必然有助于增强他们的公正执法和严格守法的自觉性。另一方面，以德治国，首先是针对各级领导干部而提出的思想道德约束，要求各级领导干部率先垂范，不仅要求依法管理国家事务、依法行政，而且要以德管理国家事务、以德行政。党政领导干部是否具有一定的道德水平、道德修养、道德境界，不但是能否达到廉政建设目的的一个重要前提，也是社会风气能否改善的一个关键所在。

6. 坚持推进依法行政与深化行政管理体制改革、转变政府职能的有机结合

行政管理体制改革和政府职能转变不到位，是制约依法行政的体制性障碍，也是影响我国依法行政的深层次问题。全面推进依法行政、建设法治政府本身就包含了进一步转变政府职能、改革一切不适应经济社会发展要求的管理体制、机制和方式的根本要求。一方面，依法行政是政府职能转变和行政管理体制改革的重要内容和必要手段；另一方面，政府职能转变和行政管理体制改革又是依法行政的前提和基础。在社会主义市场经济体制不断完善和社会主义政治文明建设深入推进的背景下，依法行政要在现有行政管理体制下逐步推进，与行政管理体制改革和政府职能转变相衔接，坚持开拓创新与循序渐进的统一，既要体现改革和创新的精神，又要有计划、有步骤地分类推进，通过依法行政促进政府职能向经济调节、市场监管、社会管理和公共服务的方向转变，促进行政管理体制向行政规范、运转协调、公正透明、廉洁高效的方向发展。此外，还要为行政管理体制改革和政府职能转变提供足够的创新空间，保证行政管理体制改革和政府职能转变的逐步到位。

7. 坚持依法行政与提高行政效率的统一

在改革开放和发展社会主义市场经济的条件下，社会生活正在发生着广泛而深刻的变化。面对新情况、新变化、新问题，政府工作不仅任务十分繁重，而且调整、处理好各种错综复杂的权力和利益关系的工作难度越来越大。在这种形势下，一方面，要通过深化政府管理体制改革和转变政府职能，促进行政效率的提高；另一方面，必须把政府各项工作置于法制化的基础上，以实现政府组织机构、编制、审批事项和各项工作程序的法制化和程序化，使政府及其公务人员依法办事，依据统一的行为准则、活动规范处理各种权力和利益关系，真正做到既严格依法办事，又积极履行职责，才能杜绝人浮于事、推诿扯皮、争利避责的现象发生，并从根本上保证行政效率的提高。

（四）依法行政的基本要求

依法行政的基本原则为全面推行依法行政提供了明确的发展方向和准则，而依法行政的基本要求则是根据依法行政的基本原则和实践需要，针对我国依法行政中存在的问题所作出的具体要求，是依法行政基本原则的具体化和明细化，具有较强的针对性和现实性，集中体现了依法行政重在治官、治权的内在精髓，高度浓缩了依法行政追求公正与效率的价值目标，有力地支撑了法治政府的基本框架，对于政府及其公务人员依法行政具有重要的指导作用。根据《全面推进依法行政实施纲要》的规定，依法行政的基本要求包括：合法行政、合理行政、程序正当、高效便民、诚实守信和权责统一 6 个方面。

1. 合法行政

合法行政，是指政府实施行政管理，应当依照法律、法规、规章的规定进行；没有法律、法规、规章的规定，政府不得作出影响公民、法人和其他组织合法权益或者增加公民、法人和其他组织义务的决定。合法行政在依法行政中具有不可替代的地位，其贯穿于行政权力运行的全过程，是指导、规范行政权力运行的基本准则。可以说，在任何一个法治国家，合法行政都是其最基本的要求，也是最重要的要求。

合法行政要求任何行政职权的行使皆不得有悖于法律，行政职权的运用必须符合法律条文的规定，不能与之相抵触。其具体要求是：

（1）主体资格合法。政府作为行政法中最主要的行政主体，拥有合法的主体资格是全面推行依法行政工作的基础。这里的主体资格合法，主要是指政府组织符合法定要求，即政府依照《宪法》《国务院组织法》和《地方组织法》成立，政府的权限及其来源、中央和地方政府权限划分、政府的职责等都要由法律设定。

（2）行为内容合法。政府的行政行为多数会涉及公民、法人或其他组织的权利和义务，因此，在作出具体行政行为时，应符合相关法律的具体要求。即政府在行为过程中，其行为的内容应当符合法律、法规、规章和行政规范性文件的规定，行为的实施应有明确的事实根据和确凿的证据，行为的目的应合乎法定的行政目的和要求，体现行政法的价值和精神。

（3）行为程序合法。程序正义是现代行政法治的重要内容，是有利于防止行政专制，保障行政民主，保护公民、法人或其他组织合法权益不被违法行政行为侵犯的屏障。因此，行政程序规范与行政实体规范一起成为规范政府行为的重要组成部分。政府在作出行政行为时，行为应符合法定的步骤和顺序、法定的时限和法定的方式。否则，政府行为会因为程序瑕疵导致整个行为无效。

2. 合理行政

合理行政，是指政府实施行政管理，应当遵循公平、公正的原则。要平等对待公民、法人或其他组织，不能偏私和歧视。在行使自由裁量权过程中应当符合法律目的，排除不相关因素的干扰，所采取的措施和手段应当是必要和适当的。政府实施行政管理可以采用多种方式实现行政目的的，应当避免采用损害当事人权益的方式。合理行政是在行政自由裁量权的基础上产生的，其要求政府行为不仅要合乎法的原则、法的目的、法的精神、法的本意，而且要客观、适度、合乎理性，以实现法律效果和社会效果的平衡与统一。合理行政涉及的是更高层次的合法与否问题，合理行政是合法行政的延伸和补充，是对政府行为提出的更高的要求。合理行政的具体要求是：

（1）公平、公正对待公民、法人或其他组织。政府在行政管理中应当坚持公平、公正的原则，平等对待所有公民、法人或其他组织，在作出具体行政行为时对所有公民、法人或其他组织应采用相同的标准和条件，同类情形同样处理，不同情形区别对待，做到不偏不倚，防止偏私和歧视。

（2）行使自由裁量权应符合法律目的。行政自由裁量权是法律、法规赋予政府在行政管理中，依据立法目的和公正合理的原则自行判断行为的条件，自行选择行为的方式和自由作出行政决定的权力。政府在行使自由裁量权时，应正确理解法律内容和法律精神，其动机和目的应符合立法的目的和宗旨，作出的行为应建立在正当考虑和理性的基础上，避免不相关因素的影响和干扰。

（3）切实遵循比例原则。在依法行政实践中，为了减少自由裁量行为给公民、法人或其他组织的权益造成不必要的损害，严格遵循比例原则便成为合理行政的必然要求。即政府的行政行为应符合法定的目的，所采取的措施和手段与法定目的成比例，而且应当是必要和适当的。在不妨碍实现行政目的的情况下，应当采取对公民、法人或其他组织损害最小的方式。

3. 程序正当

程序正当，是指政府实施行政管理时，应严格按照行政活动必须遵守的步骤、方式、方法、顺序、时限等规则进行。特别要保障当事人和利害关系人的知情权、参与权和救济权。即使在法律没有明确规定的情况下，也应当按照程序正当的原则实施行政管理活动。程序正当要求是依法行政的难点和重点，建立一套完整的行政程序规则，确立程序正当的观念，对于发展民主政治、保护公民权利、遏制腐败现象、克服官僚主义、提高行政效率，具有十分重要的意义。

程序正当的核心，是要通过合适的程序安排根除和避免那些可能导致不公正结果的因素。仅有合法、合理行政的主观理想，没有科学、正当的程序设计，依法行政的全面推行、法治政府的建设仍然无法真正实现。正当程序是政府行为合法、合理的制度保障和连接纽带。其具体要求是：

（1）行政公开。公开是对行政行为的一项基本要求。公开的内容包括：一是政府信息要公开。政府信息公开是保障公民知情权的基本要求。一般而言，除涉及国家秘密和依法受到保护的商业秘密、个人隐私外，政府信息应当依法公开，老百姓有权依法查阅。二是行政行为的程序、手续要公开。其中某些涉及相对人重大权益的行政行为，应当以公开形式进行，如召开听证会等，允许公众旁听。三是办事结果要公开。要将最终的行政决定送达、告知公民、法人或其他组织，如行政决定影响到公民、法人或其他组织的合法权益，告知将使他们维权的选择得以保障。

（2）听取意见、说明理由。听取意见、说明理由是政府管理领域民主参与的重要表现，政府在实施行政管理时，特别是在作出对公民、法人或其他组织不利决定时，充分听取公民、法人或其他组织的意见，清晰地说明理由，是正当程序中的重要组成部分。对政府而言，听取意见、说明理由是其应尽的义务。听取意见、说明理由的形式通常有听证会、座谈会、论证会，书面收集公民、法人或其他组织的意见或建议等。

（3）保障公民、法人或其他组织的知情权、参与权和救济权。保障和维护公民、法人或其他组织的知情权、参与权和救济权是现代行政法治发展的趋势。作为一种法律权利，知情权、参与权和救济权能够有效保障公民、法人或其他组织了解政府的活动和相关信息，参与政府的相关决定，对政府的行为或决定不满时，当事人可以通过法定方式向有权机关提出异议和申诉，监督政府的行为。政府在依法行政过程中，应通过制度设计和按照执法内容来决定所适用的程序，保证公民、法人或其他组织的这些权利得以实现，而不能随意地剥夺或压制。

（4）政府公务人员作为利害关系人应当回避。回避制度是正当程序的内在要求，是政府行为在形式上实现公正性的保障，是政府取信于民、树立政府威信的基本要求。政府公务人员在履行职责时，如果与管理的行政事项有利害关系，应当主动提出回避要求；若自己没有主动提出回避要求，则公民、法人或其他组织有权提出回避请求。

4. 高效便民

高效便民，是指政府实施行政管理，应当遵守法定时限，积极履行法定职责，提高办事效率，提供优质服务，方便公民、法人和其他组织。高效便民是我国法律制度的重要价值取向，是衡量政府工作质量的重要标准，也是决定政府能否真正落实服务于民宗旨的重要环节。

高效便民，要求政府在履行行政职责、行使行政权力过程中，首先要不断地提高行政效率和行政效益。但政府高效并不以政府所作出的决定的数量及其执行情况为衡量标准，而更为重要的是要以公民、法人或其他组织所获得的服务质量为基准，最大限度地方便人民群众。即高效是手段，便民是目的。高效便民的具体要求是：

（1）遵守时限。时限是政府完成某一行为的法定期限。时限制度的规定，有利于促进政府积极行使权力，使公民、法人或其他组织的权利义务在法定时限内得以确定并实现，同时也有助于行政效率的提高。遵守时限，要求政府应在法定时限内，及时完成相关行为，不能无故拖延，否则，要承担相应的法律责任。

（2）积极履行职责。从依法行政运行过程来看，政府依法行政表现为，政府行为受到控制和约束，但控制行政权不是最终的目的。依法行政的最终目的是通过平衡行政权和私权利，实现社会公共利益，为民行政。要实现上述目的的一个基本条件，就是政府必须运用法律授予的权力，主动、积极、有效地履行法定职责。

（3）提高办事效率和服务质量。高效便民，要求政府应奉行以公众权益为中心、以服务公众为核心原则、以社会为本位，通过为社会提供优质、高效的服务，来实现其自身价值。在实施行政管理过程中，要力避烦琐，尽可能地创造条件，方便群众，包括简化程序，减少环节，节省时间、费用和精力等，从而以合法准确、简便易行、高效灵活的方式达到行政管理的目的。

5. 诚实守信

诚实守信，是指政府公布的信息应当全面、准确、真实。非因法定事由并经法定程序，行政机关不得撤销、变更已经生效的行政决定；因国家利益、公共利益或者其他法定事由需要撤回或者变更行政决定的，应当依照法定权限和程序进行，并对行政管理相对人因此而受到的财产损失依法予以补偿。

诚实守信是现代行政法治对政府行为提出的基本要求，政府在推行依法行政时遵循诚实守信要求，对于树立政府形象、融洽政府与老百姓之间的关系有举足轻重的作用。政府不守信的危害要比老百姓不守信大得多。因为个人之间的不守信只会损害当事人双方，而政府的失信则会影响社会公众，降低政府的公信力，不仅会割裂政府与民众的互信关系，还将背离政府管理目标，损害行政效率。在依法行政实践中，诚实守信的具体要求是：

（1）严格依法履约践诺。诚实守信要求政府制定的各项政策必须保持稳定性和连续性，不能随着领导人的改变而改变，不能随着领导人的看法和注意力的改变而改变。同时，在实施公共管理职能过程中，政府部门要依法行政按约（章）办事、信守承诺，减少行政行为中的暗箱操作和主观性、随意性、片面性，形成公开、公平、公正的政府诚信行为运行机制和规范。

（2）政府应提供全面、准确、真实的信息。由于政府担负着大量的社会职责，在行政管理过程中会收集并持有大量的社会信息。政府依法将这些信息公布于众，是一项基本义务。公民、法人或其他组织的知情权决定了其有获取、知晓相关信息的权利。政府在提供社会信息时，应讲诚信，向社会提供的信息应当全面、准确和真实。

（3）严守信赖保护原则。政府作出相关决定后，为了保护公民、法人或其他组织的既得利益和合理期待，不得随意改变或撤销此决定。如果因为公共利益或其他法定原因，确需改变或撤销行政决定的，必须按照法定程序进行，因改变或撤销而造成公民、法人或其他组织财产损失的，政府应依法给予补偿。

6. 权责统一

权责统一，是指政府依法履行经济、社会和文化事务管理职责，要由法律法规赋予其相应的执法手段；政府违法或者不当行使职权，应当依法承担法律责任。即依法做到执法有保障、有权必有责、用权受监督、违法受追究、侵权需赔偿。权利与义务统一、职权与职责统一是法律的基本规则。权责统一的具体要求是：

（1）政府依法履行职责要有相应的执法手段。政府推行依法行政，根据实践需要，应履行相应的职责。行政职权是国家宪法、法律赋予政府实施行政管理的基本权力，是与其行政目标、职责相适应的管理资格和权能。职权法定使得政府不仅权限范围由法律规定，而且执法手段也由法律预先规定。政府要履行好职责，就应当确保履行职责所必需的手段，法律应保障政府依法拥有此手段。

（2）政府违法或不当行为应担责。政府不能有职无权，更不能有权无责。没有政府责任，行政权的运行就没有制约，公民、法人或其他组织的权利就没有保障，违法或不当行政就无法受到法律追究，政府依法行政也就无法全面推行。实现权责统一，要求职权、职责和责任的配置上要相对应，所规定的责任要科学合理，并建立健全追究责任的法律机制。

第三节　安全生产立法及安全生产法律体系的基本框架

一、安全生产立法的含义、现状及加强安全生产立法的必要性

（一）安全生产立法的含义

1. 安全生产的含义

所谓“安全生产”，就是指在生产经营活动中，为避免造成人员伤害和财产损失的事故，有效消除或控制危险和有害因素而采取一系列措施，使生产过程在符合规定的条件下进行，以保证从业人员的人身安全与健康以及设备和设施免受损坏，保证生产经营活动得以顺利进行的相关活动。“安全生产”一词中所讲的“生产”，是广义的概念，不仅包括各种产品的生产活动，也包括各类工程建设和商业、娱乐业以及其他服务业的经营活动。安全生产工作，则是为了达到安全生产目标，在党和政府的组织领导下所进行的系统性管理的活动，由源头管理、过程控制、应急救援和事故查处 4 个部分构成。安全生产工作的

内容主要包括生产经营单位自身的安全防范，政府及其有关部门实施市场准入（行政许可）、监管监察、应急救援和事故查处，社会中介组织和其他组织的安全服务、科研教育和宣传培训等。从事安全生产工作的社会主体包括企业责任主体、中介服务主体、政府监管主体和从事安全生产的从业人员。

在市场经济条件下，从事生产经营活动的市场主体为了追求利益的最大化，在生产经营活动中往往都是以营利为目的，但是绝不能以牺牲从业人员甚至公众的生命安全为代价。如果不注重安全生产，一旦发生事故，不但给他人的生命财产造成损害，生产经营者自身也会遭受重大损失。因此，保证安全生产，首先是生产经营单位自身的责任，既是对社会负责，也是对生产经营者自身利益负责。同时，国家作为社会公共利益的维护者，为了保障人民群众的共同利益，也必须运用国家权力，加强安全生产工作，对安全生产实施有效的监督管理。

2. 安全生产立法的含义

安全生产立法有两层含义，一是泛指国家立法机关和行政机关依照法定职权和法定程序制定、修订有关安全生产方面的法律、法规、规章的活动；二是专指国家制定的现行有效的安全生产法律、行政法规、地方性法规和部门规章、地方政府规章等安全生产规范性文件。安全生产立法在实践中通常特指后者。

（二）我国安全生产立法的现状

党中央、国务院高度重视安全生产工作。新中国成立以来特别是改革开放以来，采取一系列措施加强安全生产工作。我国当前经济正处在快速发展时期，受经济和社会发展水平制约，生产安全事故总量呈逐年上升趋势，这对安全生产法律体系的完善提出了严格要求。随着我国改革开放的不断发展，经济结构和生产方式不断变化，市场主体和利益主体日益多样化、多元化。按照依法治国，建设社会主义法治国家的要求，安全生产秩序除了要采用经济和必要的行政手段，更重要的是要依靠法律的手段来维护。党和国家也明确提出对经济活动的调控、监管，应当综合运用法律、经济和必要的行政手段。在新的形势下，国家大大加快了有关安全生产的立法步伐。2002 年 6 月 29 日，第九届全国人大常委会第二十八次会议通过了《中华人民共和国安全生产法》，是我国安全生产法治建设中具有里程碑意义的一件大事，为加强对安全生产的监督管理，规范生产经营单位的安全生产行为提供了明确的法律依据。为适应新形势下安全生产工作的新情况，2014 年 8 月 31 日，第十二届全国人大常委会第十次会议通过了《全国人民代表大会常务委员会关于修改〈中华人民共和国安全生产法〉的决定》，同日，国家主席习近平签署第十三号主席令予以公布，自 2014 年 12 月 1 日起施行。安全生产其他有关法律、法规、规章和标准建设也不断加强，为加强安全生产工作，防止和减少生产安全事故，促进安全生产形势持续稳定好转、加快实现根本好转，切实保障人民群众生命和财产安全，促进经济社会持续健康发展，提供了有力的立法保障。

据统计，目前，我国人大、国务院和相关主管部门已经颁布实施并仍然有效的有关安全生产主要法律法规约有 160 余件。其中包括《安全生产法》《劳动法》《煤炭法》《矿山安全法》《职业病防治法》《海上交通安全法》《道路交通安全法》《消防法》《铁路法》《民用航空法》《电力法》《建筑法》《特种设备安全法》《刑法》等十多部法律；包括《国务院关于特大安全事故行政责任追究的规定》《安全生产许可证条例》《煤矿安全监察条例》《国务院关于预防煤矿生产安全事故的特别规定》《生产安全事故报告和调查处理条例》《危险化学品安全管理条例》《道路交通安全法实施条例》《建设工程安全生产管理条例》等50多部行政法规；包括《安全生产违法行为行政处罚办法》《安全生产领域违法违纪行为政纪处分暂行规定》《煤矿防治水规定》《危险化学品输送管道安全管理规定》《特种设备作业人员监督管理办法》等100多部部委规章。各地人大和政府也陆续出台了不少地方性法规和地方政府规章。当前，以《安全生产法》为龙头，以相关法律、行政法规、部门规章、地方性法规、地方政府规章和安全生产国家标准和行业标准为主体的具有中国特色的安全生产法律体系正在构建，并初具雏形，正在不断发展和健全完善，比如2014年我国通过了对《安全生产法》的修正案，《煤炭法》《矿山安全法》《煤矿安全监察条例》正在修订，《安全生产应急管理条例》等立法正在加紧制定。

需要指出的是，新中国成立以来，我国安全生产安全标准化工作发展迅速，据不完全统计，国家及各行业颁布了涉及安全的国家标准1500多项，各类行业标准也在几千项以上。我国制定的许多安全生产立法都规定生产经营单位必须执行安全生产国家标准或者行业标准，许多安全生产立法直接将一些重要的安全生产标准规定在法律法规中，使之上升为安全生产法律法规中的条款，当前，安全生产标准法律化是我国安全生产立法的重要趋势。安全生产国家标准或者行业标准一经成为法律规定必须执行的技术规范，就具有了法律上的地位和效力，执行安全生产国家标准或者行业标准，就成为生产经营单位的法定义务，否则，要承担相应的法律责任。安全生产国家标准或者行业标准具有法律上的地位以及法律保障的强制执行效力，最为集中地体现在《安全生产法》的一系列相关规定上，比如《安全生产法》第十条第二款规定：生产经营单位必须执行依法制定的保障安全生产的国家标准或者行业标准。《安全生产法》有多条对必须执行安全生产国家标准或者行业标准有明确的规定和要求，通过法律的规定赋予了国家标准和行业标准强制执行的效力，我国安全生产方面的国家标准或者行业标准，均属于法定安全生产标准，或者说属于强制性安全生产标准。因此，我国安全生产国家标准和行业标准，虽然和安全生产立法不无区别，但在一定意义上说，也可以被视为我国安全生产法律体系的一个重要组成部分。

（三）加强安全生产立法的必要性

安全生产事关人民群众生命财产安全，事关改革开放、经济发展和社会稳定大局，事关党和政府的形象和声誉。党中央、国务院历来高度重视安全生产工作。中央领导同志多次就安全生产工作提出要求，强调安全生产是人命关天的大事，是不可逾越的“红线”，发展决不能以牺牲安全为代价；要深刻汲取用生命和鲜血换来的教训，筑牢科学管理的安全防线；安全生产既是攻坚战，也是持久战，要树立以人为本、安全发展理念，创新安全管理模式，落实企业主体责任，提升监管执法和应急处置能力；要坚持预防为主、标本兼治、健全各项制度，严格安全生产责任，对安全隐患实行“零容忍”，切实保障人民群众的生命安全。

安全生产立法是安全生产法制建设的前提和基础，安全生产法制建设是做好安全生产工作的重要制度保障。在新时期新形势下，全面加强我国安全生产立法建设，激发全社会对公民生命权的珍视和保护，提高全民族的安全法律意识，规范生产经营单位的安全生产，强化安全生产监督管理，对遏制各类事故尤其是重特大事故的发生，促进经济发展和保持社会稳定，都具有重大的现实意义和长远的历史意义。

近年来，在党中央、国务院正确领导下，通过各方面的共同努力，全国安全生产工作不断得到加强，呈现总体稳定、持续好转的发展态势。一是事故总量连年下降。二是重特大事故有所遏制。三是以煤矿为重点的工矿商贸领域安全状况明显改善。四是反映安全发展水平的主要相对指标如亿元 GDP 事故死亡率、工矿商贸 10 万就业人员事故死亡率、道路交通万车死亡率、煤矿百万吨死亡率趋好。同时，我们还要清醒地看到安全生产形势依然严峻。一方面，事故总量仍然偏高。另一方面，我国目前仍处于生产安全事故易发多发期，事故总量仍然较大，重特大事故尚未得到有效遏制。特别是煤矿瓦斯爆炸，工厂、库房、市场等各种火灾，输油管线和危险化学品运输车辆泄漏爆燃，道路交通翻车追尾和隧道交通等重特大事故，给人民生命财产带来重大损失，社会影响恶劣，令人十分痛心。造成当前事故多发、安全生产形势严峻的原因是多方面、深层次的，其中，安全生产法治建设滞后于形势发展的需要是主要原因之一，进一步加强安全生产立法十分紧迫和必要。

（1）亟待通过加强立法进一步提高公民的安全生产法律意识和安全素质。从总体上看，公民在生产经营活动中的自我保护和安全生产意识比较淡薄、安全素质不够高，一些生产经营单位特别是非国有企业负责人依法安全生产经营的意识也很淡薄、安全素质偏低，这些单位的负责人或者不懂法律，或者明知故犯，没有依法为从业人员提供必要的安全生产条件和劳动安全保护，使从业人员在十分恶劣和危险的条件下作业，以致发生事故，造成大量人身伤亡。有些地方政府领导人和私营企业老板只要经济效益，片面地追求利润最大化，忽视甚至放弃安全生产，没有意识到这是一种严重侵犯人权的违法行为，没有意识到它所产生的法律后果。总之，安全生产还没有成为所有地方政府和生产经营单位的自觉行动，没有从安全生产是法定义务和责任的高度引起足够的认识和重视。为此，必须进一步强化安全生产立法，并加强对立法的宣传贯彻，提高生产经营单位从业人员、其他公民和全社会的安全生产法律意识，为依法治安夯实基础。

（2）安全生产出现了新情况、新问题，亟待制修订相关立法，依法规范。客观上看，一是我国目前仍处在工业化快速发展时期，社会生产活动和劳动就业规模大，加大了安全生产工作的压力。二是经济结构不合理、发展方式落后，主要是采掘业、重化工、危险化学品、建筑业等高危行业比重过大，安全保障能力低，这些行业是转方式、调结构的重中之重。三是城镇化快速发展，城市地下管网、高层建筑、轨道交通等建设项目大量增加，规划设计的安全标准偏低，安全隐患日益突出。主观上看，一是科学发展、安全发展的理念树立得不牢，吸取教训不深刻，防范措施不严密，导致同类事故重复发生。二是安全投入不足，安全基础薄弱。三是安全责任体系不健全，企业主体责任和管理不到位，应急处置不得力。四是监管执法工作有待加强，打非治违任重道远。五是教育培训不到位，从业人员安全知识匮乏、安全意识淡薄。为此，必须适应安全生产的新形势，不断加强立法，健全完善相关法律制度，避免造成法律调整的“空白”和监督管理的“漏洞”和“缺位”。

（3）安全生产监督管理体制尚待通过立法进一步完善。安全生产综合监督管理部门和安全生产专项监督管理部门的职能划分问题，也需要通过立法很好地解决，实践中依然存在综合监管和专项监管职责不清、监督管理效率亟待提高的问题。各执法部门在证照管理和监督执法等方面职能交叉重叠，因职责界定不清所产生的职能交叉或者管理缺位在中央和地方都不同程度地存在着，使得安全生产管理责任不够明确，各部门之间推诿扯皮以及重复执法、重复检查现象仍有发生，一些人力、物力、财力等宝贵资源被无谓消耗，而一些亟待强化的环节和方面执法监管又跟不上，也增加了企业的负担，长此以往，不利于我国安全生产工作的开展和安全生产形势的根本好转。2014 年新《安全生产法》颁布实施后，还需要配套制定、修订相关法律、法规、规章，落实新《安全生产法》对综合监管和专项监管的职责分工规定，进一步完善我国安全生产监督管理体制，落实政府监管责任。政府监管和企业内部监督管理的关系也有待界定清楚，使我国安全生产监督管理体制既尊重企业市场经济主体地位和市场经济规律，又进一步强化政府安全生产监管，使企业安全生产主体责任得到充分发挥。

（4）现行安全生产立法尚存一些问题亟待完善。一是一些现行法律法规因形势变化亟待修订。一些已经颁布实施的法律、法规、规章在实践过程中，暴露出不少问题，一些立法的背景已经发生了明显变化，不少规定不能完全适应形势发展的需要，现有规范的滞后性阻碍着法律的良性运行，不利于安全生产法治建设，亟待修订。二是一些与现行安全生产法律、法规配套的、起支撑作用的立法亟待制定。一些涉及安全生产的行业和领域依然缺少相应的法律规范进行调整，不少配套立法亟待制定。2014 年新《安全生产法》颁布实施后，许多省区的《安全生产条例》等相关地方性配套安全生产立法工作亟待加强，以满足安全生产工作的实际需要。三是不同法律法规的规定内容不够配套和衔接。由于各具体行业的安全状况和立法思路不同，各法律法规起草制定的时代背景不同等原因，不可避免地出现了法律法规规定内容之间存在矛盾和冲突、相关立法不够配套和衔接等问题。四是现有立法的一些规定仍存在问题。虽然我国已经颁布和实施的安全生产立法在较大程度和意义上发挥了保障安全生产的基本作用，但有关立法在实践中也暴露出不少问题，如现有立法的一些条款缺乏针对性、可执行性和实际可操作性，一些现有规定对违法行为责任追究和处罚力度不够，职业病危害防治规定不够具体、对保障和充分发挥工会和从业人员在安全生产中作用的规定和保障条款可操作性不强等。五是安全生产立法的速度有待于进一步加快，质量还有待进一步提高。一些法律可操作性需要进一步提高和增强。对安全生产工作中出现的新情况、新问题，亟待更高层次的立法加以规范。

（5）经济发展和社会发展对立法保障人民群众安全健康提出了更新更高要求。随着经济社会的不断发展和进步，社会公众安全素质、安全意识不断提高，安全生产合法权益保护意识、保护能力不断增强，全社会对安全生产的期望不断提高，广大从业人员安全生产、安全经营、“体面劳动”观念不断增强，对加强安全监管、改善作业环境、保障职业安全健康等方面的要求越来越高，对安全生产立法的数量、质量提出更新更高的要求，必须大力加强安全生产立法工作。

总之，目前我国正处于一个新的历史发展时期。在新形势下的安全生产工作面临许多新情况、新问题、新特点，对安全生产监督管理工作也提出了新的更高要求。但我国在安全立法以及法制建设其他方面与国外发达国家和地区相比，一些环节和领域仍显得落后，与我国安全生产现状和保障人民群众的生命财产安全的目标相比仍有一定差距，必须进一步加强立法建设，完善我国安全生产法律制度，加强安全生产法制建设，充分运用法律手段加强监督管理，这是从根本上改变我国安全生产状况、加快实现安全生产形势根本好转的主要措施，也是贯彻依法治国基本方略的客观要求和建设社会主义法治国家的必然选择。加强安全生产法治建设的首要问题是有法可依，为此，全面加强我国安全生产立法势在必行。我们要以贯彻落实新《安全生产法》为契机，以中央方针政策为指导，进一步总结实践经验，制定、修订相关行政法规、地方性法规、部门规章和地方政府规章，完善我国安全生产法律体系，加强安全生产法制化建设，大力推进依法治安、法治兴安，促进全国安全生产形势加快实现根本好转。

二、我国安全生产法律体系的基本框架

（一）安全生产法律体系的概念和特征

1. 安全生产法律体系的概念

安全生产法律体系，是指我国全部现行的、不同的安全生产法律规范形成的有机联系的统一整体。

2. 安全生产法律体系的特征

具有中国特色的安全生产法律体系正在构建之中。这个体系具有 3 个特点。

（1）法律规范的调整对象和阶级意志具有统一性。习近平同志明确指出：“人命关天，发展决不能以牺牲人的生命为代价。这必须作为一条不可逾越的红线。”加强安全生产工作，防止和减少生产安全事故，保障人民群众生命和财产安全，促进经济社会持续健康发展，是各级党委与政府的首要职责和根本宗旨。我国的安全生产立法，体现了工人阶级领导下的最广大的人民群众的最根本利益，都围绕着“三个代表”重要思想、科学发展观和习近平总书记系列重要讲话精神，围绕着执政为民这一根本宗旨，围绕着基本人权的保护这个基本点而制定。安全生产法律规范是为巩固社会主义经济基础和上层建筑服务的，它是工人阶级乃至国家意志的反映，是由人民民主专政的政权性质所决定的。生产经营活动中所发生的各种社会关系，需要通过一系列的法律规范加以调整。不论安全生产法律规范有何种内容和形式，它们所调整的安全生产领域的社会关系，都要统一服从和服务于社会主义的生产关系、阶级关系，紧密围绕着“三个代表”重要思想、科学发展观、习近平总书记系列重要讲话精神、执政为民和基本人权保护而进行。

（2）法律规范的内容和形式具有多样性。安全生产贯穿于生产经营活动的各个行业领域，各种社会关系非常复杂。这就需要针对不同生产经营单位的不同特点，针对各种突出的安全生产问题，制定各种内容不同、形式不同的安全生产法律规范，调整各级人民政府、各类生产经营单位、公民相互之间在安全生产领域中产生的社会关系。这个特点就决定了安全生产立法的内容和形式又是各不相同的，它们所反映和解决的问题是不同的。

（3）法律规范的相互关系具有系统性。安全生产法律体系是由母系统与若干个子系统共同组成的。从具体法律规范上看，它是单个的；从法律体系上看，各个法律规范又是母体系不可分割的组成部分。安全生产法律规范的层级、内容和形式虽然有所不同，但是它们之间存在着相互依存、相互联系、相互衔接、相互协调的辩证统一关系。

（二）安全生产法律体系的基本框架

安全生产法律体系究竟如何构建，这个体系中包括哪些安全生产立法，尚在研究和探索之中。我们可以从上位法与下位法、一般法与特别法和综合性法与单行法3个方面来认识并构建我国安全生产法律体系的基本框架。

1. 根据法的不同层级和效力位阶，可以分为上位法与下位法

法的层级不同，其法律地位和效力也不同。上位法是指法律地位、法律效力高于其他相关法的立法。下位法相对于上位法而言，是指法律地位、法律效力低于相关上位法的立法。不同的安全生产立法对同一类或者同一个安全生产行为作出不同法律规定的，以上位法的规定为准，适用上位法的规定。上位法没有规定的，可以适用下位法。下位法的数量一般多于上位法。

1）法律

法律是安全生产法律体系中的上位法，居于整个体系的最高层级，其法律地位和效力高于行政法规、地方性法规、部门规章、地方政府规章等下位法。国家现行的有关安全生产的专门法律有《安全生产法》《消防法》《道路交通安全法》《海上交通安全法》《矿山安全法》；与安全生产相关的法律主要有《劳动法》《职业病防治法》《工会法》《矿产资源法》《铁路法》《公路法》《民用航空法》《港口法》《建筑法》《煤炭法》和《电力法》等。

2）法规

安全生产法规分为行政法规和地方性法规。

（1）行政法规。安全生产行政法规的法律地位和法律效力低于有关安全生产的法律，高于地方性安全生产法规、地方政府安全生产规章等下位法。国家现有的安全生产行政法规有《安全生产许可证条例》《生产安全事故报告和调查处理条例》《危险化学品安全管理条例》《建设工程安全生产管理条例》《煤矿安全监察条例》等。

（2）地方性法规。地方性安全生产法规的法律地位和法律效力低于有关安全生产的法律、行政法规，高于地方政府安全生产规章。经济特区安全生产法规和民族自治地方安全生产法规的法律地位和法律效力与地方性安全生产法规相同。安全生产地方性法规有《北京市安全生产条例》《天津市安全生产条例》《河南省安全生产条例》等。

3）规章

安全生产行政规章分为部门规章和地方政府规章。

（1）部门规章。国务院有关部门依照安全生产法律、行政法规的规定或者国务院的授权制定发布的安全生产规章的法律地位和法律效力低于法律、行政法规，高于地方政府规章。

（2）地方政府规章。地方政府安全生产规章是最低层级的安全生产立法，其法律地位和法律效力低于其他上位法，不得与上位法相抵触。

4）法定安全生产标准

虽然目前我国没有技术法规的正式用语且未将其纳入法律体系的范畴，但是国家制定的许多安全生产立法却将安全生产标准作为生产经营单位必须执行的技术规范而载入法律，安全生产标准法律化是我国安全生产立法的重要趋势。安全生产标准一旦成为法律规定必须执行的技术规范，它就具有了法律上的地位和效力。执行安全生产标准是生产经营单位的法定义务，违反法定安全生产标准的要求，同样要承担法律责任。因此，将法定安

全生产标准纳入安全生产法律体系范畴来认识，有助于构建完善的安全生产法律体系。法定安全生产标准分为国家标准和行业标准，两者对生产经营单位的安全生产具有同样的约束力。法定安全生产标准主要是指强制性安全生产标准。

（1）国家标准。安全生产国家标准是指国家标准化行政主管部门依照《标准化法》制定的在全国范围内适用的安全生产技术规范。

（2）行业标准。安全生产行业标准是指国务院有关部门和直属机构依照《标准化法》制定的在安全生产领域内适用的安全生产技术规范。行业安全生产标准对同一安全生产事项的技术要求，可以高于国家安全生产标准，但不得与其相抵触。

2. 根据同一层级的法的适用范围不同，可以分为一般法与特别法

我国的安全生产立法是多年来针对不同的安全生产问题而制定的，相关法律规范对一些安全生产问题的规定有所差别。有的侧重解决一般的安全生产问题，有的侧重或者专门解决某一领域的特殊的安全生产问题。因此，在安全生产法律体系同一层级的安全生产立法中，安全生产法律规范有一般法与特别法之分，两者相辅相成、缺一不可。这两类法律规范的调整对象和适用范围各有侧重。一般法是适用于安全生产领域中普遍存在的基本问题、共性问题的法律规范，它们不解决某一领域存在的特殊性、专业性的法律问题。特别法是适用于某些安全生产领域独立存在的特殊性、专业性问题的法律规范，它们往往比一般法更专业、更具体、更有可操作性。如《安全生产法》是安全生产领域的一般法，它所确定的安全生产基本方针原则和基本法律制度普遍适用于生产经营活动的各个领域。但对于消防安全和道路交通安全、铁路交通安全、水上交通安全和民用航空安全领域存在的特殊问题，其他有关专门法律另有规定的，则应适用《消防法》《道路交通安全法》等特别法。据此，在同一层级的安全生产立法对同一类问题的法律适用上，应当适用特别法优于一般法的原则。

3. 根据法的内容、适用范围和具体规范，可以分为综合性法与单行法

安全生产问题错综复杂，相关法律规范的内容也十分丰富。从安全生产立法所确定的内容、适用范围和具体规范看，可以将我国安全生产立法分为综合性法与单行法。综合性法不受法律规范层级的限制，而是将各个层级的综合性法律规范作为整体来看待，适用于安全生产的主要领域或者某一领域的主要方面。单行法的内容只涉及某一领域或者某一方面的安全生产问题。

在一定条件下，综合性法与单行法的区分是相对的、可分的。《安全生产法》就属于安全生产领域的综合性法律，其内容涵盖了安全生产领域的主要方面和基本问题。与其相对，《矿山安全法》就是单独适用于矿山开采安全生产的单行法律。但就矿山开采安全生产的整体而言，《矿山安全法》又是综合性法，各个矿种开采安全生产的立法则是矿山安全立法的单行法。如《煤炭法》既是煤炭工业的综合性法，又是安全生产和矿山安全的单行法。再如《煤矿安全监察条例》既是煤矿安全监察的综合性法，又是《安全生产法》和《矿山安全法》的单行法和配套法。

第三章　中华人民共和国安全生产法

第一节　立法目的、适用范围

一、立法目的

《中华人民共和国安全生产法》(以下简称《安全生产法》）于2002年6月29日第九届全国人大常委会第二十八次会议审议通过，自当年11月1日起施行。该法的实施，对加强安全生产监督管理，规范生产经营单位安全生产行为，防止和减少生产安全事故，实现全国安全生产状况持续好转，发挥了重要作用。但是，在施行中也遇到一些新情况、新问题，迫切需要通过修法予以解决。一是经济社会背景发生了变化。《安全生产法》的研究、起草开始于20世纪90年代，当时企业都比较困难，对企业安全生产条件的规定不够严格。随着经济发展水平的不断提高，党中央、国务院和人民群众更加重视安全生产，将其作为深入贯彻落实科学发展观，保障国民经济可持续发展的重要举措之一。2011年7月27日国务院召开第165次常务会议，明确要求加快《安全生产法》的修订工作，以适应当前安全生产工作的迫切需要。二是进一步遏制重特大生产安全事故的需要。全国安全生产形势总体保持稳定，但重特大事故和较大涉险事故时有发生，一些行业领域事故频发，非法违法生产经营建设行为屡禁不止，安全生产形势依然严峻。特别是2011年下半年以来，接连发生了甬温线“7·23”动车追尾等多起特别重大事故，造成了严重的人员伤亡和财产损失，社会影响很大，暴露出我国生产经营领域仍然存在安全责任落实不到位、防范措施不到位、安全监管不到位、治理整顿不到位等突出问题。三是进一步落实党中央、国务院有关安全生产决策部署的需要。近年来国务院采取了一系列行之有效的安全生产工作措施，如2004年印发了《国务院关于进一步加强安全生产工作的决定》，2010年印发了《国务院关于进一步加强企业安全生产工作的通知》，2011年印发了《国务院关于坚持科学发展安全发展促进安全生产形势持续稳定好转的意见》，其中很多内容都需要上升为法律规定。四是着力解决有关安全生产突出问题的需要。如进一步完善安全生产工作的方针，推进安全生产标准化建设，规范建设项目安全设施“三同时”工作，明确注册安全工程师的法律地位，推进安全生产责任保险，完善安全生产应急救援制度，加大安全生产责任追究力度等。

基于上述情况，为适应当前安全生产工作的需要，国家决定对《安全生产法》进行修改，2014年8月31日第十二届全国人民代表大会常务委员会第十次会议审议通过了《全国人民代表大会常务委员会关于修改〈中华人民共和国安全生产法〉的决定》，自2014年12月1日起施行。

修订后的《安全生产法》，与原《安全生产法》相比，法律第一条由原“为了加强安全生产监督管理，防止和减少生产安全事故，保障人民群众生命和财产安全，促进经济发展，制定本法”修改为“为了加强安全生产工作，防止和减少生产安全事故，保障人民群众生命和财产安全，促进经济社会持续健康发展，制定本法”，由加强安全生产监督管理，修改为加强安全生产工作，由促进经济发展，修改为促进经济社会持续健康发展，立法宗旨更加明确和体现当前安全生产工作的要求。

1. 明确安全生产在国民经济和社会发展中地位和作用

安全生产事关人民群众生命财产安全，事关改革开放、经济发展和社会稳定大局，事关党和政府形象和声誉。当前，我国正处于工业化转型升级、城镇化快速发展进程中，安全生产基础仍然比较薄弱，重特大事故尚未得到有效遏制，安全生产形势仍然十分严峻。在新的形势下，修订后的《安全生产法》解决了安全生产摆位问题，对安全生产的理念、地位和作用作出了明确规定。

一是明确安全生产的目的是保障人民群众生命和财产安全，促进经济社会持续健康发展。与原《安全生产法》相比，修订后的《安全生产法》第一条中将“促进经济发展，制定本法”修改为“促进经济社会持续健康发展，制定本法”。安全生产的目的不仅包括促进经济发展，而且包括促进社会持续健康发展。安全生产不再仅仅体现经济领域的范畴，也体现了社会管理的范畴。安全生产是社会管理的重要内容，纳入国家治理体系和治理能力现代化建设中，是构建安全保障型社会的客观要求。

二是明确安全生产工作应当以人为本，把人的生命放为首位。修订后的《安全生产法》第三条增加了“安全生产工作应当以人为本”的规定。人的生命是至高无上的。当然，安全生产的目的是防止和减少生产安全事故，保障人民群众生命和财产安全，包括国家财产和私人财产，但应以保障人的生命为首位。2013 年 6 月 3 日吉林省长春市宝源丰禽业有限公司特别重大火灾爆炸事故发生后，习近平总书记明确指出，“人命关天，发展决不能以牺牲人的生命为代价。这必须作为一条不可逾越的红线。”2013 年 11 月 22 日山东省青岛市中石化东黄输油管道泄漏爆炸特别重大事故发生后，习近平总书记亲临事故现场，并发表了重要讲话，要求各级党委和政府、各级领导干部要牢固树立安全发展理念，始终把人民群众生命安全放在第一位。

三是明确安全生产应当树立科学发展、安全发展的理念。修订后的《安全生产法》第三条增加了“安全生产工作应当以人为本，坚持安全发展”的要求，安全生产工作的目标更加明确。2005 年 10 月党的十六届五中全会通过的《中共中央关于制定国民经济和社会发展第十一个五年规划的建议》首次提出“安全发展”科学理念。2011 年《国务院关于坚持科学发展安全发展促进安全生产形势持续稳定好转的意见》明确指出安全生产工作要始终把保障人民群众生命财产安全放在首位，大力实施安全发展战略。

四是明确将安全生产纳入国民经济和社会发展进程。修订后的《安全生产法》第八条增加了：“国务院和县级以上地方各级人民政府应当根据国民经济和社会发展规划制定安全生产规划，并组织实施。安全生产规划应当与城乡规划相衔接”的规定。安全生产工作纳入了经济社会发展进程，与国民经济和社会发展同步推进，与城乡一体化发展相融合。安全生产工作成为治国理政、社会治理的组成部分。

2. 强化和落实生产经营单位主体责任

生产经营单位是生产、经营活动的主体，在安全生产工作中处于核心地位。保障安全生产，生产经营单位是关键。生产经营单位对本单位的安全生产负责，是安全生产的责任主体。当前，非法违法生产经营行为屡禁不止，安全责任不落实、安全投入不到位等问题在一些生产经营单位还比较突出；违章指挥、强令从业人员冒险作业等现象比较多；广大从业人员的安全生产意识和法制观念还有待于提高。为此，《安全生产法》在以下几方面作出了严格的法律规定：生产经营单位安全生产条件的基本要求；生产经营单位主要负责人的安全生产责任；安全生产责任制的内容及考核；对生产经营单位安全生产投入的要求；生产经营单位安全生产管理机构的设置及安全生产管理人员的配备；安全生产管理机构以及安全生产管理人员的职责及履责保障；对生产经营单位主要负责人及安全生产管理人员的考核要求；生产经营单位对从业人员进行安全生产教育和培训的义务；对被派遣劳动者的安全生产教育和培训的要求；对生产经营单位特种作业人员的特殊资质要求；生产经营单位建设工程项目的安全设施与主体工程的“三同时”要求以及对危险性较大行业的建设项目进行安全评价的特殊要求；对建设项目安全设施的设计、施工、竣工验收的要求；对生产经营单位排查治理事故隐患的要求；对生产经营单位设施、设备、生产经营场所、工艺的安全要求；对危险物品生产、经营、运输、储存、使用以及危险性作业的特殊要求；生产经营单位对从业人员负有的义务；对两个以上生产经营单位共同作业的安全生产管理特别规定；对生产经营单位发包、出租的特别规定以及生产经营单位发生生产安全事故时对主要负责人的要求；对生产经营单位参加工伤保险，鼓励投保安全生产责任保险的要求等方面作出了严格的法律规定。

3. 保障从业人员的权利和义务

从业人员既是生产经营活动的主要承担者，又是生产安全事故的受害者或者责任者。要保障他们的人身安全，必须尽快提高他们的安全素质和安全生产技能。《安全生产法》对从业人员的安全生产权利和义务作出了规定，目的在于增强他们的安全意识和自我保护意识，提高他们的安全生产技能，认识到作业活动过程中的风险，掌握事故预防措施和安全的工作方法，促使他们尽职尽责地进行生产经营作业，预防事故，及时发现、处理事故隐患和不安全因素，最大限度地降低事故发生率，确保安全生产。针对实习学生、被派遣劳动者的安全生产教育和培训缺失的问题，修订后的《安全生产法》第二十五条明确规定，生产经营单位接收中等职业学校、高等学校学生实习的，应当对实习学生进行相应的安全生产教育和培训，提供必要的劳动防护用品。学校应当协助生产经营单位对实习学生进行安全生产教育和培训。生产经营单位使用被派遣劳动者的，应当将被派遣劳动者纳入本单位从业人员统一管理，对被派遣劳动者进行岗位安全操作规程和安全操作技能的教育和培训。劳务派遣单位应当对被派遣劳动者进行必要的安全生产教育和培训。同时第五十八条规定，生产经营单位使用被派遣劳动者的，被派遣劳动者享有本法规定的从业人员的权利，并应当履行本法规定的从业人员的义务。

4. 加强安全生产监督管理

依法加强安全生产监督管理是各级人民政府及有关部门的法定职责，是促进生产经营单位依法依规生产经营，保障安全生产的重要手段。为了加大监督管理力度，《安全生产法》对各级人民政府及负有安全生产监督管理职责部门的安全生产工作任务、职责、措施、处罚等方面作出了明确的规定，赋予其很大的监督检查、行政处罚、行政强制的权力，同时也明确了很严格的法律责任，充分体现了有权必有责、用权受监督、违法必追究的原则，对各级安全生产监督管理部门提出了依法监管的要求。针对生产经营单位拒绝执行负有安全生产监督管理职责部门执法决定的情形，修订后的《安全生产法》增加了依法停电停供民用爆炸物品措施的规定，进一步完善监管手段，加大监管力度。

5. 依法制裁安全生产违法行为

安全生产监督管理部门必须加大监督执法力度，强化安全生产责任追究，依法制裁安全生产违法犯罪分子。法律的基本功能之一是制裁违法犯罪分子，维护社会的正常秩序。当前，一些生产经营单位“要钱不要命”，为了赚钱不惜牺牲从业人员生命，减少甚至不进行安全生产投入，以降低短期成本追求长期利润。而一旦发生生产安全事故，除了人员死亡之外还会不同程度地造成经济损失，其代价往往要高于安全生产投入成本，最终厂毁人亡，付出高昂的代价。生产安全事故多发、安全生产状况不好的重要原因之一就是安全生产行政执法力度不够，许多安全生产违法行为未能及时受到惩治。因此，修订后的《安全生产法》加大了行政处罚的力度，加重了对违法行为特别是对生产安全事故责任单位和责任人的处罚力度。如罚款数额普遍提高 2 ~ 5 倍，增加了发生重大、特别重大生产安全事故的责任人终身不得担任本行业生产经营单位主要负责人的规定。各级安全生产监督管理部门和其他负有安全生产监督管理职责的部门是本法的执法主体，应当坚持有法必依、执法必严、违法必究的原则。

二、适用范围

《安全生产法》是对所有生产经营单位的安全生产普遍适用的基础性、综合性的法律。

（一）空间的适用

《安全生产法》第二条规定“在中华人民共和国领域内从事生产经营活动的单位（以下统称生产经营单位）的安全生产，适用本法”。按照原《安全生产法》第九十七条的规定，自 2002 年 11 月 1 日起，所有在中华人民共和国陆地、海域和领空的范围内从事生产经营活动的生产经营单位，必须依照《安全生产法》的规定进行生产经营活动。根据《全国人民代表大会常务委员会关于修改〈中华人民共和国安全生产法〉的决定》，本决定自 2014 年 12 月 1 日起施行。自 2014 年 12 月 1 日起，生产经营单位必须依照修订后的《安全生产法》从事生产经营活动，违反规定的，追究相应的法律责任。

当然，按照我国香港、澳门两个特别行政区基本法的规定，只有列入这两个基本法附件三的全国性法律，才能在这两个特别行政区适用。《安全生产法》没有列入两个基本法的附件三中，因此，本法不适用于我国已恢复行使主权的香港特别行政区和澳门特别行政区。香港和澳门的安全生产立法，应由这两个特别行政区的立法机关自行制定。

（二）主体和行为的适用

法律所谓的“生产经营单位”，指从事生产经营活动的基本单元，即一切从事生产经营活动的企业、事业单位、个体经济组织和其他组织，既包括企业法人，也包括不具有企业法人资格的单位、事业单位、个人合伙组织、个体工商户等其他生产经营主体。《安全生产法》之所以称为我国安全生产的基本法律，不是指国家法律体系和法学对宪法、基本法律、法律进行分类的概念，而是就其在各个有关安全生产的法律、法规中的主导地位和作用而言的，是指它在安全生产领域内具有适用范围的广泛性、法律制度的基本性、法律规范的概括性，主要解决安全生产领域中普遍存在的基本法律问题。换言之，《安全生产法》的基本法律制度和新的法律规范是其他有关法律、法规所没有而且也不可能有的“通用件”。除了消防安全和道路交通安全、铁路交通安全、水上交通安全、民用航空安全以及核与辐射安全、特种设备安全适用有关法律、行政法规原有特殊规定以外的所有生产经营单位的安全生产，都要适用《安全生产法》。排除适用的上述有关法律、行政法规，今后制定新法或者修订旧法时，仍要依照《安全生产法》的基本法律规范，不能与《安全生产法》确立的基本方针、基本原则和基本法律制度相悖。

（三）排除适用

《安全生产法》第二条规定：“……有关法律、行政法规对消防安全和道路交通安全、铁路交通安全、水上交通安全、民用航空安全以及核与辐射安全、特种设备安全另有规定的，适用其规定。”对这种排除适用的特殊规定，应当从下列4个方面理解：

（1）《安全生产法》确定的安全生产领域基本的方针、原则、法律制度和新的法律规定，是其他法律、行政法规无法确定并且没有规定的，它们普遍适用于消防安全和道路交通安全、铁路交通安全、水上交通安全、民用航空安全以及核与辐射安全、特种设备安全。

（2）消防安全和道路交通安全、铁路交通安全、水上交通安全、民用航空安全以及核与辐射安全、特种设备安全现行的有关法律、行政法规已有规定的，不适用《安全生产法》。这些有关法律、行政法规是专门解决消防、交通领域以及核与辐射安全、特种设备安全特殊问题的单行立法即特别法。涉及这些领域的安全生产问题，应当首先考虑和优先适用特殊法的规定。《安全生产法》正是根据这个原则，充分考虑和界定了它与相关特殊法的衔接和关系，在其普遍适用的前提下对特别法的适用作出了除外规定。这样规定，在同一问题上就不存在普通法与特殊法之间有关法律条文规定不一致的“法律冲突”，更不存在安全生产监督管理部门与公安、交通、铁道、民航、环保、质检等负责专项安全生产监督管理的部门之间的职责交叉。

（3）有关法律、行政法规对消防安全和道路交通安全、铁路交通安全、水上交通安全、民用航空安全以及核与辐射安全、特种设备安全没有规定的，适用《安全生产法》。《安全生产法》的大部分法律规定，都是上述特别法所没有的。也就是说，现行的消防安全和道路交通安全、铁路交通安全、水上交通安全、民用航空安全以及核与辐射安全、特种设备安全的法律、行政法规对有关安全生产问题没有规定的，应当依照《安全生产法》的有关规定执行。

（4）今后制定和修订有关消防安全和道路交通安全、铁路交通安全、水上交通安全、民用航空安全以及核与辐射安全、特种设备安全的法律、行政法规时，也要符合《安全生产法》确定的基本方针原则、法律制度和法律规范，不应抵触。

总之，在我国安全生产法律体系中，《安全生产法》的法律地位和法律效力是最高的。《安全生产法》是我国第一部安全生产领域的基本法律。只有科学地认识《安全生产法》的法律性质及其法律地位，才能处理好《安全生产法》与其他安全生产法律、法规的关系，使这部法律得以完整地、准确地贯彻实施。

第二节　基　本　规　定

一、安全生产的方针

根据《安全生产法》第三条的规定，安全生产方针是“安全第一、预防为主、综合治理”。所谓“方针”，是指指导一个领域、一个方面各项工作的总的原则，这个领域、这个方面的各项具体制度、措施，都必须体现、符合这个方针的要求。所谓“安全第一”，就是说，在生产经营活动中，在处理保证安全与实现生产经营活动的其他各项目标的关系上，要始终把安全特别是从业人员和其他人员的人身安全放在首要的位置，实行“安全优先”的原则。所谓“预防为主”，就是说，对安全生产的管理，要谋事在先，尊重科学、探索规律，采取有效的事前控制措施，千方百计预防事故的发生，做到防患于未然，强化事故隐患排查治理，打非治违，从源头上控制、预防和减少事故发生。所谓“综合治理”，就是说，对安全生产工作中存在的问题或者事故隐患，要从多个方面入手，齐抓共管，标本兼治，重在治本。《安全生产法》着重对事故预防作出规定，主要体现为“六先”，即：

（一）安全意识在先

由于各种原因，我国劳动者和全社会的安全意识还相对淡薄。随着经济发展和社会进步，安全生产已不再是生产经营单位发生事故造成人员伤亡的个别问题，而是事关人民群众生命和财产安全，事关改革开放、经济发展和社会稳定大局、事关党和政府形象和声誉。关爱生命、关注安全是全社会政治、经济和文化生活的主题之一。重视和实现安全生产，必须有强烈的安全意识。从“科学发展”和“安全发展”的高度认识安全生产工作，有高度的安全意识，真正做好安全工作，实现安全生产。《安全生产法》把宣传、普及安全意识作为各级人民政府及其有关部门和生产经营单位的重要任务，规定“各级人民政府及其有关部门应当采取多种形式，加强对有关安全生产法律、法规和安全生产知识的宣传，增强全社会的安全生产意识”，要求“生产经营单位应当对从业人员进行安全生产教育和培训，保证从业人员具备必要的安全生产知识，熟悉有关的安全生产规章制度和安全操作规程，掌握本岗位的安全操作技能、了解事故应急处置措施，知悉自身在安全生产方面的权利和义务”“从业人员应当接受安全生产教育和培训，掌握本职工作所需的安全生产知识，提高安全生产技能，增强事故预防和应急处理能力”。只有增强全体公民特别是从业人员的安全意识，才能使安全生产得到普遍的和高度的重视，极大地提高全民的安全素质，使安全生产变为每个公民的自觉行动，从而为实现安全生产的根本好转奠定深厚的思想基础和群众基础。

（二）安全投入在先

生产经营单位要具备法定的安全生产条件，必须有相应的资金保障，安全投入是生产经营单位的“救命钱”。一些生产经营单位重经济效益轻安全投入，其安全投入较少或者严重欠账，因而导致安全技术装备陈旧落后，不能及时地得到更新、维护，这就必然使许多不安全因素和事故隐患不能被及时发现和消除，引发事故。要预防事故，必须有足够的、有效的安全投入。《安全生产法》把安全投入作为必备的安全保障条件之一，要求“生产经营单位应当具备的安全生产条件所必需的资金投入，由生产经营单位的决策机构、主要负责人或者个人经营的投资人予以保证，并对由于安全生产所必需的资金投入不足导致的后果承担责任”。同时规定有关生产经营单位应当按照规定提取和使用安全生产费用，专门用于改进安全生产条件。生产经营单位主要负责人不依法保障安全投入的，将承担相应的法律责任。

（三）安全责任在先

实现安全生产，必须建立健全各级人民政府及其有关部门和生产经营单位的安全生产责任制，各负其责，齐抓共管。针对当前存在的安全责任不明确、权责分离的问题，《安全生产法》在明确赋予政府、有关部门、生产经营单位及其从业人员各自的职权、权利的同时设定其安全责任，是实现预防为主的必要措施。《安全生产法》突出了安全生产监督管理部门和有关部门主要负责人和监督执法人员的安全责任，突出了生产经营单位主要负责人的安全责任，目的在于通过明确安全责任来促使他们重视安全生产工作，加强领导。《安全生产法》第八条规定：“国务院和县级以上地方各级人民政府应当加强对安全生产工作的领导，支持、督促各有关部门依法履行安全生产监督管理职责，建立健全安全生产工作协调机制，及时协调、解决安全生产监督管理中存在的重大问题。”第九条对各级人民政府安全生产监督管理部门和有关部门的监督管理职权作出规定，并对其工作人员违法行政设定了相应的法律责任。《安全生产法》第五条规定“生产经营单位的主要负责人对本单位的安全生产工作全面负责”，第十八条明确了其应当履行的7项职责。《安全生产法》第二十二条规定，生产经营单位的安全生产管理机构以及安全生产管理人员履行组织或者参与拟订本单位安全生产规章制度、操作规程和生产安全事故应急救援预案；组织或者参与本单位安全生产教育和培训，如实记录安全生产教育和培训情况；督促落实本单位重大危险源的安全管理措施；组织或者参与本单位应急救援演练；检查本单位的安全生产状况，及时排查生产安全事故隐患，提出改进安全生产管理的建议；制止和纠正违章指挥、强令冒险作业、违反操作规程的行为；督促落实本单位安全生产整改措施7项职责。针对负有安全生产监督管理职责部门的工作人员和生产经营单位主要负责人的违法行为，规定了严厉的法律责任。

（四）建章立制在先

预防为主，需要通过生产经营单位制定并落实各种安全措施和规章制度来实现。“没有规矩，不成方圆”，生产经营活动涉及安全的工种、工艺、设施设备、材料和环节错综复杂，必须制定相应的安全规章制度、操作规程，并采取严格的管理措施，才能保证安全。安全规章制度不健全，安全管理措施不落实，势必埋下不安全因素和事故隐患，最终导致事故。因此，建章立制是实现预防为主的前提条件。《安全生产法》对生产经营单位建立健全和组织实施安全生产规章制度和安全措施等问题作出的具体规定，包括安全设备管理、重大危险源管理、危险物品安全管理、交叉作业管理、发包出租管理、危险作业管理等规定，是生产经营单位必须遵守的行为规范。

（五）事故预防在先

预防为主，主要是为了防止和减少生产安全事故。无数案例证明，绝大多数生产安全事故是人为原因造成的，属于责任事故。在一般情况下，大部分事故发生前都有安全隐患，如果事故防范措施周密，从业人员尽职尽责，管理到位，都能够使隐患得到及时消除，可以避免或者减少事故。即使发生事故，也能够减轻人员伤害和经济损失。所以，消除事故隐患，预防事故发生是生产经营单位安全工作的重中之重。《安全生产法》从生产经营的建设项目“三同时”、安全设备安全管理、危险物品安全管理、发包出租安全管理等各个主要方面，对事故预防的制度、措施和管理都作出了明确规定。同时，《安全生产法》第三十八条明确规定：“生产经营单位应当建立健全生产安全事故隐患排查治理制度，采取技术、管理措施，及时发现并消除事故隐患。事故隐患排查治理情况应当如实记录，并向从业人员通报。县级以上地方各级人民政府负有安全生产监督管理职责的部门应当建立健全重大事故隐患治理督办制度，督促生产经营单位消除重大事故隐患。”只要认真贯彻实施这些规定，就能够把生产安全事故大幅度地降下来。

（六）监督执法在先

各级人民政府及其安全生产监督管理部门和有关部门强化安全生产监督管理，加大行政执法力度，是预防事故，保证安全的重要条件。安全生产监督管理工作的重点、关口必须前移，放在事前、事中监管上。要通过事前、事中监管，依照法定的安全生产条件，把住安全准入“门槛”，坚决把那些不符合安全生产条件或者不安全因素多、事故隐患严重的生产经营单位排除在“安全准入门槛”之外。要加大日常监督检查和重大危险源监控的力度，重点查处在生产经营过程中发生的且未导致事故的安全生产违法行为，发现事故隐患应当依法采取监管措施或者处罚措施，并且严格追究有关人员的安全责任。

二、安全生产工作机制

工作机制也就是通常讲的工作格局。根据《安全生产法》第三条的规定，我国安全生产的工作机制是“生产经营单位负责、职工参与、政府监管、行业自律和社会监督”。它是一个从内部到外部，从生产经营单位到政府、社会、行业参与安全生产的全方位工作格局。在这个格局中，核心是生产经营单位和职工，主要是生产经营单位，外部监督包括政府、社会和行业。

（1）生产经营单位负责，即生产经营单位是安全生产的责任主体，对本单位的安全生产负责。生产经营单位应当遵守安全生产的法律、法规，加强安全生产管理，建立、健全安全生产责任制和安全生产规章制度，改善安全生产条件，推进安全生产标准化建设，提高安全生产水平，确保安全生产。生产经营单位应当具备法律、行政法规和国家标准或者行业标准规定的安全生产条件，依法从事生产经营活动。生产经营单位的主要负责人对本单位的安全生产工作全面负责，是第一责任者。

（2）职工参与，即职工参与安全生产的民主管理和民主监督。在我国，依照工会法的规定，职工都参加工会，职工参与的形式主要由工会来表达。生产经营单位的工会依法组织职工参加本单位安全生产工作的民主管理和民主监督，维护职工在安全生产方面的合法权益。生产经营单位制定或者修改有关安全生产的规章制度，应当听取工会的意见。

（3）政府监督，即政府依法对安全生产工作实施监督。这里讲的政府包括政府及安全生产监督管理部门和其他负有安全生产监督管理职责的部门。政府监督主要通过按照“党政同责、一岗双责”的要求，落实安全生产责任，建立完善安全考核机制，制定并实施安全生产规划，督促安全生产监督管理部门和其他负有安全生产监督管理职责的部门依法履行监督检查职责等形式。安全生产监督管理部门和其他负有安全生产监督管理职责的部门，依法加强对生产经营单位的监督检查，按照“管行业必须管安全、管业务必须管安全、管生产经营必须管安全”要求，建立安全生产监督管理部门综合监管、行业业务部门专项监管的联合执法格局。

（4）行业自律，即行业的协会组织依照行业、行政法规和章程等规定，向生产经营单位提供安全技术、管理服务，实行行业自律。《安全生产法》第十二条规定：“有关协会组织依照法律、行政法规和章程，为生产经营单位提供安全生产方面的信息、培训等服务，发挥自律作用，促进生产经营单位加强安全生产管理。”

（5）社会监督，即公民、法人及其他经济组织对生产经营单位存在的安全问题或者事故隐患进行监督，督促其整改治理。这是一种外部监督，也是一种重要的监督，对保障安全生产至关重要。为了发挥社会公众的监督，《安全生产法》规定，任何单位或者个人对事故隐患或者安全生产违法行为，均有权向负有安全生产监督管理职责的部门报告或者举报。居民委员会、村民委员会发现其所在区域内的生产经营单位存在事故隐患或者安全生产违法行为时，应当向当地人民政府或者有关部门报告。新闻、出版、广播、电影、电视等单位有进行安全生产公益宣传教育的义务，有对违反安全生产法律、法规的行为进行舆论监督的权利等。

三、生产经营单位的安全生产责任

生产经营单位是安全生产的责任主体。《安全生产法》对生产经营单位的安全责任规定最多，也是重点，并设立生产经营单位的安全生产保障专章。《安全生产法》第四条规定：“生产经营单位必须遵守本法和其他有关安全生产的法律、法规，加强安全生产管理，建立、健全安全生产责任制和安全生产规章制度，改善安全生产条件，推进安全生产标准化建设，提高安全生产水平，确保安全生产。”这是一条关于企业安全生产的基本要求的原则性规定。该条规定主要是依法确定了以生产经营单位作为主体、以依法生产经营为规范、以安全生产责任制和安全生产规章制度为核心、以推进安全生产标准为手段的安全生产管理制度。该项制度包含4方面内容：一是确定了生产经营单位在安全生产中的主体地位。生产经营单位是生产经营活动的直接承担者，也是引发生产安全事故的载体。能否确保安全生产，第一位的、决定的因素是生产经营单位的安全生产条件和安全管理状况。只有生产经营单位实现“人、机、环”三要素的统一，才能从根本上避免、预防和消除生产安全事故。二是规定了依法进行安全生产管理是生产经营单位的行为准则。现行安全生产法律、法规从各个方面制定了保障安全生产的法律规范。依法从事生产经营是法律为生产经营单位设定的义务，必须坚决履行。通常发生生产安全事故的，一般都是违反了有关法律规定而导致的，要承担相应的法律责任。三是强调了加强管理、建立完善安全生产责任制和安全规章制度、改善安全生产条件，推进安全生产标准化建设是生产经营单位实现安全生产的必要措施。四是明确了确保安全生产是生产经营单位建立、健全安全生产责任制度的根本目的。

四、生产经营单位主要负责人的安全责任

生产经营单位主要负责人是生产经营活动和安全生产工作的决策者和指挥者，对于落实安全生产责任制，加强安全管理，确保安全生产至关重要。只有明确生产经营单位主要负责人在安全生产中的地位和责任，才能真正促使生产经营单位重视并抓好安全生产工作，防止和减少生产安全事故的发生。

（一）生产经营单位主要负责人

谁是生产经营单位安全生产工作的第一责任者，这是《安全生产法》立法过程中讨论较多也是必须明确的问题。《安全生产法》使用了“生产经营单位主要负责人”的用语，这是在各种情况下都能适用的高度概括性的表述。

（1）生产经营单位主要负责人必须是生产经营单位生产经营活动的主要决策人。主要负责人必须享有本单位生产经营活动包括安全生产事项的最终决定权，全面领导生产经营活动，如厂长、经理等。譬如生产经营单位的重大生产经营事项应由董事会决策的，那么董事长就是主要负责人。

（2）生产经营单位主要负责人必须是实际领导、指挥生产经营单位日常生产经营活动的决策人。在一般情况下，生产经营单位主要负责人是其法定代表人。但是某些公司制企业特别是国内外一些特大集团公司的法定代表人，往往与其子公司的法定代表人（董事长）同为一人，他们不负责日常的生产经营活动和安全生产工作，通常是在异地或者国外。在这种情况下，那些真正全面组织、领导生产经营活动和安全生产工作的决策人就不一定是董事长，而是总经理（厂长）或者其他人。还有一些不具备企业法人资格的生产经营单位不需要并且也不设法定代表人，这些单位的主要负责人就是其资产所有人或者生产经营负责人。

（3）生产经营单位主要负责人必须是能够承担生产经营单位安全生产工作全面领导责任的决策人。当董事长或者总经理长期缺位（因生病、学习等情况不能主持全面领导工作）时，将由其授权或者委托的副职或者其他人主持生产经营单位的全面工作。如果在这种情况下发生安全生产违法行为或者生产安全事故需要追究责任，将长期缺位的董事长或者总经理作为责任人既不合情理又难以执行，只能追究其授权或者委托主持全面工作的实际负责人的法律责任。

综上所述，法律所称的生产经营单位主要负责人应当是直接领导、指挥生产经营单位日常生产经营活动、能够承担生产经营单位安全生产工作主要领导责任的决策人。

（二）生产经营单位主要负责人的地位和职责

1. 生产经营单位主要负责人是本单位安全生产工作的第一责任者

生产经营单位的安全生产工作能否做好，关键在于主要负责人。因此，《安全生产法》第五条规定：“生产经营单位的主要负责人对本单位的安全生产工作全面负责。”这就把主要负责人置于安全生产工作的中心地位上，负有第一位的、主要的安全生产领导责

任。法律规定的目的是要落实和加重主要负责人的安全生产责任，促使他们加强领导，加强安全，保障安全。

2. 生产经营单位主要负责人的安全生产基本职责

针对生产经营单位主要负责人的安全责任不明确的问题，《安全生产法》第十八条规定，生产经营单位主要负责人对本单位安全生产工作负有下列职责：①建立、健全本单位安全生产责任制；②组织制定本单位安全生产规章制度和操作规程；③组织制定并实施本单位安全生产教育和培训计划；④保证本单位安全生产投入的有效实施；⑤督促、检查本单位的安全生产工作，及时消除生产安全事故隐患；⑥组织制定并实施本单位的生产安全事故应急救援预案；⑦及时、如实报告生产安全事故。这样规定有三个好处，一是主要负责人有权有责，权责一致；二是安全生产责任明确具体，具有可操作性；三是实施责任追究时有充分的依据。

（三）生产经营单位主要负责人的法律责任

《安全生产法》对生产经营单位主要负责人违法行为的法律责任作出了明确的规定。如果生产经营单位主要负责人不履行法定义务，构成安全生产违法行为或者发生生产安全事故的，根据有责必究、有罪必罚的原则，将依照下列法律规定追究责任：

（1）生产经营单位的主要负责人不依照本法规定保证安全生产所必需的资金投入，致使生产经营单位不具备安全生产条件的，责令限期改正，提供必需的资金；逾期未改正的，责令生产经营单位停产停业整顿。有前款违法行为，导致发生生产安全事故的，对生产经营单位的主要负责人给予撤职处分，对个人经营的投资人处二万元以上二十万元以下的罚款；构成犯罪的，依照刑法有关规定追究刑事责任。

（2）生产经营单位的主要负责人未履行本法规定的安全生产管理职责的，责令限期改正；逾期未改正的，处二万元以上五万元以下的罚款，责令生产经营单位停产停业整顿。生产经营单位的主要负责人有前款违法行为，导致发生生产安全事故的，给予撤职处分，并按照规定给予罚款。发生一般事故的，处上一年收入百分之三十的罚款；发生较大事故的，处上一年收入百分之四十的罚款；发生重大事故的，处上一年收入百分之六十的罚款；发生特别重大事故的，处上一年收入百分之八十的罚款。构成犯罪的，依照刑法有关规定追究刑事责任。

生产经营单位的主要负责人依照前款规定受刑事处罚或者撤职处分的，自刑罚执行完毕或者受处分之日起，五年内不得担任任何生产经营单位的主要负责人；对重大、特别重大生产安全事故负有责任的，终身不得担任本行业生产经营单位的主要负责人。

（3）生产经营单位与从业人员订立协议，免除或者减轻其对从业人员因生产安全事故伤亡依法应承担的责任的，该协议无效；对生产经营单位的主要负责人、个人经营的投资人处二万元以上十万元以下的罚款。

（4）生产经营单位主要负责人在本单位发生生产安全事故时，不立即组织抢救或者在事故调查处理期间擅离职守或者逃匿的，给予降级、撤职的处分，并处上一年收入百分之六十至百分之一百的罚款；对逃匿的处 15 日以下的拘留；构成犯罪的，依照刑法有关规定追究刑事责任。生产经营单位主要负责人对生产安全事故隐瞒不报、谎报或者迟报的，依照前款规定处罚。

五、工会在安全生产工作中的地位和权利

工会是代表从业人员对生产经营单位的安全生产进行监督、维护从业人员合法权益的群众性组织，是协助生产经营单位加强安全管理的助手，是政府监督管理的重要补充。党和国家历来重视工会在安全生产工作中的作用，在《安全生产法》中对其地位和权利作出了规定。

（一）工会在安全生产工作中的地位

《安全生产法》第七条规定：“工会依法对安全生产工作进行监督。生产经营单位的工会依法组织职工参加本单位安全生产工作的民主管理和民主监督，维护职工在安全生产方面的合法权益。生产经营单位制定或者修改有关安全生产的规章制度，应当听取工会的意见。”法律对工会在安全生产工作中的基本定位，就是依法组织职工参加管理和监督，履行维权职责。生产经营单位必须重视工会的地位和作用，吸收工会参与管理，自觉接受工会的监督，切实保护从业人员的合法权益。

（二）工会对“三同时”的监督

生产经营单位新建、改建或扩建的工程项目中的安全设施是否符合要求，是确保安全生产和从业人员人身安全和健康的重要条件。由于建设项目的安全设施的设计、施工和投产使用存在着重大事故隐患，导致许多生产安全事故和人员伤亡。为了发挥工会在“三同时”中的作用，《安全生产法》第五十七条规定：“工会有权对建设项目的安全设施与主体工程同时设计、同时施工、同时投入生产和使用进行监督，提出意见。”

（三）工会对作业场所的监督

为了真正发挥工会的作用，《安全生产法》第五十七条规定：“工会对生产经营单位违反安全生产法律、法规，侵犯从业人员合法权益的行为，有权要求纠正；发现生产经营单位违章指挥、强令冒险作业或者发现事故隐患时，有权提出解决的建议，生产经营单位应当及时研究答复；发现危及从业人员生命安全的情况时，有权向生产经营单位建议组织从业人员撤离危险场所，生产经营单位必须立即作出处理。”

（四）工会对事故调查的监督

《安全生产法》第五十七条规定：“工会有权依法参加事故调查，向有关部门提出处理意见，并要求追究有关人员的责任。”依据生产安全事故报告和调查处理条例的规定，事故调查组应由有关人民政府、安全生产监督管理部门、负有安全生产监督管理职责的有关部门、监察机关、公安机关以及工会组成，并应当邀请人民检察院参加。工会有权参加事故调查工作，从维护职工权利角度提出相应的处理意见。

六、县级以上人民政府的安全生产职责

县级以上人民政府及其各有关部门是实施安全生产监督管理的责任主体，法律要明确县级以上人民政府的领导地位和各有关部门的监督管理职能，发挥其监督管理主体的作用，将县级以上人民政府在安全生产中的地位和基本职责法律化。为此，《安全生产法》第八条规定：“国务院和县级以上地方各级人民政府应当加强对安全生产工作的领导，支持、督促各有关部门依法履行安全生产监督管理职责，建立健全安全生产工作协调机制，

及时协调、解决安全生产监督管理中存在的重大问题。”这里明确了三个问题，一是确定了县级以上人民政府在安全生产工作中的领导地位。从外部条件看，县级以上人民政府在安全生产工作中居于中心的地位，担负着确保一方平安的重要领导职责。人民政府必须立党为公、执政为民，坚持以人为本，高度重视安全生产工作，对人民群众的生命和财产高度负责。二是要求县级以上人民政府必须重视安全生产工作，加强领导。能否把安全生产摆到应有的位置和高度，主要是看县级以上人民政府是否真正重视安全生产工作。法律把加强对安全生产工作的领导作为一项法定义务加以规定，这就要求县级以上人民政府切实负起责任，加强领导，真抓实干，把生产安全事故降下来，避免和减少人员伤亡和财产损失。三是规定了县级以上人民政府的安全生产职责：其一，县级以上人民政府应当支持、督促各有关部门依法履行监督管理职责。政府除了组织贯彻实施党和国家有关安全生产的方针政策和法律、法规，部署、检查安全生产工作之外，主要依靠和督促其职能部门依法履行各自的监督管理职责。其二，县级以上人民政府对安全生产中存在的重大问题应当及时予以协调、解决。由于负有安全生产监督管理职责的部门较多，不可避免地存在着一些有关部门职责交叉或者难以解决的问题。这时处于居中地位的政府，必须及时协调、解决。如果政府领导人对安全生产中存在的重大问题麻木不仁、当断不断、久拖不决，由此引发生产安全事故，要承担失职、渎职的责任。

七、乡镇人民政府以及街道办事处、开发区管理机构的安全生产职责

乡镇人民政府是安全生产监管工作的重点和基础，乡镇人民政府最熟悉当地生产经营单位的情况，大量小微企业都在乡镇，乡镇企业数量众多，也是安全生产监管的难点。目前，我国部分经济发达地区对乡镇人民政府的安全监管进行了尝试，例如，《浙江省安全生产条例》规定：乡镇人民政府和街道办事处应当根据安全生产监督管理工作的需要，建立或者确定安全生产监督管理机构，配备安全生产监督管理人员，加强安全生产监督管理工作。《湖南省安全生产条例》规定：乡镇人民政府、街道办事处安全生产监督管理机构或者安全生产监察员，按照本条例规定和县级人民政府安全生产监督管理部门的委托，负责本辖区内安全生产监督管理的具体工作。为了健全安全生产监管执法体系，加强乡镇人民政府对安全生产的监管力度，《安全生产法》规定：“乡、镇人民政府以及街道办事处、开发区管理机构等地方人民政府的派出机关应当按照职责，加强对本行政区域内生产经营单位安全生产状况的监督检查，协助上级人民政府有关部门依法履行安全生产监督管理职责。”

根据法律的规定，乡镇人民政府以及街道办事处、开发区管理机构在安全生产方面主要有 2 项职责：

（1）按照职责对生产经营单位的安全生产状况进行监督检查。乡镇人民政府对安全生产工作的主要职责是监督检查。这样规定主要基于乡镇人民政府没有相应的机构、装备及专业人员，难以适应对本行政区域内生产经营单位全面的安全生产执法工作的需要，如对危险物品的生产单位来说，安全检查需要相应的专业知识及装备。这里讲的职责，是指法律、法规以及有关地方人民政府的规定赋予乡镇人民政府的职责。从某种意义上，法律赋予了地方人民政府相应的自主权，有利于发挥乡镇人民政府的作用。

（2）协助上级人民政府有关部门依法履行安全生产监督管理职责。乡镇人民政府原则上不能独立行使本法和其他法律、法规规定的监督管理职责，如行政处罚权、行政强制权等。但是，地方性法规等已经赋予了乡镇人民政府一定的执法权的，则乡镇人民政府可以依照相应的规定执行。

八、安全生产综合监管部门与专项监管部门的职责分工

建立适应我国国情的安全生产监督管理体制，明确各级人民政府负有安全生产监督管理职责的部门的职责分工，对于加强安全生产监督管理极为必要。《安全生产法》第九条规定："国务院安全生产监督管理部门依照本法，对全国安全生产工作实施综合监督管理；县级以上地方各级人民政府安全生产监督管理部门依照本法，对本行政区域内安全生产工作实施综合监督管理。国务院有关部门依照本法和其他有关法律、行政法规的规定，在各自的职责范围内对有关行业、领域的安全生产工作实施监督管理；县级以上地方各级人民政府有关部门依照本法和其他有关法律、法规的规定，在各自的职责范围内对有关行业、领域的安全生产工作实施监督管理。"

（一）安全生产监督管理部门及其职责

根据《安全生产法》第九条第一款规定，国务院安全生产监督管理部门依照法律和国务院批准的"三定"方案确定的职责，对全国安全生产工作实施综合监督管理。县级以上地方人民政府安全生产监督管理部门对本行政区域内安全生产实施综合监督管理。

依照《安全生产法》的规定，国务院负责安全生产监督管理的部门和县级以上地方人民政府负责安全生产监督管理的部门的主要职责包括：依法对有关安全生产的事项进行审批、验收；依法对生产经营单位执行有关安全生产的法律、法规和国家标准或者行业标准的情况进行监督检查；依照国务院和地方人民政府规定的权限组织生产安全事故的调查处理；对违反安全生产法律、法规的行为依法实施行政处罚；指导、协调和监督本级人民政府有关部门负责的安全生产监督管理工作。

（二）有关部门及其职责

根据《安全生产法》第九条第二款规定，有关部门依照本法和其他有关法律、行政法规的规定，在各自的职责范围内对有关行业、领域的安全生产工作实施监督管理。有关部门负责有关行业、领域的安全生产监督管理，即专项监督管理。国务院有关部门主要指公安、交通运输、住房城乡建设、工业和信息化、市场监督管理等部门。如公安部负责消防安全、道路交通安全的监督管理工作；交通运输部负责道路运输安全、水上交通安全、铁路运输安全、民航运输安全的监督管理工作；住房城乡建设部负责建筑施工安全的监督管理工作；工业和信息化部门负责指导工业、通信业加强安全生产管理，指导重点行业排查治理隐患，参与重特大生产安全事故的调查、处理，负责民爆器材的行业及生产、流通安全的监督管理；国家市场监督管理总局负责特种设备安全的监督管理工作等。县级以上地方人民政府有关部门是指本级人民政府负责消防、道路交通、水上交通、建设等行业、领域专项安全生产监督管理工作的部门。

《安全生产法》的上述规定，实现了安全生产综合监督管理与专项监督管理相结合的监督管理体制的法律化、制度化。综合监督管理负责解决各行各业安全生产工作中存在的

普遍性、共性的问题，专项监督管理负责解决某一行业、领域安全生产工作中的特殊性、个性的问题。安全生产综合监督管理部门对安全生产专项监督管理部门的工作进行指导、协调和监督，不取代有关部门实施安全生产监督管理的具体工作。安全生产监督管理部门与有关部门的职责互不交叉、互不替代，应当各司其职，齐抓共管。

九、安全生产专业机构的规定

《安全生产法》第十三条规定："依法设立的为安全生产提供技术、管理服务的机构，依照法律、行政法规和执业准则，接受生产经营单位的委托为其安全生产工作提供技术、管理服务。生产经营单位委托前款规定的机构提供安全生产技术、管理服务的，保证安全生产的责任仍由本单位负责。"社会主义市场经济体制下，安全生产是一个社会问题。如何引入社会专业服务机制，确立安全生产专业服务机构在安全生产工作中的法律地位，使其服务职能社会化、市场化和法律化，充分发挥专业服务在安全生产工作中的桥梁和纽带作用，这是《安全生产法》确立的安全生产专业服务制度所要解决的问题。

（一）安全生产专业服务的性质及特征

安全生产专业服务属于第三产业中的服务业。它产生于市场经济体制下，是指由依法设立的专业组织受生产经营单位或者政府部门的委托，依法有偿从事安全生产评价、认证、检测、检验和咨询服务等专门业务的技术服务活动。安全生产专业服务具有下列特征：

1. 独立性

安全生产专业服务机构必须是依法设立的具有独立法人资格的社会组织。它具有法定的资质，以自己的名义从事有关专业服务活动，享有权利、履行义务、承担责任。

2. 服务性

安全生产专业服务是一种服务性工作，它是受生产经营单位或者政府部门的委托、聘请承担某一项或者多项技术服务业务。安全生产专业机构不具有行政管理职责，只在委托或者聘请的业务范围内开展工作，并对其服务的数量、质量和成果负责。

3. 客观性

从事安全生产专业服务工作的基本原则是尊重科学，实事求是，客观公正地完成服务工作。安全生产专业机构必须对其承担业务的真实性、客观性、科学性和准确性负责，不带有任何私利和偏见，不得提供违反客观规律、事实和法律的服务。

4. 有偿性

从事有关安全生产的评价、认证、检测、检验和咨询服务要付出一定的成本，安全生产专业服务机构必然要收取合理的报酬和费用。有偿服务是社会主义市场经济的重要特征之一，安全生产专业机构有权与委托人协商并收费。但是专业服务收费的项目、金额和支付方式必须符合法律规定，不得非法收费和谋取不正当的利益。

5. 专业性

安全生产涉及许多非常复杂的科学技术和专门业务领域，只能由具有相应资质、熟悉专业的专业机构及其专业人员提供专门的技术服务。从这个意义上说，安全生产专业服务主要是为生产经营单位或者政府部门提供专业性、技术性的服务。

（二）安全生产专业服务机构的法律地位和业务范围

最早建立健全安全生产专业服务制度的是西方一些资本主义国家。这种制度是与市场经济体制对社会分工逐步专业化的要求相适应的。中介服务作为第三产业中新兴的具有广阔发展空间的服务业，在企业与政府之间架起了一条畅通的桥梁。美国、德国、日本等国家建立了分工细致、组织健全、机制灵活、服务全面的安全生产中介服务组织，通过大批具有专业资格的安全专门人才从事专业服务。这些专业组织和专业人员成为完善安全技术装备、改进安全管理、提高安全水平不可缺少的重要力量，向社会提供完善、高效的安全生产技术、管理服务。

安全生产工作具有很强的技术性。按照有关法律、法规的规定和生产经营单位安全生产工作的需要，要求对生产经营单位的安全生产条件进行安全评价，对安全管理体系进行认证，对有关设施、设备性能进行检验、检测等，还有政府有关部门对安全生产进行监督管理。这些工作都离不开相关的技术、管理服务工作。以前，这些工作大多是由政府有关主管部门直接承担的。随着社会主义市场经济体制的建立和完善以及政府职能的进一步转变，越来越多的安全生产技术服务工作将转而由专门的专业机构承担。近年来，我国从事安全生产专业服务的中介组织和专业人员也有一定规模的发展。广东、深圳、福建等省市先后成立了一批专业服务机构，实行安全主任等安全专业人员资格认证制度，取得了较好的效果。全国其他地方也有一批安全生产专业服务机构。为此，法律对安全生产中介机构作出了相应规定。

1. 安全生产专业服务机构和专业人员的法律地位

《安全生产法》第十三条确立了安全生产专业服务机构的法律地位，即他们可以合法地从事有关安全生产专业服务业务。

这里讲的安全生产专业服务机构，是指依照法律、行政法规设立的专门为生产经营单位提供有关安全评价、认证、检测、检验、咨询、培训、托管等安全生产技术、管理的机构。所谓依法设立，是指专业机构必须依照法律、法规、规章的规定，具备相应的资质条件，并经有关主管部门批准、登记。非依法设立的机构，不得接受生产经营单位的委托，为其安全生产工作提供技术服务。依法设立的为安全生产提供技术、管理服务的专业机构，必须依照法律、行政法规和执业准则，为生产经营单位的安全生产工作提供技术服务。同时，还必须依法为自己的行为结果负责。

2. 安全生产专业服务的范围和主要业务

安全生产专业服务的业务范围比较广泛，涵盖了生产经营单位的开办、建设、生产、经营和政府监管的全过程。

一个生产经营单位从其开办到进行生产经营的许多环节，都涉及有关的专业服务业务，需要委托专业机构和专业技术人员提供技术服务。依照《安全生产法》的规定，生产经营活动中的安全生产专业服务的范围和主要业务包括：矿山和用于生产、储存危险物品的建设项目，应当按照国家有关规定进行安全预评价、设计审查和竣工验收；安全设施必须与主体工程“三同时”；安全设备、特种设备、劳动防护用品、安全工艺、危险物品、重大危险源和作业现场安全管理等。此外，专业服务还有企业自主提出的市场需求，如安全检测检验、安全生产标准化建设、企业安全管理方案、企业安全文化建设、企业安全管理水平评估、安全教育培训、应急预案编制与演练等方面。

（三）安全生产专业服务机构以及专业人员的权利、义务和责任

1. 安全生产专业服务机构以及专业人员的权利

（1）依法从事的安全生产专业服务工作受法律保护，具有不受侵犯的权利。任何单位和个人均无权干预、剥夺、阻碍其合法活动的权利。

（2）有权依照法律、法规和规章、标准的规定，从事授权范围内的有关安全生产业务。

（3）接受政府、部门的委托或生产经营单位的聘请，按照委托和约定的有关事项从事安全生产专业服务。

（4）有权拒绝从事非法或者服务范围以外的安全生产专业服务。

（5）有依法收取专业服务报酬和费用的权利。

2. 安全生产专业服务机构以及专业人员的义务

（1）具备法定条件，依法取得安全生产专业服务资质。

（2）在法律、行政法规规定的行业、领域和业务范围内，按照执业准则，从事合法的、真实的专业服务，不得从事欺诈和虚假的服务。

（3）严格按照政府、部门和生产经营单位的委托或者约定，完成所承担的安全生产专业服务事项。

（4）接受政府有关主管部门对其进行的检查监督。

（5）合理地确定服务报酬和收费标准，不得非法牟利。

3. 安全生产专业服务机构以及专业人员的责任

（1）对其承担的服务工作的合法性、真实性负责。

（2）对其违法犯罪行为承担相应的法律责任。

十、生产安全事故责任追究

《安全生产法》第十四条规定：“国家实行生产安全事故责任追究制度，依照本法和有关法律、法规的规定，追究生产安全事故责任人员的法律责任。”

（一）生产安全事故的分类

按照引发事故的直接原因进行分类，生产安全事故分为自然灾害事故和人为责任事故两大类。自然灾害事故是由于人类在生产经营过程中对自然灾害不能预见、不能抗御和不能克服而发生的事故。人为责任事故是由于生产经营单位或者从业人员在生产经营过程中违反法律、法规、国家标准或者行业标准和规章制度、操作规程所出现的失误和疏忽而导致的事故。

现有的生产安全事故中的绝大多数是人为责任事故，常与安全生产责任制和规章制度不健全、从业人员违章操作、管理人员违章指挥、技术装备陈旧落后、安全管理混乱、事故隐患不能及时消除有关。《安全生产法》规定要实行责任追究的，是指人为责任事故。因此，必须依法实行生产安全事故责任追究制度。这项制度包括安全生产责任制的建立、安全生产责任的落实和违法责任的追究3项内容。

（二）事故责任主体

事故责任主体是指对发生生产安全事故负有责任的单位或者人员。按照安全生产的生产主体和监管主体划分，事故责任主体包括发生生产安全事故的生产经营单位的责任人员和对发生生产安全事故负有监管职责的有关人民政府及其有关部门的责任人员。发生生产安全事故的生产经营单位的责任人员包括应负法律责任的生产经营单位主要负责人、主管人员、管理人员和从业人员。负有监管职责的有关人民政府及其有关部门的责任人员包括对生产安全事故负有失职、渎职和应负领导责任的各级人民政府领导人，负有安全生产监督管理职责部门的负责人、安全生产监督管理和行政执法人员等。

（三）法律责任追究

依照《安全生产法》和有关法律、行政法规的规定，对生产安全事故的责任者，要由法定的国家机关追究其法律责任。生产安全事故责任者所承担法律责任的主要形式包括行政责任和刑事责任。

1. 行政责任

行政责任是指违反有关行政管理的法律、法规的规定，但尚未构成犯罪的违法行为所应承担的法律责任。追究行政责任通常以行政处分和行政处罚两种方式来实施。行政处分是对国家工作人员及由国家机关派到企业事业单位任职的人员的违法行为给予的一种制裁性处理。行政处分包括警告、记过、记大过、降级、撤职、开除等。行政处罚主要是对国家机关和国家工作人员以外的生产经营单位及其有关人员的安全生产违法行为给予的行政制裁。

2. 刑事责任

刑事责任是指责任主体实施刑事法律禁止的行为所应承担的法律后果。刑事责任与行政责任的区别：一是责任内容不同，负刑事责任的行为要比负行政责任的行为社会危害性更大；二是行为人是否承担刑事责任，只能由司法机关依照刑事诉讼程序决定；三是负刑事责任的责任主体常被处以刑罚。追究刑事责任的必须是违反安全生产法律、行政法规的规定，应当给予刑事处罚的严重安全生产违法行为。

《安全生产法》规定应当追究刑事责任的责任主体包括县级以上人民政府负有安全生产监督管理职责部门的工作人员、生产经营单位的主要负责人和其他从业人员以及专业服务机构的有关人员。

十一、安全生产标准

安全生产是“人—机—环”三者的有机结合和统一。安全标准是一种安全技术规范，依其内容的不同可以分为基础标准、产品标准、方法标准和管理标准。确保安全生产，不仅需要加强管理，而且需要制定大批安全标准，以提高安全生产的科技含量和管理水平。安全标准是法律规范的重要补充。

《安全生产法》第十条规定：“国务院有关部门应当按照保障安全生产的要求，依法及时制定有关的国家标准或者行业标准，并根据科技进步和经济发展适时修订。生产经营单位必须执行依法制定的保障安全生产的国家标准或者行业标准。”依照《中华人民共和国标准化法》规定，我国的标准分为必须执行的强制性标准和可以自愿采用的推荐性标准。有关保障人身健康和人身、财产安全的标准，是必须执行的强制性标准。依照法律的规定，执行法定的保障安全生产的国家标准和行业标准，是生产经营单位的法定义务。生产经营单位必须执行安全生产方面的国家标准或者行业标准，特别是强制性国家标准和强制性行业标准。有国家标准的，必须执行国家标准；没有国家标准但有行业标准的，必须执行行业标准。

十二、安全生产宣传教育

《安全生产法》第十一条规定："各级人民政府及其有关部门应当采取多种形式，加强对有关安全生产的法律、法规和安全生产知识的宣传，增强全社会的安全生产意识。"安全生产事关人民群众生命和财产安全。要实现《安全生产法》保护人民群众生命和财产安全的立法宗旨，做好安全生产工作，必须依靠和发动广大职工群众乃至全民积极主动、自觉自愿地参与，从而提升全民的安全意识，弘扬安全文化，树立以人为本的理念。依照法律规定，各级人民政府及其有关部门负有进行安全生产宣传教育的职责，要采用多种形式，充分利用各种传播媒体，广泛深入、坚持不懈地开展对安全生产法律、法规的宣传，使其为广大职工群众所掌握，将其变为广大职工群众的自觉行动。要使人民群众从人权和法制的高度，认识安全生产与国计民生的密切关系，营造人人关注安全、关爱生命的社会氛围，从根本上提升全民的安全生产意识。

十三、安全生产科技进步

《安全生产法》第十五条规定："国家鼓励和支持安全生产科学技术研究和安全生产先进技术的推广应用，提高安全生产水平。"实现安全生产，必须依靠科技进步，先进的安全生产科学技术对提高安全生产水平具有不可替代的重要作用。随着社会经济的发展，各种生产经营活动的安全生产，离不开先进的科学技术的保证。只有重视和鼓励安全生产科学技术的研究，推广先进的安全生产技术，才能不断改善安全生产条件，不断装备先进、可靠的安全设施、设备，加强预防生产安全事故和消除事故隐患的手段和能力，实现科技兴安、科技保安。因此，法律明确规定鼓励和支持安全生产科学技术研究和安全生产先进技术的推广应用，是为了加强政策措施的导向，从根本上改变当前安全生产科学技术落后的状况。

十四、安全生产奖励

要保障安全生产，需要无数为安全生产无私奉献、努力工作的单位和个人。在安全生产方面做出显著成绩的单位和个人，为确保安全，预防和减少生产安全事故，保护国家财产和人民群众的生命财产安全做出了显著的贡献。国家应当给予他们奖励，表彰他们的事迹，在全社会树立保障安全光荣、保障安全有功、保障安全受奖的风范和榜样，最大限度地调动各方面的积极性，共同抓好安全生产。

《安全生产法》第十六条规定："国家对在改善安全生产条件、防止生产安全事故、参加抢险救护等方面取得显著成绩的单位和个人，给予奖励。"该条规定明确了国家重点奖励的行为。

（一）在改善安全生产条件方面做出显著成绩

安全生产条件是否完善、安全、可靠，直接关系到生产安全事故的预防和减少。如通过技术革新、发明创造，改进安全设施、设备、工艺、技术，攻克安全管理难关，提高了安全技术装备的安全性能，减少了作业场所的危险性，加强了事故隐患和重大危险源的监控。

（二）在防止生产安全事故方面做出显著成绩

生产安全事故多发，造成了生命和财产的巨大损失。预防事故特别是防止发生重大、特别重大生产安全事故，是保障安全的重点。在这方面，提出或者建立严密科学的先进管理方法、措施和规章制度，加强事故隐患的监测、预警、排查、控制和消除，有效地预防生产安全事故的，要给予奖励。

（三）在抢险救护方面做出显著成绩

当事故发生时，需要及时有效地实施事故现场的控制，对受到伤害的人员进行科学施救。在这方面尽职尽责、见义勇为、不畏艰险，为抢险救灾、抢救人员，避免和减少国家财产和人民群众生命财产损失的有功人员，应当褒奖。如《烈士褒扬条例》第八条规定，公民牺牲符合下列情形之一的，评定为烈士：①在依法查处违法犯罪行为、执行国家安全工作任务、执行反恐怖任务和处置突发事件中牺牲的；②抢险救灾或者其他为了抢救、保护国家财产、集体财产、公民生命财产牺牲的。

（四）奖励主体和奖励形式

（1）受奖的对象。国家对在改善安全生产条件、防止生产安全事故、参加抢险救护等方面取得显著成绩的单位和个人均予以奖励。既包括生产经营单位及其有关人员，也包括政府、有关部门及其工作人员，还包括其他社会组织和公民个人。

（2）奖励的主体。给予奖励的主体是国家，可以是各级人民政府，也可以是政府有关部门。对在有关安全生产的发展创造、科学技术研究方面有重要贡献，符合国务院1999年发布的《国家科学技术奖励条例》规定的技术发明奖或科学技术奖的获奖条件的，由国家授予国家技术发明奖或国家科学技术奖。当然，企业事业单位也应当按照本单位内部的奖惩制度，对在安全生产方面作出显著成绩的单位和个人给予奖励。

（3）奖励的形式。奖励的形式主要包括三种，可以单独采用或者同时采用：一是荣誉奖励，授予荣誉称号；二是物质奖励，颁发奖金或者奖给实物；三是晋升职务。

为了保证奖励工作有序进行，做到客观公正，使奖励真正起到应有的作用，防止出现偏差，尤其是防止出现不正之风，在实施奖励政策时必须要有明确的程序作保证。这种程序主要是指评审的程序，包括候选人或者单位的产生办法、推荐条件、数额等。程序还必须公开、透明，防止暗箱操作。明确程序的目的就在于保证公开、公正，防止人为因素的干扰。同时，严格落实奖励措施。处理好精神奖励与物质奖励的关系，不能只讲精神奖励，不讲物质奖励；也不能只讲物质奖励，不讲精神奖励。提倡精神奖励为主，物质奖励为辅，克服唯钱是图、物质至上的思想。

第三节　生产经营单位的安全生产保障

生产经营单位是生产经营活动的主体，是安全生产工作的责任主体。能否实现安全生产，关键是生产经营单位能否具备法定的安全生产条件，保障生产经营活动的安全顺利地进行。为了保证生产经营单位依法从事生产经营活动，防止和减少生产安全事故，《安全生产法》确立了生产经营单位的安全保障制度，对生产经营活动安全实施全面的法律调整，其内容最为丰富。

一、从事生产经营活动应当具备的安全生产条件

（一）生产经营单位是生产经营活动的基本单元

《安全生产法》作为我国安全生产的基本法律，其法律关系主体是相当广泛的。该法第二条规定“在中华人民共和国领域内从事生产经营活动的单位（下列统称生产经营单位）的安全生产，适用本法”。这里所称的生产经营单位，是指从事各类生产经营活动的基本单元，具体包括：

1. 各类生产经营企业

具有独立的企业法人资格的、从事生产经营活动的生产经营企业主要有两种，即依照企业法注册登记或者经批准成立的企业和依照公司法设立的公司。

（1）依法设立的生产经营企业。譬如依照《全民所有制工业企业法》《乡镇企业法》《铁路法》《公路法》《煤炭法》和《电力法》等法律、法规设立的工厂、铁路、公路、煤矿、电厂等企业，均受《安全生产法》调整。依照《中外合资经营企业法》《中外合作经营企业法》和《外资企业法》在我国境内设立的生产经营企业，其生产经营活动的安全生产必须符合《安全生产法》的规定，如果违法同样要追究法律责任。

（2）从事生产经营活动的公司。依照《公司法》设立的各种生产经营性公司包括国有企业改制设立以及公司制企业，同样要遵守《安全生产法》。

2. 个体工商户

按照国家有关法规、规章的规定，雇工 6 人以下的为个体工商户。个体工商户虽然不是企业法人，但从事生产经营活动的，其安全生产也必须适用《安全生产法》。

3. 公民

公民一人或者数人从事小规模生产经营活动的，以及依法从事生产经营活动的有关人员，是最小的生产经营单元，也要遵守《安全生产法》。

4. 其他生产经营单位

其他生产经营单位主要有：

（1）从事生产经营活动的事业单位。许多事业单位实行企业化管理，其生产经营活动的安全生产，适用《安全生产法》。

（2）安全生产专业服务机构。依照《安全生产法》及有关法规、规章的规定，从事安全生产技术、管理服务的各类专业机构，也属于该法调整。

（3）安全生产社会团体。依照《安全生产法》规定，有关协会组织可以为生产经营单位提供信息、培训等服务，也应当遵守《安全生产法》。

（二）法定安全生产基本条件

各类生产经营单位必须具备法定的安全生产条件，这是实现安全生产的基本条件。《安全生产法》第十七条规定：“生产经营单位应当具备本法和有关法律、行政法规和国家标准或者行业标准规定的安全生产条件；不具备安全生产条件的，不得从事生产经营活动。”对法定安全生产基本条件的界定，应当把握下列 3 点：

（1）各类生产经营单位的安全条件千差万别，法律不宜也难以作出统一的规定，《安全生产法》仅是作出了原则性规定。受行业、管理方式、规模和地区差别等因素的影响，不同生产经营单位的安全生产条件差异很大，各有自身的特殊性。如果法律不加区别地规定统一的安全生产条件，将会挂一漏万，并且也难以操作。法律只能实事求是地做出灵活的和可操作的规定，将各类生产经营单位的安全生产条件分解到相关的安全生产立法中去。

（2）相关安全生产立法中规定的安全生产条件，也是生产经营单位必须遵循的行为规范。广义的安全生产立法是指调整生产经营单位安全生产活动的法律规范的总和，具体包括有关安全生产的法律、法规和标准等规范性文件。依照《安全生产法》第十七条的规定，凡是上述有关安全生产立法中明确规定了某个生产经营单位的安全生产条件，该生产经营单位必须具备。目前国家有关安全生产立法对绝大多数生产经营单位的安全生产条件已有规定，不论是有关法律、行政法规还是标准，只要其中规定了相应的安全生产条件的，有关生产经营单位都必须具备。《安全生产许可证条例》规定国家对矿山企业、建筑施工企业和危险化学品、烟花爆竹、民用爆破器材生产企业实施安全生产许可证制度，企业取得安全生产许可证，应当具备下列安全生产条件：①建立、健全安全生产责任制，制定完备的安全生产规章制度和操作规程。②安全投入符合安全生产要求。③设置安全生产管理机构，配备专职安全生产管理人员。④主要负责人和安全生产管理人员经考核合格。⑤特种作业人员经有关业务主管部门考核合格，取得特种作业操作资格证书。⑥从业人员经安全生产教育和培训合格。⑦依法参加工伤保险，为从业人员缴纳保险费。⑧厂房、作业场所和安全设施、设备、工艺符合有关安全生产法律、法规、标准和规范要求。⑨有职业危害防治措施，并为从业人员配备符合国家标准或者行业标准的劳动防护用品。⑩依法进行安全评。⑪有重大危险源检测、评估、监控措施和应急预案。⑫有生产安全事故应急救援预案、应急救援组织或者应急救援人员，配备必要的应急救援器材、设备。⑬法律、法规规定的其他条件。除此之外，生产经营单位还要遵循有关安全生产国家标准或者行业标准的规定。据初步统计，涉及安全生产方面的国家标准有近千项，代码是 GB，如《爆破安全规程》《金属非金属矿山安全规程》《烟花爆竹作业安全技术规范》《烟花爆竹安全与质量》《安全帽》等；行业标准有近三千项，代码有 AQ、MT、HG、SH、NB、YB、YS 等，如《地质勘探安全规程》《尾矿库安全技术规程》《金属非金属矿山排土场安全生产规则》等。

（3）安全生产条件是生产经营活动中始终都要具备，并需不断改进完善的。《安全生产法》和其他有关法律、法规和国家标准或者行业标准规定的安全生产条件是相对固定的，并且要求贯穿于生产经营活动的全过程。但随着安全生产新问题、新情况的不断产生，还需要通过相关立法规定一些新的安全生产条件。特别是有关安全生产的国家标准、行业标准经常修改。因此，生产经营单位不仅要具备法定安全生产条件才能开办，而且在其整个生产经营活动中始终都要具备安全生产条件。

二、生产经营单位主要负责人的安全生产职责

生产经营单位主要负责人在安全生产工作中居于全面领导和决策的地位。要建立健全

安全生产责任制度，首先要明确生产经营单位主要负责人的安全生产职责。《安全生产法》第十八条明确规定了生产经营单位主要负责人对本单位安全生产负有的7项职责。

（一）建立健全本单位安全生产责任制

安全生产责任制是生产经营单位保障安全生产的最基本、最重要的管理制度。只有明确安全生产责任，分清责任，各尽其责，才能形成严密科学的安全生产责任体系。所谓安全生产责任制是指建立和实施生产经营单位的全员、全过程、全方位的安全生产责任制度，即要明确生产经营单位负责人、管理人员、从业人员的安全岗位责任制，将安全生产责任层层分解落实到生产经营的各个场所、各个环节、各有关人员。

（1）生产经营单位主要负责人的安全生产责任。生产经营单位主要负责人对本单位的安全生产全面负责，负责安全生产重大事项的决策并组织实施。

（2）生产经营单位有关负责人的安全生产责任。生产经营单位副职负责人或者技术负责人按照分工，协助主要负责人对安全生产专职负责。

（3）生产经营单位安全管理机构负责人及其安全管理人员的安全生产责任。生产经营单位专设或者指定的负责安全管理的机构的负责人、安全管理人员，应当按照分工，负责日常安全管理工作。

（4）班组长的安全生产责任。班组长是生产经营作业的直接执行者，负责一线安全生产管理，责任重大。班组长应当检查、督促从业人员遵守安全生产规章制度和操作规程，遵守劳动纪律，不违章指挥、不强令工人冒险作业，对本班组的安全生产负责。

（5）岗位职工的安全生产责任。从事生产经营作业的职工应当遵守安全生产规章制度和操作规程，服从管理，坚守岗位，不违章作业，不违反劳动纪律，对本岗位的安全生产负责。

（二）组织制定本单位安全生产规章制度和操作规程

建章立制是生产经营单位搞好安全生产，实现科学管理的重要手段。生产经营单位从事生产经营的各个工种、工序、工艺和环节之间相互关联，需要制定一整套严密、协调的行为规范和管理制度，需要遵循一定的程序加以衔接。只有建立健全安全生产规章制度和操作规程，才能保证生产经营作业的有序进行，才能堵塞安全管理漏洞，才能有效监控重大危险源，整改事故隐患，保证生产经营作业正常、安全地运行。在这方面，生产经营单位主要负责人负有组织和决策的职责。

（三）组织制定并实施本单位安全生产教育和培训计划

具有高安全素质和技能的从业人员，是保证生产经营活动安全进行的前提。生产经营单位的安全生产教育和培训计划是根据本单位安全生产状况、岗位特点、人员结构制定，有针对性地规定单位负责人、职能部门负责人、车间主任、班组长、安全生产管理人员、特种作业人员以及其他从业人员的安全生产教育和培训的统筹安排，包括经费保障、教育培训内容以及组织实施措施等内容。安全生产教育和培训计划是提高从业人员安全素质和安全操作技能的重要保障。主要负责人有职责和义务，认真制定好本单位的安全生产教育和培训计划，并保证计划的落实，重点应当抓好新员工和调换工种的员工的安全生产教育和培训工作。

（四）保证本单位安全生产投入的有效实施

生产经营活动是一个连续、反复的过程，需要不断地改善与之相适应的安全生产条件，不断地维护、淘汰、更新安全设施、设备，使之处于良好的、安全的状态。要做到这一点，需要不断地投入必要的资金。除须由决策机构集体决定安全生产投入的之外，生产经营单位主要负责人拥有本单位安全生产投入的决策权。法律规定生产经营单位主要负责人保证安全生产投入的有效实施：一是要求生产经营单位主要负责人必须支持必要的安全生产投入，不得拒绝投入或者减少投入；二是要求生产经营单位主要负责人对列入预算的安全资金必须管好用好，不得不用、少用或者挪用；三是要求生产经营单位主要负责人必须检查、监督安全生产投入的使用情况和使用效果，达到保障安全生产的预期效果。

（五）督促、检查本单位的安全生产工作，及时消除生产安全事故隐患

作为生产经营活动的组织指挥者，生产经营单位主要负责人对本单位安全生产工作负有领导责任，必须对日常生产经营活动的安全生产工作进行检查、督促，及时消除生产安全事故隐患。一是要对本单位安全生产工作进行全面安排部署，督促安全管理机构和有关部门具体落实，加强对安全生产工作的领导；二是根据需要，组织对本单位安全生产情况进行检查，对检查中发现的问题或者生产安全事故隐患，应当及时组织整改和处理，防止事故的发生；三是支持安全管理机构或者有关部门的安全生产管理工作，在人员、经费、装备等方面予以保证。

（六）组织制定并实施本单位的生产安全事故应急救援预案

生产安全事故具有偶然性和突发性，往往造成巨大的人员伤害和财产损失，后果严重。建立应急救援机制，建立应急救援组织，做好救援物资准备，制定实施现场救援的预案，对可能发生的生产安全事故实施应急救援，是及时应对事故和减少人员财产损失的重要措施。依照法律的规定，生产经营单位必须事先制定并落实生产安全事故应急救援预案，而其组织制定并组织实施的职责应由生产经营单位主要负责人履行。要履行这项职责，生产经营单位主要负责人必须组织有关人员或者专家，制定内容翔实、周密科学的事故应急预案，并组织演练。一旦发生生产安全事故，生产经营单位主要负责人要按照预案启动事故应急救援工作。

（七）及时、如实报告生产安全事故

生产安全事故发生时，能否及时、真实地报告情况，及时采取措施实施救援，关系到生产安全事故能否得到有效控制和处理，能否避免或者减少人员伤亡和财产损失。隐瞒不报、谎报和拖延不报生产安全事故的，势必延误救援时机，扩大人员伤亡和财产损失。这是一种严重违法的行为。为了保证生产安全事故报告的及时准确，减少人员伤亡和财产损失，《安全生产法》将事故发生时依照法律、法规和国家有关规定报告事故情况，纳入生产经营单位主要负责人的重要职责之中。所谓“及时”，是指发生生产安全事故后，生产经营单位主要负责人必须按照有关规定，以最快捷的方式、最短的时间向当地人民政府有关部门报告，不得故意拖延或者迟报。因故意拖延或者迟报而耽误生产安全事故救援和调查处理的，要承担相应的法律责任。所谓“如实”，是指发生生产安全事故后，事故报告的内容和情况必须真实、准确；暂时难以准确确定事故情况的，应尽快核实后补报或者续报。如果故意不报告或者隐瞒事故的人员伤亡和财产损失，或者报告虚假情况的，要追究发生事故的生产经营单位主要负责人的法律责任。

三、安全生产资金投入的规定

当前安全生产存在的主要问题之一，就是生产经营单位的安全投入普遍不足，“安全欠账”严重。一些生产经营单位不能正确处理效益与投入的关系，不惜以最低的投入甚至牺牲从业人员生命为代价，追求短期的高额利润，其结果是安全技术装备陈旧落后，不能及时予以维护、更新，安全生产的“硬件”疲软，从而导致大量事故发生。为了从根本上解决安全投入无保障的问题，《安全生产法》将安全投入列为保障安全生产的必要条件之一，作出严格的规定。

（一）生产经营单位安全投入的标准

由于各行各业生产经营单位的安全生产条件千差万别，其安全投入标准也不尽相同。为了使安全投入的标准更符合实际，更具有操作性，《安全生产法》第二十条关于“生产经营单位应当具备的安全生产条件所必需的资金投入，由生产经营单位的决策机构、主要负责人或者个人经营的投资人予以保证，并对由于安全生产所必需的资金投入不足导致的后果承担责任”的规定，明确了生产经营单位必须进行安全投入以及安全投入的标准。具备法定安全生产条件所必需的资金投入标准，应以安全生产法律、行政法规和国家标准或者行业标准规定生产经营单位应当具备的安全生产条件为基础进行计算。具备法定安全生产条件所需要的安全资金数额，就是生产经营单位应当投入的资金标准。如果投入的资金不能保障生产经营单位符合法定安全生产条件，就是资金投入不足并对其后果承担责任。

（二）安全投入的决策和保障

有了符合安全生产条件所需资金投入的标准，还要通过决策予以保障。为了解决谁投入的问题，《安全生产法》第二十条规定：“生产经营单位应当具备的安全生产条件所必需的资金投入，由生产经营单位的决策机构、主要负责人或者个人经营的投资人予以保证。”即对不同生产经营单位安全投入的决策主体作出了明确的规定：

（1）按照公司法成立的股份制公司、有限责任公司，由其决策机构董事会或者股东会决定安全投入的资金。

（2）非公司制生产经营单位，由其主要负责人决定安全投入的资金。

（3）个人投资并由他人管理的生产经营单位，由其投资人即股东决定安全投入的资金。

（三）安全投入不足的法律责任

进行必要的安全生产资金投入，是生产经营单位的法定义务。由于安全生产所需资金不足导致的后果，即有安全生产违法行为或者发生生产安全事故的，安全投入的决策主体将要承担相应的法律责任。《安全生产法》第九十条规定：“生产经营单位的决策机构、主要负责人或者个人经营的投资人不依照本法规定保证安全生产所必需的资金投入，致使生产经营单位不具备安全生产条件的，责令限期改正，提供必需的资金；逾期未改正的，责令生产经营单位停产停业整顿。有前款违法行为，导致发生生产安全事故的，对生产经营单位的主要负责人给予撤职处分，对个人经营的投资人处二万元以上二十万元以下的罚款；构成犯罪的，依照刑法有关规定追究刑事责任。”

（四）高危生产经营单位安全投入的提取标准及使用

为了保证矿山、危险化学品生产等高危生产经营单位足额提取安全生产费用，用于改善安全生产条件，满足安全生产的需要，《安全生产法》第二十条作出授权性规定，安全生产费用提取、使用和监督管理的具体办法由国务院财政部门会同国务院安全生产监督管理部门征求国务院有关部门意见后制定。按照2012年2月24日财政部、国家安全生产监督管理总局联合制定发布的《企业安全生产费用提取和使用管理办法》（财企〔2012〕16号）规定，直接从事煤炭生产、非煤矿山开采、建设工程施工、危险品生产与储存、交通运输、烟花爆竹生产、冶金、机械制造、武器装备研制生产与试验（含民用航空及核燃料）的企业，以及其他经济组织必须按照规定的标准提取安全生产费用，并专项用于规定的范围。据全国30个省级安全生产监督管理部门和26个省级煤矿安全监察机构的统计和调查测算，2004年至2012年全国国有及国有控股企业累计提取安全生产费用12681亿元，实际使用10242亿元，有效地解决了生产经营单位安全生产投入的问题。

四、关于安全生产标准化的规定

安全生产标准化是在传统的安全质量标准化基础上，根据当前安全生产工作的要求、企业生产工艺特点，借鉴国内外现代先进安全管理思想，形成的一套系统的、规范的、科学的安全管理体系。其主要做法是通过强化风险管理，注重过程控制，做到持续改进，确保安全生产。

2010年，《国务院关于进一步加强企业安全生产工作的通知》要求：企业全面开展安全生产标准化，深入开展以岗位达标、专业达标和企业达标为内容的安全生产标准化建设。经过多年的工作，安全生产标准化工作取得了显著成绩，企业本质安全生产水平持续提高。为此，《安全生产法》第四条规定："生产经营单位必须遵守本法和其他有关安全生产的法律、法规，加强安全生产管理，建立、健全安全生产责任制和安全生产规章制度，改善安全生产条件，推进安全生产标准化建设，提高安全生产水平，确保安全生产。"

安全生产标准化是保障生产经营单位安全生产的基础性工作，也是综合性工作，包括安全生产目标和任务、安全生产责任制和安全生产规章制度、安全投入、安全设备管理、从业人员安全生产教育和培训、重大危险源管理等13项内容。安全生产标准化建设是逐步建立完善各项制度和措施，改进设施设备安全要求，达到法定安全生产条件的活动过程。根据法律规定，生产经营单位应当积极推进安全生产标准化建设，实现安全管理、设备设施、作业现场、操作过程的标准化，夯实安全基础，保证安全生产。生产经营单位应当按照国家有关规定，逐步达到相应的安全生产标准化等级。

五、安全生产管理机构和安全生产管理人员的要求

生产经营活动的安全进行，除了必要的物质保障和制度保障外，还要从人员上加以保障。因此，对于从事一些危险性较大的行业的生产经营单位或者是从业人员较多的生产经营单位，应当有专门的人员从事安全生产管理工作，对生产经营单位的安全生产工作进行经常性检查，对检查中发现的安全生产问题及时处理，对生产事故隐患及时排除。为此，

《安全生产法》对安全生产管理机构和安全生产管理人员的配置和职责作出了规定。

（一）安全生产管理机构和安全生产管理人员的配置

生产经营单位从事生产经营活动的特点、规模千差万别，安全生产管理的要求也不同。为此，《安全生产法》第二十一条规定："矿山、金属冶炼、建筑施工、道路运输单位和危险物品的生产、经营、储存单位，应当设置安全生产管理机构或者配备专职安全生产管理人员。前款规定以外的其他生产经营单位，从业人员超过100人的，应当设置安全生产管理机构或者配备专职安全生产管理人员；从业人员在100人以下的，应当配备专职或者兼职的安全生产管理人员。"本条包含有下列3层意思：

（1）矿山、金属冶炼、建筑施工、道路运输单位和危险物品的生产、经营、储存单位，应当设置安全生产管理机构或者配备专职安全生产管理人员。矿山、金属冶炼、建筑施工、道路运输和危险物品生产、经营、储存是危险性比较大的生产经营活动，从事这些活动的单位是危险性比较大的单位。因此，必须在单位内成立专门从事安全生产管理工作的机构，或者配备专职的人员从事安全生产管理工作。

（2）除矿山、金属冶炼、建筑施工、道路运输单位和危险物品的生产、经营、储存单位外，其他生产经营单位，从业人员在100人以上的，应当设置安全生产管理机构或者配备专职安全生产管理人员。从业人员超过100人的生产经营单位是规模比较大的生产经营单位，大多是人员密集的作业场所，例如，大型服装加工企业、群众性活动场所。对于这类生产经营单位，考虑到其规模较大，一旦发生事故，造成的损失也可能较大，安全生产工作尤其重要。因此，必须在单位内成立专门从事安全生产管理工作的机构，或者配备专职的人员从事安全生产管理工作。

（3）除矿山、金属冶炼、建筑施工、道路运输单位和危险物品的生产、经营、储存单位外，其他生产经营单位，从业人员在100人以下的，应当配备专职或者兼职的安全生产管理人员。从业人员在100人以下的其他生产经营单位，从事的生产经营活动风险较小，生产经营的规模也较小。因此，法律规定不要求其必须设置安全生产管理机构，可以配备专职的安全生产管理人员，也可以配备兼职的安全生产管理人员。

（二）安全生产管理机构以及安全生产管理人员的职责

为了发挥安全生产管理机构以及安全生产管理人员的作用，保证其依法履行职责，《安全生产法》第二十二条明确了安全生产管理机构以及安全生产管理人员的7项职责。

（1）组织或者参与拟订本单位安全生产规章制度、操作规程和生产安全事故应急救援预案。安全生产规章制度和操作规程、生产安全事故应急预案是保证生产经营单位安全生产以及事故发生后及时开展救援，防止事故扩大，最大限度减少人员伤亡的最基本制度和有效手段，是生产经营单位实现科学发展、安全发展的重要保障。安全生产管理机构作为本单位具体负责安全生产管理事务的部门，是贯彻落实有关安全生产方针、政策、法律、法规、标准以及规章制度等事项的具体执行者，对本单位的安全生产状况最了解、最熟悉。因此，安全生产管理机构有职责和义务，根据主要负责人的安排，负责组织或者参与拟订本单位安全生产规章制度和操作规程、生产安全事故应急救援预案，以确保相关制度、规程和预案符合本单位安全生产的实际，起到应有的作用。

（2）组织或者参与本单位安全生产教育和培训，如实记录安全生产教育和培训情况。

安全生产最关键是人的因素。生产经营单位的安全生产教育和培训计划是贯彻安全生产法律、法规、标准、规章制度和操作规程，保证安全生产教育和培训质量，提高广大从业人员安全素质和操作技能的重要保障。安全生产管理机构有职责和义务，根据主要负责人的安排，负责组织拟订本单位的安全生产教育和培训计划，或者积极参与人事培训部门组织拟定本单位的安全生产教育和培训工作，以保证教育和培训计划符合本单位安全生产的实际，起到应有的作用。同时，安全生产管理机构还应当详细记录本单位安全生产教育和培训情况，及时掌握安全生产教育和培训计划的实施进展动向，向本单位主要负责人报告。

（3）督促落实本单位重大危险源的安全管理措施。重大危险源是危险物品大量聚集的地方，具有较大的危险性，而且一旦发生生产安全事故，将会对从业人员及相关人员的人身安全和财产造成比较大的损害。生产经营单位对重大危险源应当严格登记建档，采取有效的防护措施，并定期进行检查、检测、评估；有些重大危险源较多，情况严重的生产经营单位，还应当建立专门的安全监控系统，对重大危险源实施不间断的监控。实践中，重大危险源与生产作业活动难以分开，往往伴随着生产经营活动过程，分布在生产经营区域内，由相应的业务部门负责建档、检查、检测、评估等管理。同时，重大危险源安全管理的专业性较强，管理人员需要有相应的专业知识背景，因而安全生产管理机构以及安全生产管理人员难以对本单位的重大危险源进行全面有效的管理。因此，安全生产管理机构以及安全生产管理人员进行现场检查中发现重大危险源未按照有关规定进行管理的，应当要求相应的业务部门进行整改。

（4）组织或者参与本单位应急救援演练。开展应急救援演练是提高应急能力，检验生产安全事故应急救援预案有效性的重要途径。生产经营单位应当定期开展应急救援演练，及时修订应急预案，切实增强应急预案的有效性、针对性和操作性。通过应急救援演练，让每个可能涉及的相关部门、从业人员熟知事故发生后如何进行现场抢救、如何联络人员、如何避灾以及采取何种技术措施的方式和程序，提高广大从业人员的应急处置能力。一旦发生生产安全事故，将起到有效防止事故扩大，极大减少人员伤亡的作用。安全生产管理机构应当根据本单位的安排，积极组织本单位的应急演练，制定详细的工作方案，精心组织实施，确保应急演练取得效果。对于有关主管部门组织的区域应急演练，其中要求本单位参加的应急演练活动，或者本单位其他部门，包括应急救援机构组织的应急演练，安全生产管理机构都应当积极参与，并积极配合做好应急演练的相关工作。

（5）检查本单位的安全生产状况，及时排查生产安全事故隐患，提出改进安全生产管理的建议。隐患是导致事故的根源，隐患不除事故不断。安全生产管理机构以及安全生产管理人员的根本职责，就是及时排查生产安全事故隐患。安全生产管理机构应当根据本单位生产经营特点、风险分布、危害因素的种类和危害程度等情况，制定检查工作计划，明确检查对象、任务和频次。安全生产管理机构以及安全生产管理人员应当有计划、有步骤地巡查、检查本单位每个作业场所、设备、设施，不留死角。对于安全风险大、容易发生生产安全事故的地点，应当加大检查频次。对于检查中发现的生产安全事故隐患，应当要求立即整改或排除；不能立即整改或排除的重大隐患，要求暂时停止作业或施工，责令有关业务部门、车间、班组提出整改措施，限期整改；如果有可能发生生产安全事故，危及从业人员生命健康，立即采取撤离从业人员到安全地点的措施；对于迟迟未整改完成的事故隐患，应当及时向本单位主要负责人或者主管安全生产工作的负责人报告。在排查生产安全事故隐患的过程中，发现本单位在安全生产管理、技术、装备、人员等方面存在问题的，安全生产管理机构以及安全生产管理人员有责任及时提出改进的建议。

（6）制止和纠正违章指挥、强令冒险作业、违反操作规程的行为。据多年发生的生产安全事故分析，造成事故发生的主要隐患是人的不安全行为，尤其是违章指挥、强令从业人员冒险作业、违反操作规程的行为较多。实践中，有法不遵、有章不循，是生产经营单位普遍存在的问题。生产经营单位的负责人、车间主任、班组长有时会随心所欲，存在侥幸心理，总认为不会出事，违章指挥作业，甚至强令从业人员冒险作业。从业人员对本身安全不重视，存在侥幸心理，违反操作规程作业。安全生产管理机构以及安全生产管理人员对检查中发现的违章指挥、强令冒险作业、违反操作规程的行为，应当立即制止和纠正。这是一项法定义务，必须严格执行，不得讲情面、讲私情。

为了促进从业人员遵章守纪，安全生产管理机构还应当将从业人员的违规记录纳入安全生产奖惩的内容，对违规者严肃处理；对于经常违规的人员，重新安排进行安全生产教育和培训；必要时，建议本单位主要负责人及相关负责人、有关职能部门、人事部门将其调离原工作岗位；情节严重的，建议本单位予以开除。只有这样，才能从根本上扭转从业人员违章指挥、强令冒险作业、违反操作规程的毛病。

（7）督促落实本单位安全生产整改措施。安全生产整改措施，包括重大事故隐患整改措施以及其他不安全问题整改措施，是一项复杂的系统工程，包括整改的目标和任务、采取的方法和措施、经费和装备物资的落实、负责整改的机构和人员、整改的时限和要求、相应的安全措施和应急预案等，涉及人、财、物多个方面。因而由安全生产管理机构来具体落实安全生产整改措施，经常是难以做到的。按照“管生产经营必须管安全”的原则，落实安全生产整改措施应当由相关业务部门负责。安全生产管理机构以及安全生产管理人员应当督促有关业务主管部门认真落实安全生产整改措施，对不按照规定落实安全生产整改措施的，应当及时向本单位主要负责人报告。

六、生产经营单位主要负责人、安全生产管理人员考核合格的规定

《安全生产法》第五条规定，生产经营单位的主要负责人对本单位的安全生产工作全面负责。根据这一规定，生产经营单位的主要负责人要组织、领导本单位的安全生产管理工作，并承担保证安全生产的责任。这就要求生产经营单位的主要负责人必须具备与本单位所从事的生产经营活动相应的安全生产知识，同时具有领导安全生产工作和处理生产安全事故的能力。生产经营单位的安全生产管理人员是直接、具体承担本单位日常安全生产管理工作的人员。因此对生产经营单位的主要负责人和安全生产管理人员必须严格要求。《安全生产法》从两个方面对此作出了规定：一是对于一般生产经营单位，其生产经营单位的主要负责人和安全生产管理人员必须具备与本单位所从事的生产经营活动相应的安全生产知识和管理能力；二是危险物品的生产、经营、储存单位以及矿山、金属冶炼、建筑施工、道路运输单位的主要负责人和安全生产管理人员，应当由主管的负有安全生产监督管理职责的部门对其安全生产知识和管理能力考核合格。这样规定，主要考虑危险物品的生产、经营、储存单位以及矿山、金属冶炼、建筑施工、道路运输单位专业性强、危险性

大，属于事故多发的领域，对这类生产经营单位的主要负责人和安全生产管理人员必须严格要求。

七、关于注册安全工程师的规定

注册安全工程师是经国家统一考试合格取得注册安全工程师执业资格证书并注册执业的人员。注册安全工程师具有较高的素质，熟悉相关安全生产法律法规、安全技术、安全管理等知识。从2002年起，我国逐步推进注册安全工程师制度。2004年，我国首次进行全国注册安全工程师执业资格统一考试，10多年来，全国90多万人参加了全国注册安全工程师执业资格统一考试，已有20多万人取得执业资格证书，并在生产经营单位和安全中介机构中从事有关安全生产技术、管理等工作。为了充分发挥注册安全工程师在安全生产工作中的作用，新修订的《安全生产法》规定："危险物品的生产、储存单位以及矿山、金属冶炼单位应当有注册安全工程师从事安全生产管理工作。鼓励其他生产经营单位聘用注册安全工程师从事安全生产管理工作。注册安全工程师按专业分类管理，具体办法由国务院人力资源和社会保障部门、国务院安全生产监督管理部门会同国务院有关部门制定。"

根据法律规定，一是高危生产经营单位必须配有注册安全工程师。危险物品的生产、储存单位以及矿山、金属冶炼单位安全风险大，应当有注册安全工程师从事安全生产管理工作。这是强制性规定，但是，这些高危生产经营单位到底配备多少名注册安全工程师，或者什么岗位配备注册安全工程师，由生产经营单位根据本单位生产经营活动的性质、特点及安全生产状况决定。如果国家作出了相应规定，必须按照规定执行。二是鼓励其他生产经营单位聘用注册安全工程师从事安全生产管理工作。

2017年11月，国家安全生产监督管理总局、人力资源社会保障部印发了《注册安全工程师分类管理办法》，将注册安全工程师划分为煤矿安全、金属非金属矿山安全、化工安全、金属冶炼安全、建筑施工安全、道路运输安全、其他安全（不包括消防安全）7个专业类别。注册安全工程师按照专业类别进行注册，中级注册安全工程师按照专业类别进行分卷考试和继续教育。

八、从业人员安全生产教育和培训的规定

从业人员的安全素质如何，直接关系到生产经营单位的安全生产水平。从大量事故教训看，许多生产安全事故都是由于从业人员没有经过严格的安全生产教育和培训，缺乏安全生产意识和与岗位相适应的风险控制能力，导致生产安全事故发生。因此，提高从业人员安全素质的重要措施之一，就是加强并强制进行全员安全教育和培训。《安全生产法》第二十五条规定："生产经营单位应当对从业人员进行安全生产教育和培训，保证从业人员具备必要的安全生产知识，熟悉有关的安全生产规章制度和安全操作规程，掌握本岗位的安全操作技能，了解事故应急处理措施，知悉自身在安全生产方面的权利和义务。未经安全生产教育和培训合格的从业人员，不得上岗作业。生产经营单位应当建立安全生产教育和培训档案，如实记录安全生产教育和培训的时间、内容、参加人员以及考核结果等情况。"法律从4个方面对此作出了规定。

（一）生产经营单位应当对从业人员进行安全教育和培训

从人的因素看，从业人员的安全素质是保障安全生产的关键。一些生产经营单位不重视安全教育和培训，从业人员未经安全教育和培训就上岗作业。有的虽然经过教育和培训，也是走“过场”，教育和培训的内容、时间、效果不符合要求。忽视安全教育和培训的直接恶果，就是大批安全素质差的从业人员上岗作业，违章操作，不服从管理，以至发生事故。因此，法律将对从业人员进行全员安全教育和培训，设定为生产经营单位的一项重要义务，必须按照有关规定对新招收录用、重新上岗、转岗的从业人员进行安全教育和培训，并要求考试合格，保证从业人员的安全专业知识和安全技能与其从事的作业要求相适应。生产经营单位要制定安全教育和培训计划，采取多种形式，有计划、分期分批地开展教育和培训，保证培训时间、培训内容、培训质量。

（二）安全培训的要求

生产经营单位进行安全教育和培训，必须符合法律的要求。根据《安全生产法》第二十五条的规定，安全教育和培训的要求包括5个方面。

（1）学习必要的安全生产知识。一是学习有关安全生产法律、法规，了解和掌握有关法律规定，依法从事生产经营作业。二是学习有关生产经营作业过程中的安全知识。生产经营是非常复杂的系统工程，涉及诸多环节，其中任何一个环节出现问题，都可能发生生产安全事故。三是学习有关事故应急救援和撤离的知识。在从业人员的生命受到威胁的紧急情况下，必须具备有关紧急处置知识和自救知识，以便停止作业，紧急撤离到安全地点，防止人身伤害。

（2）清楚岗位的危险有害因素，熟悉有关安全生产规章制度和安全操作规程。从业人员首先要认识到岗位的危险有害因素，针对这些因素，切实执行有关规章制度和操作规程，规范作业活动。要通过教育和培训，使从业人员熟悉危害辨识、规章制度和操作规程，养成遵守规章制度、按照规程操作的习惯，并能够自觉执行。

（3）掌握本岗位安全操作技能。经过教育和培训，要达到从业人员掌握本岗位安全操作技能的目的。这也是检验和考核生产经营单位安全教育和培训质量和效果的主要标准。从业人员对本岗位安全操作的技术和能力，必须符合安全生产的要求，做到“应知”“应会”。如果敷衍了事，虽经教育和培训但不掌握本岗位安全操作技能的，要追究生产经营单位的法律责任。

（4）了解事故应急处理措施。发生事故后，在第一时间开展现场必要的抢救和处置，是减少人员伤亡和财产损失的有效手段。通过教育和培训，让从业人员知道、了解本单位、本岗位可能发生事故的相应应急处理措施，掌握必要的应急处理能力，达到实现自我保护，减少人员伤亡的目的。

（5）知悉自身在安全生产方面的权利和义务。从业人员是生产经营活动的主体，也是安全生产的保护对象。作为保护对象的从业人员有权知道安全生产方面的权利，包括作业场所不安全因素、应急措施等知情权，享受工伤保险和伤亡求偿权，安全管理的批评、检举、控告权，拒绝违章指挥和强令冒险作业，紧急情况下的停止作业和紧急撤离等权利。作为活动主体的从业人员必须知道安全生产方面的义务，包括遵章守规、服从管理，正确佩戴和使用劳动防护用品，接受安全培训，掌握安全生产技能，发现事故隐患和事故及时报告等义务。通过安全教育和培训，让从业人员熟知相应的权利和义务，以便能够正确行使权利、履行义务，促进生产经营单位的安全生产工作。

（三）从业人员须经培训合格方可上岗作业

有的生产经营单位虽对从业人员进行了教育和培训，但是培训质量不高，培训效果不理想，未经考试合格的从业人员上岗作业，从而导致生产安全事故的发生。为了保证安全教育和培训的质量，《安全生产法》要求从业人员不但要进行安全教育和培训，而且还要经过考试合格才能确认其具备上岗作业的资格，只有经过考试合格的从业人员，才能上岗作业。上岗之后还应该跟踪培训的实际效果，实现安全培训的持续改进。

（四）建立健全安全生产教育和培训的档案管理制度

根据《安全生产法》第二十五条的规定，生产经营单位应当指定专人负责本单位的安全生产教育和培训档案。档案的内容应当详细记录每位从业人员参加安全生产教育培训的时间、内容、考核结果以及复训情况等，包括按照规定参加政府组织的安全培训的主要负责人、安全生产管理人员和特种作业人员的情况。档案应当按照有关法律法规的要求进行保存，不得擅自修改、伪造。档案除以电子文档形式保存外，原则上还应当有纸质形式。

九、特种作业人员的资格和范围

鉴于特种作业人员所从事的岗位比较特殊，不同于一般的操作人员，并且存在较大的危险性，许多生产安全事故都是由于特种作业人员违章操作而发生的。特种作业人员安全素质的好坏，直接关系到生产经营单位的安全生产情况。对特种作业人员的培训内容、培训时间和安全素质应有更高、更严格的要求，必须对他们进行专门安全培训并且取得相应资格，不能等同于一般的从业人员。所以，《安全生产法》第二十七条规定："生产经营单位的特种作业人员必须按照国家有关规定经专门的安全作业培训，取得相应资格，方可上岗作业。"

特种作业人员是指直接从事特种作业的从业人员。特种作业人员的范围较广。《安全生产法》第二十七条规定："特种作业人员的范围由国务院安全生产监督管理部门会同国务院有关部门确定。"根据现行的有关规定，特种作业大致包括：①电工作业。②焊接与热切割作业。③高处作业。④制冷与空调作业。⑤煤矿安全作业。⑥金属非金属矿山安全作业。⑦石油天然气安全作业。⑧冶金（有色）生产安全作业。⑨危险化学品安全作业。⑩烟花爆竹安全作业。⑪国务院有关主管部门确定的其他特种作业。直接从事以上特种作业的人员，就是特种作业人员。

十、采用新工艺、新技术、新材料和使用新装备的安全生产教育和培训规定

生产经营单位对采用的新工艺、新技术、新材料或者使用新设备，必须了解、掌握其安全技术特性，对该工艺、技术的原理、操作规程有清楚地把握，了解该材料、设备的构成、性质。只有这样，生产经营单位才能有针对性地采取必需的预防措施，防止生产安全事故的发生。此外，新工艺、新技术、新材料的采用或者新设备的使用，对从业人员来说，是一种陌生的东西，如果仍按照老知识、老方法来应付，就会出问题，就可能引发生产安全事故。

为此，《安全生产法》第二十六条明确规定："生产经营单位采用新工艺、新技术、

新材料或者使用新设备，必须了解、掌握其安全技术特性，采取有效的安全防护措施，并对从业人员进行专门的安全生产教育和培训。”此外，根据《安全生产法》第二十五条的规定，生产经营单位建立的安全生产教育和培训档案，应当包括采用新工艺、新技术、新材料或者使用新设备的人员进行专门培训的时间、内容以及考核结果等情况。

十一、实习学生的安全生产教育和培训规定

学生参加实习，既是理论与实践相结合的途径，也是提高学生实际操作能力的有效方法，更是学生今后走向社会、适应社会的重要之路。但是，长久以来学生在实习阶段的安全教育，特别是实习场所的安全防护没有相应的规定，近几年发生了多起由于学生不知道、不了解基本的安全知识所导致的事故。为此，《安全生产法》第二十五条规定：“生产经营单位接收中等职业学校、高等学校学生实习的，应当对实习学生进行相应的安全生产教育和培训，提供必要的劳动防护用品。学校应当协助生产经营单位对实习学生进行安全生产教育和培训。”法律从两个方面作出规定：

一是生产经营单位接收中等职业学校、高等学校学生实习的，应当对实习学生进行相应的安全生产教育和培训，提供必要的劳动防护用品。学生在生产经营单位实习，与本单位生产经营活动相关的安全知识教育和培训由生产经营单位负责，教育和培训的内容基本与从业人员相同，时间可以略少。生产经营单位要根据实习学生的岗位、作业场所的特点，提供适当的劳动防护作品。

生产经营单位建立的安全生产教育和培训档案，应当包括实习学生有关安全生产教育和培训的时间、内容以及考核结果等情况。

二是学校应当协助生产经营单位对实习学生进行安全生产教育和培训。实习学生的管理责任主要在学校，学校有责任协助生产经营单位做好安全生产教育和培训工作，组织学生按照规定参加教育和培训，保证教育和培训取得效果。

十二、被派遣劳动者的安全生产教育和培训规定

根据《劳动合同法》的规定，被派遣劳动者不是生产经营单位的从业人员，但又被生产经营单位所使用。从某种意义讲，被派遣劳动者又是生产经营单位的劳动者，被派遣劳动者的安全素质和操作技能的高低直接影响生产经营单位的安全生产工作。实践中，许多生产经营单位为了减轻劳动力成本，规避责任，大量使用被派遣劳动者，又不负责相应的安全生产教育和培训，致使被派遣劳动者不了解、不熟悉所从事生产经营活动的安全生产规章制度、操作规程和标准，违章指挥、违章作业、最终导致生产安全事故发生。为此，《安全生产法》第二十五条规定：“生产经营单位使用被派遣劳动者的，应当将被派遣劳动者纳入本单位从业人员统一管理，对被派遣劳动者进行岗位安全操作规程和安全操作技能的教育和培训。劳务派遣单位应当对被派遣劳动者进行必要的安全生产教育和培训。”法律从两个方面进行了规定：

一是生产经营单位应当将被派遣劳动者纳入本单位从业人员统一管理，对被派遣劳动者进行岗位安全操作规程和安全操作技能的教育和培训。这里讲的统一管理，是指生产经营单位将被派遣者与本单位的从业人员一样对待和管理，统一纳入安全生产教育和培训计

划。生产经营单位应当打破被派遣劳动者与本单位从业人员的区别，严格按照岗位特点、人员结构、新员工或者调换工种人员等情况，统一组织安全生产教育和培训，包括对被派遣劳动者进行岗位安全操作规程和安全操作技能的教育和培训，保证相同岗位，相同人员（被派遣劳动者和从业人员）达到同等的水平。

同样，生产经营单位建立的安全生产教育和培训档案，应当包括被派遣劳动者的安全生产教育和培训的时间、内容以及考核结果等情况。

二是劳务派遣单位作为被派遣劳动者的管理单位，应当组织本单位的有关人员，或者聘请本单位以外的有关人员对被派遣劳动者进行必要的安全生产教育和培训。

十三、建设项目安全设施“三同时”的规定

生产经营单位为了维持或者扩大生产经营规模，经常要进行相关的工程建设。作为建设项目的安全设施是保证生产经营活动的重要设施，与生产经营的主体工程共同组成生产经营设施，必须同步进行设计和施工。建设项目的安全设施未与主体工程同时设计、同时施工、同时投入生产和使用就会留下不安全因素和事故隐患，在生产经营过程中就可能会酿成生产安全事故。《安全生产法》第二十八条规定，生产经营单位建设项目的安全设施必须做到“三同时”，即生产经营单位新建、改建、扩建工程项目的安全设施，必须与主体工程同时设计、同时施工、同时投入生产和使用。安全设施投资应当纳入建设项目概算。

十四、建设项目的安全评价规定

矿山、金属冶炼和危险物品建设项目不同于其他生产经营建设项目，具有更大的危险性，对其应有更高的安全技术要求。为了确保安全生产，《安全生产法》第二十九条规定：“矿山、金属冶炼建设项目和用于生产、储存、装卸危险物品的建设项目，应当按照国家有关规定进行安全评价。”这里讲的建设项目的安全评价，主要是指在建设项目的可行性研究阶段的安全预评价，即根据建设项目可行性研究阶段报告的内容，运用科学的评价方法，分析和预测该建设项目存在的危险、危害因素的种类和危险、危害程度，提出合理可行的安全技术和管理对策，作为该建设项目初步设计中安全设计和建设项目安全管理、监察的重要依据。安全评价一般由生产经营单位委托取得相应资质的为安全生产提供技术服务的机构承担。

十五、建设项目安全设施设计和审查的规定

建设项目的安全设施是建设项目投入生产和使用后的物质基础，其质量的好坏直接影响建设项目的生产经营单位安全生产状况。建设项目安全设施设计的质量如何，对于安全设施能否真正“安全”，具有决定性的影响。要求建设项目安全设施的设计人、设计单位对安全设施设计负责，对于增强设计人、设计单位的责任心，保证安全设施设计的质量，明确发生事故后的有关责任划分，意义重大。此外，为了保证安全设施的质量，由有关主管部门对其安全设施的设计进行审查，主要是审查安全评价报告对建设项目提出的安全措施和要求是否贯彻落实到建设项目安全设施的设计中，安全设施的设计是否符合有关法

律、法规、规范、国家标准或者行业标准的规定等。因此，《安全生产法》第三十条规定："建设项目安全设施的设计人、设计单位应当对安全设施设计负责。矿山、金属冶炼建设项目和用于生产、储存、装卸危险物品的建设项目的安全设施设计应当按照国家有关规定报经有关部门审查，审查部门及其负责审查的人员对审查结果负责。"根据法律规定，建设项目应当符合下列要求：

一是建设项目的设计单位在编制建设项目投资计划文件时，应同时按照有关法律、法规、国家标准或者行业标准、设计规范，编制安全设施的设计文件。安全设施的设计不得随意降低安全设施的标准。

二是生产经营单位在编制建设项目投资计划和财务计划时，应将安全设施所需投资一并纳入计划，同时编报。

三是对于按照有关规定项目设计需报经主管部门批准的建设项目，在报批时，应当同时报送安全设施设计文件。按照规定，矿山、金属冶炼建设项目和用于生产、储存、装卸危险物品的建设项目的安全设施设计应当按照国家有关规定报经有关部门审查，审查部门及其负责审查的人员对审查结果负责。其中，矿山、金属冶炼建设项目和用于生产、储存危险物品的建设项目的安全设施设计报安全生产监督管理部门，用于装卸危险物品的建设项目的安全设施设计报交通运输部门。

十六、建设项目安全设施施工、竣工验收的规定

建设项目在施工过程中，在项目的勘察、设计质量都没有问题的前提下，整个项目的质量状况最终决定于施工质量。在实践中，不少建设项目的质量问题，都发生在建设项目的施工阶段。因此，严把施工质量关，做好施工的各项质量控制与管理工作，要求施工单位严格按照批准的设计文件和技术标准进行施工，是保证安全设施质量的根本。建设项目完成后，由建设单位组织安全设施验收，并对其质量负责，是落实生产经营单位安全生产主体责任的重要体现。为此，《安全生产法》第三十一条规定："矿山、金属冶炼建设项目和用于生产、储存、装卸危险物品的建设项目的施工单位必须按照批准的安全设施设计施工，并对安全设施的工程质量负责。矿山、金属冶炼建设项目和用于生产、储存危险物品的建设项目竣工投入生产或者使用前，应当由建设单位负责组织对安全设施进行验收；验收合格后，方可投入生产和使用。安全生产监督管理部门应当加强对建设单位验收活动和验收结果的监督核查。"

根据法律规定，矿山、金属冶炼建设项目和用于生产、储存、装卸危险物品的建设项目施工和竣工验收应当符合下列要求：

一是生产经营单位应当要求具体从事建设项目施工的单位严格按照安全设施的施工图纸和设计要求施工。安全设施与主体工程应同时进行施工，安全设施的施工不得偷工减料，降低建设质量。施工单位必须按照批准的安全设施设计施工，并对安全设施的工程质量负责。

二是建设项目中生产设备需要调试的，在生产设备调试阶段，应当同时对有关安全设施进行调试和考核，并对其效果进行评价。

三是建设项目验收时，应当同时对安全设施进行验收。矿山、金属冶炼建设项目和用

于生产、储存危险物品的建设项目竣工投入生产或者使用前，应当由建设单位负责组织对其安全设施进行验收；验收合格后，方可投入生产和使用。

四是安全设施应当与主体工程同时投入生产和使用，不得只将主体工程投入使用，而将安全设施摆样子，不予使用。

十七、安全警示标志的规定

生产经营作业中某些场所、设施和设备，往往存在一些危险因素，容易被人忽视。为了加强作业现场的安全管理，有必要制作和设置以图形、符号、文字和色彩表示的安全警示标志，以提醒、阻止某些不安全的行为，避免发生生产安全事故。当然，并非所有的生产经营场所和设施、设备上都需要设置安全警示标志。需要设置安全警示标志的必须规范统一，应当符合国家标准或者行业标准的规定。为此，《安全生产法》第三十二条规定："生产经营单位应当在有较大危险因素的生产经营场所和有关设施、设备上，设置明显的安全警示标志。"

安全警示标志，一般由安全色、几何图形和图形符号构成，其目的是引起人们对危险因素的注意，预防生产安全事故的发生。根据现行有关规定，我国目前使用的安全色主要有4种：①红色，表示禁止、停止，也代表防火。②蓝色，表示指令或必须遵守的规定。③黄色，表示警告、注意。④绿色，表示安全状态、提示或通行。而我国目前常用的安全警示标志，根据其含义，也可分为4大类：①禁止标志，即圆形内划一斜杠，并用红色描绘成较粗的圆环和斜杠，表示"禁止"或"不允许"的含义。②警告标志，即"△"，三角的背景用黄色，三角图形和三角内的图像均用黑色描绘，警告人们注意可能发生的各种危险。③指令标志，即"○"，在圆形内配上指令含义的颜色——蓝色，并用白色描绘必须履行的图形符号，构成"指令标志"，要求到这个地方的人必须遵守。④提示标志，以绿色为背景的长方几何图形，配以白色的文字和图形符号，并标明目标的方向，即构成提示标志，如消防设备提示标志等。国家颁布了《安全标志》《矿山安全标志》等标准。生产经营单位应当根据这些规定设置安全警示标志。

十八、安全设备达标和管理的规定

生产经营单位安全生产管理中普遍存在的一个突出问题，是其安全设备的设计、制造、安装、使用、检测、维修、改造和报废，不符合国家标准或者行业标准。许多安全设备处于不安全状态，埋下了很多事故隐患。因此，对安全设备的管理必须严格依照国家标准或者行业标准，从设计、制造、安装、使用到检测、维修、改造和报废等各个环节，都要"达标"。为了保证安全设备"达标"和严格管理，《安全生产法》第三十三条规定："安全设备的设计、制造、安装、使用、检测、维修、改造和报废，应当符合国家标准或者行业标准。生产经营单位必须对安全设备进行经常性维护、保养，并定期检测，保证正常运转。维护、保养、检测应当作好记录，并由有关人员签字。"

十九、特种设备的规定

特种设备是各种设备中技术性最为复杂和用途最为特殊的，需要较高的安全性能和操作技术。经常或者定期对特种设备进行检测、检验，是保证特种设备性能良好、运行正常的重要措施。《安全生产法》第二条有关特种设备的安全，已经列入排除适用的范围。《特种设备安全法》对特种设备的范围，以及特种设备的生产（包括设计、制造、安装、改造、修理）、经营、使用、检验、检测和特种设备安全的监督管理作出了严格规定。该法第二条明确规定，本法所称特种设备，是指对人身和财产安全有较大危险性的锅炉、压力容器（含气瓶）、压力管道、电梯、起重机械、客运索道、大型游乐设施、场（厂）内专用机动车辆，以及法律、行政法规规定适用本法的其他特种设备。但是，实践中除了上述特种设备外，还有一些危险性较大的设备，在有关法律法规中已经明确并由有关主管部门管理。为此，《特种设备安全法》第一百条规定“铁路机车、海上设施和船舶、矿山井下使用的特种设备以及民用机场专用设备安全的监督管理，房屋建筑工地、市政工程工地用起重机械和场（厂）内专用机动车辆的安装、使用的监督管理，由有关部门依照本法和其他有关法律的规定实施。”

针对上述情况，为了与《特种设备安全法》相衔接，《安全生产法》第三十四条规定：“生产经营单位使用的危险物品的容器、运输工具，以及涉及人身安全、危险性较大的海洋石油开采特种设备和矿山井下特种设备，必须按照国家有关规定，由专业生产单位生产，并经具有资质的检测、检验机构检测、检验合格，取得安全使用证或者安全标志，方可投入使用。检测、检验机构对检测、检验结果负责。”这里讲的海洋石油开采特种设备，主要指海上设施和船舶。根据现行安全生产管理体制，国务院安全生产监督管理部门对海上石油开采特种设备、矿山井下特种设备，依照《安全生产法》和《特种设备安全法》的有关规定实施监督管理。

根据法律规定，对海洋石油开采特种设备、矿山井下特种设备的检测、检验和生产，把握以下三点：

一是必须按照国家有关规定，由专业生产单位生产。这里讲的国家规定，是指法律、行政法规、规章以及其国务院及有关主管部门的规定。

二是必须经取得专业资质的检测、检验机构检测、检验合格，取得安全使用证或者安全标志，方可投入使用。检测、检验机构资质，由国务院安全生产监督管理部门认定。

三是检测、检验机构对检测、检验结果负责。检测、检验机构属于第三方的安全中介机构，应当按照法律、行政法规和行业准则的规定，客观、公正地从事安全技术服务。检测、检验机构在检测、检验时，必须按照规定的技术标准和要求进行检测、检验，提出科学、客观的结论。检测、检验机构应当出具专业检测、检验证明或报告。检测、检验合格的，发给安全使用证或者安全标志，不合格的，不得发给安全使用证或者安全标志。因检测、检验机构的原因，致使不合格的海洋石油开采特种设备、矿山井下特种设备投入使用，并造成后果的，检测、检验机构及其有关人员将承担相应的法律责任。

二十、危及生产安全的工艺、设备淘汰的规定

一些生产经营单位为了降低成本和减少投入，使用陈旧、落后的生产工艺和设备，危及人身安全，极易发生生产安全事故。为了加强生产安全工艺、设备管理，加快技术更新和改造，《安全生产法》第三十五条规定：“国家对严重危及生产安全的工艺、设备实行

淘汰制度，具体目录由国务院安全生产监督管理部门会同国务院有关部门制定并公布。法律、行政法规对目录的制定另有规定的，适用其规定。省、自治区、直辖市人民政府可以根据本地区实际情况制定并公布具体目录，对前款规定以外的危及生产安全的工艺、设备予以淘汰。生产经营单位不得使用应当淘汰的危及生产安全的工艺、设备。”根据法律规定，把握以下三点：

一是国家对严重危及生产安全的工艺、设备实行淘汰制度。这是一条禁止性规定。生产经营单位不得使用应当淘汰的危及生产安全的工艺、设备，包括不得转让他人使用。否则，承担相应的法律责任。

二是对严重危及生产安全的工艺、设备实施目录管理，具体目录由国务院安全生产监督管理部门会同国务院有关部门制定并公布。法律、行政法规对目录的制定另有规定的，适用其规定。近几年，国务院安全生产监督管理部门先后发布三批《禁止井工煤矿使用和淘汰的设备和工艺目录》和第一批《金属非金属矿山禁止使用的设备及工艺目录》，如井工煤矿的采用 DW10 断路器的矿用隔爆型馈电开关。

三是省、自治区、直辖市人民政府可以作出补充规定。因各地实际情况不同，法律授权省、自治区、直辖市人民政府可以根据本地区实际情况制定并公布具体目录，对国家规定以外的危及生产安全的工艺、设备予以淘汰。

二十一、危险物品管理的规定

各种危险物品是引发重大、特大生产安全事故的重要因素。加强危险物品的日常安全管理和重点监控，是落实预防为主的重要措施。

（一）危险物品管理

《安全生产法》第三十六条规定：“生产经营单位生产、经营、运输、储存、使用危险物品或者处置废弃危险物品的，必须执行有关法律、法规和国家标准或者行业标准，建立专门的安全管理制度，采取可靠的安全措施，接受有关主管部门依法实施的监督管理。”这是《安全生产法》与有关法律、法规的衔接规定，即有关危险物品的生产、经营、储存、运输、使用或者处置废弃主要遵守有关法律、法规和国家标准、行业标准的规定并实施安全监管。

（二）危险物品的审批监管

加强对危险物品安全的监督管理，查处违法行为，是法律赋予有关部门的重要职责。《安全生产法》第三十六条规定：“生产、经营、运输、储存、使用危险物品或者处置废弃危险物品的，由有关主管部门依照有关法律、法规的规定和国家标准或者行业标准审批并实施监督管理。”目前我国已有一些相关法律、法规对此作出了规定，如《危险化学品安全管理条例》《民用爆炸物品管理条例》等。

二十二、重大危险源管理的规定

生产经营单位对重大危险源实施及时、有效的监控，是《安全生产法》设定的法律义务。《安全生产法》第三十七条第一款规定：“生产经营单位对重大危险源应当登记建档，进行定期检测、评估、监控，并制定应急预案，告知从业人员和相关人员在紧急情况下应当采取的应急措施。”根据法律规定，要使这项工作制度化，必须加强日常监控工作。一是应对本单位的重大危险源登记建档，摸清底数。二是要定期进行检测检验、评估、监控，发现安全问题及时采取措施。三是制定应急预案和紧急情况下应当采取的应急措施，并告知从业人员和有关人员。如果生产经营单位违反上述规定，对重大危险源未登记建档，或者未进行评估、监控，或者未制定应急预案，将受到行政处罚或者刑事处罚。

重大危险源备案制度。由于各种生产经营单位行业不同、大小不同，其重大危险源的数量、状况和存在位置等差别很大，政府和有关部门不可能全部掌握。为了实施重点监管，有必要建立健全重大危险源备案制度。为此，《安全生产法》第三十七条第二款规定：“生产经营单位应当按照国家有关规定将本单位重大危险源及有关安全措施、应急措施报有关地方人民政府安全生产监督管理部门和有关部门备案。”这种备案制度不是一般的告知制度，而是一种审查监管制度：一是生产经营单位必须依法备案。二是负有安全生产监督管理职责的部门有权进行审查、检查。三是发现生产经营单位违法的，有权依法实施行政处罚。

二十三、关于事故隐患排查治理的规定

隐患是导致事故的根源，隐患不除、事故难消。加强事故隐患排查治理是贯彻落实“安全第一、预防为主、综合治理”安全生产工作方针的必然要求。2013 年 11 月 24 日，习近平总书记在青岛黄岛经济开发区考察输油管线泄漏引发爆燃事故抢险工作时强调：“要加大隐患整改治理力度，建立安全生产检查工作责任制，实行谁检查、谁签字、谁负责，做到不打折扣、不留死角、不走过场，务必见到成效。”2010 年《国务院关于进一步加强企业安全生产工作的通知》要求：“企业要经常性开展安全隐患排查，并切实做到整改措施、责任、资金、时限和预案‘五到位’。建立以安全生产专业人员为主导的隐患整改效果评价制度，确保整改到位。”为此，《安全生产法》第三十八条规定：“生产经营单位应当建立健全生产安全事故隐患排查治理制度，采取技术、管理措施，及时发现并消除事故隐患。事故隐患排查治理情况应当如实记录，并向从业人员通报。县级以上地方各级人民政府负有安全生产监督管理职责的部门应当建立健全重大事故隐患治理督办制度，督促生产经营单位消除重大事故隐患。”

（1）生产经营单位是事故隐患排查治理的责任主体。生产经营单位应当建立生产安全事故隐患排查治理制度，逐步建立并实施从主要负责人到从业人员的事故隐患排查责任制。生产经营单位应当保证事故隐患排查治理的资金，对排查出的生产安全事故隐患，应当采取相应措施处理，做到“五落实”，即整改责任人、整改措施、整改资金、整改时限和应急预案的落实。事故隐患治理结束后，应当对事故隐患排查治理情况如实记录，并向从业人员通报。对于重大事故隐患，应当报告主管的负有安全生产监督管理职责的部门。

（2）负有安全生产监督管理职责的部门是事故排查治理的监管主体。负有安全生产监督管理职责的部门应当建立健全重大事故隐患治理督办制度，督促生产经营单位消除重大事故隐患。负有安全生产监督管理职责的部门应当加强重大事故隐患治理过程中的监督检查，发现问题，及时督促整改。对于迟迟未消除重大事故隐患的生产经营单位，应当依法责令其停产整顿，直至提请县级以上人民政府予以关闭。

法律这样规定，有利于进一步落实生产经营单位安全生产主体责任，推动安全生产工

作从事后查处向事前预防转变，从而大幅度减少生产安全事故的发生。

二十四、生产设施、场所安全距离和紧急疏散的规定

实践中，有些生产、经营、使用、储存危险物品单位将生产车间、仓库和员工宿舍设在同一座建筑物内，一旦发生安全事故，特别是发生爆炸、中毒、火灾事故，往往蔓延迅速，极易导致群死群伤的恶性事故。还有，一些生产经营单位的生产经营场所或者员工宿舍的建设不符合安全要求，不设紧急出口。有的虽然设了紧急出口，但标志不明显或者不能保持畅通，发生事故时起不到紧急疏散作用。也有一些生产经营单位出于各种目的，锁闭、封堵生产经营场所或者员工宿舍的出口，致使发生事故时员工不能及时疏散、逃生出去，造成大量人员伤亡。如 2000 年 3 月 29 日，河南省焦作市山阳区天堂音像俱乐部火灾，造成 74 人死亡，其中很重要的原因就是该录像厅的老板放映淫秽影碟，为了逃避检查而关闭了该录像厅唯一的出口，致使火灾发生后观看录像的人员无法自救和逃离而被烧死。2013 年 6 月 3 日吉林省宝源丰禽业有限公司的主厂房发生特别重大火灾爆炸事故，共造成 121 人死亡、76 人受伤，造成事故的主要原因之一就是主厂房内逃生通道复杂，且南部主通道西侧安全出口和二车间西侧直通室外的安全出口被锁闭，火灾发生时人员无法及时逃生。

针对上述情况，为了保证生产设施、作业场所与周边建筑物、设施保持安全合理的空间，确保紧急疏散人员时畅通无阻，《安全生产法》第三十九条规定："生产、经营、储存、使用危险物品的车间、商店、仓库不得与员工宿舍在同一座建筑物内，并应当与员工宿舍保持安全距离。生产经营场所和员工宿舍应当设有符合紧急疏散要求、标志明显、保持畅通的出口。禁止锁闭、封堵生产经营场所或者员工宿舍的出口。"

二十五、爆破、吊装等作业现场安全管理的规定

爆破、吊装作业具有较大的危险性，容易发生事故，而且一旦发生事故，将会对作业人员和有关人员造成比较大的伤害。在实践中，由于在危险作业现场没有专门的现场安全管理人员进行协调、管理，而导致作业人员错误操作，从而引发事故的情况时有发生。如 2001 年，在上海市某公司的 600 吨门式起重机吊装过程中，由于没有现场安全管理人员，各作业人员之间缺乏协调，导致操作上的失误，使龙门吊坠地，造成 36 人死亡，3 人重伤的特大事故。为此，《安全生产法》第四十条规定："生产经营单位进行爆破、吊装以及国务院安全生产监督管理部门会同国务院有关部门规定的其他危险作业，应当安排专门人员进行现场安全管理，确保操作规程的遵守和安全措施的落实。"根据法律规定：一是生产经营单位进行爆破、吊装等危险作业，应当安排专门人员进行现场安全管理。二是确保操作规程的遵守和安全措施的落实。要制定严格的操作规程和周密的保安措施，禁止违反规程操作和无关人员擅入现场。现场人员要明确各自的分工和安全责任，各司其职，密切协同，保证万无一失。

二十六、劳动防护用品的规定

劳动防护用品是具有免受或者减轻生产安全事故对从业人员作业的人身伤害的特殊用

品。是否配备符合标准的劳动防护用品，是否保证从业人员能够正确地佩戴和使用劳动防护用品，直接关系到从业人员的安危。为此，《安全生产法》第四十二条规定："生产经营单位必须为从业人员提供符合国家标准或者行业标准的劳动防护用品，并监督、教育从业人员按照使用规则佩戴、使用。"生产经营单位必须为从业人员提供劳动防护用品，并且应当是符合国家标准或者行业标准的劳动防护用品，只有这样，才能真正起到保障从业人员安全健康的作用。生产经营单位必须为从业人员提供符合国家标准或者行业标准的劳动防护用品，不得以货币或其他物品替代劳动防护用品。生产经营单位应当根据作业场所的危险因素的种类及特点，参照《个体防护装备选用规范》(GB/T 11651）的要求，为从业人员提供适用的劳动防护用品。

为了强调配备劳动防护用品的重要作用，保证生产经营单位给从业人员配备劳动防护用品的资金，《安全生产法》第四十四条规定："生产经营单位应当安排用于配备劳动防护用品、进行安全生产培训的经费。"生产经营单位必须安排劳动防护用品的经费。

二十七、交叉作业的安全管理

在一些规模较大的生产经营场所，常有两个以上不同的生产经营单位在同一作业区域内进行生产经营活动。若各方的安全生产管理职责不明确，就会出现混杂作业、职责不清、制度不严、管理混乱的问题，将会导致重大、特别重大生产安全事故的发生，因此，有必要加强交叉作业的安全管理。

针对一些不同单位、不同工种的人员在同一作业区域内交叉作业，彼此之间的安全责任不明，安全管理脱节的问题，《安全生产法》第四十五条规定："两个以上生产经营单位在同一作业区域内进行生产经营活动，可能危及对方生产安全的，应当签订安全生产管理协议，明确各自的安全生产管理职责和应当采取的安全措施，并指定专职安全生产管理人员进行安全检查与协调。"

二十八、生产经营项目、场所、设备发包或者出租的安全管理

根据法律规定，生产经营单位应当具备法律、行政法规和国家标准或者行业标准规定的安全生产条件，不具备安全生产条件的，不得从事生产经营活动。实践中，有的生产经营单位将其项目、场所、设备发包或者出租给不具备安全生产条件或者相应资质的单位或者个人，导致事故发生。为此，《安全生产法》第四十六条规定："生产经营单位不得将生产经营项目、场所、设备发包或者出租给不具备安全生产条件或者相应资质的单位或者个人。"否则，生产经营单位将承担相应法律责任。

随着改革开放和经济发展，企业所有制发生了重大变化，一些企业采用租赁、承包、合作经营等多种经营方式，个人、私营企业、家庭作坊式企业以及个人租包的公共娱乐场所也大量涌现。其中确有一些企业的安全管理工作混乱，以租代管、以包代管的问题始终存在。有些生产经营单位只管收租金或者承包费，对承包单位、承租单位的安全生产问题不闻不问，导致事故隐患大量存在。2000 年某百货公司发生特大火灾事故，死亡 309 人。该公司有地下二层和地上四层的经营场所，因经营困难，将四层娱乐场所发包给个体业主甲，将地面一层和地下一层发包给企业乙。企业乙负责人安排丁某（无焊工资格证）等 3

人进行电焊作业，未作任何安全防护方面的交代。丁某施焊中也没有采取任何防护措施，电焊火花从方孔溅入到地下第二层的可燃物上，引燃地下第二层的绒布、海绵床垫、沙发和木制家具等可燃物品，导致火灾发生。火灾发生后，丁某等3人用室内消火栓的水枪从方孔向地下第二层射击水灭火，在未能扑灭的情况上，既未报警，也没有通知楼上人员逃离现场。正在百货公司工作的人员和企业乙的其他人员迅速撤离，均未通知四层娱乐场所人员逃生。导致事故发生的原因之一是承包经营中安全责任不明确。百货公司与企业乙、个体户甲之间的承包关系复杂，安全管理职责不清，也未对整体安全工作进行统一协调、管理。电焊施工时，百货公司与企业乙互不通气，致使火花落到地下第二层引起火灾后，不能及时采取有效的灭火措施。为此，《安全生产法》第四十六条规定："生产经营项目、场所发包或者出租给其他单位的，生产经营单位应当与承包单位、承租单位签订专门的安全生产管理协议，或者在承包合同、租赁合同中约定各自的安全生产管理职责；生产经营单位对承包单位、承租单位的安全生产工作统一协调、管理，定期进行安全检查，发现安全问题的，应当及时督促整改。"

二十九、发生生产安全事故时生产经营单位主要负责人的职责

生产经营单位的主要负责人不但负有采取各种措施、防止发生生产安全事故的责任，而且负有在发生生产安全事故后组织抢救，减少事故造成损害的责任。单位主要负责人对单位的场地、布局、设备、人员通信以及其他生产经营状况比较熟悉，有他在场，可以比较顺利地进行事故抢救、事故原因的调查和对事故的处理。为此，《安全生产法》除了第十八条将"及时、如实报告生产安全事故"列为生产经营单位主要负责人的职责外，《安全生产法》第四十七条还规定："发生生产安全事故时，单位的主要负责人应当立即组织抢救，并不得在事故调查处理期间擅离职守。"生产经营单位主要负责人，一是应当立即组织抢救，尽量减少人员伤亡和财产损失，防止事故扩大。二是必须坚守岗位，积极配合事故调查，不得在事故调查处理期间擅离职守。

三十、工伤保险的规定

从业人员人身安全保障是指从业人员的工伤保险补偿和人身伤亡赔偿的法律保障。如果生产经营单位的从业人员没有办理工伤保险，一旦发生事故得不到应有的经济补偿和民事赔偿，会造成一系列社会问题，直接影响生产安全和社会稳定。根据以人为本的原则，《安全生产法》第四十八条明确规定生产经营单位必须依法参加工伤保险，为从业人员缴纳保险费。

（一）保障从业人员的人身安全，是生产经营单位义不容辞的责任

法律赋予从业人员享有获得工伤社会保险和伤亡赔偿的权利。这同时也是生产经营单位的义务。生产经营单位应当依法为从业人员办理工伤保险并缴纳保险费，不得以非法手段侵犯从业人员的该项权利。《安全生产法》第四十九条规定，"生产经营单位与从业人员订立的劳动合同，应当载明有关保障从业人员劳动安全、防止职业危害的事项，以及依法为从业人员办理工伤保险的事项。生产经营单位不得以任何形式与从业人员订立协议，免除或者减轻其对从业人员因生产安全事故伤亡依法应承担的责任。"

（二）工伤保险是人身保障的经济基础

工伤保险是社会保障制度的重要组成部分，它的保险费率和相应的赔付保险金都比较低，只能维持最基本的生活需要。因此，凡是有关法律、法规规定必须办理工伤保险的生产经营单位，都要为其从业人员缴纳保险费。这样既可以使他们得到经济补偿，又可以减轻生产经营单位的经济负担。

（三）民事赔偿是工伤保险的必要补充

由于经济发展水平和人民生活水平的不断提高，人的社会地位和生命价值也越来越高。发生生产安全事故造成从业人员人身伤亡后，仅仅依靠工伤保险补偿往往难以抵偿人身损害的经济损失，在经济发达地区尤其如此。依照《民法通则》的原则规定，除从业人员恶意或者故意造成人身损害者外，生产经营单位发生生产安全事故造成人身伤亡，即构成了对其从业人员的人身损害，由此应当承担相应的民事赔偿责任。至于民事赔偿的具体标准，应当根据当地人均生活水平加以确定，当事人不能任意提出赔偿数额。

（四）工伤保险与民事赔偿相互补充，不可替代

工伤保险与民事赔偿的性质不同。前者是以抚恤、安置和补偿受害者为目的补偿性措施；后者是以民事损害为前提，以追究生产经营单位民事责任为目的，对受害者给予经济赔偿的惩罚性措施。也就是说，生产安全事故的受害者或其亲属，既有依法享有获得工伤保险补偿的权利，又有获得民事赔偿的权利。但是否应当获得民事赔偿，则应以生产经营单位的过错为前提，即生产安全事故的发生原因必须是生产经营单位有安全生产违法行为或者造成生产安全事故。

三十一、安全生产责任保险的规定

有些中小企业安全风险很大，如烟花爆竹生产企业，从业人员基本是农民工，季节性强，流动性大，企业难以与从业人员签订劳动合同，一旦发生生产安全事故，往往是厂毁人亡，造成群死群伤（可能造成企业以外人员的伤亡），政府承担应急救援工作，伤亡人员难以得到救治和应有补偿。针对这种情况，我国部分地区尝试推进安全生产责任保险。安全生产责任保险是一种商业保险，主要作用帮助企业进行事故预防、风险控制和辅助管理，一旦发生生产安全事故，由第三方赔付等。《国务院关于进一步加强企业安全生产工作的通知》《国务院关于坚持科学发展安全发展促进安全生产形势持续稳定好转的意见》和《国务院关于保险业改革发展的意见》都对高危行业企业推进安全生产责任保险作出规定。为此，《安全生产法》第四十八条第二款规定：“国家鼓励生产经营单位投保安全生产责任保险。”法律这样规定，主要目的是通过引入保险机制，发挥保险机构的作用，促进安全生产。

第四节　从业人员的安全生产权利和义务

生产经营单位的从业人员是各项生产经营活动最直接的劳动者，是各项法定安全生产的权利和义务的承担者，从业人员能否安全、熟练地操作各种生产经营工具或者作业，能否认识到生产作业活动中的危险有害因素，能否认识到生命的价值，严格遵守安全规程和

安全生产规章制度，人身安全和健康能否得到切实保障，往往决定了一个生产经营单位的安全水平。

随着社会化大生产的不断发展，劳动者在生产经营活动中的地位不断提高，人的生命价值也越来越受到党和国家的重视。关心和维护从业人员的人身安全权利，是实现安全生产的重要条件。就从业人员在安全生产中的地位和作用而言，保障从业人员的安全生产权利是安全生产立法的重要内容。重视和保护从业人员的生命权，是贯穿《安全生产法》的主线。只有高度重视和充分发挥从业人员在生产经营活动中的主观能动性，最大限度地提高从业人员的安全素质，才能把不安全因素和事故隐患降到最低限度，预防事故，减少人身伤亡。这是社会进步与法制进步的客观要求。这就要求各级政府领导人和各类生产经营单位负责人，必须以对人民群众高度负责的精神和强烈的政治责任感，尊重和保障从业人员在安全生产方面依法享有的权利。要真正保障从业人员的安全生产权利，必须通过相应立法加以确认。《安全生产法》第六条规定："生产经营单位的从业人员有依法获得安全生产保障的权利，并应当依法履行安全生产方面的义务。"《安全生产法》第三章对从业人员的安全生产权利义务作了全面、明确的规定，并且设定了严格的法律责任，为保障从业人员的合法权益提供了法律依据。《安全生产法》以其安全生产基本法律的地位，将从业人员的安全生产权利义务上升为一项基本法律制度，这对强化从业人员的权利意识和自我保护意识、提高从业人员的安全素质、改善生产经营条件、促使生产经营单位加强管理和追究侵犯从业人员安全生产权利行为的法律责任，都具有重要意义。

一、从业人员的人身保障权利

生产经营单位的所有制形式、规模、行业、作业条件和管理方式多种多样。《安全生产法》规定了各类从业人员必须享有的、有关安全生产和人身安全的最重要、最基本的权利。这些基本安全生产权利，可以概括为五项。

（一）获得安全保障、工伤保险和民事赔偿的权利

《安全生产法》明确赋予了从业人员享有工伤保险和获得伤亡赔偿的权利，同时规定了生产经营单位的相关义务。《安全生产法》第四十九条规定："生产经营单位与从业人员订立的劳动合同，应当载明有关保障从业人员劳动安全、防止职业危害的事项，以及依法为从业人员办理工伤保险的事项。生产经营单位不得以任何形式与从业人员订立协议，免除或者减轻其对从业人员因生产安全事故伤亡依法应承担的责任。"第五十三条规定："因生产安全事故受到损害的从业人员，除依法享有工伤保险外，依照有关民事法律尚有获得赔偿的权利的，有权向本单位提出赔偿要求。"第四十八条规定："生产经营单位必须依法参加工伤保险，为从业人员缴纳保险费。"此外，法律还对生产经营单位与从业人员订立协议，免除或者减轻其对从业人员因生产安全事故伤亡依法应承担的责任的，规定该协议无效，并对生产经营单位主要负责人、个人经营的投资人处以二万元以上十万元以下的罚款。《安全生产法》的有关规定，明确了下列 4 个问题：

（1）从业人员依法享有工伤保险和伤亡求偿的权利。法律规定这项权利必须以劳动合同必要条款的书面形式加以确认。没有依法载明或者免除或者减轻生产经营单位对从业人员因生产安全事故伤亡依法应承担的责任的，是一种非法行为，应当承担相应的法律责

任。

（2）依法为从业人员缴纳工伤保险费和给予民事赔偿，是生产经营单位的法律义务。生产经营单位不得以任何形式免除该项义务，不得变相以抵押金、担保金等名义强制从业人员缴纳工伤保险费。

（3）发生生产安全事故后，从业人员首先依照劳动合同和工伤保险合同的约定，享有相应的补偿金。如果工伤保险补偿金不足以补偿受害者的人身损害及经济损失的，依照有关民事法律应当给予赔偿的，从业人员或其亲属有要求生产经营单位给予赔偿的权利，生产经营单位必须履行相应的赔偿义务。否则，受害者或其亲属有向人民法院起诉和申请强制执行的权利。

（4）从业人员获得工伤保险补偿和民事赔偿的金额标准、领取和支付程序，必须符合法律、法规和国家的有关规定。《安全生产法》的上述规定主要是针对大量存在的“生死合同”，赋予了从业人员必要的法定权利，具有操作性和不可侵犯性。所谓的“生死合同”，实际就是私营企业老板利用法律不够健全和从业人员的无知和无奈，逃避因事故造成的从业人员伤亡的经济赔偿责任。这是侵犯从业人员人身权利的严重违法行为，必须依法规范。《安全生产法》从法律上确定了“生死合同”的非法性，并规定了相应的法律责任，这就为从业人员的合法权利提供了法律保障，为监督管理和行政执法提供了明确的法律依据。

（二）得知危险因素、防范措施和事故应急措施的权利

生产经营单位特别是从事矿山、建筑、危险物品的生产经营单位，往往存在着一些对从业人员生命和健康有危险、危害的因素，直接接触这些危险因素的从业人员往往是生产安全事故的直接受害者。许多生产安全事故从业人员伤亡严重的教训之一，就是法律没有赋予从业人员获知危险因素以及发生事故时应当采取的应急措施的权利。所以，《安全生产法》规定，生产经营单位从业人员有权了解其作业场所和工作岗位存在的危险因素及事故应急措施。要保证从业人员这项权利的行使，生产经营单位就有义务事前告知有关危险因素和事故应急措施。否则，生产经营单位就侵犯了从业人员的权利，并对由此产生的后果承担相应的法律责任。

（三）对本单位安全生产的批评、检举和控告的权利

从业人员是生产经营单位的主人，他们对安全生产情况尤其是安全管理中的问题和事故隐患最了解、最熟悉，具有他人不能替代的作用。只有依靠他们并且赋予必要的安全生产监督权和自我保护权，才能做到预防为主，防患于未然，才能保障他们的人身安全和健康。关注安全，就是关爱生命、关心企业。一些生产经营单位的主要负责人不重视安全生产，对安全问题熟视无睹，不听取从业人员的正确意见和建议，使本来可以发现、及时处理的事故隐患不断扩大，导致事故和人员伤亡；有的竟然对批评、检举、控告生产经营单位安全生产问题的从业人员进行打击报复。为此《安全生产法》规定从业人员有权对本单位的安全生产工作提出建议；有权对本单位安全生产工作中存在的问题提出批评、检举、控告。

（四）拒绝违章指挥和强令冒险作业的权利

在生产经营活动中经常出现企业负责人或者管理人员违章指挥和强令从业人员冒险作

业的现象，由此导致事故，造成大量人员伤亡。因此，法律赋予从业人员拒绝违章指挥和强令冒险作业的权利，不仅是为了保护从业人员的人身安全，也是为了警示生产经营单位负责人和管理人员必须照章指挥，保证安全，并不得因从业人员拒绝违章指挥和强令冒险作业而对其进行打击报复。《安全生产法》第五十一条规定："生产经营单位不得因从业人员对本单位安全生产工作提出批评、检举、控告或者拒绝违章指挥、强令冒险作业而降低其工资、福利等待遇或者解除与其订立的劳动合同。"

（五）紧急情况下的停止作业和紧急撤离的权利

由于生产经营场所存在不可避免的自然和人为的危险因素，这些因素将会或者可能会对从业人员造成人身伤害。比如从事矿山、建筑、危险物品生产作业的从业人员，一旦发现将要发生透水、瓦斯爆炸、煤与瓦斯突出、冒顶片帮，坠落、倒塌，危险物品泄漏、燃烧、爆炸等紧急情况并且无法避免时，法律赋予他们享有停止作业和紧急撤离的权利。《安全生产法》第五十二条规定："从业人员发现直接危及人身安全的紧急情况时，有权停止作业或者在采取可能的应急措施后撤离作业场所。生产经营单位不得因从业人员在前款紧急情况下停止作业或者采取紧急撤离措施而降低其工资、福利等待遇或者解除与其订立的劳动合同。"从业人员在行使这项权利的时候，必须明确四点：一是危及从业人员人身安全的紧急情况必须有确实可靠的直接根据，凭借个人猜测或者误判而实际并不属于危及人身安全的紧急情况除外，该项权利不能被滥用。二是紧急情况必须直接危及人身安全，间接危及人身安全的情况不应撤离，而应采取有效的处理措施。三是出现危及人身安全的紧急情况时，首先是停止作业，然后要采取可能的应急措施；采取应急措施无效时，再撤离作业场所。四是该项权利不适用于某些从事特殊职业的从业人员，比如飞行人员、船舶驾驶人员、车辆驾驶人员等，根据有关法律、国际公约和职业惯例，在发生危及人身安全的紧急情况下，他们不能或者不能先行撤离从业场所或者岗位。

二、从业人员的安全生产义务

《安全生产法》不但赋予了从业人员安全生产权利，也设定了相应的法定义务。作为法律关系内容的权利与义务是对等的。从业人员依法享有权利，同时必须承担相应的法律义务。

（一）遵章守规、服从管理的义务

《安全生产法》第五十四条规定："从业人员在作业过程中，应当严格遵守本单位的安全生产规章制度和操作规程，服从管理……"根据《安全生产法》和其他有关法律、法规和规章的规定，生产经营单位必须制定本单位安全生产的规章制度和操作规程。从业人员必须严格依照这些规章制度和操作规程进行生产经营作业。安全生产规章制度和操作规程是从业人员从事生产经营，确保安全的具体规范和依据。从这个意义上说，遵守规章制度和操作规程，实际上就是依法进行安全生产。事实表明，从业人员违反规章制度和操作规程，是导致生产安全事故的主要原因。生产经营单位的负责人和管理人员有权依照规章制度和操作规程进行安全管理，监督检查从业人员遵章守规的情况。对这些安全生产管理措施，从业人员必须接受并服从管理。依照法律规定，生产经营单位的从业人员不服从管理，违反安全生产规章制度和操作规程的，由生产经营单位给予批评教育，依照有关规章制度给予处分；造成重大事故，构成犯罪的，依照刑法有关规定追究刑事责任。

（二）正确佩戴和使用劳动防护用品的义务

按照法律、法规的规定，为保障人身安全，生产经营单位必须为从业人员提供必要的、安全的劳动防护用品，以避免或者减轻作业和事故中的人身伤害。但实践中由于一些从业人员缺乏安全知识，认为佩戴和使用劳动防护用品没有必要，往往不按规定佩戴或者不能正确佩戴和使用劳动防护用品，由此引发人身伤害时有发生，造成不必要的伤亡。比如煤矿矿工下井作业时必须佩戴矿灯用于照明，从事高空作业的工人必须佩戴安全带以防坠落等。另外有的从业人员虽然佩戴和使用劳动防护用品，但由于不会或者没有正确使用而发生人身伤害的案例也很多。因此，正确佩戴和使用劳动防护用品是从业人员必须履行的法定义务，这是保障从业人员人身安全和生产经营单位安全生产的需要。为此，《安全生产法》第五十四条规定："从业人员在作业过程中，应当严格遵守本单位的安全生产规章制度和操作规程，服从管理，正确佩戴和使用劳动防护用品。"

（三）接受安全培训，掌握安全生产技能的义务

不同行业、不同生产经营单位、不同工作岗位和不同的生产经营设施、设备具有不同的安全技术特性和要求。随着生产经营领域的不断扩大和高新安全技术装备的大量使用，生产经营单位对从业人员的安全素质要求越来越高。从业人员的安全生产意识和安全技能的高低，直接关系到生产经营活动的安全可靠性。特别是从事矿山、建筑、危险物品生产作业和使用高科技安全技术装备的从业人员，更需要具有系统的安全知识、熟练的安全生产技能以及对不安全因素和事故隐患、突发事故的预防、处理能力和经验。要适应生产经营活动对安全生产技术知识和能力的需要，必须对新招聘、转岗的从业人员进行专门的安全生产教育和业务培训。许多国有和大型企业一般比较重视安全培训工作，从业人员的安全素质比较高。但是有些非国有和中小企业不重视、不搞安全培训，企业的从业人员没有经过专门的安全生产培训，其中部分从业人员不具备应有的安全素质，因此违章违规操作，酿成事故的事例比比皆是。为了明确从业人员接受培训、提高安全素质的法定义务，《安全生产法》第五十五条规定："从业人员应当接受安全生产教育和培训，掌握本职工作所需的安全生产知识，提高安全生产技能，增强事故预防和应急处理能力。"这对提高生产经营单位从业人员的安全意识、安全技能，预防、减少事故和人员伤亡，具有积极意义。

（四）发现事故隐患或者其他不安全因素及时报告的义务

从业人员直接进行生产经营作业，他们是事故隐患和不安全因素的第一当事人。许多生产安全事故是由于从业人员在作业现场发现事故隐患和不安全因素后没有及时报告，以至延误了采取措施进行紧急处理的时机而导致。如果从业人员尽职尽责，及时发现并报告事故隐患和不安全因素，并及时有效地处理，完全可以避免事故的发生和降低事故的损失。发现事故隐患并及时报告是贯彻预防为主的方针，加强事前防范的重要措施。为此，《安全生产法》第五十六条规定："从业人员发现事故隐患或者其他不安全因素，应当立即向现场安全生产管理人员或者本单位负责人报告；接到报告的人员应当及时予以处理。"这就要求从业人员必须具有高度的责任心，防微杜渐，防患于未然，及时发现事故隐患和不安全因素，预防事故发生。

《安全生产法》第一次明确规定了从业人员安全生产的法定义务和责任，具有重要的意义：第一，安全生产是从业人员最基本的义务和不容推卸的责任，从业人员必须具有高度的法律意识。第二，安全生产是从业人员的天职。安全生产义务是所有从业人员进行生产经营活动必须遵守的行为规范。从业人员必须尽职尽责，严格照章办事，不得违章违规。第三，从业人员如不履行法定义务，必须承担相应的法律责任。第四，安全生产义务的设定，可为事故处理及其从业人员责任追究提供明确的法律依据。

三、被派遣劳动者的权利和义务

劳动派遣人员，也称被派遣劳动者。根据《劳动合同法》的规定，劳动派遣人员是指与劳务派遣单位订立劳动合同，并被派遣到接受以劳务派遣形式用工的生产经营单位的人员。《安全生产法》第四十九条规定："生产经营单位与从业人员订立的劳动合同，应当载明有关保障从业人员劳动安全、防止职业危害的事项，以及依法为从业人员办理工伤保险的事项。"

为了保障劳动派遣人员在安全生产方面的权利和义务，《安全生产法》第五十八条规定："生产经营单位使用被派遣劳动者的，被派遣劳动者享有本法规定的从业人员的权利，并应当履行本法规定的从业人员的义务。"也就是说，劳动派遣人员与生产经营单位的从业人员一样，享有从业人员的安全生产知情权等权利，同时履行相应的义务。

第五节　安全生产的监督管理

《安全生产法》所确立的安全生产监督管理法律制度，充分体现了强化监管的宗旨和社会监督、齐抓共管的原则。这项法律制度包括政府监督管理与社会监督两部分。在突出各级人民政府及其负有安全生产监督管理职责的部门行政执法主体地位的同时，重视和肯定公民、法人、工会和其他社会组织协助政府和各有关部门对安全生产进行社会监督、群防群治的作用，其目的是要最大限度地调动一切力量，使安全生产监督管理延伸到社会的每个角落，覆盖到全社会。安全生产监督管理制度涵盖了安全生产监督管理体制、各级安全生产监督管理部门以及其他有关部门各自的安全监督管理职责、公众监督、社区组织监督和新闻舆论监督等重要内容。安全生产监督管理的主体包括各级人民政府及其安全生产监督管理部门、有关部门、公民、工会、社区基层组织和新闻媒体，依照法律赋予的权力（权利）对安全生产工作进行监督。

一、负有安全生产监督管理职责的部门的行政许可职责

（一）负有安全生产监督管理职责的部门

目前，我国实行安全生产综合监督管理与专项监督管理相结合的安全生产监督管理体制，负责实施安全生产监督管理的部门很多。这些部门依照法律、法规和"三定"方案的规定，从不同方面履行安全生产监督管理的职责。《安全生产法》第九条将安全生产监督管理部门和负有安全生产监督管理职责的有关部门统称为"负有安全生产监督管理职责的部门"。

安全生产监督管理部门对本行政区域内的安全生产工作实施综合监督管理，负有安全生产监督管理职责的有关部门依照有关法律、法规对有关行业、领域的安全生产工作实施专项监督管理。

（二）负有安全生产监督管理职责的部门的行政许可职责

县级以上人民政府安全生产监督管理部门和其他负有安全生产监督管理职责的部门，按照各自的职责分工对安全生产实施监督管理的主要职权之一，是依法对有关安全生产事项实施行政许可。由于《安全生产法》的制定时间早于《行政许可法》，因此当时法律没有采用行政许可的统一用语，而是称之为行政审批。行政审批是个大概念，包括行政许可审批和非行政许可审批，安全生产类的行政审批主要是行政许可类行政审批。《安全生产法》第六十条、第六十一条对负有安全生产监督管理职责的部门的行政许可职责从 4 个方面作出了规定。

（1）为了规范行政许可行为，《安全生产法》规定："对涉及安全生产的事项需要审查批准（包括批准、核准、许可、注册、认证、颁发证照等，下同）或者验收的，必须严格依照有关法律、法规和国家标准或者行业标准规定的安全生产条件和程序进行审查；不符合有关法律、法规和国家标准或者行业标准规定的安全生产条件的，不得批准或者验收通过。"这项职责主要是通过行政许可解决安全生产主体的市场准入问题。负有安全生产监督管理职责的部门应当严格依照法定授权，按照法定程序，对申请人应当符合的法定安全生产条件实施审查，对需要进行验收的安全生产事项进行验收。符合安全生产条件或者验收合格的，有权批准或者验收通过。否则，不得给予行政许可。我国很多相关法律、行政法规对有关安全生产事项设定了行政许可。如《煤矿安全监察条例》规定，对煤矿建设工程的安全设施要进行竣工验收；《危险化学品安全管理条例》规定，设立危险化学品生产企业要取得行政审批等。

（2）对于未依法取得批准或者验收合格，擅自从事生产经营活动的单位，是非法的，必须依法取缔。《安全生产法》规定："对未依法取得批准或者验收合格的单位擅自从事有关活动的，负责行政审批的部门发现或者接到举报后应当立即予以取缔，并依法予以处理。"这是针对未依法提出安全生产行政许可的申请、未取得行政许可擅自从事生产经营活动的生产经营单位而设定的监督管理职权，查处人们常说的"无证非法生产经营"的违法行为。依照法律的规定，负有安全生产监督管理职责的部门对自己检查发现或者经举报发现的非法从事生产经营活动的单位，应当予以取缔，并依法实施行政处罚。

（3）加强发证以后的事后监督，也是保证生产经营单位持续达到安全生产条件的重要手段。生产经营单位取得批准，只是证明取证时是达到安全生产条件的，并不是证明永远达到安全生产条件。生产经营活动是持续进行的，生产经营单位要保证安全生产，必须始终符合安全生产条件。为此，《安全生产法》规定："对已经依法取得批准的单位，负责行政审批的部门发现其不再具备安全生产条件的，应当撤销原批准。"这是对已经取得安全生产事项行政许可的生产经营单位安全生产条件的动态监督管理职责。依照法律规定，一是要对取得行政许可的生产经营单位，在生产经营过程中的安全生产条件继续实施监督管理。二是在日常监督检查中发现生产经营单位不再具备安全生产条件的，必须撤销原行政许可。不再具备安全生产条件，包括降低安全生产条件和安全生产条件不适应安全生产需要等。

(4) 规范行政许可的特别规定。对安全生产事项实施行政许可是负有安全生产监督管理职责部门的一项重要权力，容易产生违法违纪现象，滋生腐败。如利用职权，巧立名目收费或者变相收费，私分或者贪污；向申请行政许可或者验收的单位强行指定购买某种产品，或者要求购买指定生产、销售单位的安全设备、器材或者其他产品，从中牟利。因此，有必要对行政许可中的不规范行为或者违法行为作出法律规定。《安全生产法》第六十一条规定："负有安全生产监督管理职责的部门对涉及安全生产的事项进行审查、验收，不得收取费用；不得要求接受审查、验收的单位购买其指定品牌或者指定生产、销售单位的安全设备、器材或者其他产品。"

二、负有安全生产监督管理职责的部门依法监督检查时行使的职权

为了加强日常监督管理，赋予负有安全生产监督管理职责的部门必要的监督管理手段，《安全生产法》第六十二条对安全生产监督管理部门和其他负有安全生产监督管理职责的部门依法开展安全生产行政执法工作，对生产经营单位执行有关安全生产的法律、法规和国家标准或者行业标准的情况进行监督检查，赋予了四项职权。

(一) 现场检查权

为了履行日常安全生产监督管理的职责，安全生产监督检查人员需要经常进入有关生产经营单位的作业现场进行实地检查，受检的生产经营单位应当服从并予以配合。但在实际执行过程中有的生产经营单位不予配合，甚至设置障碍，拒绝、阻挠甚至暴力抗拒检查，致使监督检查人员无法履行职责。依法进入现场进行检查，是实施监督管理的最基本的职权。《安全生产法》第六十二条规定，安全生产监督检查人员有权"进入生产经营单位进行检查，调阅有关资料，向有关单位和人员了解情况。"

(二) 当场处理权

在安全生产检查中，在生产经营作业现场常会发现一些安全生产违法行为，需要当场进行处理，以免发生生产安全事故。《安全生产法》第六十二条规定："对检查中发现的安全生产违法行为，当场予以纠正或者要求限期改正；对依法应当给予行政处罚的行为，依照本法和其他有关法律、行政法规的规定作出行政处罚决定。"该规定指出，现场检查发现违法行为时，有两种情况应当分别处理：一是不需要给予行政处罚的违法行为，有权当场纠正或者限期改正。二是对比较严重、应当给予行政处罚的违法行为，依法作出行政处罚决定。除了法定当场实施处罚的少数轻微违法行为外，行政处罚通常不能当场作出决定。

(三) 紧急处置权

在安全检查中除了发现一般的安全生产违法行为以外，有时会发现事故隐患，特别是重大事故隐患。此时必须采取紧急处置措施，排除隐患或者撤出作业人员，必要时需暂时停止生产经营活动。为了避免发生重大、特别重大生产安全事故，《安全生产法》第六十二条规定，安全生产检查人员"对检查中发现的事故隐患，应当责令立即排除；重大事故隐患排除前或者排除过程中无法保证安全的，应当责令从危险区域内撤出作业人员，责令暂时停产停业或者停止使用相关设施、设备；重大事故隐患排除后，经审查同意，方可

恢复生产经营和使用。”

（四）查封扣押权

生产经营单位的安全设施、设备、器材是否符合国家标准或者行业标准，处于良好的安全状态，对于确保安全生产具有重要影响。许多事故教训表明，一些生产经营单位擅自采购、使用不符合安全标准的设施、设备、器材，以次充好，导致安全无保证，经常引发事故，因此，必须依法查处。法律授权安全生产检查人员对有根据认为不符合国家标准或者行业标准的设施、设备、器材予以查封或者扣押。另外，生产、储存、使用、经营、运输的危险物品以及违法生产、储存、使用、经营危险物品的作业场所危险性较大，实践中，这些生产经营单位违法违规、违章作业，发生多起事故。针对这些情况，《安全生产法》第六十二条规定安全生产检查人员“对有根据认为不符合保障安全生产的国家标准或者行业标准的设施、设备、器材以及违法生产、储存、使用、经营、运输的危险物品予以查封或者扣押，对违法生产、储存、使用、经营危险物品的作业场所予以查封，并依法作出处理决定。”这里讲的依法，是指依照《行政强制法》的有关规定。依照《行政强制法》第二十五条规定的期限和第二十七条规定的方式作出处理：对违法事实清楚、依法应当没收的非法财物予以没收；法律、行政法规规定应当销毁的，依法销毁；应当解除查封、扣押的，作出解除查封、扣押的决定。

三、安全生产监督检查的要求

为了加强和规范安全生产监督检查人员依法履行职责，《安全生产法》对安全生产监督检查作出了多方面规定。

（1）执法行为的要求。《安全生产法》第六十四条规定：“安全生产监督检查人员应当忠于职守，坚持原则，秉公执法。安全生产监督检查人员执行监督检查任务时，必须出示有效的监督执法证件；对涉及被检查单位的技术秘密和业务秘密，应当为其保密。”根据法律规定，安全生产监督检查在执法中应当达到下列要求：一是坚持履行安全生产监督检查人员监管执法的行为准则，立党为公，执政为民，忠实于法律。不玩忽职守，不徇私情，不贪赃枉法。二是严格按照程序履行职责，规范执法，持证执法，保守秘密。三是监督检查不得影响被检查单位的正常生产经营活动。

（2）执法质量的要求。检查记录必须做到有据可查。有关检查记录，既可以作为实施行政处罚的证据，在发生事故的情况下又可以查清事故原因和各方人员责任。因此，做好安全生产检查记录是一项十分严肃而又非常重要的工作，必须客观、准确和及时。《安全生产法》第六十五条规定：“安全生产监督检查人员应当将检查的时间、地点、内容、发现的问题及其处理情况，作出书面记录，并由检查人员和被检查单位的负责人签字；被检查单位的负责人拒绝签字的，检查人员应当将情况记录在案，并向负有安全生产监督管理职责的部门报告。”

（3）相互配合的要求。依照《安全生产法》第九条的规定，目前我国对安全生产监督管理工作实行综合监管与专项监管相结合的体制。各级安全生产监督管理部门对安全生产工作实施综合监管，住房与城乡建设、交通运输、市场监督管理、能源等部门对有关行业、领域的安全生产工作实施专项监管。这就需要各监督检查部门在各司其职、各负其责的基础上，做到协调配合，齐抓共管，形成合力。《安全生产法》第六十六条规定：“负有安全生产监督管理职责的部门在监督检查中，应当互相配合，实行联合检查；确需分别进行检查的，应当互通情况，发现存在的安全问题应当由其他有关部门进行处理的，应当及时移送其他有关部门并形成记录备查，接受移送的部门应当及时进行处理。”

四、配合安全生产监督管理部门和人员进行监督检查的规定

保证安全生产监督检查人员正常履行职责，生产经营单位积极配合也很重要。配合监督检查是一项法定的义务，生产经营单位不得寻找借口和理由为监督检查设置障碍。法律要求生产经营单位对负有安全生产监督管理职责的部门的监督检查人员依法履行监督检查职责，应当予以配合，不得拒绝、阻挠。否则就是妨碍监督检查人员执行公务，将被追究法律责任。为此，《安全生产法》第六十三条规定：“生产经营单位对负有安全生产监督管理职责的部门的监督检查人员依法履行监督检查职责，应当予以配合，不得拒绝、阻挠。”

五、对拒不执行执法决定实施停电停供民用爆炸物品措施的规定

立法目的是为了采取果断措施，预防事故发生，保证从业人员生命安全。实践中，由于没有采取断然措施导致发生的重特大事故屡见不鲜。如，2006 年 5 月 18 日，山西省大同市左云县新井煤矿发生一起特别重大透水事故，造成 56 人死亡，直接经济损失 5312 万元。导致事故的主要原因：第一，左云县公安机关未认真履行职责，违规审批火工品，2003 年至事故发生前，违反审批程序为新井煤矿审批炸药 262 吨、雷管 56 万发。第二，左云县供电支公司违规为新井煤矿多次增容，在矿井被责令停产整顿期间，没有按规定对新井煤矿采取限电措施，致使矿井继续违法生产。又如，2011 年 11 月 10 日，云南省曲靖市师宗县私庄煤矿发生特别重大煤与瓦斯突出事故，造成 43 人死亡，直接经济损失 3970 万元。事故发生时该矿安全生产许可证和煤炭生产许可证已被依法暂扣，采矿许可证已过期，并被当地有关部门责令停产整顿，但由于法律未赋予有关部门切断电力和停供炸药等火工品的权力，该矿拒不执行停产指令，仍继续违法组织生产，最终导致事故发生。

为此，《安全生产法》第六十七条规定：“负有安全生产监督管理职责的部门依法对存在重大事故隐患的生产经营单位作出停产停业、停止施工、停止使用相关设施或者设备的决定，生产经营单位应当依法执行，及时消除事故隐患。生产经营单位拒不执行，有发生生产安全事故的现实危险的，在保证安全的前提下，经本部门主要负责人批准，负有安全生产监督管理职责的部门可以采取通知有关单位停止供电、停止供应民用爆炸物品等措施，强制生产经营单位履行决定。通知应当采用书面形式，有关单位应当予以配合。负有安全生产监督管理职责的部门依照前款规定采取停止供电措施，除有危及生产安全的紧急情形外，应当提前二十四小时通知生产经营单位。生产经营单位依法履行行政决定，采取相应措施消除事故隐患的，负有安全生产监督管理职责的部门应当及时解除前款规定的措施。”

六、行政监察机关的职责

为了加强对负有安全生产监督管理职责的部门及其工作人员履行职责的监督，防止行政不作为和“乱作为”，防止滥用行政权力，严肃国法政纪，惩治行政违法行为，《安全生产法》第六十八条规定：“监察机关依照行政监察法的规定，对负有安全生产监督管理职责的部门及其工作人员履行安全生产监督管理职责实施监察。”监察机关发现违法违纪的，应当依法处理。

七、安全生产专业机构的监督管理

为了加强安全生产专业机构的管理，《安全生产法》第六十九条规定：“承担安全评价、认证、检测、检验的机构应当具备国家规定的资质条件，并对其作出的安全评价、认证、检测、检验的结果负责。”

（一）安全生产专业机构资质的认可

依照法律规定，承担安全评价、认证、检测、检验的机构应当具备国家规定的资质条件。这是确定其合法性的基本条件。非法专业服务机构不具备合法资格，其所从事的一切业务均为非法，出具的所有评价、认证、检测、检验报告、证书和检测、检验结果均无法律效力。只有符合国家规定或者国家授权部门规定的资质条件，按照法定程序申请登记并获得批准的，方可从事安全生产专业服务活动。安全生产专业服务业务很多，其中最重要、问题最多的，是由政府有关部门或者生产经营单位委托的安全评价、安全认证以及安全设备、设施、器材、用品的检测、检验等。法律突出重点，规定对从事安全评价、认证、检测、检验的专业机构资质实行认可。随着安全科学技术的发展，安全专业服务将更多地进入安全技术装备的科研、开发、设计、实验、使用推广和安全人员教育培训及生产经营单位安全管理等众多领域。

（二）安全生产专业服务的责任

依法取得资质的安全生产专业机构从事服务活动，必须遵守有关法律、法规和执业准则，独立享有权利，履行义务，承担责任。按照权责利一致的原则，取得合法资质的有关专业机构的责任必须明确。根据法律规定，承担安全评价、认证、检测、检验的机构对其作出的安全评价、认证、检测、检验的结果负责。所谓“负责”，一是指专业机构必须独立对自己所从事的中介服务的结果的合法性、真实性负责。二是指专业机构对其违法从事安全评价、认证、检测、检验业务所造成的后果，应当承担相应的法律责任。三是要依法追究安全专业机构及其有关人员违法行为的法律责任。

八、安全生产违法行为举报的规定

安全生产违法行为具有隐秘性、广泛性，仅仅依靠各级人民政府负责安全生产监督管理的部门是不能全部发现和查处的，必须依靠全社会的监督举报才能及时发现和查处。对安全生产违法行为监督和查处的主要途径之一，就是建立举报制度，调动广大人民群众的积极性，协助政府查处。《安全生产法》关于安全生产违法行为举报的规定包括社会举报和举报受理两个方面。

（一）社会举报

《安全生产法》第七十一条规定：“任何单位或者个人对事故隐患或者安全生产违法行为，均有权向负有安全生产监督管理职责的部门报告或者举报。”这里明确了三个问题：一是法律授予所有单位和公民都有举报的权利，任何单位和个人不得阻止、剥夺这种举报权利。二是举报的内容为生产安全事故隐患和安全生产违法行为，举报的情况应当力求及时、准确。三是要向法定的政府部门举报。报告或者举报可以具名公开身份，也可以匿名报告或者举报，不公开身份。对具名报告的，接受报告或者举报的负有安全生产监督管理职责的部门应当为当事人保密。

（二）举报受理

事故隐患和安全生产违法行为是国家明令整改和禁止的，对人民群众的生命和财产安全危害极大，必须及时查处。县级以上负有安全生产监督管理职责的部门负责监督管理和行政执法，是法定的举报受理机关。为了强化执法力度，《安全生产法》第七十条规定：“负有安全生产监督管理职责的部门应当建立举报制度，公开举报电话、信箱或者电子邮件地址，受理有关安全生产的举报；受理的举报事项经调查核实后，应当形成书面材料；需要落实整改措施的，报经有关负责人签字并督促落实。”目前，安全生产举报投诉特服号是“12350”，受理生产安全事故、重大事故隐患、非法违法生产建设经营等方面的举报投诉。

九、安全生产社会监督、舆论监督的规定

（一）社会监督

作为政府监督管理的补充，发挥城乡社区基层组织在安全生产监督方面的作用十分重要。遍及城市、乡村的居民委员会、村民委员会是安全生产监督的社会力量。依靠和发挥社区基层组织，及时发现和查处事故隐患和安全生产违法行为，必将对强化监督管理和行政执法起到推动作用。所以，《安全生产法》第七十二条规定：“居民委员会、村民委员会发现其所在区域内的生产经营单位存在事故隐患或者安全生产违法行为时，应当向当地人民政府或者有关部门报告。”

（二）舆论监督

当今安全生产工作得到全社会的高度重视，舆论监督发挥了极大的作用。各种大众传媒在安全生产工作中占有重要的舆论宣传和导向的地位。安全文化、安全理念、安全信息的传播，离不开正面舆论的宣传引导。党和国家非常重视舆论监督对安全生产的推动作用，具体体现在有关法律之中。《安全生产法》第七十四条明确规定：“新闻、出版、广播、电影、电视等单位有进行安全生产公益宣传教育的义务，有对违反安全生产法律、法规的行为进行舆论监督的权利。”

1. 安全生产公益宣传教育的义务

及时、准确、正确地进行安全生产公益宣传教育，是各种媒体义不容辞的法定义务。提升全民安全生产意识的重要举措之一，就是调动、利用传媒广泛深入、持久不懈地宣传国家有关安全生产的方针政策、法律、法规和重大举措，教育公民关注安全，使自身安全、他人安全和公众安全成为全社会的安全文化理念和公民的自觉行动。媒体必须履行这

项义务，把安全生产宣传教育摆在重要位置，为安全生产营造舆论氛围。所谓“公益”，就是要求新闻媒体在安全生产宣传上，不能以营利为目的，做到不收费或者少收费，更不能搞所谓的有偿新闻。

2. 安全生产舆论监督的权利

报道、揭露和抨击安全生产违法行为，对于危害社会的重大生产安全事故和违法行为具有震慑作用，对于协助各级人民政府及其负有安全生产监督管理职责的部门加大监管执法的力度，惩治违法犯罪分子，具有宣传作用。但也确有一些地方的人民政府和有关部门以及违法者，慑于舆论监督的威力，害怕、反对舆论监督，千方百计地阻止、打击或者贿赂媒体，掩盖事故真相和安全生产违法行为，阻止媒体对安全生产违法行为进行监督。国家肯定了媒体进行舆论监督的正面的、积极的作用，法律规定舆论监督是媒体的法定权利，任何单位和个人均不得剥夺这项权利。

十、对举报安全生产违法行为有功人员的奖励

举报是一种有利于社会公共利益的义举。发动人民群众和社会力量对安全生产违法行为进行举报，可以避免或者减少重大生产安全事故，可以使安全生产违法行为得到查处。对进行举报的有功人员给予奖励，可以弘扬正气。为了使举报制度能够切实建立，鼓励人民群众揭发安全生产违法行为的积极性，《安全生产法》第七十三条规定：“县级以上各级人民政府及其有关部门对报告重大事故隐患或者举报安全生产违法行为的有功人员，给予奖励。具体奖励办法由国务院安全生产监督管理部门会同国务院财政部门制定。”

依照本条的规定，2005 年，国家安全生产监督管理总局、财政部联合制定了《举报煤矿重大安全生产隐患和违法行为奖励办法（试行）》(安监总办字〔2005〕139 号)。在此基础上，结合各地区、各有关部门开展举报奖励工作的实际情况，2012 年，国家安全生产监督管理总局、财政部修订发布了《关于印发安全生产举报奖励办法的通知》(安监总财〔2012〕63 号)。根据《安全生产举报奖励办法》的规定，任何单位、组织和个人均有权向县级以上人民政府负责安全生产监督管理的部门和其他负有安全生产监督管理职责的部门举报安全生产重大事故隐患和非法违法行为，其中涉及煤矿安全生产重大事故隐患和非法违法行为的，直接向国家煤矿安全监察机构及其设在各省、自治区、直辖市和煤矿矿区的煤矿安全监察机构举报。经调查属实的，受理举报的安全监管部门或者煤矿安全监察机构应当按规定对有功的实名举报人给予 1000 ~ 30000 元的现金奖励。给予举报人的奖金纳入同级财政预算。《安全生产举报奖励办法》对本条规定的重大事故隐患和安全生产违法行为也进行了明确的界定。

十一、对存在严重违法行为的生产经营单位向社会公告的规定

2013 年 11 月 22 日青岛中石化东黄输油管道爆炸事故后，习近平总书记批示所有企业都必须认真履行安全生产主体责任，做到安全投入到位、安全培训到位、基础管理到位、应急救援到位，确保安全生产。实践中，许多生产经营单位长期违法违规，事故隐患长时间不整改治理，最终导致生产安全事故发生。为此，《安全生产法》第七十五条规

定："负有安全生产监督管理职责的部门应当建立安全生产违法行为信息库，如实记录生产经营单位的安全生产违法行为信息；对违法行为情节严重的生产经营单位，应当向社会公告，并通报行业主管部门、投资主管部门、国土资源主管部门、证券监督管理机构以及有关金融机构。"这就是通常讲的"黑名单"制度。通过实施这项措施，结合贯彻落实《国务院关于印发社会信用体系建设规划纲要（2014—2020）》和《企业信息公示暂行条例》的要求，全面建立健全安全生产诚信体系，督促引导生产经营单位依法依规、诚实守信，认真抓好安全生产工作，切实维护从业人员的生命安全和健康权益。

第六节　生产安全事故的应急救援与调查处理

受生产力发展水平的制约，我国在短时期内还难以完全杜绝生产安全事故。安全生产工作的近期目标是，遏制重大、特别重大事故，预防和减少一般、较大事故。因此，做好事故应急救援和调查处理工作必不可少并且非常重要，这是各级人民政府及其负有安全生产监督管理职责的部门和生产经营单位义不容辞的法定职责。《安全生产法》确立的事故应急救援和调查处理制度，对事故发生前应急救援的准备和事故发生后调查处理的组织分别进行了规范，体现了重在预防的指导思想。事故应急和处理制度主要包括事故应急预案的制定和事故应急体系的建立、高危生产经营单位的应急救援、事故报告、重大事故的应急抢救、调查处理的原则、事故责任的追究、事故统计和公布等内容。

生产安全事故具有突发性和破坏性。许多事故案例证明，大部分事故发生前都存在着事故隐患，显露出一定的征兆和苗头。凡事预则立，不预则废。对事故救援必须改变没有应急救援预案和组织保证的被动局面，应当采取积极主动的措施以应急需。根据已经发生的重大、特大事故的经验教训，针对本地区和本单位可能发生的重大、特大事故制定相应的应急救援预案，建立健全严密、高效的救援组织体系，对于发生重大事故，尤其是那些危害性大、破坏严重的特大事故时的现场救援和人员抢救，具有未雨绸缪的作用，可以减少事故带来的人员伤害和财产损失。近几年来，由于对可能发生的重大、特大事故没有任何预见和应急预案、救援体系，一些地方和生产经营单位发生重大、特大事故时，政府和有关部门指挥混乱，各部门配合不力，因而不能及时、有效地维持事故现场秩序、防止事故扩大、抢救和医治受伤人员，结果延误了救援时机，扩大了人员伤亡和财产损失，代价惨重。这些血的教训，我们应当吸取。正是基于这样的思路，《安全生产法》突破了重视事后调查处理忽视事前应急准备的旧模式，将应急救援纳入事故调查处理制度之中，这对保护人民群众生命和财产安全具有重要意义。

一、国家应急能力建设的规定

（1）加强生产安全事故应急救援能力建设，是保障应急救援工作开展，减少事故伤亡的重要手段。实践中，一旦矿山、化工等领域发生重特大生产安全事故，生产经营单位往往无能为力，当地政府也难以调集大量资源，需要国家层面开展救援。针对这些问题，2010 年《国务院关于进一步加强企业安全生产工作的通知》中明确提出："加快国家安全生产应急救援基地建设。按行业类型和区域分布，依托大型企业，中央预算内基建投资支持下，先期抓紧建设7个国家矿山应急队伍，配备性能可靠、机动性强的装备和设备，保障必要的运行维护费用，推进公路交通、铁路运输、水上搜救、船舶溢油、油气田、危险化学品等行业（领域）国家救援基地和队伍建设。鼓励和支持各地区、各部门、各行业依托大型企业和专业救援力量，加强服务周边的区域性应急救援能力建设。”为此，《安全生产法》第七十六条第一款规定：“国家加强生产安全事故应急能力建设，在重点行业、领域建立应急救援基地和应急救援队伍，鼓励生产经营单位和其他社会力量建立应急救援队伍，配备相应的应急救援装备和物资，提高应急救援的专业化水平。”

根据2018年1月国家安全生产应急救援指挥中心印发的《国家安全生产应急救援队伍规范名称》(应指技装〔2018〕3号)，目前已建立的国家安全生产应急救援队伍中，矿山类有37支，危险化学品类有31支，油气管道类有6支，隧道类有3支，水上救援类有2支，其他类有5支。

（2）建立全国统一的生产安全事故应急救援信息系统，及时调动应急救援资源，对应急救援的有效开展具有重要意义。由于生产安全事故点多面广，涉及的行业、领域较多，国家相继建立了应急救援基地、应急救援队伍，地方各级人民政府及有关部门根据当地实际建立了相应的应急救援队伍及物资储备，矿山、金属冶炼、建筑施工等生产经营单位也建立了应急救援组织及配备了相应应急救援物资。为了便于资源和信息共享，按照应急工作统一领导、综合协调、分类管理、分级负责的原则，有必要建立全国统一的生产安全事故应急救援信息系统。同时，考虑到现有安全生产应急管理的体制，公安、交通运输、能源等部门负责海上、水上、电力等应急救援工作。为此，《安全生产法》第七十六条第二款规定：“国务院安全生产监督管理部门建立全国统一的生产安全事故应急救援信息系统，国务院有关部门建立健全相关行业、领域的生产安全事故应急救援信息系统。”公安、交通运输、能源等部门建立的相应行业、领域的生产安全事故应急救援信息系统应当与全国统一的生产安全事故应急救援信息系统对接，实行互联互通，信息共享。

根据《突发事件应对法》的规定，国务院建立全国统一的突发事件信息系统。因此，国务院安全生产监督管理部门建立的全国统一的生产安全事故应急救援信息系统应当与国务院建立的全国统一的突发事件信息系统对接，实行互联互通，信息共享。

地方各级人民政府应当根据上述原则，建立本行政区域统一的生产安全事故应急救援信息系统和相关行业、领域的生产安全事故应急救援信息系统，并相互对接，信息共享。此外，生产安全事故救援信息系统也应当与地方政府的突发事件信息系统对接。只有这样，才能形成合力，加强应急救援工作。

二、地方政府应急救援工作的职责

各级人民政府全面负责领导安全生产工作，在各类重大、特别重大事故的应急救援工作中处于组织指挥的核心地位。作为一级政府要确保一方平安，必须牵头抓好事故应急救援工作。一些危险性大、波及面广的特大事故不但会对生产经营单位造成人员伤亡和财产损失，还会对周边地区造成危害。譬如危险化学品生产、储存的设施、设备和核电站一旦发生特大事故，往往会对周围几平方千米、几十平方千米甚至更大范围造成危害，如果事先没有应急预案和救援体系，势必后果严重，因此有必要制定应急预案，建立健全救援体系。

《安全生产法》第七十七条规定："县级以上地方各级人民政府应当组织有关部门制定本行政区域内生产安全事故应急救援预案，建立应急救援体系。"事故应急预案应当包括可能发生的生产安全事故的种类，事故发生的地区、地段、地点或者单位，事故波及地区的人员、道路交通、消防设施和通道，事故可能造成的危害及其应对措施，事故救援的组织指挥，抢救受伤人员的措施以及设施、设备、器材和物品的组织供应，事故现场秩序维持和后期处理措施等。事故救援体系是实施应急预案的组织保证，应当明确各级救援组织机构的建立及其领导人员，确定内部分设的专门救援组织，如维持现场秩序、疏导交通、消防急救、现场处理、提供医疗和生活物品、发布信息的组织或者部门，明确各自的岗位及其职责，形成一个能够处理突发事故的救援体系。如果发生生产安全事故，这个体系立即启动，各级领导和工作人员能以最快速度各就各位，各司其职，统一领导，分工负责，有条不紊地开展救援工作，最大限度地救治人员和保护财产，减少损失。

三、生产经营单位应急预案的规定

生产经营单位是安全生产责任主体。一旦发生生产安全事故，生产经营单位应该首先开展事故救援工作。为了提高应急救援工作的针对性、有效性，防止事故扩大、减少事故人员伤亡和财产损失，生产经营单位制定应急预案具有重要意义。为此，《安全生产法》第七十八条规定："生产经营单位应当制定本单位生产安全事故应急救援预案，与所在地县级以上地方人民政府组织制定的生产安全事故应急救援预案相衔接，并定期组织演练。"

生产经营单位应当根据有关安全生产法律、法规和《生产经营单位生产安全事故应急预案编制导则》(GB/T 29639）的规定，结合本单位安全风险的特点，编制生产安全事故应急救援预案。如果本单位风险种类较多、可能发生多种类型事故的，应当组织编制综合应急预案。综合应急预案从总体上规定事故的应急工作原则和程序，包括应急组织机构及职责、应急预案体系、事故风险描述、预警及信息报告、应急响应、保障措施、应急预案管理等内容。如果针对某一类型事故，或者仅仅针对某一重要生产设施、重大危险源、重大活动等，可以制定专项应急预案。专项应急预案应当包括某一事故类型或者重要设施、重大危险源存在的风险分析、应急指挥机构及职责、处置程序和措施等内容。如果仅仅针对具体的工作场所、装置或设施，可以制定简单的现场处置方案。现场处置方案包括风险分析、应急指挥人员职责、处置程序和措施等内容。

生产经营单位制定的生产安全事故应急预案，应当与县级以上地方人民政府组织制定的本行政区域的生产安全事故应急预案相衔接，建立一个统一指挥、分工明确、协调配合的应急联动机制，统筹配置应急救援组织机构、队伍、装备和物资，共享区域应急资源，形成应急救援合力。生产经营单位应当定期组织应急预案的演练，提高广大从业人员的应急处置的能力。

四、高危生产经营单位应急救援组织及装备、器材的规定

危险物品的生产、经营、储存单位以及矿山、金属冶炼、城市轨道交通运营、建筑施

工单位（即所称谓“高危生产经营单位”）由于其所从事的生产、经营等活动的特殊性，一旦发生事故，将会对人民群众的生命财产安全造成严重损害。因此，《安全生产法》第七十九条规定：“危险物品的生产、经营、储存单位以及矿山、金属冶炼、城市轨道交通运营、建筑施工单位应当建立应急救援组织；生产经营规模较小的，可以不建立应急救援组织，但应当指定兼职的应急救援人员。危险物品的生产、经营、储存、运输单位以及矿山、金属冶炼、城市轨道交通运营、建筑施工单位应当配备必要的应急救援器材、设备和物资，并进行经常性维护、保养，保证正常运转。”

一般情况下，危险物品的生产、经营、储存单位以及矿山、金属冶炼、城市轨道交通运营、建筑施工单位应当建立应急救援组织。一旦发生生产安全事故，应急救援组织就能够迅速、有效地投入抢救工作，防止事故进一步扩大，最大限度地减少人员伤亡和财产损失。对于危险物品的生产、经营、储存单位以及矿山、金属冶炼、城市轨道交通运营、建筑施工单位，如果生产经营规模较小，如小加油站、化工用品零售商店，可以不建立应急救援组织，但应当指定兼职的应急救援人员。兼职应急救援人员在平时参加生产经营活动，但也应当安排适当的应急救援培训和演练，并在发生生产安全事故时保证能够立即投入到应急救援工作中来。

危险物品的生产、经营、储存、运输单位以及矿山、金属冶炼、城市轨道交通运营、建筑施工单位由于其所从事生产经营活动的特殊性，必须配备必要的应急救援器材、设备，以便应急使用。应急救援器材、设备的配备和维护、保养，是进行事故应急救援不可缺少的工具和手段。这些器材、设备必须在平时就予以维护、保养，否则，发生事故时就很难有效地进行救援。

五、生产经营单位发生事故后的报告和处置规定

发生生产安全事故后，生产经营单位应当立即报告和开展应急救援工作。《安全生产法》第八十条规定：“生产经营单位发生生产安全事故后，事故现场有关人员应当立即报告本单位负责人。单位负责人接到事故报告后，应当迅速采取有效措施，组织抢救，防止事故扩大，减少人员伤亡和财产损失，并按照国家有关规定立即如实报告当地负有安全生产监督管理职责的部门，不得隐瞒不报、谎报或者迟报，不得故意破坏事故现场、毁灭有关证据。”

根据法律规定，生产经营单位发生生产安全事故后，一是事故现场有关人员，包括有关管理人员以及从业人员等，应当立即向本单位负责人报告，不得拖延，更不能不报告，以便本单位负责人能及时组织抢救，并向有关部门报告。二是单位负责人接到事故报告后，应当迅速采取有效措施，组织抢救，防止事故扩大，减少人员伤亡和财产损失，并按照国家有关规定立即如实报告当地负有安全生产监督管理职责的部门，不得隐瞒不报、谎报或者迟报，不得故意破坏事故现场、毁灭有关证据。否则，就要承担相应的行政责任；构成犯罪的，还要追究其刑事责任。这里讲的国家规定，主要指国务院及国务院有关部门制定的有关规定，如《生产安全事故报告和调查处理条例》《电力安全事故应急处置和调查处理条例》《危险化学品安全管理条例》。根据《生产安全事故报告和调查处理条例》的规定，单位负责人接到报告后，应当于1小时内向事故发生地县级以上人民政府安全生产

监督管理部门和负有安全生产监督管理职责的有关部门报告。《危险化学品安全管理条例》也规定，发生危险化学品事故，单位主要负责人应当按照本单位危险化学品应急预案组织救援，并向当地安全生产监督管理部门和环境保护、公安、卫生主管部门报告。

六、政府及负有安全生产监督管理职责的部门发生事故后的报告和处置规定

（一）事故报告的职责

《安全生产法》第八十一条规定："负有安全生产监督管理职责的部门接到事故报告后，应当立即按照国家有关规定上报事故情况。负有安全生产监督管理职责的部门和有关地方人民政府对事故情况不得隐瞒不报、谎报或者迟报。"这里讲的国家规定，主要指国务院及国务院有关部门制定的有关规定，如《生产安全事故报告和调查处理条例》《电力安全事故应急处置和调查处理条例》《危险化学品安全管理条例》。根据《生产安全事故报告和调查处理条例》的规定，安全生产监督管理部门和负有安全生产监督管理职责的有关部门接到事故报告后，应当依照下列规定上报事故情况，并通知公安机关、劳动保障行政部门、工会和人民检察院：①特别重大事故、重大事故逐级上报至国务院安全生产监督管理部门和负有安全生产监督管理职责的有关部门。②较大事故逐级上报至省、自治区、直辖市人民政府安全生产监督管理部门和负有安全生产监督管理职责的有关部门。③一般事故上报至设区的市级人民政府安全生产监督管理部门和负有安全生产监督管理职责的有关部门。安全生产监督管理部门和负有安全生产监督管理职责的有关部门依照上述规定上报事故情况，应当同时报告本级人民政府。国务院安全生产监督管理部门和负有安全生产监督管理职责的有关部门以及省级人民政府接到发生特别重大事故、重大事故的报告后，应当立即报告国务院。必要时，安全生产监督管理部门和负有安全生产监督管理职责的有关部门可以越级上报事故情况。负有安全生产监督管理职责的部门和有关地方人民政府对事故情况不得隐瞒不报、谎报或者拖延不报。安全生产监督管理部门和负有安全生产监督管理职责的有关部门逐级上报事故情况，每级上报的时间不得超过 2 小时。自事故发生之日起 30 日内，事故造成的伤亡人数发生变化的，应当及时补报。道路交通事故、火灾事故自发生之日起 7 日内，事故造成的伤亡人数发生变化的，应当及时补报。

（二）组织事故救援的职责

《安全生产法》第八十二条规定："有关地方人民政府和负有安全生产监督管理职责的部门的负责人接到生产安全事故报告后，应当按照生产安全事故应急救援预案的要求立即赶到事故现场，组织事故抢救。参与事故抢救的部门和单位应当服从统一指挥，加强协同联动，采取有效的应急救援措施，并根据事故救援的需要采取警戒、疏散等措施，防止事故扩大和次生灾害的发生，减少人员伤亡和财产损失。事故抢救过程中应当采取必要措施，避免或者减少对环境造成的危害。任何单位和个人都应当支持、配合事故抢救，并提供一切便利条件。"

根据《安全生产法》和《突发事件应对法》等法律、法规的规定，县级以上地方人民政府制定生产安全事故应急预案。如《危险化学品安全管理条例》规定："县级以上地方人民政府安全生产监督管理部门应当会同工业和信息化、环境保护、公安、卫生、交通运输、铁路、质量监督检验检疫等部门，根据本地区实际情况，制定危险化学品应急预

案，报本级人民政府批准。”在抢救过程中，负有安全生产监督管理职责的部门应当服从整体事故应急救援工作的统一指挥，加强协同联动，采取有效的应急救援措施，防止事故扩大，减少人员伤亡和财产损失。

七、生产安全事故调查处理的规定

（一）事故调查处理的原则

根据《安全生产法》第八十三条的规定，事故调查处理应当按照科学严谨、依法依规、实事求是、注重实效的原则。科学严谨，是指调查处理生产安全事故时，应当运用科学的理论和方式指导调查工作，如“4+2”事故致因理论、事故树分析法等，注重充分发挥专家和技术人员的作用，把对事故原因的查明、事故责任的分析、有关证据的认定建立在科学的基础上，防止个人意识主导，杜绝心理偏好，力求客观、公正。依法依规，是指调查处理应当遵循法律、法规、规章等程序和规则，依法开展调查处理。近几年，国家相续制定出台的《生产安全事故报告和调查处理条例》《电力安全事故应急处置和调查处理条例》《危险化学品安全管理条例》《煤矿安全监察条例》等法律、行政法规都对事故调查处理作出了规定。如《生产安全事故报告和调查处理条例》对事故调查组的组成、职责、证据收集、检测检验、专家参与、调查报告的内容以及调查报告的批复、有关责任的追究及落实等作出了明确规定。此外，北京市等地方还专门制定了有关事故调查处理的规定。事故调查工作必须遵循这些规定，依法开展。实事求是，是指对生产安全事故进行调查处理，必须从实际出发，在深入调查的基础上，客观、真实地查清事故真相，明确事故责任，提出处理意见，并针对地提出事故防范措施。注重实效，是指事故调查处理工作应当提高效率，在规定时间内结案，不得无故拖延。《生产安全事故报告和调查处理条例》明确规定：“事故调查组应当自事故发生之日起60日内提交事故调查报告；特殊情况下，经负责事故调查的人民政府批准，提交事故调查报告的期限可以适当延长，但延长的期限最长不超过60日。”

（二）事故责任的追究

正确地确定事故有关人员的责任并依法追究，是总结事故教训和惩治有关责任人的重要措施。《安全生产法》第八十四条规定：“生产经营单位发生生产安全事故，经调查确定为责任事故的，除了应当查明事故单位的责任并依法予以追究外，还应当查明对安全生产的有关事项负有审查批准和监督职责的行政部门的责任，对有失职、渎职行为的，依照本法第八十七条的规定追究法律责任。”本条规定的责任主体包括生产经营单位的主要负责人、个人经营的投资人和负有安全生产监督管理职责的部门的工作人员。如果违反法律规定应予追究责任的，将要受到法律的制裁。

（三）事故统计和公布

加强对事故的统计分析和事故发生及其调查处理情况的公布，是强化社会监督，总结事故教训，改进安全生产工作的重要手段。为此，《安全生产法》第八十六条规定：“县级以上各级地方人民政府安全生产监督管理部门应当定期统计分析本行政区域内发生生产安全事故的情况，并定期向社会公布。”按照这条规定，凡是发生生产安全事故的单位及各有关部门，都应当依照有关事故报告、统计分析的规定，及时、准确地向当地安全生产监管部门报告，由县级以上地方人民政府安全生产监管部门逐级进行汇总、统计和分析，定期通过公共传媒予以公布。

第七节　安全生产法律责任

法律责任是国家管理社会事务所采用的强制当事人依法办事的法律措施。依照《安全生产法》的规定，各类安全生产法律关系的主体必须履行各自的安全生产法律义务，保障安全生产。《安全生产法》的执法机关将依照有关法律规定，追究安全生产违法犯罪的法律责任，对有关生产经营单位给予法律制裁。

一、安全生产法律责任的形式

追究安全生产违法行为法律责任的形式有 3 种，即行政责任、民事责任和刑事责任。在现行有关安全生产的法律、行政法规中，《安全生产法》采用的法律责任形式最全，设定的处罚种类最多，实施处罚的力度最大。

（一）行政责任

它是指责任主体违反安全生产法律规定，由有关人民政府和安全生产监督管理部门、其他负有安全生产监督管理职责的部门、公安机关依法对其实施行政处罚的一种法律责任。《安全生产法》第一百一十条规定：“本法规定的行政处罚，由安全生产监督管理部门和其他负有安全生产监督管理职责的部门按照职责分工决定。予以关闭的行政处罚由负有安全生产监督管理职责的部门报请县级以上人民政府按照国务院规定的权限决定；给予拘留的行政处罚由公安机关依照治安管理处罚法的规定决定。”行政责任在追究安全生产违法行为的法律责任方式中运用最多。《安全生产法》针对安全生产违法行为设定的行政处罚，共有责令改正、责令限期改正、责令停产停业整顿、责令停止建设、停止使用、责令停止违法行为、罚款、没收违法所得、吊销证照、行政拘留、关闭等 10 多种，这在我国有关安全生产的法律、行政法规设定行政处罚的种类中是最多的。

（二）民事责任

它是指责任主体违反安全生产法律规定造成民事损害，由人民法院依照民事法律强制其进行民事赔偿的一种法律责任。民事责任的追究是为了最大限度地维护当事人受到民事损害时享有获得民事赔偿的权利。《安全生产法》是我国众多的安全生产法律、行政法规中首先设定民事责任的法律。《安全生产法》第一百条规定，“生产经营单位将生产经营项目、场所、设备发包或者出租给不具备安全生产条件或者相应资质的单位或者个人的”“导致发生生产安全事故给他人造成损害的，与承包方、承租方承担连带赔偿责任”。第一百一十一条中规定，“生产经营单位发生生产安全事故造成人员伤亡、他人财产损失的，应当依法承担赔偿责任”。

（三）刑事责任

刑事责任是指责任主体违反安全生产法律规定构成犯罪，由司法机关依照刑事法律给予刑罚的一种法律责任。依法处以剥夺犯罪分子人身自由的刑罚，是 3 种法律责任中最严厉的。为了制裁那些严重的安全生产违法犯罪分子，《安全生产法》设定了刑事责任。

《刑法》有关安全生产违法行为的罪名，主要有重大责任事故罪、重大劳动安全事故罪、危险物品肇事罪和提供虚假证明文件罪以及国家工作人员职务犯罪等。

二、安全生产违法行为的责任主体

安全生产违法行为的责任主体，是指依照《安全生产法》的规定享有安全生产权利、负有安全生产义务和承担法律责任的社会组织和公民。责任主体主要包括 4 种。

（一）有关人民政府和负有安全生产监督管理职责的部门及其领导人、负责人

《安全生产法》明确规定了各级地方人民政府和负有安全生产监督管理职责的部门对其管辖行政区域和职权范围内的安全生产工作进行监督管理。监督管理既是法定职权，又是法定职责。如果由于有关地方人民政府和负有安全生产监督管理职责的部门的领导人和负责人违反法律规定而导致重大、特别重大事故，执法机关将依法追究因其失职、渎职和负有领导责任的行为所应承担的法律责任。

（二）生产经营单位及其负责人、有关主管人员

《安全生产法》对生产经营单位的安全生产行为作出了规定，生产经营单位必须依法从事生产经营活动，否则将负法律责任。《安全生产法》第十八条规定了生产经营单位主要负责人应负的 7 项安全生产职责。第二十一条规定："矿山、金属冶炼、建筑施工、道路运输单位和危险物品的生产、经营、储存单位，应当设置安全生产管理机构或者配备专职安全生产管理人员。前款规定以外的其他生产经营单位，从业人员超过一百人的，应当设置安全生产管理机构或者配备专职安全生产管理人员；从业人员在一百人以下的，应当配备专职或者兼职的安全生产管理人员。"第二十二条、第二十三条还对安全生产管理机构以及安全生产管理的职责作出了规定。生产经营单位的主要负责人、分管安全生产的其他负责人和安全生产管理人员是安全生产工作的直接管理者，保障安全生产是他们义不容辞的责任。

（三）生产经营单位的其他从业人员

从业人员直接从事生产经营活动，他们往往是各种事故隐患和不安全因素的第一知情者和直接受害者。从业人员的安全素质高低，对安全生产至关重要。所以，《安全生产法》在赋予他们必要的安全生产权利的同时，设定了他们必须履行的安全生产义务。如果因从业人员违反安全生产义务而导致事故，那么必须承担相应的法律责任。

（四）安全生产专业服务机构和安全生产专业服务人员

《安全生产法》第十三条规定："依法设立的为安全生产提供技术、管理服务的机构，依照法律、行政法规和执业准则，接受生产经营单位的委托为其安全生产工作提供技术、管理服务。"从事安全生产评价认证、检测检验、咨询服务等工作的机构及其安全生产的专业工程技术人员，必须具有执业资质才能依法为生产经营单位提供服务。如果专业机构及其工作人员对其承担的安全评价、认证、检测、检验事项出具虚假证明，视其情节轻重，将追究其行政责任、民事责任和刑事责任。

三、安全生产违法行为行政处罚的决定机关

安全生产违法行为行政处罚的决定机关亦称行政执法主体，是指法律、法规授权履行

法律实施职权和负责追究有关法律责任的国家行政机关。鉴于《安全生产法》是安全生产领域的基本法律，它的实施涉及多个行政机关。因此在目前的安全生产监督管理体制下，它的执法主体不是一个而是多个。依法实施行政处罚是有关行政机关的法定职权。行政责任是采用最多的法律责任形式，它是国家机关依法行政的主要手段。具体地说，《安全生产法》规定的行政执法主体有 4 种。

（一）县级以上人民政府安全生产监督管理部门

《安全生产法》第九条规定："国务院安全生产监督管理部门依照本法，对全国安全生产工作实施综合监督管理；县级以上地方各级人民政府安全生产监督管理部门依照本法，对本行政区域内安全生产工作实施综合监督管理。"第一百一十条规定："本法规定的行政处罚，由安全生产监督管理部门和其他负有安全生产监督管理职责的部门按照职责分工决定。"安全生产监督管理部门有权依据《安全生产法》的规定作出处罚决定。

（二）县级以上人民政府其他负有安全生产监督管理职责的部门

《安全生产法》第九条规定："国务院有关部门依照本法和其他有关法律、行政法规的规定，在各自的职责范围内对有关行业、领域的安全生产工作实施监督管理；县级以上地方各级人民政府有关部门依照本法和其他有关法律、法规的规定，在各自的职责范围内对有关行业、领域的安全生产工作实施监督管理。"第一百一十条规定："本法规定的行政处罚，由安全生产监督管理部门和其他负有安全生产监督管理职责的部门按照职责分工决定。"其他负有安全生产监督管理职责的部门，如公安、交通运输、住房城乡建设等部门，根据其职责分工，在其负责的有关行业、领域内有权依据《安全生产法》的规定作出处罚决定。

（三）县级以上人民政府

《安全生产法》第一百一十条针对不具备本法和其他法律、行政法规和国家标准或行业标准规定的安全生产条件，经停产整顿仍不达标的生产经营单位，规定由负责安全生产监督管理的部门报请县级以上人民政府按照国务院规定的权限决定予以关闭。这就是说，关闭的行政处罚的执法主体只能是县级以上人民政府，其他部门无权决定此项行政处罚。这是考虑到关闭一个生产经营单位会牵涉一些有关部门的参加或配合，由政府作出关闭决定并且组织实施将比有关部门执法的力度更大。

（四）公安机关

《安全生产法》第一百零六条规定，生产经营单位的主要负责人在本单位发生生产安全事故时，不立即组织抢救或者在事故调查处理期间擅离职守或者逃匿的，给予降级、撤职的处分……对逃匿的处十五日以下拘留……生产经营单位的主要负责人对生产安全事故隐瞒不报、谎报或者迟报的，依照前款规定处罚。拘留是限制人身自由的行政处罚，由公安机关实施。为了保证对限制人身自由行政处罚执法主体的一致性，《安全生产法》第一百一十条规定："给予拘留的行政处罚由公安机关依照治安管理处罚法的规定决定。"对违反《安全生产法》有关规定需要予以拘留的，公安机关以外的其他部门、单位和公民，都无权擅自实施。

四、生产经营单位的安全生产违法行为

安全生产违法行为是指安全生产法律关系主体违反安全生产法律规定所从事的非法生产经营活动。安全生产违法行为是危害社会和公民人身安全的行为，是导致生产事故多发和人员伤亡的直接原因。安全生产违法行为，分为作为和不作为。作为是指责任主体实施了法律禁止的行为而触犯法律，不作为是指责任主体不履行法定义务而触犯法律。《安全生产法》关于安全生产法律关系主体的违法行为的界定，对于规范政府部门依法行政和生产经营单位依法生产经营，追究违法者的法律责任，具有重要意义。

以下是《安全生产法》规定追究法律责任的生产经营单位的安全生产违法行为：

（1）生产经营单位的决策机构、主要负责人或者个人经营的投资人不依照本法规定保证安全生产所必需的资金投入，致使生产经营单位不具备安全生产条件的。

（2）生产经营单位的主要负责人未履行本法规定的安全生产管理职责的。

（3）生产经营单位未按照规定设置安全生产管理机构或者配备安全生产管理人员的。

（4）危险物品的生产、经营、储存单位以及矿山、金属冶炼、建筑施工、道路运输单位的主要负责人和安全生产管理人员未按照规定经考核合格的。

（5）生产经营单位未按照规定对从业人员、被派遣劳动者、实习学生进行安全生产教育和培训，或者未按照规定如实告知有关的安全生产事项的。

（6）未如实记录安全生产教育和培训情况的。

（7）未将事故隐患排查治理情况如实记录或者未向从业人员通报的。

（8）未按照规定制定生产安全事故应急救援预案或者未定期组织演练的。

（9）特种作业人员未按照规定经专门的安全作业培训并取得相应资格，上岗作业的。

（10）生产经营单位的矿山建设项目或者用于生产、储存危险物品的建设项目没有安全设施设计或者安全设施设计未按照规定报经有关部门审查同意的。

（11）矿山建设项目或者用于生产、储存危险物品的建设项目没有安全设施设计或者安全设施设计未按照规定报经有关部门审查同意的。

（12）矿山建设项目或者用于生产、储存危险物品的建设项目竣工投入生产或者使用前，安全设施未经验收合格的。

（13）生产经营单位未在有较大危险因素的生产经营场所和有关设施、设备上设置明显的安全警示标志的。

（14）安全设备的安装、使用、检测、改造和报废不符合国家标准或者行业标准的。

（15）未对安全设备进行经常性维护、保养和定期检测的。

（16）未为从业人员提供符合国家标准或者行业标准的劳动防护用品的。

（17）危险物品的容器、运输工具以及涉及人身安全、危险性较大的海洋石油开采特种设备和矿山井下特种设备未经具有专业资质的机构检测、检验合格，取得安全使用证或者安全标志，投入使用的。

（18）使用应当淘汰的危及生产安全的工艺、设备的。

（19）未经依法批准，擅自生产、经营、运输、储存、使用危险物品或者处置废弃危险物品的。

（20）生产经营单位生产、经营、运输、储存、使用危险物品或者处置废弃危险物品，未建立专门安全管理制度、未采取可靠的安全措施的。

（21）对重大危险源未登记建档，或者未进行评估、监控，或者未制定应急预案的。

（22）进行爆破、吊装等危险作业，未安排专门人员进行现场安全管理的。

（23）未建立事故隐患排查治理制度的。

（24）生产经营单位未采取措施消除事故隐患的。

（25）生产经营单位将生产经营项目、场所、设备发包或者出租给不具备安全生产条件或者相应资质的单位或者个人的。

（26）生产经营单位未与承包单位、承租单位签订专门的安全生产管理协议或者未在承包合同、租赁合同中明确各自的安全生产管理职责，或者未对承包单位、承租单位的安全生产统一协调、管理的。

（27）两个以上生产经营单位在同一作业区域内进行可能危及对方安全生产的生产经营活动，未签订安全生产管理协议或者未指定专职安全生产管理人员进行安全检查与协调的。

（28）生产经营单位生产、经营、储存、使用危险物品的车间、商店、仓库与员工宿舍在同一座建筑内，或者与员工宿舍的距离不符合安全要求的。

（29）生产经营场所和员工宿舍未设有符合紧急疏散需要、标志明显、保持畅通的出口，或者锁闭、封堵生产经营场所或者员工宿舍出口的。

（30）生产经营单位与从业人员订立协议，免除或者减轻其对从业人员因生产安全事故伤亡依法应承担的责任的。

（31）生产经营单位不具备本法和其他有关法律、行政法规和国家标准或者行业标准规定的安全生产条件，经停产停业整顿仍不具备安全生产条件的。

（32）生产经营单位发生生产安全事故造成人员伤亡、他人财产损失的。

《安全生产法》对上述安全生产违法行为设定的法律责任分别是：处以罚款、没收违法所得、责令限期改正、停产停业整顿、责令停止建设、责令停止违法行为、吊销证照、关闭的行政处罚；导致发生生产安全事故给他人造成损害或者其他违法行为造成他人损害的，承担赔偿责任或者连带赔偿责任；构成犯罪的，依法追究刑事责任。

五、从业人员的安全生产违法行为

《安全生产法》规定了追究生产经营单位主要负责人、个人经营的投资人及其他从业人员法律责任的安全生产违法行为，涉及行政责任和刑事责任。对这些违法行为将实施降级、撤职、罚款、暂停或者撤销其与安全生产有关的资格、拘留等行政处罚；主要负责人5年内不得担任任何生产经营单位的主要负责人；对重大、特别重大生产安全事故负有责任的，终身不得担任本行业生产经营单位的主要负责人；构成犯罪的，依法追究刑事责任。主要有7种情形：

（1）生产经营单位的决策机构、主要负责人、个人经营的投资人不依照本法规定保证安全生产所必需的资金投入，致使生产经营单位不具备安全生产条件的。

（2）生产经营单位的主要负责人未履行本法规定的安全生产管理职责的。

(3) 生产经营单位与从业人员订立协议，免除或者减轻其对从业人员因生产安全事故伤亡依法应承担的责任的。

(4) 生产经营单位的主要负责人在本单位发生重大生产安全事故时，不立即组织抢救或者在事故调查处理期间擅离职守或者逃匿的。

(5) 生产经营单位的主要负责人对生产安全事故隐瞒不报、谎报或者迟报的。

(6) 生产经营单位的安全生产管理人员未履行本法规定的安全生产管理职责的。

(7) 生产经营单位的从业人员不服从管理，违反安全生产规章制度或者操作规程的。

六、安全生产专业机构的违法行为

《安全生产法》规定的追究安全生产专业机构及其有关人员法律责任的安全生产违法行为，主要是指承担安全评价、认证、检测、检验工作的机构出具虚假证明，涉及行政责任、民事责任和刑事责任。

《安全生产法》第八十九条规定，承担安全评价、认证、检测、检验工作的机构，出具虚假证明的，没收违法所得；违法所得在10万元以上的，并处违法所得2倍以上5倍以下的罚款；没有违法所得或者违法所得不足10万元的，单处或者并处10万元以上20万元以下的罚款；对其直接负责的主管人员和其他直接责任人员处2万元以上5万元以下的罚款；给他人造成损害的，与生产经营单位承担连带赔偿责任；构成犯罪的，依照刑法有关规定追究刑事责任。对有前款违法行为的机构，吊销其相应资质。

七、负有安全生产监督管理职责的部门工作人员的违法行为

《安全生产法》规定追究政府及有关部门工作人员法律责任的安全生产违法行为，涉及行政责任和刑事责任。对这些违法行为将给予行政降级、撤职等行政处分；构成犯罪的，依照刑法有关规定追究刑事责任。主要有7种情形：

(1) 对不符合法定安全生产条件的涉及安全生产的事项予以批准或者验收通过的。

(2) 发现未依法取得批准、验收的单位擅自从事有关活动，或者接到举报后不予取缔或者不依法予以处理的。

(3) 对已经依法取得批准的单位不履行监督管理职责，发现其不再具备安全生产条件而不撤销原批准或者发现安全生产违法行为不予查处的。

(4) 在监督检查中发现重大事故隐患，不依法及时处理的。

(5) 负有安全生产监督管理职责的部门，要求被审查、验收的单位购买其指定的安全设备、器材或者其他产品，或者在对安全生产事项的审查、验收中收取费用的。

(6) 有关地方人民政府、负有安全生产监督管理职责的部门，对生产安全事故隐瞒不报、谎报或者拖延不报的。

(7) 存在其他滥用职权、玩忽职守、徇私舞弊行为的。

八、民事赔偿的强制执行

民事责任的执法主体是各级人民法院。按照我国民事诉讼法的规定，只有人民法院是受理民事赔偿案件、确定民事责任、裁判追究民事赔偿责任的唯一的法律审判机关。如果

当事人各方不能就民事赔偿和连带赔偿的问题协商一致，即可通过民事诉讼主张权利、获得赔偿。只有这时，人民法院才可能成为民事责任的执法主体。如果当事各方就民事赔偿问题已经协商一致，就不存在通过诉讼方式主张权利的必要。

（一）民事责任的含义

民事责任是指当事人对其违法民事法律的行为依法应当承担的法律责任。追究民事责任的前提条件是民事关系主体一方（生产经营单位或者安全生产中介机构）侵犯了另一方的民事权利，造成其人身伤害或者财产损失，造成民事损害的一方必须承担相应的民事赔偿责任。近年来，由于一些生产经营单位，特别是私营业主，违法从事生产经营活动或者发生生产安全事故，给从业人员或者其他人员、其他单位造成了人身伤亡或者经济损失。过去的有关安全生产法律、法规只设定了行政责任和刑事责任，没有关于民事责任的明确规定。因法律没有明确设定对民事侵权行为追究损害赔偿责任，违法者不承担民事责任，使受害者的财产权利没有得到应有的保护。为使受害方运用法律武器维护自身的合法权益，使那些逃避民事赔偿责任的违法者受到法律制裁，有必要设定民事赔偿责任来保护受害者，惩罚违法者，赔偿受害者的经济损失。《安全生产法》第一次在安全生产立法中设定了民事赔偿责任，依法调整当事人之间在安全生产方面的人身关系和财产关系，重视对财产权利的保护，这是一大特色和创新。《安全生产法》根据民事违法行为的主体、内容的不同，将民事赔偿具体分为连带赔偿和事故损害赔偿并分别作出了规定。

（二）连带赔偿

这是指两个以上生产经营单位或者社会组织对他们的共同民事违法行为所应承担的共同赔偿责任。连带赔偿责任的特点是有两个以上民事主体从事了一个或者多个民事违法行为给受害方造成了民事损害即人身伤害、财产损失或经济损失，责任双方均有对受害方进行民事赔偿的义务和责任。受害方可以向其中一方或者各方追索民事赔偿。连带赔偿的主体是两个以上，共同实施了一个或者多个民事违法行为，其损害后果可能是导致生产安全事故，也可能是其他后果。

（1）承担安全评价、认证、检测、检验工作的中介服务机构出具虚假证明给他人造成损害的，与生产经营单位承担连带赔偿责任。比如中介机构为生产经营单位的安全设备出具虚假检验合格的证明，因使用不合格的安全设备而导致生产安全事故，造成从业人员伤亡的，受害者或其亲属就可以依照《安全生产法》第八十九条的规定，对生产经营单位或中介服务机构提出赔偿要求或者直接提起民事诉讼，请求民事赔偿。生产经营单位和中介服务机构均有赔偿的责任。

（2）生产经营单位将生产经营项目、场所、设备发包或者出租给不具备安全生产条件或者相应资质的单位或者个人，导致发生生产安全事故给他人造成损害的，与承包方、承租方承担连带赔偿责任。有些生产经营单位为了牟利，擅自将其生产经营项目、场所、设备发包或者出租给不具备法定安全生产条件或者相应资质的单位或者个人，发包方或者出租方只收取承包金或者租金，对承包方或者承租方的安全生产不闻不问，出了事故则一走了之，推卸责任，最终使受害者的权益受到损害。作为利益共同体，发包方与承包方、出租方与承租方同时都负有安全生产、保护当事人人身和财产安全的法定义务。如因他们不履行法定义务发生生产安全事故造成他人损害的，双方理所当然地要承担民事赔偿责任。《安全生产法》第一百条的上述规定，从立法上解决了承包、租赁生产经营项目、场所、设备中发包与承包、出租与承租各方的民事责任问题，也为保护当事人的民事权利提供了法律依据。

（三）事故损害赔偿

事故损害赔偿专指因生产经营单位的过错，即安全生产违法行为而导致生产安全事故，造成人员伤亡、他人财产损失所应承担的赔偿责任。事故损害赔偿与连带赔偿的区别在于，事故损害赔偿只有一个主体，单独实施了一个或者多个民事违法行为，其损害后果只能是一个，即导致生产安全事故。

这里应当注意两点：一是过错方必须是生产经营单位，即生产经营单位有安全生产违法行为而引发事故。二是事故造成了本单位从业人员的伤亡或者不特定的其他人的财产损失。比如某化工厂因年久失修造成了压力容器的爆炸，在现场作业的工人死伤均有，同时导致厂外民房被震塌，也造成了人员死伤和财产损失。依照《安全生产法》第一百一十一条的规定，受伤的从业人员或死亡人员的亲属就可以依法对该化工厂索赔。如果该化工厂拒赔或者对赔偿金额协商不一致，那么受害者或其亲属就有权向人民法院起诉，请求依法判决该化工厂予以民事赔偿。人民法院依法判决应予赔偿后，该化工厂则必须履行赔偿责任。有一点应当指出，虽然《安全生产法》设定了民事责任，但是民事责任的确定以及民事赔偿的具体标准必须依照民事法律的有关规定，不能任意提高或者降低民事赔偿标准。

（四）民事赔偿的强制执行

《安全生产法》为了保护公民、法人或其他组织的合法民事权益，专门对有关民事赔偿问题规定了强制执行措施。一是确定生产经营单位发生生产安全事故造成人员伤亡、他人财产损失的，应当依法承担赔偿责任。二是规定了强制执行措施。生产经营单位发生生产安全事故造成人员伤亡、他人财产损失，拒不承担赔偿责任或者其负责人逃匿的，由人民法院依法强制执行。三是规定了继续或者随时履行赔偿责任。生产安全事故的责任人未依法承担赔偿责任，经人民法院依法采取执行措施后，仍不能对受害人给予足额赔偿的，应当继续履行赔偿义务；受害人发现责任人有其他财产的，可以随时请求人民法院执行。

第四章　安全生产单行法律

第一节　中华人民共和国矿山安全法

1992 年 11 月 7 日第七届全国人大常委会第二十八次会议审议通过《中华人民共和国矿山安全法》(以下简称《矿山安全法》)，自 1993 年 5 月 1 日起施行。根据 2009 年 8 月 27 日第十一届全国人民代表大会第十次会议通过的《全国人民代表大会常务委员会关于修改部分法律的决定》修正。《矿山安全法》的立法目的是为了保障矿山生产安全，防止矿山事故，保护矿山职工人身安全，促进采矿业的发展。

一、矿山安全法的适用范围

（一）主体和行为的适用

《矿山安全法》是我国唯一的矿山安全单行法律。凡是在中华人民共和国领域和管辖的其他海域从事矿产资源开采活动的公民、法人或者其他组织，均应遵守该法的规定。不论是中国公民、法人或者其他组织，还是外国公民、法人或者其他组织，只要在中国从事矿产资源开采活动，必须遵守《中华人民共和国矿产资源法》。据统计，目前我国已经探明并进行开采的矿产资源超过 180 余种，所有矿产资源开采过程中的安全生产均要适用《矿山安全法》。

（二）空间的适用

《矿山安全法》第二条规定："在中华人民共和国领域和中华人民共和国管辖的其他海域从事矿产资源开采活动，必须遵守本法。"该法关于其适用范围的规定，是为了与相关法律的适用范围保持一致。1986 年 3 月 19 日第六届全国人大常委会第十五次会议审议通过（1996 年第八届全国人大常委会第二十一次会议修改）的《中华人民共和国矿产资源法》第二条规定："在中华人民共和国领域及管辖海域勘查、开采矿产资源，必须遵守本法。"矿山安全是与矿产资源开采紧密相连的，只要有矿产资源开采活动，就有矿山安全问题。因此，两部法律的适用范围是一致的。

《矿山安全法》的空间适用范围包括中华人民共和国领域和中华人民共和国管辖的其他海域。中华人民共和国领域是指我国主权管辖的领陆、领水和领空，领水包括 12 海里以内的领海。中华人民共和国管辖的其他海域包括我国法律规定的领海毗连区和领海以外 200 海里的专属海洋经济区。

二、矿山建设的安全保障的规定

（一）矿山建设工程安全设施"三同时"

矿产资源开采属于危险性较大的作业，其中从事井工开采的矿山具有更大的危险性，矿山事故频繁发生。尤其是地下开采面临来自地下水、火、瓦斯、顶板和粉尘等地质灾害的威胁，需要采用多种安全设施抵御地质灾害，监控矿井内的气体、温度、地压情况，预防和监控矿山事故。作为矿山开采系统的重要组成部分，安全设施是保障矿井建设和矿山开采安全的主要设施。为此，《矿山安全法》第七条明确规定，矿山建设工程的安全设施必须和主体工程同时设计、同时施工、同时投入生产和使用。

（二）矿山建设工程安全设施的设计和竣工验收

矿山建设工程安全设施的设计是否可靠、科学、规范，是保证矿井生产安全系统能否保障安全的首要环节。《矿山安全法》第八条规定，矿山建设工程的设计文件，必须符合矿山安全规程和行业技术规范，并按照国家规定经管理矿山企业的主管部门批准；不符合矿山安全规程和行业技术规范的，不得批准。矿山建设工程安全设施的设计必须由劳动行政主管部门（现为负责安全生产监督管理的部门，下同）参加审查。矿山安全规程和行业技术规范，由国务院管理矿山企业的主管部门制定。

法律还对必须符合矿山安全规程和行业技术规范的矿山设计项目作出了规定：

（1）矿井的通风系统和供风量、风质、风速。

（2）露天矿的边坡角和台阶的宽度、高度。

（3）供电系统。

（4）提升、运输系统。

（5）防水、排水系统和防火、灭火系统。

（6）防瓦斯系统和防尘系统。

（7）有关矿山安全的其他项目。

矿山建设工程必须按照管理矿山的主管部门批准的设计文件施工。矿山建设工程安全设施竣工后，由管理矿山企业的主管部门验收，并须有劳动行政主管部门参加；不符合矿山安全规程和行业技术规范的，不得验收，不得投入生产。

（三）矿井安全出口和运输通信设施

矿井安全出口是用于矿山开采和矿山事故发生时紧急撤离的必经的安全通道，其数量和空间应当满足安全要求。有些小矿山不按照规定设置必要的安全出口，发生事故时人员难以迅速撤离，造成了人员伤亡或者扩大了事故损失。《矿山安全法》第十条规定，每个矿井必须有两个以上能行人的安全出口，出口之间的直线水平距离必须符合矿山安全规程和行业技术规范。

矿山运输设施是保证矿山开采的运送传输设施，保证其正常运行对于正常生产和预防事故必不可少。通信设施是传递组织生产和安全管理的各种信息的电信设施。保持通讯畅通，是实行安全生产的重要条件。由于各类矿山的运输通信设施有所不同，法律对此的最低要求是矿山必须有与外界相通的、符合安全要求的运输和通信设施。

三、矿山开采的安全保障的规定

（一）矿山开采的基本要求

矿山开采是非常危险、复杂的生产活动，要保障矿山开采安全，需要具备严格的、系统的安全保障条件，严格按照开采不同矿种的安全规程和技术规范进行操作。国家有关主管部门制定的许多矿种的保护规范和安全要求，成为实现矿山开采安全必须遵守的基本规范。因此，《矿山安全法》第十三条规定：“矿山开采必须具备保障安全生产的条件，执行开采不同矿种的矿山安全规程和行业技术规范。”

（二）矿用特殊设备、器材、护品、仪器的安全保障

（1）矿山使用的有特殊安全要求的设备、器材、防护用品和安全检测仪器，必须符合国家安全标准或者行业安全标准；不符合国家安全标准或者行业安全标准的，不得使用。

（2）矿山企业必须对机电设备及其防护装置、安全检测仪器定期检查、维修，保证使用安全。

（三）开采作业的安全保障

（1）矿山企业必须对作业场所中的有毒有害物质和井下空气含氧量进行检测，保证符合安全要求。

（2）矿山企业必须对下列危害安全的事故隐患采取预防措施：冒顶片帮、边坡滑落和地表塌陷；瓦斯爆炸、煤尘爆炸；冲击地压、瓦斯突出、井喷；地面和井下的火灾、水害；爆破器材和爆破作业发生的危害；粉尘、有毒有害气体、放射性物质和其他有害物质引起的危害；其他危害。

（3）矿山企业对使用机械、电气设备，排土场、矸石山、尾矿库和矿山闭坑后可能引起的危害，应当采取预防措施。

四、矿山企业的安全管理的规定

（一）安全生产责任制

《矿山安全法》第二十条规定：“矿山企业必须建立、健全安全生产责任制。矿长对本企业的安全生产工作负责。”依照《矿山安全法实施条例》的规定，矿山企业应当建立、健全行政领导岗位安全生产责任制、职能机构安全生产责任制、岗位人员的安全生产责任制。

矿长（含矿务局局长、矿山公司经理）对本企业的安全生产工作负有下列职责：

（1）认真贯彻执行《矿山安全法》和本条例以及其他法律、法规中有关矿山安全生产的规定。

（2）制定本企业安全生产管理制度。

（3）根据需要配备合格的安全工作人员，对每个作业场所进行跟班检查。

（4）采取有效措施，改善职工劳动条件，保证安全生产所需要的材料、设备、仪器和劳动防护用品的及时供应。

（5）依照本条例的规定，对职工进行安全教育、培训。

（6）制定矿山灾害的预防和应急计划。

（7）及时采取措施，处理矿山存在的事故隐患。

（8）及时、如实向劳动行政主管部门和管理矿山企业的主管部门报告矿山事故。

（二）矿山安全的内部监督

为了加强安全管理和企业内部监督，法律授权职代会、工会民主监督权，职工批评、检举和控告权，以形成矿山企业安全生产的内部监督机制。

1. 职代会的监督

《矿山安全法》第二十一条规定："矿长应当定期向职工代表大会或者职工大会报告安全生产工作，发挥职工代表大会的监督作用。"《矿山安全法实施条例》第三十一条规定，矿长应当定期向职工代表大会或者职工大会报告下列事项，接受民主监督：

（1）企业安全生产重大决策。

（2）企业安全技术措施计划及其执行情况。

（3）职工安全教育、培训计划及其执行情况。

（4）职工提出的改善劳动条件的建议和要求的处理情况。

（5）重大事故处理情况。

（6）有关安全生产的其他重要事项。

2. 职工的监督

《矿山安全法》第二十二条第二款规定："矿山企业职工有权对危害安全的行为，提出批评、检举和控告。"矿山企业职工享有下列权利：

（1）有权获得作业场所安全与职业危害方面的信息。

（2）有权向有关部门和工会组织反映矿山安全状况和存在的问题。

（3）对任何危害职工安全健康的决定和行为，有权提出批评、检举和控告。

3. 工会的监督

《矿山安全法》第二十三条规定："矿山企业工会依法维护职工生产安全的合法权益，组织职工对矿山安全工作进行监督。"第二十五条规定："矿山企业工会发现企业行政方面违章指挥、强令工人冒险作业或者生产过程中发现明显重大事故隐患和职业危害，有权提出解决的建议；发现危及职工生命安全的情况时，有权向矿山企业行政方面建议组织职工撤离危险现场，矿山企业行政方面必须及时做出处理决定。"

（三）安全培训

1. 全员培训

全员培训是矿山企业最基本的基础性安全培训，是每个职工的必修课。不具备最基本的安全知识和操作技能，就不能胜任本职工作。因此依法规定矿山企业全员安全教育培训是非常必要的。组织安全教育培训是矿山企业的责任，参加和接受安全教育和培训是矿山企业职工的义务。《矿山安全法》第二十六条第一款规定："矿山企业必须对职工进行安全教育、培训；未经安全教育、培训的，不得上岗作业。"依照《矿山安全法实施条例》第三十六条的规定，矿山企业对职工的安全教育、培训，应当包括下列内容：

（1）《矿山安全法》及本条例赋予矿山职工的权利与义务。

（2）矿山安全规程及矿山企业有关安全管理的规章制度。

（3）与职工本职工作有关的安全知识。

（4）各种事故征兆的识别、发生紧急危险情况时的应急措施和撤退路线。

（5）自救装备的使用和有关急救方面的知识。

（6）有关主管部门规定的其他内容。

2. 特种作业人员培训

从事特种作业的职工面临的危险大于一般职工，他们应具有更高、更全面的安全专业知识和操作技能，因此必须对他们进行特殊的、更为严格的安全培训，取得相应的资格才能上岗作业。矿山企业的特种作业人员主要有瓦斯检查工、爆破工、通风工、信号工、拥罐工、电工、金属焊接（切割）工、矿井泵工、瓦斯抽放工、主扇风机操作工、主提升机操作工、绞车操作工、输送机操作工、尾矿工、安全检查工和矿内机动车司机等。《矿山安全法》第二十六条第二款规定："矿山企业安全生产的特种作业人员必须接受专门培训，经考核合格取得操作资格证书的，方可上岗作业。"

3. 矿长培训

矿长负责直接组织指挥矿山开采作业，既要有组织能力，又要有全面的安全专业知识、丰富的安全管理经验和领导能力。因此，《矿山安全法》要求矿长必须经过考核，具备安全专业知识，具有领导安全生产和处理矿山事故的能力。矿山企业安全工作人员必须具备必要的安全专业知识和矿山安全工作经验。对矿长安全资格的考核，应当包括下列内容：

（1）《矿山安全法》和有关法律、法规及矿山安全规程。

（2）矿山安全知识。

（3）安全生产管理能力。

（4）矿山事故处理能力。

（5）安全生产业绩。

（四）未成年人和女工的保护

《矿山安全法》第二十九条规定："矿山企业不得录用未成年人从事矿山井下劳动。矿山企业对女职工按照国家规定实行特殊保护，不得分配女职工从事矿山井下劳动。"

（五）矿山事故防范和救护

《矿山安全法》第三十条规定："矿山企业必须制定矿山事故防范措施，并组织落实。"第三十一条规定："矿山企业应当配备专职或者兼职人员组成的救护和医疗急救组织，配备必要的装备、器材和药物。"

1996 年 10 月 30 日国务院颁布的《矿山安全法实施条例》第四十六条规定，矿山事故发生后，事故现场有关人员应当立即报告矿长或者有关主管人员；矿长或者有关主管人员接到事故报告后，必须立即采取有效措施，组织抢救，防止事故扩大，尽量减少人员伤亡和财产损失。第四十七条规定，矿山企业发生重伤、死亡事故后，矿山企业应当在 24 小时内如实向劳动行政主管部门和管理矿山企业的主管部门报告。第四十九条规定，发生伤亡事故，矿山企业和有关单位应当保护事故现场；因抢救事故，需要移动现场部分物品时，必须作出标志，绘制事故现场图，并详细记录；在消除现场危险，采取防范措施后，方可恢复生产。

（六）安全技术措施专项费用

安全投入是指保障矿山企业的安全设施齐全可靠、安全技术装备精良的资金。矿山建设和开采过程中都需要不断地投入必要的资金，对安全设施进行建设、安全维护、改造和更新，使其始终处于正常状态，确保安全生产。没有必要的安全投入，矿山安全就没有保障。为此，《矿山安全法》第三十二条规定："矿山企业必须从矿产品销售额中按照国家规定提取安全技术措施专项费用。安全技术措施专项费用必须全部用于改善矿山安全生产条件，不得挪作他用。"

《矿山安全法实施条例》第四十二条规定，矿山企业必须按照国家规定的安全条件进行生产，并安排一部分资金，用于下列改善矿山安全生产条件的项目：

（1）预防矿山事故的安全技术措施。

（2）预防职业危害的劳动卫生技术措施。

（3）职工的安全培训。

（4）改善矿山安全生产条件的其他技术措施。

前款所需资金，由矿山企业按矿山维简费的 20% 的比例据实列支；没有矿山维简费的矿山企业，按固定资产折旧费的 20% 的比例据实列支。

五、矿山安全的监督与管理的规定

（一）矿山安全的监督

1. 矿山安全监督的部门

制定《矿山安全法》时，立法规定由劳动行政主管部门负责监督矿山安全。根据国务院的现行行政法规，矿山安全监督的主管部门已不再是劳动行政主管部门，而是县级以上人民政府负责安全生产监督管理的部门，由其承担矿山安全的监督管理和行政执法职责。因此，《矿山安全法》中监督管理和行政执法主体现为负责安全生产监督管理的部门。

2. 矿山安全监督部门的职责

依照《矿山安全法》第三十三条的规定，负责安全生产监督管理的部门对矿山安全工作行使 7 项监督职责：

（1）检查矿山企业和管理矿山企业的主管部门贯彻执行矿山安全法律、法规的情况。

（2）参加矿山建设工程安全设施的设计审查和竣工验收。

（3）检查矿山劳动条件和安全状况。

（4）检查矿山企业职工安全教育、培训工作。

（5）监督矿山企业提取和使用安全技术措施专项费用的情况。

（6）参加并监督矿山事故的调查和处理。

（7）法律、行政法规规定的其他监督职责。

（二）矿山安全的管理

1. 矿山安全管理的部门

1992 年制定《矿山安全法》时，各级人民政府都有专设的负责管理矿山企业的主管部门，如煤炭、石油、冶金、建材等部门。1998 年以后，国务院撤销了这些专业主管部门，地方人民政府也进行相应的机构改革，导致矿山企业的主管部门发生较大变化且各地主管机构不统一。但不论机构如何变化，依照法律、法规和各级人民政府授权负责管理矿山企业的主管部门，就应当履行《矿山安全法》规定的管理矿山企业的主管部门的职责。

2. 矿山安全管理部门的职责

依照《矿山安全法》第三十四条的规定，县级以上人民政府管理矿山企业的主管部门对矿山安全工作行使6项管理职责：

（1）检查矿山企业贯彻执行矿山安全法律、法规的情况。

（2）审查批准矿山建设工程安全设施的设计。

（3）负责矿山建设工程安全设施的竣工验收。

（4）组织矿长和矿山企业安全工作人员的培训工作。

（5）调查和处理重大矿山事故。

（6）法律、行政法规规定的其他管理职责。

六、矿山安全违法行为所应承担的法律责任

（一）矿山企业的法律责任

1. 矿山安全管理违法行为的法律责任

依照《矿山安全法》的规定，有下列5种行为之一的，责令改正，可以并处罚款；情节严重的，提请县级以上人民政府决定责令停产整顿；对主管人员和直接责任人员由其所在单位或者上级主管机关给予行政处分：

（1）未对职工进行安全教育、培训，分配职工上岗作业的。

（2）使用不符合国家安全标准或者行业安全标准的设备、器材、防护用品、安全检测仪器的。

（3）未按照规定提取和使用安全技术措施专项费用的。

（4）拒绝矿山安全监督人员现场检查或者在被检查时隐瞒事故隐患、不如实反映情况的。

（5）未按照规定及时、如实报告矿山事故的。

2. 矿长、特种作业人员的法律责任

矿长不具备安全专业知识，安全生产的特种作业人员未取得操作资格证书上岗作业的，责令限期改正；逾期不改正的，提请县级以上人民政府决定责令停产，调整配备合格人员后，方可恢复生产。

3. 矿山工程安全设施设计和验收违法行为的法律责任

矿山建设工程安全设施的设计未经批准擅自施工的，责令停止施工；拒不执行的，提请县级以上人民政府决定由有关主管部门吊销其采矿许可证和营业执照。矿山建设工程的安全设施未经验收或者验收不合格擅自投入生产的，责令停止生产，并处以罚款；拒不停止生产的，提请县级以上人民政府决定由有关主管部门吊销其采矿许可证和营业执照。

4. 不具备安全生产条件的法律责任

已经投入生产的矿山企业，不具备安全生产条件而强行开采的，责令限期改进；逾期仍不具备安全生产条件的，提请县级以上人民政府决定责令停产整顿，或者由有关主管部门吊销其采矿许可证和营业执照。

（二）矿山事故的法律责任

1. 违章指挥、强令冒险作业的事故责任

矿山企业主管人员违章指挥、强令工人冒险作业，因而发生重大伤亡事故的，依照

《刑法》追究刑事责任。

2. 对事故隐患不采取措施的事故责任

矿山企业主管人员对矿山事故隐患不采取措施，因而发生重大伤亡事故的，依照《刑法》追究刑事责任。

（三）矿山安全监管人员的法律责任

矿山安全监督人员和安全管理人员滥用职权、玩忽职守、徇私舞弊，构成犯罪的，依法追究刑事责任；不构成犯罪的，给予行政处分。

七、矿山安全违法行为行政处罚的决定机关

（一）安全生产监督管理部门

根据现行安全生产监督管理体制和人民政府授权，《矿山安全法》规定的由县级以上劳动行政主管部门决定的行政处罚，改由县级以上人民政府负责安全生产监督管理的部门决定。

（二）管理矿山企业的主管部门

根据现行安全生产监督管理体制和人民政府授权，《矿山安全法》规定的由县级以上人民政府管理矿山企业的主管部门决定的行政处罚，按照现行职责分工由有关主管部门决定。

第二节 中华人民共和国消防法

1998年4月29日第九届全国人大常委会第二次会议审议通过了《中华人民共和国消防法》(以下简称《消防法》)，自1998年9月1日起施行。2008年10月28日第十一届全国人民代表大会常务委员会第五次会议对《消防法》做了修订，自2009年5月1日起施行。《消防法》的立法目的是为了预防和减少火灾危害，加强应急救援工作，保护公民人身、公共财产和公民财产的安全，维护公共安全。

一、火灾预防的规定

（一）消防规划

《消防法》第八条规定了城乡消防规划，以及城乡消防安全布局、公共消防设施和消防装备的完善。要求地方各级人民政府应当将包括消防安全布局、消防站、消防供水、消防通信、消防车通道、消防装备等内容的消防规划纳入城乡规划，并负责组织实施。城乡消防安全布局不符合消防安全要求的，应当调整、完善；公共消防设施、消防装备不足或者不适应实际需要的，应当增建、改建、配置或者进行技术改造。

（二）安全位置

《消防法》第二十二条规定了易燃易爆危险物品场所要求，要求生产、储存、装卸易燃易爆危险品的工厂、仓库和专用车站、码头的设置，应当符合消防技术标准。易燃易爆气体和液体的充装站、供应站、调压站，应当设置在符合消防安全要求的位置，并符合防火防爆要求。已经设置的生产、储存、装卸易燃易爆危险品的工厂、仓库和专用车站、码

头，易燃易爆气体和液体的充装站、供应站、调压站，不再符合前款规定的，地方人民政府应当组织、协调有关部门、单位限期解决，消除安全隐患。

（三）建设工程的消防安全

《消防法》第十条对消防设计文件的备案和抽查作出了规定，要求按照国家工程建设消防技术标准需要进行消防设计的建设工程，除另有规定外，建设单位应当自依法取得施工许可之日起七个工作日内，将消防设计文件报公安机关消防机构备案，公安机关消防机构应当进行抽查。第十一条规定，国务院公安部门规定的大型的人员密集场所和其他特殊建设工程，建设单位应当将消防设计文件报送公安机关消防机构审核。公安机关消防机构依法对审核的结果负责。

《消防法》第十二条对消防设计未经审核，或者消防设计不合格的法律后果提出了明确要求，依法应当经公安机关消防机构进行消防设计审核的建设工程，未经依法审核或者审核不合格的，负责审批该工程施工许可的部门不得给予施工许可，建设单位、施工单位不得施工；其他建设工程取得施工许可后经依法抽查不合格的，应当停止施工。第十三条对消防验收和备案、抽查作出了规定，要求按照国家工程建设消防技术标准需要进行消防设计的建设工程竣工，应依照规定进行消防验收、备案。依法应当进行消防验收的建设工程，未经消防验收或者消防验收不合格的，禁止投入使用；其他建设工程经依法抽查不合格的，应当停止使用。

《消防法》第二十六条规定建筑构件、建筑材料和室内装修、装饰材料的防火性能必须符合国家标准；没有国家标准的，必须符合行业标准。人员密集场所室内装修、装饰，应当按照消防技术标准的要求，使用不燃、难燃材料。

（四）公众聚集场所和大型群众性活动的消防安全

《消防法》第十五条规定，公众聚集场所在投入使用、营业前，建设单位或者使用单位应当向场所所在地的县级以上地方人民政府公安机关消防机构申请消防安全检查。未经消防安全检查或者经检查不符合消防安全要求的，不得投入使用、营业。第二十条规定，举办大型群众性活动，承办人应当依法向公安机关申请安全许可，制定灭火和应急疏散预案并组织演练，明确消防安全责任分工，确定消防安全管理人员，保持消防设施和消防器材配置齐全、完好有效，保证疏散通道、安全出口、疏散指示标志、应急照明和消防车通道符合消防技术标准和管理规定。

（五）有关单位的消防安全职责

《消防法》第十六条规定了机关、团体、企业、事业等单位的消防安全职责，主要包括：

（1）落实消防安全责任制，制定本单位的消防安全制度、消防安全操作规程，制定灭火和应急疏散预案。

（2）按照国家标准、行业标准配置消防设施、器材，设置消防安全标志，并定期组织检验、维修，确保完好有效。

（3）对建筑消防设施每年至少进行一次全面检测，确保完好有效，检测记录应当完整准确，存档备查。

（4）保障疏散通道、安全出口、消防车通道畅通，保证防火防烟分区、防火间距符合消防技术标准。

（5）组织防火检查，及时消除火灾隐患。

（6）组织进行有针对性的消防演练。

（7）法律、法规规定的其他消防安全职责。

该条款明确规定，单位的主要负责人是本单位的消防安全责任人。

（六）消防安全重点单位的安全管理

《消防法》第十七条规定了重点消防单位的确定方法及其应当履行的职责，要求县级以上地方人民政府公安机关消防机构应当将发生火灾可能性较大以及发生火灾可能造成重大的人身伤亡或者财产损失的单位，确定为本行政区域内的消防安全重点单位，并由公安机关报本级人民政府备案。消防安全重点单位除应当履行一般单位消防安全管理职责外，还应当履行下列消防安全职责：

（1）确定消防安全管理人，组织实施本单位的消防安全管理工作。

（2）建立消防档案，确定消防安全重点部位，设置防火标志，实行严格管理。

（3）实行每日防火巡查，并建立巡查记录。

（4）对职工进行岗前消防安全培训，定期组织消防安全培训和消防演练。

（七）消防产品和电器产品、燃气用具的管理

《消防法》第二十四条明确规定了消防产品实行强制性论证及技术鉴定制度，消防产品必须符合国家标准；没有国家标准的，必须符合行业标准。禁止生产、销售或者使用不合格的消防产品以及国家明令淘汰的消防产品。依法实行强制性产品认证的消防产品，由具有法定资质的认证机构按照国家标准、行业标准的强制性要求认证合格后，方可生产、销售、使用。实行强制性产品认证的消防产品目录，由国务院产品质量监督部门会同国务院公安部门制定并公布。新研制的尚未制定国家标准、行业标准的消防产品，应当按照国务院产品质量监督部门会同国务院公安部门规定的办法，经技术鉴定符合消防安全要求的，方可生产、销售、使用。第二十七条对电器产品、燃气用具产品及其安装、使用提出了要求，电器产品、燃气用具的产品标准，应当符合消防安全的要求。电器产品、燃气用具的安装、使用及其线路、管路的设计、敷设、维护保养、检测，必须符合消防技术标准和管理规定。

二、消防组织的规定

《消防法》第三十六条对地方人民政府建立消防队提出了具体要求，县级以上地方人民政府应当按照国家规定建立公安消防队、专职消防队，并按照国家标准配备消防装备，承担火灾扑救工作。乡镇人民政府应当根据当地经济发展和消防工作的需要，建立专职消防队、志愿消防队，承担火灾扑救工作。第三十七条明确了消防队的职责，公安消防队、专职消防队除按照国家规定承担重大灾害事故救援之外，还要承担其他以抢救人员生命为主的应急救援工作。《消防法》第三十九条明确规定了需要设立专职消防队的单位及其职责，下列单位应当建立单位专职消防队，承担本单位的火灾扑救工作：

（1）大型核设施单位、大型发电厂、民用机场、主要港口。

（2）生产、储存易燃易爆危险品的大型企业。

（3）储备可燃的重要物资的大型仓库、基地。

（4）前三项规定以外的火灾危险性较大、距离公安消防队较远的其他大型企业。

（5）距离公安消防队较远、被列为全国重点文物保护单位的古建筑群的管理单位。

三、灭火救援的规定

《消防法》第四十三条明确了地方政府建立火灾应急预案和应急反应机制的要求，县级以上地方人民政府应当组织有关部门针对本行政区域内的火灾特点制定应急预案，建立应急反应和处置机制，为火灾扑救和应急救援工作提供人员、装备等保障。第四十四条规定了公民的消防义务，任何人发现火灾都应当立即报警。任何单位、个人都应当无偿为报警提供便利，不得阻拦报警。严禁谎报火警。人员密集场所发生火灾，该场所的现场工作人员应当立即组织、引导在场人员疏散。任何单位发生火灾，必须立即组织力量扑救。邻近单位应当给予支援。消防队接到火警，必须立即赶赴火灾现场，救助遇险人员，排除险情，扑灭火灾。第四十五条明确了火灾现场扑救的组织指挥，规定公安机关消防机构统一组织和指挥火灾现场扑救，应当优先保障遇险人员的生命安全。

四、监督检查的规定

地方各级人民政府应当落实消防工作责任制，对本级人民政府有关部门履行消防安全职责的情况进行监督检查。县级以上地方人民政府有关部门应当根据本系统的特点，有针对性地开展消防安全检查，及时督促整改火灾隐患。公安机关消防机构应当对机关、团体、企业、事业等单位遵守消防法律、法规的情况依法进行监督检查。公安机关消防机构在消防监督检查中发现火灾隐患的，应当通知有关单位或者个人立即采取措施消除隐患；不及时消除隐患可能严重威胁公共安全的，公安机关消防机构应当依照规定对危险部位或者场所采取临时查封措施。公安机关消防机构在消防监督检查中发现城乡消防安全布局、公共消防设施不符合消防安全要求，或者发现本地区存在影响公共安全的重大火灾隐患的，应当由公安机关书面报告本级人民政府。公安机关消防机构及其工作人员应当按照法定的职权和程序进行消防设计审核、消防验收和消防安全检查。

五、法律责任

（一）建设工程和公众聚集场所消防安全违法行为的法律责任

有关单位违反《消防法》的规定，有下列行为之一的，责令停止施工、停止使用或者停产停业，并处三万元以上三十万元以下罚款：

（1）依法应当经公安机关消防机构进行消防设计审核的建设工程，未经依法审核或者审核不合格，擅自施工的。

（2）消防设计经公安机关消防机构依法抽查不合格，不停止施工的。

（3）依法应当进行消防验收的建设工程，未经消防验收或者消防验收不合格，擅自投入使用的。

（4）建设工程投入使用后经公安机关消防机构依法抽查不合格，不停止使用的。

（5）公众聚集场所未经消防安全检查或者经检查不符合消防安全要求，擅自投入使用、营业的。

建设单位未依照本法规定将消防设计文件报公安机关消防机构备案，或者在竣工后未依照本法规定报公安机关消防机构备案的，责令限期改正，处五千元以下罚款。

（二）消防设计与施工不符合标准的法律责任

有关单位违反《消防法》的规定，有下列行为之一的，责令改正或者停止施工，并处一万元以上十万元以下罚款：

（1）建设单位要求建筑设计单位或者建筑施工企业降低消防技术标准设计、施工的。

（2）建筑设计单位不按照消防技术标准强制性要求进行消防设计的。

（3）建筑施工企业不按照消防设计文件和消防技术标准施工，降低消防施工质量的。

（4）工程监理单位与建设单位或者建筑施工企业串通，弄虚作假，降低消防施工质量的。

（三）单位与个人消防安全违法行为的法律责任

单位违反《消防法》的规定，有下列行为之一的，责令改正，处五千元以上五万元以下罚款：

（1）消防设施、器材或者消防安全标志的配置、设置不符合国家标准、行业标准，或者未保持完好有效的。

（2）损坏、挪用或者擅自拆除、停用消防设施、器材的。

（3）占用、堵塞、封闭疏散通道、安全出口或者有其他妨碍安全疏散行为的。

（4）埋压、圈占、遮挡消火栓或者占用防火间距的。

（5）占用、堵塞、封闭消防车通道，妨碍消防车通行的。

（6）人员密集场所在门窗上设置影响逃生和灭火救援的障碍物的。

（7）对火灾隐患经公安机关消防机构通知后不及时采取措施消除的。

个人有前款第二项、第三项、第四项、第五项行为之一的，处警告或者五百元以下罚款。

有本条第一款第三项、第四项、第五项、第六项行为，经责令改正拒不改正的，强制执行，所需费用由违法行为人承担。

（四）公安消防机构工作人员的法律责任

公安机关消防机构的工作人员在消防工作中滥用职权、玩忽职守、徇私舞弊，有违反《消防法》第七十一条规定的违法行为、尚不构成犯罪的，依法给予处分；构成犯罪的，依法追究刑事责任。

第三节　中华人民共和国道路交通安全法

2003 年 10 月 28 日第十届全国人民代表大会常务委员会第五次会议审议通过《中华人民共和国道路交通安全法》(以下简称《道路交通安全法》)，自 2004 年 5 月 1 日起施行。2007 年 12 月 29 日第十届全国人民代表大会常务委员会第三十一次会议通过《全国人民代表大会常务委员会关于修改〈中华人民共和国道路交通安全法〉的决定》，自 2008 年 5 月 1 日起施行。2011 年 4 月 22 日第十一届全国人民代表大会常务委员会第二十次会议通过《全国人民代表大会常务委员会关于修改〈中华人民共和国道路交通安全法〉的决定》，自2011年5月1日起施行。《道路交通安全法》的立法目的是为了维护道路交通秩序，预防和减少交通事故，保护人身安全，保护公民、法人和其他组织的财产安全及其他合法权益，提高通行效率。

一、道路交通事故处理的规定

（一）交通事故现场处理

交通事故是指车辆在道路上因过错或者意外造成的人身伤亡或者财产损失的事件。在道路上发生交通事故，车辆驾驶人应当立即停车，保护现场；造成人身伤亡的，车辆驾驶人应当立即抢救受伤人员，并迅速报告执勤的交通警察或者公安机关交通管理部门。因抢救受伤人员变动现场的，应当标明位置。乘车人、过往车辆驾驶人、过往行人应当予以协助。

在道路上发生交通事故，未造成人身伤亡，当事人对事实及成因无争议的，可以即行撤离现场，恢复交通，自行协商处理损害赔偿事宜；不即行撤离现场的，应当迅速报告执勤的交通警察或者公安机关交通管理部门。在道路上发生交通事故，仅造成轻微财产损失，并且基本事实清楚的，当事人应当先撤离现场再进行协商处理。

车辆发生交通事故后肇事者逃逸的，事故现场目击人员和其他知情人员应当向公安机关交通管理部门或者交通警察举报。举报属实的，公安机关交通管理部门应当给予奖励。

（二）交通事故损害赔偿

对交通事故损害赔偿的争议，当事人可以请求公安机关交通管理部门调解，也可以直接向人民法院提起民事诉讼。经公安机关交通管理部门调解，当事人未达成协议或者调解书生效后不履行的，当事人可以向人民法院提起民事诉讼。

（三）受伤人员救治

医疗机构对交通事故中的受伤人员应当及时抢救，不得因抢救费用未及时支付而拖延救治。肇事车辆参加机动车第三者责任强制保险的，由保险公司在责任限额范围内支付抢救费用；抢救费用超过责任限额的，未参加机动车第三者责任强制保险或者肇事后逃逸的，由道路交通事故社会救助基金先行垫付部分或者全部抢救费用，道路交通事故社会救助基金管理机构有权向交通事故责任人追偿。

（四）人身伤亡和财产损失赔偿

机动车发生交通事故造成人身伤亡、财产损失的，由保险公司在机动车第三者责任强制保险责任限额范围内予以赔偿。不足的部分，按照《道路交通安全法》第七十六条的规定，承担赔偿责任。交通事故的损失是由非机动车驾驶人、行人故意碰撞机动车造成的，机动车一方不承担赔偿责任。

二、道路通行的规定

道路是指公路、城市道路和虽在单位管辖范围内但允许社会机动车通行的地方，包括广场、公共停车场等用于公众通行的场所。

车辆是指机动车和非机动车。机动车是指动力装置驱动或者牵引，上道路行驶的供人员乘用或者用于运送物品以及进行工程专项作业的轮式车辆。非机动车是指以人力或者畜力驱动，上道路行驶的交通工具，以及虽有动力装置驱动但设计最高时速、空车质量、外形尺寸符合有关国家标准的残疾人机动轮椅车、电动自行车等交通工具。

（一）机动车通行规定

1. 同车道行驶

同车道行驶的机动车，后车应当与前车保持足以采取紧急制动措施的安全距离。有前车正在左转弯、掉头、超车，与对面来车有会车可能，前车为执行紧急任务的警车、消防车、救护车、工程救险车，行经铁道路口、交叉路口、窄桥、弯道、陡坡、隧道、人行横道、市区交通流量大的路段等没有超车条件的情形，不得超车。

2. 交叉路口行驶

机动车通过交叉路口，应当按照交通信号灯、交通标志、交通标线或者交通警察的指挥通过；通过没有交通信号灯、交通标志、交通标线或者交通警察指挥的交叉路口时，应当减速慢行，并让行人和优先通行的车辆先行。

3. 机动车载物行驶

机动车载物应当符合核定的载质量，严禁超载；载物的长、宽、高不得违反装载要求，不得遗洒、飘散载运物。机动车运载超限的不可解体的物品，影响交通安全的，应当按照公安机关交通管理部门指定的时间、路线、速度行驶，悬挂明显标志。机动车载运爆炸物品、易燃易爆化学物品以及剧毒、放射性等危险物品，应当经公安机关批准后，按指定的时间、路线、速度行驶，悬挂警示标志并采取必要的安全措施。

4. 机动车载人行驶

机动车载人不得超过核定的人数，客运机动车不得载货，禁止货运机动车载客。

5. 拖拉机行驶

高速公路、大中城市中心城区内的道路，禁止拖拉机通行。其他禁止拖拉机通行的道路，由省、自治区、直辖市人民政府根据当地实际情况规定。在允许拖拉机通行的道路上，拖拉机可以从事货运，但是不得用于载人。

（二）非机动车通行规定

驾驶非机动车在道路上行驶，应当遵守有关交通安全的规定。非机动车应当在非机动车道内行驶；在没有非机动车道的道路上，应当靠车行道的右侧行驶。残疾人机动轮椅车、电动自行车在非机动车道内行驶时，最高时速不得超过 15 千米。非机动车应当在规定的地点停放；未设停放地点的，非机动车停放不得妨碍其他车辆和行人通行。

（三）高速公路的特别规定

行人、非机动车、拖拉机、轮式专用机械车、铰接式客车、全挂拖斗车以及其他设计最高时速低于 70 千米的机动车，不得进入高速公路。高速公路限速标志标明的最高时速不得超过 120 千米。任何单位、个人不得在高速公路上拦截检查行驶的车辆，公安机关的人民警察依法执行紧急公务除外。

三、道路交通安全违法行为行政处罚的决定机关

依照《道路交通安全法》的规定，公安机关交通管理部门是道路交通安全违法行为

行政处罚的决定机关。

四、道路交通安全违法行为应负的法律责任

行人、乘车人、非机动车驾驶人有道路交通安全违法行为，机动车驾驶人有道路交通安全违法行为，依照《道路交通安全法》第七章的有关规定追究法律责任。

第四节 中华人民共和国特种设备安全法

2013 年 6 月 29 日第十二届全国人民代表大会常务委员会第三次会议表决通过了《中华人民共和国特种设备安全法》(以下简称《特种设备安全法》)，自 2014 年 1 月 1 日起施行。《特种设备安全法》的立法目的是为了加强特种设备安全工作，预防特种设备事故，保障人身和财产安全，促进经济社会发展。《特种设备安全法》规定特种设备安全工作坚持安全第一、预防为主、节能环保、综合治理的原则。国家对特种设备的生产、经营、使用，实施分类的、全过程的安全监督管理。

一、一般规定

（一）责任主体与人员配备

特种设备生产、经营、使用单位及其主要负责人对特种设备安全负责，单位主要负责人对特种设备安全管理享有指挥决策权，同时也负有法定的义务。特种设备生产、经营和使用单位应按照国家规定配备安全管理人员、检测人员和作业人员，并对其进行必要的安全教育和技能培训。

特种设备安全管理人员、检测人员和作业人员应当按照国家有关规定取得相应的资格，方可从事相关工作。特种设备安全管理人员包括生产单位的生产安全管理人员，经营、使用单位的安全管理人员。检测人员包括生产、经营、使用单位从事无损检测、理化检测等人员。作业人员包括焊接人员、各类设备的安装、改造、修理、维护保养和操作人员等。

（二）自行检测、维护保养与申报

特种设备生产、经营、使用单位应当做好设备的自行检测和维护保养工作，经常性开展自行检测、自行检查和维护保养，及时发现并处理问题，保持设备正常运行。如锅炉要经常地清理水垢、清理炉胆等，电梯等需要经常地上油、调整等。自行检测、自行检查、自行保养应该按照安全技术规范和设备使用维护保养说明进行，并作好记录。

对特种设备进行检验，包括生产活动中的监督检验和使用中的定期检验，是特种设备安全的一项基本制度。国家规定的检验具有强制性，也称为法定检验，生产、经营、使用特种设备的单位必须依法进行申报并接受检验。特种设备在检验合格有效期届满前 1 个月，需要向特种设备检验机构提出定期检验要求。实际工作中大型设备检验过程比较复杂，提前时间需要更长。

二、特种设备的生产

（一）生产许可与生产单位义务

特种设备的设计、制造、安装、改造、修理等生产活动直接影响特种设备产品本质安全，是保证安全运行的基础。特种设备生产许可是一项重要的市场准入制度，国家按照分类监督管理的原则对特种设备生产实行许可制度，特种设备生产单位应当具备法定的条件。从事特种设备生产活动的单位需要有与生产相适应的专业技术人员，设备、设施和工作场所，健全的质量保证、安全管理和岗位责任等制度。特种设备设计、制造、安装、改造、修理等环节的活动特点不同，从事相应活动应具备的条件也应不同。

特种设备的设计、制造对其安全性能有重大影响，安全性能与质量是否符合要求的判断完全依靠相关技术资料。特种设备出厂时，应当随附安全技术规范要求的设计文件、产品质量合格证明、安装及使用维护保养说明、监督检验证明等相关技术资料和文件，并在特种设备显著位置设置产品铭牌、安全警示标志及其说明。铭牌固定在产品上，可以向用户、检验机构等提供生产单位信息、产品基本技术参数、产品生产信息等内容，相当于产品的简易说明书。警示标识主要起到提醒注意安全、预防危险，维护工作环境安全等目的。

（二）安装、改造与修理

电梯的安装、改造、修理，必须由电梯制造单位或者其委托的依照本法取得相应许可的单位进行。电梯是一种特殊的机电产品，在制造完成时以部件形式出厂，安装完成之后才形成完整的产品，安装实际上是电梯总装配工序，是制造的继续。电梯的改造是指改变或更换原设备的结构、机构、控制系统等，电梯的性能参数、技术指标都会发生变化。电梯的修理过程中对主要受力结构件的修理、主要零部件的更换和校验、调试等，需要熟悉电梯的结构和特性。电梯的安装、改造和修理质量直接影响电梯的安全。电梯的制造、安装、改造、修理由同一家单位负责有利于保障电梯安全和保护品牌，有利于明确责任，也是发展趋势。

特种设备安装、改造、修理的施工单位应当在施工前将拟进行的特种设备安装、改造、修理情况书面告知直辖市或者设区的市级人民政府负责特种设备安全监督管理的部门。施工单位需要填写《特种设备安装改造修理告知书》，提交负责特种设备安全监督管理部门，施工告知不是行政许可，施工告知的目的是便于审查相关活动并获取信息。告知可以通过派人送达、挂号信、特快专递、传真、电子邮件等方式。

特种设备安装、改造、修理竣工后，安装、改造、修理的施工单位应当在验收后三十日内将相关技术资料和文件移交特种设备使用单位。特种设备使用单位应当将其存入该特种设备的安全技术档案。

（三）监督检验

锅炉、压力容器、压力管道元件等特种设备的制造过程和锅炉、压力容器、压力管道、电梯、起重机械、客运索道、大型游乐设施的安装、改造、重大修理过程，应当经特种设备检验机构按照安全技术规范的要求进行监督检验；未经监督检验或者监督检验不合格的，不得出厂或者交付使用。

三、特种设备的经营

（一）销售单位的义务

特种设备销售单位销售的特种设备，应当符合安全技术规范及相关标准的要求，其设计文件、产品质量合格证明、安装及使用维护保养说明、监督检验证明等相关技术资料和文件应当齐全。特种设备所附出厂资料和技术文件应当为出厂的原件，并且与产品一致；对于批量出厂的产品，出厂资料如果是原件的复印件，必须加盖销售单位的公章。如果销售的特种设备是二手设备（已经使用过的），必须符合安全技术规范中允许变更的条件，随附的资料和文件也必须符合变更要求；不符合要求的二手设备，使用超过设计使用年限的特种设备不能用于销售。

销售是特种设备全过程管理中的一个重要环节。为了能够查清特种设备销售环节的来龙去脉，检查验收和销售记录是重要的凭证。特种设备销售单位应当建立特种设备检查验收和销售记录制度。检查验收记录包括设备何时从哪儿购进，对设备的本体、安全附件和安全保护装置配备、随附资料和文件的检查情况及结论等。销售记录包括何时销售给哪个单位，设备本体的质量、安全保护装置和部件的检查情况，以及随附资料和文件的情况。

禁止销售未取得许可生产的特种设备，未经检验和检验不合格的特种设备，或者国家明令淘汰和已经报废的特种设备。一些不符合要求的特种设备不得制造，也不能进行销售；二手设备不符合要求的也不能进行销售；国家明令淘汰的特种设备，不得销售；已经报废的特种设备，应当按照规定进行消除功能处理，不能进行返修、翻修再销售，更不能伪造资料和文件。

（二）出租单位的义务

特种设备出租单位不得出租未取得许可生产的特种设备或者国家明令淘汰和已经报废的特种设备，以及未按照安全技术规范的要求进行维护保养和未经检验或者检验不合格的特种设备。出租单位一般是特种设备产权者，理应负责用于出租的特种设备的使用管理和维护保养，即提供给承租人的特种设备应当能够安全使用。出租一般有两种形式，一种是出租单位只提供设备，另一种是既提供设备又提供人员进行设备操作。

特种设备在出租期间的使用管理和维护保养义务由特种设备出租单位承担，法律另有规定或者当事人另有约定的除外。承租单位使用租赁来的设备，也要落实一定的使用操作责任。如果是长期租赁，承租单位可以承担除办理使用登记以外的设备使用单位的法定义务，并承担相应责任。

（三）特种设备进口

进口的特种设备应当符合我国安全技术规范的要求，并经检验合格；需要取得我国特种设备生产许可的，应当取得许可。进口特种设备随附的技术资料和文件应当符合本法第二十一条的规定，其安装及使用维护保养说明、产品铭牌、安全警示标志及其说明应当采用中文。特种设备的进出口检验，应当遵守有关进出口商品检验的法律、行政法规。进口特种设备，应当向进口地负责特种设备安全监督管理的部门履行提前告知义务。

四、特种设备的使用

（一）特种设备安全管理

特种设备使用单位使用取得许可生产并经检验合格的特种设备是保证特种设备安全运行的最基本条件。特种设备使用单位应当使用取得许可生产并经检验合格的特种设备。禁止使用国家明令淘汰和已经报废的特种设备。对于国家明令淘汰的特种设备，无论出厂是否允许，只要使用时已经列入国家明令淘汰的特种设备范围，都不得再使用。特种设备应当按照相关安全技术规范的要求实施报废制度，如在检验中发现了严重缺陷并无法修复或者超过设计使用年限，经安全评估无法继续使用，以及达到安全技术规范及相关标准规定报废条件的特种设备，应及时报废。

特种设备使用单位应当在特种设备投入使用前或者投入使用后三十日内，向负责特种设备安全监督管理的部门办理使用登记，取得使用登记证书。登记标志应当置于该特种设备的显著位置。通过登记，可以防止非法设计、非法制造、非法安装的特种设备投入使用，并且可以建立特种设备信息数据库，便于安全监管。登记标志应该置于设备的显著位置，包括设备本体、附近或者操作间，气瓶可以在瓶体上加登记标签、移动式压力容器采用在罐体上喷涂登记证编号的方式。

特种设备使用单位应当建立岗位责任、隐患治理、应急救援等安全管理制度，制定操作规程，保证特种设备安全运行。岗位责任制是指特种设备使用单位根据各个工作岗位的性质和所承担活动的特点，明确规定有关单位及其人员的职责、权限，并且按照规定的标准进行考核及奖惩而建立起来的制度，通常包括岗位责任制度、交接班制度、巡回检查制度等。

特种设备使用单位应当建立特种设备安全技术档案。因为特种设备在使用过程中，需要不断的维护保养、修理，定期进行检验，部分特种设备还需要进行能效状况评估，有些还可能需要改造。这些都要依据特种设备的设计、制造、安装等原始文件资料和使用过程中的历次改造、制造、安装等原始文件资料。安全技术档案应当包括以下内容：

（1）特种设备的设计文件、产品质量合格证明、安装及使用维护保养说明、监督检验证明等相关技术资料和文件。

（2）特种设备的定期检验和定期自行检查记录。

（3）特种设备的日常使用状况记录。

（4）特种设备及其附属仪器仪表的维护保养记录。

（5）特种设备的运行故障和事故记录。

电梯、客运索道、大型游乐设备等特种设备是供乘客或游客乘坐的，为公众提供服务的，一旦发生事故，直接造成人员伤害，社会影响较大。所以法律对电梯、客运索道、大型游乐设施的使用管理提出了特殊要求。电梯、客运索道、大型游乐设施等为公众提供服务的特种设备的运营使用单位，应当对特种设备的使用安全负责，设置特种设备安全管理机构或者配备专职的特种设备安全管理人员；其他特种设备使用单位，应当根据情况设置特种设备安全管理机构或者配备专职、兼职的特种设备安全管理人员。电梯、客运索道、大型游乐设施日常管理、运营的单位是保障安全使用的责任主体，承担安全责任。如果发生事故和故障，承担民事赔偿责任。当然，如果经过事故调查程序，能够证明是特种设备生产、经营单位的过错造成了损失，则运营使用单位可以向生产单位、经营单位提出赔偿要求，乘客也可以直接向生产单位、经营单位提出赔偿要求。

特种设备的使用应当具有规定的安全距离、安全防护措施。与特种设备安全相关的建筑物、附属设施，应当符合有关法律、行政法规的规定。安全距离的作用是减轻可预见的偶然性事故的影响，防止小事故逐步上升为大事故。例如防火间距可以防止着火建筑的辐射热在一定时间内引燃相邻建筑，且便于消防扑救。同时，安全距离也为特种设备提供保护，防止来自外部的可预见的损害（如道路行车、火焰）或者运行操作行为以外的其他行为的干扰（如装置的边界围栏）。安全防护是指通过设置防护设备设施或利用空间距离等手段做好准备和保护，以应付或者避免人、设备或环境受害。特种设备常见的防护有：转动类游乐设施的转动部件外设置各种完全固定或半固定密闭罩；各种手限制装置、手脱开装置；各类限制导致危险行程及过载保护装置；各种防止误动作或者误操作装置；安全监控、通风、防火、防爆、泄压、除尘、防毒、防雷、防静电、防腐、防渗漏和安全隔离装置；梯台护栏、护笼；各种防滑、防倒及防垮塌装置等。特种设备与民用建筑、工程建筑是离不开的，例如电梯必须安装在专用的电梯井内；锅炉一般安装在锅炉房内；大型压力容器必须安装在满足一定条件要求的基础上。特种设备还有很多附属设施，如测温测压装置，喷淋装置，高空排放装置，相关电气、仪器仪表，防雷防静电设施等都要符合法律法规的要求。

（二）维护保养与定期检验

特种设备使用单位应当对其使用的特种设备进行经常性维护保养和定期自行检查，并作出记录。特种设备使用单位应当对其使用的特种设备的安全附件、安全保护装置进行定期校验、检修，并作出记录。特种设备在使用过程中，由于内在原因和外界因素，会出现各种各样的问题，需要经常维护保养，及时发现并处理一些问题，保证设备安全运行，也可以提高设备使用年限。安全附件是指为使锅炉、压力容器、压力管道等承压类设备安全运行而装设的某种防护装置。一般包括安全泄放装置、安全联锁装置、紧急切断装置、导静电装置、防雷电装置等，还包括液面指示装置、压力测试装置和测温仪表等。安全保护装置通常指控制位置、速度、防止坠落的装置，如限速器、安全钳、缓冲器、制动器、限位装置、安全带及连锁装置等。安全附件和安全保护装置的性能、精度是否符合有关安全技术规范及相关标准要求需要定期校验和检修，校验和检修情况应当做好记录。

特种设备使用单位应当按照安全技术规范的要求，在检验合格有效期届满前一个月向特种设备检验机构提出定期检验要求。特种设备检验机构接到定期检验要求后，应当按照安全技术规范的要求及时进行安全性能检验。特种设备使用单位应当将定期检验标志置于该特种设备的显著位置。未经定期检验或者检验不合格的特种设备，不得继续使用。特种设备在使用单位自行检查、检测和维护保养的基础上，通过定期检验及时发现特种设备的缺陷和存在的问题，采取相应措施，消除隐患，可保障特种设备能够在下一周期安全运行。在有关安全技术规范中，规定了特种设备的检验周期，如锅炉一般为二年，压力容器为三至六年，电梯为一年等。

锅炉使用单位应当按照安全技术规范的要求进行锅炉水（介）质处理，并接受特种设备检验机构的定期检验。从事锅炉清洗，应当按照安全技术规范的要求进行，并接受特种设备检验机构的监督检验。锅炉水（介）质是指锅炉系统用于传热的介质，即通过炉膛燃料燃烧或者用电加热至一定温度或者蒸发成蒸汽，再经传热系统进行做功或热交换的介质。其中使用最多的蒸汽锅炉和热水锅炉都是以水为介质；目前已经有越来越多的锅炉采用有机热载体（俗称“导热油”）为介质；近年来还出现以熔盐为介质的锅炉。水介质如果有杂质容易造成锅炉结垢、腐蚀，影响蒸汽质量，还会影响传热并引发安全事故。有机热载体劣化后，会造成锅炉及传热系统结焦、积炭，不但影响传热，浪费燃料，严重时还将烧损炉管，引发火灾。因此，锅炉水（介）质处理，保持其品质良好，是确保锅炉安全、节能、可靠、稳定运行的基本条件。

电梯的维护保养应当由电梯制造单位或者依照本法取得许可的安装、改造、修理单位进行。电梯的维护保养单位应当在维护保养中严格执行安全技术规范的要求，保证其维护保养的电梯的安全性能，并负责落实现场安全防护措施，保证施工安全。电梯的维护保养单位应当对其维护保养的电梯的安全性能负责；接到故障通知后，应当立即赶赴现场，并采取必要的应急救援措施。特种设备进行改造、修理，按照规定需要变更使用登记的，应当办理变更登记，方可继续使用。特种设备使用过程中，如进行了改造，其性能参数、技术指标等发生变化，导致其在登记中的信息发生变化，所以使用单位应及时提供相关材料，到原使用登记的负责特种设备安全监督管理的部门办理变更登记手续。

（三）隐患排查与故障处理

特种设备安全管理人员应当对特种设备使用状况进行经常性检查，发现问题应当立即处理；情况紧急时，可以决定停止使用特种设备并及时报告本单位有关负责人。特种设备作业人员在作业过程中发现事故隐患或者其他不安全因素，应当立即向特种设备安全管理人员和单位有关负责人报告；特种设备运行不正常时，特种设备作业人员应当按照操作规程采取有效措施保证安全。特种设备出现故障或者发生异常情况，特种设备使用单位应当对其进行全面检查，消除事故隐患，方可继续使用。客运索道、大型游乐设施在每日投入使用前，其运营使用单位应当进行试运行和例行安全检查，并对安全附件和安全保护装置进行检查确认。电梯、客运索道、大型游乐设施的运营使用单位应当将电梯、客运索道、大型游乐设施的安全使用说明、安全注意事项和警示标志置于易于为乘客注意的显著位置。

特种设备存在严重事故隐患，无改造、修理价值，或者达到安全技术规范规定的其他报废条件的，特种设备使用单位应当依法履行报废义务，采取必要措施消除该特种设备的使用功能，并向原登记的负责特种设备安全监督管理的部门办理使用登记证书注销手续。规定报废条件以外的特种设备，达到设计使用年限可以继续使用的，应当按照安全技术规范的要求通过检验或者安全评估，并办理使用登记证书变更，方可继续使用。允许继续使用的，应当采取加强检验、检测和维护保养等措施，确保使用安全。

（四）移动式压力容器与气瓶充装

移动式压力容器、气瓶充装单位，应当具备下列条件，并经负责特种设备安全监督管理的部门许可，方可从事充装活动：一是有与充装和管理相适应的管理人员和技术人员；二是有与充装和管理相适应的充装设备、检测手段、场地厂房、器具、安全设施；三是有健全的充装管理制度、责任制度、处理措施。充装单位应当建立充装前后的检查、记录制度，禁止对不符合安全技术规范要求的移动式压力容器和气瓶进行充装。气瓶充装单位应当向气体使用者提供符合安全技术规范要求的气瓶，对气体使用者进行气瓶安全使用指导，并按照安全技术规范的要求办理气瓶使用登记，及时申报定期检验。移动式压力容器充装活动是指利用专用充装设备，将贮存在固定容器中或气体发生装置中的压缩气体、液化气体充装到各类铁路罐车、汽车罐车、长管拖车、罐式集装箱、管束式集装箱中。气瓶充装活动是指利用专用充装设备，将贮存在固定压力容器中或气体发生装置中的压缩气体、液化气体和溶解气体充装到各类气瓶内的过程。

五、特种设备的检验和检测

从事特种设备监督检验、定期检验的特种设备检验机构，以及为特种设备生产、经营、使用提供检测服务的特种设备检测机构，应当具备相应的条件，并经负责特种设备安全监督管理的部门核准，方可从事检验、检测工作。法律规定的条件主要有：一是有与检验、检测工作相适应的检验、检测人员；二是有检验、检测仪器和设备；三是有健全的检验、检测管理制度和责任制度。特种设备检验、检测机构的检验、检测人员应当经考核，取得检验、检测人员资格，方可从事检验、检测工作。

第五节　中华人民共和国建筑法

为了加强对建筑活动的监督管理，维护建筑市场秩序，保证建筑工程的质量和安全，促进建筑业健康发展，制定本法。

一、基本规定

1. 适用范围

根据《中华人民共和国建筑法》规定，在中华人民共和国境内从事建筑活动，实施对建筑活动的监督管理，应当遵守本法。

2. 对建筑活动的要求

根据《中华人民共和国建筑法》规定，建筑活动应当确保建筑工程质量和安全，符合国家的建筑工程安全标准。

3. 监督管理机构

根据《中华人民共和国建筑法》规定，国务院建设行政主管部门对全国的建筑活动实施统一监督。

二、建筑许可

1. 建设单位的建筑许可及要求

根据《中华人民共和国建筑法》规定，建筑工程开工前，建设单位应当按照国家有关规定向工程所在地县级以上人民政府建设行政主管部门申请领取施工许可证；同时，申请领取施工许可证，应当具备下列条件：

（1）已经办理该建筑工程用地批准手续。

（2）在城市规划区的建筑工程，已经取得规划许可证。

（3）需要拆迁的，其拆迁进度符合施工要求。

（4）已经确定建筑施工企业。

（5）有满足施工需要的施工图纸及技术资料。

（6）有保证工程质量和安全的具体措施。

（7）建设资金已经落实。

（8）法律、行政法规规定的其他条件。

2. 施工许可证的延期

根据《中华人民共和国建筑法》规定，建设单位应当自领取施工许可证之日起三个月内开工，因故不能按期开工的，应当向发证机关申请延期；延期以两次为限，每次不超过三个月。既不开工又不申请延期或者超过延期时限的，施工许可证自行废止。

3. 建设单位的报告义务

根据《中华人民共和国建筑法》规定，在建的建筑工程因故中止施工的，建设单位应当自中止施工之日起一个月内，向发证机关报告，并按照规定做好建筑工程的维护管理工作。建筑工程恢复施工时，应当向发证机关报告；中止施工满一年的工程恢复施工前，建设单位应当报发证机关核验施工许可证。按照国务院有关规定批准开工报告的建筑工程，因故不能按期开工或者中止施工的，应当及时向批准机关报告情况。因故不能按期开工超过六个月的，应当重新办理开工报告的批准手续。

4. 建筑施工企业、勘察单位、设计单位和工程监理单位的建筑许可及要求

根据《中华人民共和国建筑法》规定，从事建筑活动的建筑施工企业、勘察单位、设计单位和工程监理单位，应当具备下列条件：

（1）符合国家规定的注册资本。

（2）与其从事的建筑活动相适应的具有法定执业资格的专业技术人员。

（3）有从事相关建筑活动所应有的技术装备。

（4）法律、行政法规规定的其他条件。

从事建筑活动的建筑施工企业、勘察单位、设计单位和工程监理单位，按照其拥有的注册资本、专业技术人员、技术装备和已完成的建筑工程业绩等资质条件，划分为不同的资质等级，经资质审查合格，取得相应等级的资质证书后，方可在其资质等级许可的范围内从事建筑活动。

从事建筑活动的专业技术人员，应当依法取得相应的执业资格证书，并在执业资格证书许可的范围内从事建筑活动。

三、建筑工程发包与承包

1. 一般规定

根据《中华人民共和国建筑法》规定，建筑工程的发包单位与承包单位应当依法订立书面合同，明确双方的权利和义务。

发包单位和承包单位应当全面履行合同约定的义务。不按照合同约定履行义务的，依法承担违约责任。

建筑工程发包与承包的招标投标活动，应当遵循公开、公正、平等竞争的原则，择优选择承包单位。

建筑工程的招标投标，《中华人民共和国建筑法》没有规定的，适用有关招标投标法律的规定。

发包单位及其工作人员在建筑工程发包中不得收受贿赂、回扣或者索取其他好处。

承包单位及其工作人员不得利用向发包单位及其工作人员行贿、提供回扣或者给予其他好处等不正当手段承揽工程。

建筑工程造价应当按照国家有关规定，由发包单位与承包单位在合同中约定。公开招标发包的，其造价的约定，须遵守招标投标法律的规定。

发包单位应当按照合同的约定，及时拨付工程款项。

2. 建筑工程的发包及对发包单位的要求

根据《中华人民共和国建筑法》规定，建筑工程依法实行招标发包，对不适于招标发包的可以直接发包。

建筑工程实行公开招标的，发包单位应当依照法定程序和方式，发布招标公告，提供载有招标工程的主要技术要求、主要的合同条款、评标的标准和方法以及开标、评标、定标的程序等内容的招标文件。

开标应当在招标文件规定的时间、地点公开进行。开标后应当按照招标文件规定的评标标准和程序对标书进行评价、比较，在具备相应资质条件的投标者中，择优选定中标者。

建筑招标的开标、评标、定标由建设单位依法组织实施，并接受有关行政主管部门的监督。

建筑工程实行招标发包的，发包单位应当将建筑工程发包给依法中标的承包单位。建筑工程实行直接发包的，发包单位应当将建筑工程发包给具有相应资质条件的承包单位。

建筑工程的发包单位可以将建筑工程的勘察、设计、施工、设备采购一并发包给一个工程总承包单位，也可以将建筑工程勘察、设计、施工、设备采购的一项或者多项发包给一个工程总承包单位；但是，不得将应当由一个承包单位完成的建筑工程肢解成若干部分发包给几个承包单位。

按照合同约定，建筑材料、建筑构配件和设备由工程承包单位采购的，发包单位不得指定承包单位购入用于工程的建筑材料、建筑构配件和设备或者指定生产厂、供应商。

3. 建筑工程的承包及对承包单位的要求

根据《中华人民共和国建筑法》规定，承包建筑工程的单位应当持有依法取得的资质证书，并在其资质等级许可的业务范围内承揽工程。

禁止建筑施工企业超越本企业资质等级许可的业务范围或者以任何形式用其他建筑施工企业的名义承揽工程。禁止建筑施工企业以任何形式允许其他单位或者个人使用本企业的资质证书、营业执照，以本企业的名义承揽工程。

大型建筑工程或者结构复杂的建筑工程，可以由两个以上的承包单位联合共同承包。共同承包的各方对承包合同的履行承担连带责任。

两个以上不同资质等级的单位实行联合共同承包的，应当按照资质等级低的单位的业务许可范围承揽工程。

禁止承包单位将其承包的全部建筑工程转包给他人，禁止承包单位将其承包的全部建筑工程肢解以后以分包的名义分别转包给他人。

建筑工程总承包单位可以将承包工程中的部分工程发包给具有相应资质条件的分包单

位；但是，除总承包合同中约定的分包外，必须经建设单位认可。施工总承包的，建筑工程主体结构的施工必须由总承包单位自行完成。

建筑工程总承包单位按照总承包合同的约定对建设单位负责；分包单位按照分包合同的约定对总承包单位负责。总承包单位和分包单位就分包工程对建设单位承担连带责任。

禁止总承包单位将工程分包给不具备相应资质条件的单位。禁止分包单位将其承包的工程再分包。

四、建筑工程的监理

1. 对建设单位的要求

根据《中华人民共和国建筑法》规定，实行监理的建筑工程，由建设单位委托具有相应资质条件的工程监理单位监理。建设单位与其委托的工程监理单位应当订立书面委托监理合同。

实施建筑工程监理前，建设单位应当将委托的工程监理单位、监理的内容及监理权限，书面通知被监理的建筑施工企业。

2. 监理单位的权利与义务

监理单位的权利。根据《中华人民共和国建筑法》规定，工程监理人员认为工程施工不符合工程设计要求、施工技术标准和合同约定的，有权要求建筑施工企业改正。

监理单位的义务。根据《中华人民共和国建筑法》规定，建筑工程监理应当依照法律、行政法规及有关的技术标准、设计文件和建筑规模承包合同，对承包单位在施工质量、建设工期和建设资金使用等方面，代表建设单位实施监督。

工程监理人员发现工程设计不符合建筑工程质量标准或者合同约定的质量要求的，应当报告建设单位要求设计单位改正。

程监理单位应当在其资质等级许可的监理范围内，承担工程监理业务。工程监理单位应当根据建设单位的委托，客观、公正地执行监理任务。

工程监理单位与被监理工程的承包单位以及建筑材料，建筑构配件和设备供应单位不得有隶属关系或者其他利害关系。

工程监理单位不得转让工程监理业务。

工程监理单位不按照委托监理合同的约定履行监理义务，对应当监督检查的项目不检查或者不按照规定检查，给建设单位造成损失的，应当承担相应的赔偿责任。

工程监理单位与承包单位串通，为承包单位谋取非法利益，给建设单位造成损失的，应当与承包单位承担连带赔偿责任。

五、建筑安全生产管理

1. 一般规定

根据《中华人民共和国建筑法》规定，建筑工程安全生产管理必须坚持安全第一、预防为主的方针，建立健全安全生产的责任制度和群防群治制度。

建筑工程设计应当符合按照国家规定制定的建筑安全规程和技术规范，保证工程的安全性能。

2. 对建设单位安全生产管理的要求

根据《中华人民共和国建筑法》规定，建设单位应当向建筑施工企业提供与施工现场相关的地下管线资料，建筑施工企业应当采取措施加以保护。

有下列情形之一的，建设单位应当按照国家有关规定办理申请批准手续：

（1）需要临时占用规划批准范围以外场地的。

（2）可能损坏道路、管线、电力、邮电通讯等公共设施的。

（3）需要临时停水、停电、中断道路交通的。

（4）需要进行爆破作业的。

（5）法律、法规规定需要办理报批手续的其他情形。

涉及建筑主体和承重结构变动的装修工程，建设单位应当在施工前委托原设计单位或者具有相应资质条件的设计单位提出设计方案；没有设计方案的，不得施工。

3. 对建筑施工企业安全生产管理的要求

根据《中华人民共和国建筑法》规定，建筑施工企业在编制施工组织设计时，应当根据建筑工程的特点制定相应的安全技术措施；对专业性较强的工程项目，应当编制专项安全施工组织设计，并采取安全技术措施。

建筑施工企业应当在施工现场采取维护安全、防范危险、预防火灾等措施；有条件的，应当对施工现场实行封闭管理。

施工现场对毗邻的建筑物、构筑物和特殊作业环境可能造成损害的，建筑施工企业应当采取安全防护措施。

筑施工企业应当遵守有关环境保护和安全生产的法律、法规的规定，采取控制和处理施工现场的各种粉尘、废气、废水、固体废物以及噪声、振动对环境的污染和危害的措施。

建筑施工企业必须依法加强对建筑安全生产的管理，执行安全生产责任制度，采取有效措施，防止伤亡和其他安全生产事故的发生。

建筑施工企业的法定代表人对本企业的安全生产负责。

建筑施工企业负责施工现场安全。实行施工总承包的，由总承包单位负责。分包单位向总承包单位负责，服从总承包单位对施工现场的安全生产管理。

建筑施工企业应当建立健全劳动安全生产教育培训制度，加强对职工安全生产的教育培训；未经安全生产教育培训的人员，不得上岗作业。

建筑施工企业和作业人员在施工过程中，应当遵守有关安全生产的法律、法规和建筑行业安全规章、规程，不得违章指挥或者违章作业。作业人员有权对影响人身健康的作业程序和作业条件提出改进意见，有权获得安全生产所需的防护用品。作业人员对危及生命安全和人身健康的行为有权提出批评、检举和控告。

建筑施工企业应当依法为职工参加工伤保险缴纳工伤保险费。鼓励企业为从事危险作业的职工办理意外伤害保险，支付保险费。

房屋拆除应当由具备保证安全条件的建筑施工单位承担，由建筑施工单位负责人对安全负责。

施工中发生事故时，建筑施工企业应当采取紧急措施减少人员伤亡和事故损失，并按照国家有关规定及时向有关部门报告。

六、建筑工程质量管理。

1. 一般规定

根据《中华人民共和国建筑法》规定，建筑工程勘察、设计、施工的质量必须符合国家有关建筑工程安全标准的要求，具体管理办法由国务院规定。

有关建筑工程安全的国家标准不能适应确保建筑安全的要求时，应当及时修订。

国家对从事建筑活动的单位推行质量体系认证制度。从事建筑活动的单位根据自愿原则可以向国务院产品质量监督管理部门或者国务院产品质量监督管理部门授权的部门认可的认证机构申请质量体系认证。经认证合格的，由认证机构颁发质量体系认证证书。

2. 对建设单位的要求

根据《中华人民共和国建筑法》规定，建设单位不得以任何理由，要求建筑设计单位或者建筑施工企业在工程设计或者施工作业中，违反法律、行政法规和建筑工程质量、安全标准，降低工程质量。

3. 对建筑施工企业的要求

根据《中华人民共和国建筑法》规定，建筑工程实行总承包的，工程质量由工程总承包单位负责，总承包单位将建筑工程分包给其他单位的，应当对分包工模的质量与分包单位承担连带责任。分包单位应当接受总承包单位的质量管理。

筑施工企业必须按照工程设计图纸和施工技术标准施工，不得偷工减料。工程设计的修改由原设计单位负责，建筑施工企业不得擅自修改工程设计。

建筑施工企业必须按照工程设计要求、施工技术标准和合同的约定，对建筑材料、建筑构配件和设备进行检验，不合格的不得使用。

建筑物在合理使用寿命内，必须确保地基基础工程和主体结构的质量。

建筑工程竣工时，屋顶、墙面不得留有渗漏、开裂等质量缺陷；对已经发现的质量缺陷，建筑施工企业应当修复。

交付竣工验收的建筑工程，必须符合规定的建筑工程质量标准，有完整的工程技术经济资料和经签署的工程保修书，并具备国家规定的其他竣工条件。

建筑工程竣工经验收合格后，方可交付使用；未经验收或者验收不合格的，不得交付使用。

4. 对建筑勘察设计单位的要求

根据《中华人民共和国建筑法》规定，建筑工程的勘察设计单位必须对其勘察、设计的质量负责。勘察、设计文件应当符合有关法律、行政法规的规定和建筑工程质量、安全标准、建筑工程勘察、设计技术规范以及合同的约定。设计文件选用的建筑材料、建筑构配件和设备，应当注明其规格、型号、性能等技术指标，其质量要求必须符合国家规定的标准。

建筑设计单位对设计文件选用的建筑材料、建筑构配件和设备不得指定生产厂，供应商。

七、法律责任

1. 建设单位违反规定的法律责任

根据《中华人民共和国建筑法》规定，发包单位将工程发包给不具有相应资质条件的承包单位的，或者违反本法规定将建筑工程肢解发包的，责令改正，处以罚款。

建设单位违反《中华人民共和国建筑法》规定，要求建筑设计单位或者建筑施工企业违反建筑工程质量、安全标准，降低工程质量的，责令改正，可以处以罚款；构成犯罪的，依法追究刑事责任。

2. 建筑施工企业单位违反规定的法律责任

根据《中华人民共和国建筑法》规定，未取得施工许可证或者开工报告未经批准擅自施工的，责令改正，对不符合开工条件的责令停止施工，可以处以罚款。

超越本单位资质等级承揽工程的，责令停止违法行为，处以罚款，可以责令停业整顿，降低资质等级；情节严重的，吊销资质证书；有违法所得的，予以没收。

未取得资质证书承揽工程的，予以取缔，并处罚款；有违法所得的，予以没收。

以欺骗手段取得资质证书的，吊销资质证书，处以罚款；构成犯罪的，依法追究刑事责任。

建筑施工企业转让、出借资质证书或者以其他方式允许他人以本企业的名义承揽工程的，责令改正，没收违法所得，并处罚款，可以责令停业整顿，降低资质等级；情节严重的，吊销资质证书。对因该项承揽工程不符合规定的质量标准造成的损失，建筑施工企业与使用本企业名义的单位或者个人承担连带赔偿责任。

承包单位将承包的工程转包的，或者违反本法规定进行分包的，责令改正，没收违法所得，并处罚款，可以责令停业整顿，降低资质等级；情节严重的，吊销资质证书。

承包单位有前款规定的违法行为的，对因转包工程或者违法分包的工程不符合规定的质量标准造成的损失，与接受转包或者分包的单位承担连带赔偿责任。

在工程发包与承包中索贿、受贿、行贿，构成犯罪的，依法追究刑事责任；不构成犯罪的，分别处以罚款。没收贿赂的财物，对直接负责的主管人员和其他直接责任人员给予处分。

对在工程承包中行贿的承包单位，除依照前款规定处罚外，可以责令停业整顿，降低资质等级或者吊销资质证书。

涉及建筑主体或者承重结构变动的装修工程擅自施工的，责令改正，处以罚款；造成损失的，承担赔偿责任；构成犯罪的，依法追究刑事责任。

建筑施工企业违反本法规定，对建筑安全事故隐患不采取措施予以消除的，责令改正，可以处以罚款；情节严重的，责令停业整顿，降低资质等级或者吊销资质证书；构成犯罪的，依法追究刑事责任。

建筑施工企业的管理人员违章指挥、强令职工冒险作业，因而发生重大伤亡事故或者造成其他严重后果的，依法追究刑事责任。

建筑施工企业在施工中偷工减料的，使用不合格的建筑材料、建筑构配件和设备的，或者有其他不按照工程设计图纸或者施工技术标准施工的行为的，责令改正，处以罚款；

情节严重的，责令停业整顿，降低资质等级或者吊销资质证书；造成建筑工程质量不符合规定的质量标准的，负责返工、修理，并赔偿因此造成的损失；构成犯罪的，依法追究刑事责任。

建筑施工企业违反《中华人民共和国建筑法》规定，不履行保修义务或者拖延履行保修义务的，责令改正，可以处以罚款，并对在保修期内因屋顶、墙面渗漏、开裂等质量缺陷造成的损失，承担赔偿责任。

3. 工程监理单位的法律责任

根据《中华人民共和国建筑法》规定，工程监理单位与建设单位或者建筑施工企业串通，弄虚作假、降低工程质量的，责令改正，处以罚款，降低资质等级或者吊销资质证书；有违法所得的，予以没收；造成损失的，承担连带赔偿责任；构成犯罪的，依法追究刑事责任。

工程监理单位转让监理业务的，责令改正，没收违法所得，可以责令停业整顿，降低资质等级；情节严重的，吊销资质证书。

4. 设计单位的法律责任

根据《中华人民共和国建筑法》规定，建筑设计单位不按照建筑工程质量、安全标准进行设计的，责令改正，处以罚款；造成工程质量事故的，责令停业整顿，降低资质等级或者吊销资质证书，没收违法所得，并处罚款；造成损失的，承担赔偿责任；构成犯罪的，依法追究刑事责任。

5. 处罚主体

根据《中华人民共和国建筑法》规定，责令停业整顿、降低资质等级和吊销资质证书的行政处罚，由颁发资质证书的机关决定；其他行政处罚，由建设行政主管部门或者有关部门依照法律和国务院规定的职权范围决定。

违反《中华人民共和国建筑法》规定被吊销资质证书的，由工商行政管理部门吊销其营业执照。

违反《中华人民共和国建筑法》规定，对不具备相应资质等级条件的单位颁发该等级资质证书的，由其上级机关责令收回所发的资质证书，对直接负责的主管人员和其他直接负责人员给予行政处分；构成犯罪的，依法追究刑事责任。

6. 政府及其所属部门的工作人员的法律责任

根据《中华人民共和国建筑法》规定，政府及其所属部门的工作人员违反《中华人民共和国建筑法》规定，限定发包单位将招标发包给指定的承包单位的，由上级机关责令改正；构成犯罪的，依法追究刑事责任。

负责颁发建筑工程许可证的部门及其工作人员对不符合施工条件的建筑工程颁发施工许可证的，负责工程质量监督检查或者竣工验收的部门及其工作人员对不合格的建筑工程出具质量合格文件或者按合格工程验收的，由上级机关责令改正，对责任人员给予行政处分；构成犯罪的，依法追究刑事责任；造成损失的，由该部门承担相应的赔偿责任。

第五章　安全生产相关法律

第一节　中华人民共和国刑法

刑法是规定犯罪、刑事责任和刑罚的法律。刑法有广义和狭义之分。广义刑法是指一切规定犯罪、刑事责任和刑罚的法律规范的总和。狭义刑法是指系统规定犯罪、刑事责任和刑罚的法律规范的刑法典，在我国，即指 1979 年 7 月 1 日第五届全国人民代表大会第二次全体会议通过、1997 年 3 月 14 日第八届全国人民代表大会第五次会议修订的《中华人民共和国刑法》(以下简称《刑法》)。

我国《刑法》开宗明义地指出其立法宗旨是“为了惩罚犯罪，保护人民”“刑法的任务是用刑罚同一切犯罪行为作斗争，以保卫国家安全，保卫人民民主专政的政权和社会主义制度，保护国有财产和劳动群众集体所有的财产，保护公民私人所有的财产，保护公民的人身权利、民主权利和其他权利，维护社会秩序、经济秩序，保障社会主义建设事业的顺利进行”。我国刑法对于犯罪与刑罚的规制涉及国家安全、公共安全、社会主义市场经济秩序、公民人身与民主权利、财产权利、社会管理秩序等诸多方面。

2006 年 6 月 29 日，第十届全国人大常委会第 22 次会议审议通过了《刑法修正案（六)》，对有关安全生产犯罪的条文作出了重要修改和补充。全国人大常委会修改《刑法》关于安全生产犯罪的规定，充分体现了党和国家加强安全生产法制建设，严惩安全生产犯罪的决心。

《刑法修正案（六)》对《刑法》原有的两条规定作出了修改，同时增加了两条新的规定。《刑法修正案（六)》对《刑法》原第一百三十四条、第一百三十五条规定的犯罪主体、犯罪行为和刑罚作出了修改。随着大型群众性活动的增多和事故责任追究力度的加大，构成公众（人员）聚集场所重特大事故和隐瞒不报、谎报或者拖延不报事故的犯罪时有发生。但是，因为原《刑法》中没有相关规定，以致追究犯罪分子的刑事责任于法无据。为了严惩这两类犯罪分子特别是隐瞒事故犯罪分子，《刑法修正案（六)》增加了第一百三十五条之一和第一百三十九条之一关于大型群众性活动重大安全事故罪和不报、谎报安全事故罪的两条规定。

一、刑法的基本理论

（一）刑法的基本原则

刑法的基本原则，是指体现刑法的性质和任务，贯穿于刑法始终的指导刑事立法和刑事司法的基本准则。1997 年修订的《刑法》结合我国同犯罪作斗争的具体经验和实际情况，在总则第三条、第四条、第五条分别规定了罪刑法定原则、适用刑法平等原则和罪刑相适应原则。

安全生产领域内刑事犯罪同样以刑法基本原则为指导，贯穿于定罪和量刑的始终。

1. 罪刑法定原则

《刑法》第三条规定："法律明文规定为犯罪行为的，依照法律定罪处刑；法律没有明文规定为犯罪行为的，不得定罪处刑。"这是我国刑法中罪刑法定原则的具体体现。

罪刑法定原则的含义是：什么是犯罪，有哪些犯罪，各种犯罪的构成条件是什么，有哪些刑种，各个刑种如何适用，以及各种具体罪的具体量刑幅度如何等，均由刑法加以规定。对于刑法分则没有明文规定为犯罪行为的行为，不得定罪处刑。概括起来说，就是"法无明文规定不为罪，法无明文规定不处罚"。

2. 适用刑法平等原则

《刑法》第四条规定："对任何人犯罪，在适用法律上一律平等。不允许任何人有超越法律的特权。"这是法律面前人人平等原则在刑事法律领域的具体化。

适用刑法人人平等原则的含义是：对任何人犯罪，不论犯罪人的家庭出身、社会地位、职业性质、财产状况、政治面貌、才能业绩如何，都应追究刑事责任，一律平等地适用刑法，依法定罪、量刑和行刑，不允许任何人有超越法律的特权。

3. 罪刑相适应原则

《刑法》第五条规定："刑罚的轻重，应当与犯罪分子所犯罪行和承担的刑事责任相适应。"罪刑相适应原则是指犯罪人所犯的罪行与应承担的刑事责任应当相当，重罪重判，轻罪轻判，罚当其罪，罪刑相称，不能重罪轻判，也不能轻罪重判。

罪刑相适应原则的含义是，犯多大的罪，就应当承担多大的刑事责任，法院也应判处其相应轻重的刑罚，做到重罪重罚，轻罪轻罚，罪刑相称，罚当其罪；在分析罪重罪轻和刑事责任大小时，不仅要看犯罪的客观社会危害性，而且要结合考虑行为人的主观恶性和人身危险性，把握罪行和罪犯各方面因素综合体系的社会危害性程度，从而确定其刑事责任程度，适用相应轻重的刑罚。

（二）犯罪的基本理论

1. 犯罪的定义

《刑法》第十三条规定："一切危害国家主权、领土完整和安全，分裂国家、颠覆人民民主专政的政权和推翻社会主义制度，破坏社会秩序和经济秩序，侵犯国有财产或者劳动群众集体所有的财产，侵犯公民私人所有的财产，侵犯公民的人身权利、民主权利和其他权利，以及其他危害社会的行为，依照法律应当受刑事处罚的，都是犯罪，但是情节显著轻微危害不大的，不认为是犯罪。"这一定义准确地揭示了我国现阶段犯罪的法律特征，同时也通过但书将罪与非罪（一般违法行为）区别开来。

2. 犯罪的基本特征

犯罪的基本特征是指犯罪行为区别于一般违法行为的核心要素，根据我国《刑法》第13条的规定，犯罪这种行为具有以下三个基本特征：

第一，犯罪是危害社会的行为，即具有一定的社会危害性。犯罪的社会危害性是指犯罪行为对刑法所保护的社会关系造成或可能造成这样或那样损害的特性。这是犯罪与一般违法行为、不道德行为的最大区别之处。

第二，犯罪是触犯刑律的行为，即具有刑事违法性。违法行为有各种各样的情况：有的是违反民事法律、法规，经济法律、法规，叫民事违法行为、经济违法行为；有的是违反行政法律、法规，叫行政违法行为。犯罪也是违法行为，但不是一般的违法行为，而是违反刑法即触犯刑律的行为，是刑事违法行为。违法并不都是犯罪，只有违反了刑法的才构成犯罪。

第三，犯罪是应受刑罚处罚的行为，即具有应受刑事处罚性。刑事处罚是犯罪的必然后果，某种行为一旦定罪，国家就必然进行刑事责任处罚，并且刑事责任处罚也只能加诸犯罪行为。

犯罪的上述三个基本特征相互联系，不可分割。同时，这三个基本特征对于认定安全生产相关领域的罪与非罪、此罪与彼罪具有重大意义。

3. 犯罪构成的要件

犯罪构成，是指我国刑法规定的某种行为构成犯罪所必须具备的主观要件和客观要件的总和。首先，犯罪构成所要求的主观要件和客观要件都必须是我国刑法所规定的；其次，犯罪构成是我国刑法的主观要件和客观要件的总和；最后，犯罪构成主观要件和客观要件说明的是犯罪成立所要求的基本事实特征，而不是一般的事实描述，更不是案件全部事实与情节不加选择的堆砌。应当指出，犯罪构成要件是说明案件情况的最重要的事实特征，并且必须在查明案件的全部事实与情节的基础上进行。

按照我国犯罪构成一般理论，我国刑法规定的犯罪都必须具备犯罪客体、犯罪的客观方面、犯罪主体和犯罪的主观方面这四个要件。具体来说，犯罪客体，就是指我国刑法所保护的，而为犯罪所侵害的社会主义社会关系。犯罪的客观方面，是指刑法所规定的、构成犯罪在客观上必须具备的危害社会的行为和由这种行为所引起的危害社会的结果。犯罪主体，就是实施了犯罪行为，依法应当承担刑事责任的人。我国刑法对犯罪主体规定了两种类型，一种是达到刑事责任年龄，具有刑事责任能力，实施了犯罪行为的自然人；另一种是实施了犯罪行为的企业、事业单位、国家机关、社会团体等单位。犯罪的主观要件，是指犯罪主体对自己实施的危害社会行为及其结果所持的心理态度，分为故意与过失两种情形。这四个要件是任何一个犯罪都必须具备的。

犯罪构成从根本上说明了犯罪成立的基本条件，对刑法理论和刑事司法实践具有重大的意义。只有精确地界定了犯罪构成要件，才能分清罪与非罪、此罪与彼罪。

4. 犯罪的预备、未遂与中止

犯罪的预备、未遂与中止，是故意犯罪行为发展中可能出现的几个不同的形态。这些形态都是相对于犯罪的既遂而言的，而犯罪的既遂是指犯罪人所实施的行为，已经具备了构成某一犯罪的一切要件。犯罪的预备、未遂与中止，都只存在于故意犯罪的情况之下，而且都是在实现犯罪目的的过程中发生的。

《刑法》第二十二条第一款规定："为了犯罪，准备工具，制造条件的，是犯罪预备。"犯罪的预备，是着手犯罪前的一种准备活动，是犯罪的最初阶段。"对于预备犯，可以比照既遂犯从轻、减轻处罚或者免除处罚。"

《刑法》第二十三条规定："已经着手实行犯罪，由于犯罪分子意志以外的原因而未得逞的，是犯罪未遂。对于未遂犯，可以比照既遂犯从轻或者减轻处罚。"

《刑法》第二十四条规定：“在犯罪过程中，自动放弃犯罪或者自动有效地防止犯罪结果发生的，是犯罪中止。对于中止犯，没有造成损害的，应当免除处罚；造成损害的，应当减轻处罚。”

5. 刑事责任

刑事责任是指依照刑事法律的规定，行为人实施刑事法律禁止的行为所必须承担的法律后果。这一后果只能由行为人自己承担。具备犯罪构成的要件是负刑事责任的依据。从主观方面说，凡法律规定达到一定年龄、精神正常的人故意或者过失犯罪，法律有规定的应负刑事责任；从客观方面说，某种行为侵犯刑事法律保护的社会关系并具有社会危害性的，应负刑事责任。然而，某些行为从表面上看已经具备犯罪构成的要件，但实际上并不危害社会，不负刑事责任。如无责任能力人的行为、正当防卫、紧急避险、实施有益于社会的行为等。

我国《刑法》第十七条规定：“已满十六周岁的人犯罪，应当负刑事责任。已满十四周岁不满十六周岁的人，犯故意杀人、故意伤害致人重伤或者死亡、强奸、抢劫、贩卖毒品、放火、爆炸、投毒罪的，应当负刑事责任。已满十四周岁不满十八周岁的人犯罪，应当从轻或者减轻处罚。因不满十六周岁不予刑事处罚的，责令他的家长或者监护人加以管教；在必要的时候，也可以由政府收容教养。”

我国《刑法》第二十条规定：“为了使国家、公共利益、本人或者他人的人身、财产和其他权利免受正在进行的不法侵害，而采取的制止不法侵害的行为，对不法侵害人造成损害的，属于正当防卫，不负刑事责任。正当防卫明显超过必要限度造成重大损害的，应当负刑事责任，但是应当减轻或者免除处罚。对正在进行行凶、杀人、抢劫、强奸、绑架以及其他严重危及人身安全的暴力犯罪，采取防卫行为，造成不法侵害人伤亡的，不属于防卫过当，不负刑事责任。”

我国《刑法》第二十一条规定：“为了使国家、公共利益、本人或者他人的人身、财产和其他权利免受正在发生的危险，不得已采取的紧急避险行为，造成损害的，不负刑事责任。紧急避险超过必要限度造成不应有的损害的，应当负刑事责任，但是应当减轻或者免除处罚。第一款中关于避免本人危险的规定，不适用于职务上、业务上负有特定责任的人。”

以上是我国刑法关于刑事责任年龄、正当防卫、紧急避险的法律规定。从理论上说，刑事责任的归责要素应当包括主观恶性、客观危害、刑事违法 3 个方面，满足上述 3 个要件，达到刑事责任年龄，同时不具有法定免除刑事责任事由的行为人应当承担刑事责任。

6. 刑罚的基本理论

刑罚权作为国家制裁犯罪人的一种权力，是国家的一种统治权，是国家基于其主权地位所拥有的确认犯罪行为范围、制裁犯罪行为以及执行这种制裁的权力。它不仅仅是一种适用刑罚的权力，实际上是决定、支配整个刑法的权力。刑罚是指审判机关依照刑法的规定剥夺犯罪人某种权益的一种强制处分。刑罚只适用于实施刑事法律禁止的行为的犯罪分子。在我国，刑罚只能由人民法院严格根据法律来适用，其目的是打击反抗和破坏社会主义制度的人，惩罚和改造罪犯，以维护社会主义秩序，巩固人民民主专政。

刑罚首先具有剥夺功能，剥夺功能意味着对犯罪人某种权益的剥夺；其次具有威慑功能，是指行为人因恐惧刑罚制裁而不敢实施犯罪行为；再次刑罚还具有改造功能，是指刑罚具有改变犯罪人的价值观念和行为方式，使其成为社会有用之人的作用；最后刑罚具有安抚功能，是指国家通过对犯罪适用和执行刑罚，能够在一定程度上满足受害人及其家属要求惩罚罪犯的强烈报复愿望，可以平息或缓和给被害人以及社会其他成员造成的激愤情绪，使他们在心理上、精神上得到安抚。

(三) 安全生产犯罪

为了制裁安全生产违法犯罪分子，《安全生产法》关于追究刑事责任的规定计十三条，如果违反了其中任何一条规定而构成犯罪的，都要依照《刑法》追究刑事责任。《刑法》有关安全生产犯罪的罪名主要有重大责任事故罪、重大劳动安全事故罪、大型群众性活动重大安全事故罪、不报、谎报安全事故罪、危险物品肇事罪、提供虚假证明文件罪以及国家工作人员职务犯罪等。依照《刑事诉讼法》的规定，追究刑事责任的执法主体是法定的司法机关，即按照各自的职责分工，分别由公安机关、检察机关和人民法院追究刑事责任，由人民法院依法作出最终的司法判决。

二、生产经营单位及其有关人员犯罪及其刑事责任

(一) 重大责任事故罪

《刑法》第一百三十四条第一款规定："在生产、作业中违反有关安全管理的规定，因而发生重大伤亡事故或者造成其他严重后果的，处三年以下有期徒刑或者拘役；情节特别恶劣的，处三年以上七年以下有期徒刑。"

重大责任事故罪，是指在生产、作业中违反有关安全管理的规定，因而发生重大伤亡事故或者造成其他严重后果的行为。

重大责任事故罪的构成要件包括以下 4 个方面：

(1) 本罪侵犯的客体是生产、作业的安全。生产、作业的安全是各行各业都十分重视的问题。在生产过程中，出现一点问题都有可能导致正常生产秩序的破坏，甚至发生重大伤亡事故，造成财产损失。同时，生产安全也是公共安全的重要组成部分，危害生产安全同样会使不特定多数人的生命、健康或者公私财产遭受重大损失。

(2) 客观方面表现为在生产、作业中违反有关安全生产的规定，因而发生重大伤亡事故或者造成其他严重后果的行为。违反有关安全管理的规定而发生重大伤亡事故或者造成其他严重后果，是重大责任事故罪的本质特征。其在实践中多表现为"不服管理""违反规章制度"。

(3) 犯罪主体为一般主体。根据最高人民法院、最高人民检察院于 2015 年 12 月 14 日公布的《最高人民法院、最高人民检察院关于办理危害生产安全刑事案件适用法律若干问题的解释》(以下简称《若干问题的解释》) 第一条规定："刑法第一百三十四条第一款规定的犯罪主体，包括对生产、作业负有组织、指挥或者管理职责的负责人、管理人员、实际控制人、投资人等人员，以及直接从事生产、作业的人员。"

(4) 主观方面表现为过失。行为人在生产、作业中违反有关安全管理规定，可能是出于故意，但对于其行为引起的严重后果而言，则是过失，因为行为人对其行为造成的严重后果是不希望发生的，之所以发生了安全事故，是由于行为人在生产过程中严重不负责

任，疏忽大意或者对事故隐患不积极采取补救措施，轻信能够避免，结果导致安全事故的发生。

（二）强令违章冒险作业罪

《刑法》第一百三十四条第二款："强令他人违章冒险作业，因而发生重大伤亡事故或者造成其他严重后果的，处五年以下有期徒刑或者拘役；情节特别恶劣的，处五年以上有期徒刑。"

强令违章冒险作业罪，是指强令他人违章冒险作业，因而发生重大伤亡事故或者造成其他严重后果的行为。本罪是《刑法修正案（六）》第一条第二款增设的新罪名。其构成要件包括以下 4 个方面：

（1）本罪侵犯的客体是作业的安全。强令他人违章冒险作业，是对正常的作业安全秩序的严重扰乱和破坏，发生了危害公共安全的后果，即危害了不特定多数人的生命、健康和公私财产的安全。

（2）客观方面表现为强令他人违章冒险作业，因而发生重大伤亡事故或者造成其他严重后果的行为。

（3）犯罪主体为一般主体。根据《若干问题的解释》，《刑法》第一百三十四条第二款规定的犯罪主体，包括对生产、作业负有组织、指挥或者管理职责的负责人、管理人员、实际控制人、投资人等人员。

（4）主观方面为过失。

本条第二款的行为不是第一款的加重处罚情节，而是一个独立的罪名，但同时应注意本罪是结果犯，即行为人虽然实施了强令他人违章冒险作业的行为，但如果没有发生重大伤亡事故或者造成其他严重后果，只属于一般责任事故，不构成犯罪。

（三）重大劳动安全事故罪

《刑法》第一百三十五条规定："安全生产设施或者安全生产条件不符合国家规定，因而发生重大伤亡事故或者造成其他严重后果的，对直接负责的主管人员和其他直接责任人员，处三年以下有期徒刑或者拘役；情节特别恶劣的，处三年以上七年以下有期徒刑。"

重大劳动安全事故罪，是指安全生产设施或者安全生产条件不符合国家规定，因而发生重大伤亡事故或者造成其他严重后果的行为。其构成要件是：

（1）本罪侵犯的客体是生产安全。保护劳动者在生产过程中的安全与健康，是生产经营单位的法律义务和责任。

（2）客观方面表现为安全生产设施或者安全生产条件不符合国家规定，因而发生重大伤亡事故或者造成其他严重后果的行为。

（3）犯罪主体为一般主体，是指对发生重大伤亡事故或者造成其他严重后果负有责任的事故发生单位的主管人员和其他直接责任人员。根据《若干问题的解释》，《刑法》第一百三十五条规定的"直接负责的主管人员和其他直接责任人员"，是指对安全生产设施或者安全生产条件不符合国家规定负有直接责任的生产经营单位负责人、管理人员、实际控制人、投资人，以及其他对安全生产设施或者安全生产条件负有管理、维护职责的人员。

（4）主观方面由过失构成。即行为人应当预见到安全生产设施或者安全生产条件不符合国家规定所产生的后果，但由于疏忽大意没有预见或者虽然已经预见，但轻信可以避免，结果导致发生了重大安全生产事故。

本罪与重大责任事故罪都是涉及违反安全生产规定的犯罪，在适用范围上的区别在于：前者强调劳动场所的硬件设施或者对劳动者提供的安全生产防护用品和防护措施不符合国家规定，追究的是所在单位的责任，考虑到发生安全事故的单位须立即整改，其安全措施、安全生产条件达到国家规定，以及对安全事故伤亡人员进行治疗、赔偿，需要大量资金，所以该条在处罚上只追究“直接负责的主管人员和其他责任人员”的刑事责任，没有规定对单位处罚资金，属于实行单罚制的单位犯罪。后者主要强调自然人在生产、作业过程中违章操作或者强令他人违章作业而引起安全事故的行为。

（四）大型群众性活动重大安全事故罪

《刑法》第一百三十五条之一规定：“举办大型群众性活动违反安全管理规定，因而发生重大伤亡事故或者造成其他严重后果的，对直接负责的主管人员和其他直接责任人员，处三年以下有期徒刑或者拘役；情节特别恶劣的，处三年以上七年以下有期徒刑。”

大型群众性活动重大安全事故罪，是指举办大型群众性活动违反安全管理规定，因而发生重大伤亡事故或者造成其他严重后果的行为。本罪是2006年6月29日《刑法修正案（六）》第三条增设的新罪名。

（1）本罪侵犯的客体是公共安全。这是针对一些大型活动的组织者只顾举办活动从中谋取利益，把广大群众的安全置之脑后，致使在大型群众性活动中出现现场秩序严重混乱、失控，造成人员挤压、踩踏等恶性伤亡事故而设置的。

（2）客观方面表现为举办大型群众性活动违反安全管理规定，因而发生重大伤亡事故或者造成其他严重后果的行为。“安全管理规定”是指国家有关部门为保证大型群众性活动安全、顺利举行制定的管理规定。

（3）犯罪主体为对发生大型群众性活动重大安全事故“直接负责的主管人员和其他直接责任人员”。“直接负责的主管人员”，是指大型群众活动的策划者、组织者和举办者；“其他直接责任人员”，是指对大型活动的安全举行、紧急预案负有具体落实和执行职责的人员。

（4）主观方面表现为过失。即行为人对举办大型群众性活动违反安全管理规定所发生的重大伤亡事故或者造成的其他严重后果具有疏忽大意或者过于自信的主观心理。

（五）不报、谎报安全事故罪

《刑法》第一百三十九条之一规定：“在安全事故发生后，负有报告职责的人员不报或者谎报事故情况，贻误事故抢救，情节严重的，处三年以下有期徒刑或者拘役；情节特别严重的，处三年以上七年以下有期徒刑。”

不报、谎报安全事故罪，是指在安全事故发生后，负有报告责任的人员不报或者谎报事故情况，贻误事故抢救，情节严重的行为。本罪是《刑法修正案（六）》第四条增设的新罪名。

（1）本罪侵犯的客体是安全事故监管制度。本罪主要是针对近年来一些事故单位的责任人和对安全事故负有监管职责的人员在事故发生后弄虚作假，结果贻误事故抢救，造成人员伤亡和财产损失进一步扩大的行为而增设的。

（2）客观方面表现为安全事故发生之后，负有报告职责的人员不报或者谎报事故情况，贻误事故抢救，情节严重的行为。《中华人民共和国安全生产法》第一百零六条规定，生产经营单位的主要负责人在本单位发生生产安全事故时，不立即组织抢救或者在事故调查处理期间擅离职守或者逃匿的，给予降级、撤职的处分，并由安全生产监督管理部门处上一年年收入百分之六十至百分之一百的罚款；对逃匿的处十五日以下拘留；构成犯罪的，依照刑法有关规定追究刑事责任。生产经营单位的主要负责人对生产安全事故隐瞒不报、谎报或者迟报的，依照前款规定处罚。该法第一百零七条规定，有关地方人民政府、负有安全生产监督管理职责的部门，对生产安全事故隐瞒不报、谎报或者迟报的，对直接负责的主管人员和其他直接责任人员依法给予处分；构成犯罪的，依照刑法有关规定追究刑事责任。

（3）犯罪主体为对安全事故“负有报告职责的人员”。“安全事故”不仅限于安全生产经营单位发生的安全生产事故、大型群众性活动中发生的重大伤亡事故，还包括刑法分则第二章规定的所有与安全事故有关的犯罪，但第一百三十三条、第一百三十八条除外，因为这两条已将不报告作为构成犯罪的条件之一。根据前文中所提到的《若干问题的解释》第四条的规定，刑法第一百三十九条之一规定的“负有报告职责的人员”，是指负有组织、指挥或者管理职责的负责人、管理人员、实际控制人、投资人，以及其他负有报告职责的人员。

（4）主观方面表现为故意。安全事故发生后明知应当报告，主观上具有不报、谎报安全事故真相的故意。

三、关于生产安全犯罪适用《刑法》的司法解释

为依法惩治危害生产安全犯罪，根据《刑法》有关规定，最高人民法院、最高人民检察院 2015 年 12 月 14 日公布了《最高人民法院、最高人民检察院关于办理危害生产安全刑事案件适用法律若干问题的解释》。

《若干问题的解释》共 17 条，包括生产安全犯罪的犯罪主体、定罪标准、疑难问题的法律适用、国家工作人员职务犯罪的行为和刑事责任、刑事处罚和量刑情节等。

（一）重大责任事故罪和重大劳动安全事故罪的定罪标准

《若干问题的解释》第六条第一款规定，实施刑法第一百三十四条第一款、第一百三十五条规定的行为，因而发生安全事故，具有下列情形之一的，应当认定为“造成严重后果”或者“发生重大伤亡事故或者造成其他严重后果”：

（1）造成死亡一人以上，或者重伤三人以上的。

（2）造成直接经济损失一百万元以上的。

（3）造成其他严重后果或者重大安全事故的情形。

（二）疑难问题的法律适用依据

1. 共同犯罪

《若干问题的解释》第九条规定，在安全事故发生后，与负有报告职责的人员串通，

不报或者谎报事故情况，贻误事故抢救，情节严重的，依照刑法第一百三十九条之一的规定，以共犯论处。

2. 数罪并罚

《若干问题的解释》第十二条规定，实施“采取弄虚作假、行贿等手段，故意逃避、阻挠负有安全监督管理职责的部门实施监督检查”的行为，同时构成刑法第三百八十九条规定的犯罪的，依照数罪并罚的规定处罚。

（三）国家机关工作人员职务犯罪

《若干问题的解释》第十五条规定，国家机关工作人员在履行安全监督管理职责时滥用职权、玩忽职守，致使公共财产、国家和人民利益遭受到重大损失的，或者徇私舞弊，对发现的刑事案件依法应当移交司法机关追究刑事责任而不移交，情节严重的，分别依照刑法第三百九十七条、第四百零二条的规定，以滥用职权罪、玩忽职守罪或者徇私舞弊不移交刑事案件罪定罪处罚。

（四）量刑情节的规定

《若干问题的解释》第七条第一款规定，实施刑法第一百三十四条第一款、第一百三十五条规定的行为，因而发生安全事故，具有下列情形之一的，对相关责任人员，处三年以上七年以下有期徒刑：

（1）造成死亡三人以上或者重伤十人以上，负事故主要责任的。

（2）造成直接经济损失五百万元以上，负事故主要责任的。

（3）其他造成特别严重后果、情节特别恶劣或者后果特别严重的情形。

《若干问题的解释》第八条第一款规定，在安全事故发生后，负有报告职责的人员不报或者谎报事故情况，贻误事故抢救，具有下列情形之一的，应当认定为刑法第一百三十九条之一规定的“情节严重”：

（1）导致事故后果扩大，增加死亡一人以上，或者增加重伤三人以上，或者增加直接经济损失一百万元以上的。

（2）实施下列行为之一，致使不能及时有效开展事故抢救的：

① 决定不报、迟报、谎报事故情况或者指使、串通有关人员不报、迟报、谎报事故情况的；

② 在事故抢救期间擅离职守或者逃匿的；

③ 伪造、破坏事故现场，或者转移、藏匿、毁灭遇难人员尸体，或者转移、藏匿受伤人员的；

④ 毁灭、伪造、隐匿与事故有关的图纸、记录、计算机数据等资料以及其他证据的。

（3）其他情节严重的情形。

《若干问题的解释》第八条第二款规定，具有下列情形之一的，应当认定为《刑法》第一百三十九条之一规定的“情节特别严重”：

（1）导致事故后果扩大，增加死亡三人以上，或者增加重伤十人以上，或者增加直接经济损失五百万元以上的。

（2）采用暴力、胁迫、命令等方式阻止他人报告事故情况，导致事故后果扩大的。

（3）其他情节特别严重的情形。

第二节　中华人民共和国行政处罚法

1996 年 3 月 17 日，第八届全国人民代表大会第四次会议通过了《中华人民共和国行政处罚法》(以下简称《行政处罚法》)，自同年 10 月 1 日起施行。2009 年 8 月 27 日第十一届全国人大常委会第十次会议第一次修正，2017 年 9 月 1 日第十二届全国人民代表大会常务委员会第二十九次会议第二次修正。《行政处罚法》的立法目的是为了规范行政处罚的设定和实施，保障和监督行政机关有效实施行政管理，维护公共利益和社会秩序，保护公民、法人或者其他组织的合法权益。《行政处罚法》的通过和实行，是中国法治史上的一个里程碑。

一、行政处罚概述

（一）行政处罚的概念、特征和种类

1. 行政处罚的概念

行政处罚是指国家行政机关和法律、法规授权的组织依照有关法律、法规和规章，对公民、法人或者其他组织违反行政管理秩序的行为所实施的行政惩戒。对实施处罚的主体来说，行政处罚是一种制裁性行政行为，对承受处罚的主体来说，行政处罚是一种惩罚性的行政法律责任。行政处罚的目的是为了维护社会治安和社会秩序，保障国家的安全和公民的权利。

理解行政处罚的概念应注意以下 5 点：①行政处罚的处罚主体是行政机关或者法律法规授权的组织。②行政处罚以行政违法为前提。③行政处罚的对象是违反行政法律法规的公民、法人或其他组织。④行政处罚的性质是一种行政制裁。⑤行政处罚是违法者承担行政法律责任的一种表现形式。

2. 行政处罚的特征

行政处罚具有下列特征：

（1）行政处罚由法定的国家机关和组织实施。行政处罚的实施机关主要是国家行政机关；经法律、法规授权的组织和行政机关依法委托的组织也可以实施行政处罚。

（2）行政处罚的对象是实施了违法行为，应当给予处罚的行政相对人。行政相对人是指行政管理的对象，亦称行政管理相对人。实施行政处罚时的行政相对人，是指违反行政管理法律、法规和规章并应受行政制裁的人。依照《行政处罚法》的规定，行政相对人包括公民、法人或者其他组织。凡是违反行政法律法规的公民、法人或其他组织，都属于处罚的对象。

（3）行政处罚是对违法行为人的制裁，具有惩戒性。行政处罚是对有违反行政法律规范尤其是违反行政管理秩序的行政相对人的人身自由、财产、名誉或其他权益的限制或者剥夺，或者对其科以新的义务，体现了强烈的制裁性或惩戒性，目的是惩戒违法、警戒和教育违法者并预防新的违法行为的发生。

（4）行政处罚必须在法律规定范围内实施。《行政处罚法》第三条规定：“公民、法人或者其他组织违反行政管理秩序的行为，应当给予行政处罚的，依照本法由法律、法规或者规章规定，没有法定依据的，行政处罚无效。”第十五条规定：“行政处罚由具有行政处罚权的行政机关在法定职权范围内实施。”

（5）行政处罚必须依照法定程序实施。根据《行政处罚法》的规定，行政机关必须依照本法规定的程序实施，不遵守法定程序的，行政处罚无效。法律规定实施行政处罚的程序主要有简易程序、一般程序和听证程序。

3. 行政处罚的种类

行政处罚的种类，是行政处罚外在的具体表现形式。根据不同的标准，行政处罚有不同的分类。

以对违法行为人的何种权利采取制裁措施为标准，行政法学上通常将行政处罚的种类分为四种：

（1）人身自由罚。即对违法公民的人身自由权利进行限制或剥夺的处罚。如行政拘留、劳动教养等。

（2）行为罚。又称能力罚、资格罚。即以剥夺或限制人的资格为内容的处罚。如责令停产停业、吊销营业执照等。

（3）财产罚。即使被处罚人的财产权利和利益受到损害的行政处罚。如罚款、没收违法所得、销毁违禁物品等。

（4）声誉罚。即对违法者的名誉、荣誉、信誉或精神上的利益造成一定损害的行政处罚。如警告、通报批评、剥夺荣誉称号等。

现行法律、法规和规章针对不同违反行政管理的行为，设定了多种行政处罚。为了规范行政处罚，《行政处罚法》对最常见的、实施最多的主要行政处罚的种类作了统一的概括性规定。《行政处罚法》第八条规定：“行政处罚的种类：①警告；②罚款；③没收违法所得、没收非法财物；④责令停产停业；⑤暂扣或者吊销许可证、暂扣或者吊销执照；⑥行政拘留；⑦法律、行政法规规定的其他处罚。”其中，法律、行政法规规定的其他处罚包括责令停止违法行为、责令改正、关闭等等。《行政处罚法》的规定，为在实践中的具体操作提供了法律依据。

（二）行政处罚的基本原则

根据《行政处罚法》的规定，行政处罚应遵循如下基本原则：

1. 处罚法定原则

《行政处罚法》第三条规定了处罚法定原则，它包含 3 层意思：①实施处罚的主体法定；②处罚依据法定；③处罚程序法定。

2. 处罚公正、公开原则

《行政处罚法》第四条规定了处罚公正、公开原则。结合该法的其他有关规定，处罚公正原则是指行政处罚的设定和实施必须与相对人的违法事实、性质、情节以及社会危害程度相当。处罚公开原则就是指行政处罚的依据、过程及结果必须公开。

3. 处罚与教育相结合原则

《行政处罚法》第五条规定了处罚与教育相结合原则。处罚是为了更好的教育，不教育单纯处罚是专制，但是仅仅教育往往达不到预期目的，辅助以处罚，让违法者感受到痛苦，就会促使其避免或者减少违法行为。处罚和教育都是手段，在行政处罚中应当灵活掌握。

4. 权利保障原则

《行政处罚法》第六条规定："公民、法人或者其他组织对行政机关所给予的行政处罚，享有陈述权、申辩权；对行政处罚不服的，有权依法申请行政复议或者提起行政诉讼。公民、法人或者其他组织因行政机关违法给予行政处罚受到损害的，有权依法提出赔偿要求。"据此，在行政处罚的实施中必须对行政相对人的权利予以保障，行政相对人享有陈述权、申辩权、申请复议权、行政诉讼权、请求行政赔偿的权利以及要求举行听证的权利。这些权利的确定是宪法保障人权的具体体现。

5. 一事不再罚原则

行政处罚实施中对当事人的同一个违法行为，一个或者多个行政机关多次处以罚款的行政处罚，既不符合法理，又会出现重复处罚即"一事二罚"的问题。为了规范行政处罚，防止滥施行政处罚权，《行政处罚法》第二十四条规定："对当事人的同一个违法行为，不得给予两次以上罚款的行政处罚。"据此，一事不再罚原则可以界定为：对行为人的同一违法行为，不得给予两次以上同类（罚款）处罚。一个行政机关不得对同一个违法行为多次罚款，其他行政机关不得对已经实施罚款的同一个违法行为再次罚款。但是如果一个违法行为，同时违反了两个以上的法律法规规定，可以分别按照违反的法律进行处罚，但处罚的结果可以在一定范围内折算。

（三）行政相对人的权利

为了保证行政处罚活动的合法、适当，规范行政处罚实施机关及其工作人员的行政执法活动，防止行政违法和滥施行政处罚权，切实保障行政相对人的合法权利，《行政处罚法》赋予行政相对人 5 项权利。

1. 陈述权

当行政处罚实施机关对行政相对人实施行政处罚时，行政相对人有权如实陈述与行政处罚相关的事实、情节。行政处罚实施机关应当告知并保证行政相对人行使陈述权，不得以任何理由和借口剥夺、阻止行政相对人行使陈述权。

2. 申辩权

行政相对人对行政处罚实施机关给予的行政处罚的违法事实认定、证据提取、适用法律和行政处罚种类、幅度持有异议的，有权为自己辩解并提出证据，要求行政处罚实施机关予以调查核实。行政处罚实施机关应当对行政相对人申辩的事实、证据和理由予以调查核实，依法作出给予或者不予行政处罚的决定。

3. 复议权

在行政处罚实施过程中难免会出现一些行政违法行为，为了保证行政处罚的正确实施，纠正行政处罚实施机关的错误，必须给予行政相对人法律救济的权利和途径。为此，国家制定了《行政复议法》，赋予行政相对人申请行政复议的权利。公民、法人或者其他组织认为具体行政行为侵犯其合法权益，有权向行政机关提出行政复议申请，复议机关应当依法受理行政复议、作出行政复议决定。为了保障行政相对人的复议权，《行政处罚法》规定，公民、法人或者其他组织对行政处罚不服的，有权依法申请行政复议。

4. 诉讼权

行政机关或其上一级行政机关依法作出行政复议决定后，行政相对人不服的，仍然有权向人民法院提起行政诉讼，维护自己的合法权利。《中华人民共和国行政诉讼法》规定，公民、法人或者其他组织认为行政机关和行政机关工作人员的行政行为侵犯其合法权益，有权依照本法提起诉讼。行政诉讼既可以由行政相对人直接向人民法院提起，也可以经行政复议后再向人民法院提起，但法律规定不得提起行政诉讼的除外。因此，《行政处罚法》规定，公民、法人或者其他组织对行政处罚不服的，有权依法提起行政诉讼。

5. 索赔权

一些行政处罚实施机关及其工作人员违法实施行政处罚，侵犯了行政相对人合法权益，造成其人身损害和经济损失。依照《国家赔偿法》的规定："国家机关和国家机关工作人员行使职权，有本法规定的侵犯公民、法人和其他组织合法权益的情形，造成损害的，受害人有依照本法取得国家赔偿的权利。"行政机关在行使职权时有《国家赔偿法》规定的侵犯受害人的人身权和财产权的情形之一的，受害人有取得赔偿的权利，行政机关应当依法给予行政赔偿。《行政处罚法》第六条第二款规定："公民、法人或者其他组织因行政机关违法给予行政处罚受到损害的，有权依法提出赔偿要求。"

二、行政处罚的设定

（一）行政处罚设定概述

1. 行政处罚设定

"设定"是《行政处罚法》所贡献出的一个重要概念。在此之前，行政处罚的设定问题一直没有引起我国学界特别是实务部门的关注。在行政处罚的实践中，往往将处罚的设定权与规定权及行政管理权相混同。从本质上来说，行政处罚的设定权属于立法权的范畴。《行政处罚法》在制定时，针对有些行政机关乱设行政处罚的情况，专设一章规定了行政处罚的种类和设定，对行政处罚的设定形式和权限作出了严格而明确的规定，从法律上规定了法律、行政法规、地方性法规、行政规章可以设定行政处罚。

2. 行政处罚设定权

行政处罚设定权是指国家机关依照职权和实际需要，在有关法律、法规或者规章中，创制或设立行政处罚的权力。行政处罚关系到公民、法人或其他组织的重要权利和利益，对其设定，必须加以必要的限定。

（二）行政处罚设定权的立法配置

1. 法律设定的行政处罚

《行政处罚法》第九条规定："法律可以设定各种行政处罚。"而且在第二款中规定："限制人身自由的行政处罚，只能由法律设定。"这一条规定体现了法律保留原则。

2. 行政法规设定的行政处罚

《行政处罚法》第十条规定："行政法规可以设定除限制人身自由以外的行政处罚。法律对违法行为已经作出行政处罚规定，行政法规需要作出具体规定的，必须在法律规定的给予行政处罚的行为、种类和幅度的范围内规定。"行政法规的制定机关是国务院，国务院是最高行政机关，是执行机关。法律的设定比较抽象，不利于执行，允许行政法规在法律规定的范围内设定具体处罚，体现了灵活性。

3. 地方性法规设定的行政处罚

《行政处罚法》第十一条规定："地方性法规可以设定除限制人身自由、吊销企业营业执照以外的行政处罚。法律、行政法规对违法行为已经作出行政处罚规定，地方性法规需要作出具体规定的，必须在法律、行政法规规定的给予行政处罚的行为、种类和幅度的范围内规定。"地方性法规的制定机关是地方的人民代表大会及其常委会。我国幅员辽阔，各地的经济发展不均衡，允许地方发挥主观能动性，有利于地方经济发展。但由于我国是单一制国家，地方立法不得与中央立法相抵触。

4. 部门规章设定的行政处罚

国务院各部委制定的规章可以在法律、行政法规规定给予行政处罚的行为、种类和幅度的范围内作出具体规定。尚未制定法律、行政法规的，国务院各部委制定的规章对违反行政管理秩序的行为，可以设定警告和一定数量罚款的行政处罚。《行政处罚法》授权国务院规定罚款的限额，国务院规定部门规章设定罚款的行政处罚的数量为3万元以下，超过限额的，应当报国务院批准。国务院可以授权具有行政处罚权的直属机构依照上述规定，设定行政处罚。

5. 地方政府规章设定的行政处罚

省、自治区、直辖市人民政府和省、自治区人民政府所在地的市人民政府以及国务院批准的较大的市人民政府制定的规章，可以在法律、法规规定的给予行政处罚的行为、种类和幅度的范围内作出具体规定。尚未制定法律、法规的，上述人民政府制定的规章对违反行政管理秩序的行为，可以设定警告或者一定数量罚款的行政处罚。罚款的限额由省、自治区、直辖市人民政府规定。

（三）处罚设定权的立法限制

1. 正面限制

行政处罚设定权是为公民、法人或其他组织设定义务的立法行为，国家对此是非常慎重的，因此在《行政处罚法》条文内明确规定了正面限制。例如规定行政法规不能设定限制人身自由的行政处罚，地方性法规不能设定限制人身自由、吊销企业营业执照的行政处罚，行政规章不能设定授权以外的行政处罚。

2. 反面限制

《行政处罚法》第十四条规定："除本法第九条、第十条、第十一条、第十二条及第十三条的规定外，其他规范性文件不得设定处罚权。"这一条的规定就是对行政处罚设定权的反面限制，它以法律的形式明确规定只有法律、行政法规、地方性法规、行政规章、地方政府规章可以设定行政处罚，其他规范性文件不得设定行政处罚。

三、行政处罚的实施主体

行政处罚的实施主体是指能够享有行政处罚权，进行处罚行为的组织。作为对公民权益影响较大的行政职权，必须对处罚权行使者作严格的规定。根据《行政处罚法》第十五条、第十六条、第十七条、第十八条和第十九条的规定，行政处罚的法定实施主体包括以下三种：

（一）具有法定处罚权的国家行政机关

行政处罚的主要实施主体是法律、法规和规章规定的国家行政机关。行政处罚权作为行政管理的重要手段，应当由行政机关行使，但并不是任何行政机关都可以行使处罚权，只有法律、法规和规章的明确授权，即依法取得特定的行政处罚权的行政机关才能行使。如《安全生产法》第一百一十条规定："本法规定的行政处罚，由安全生产监督管理部门和其他负有安全生产监督管理职责的部门按照职责分工决定。予以关闭的行政处罚由负有安全生产监督管理职责的部门报请县级以上人民政府按照国务院规定的权限决定；给予拘留的行政处罚由公安机关依照治安管理处罚法的规定决定。"这条规定将违反《安全生产法》规定的违法行为的处罚权赋予了负责安全生产监督管理的部门，但对于关闭、拘留以及有关法律、行政法规对处罚决定机关另有规定的处罚，根据实际作了例外规定。同时，为解决多头执法、执法扰民现象，《行政处罚法》确定了相对集中行政处罚权制度，《行政处罚法》第十六条规定："国务院或者经国务院授权的省、自治区、直辖市人民政府可以决定一个行政机关行使有关行政机关的行政处罚权，但限制人身自由的行政处罚权只能由公安机关行使。"

（二）法律、法规授权的组织

《行政处罚法》第十七条规定："法律、法规授权的具有管理公共事务职能的组织可以在法定授权范围内实施行政处罚。"在此，授权只能是由法律、法规明确、直接授权，规章不能授权，并且接受授权的组织应当是具有管理公共事务职能的组织，这种主体属于非行政机关的行政执法主体。这类行政执法主体有权以自己的名义，按照法定授权和法定程序，独立实施行政处罚并对行政处罚的后果承担法律责任。

（三）受行政机关依法委托的组织

为了补充行政处罚实施力量的不足，加强行政处罚的力度，法律允许行政机关依法将自己拥有的行政处罚权委托给具备法定条件的非行政组织行使。《行政处罚法》第十八条规定，行政机关依照法律、法规或者规章的规定，可以在其法定权限内委托符合本法第十九条规定条件的组织实施行政处罚。行政机关不得委托其他组织或者个人实施行政处罚。委托行政机关对受委托的组织实施行政处罚的行为应当负责监督，并对该行为的后果承担法律责任。受委托的组织在委托范围内，以委托机关的名义实施行政处罚；不得再委托其他组织或者个人实施行政处罚。《行政处罚法》第十九条明确规定受委托组织必须符合下列条件：一是依法成立的管理公共事务的事业组织；二是具有熟悉有关法律、法规、规章和业务的工作人员；三是对违法行为需要进行技术检查或者技术鉴定的，应当有条件组织进行相应的技术检查或者技术鉴定。

四、处罚的管辖和适用

（一）行政处罚的管辖

行政处罚的管辖，是指行政处罚实施主体之间对违法案件实施行政处罚的权限分工。管辖所要解决的问题，是对一个具体的处罚案件确定由哪个享有处罚权的主体实施处罚。

1. 职能管辖

行政处罚的职能管辖是依法管理不同事项的行政机关依据各自的法定职权在实施行政处罚上所作的分工。《行政处罚法》第十五条规定："行政处罚由具有行政处罚权的行政机关在法定职权范围内实施。”

2. 地域管辖

地域管辖又称一般管辖或者属地管辖，它是以违法行为发生地作为确定管辖权的依据，以违法行为发生地的行政机关管辖为一般原则，即违法行为发生在何处，就由当地有行政处罚权的行政机关管辖，这样便于及时发现和查处违法行为。《行政处罚法》第二十条规定：“行政处罚由违法行为发生地的县级以上地方人民政府具有行政处罚权的行政机关管辖。法律、行政法规另有规定的除外。”我国绝大多数行政处罚适用地域管辖。

3. 级别管辖

行政处罚的级别管辖是根据行政机关的级别确定其管辖范围。《行政处罚法》第二十条规定：“行政处罚由违法行为发生地的县级以上地方人民政府具有行政处罚权的行政机关管辖。法律、行政法规另有规定的除外。”据此，县级以上地方人民政府具有行政处罚权的行政机关有权实施行政处罚，县级以下的行政机关无权实施行政处罚。我国行政机关各职能部门的设置大多在县级以上，县级又是我国按区域实行管理较为基层的单位，这些都为行政处罚的实施提供了保障。如果法律、行政法规对级别管辖有特别规定的，应按特别规定进行管辖。

4. 指定管辖

指定管辖主要是由于共同管辖的存在而产生的，两个以上行政机关对同一违法行为均享有行政处罚权时，为共同管辖，而共同管辖的处理规则一般是由行政机关相互协商或按惯例等方式解决，但当异议无法消除，行政机关管辖权发生争议时，应当报请他们共同的上一级行政机关，由上一级行政机关来确定由谁管辖。《行政处罚法》第二十一条规定：“对管辖发生争议的，报请共同的上一级行政机关指定管辖。”

（二）行政处罚的适用

行政处罚的适用是处罚实施主体对违法案件具体运用行政处罚法规范实施处罚的活动。行政处罚是一项专业性极强的行政管理手段，因而必须在适用过程中遵循相应的规则，正确地实施行政处罚，为此，《行政处罚法》设定了行政处罚适用一章，对行政处罚的适用规则作了详细的规定。

1. 应受处罚的构成要件

应受处罚的构成要件是指某种行为受到行政处罚所必须具备的条件，它是实施行政处罚时必须加以确认的。具体的构成要件是：①必须已经实施了违法行为。违法事实已经客观存在，不能将行为人主观想象或者计划设想当作违法行为。②违法行为属于违反行政法规范的性质，行政处罚只能针对违反行政法规范的行为。③实施违法行为的人是具有责任能力的行政管理相对人。受到行政处罚的相对人是公民、法人和其他组织，其中法人和其他组织都是具有责任能力的责任主体，可以适用行政处罚，而对于公民则必须是达到责任年龄、具备责任能力的，才能实施处罚。因此，《行政处罚法》规定：不满 14 岁的人有违法行为，不予行政处罚；精神病人在不能辨认或者不能控制自己行为时有违法行为的，不予行政处罚。④依法应当受到处罚。相对人有违法行为存在，但因有些违法行为可能尚未达到受处罚的程度，或者因法律有特别规定而不应给予处罚的，行政机关不能对其实施行政处罚，只有法律明确规定应受到处罚的违法行为，才能适用行政处罚。

2. 从轻或者减轻处罚

从轻处罚是指在行政处罚的法定种类和幅度内，适用较轻的种类或者处罚的下限给予处罚，但不能低于法定处罚幅度的最低限度。减轻处罚是指在法定处罚幅度的最低限以下给予处罚。根据《行政处罚法》的规定，从轻或者减轻处罚适用以下情况：①已满 14 周岁不满 18 周岁的人有违法行为的。②主动消除或者减轻违法行为危害后果的。③受他人胁迫有违法行为的。④配合行政机关查处违法行为有立功表现的。⑤其他依法从轻或者减轻行政处罚的。

3. 不予处罚的规定

不予处罚是指行为人虽然实施了违法行为，但由于具有特定的情形而不给予处罚。《行政处罚法》规定有下列情形的不予处罚：①不满 14 周岁的人有违法行为的。②精神病人在不能辨认或者不能控制自己行为时有违法行为的。③违法行为轻微并及时纠正，没有造成危害后果的。

4. 行政处罚的追诉时效

行政处罚的追诉时效是指对违法行为人追究责任，给予行政处罚的有效期限。如果超出这个期限，则不再实施行政处罚。《行政处罚法》第二十九条规定："违法行为在二年内未被发现的，不再给予行政处罚。法律另有规定的除外。前款规定的期限，从违法行为发生之日起计算；违法行为有连续或者继续状态的，从行为终了之日起计算。"连续状态是指行为人连续实施数个同一种类的违法行为，如 1 个月内每天都在销售盗版光盘。继续状态是指一个违法行为在时间上的延续，如制作盗版光盘先后花了 15 天的时间。追诉时效为两年，属一般规定，如果法律有特别规定的，则依法律规定。

5. 适用上的其他问题

（1）对未成年人的适用。未成年人处于发育期，生理和心理尚未成熟，不能独立地控制、辨别自己的行为的合法性，可能会实施违反行政管理秩序的违法行为。针对未成年人的特点，法律规定不满 14 周岁的人有违法行为的，不予行政处罚，责令监护人加以管教；已满 14 周岁不满 18 周岁的人有违法行为的，从轻或者减轻行政处罚。

（2）对精神病人的适用。精神病人在不能辨认或者不能控制自己行为时有违法行为，不予行政处罚，但应责令其监护人严加看管和治疗。间歇性精神病人在精神正常时有违法行为的，应当给予行政处罚。

（3）案件移送。《行政处罚法》第二十二条规定："违法行为构成犯罪的，行政机关必须移交司法机关，依法追究刑事责任。"在行政机关查处违反行政管理秩序的违法行为时，发现违法行为涉嫌构成犯罪的，除依法实施行政处罚之外，应当依法将案件移送具有管辖权的司法机关，追究刑事责任。行政机关不得"以罚代刑"。

（4）责令改正规则。《行政处罚法》第二十三条规定："行政机关实施行政处罚时，应当责令当事人改正或者限期改正违法行为。"

（5）罚刑可相抵规则。《行政处罚法》第二十八条规定："违法行为构成犯罪，人民法院判处拘役或者有期徒刑时，行政机关已经给予当事人行政拘留的，应当依法折抵刑期。违法行为构成犯罪，人民法院判处罚金时，行政机关已经给予当事人罚款的，应当折抵相应罚金。"

五、行政处罚的决定

（一）一般规定

1. 决定行政处罚的原则

《行政处罚法》第三十条规定："公民、法人或者其他组织违反行政管理秩序的行为，依法应当给予行政处罚的，行政机关必须查明事实；违法事实不清的，不得给予行政处罚。"

2. 处罚前的告知义务

《行政处罚法》第三十一条规定："行政机关在作出行政处罚决定之前，应当告知当事人作出行政处罚决定的事实、理由及依据，并告知当事人依法享有的权利。"

3. 当事人的权利

《行政处罚法》第三十二条规定："当事人有权进行陈述和申辩。行政机关必须充分听取当事人的意见，对当事人提出的事实、理由和证据，应当进行复核；当事人提出的事实、理由或者证据成立的，行政机关应当采纳。行政机关不得因当事人申辩而加重处罚。"

《行政处罚法》第四十一条规定："行政机关及其执法人员在作出行政处罚决定之前，不依照本法第三十一条、第三十二条的规定向当事人告知给予行政处罚的事实、理由和依据，或者拒绝听取当事人的陈述、申辩，行政处罚决定不能成立；当事人放弃陈述或者申辩权利的除外。"

（二）行政处罚的决定程序

行政处罚的决定程序是指处罚主体在决定给予处罚过程中所要遵循的步骤与方式。行政处罚决定程序有简易和一般两种程序，听证是一般程序中的特殊程序，不是独立程序。

1. 简易程序

处罚的简易程序又称为当场处罚程序，指在具备某些条件的情况下，由执法人员当场作出行政处罚的决定的步骤、方式、时限和形式等过程。《行政处罚法》第三十三条规定："违法事实确凿并有法定依据，对公民处以 50 元以下、对法人或者其他组织处以 1000 元以下罚款或者警告的行政处罚的，可以当场作出行政处罚决定。"

根据《行政处罚法》的规定，简易程序包括：①表明身份；②说明处罚理由；③给予当事人陈述和申辩的机会；④制作笔录；⑤制作当场处罚决定书；⑥备案。《行政处罚法》第三十四条规定："执法人员当场作出行政处罚决定的，应当向当事人出示执法身份证件，填写预定格式、编有号码的行政处罚决定书。行政处罚决定书应当当场交付当事人。前款规定的行政处罚决定书应当载明当事人的违法行为、行政处罚依据、罚款数额、时间、地点以及行政机关名称，并由执法人员签名或者盖章。执法人员当场作出的行政处罚决定，必须报所属行政机关备案。"

当事人对当场作出的行政处罚决定不服的，可以依法申请行政复议或者提起行政诉讼。

2. 一般程序

行政处罚的一般程序，即作出行政处罚决定应经过的正常普通程序。除了当场作出的行政处罚以外，其他行政处罚应当适用一般程序。根据《行政处罚法》的规定，一般程序包括：①立案。②调查取证。③审查调查结果。在决定作出前依法应向当事人履行告知义务，听取当事人的陈述、申辩。④制作行政处罚决定书。《行政处罚法》第三十六条规定："除本法第三十三条规定的可以当场作出的行政处罚外，行政机关发现公民、法人或者其他组织有依法应当给予行政处罚的行为的，必须全面、客观、公正地调查，收集有关证据；必要时，依照法律、法规的规定，可以进行检查。"第三十七条规定："行政机关在调查或者进行检查时，执法人员不得少于两人，并应当向当事人或者有关人员出示证件。当事人或者有关人员应当如实回答询问，并协助调查或者检查，不得阻挠。询问或者检查应当制作笔录。行政机关在收集证据时，可以采取抽样取证的方法；在证据可能灭失或者以后难以取得的情况下，经行政机关负责人批准，可以先行登记保存，并应当在七日内及时作出处理决定，在此期间，当事人或者有关人员不得销毁或者转移证据。执法人员与当事人有直接利害关系的，应当回避。"

根据《行政处罚法》第三十八条的规定，对违法行为调查终结，行政机关负责人应当审查调查结果，酌情分别作出决定：

（1）确有应受行政处罚的违法行为的，根据情节轻重及具体情况，作出行政处罚决定。

（2）违法行为轻微，依法可以不予行政处罚的，不予行政处罚。

（3）违法事实不能成立的，不得给予行政处罚。

（4）违法行为已构成犯罪的，移送司法机关。

对情节复杂或者重大违法行为给予较重的行政处罚，行政机关的负责人应当集体讨论决定。

在行政机关负责人作出决定之前，应当由从事行政处罚决定审核的人员进行审核。行政机关中初次从事行政处罚决定审核的人员，应当通过国家统一法律职业资格考试取得法律职业资格。

行政机关依照一般程序给予行政处罚，应当制作行政处罚决定书，行政处罚决定书应当载明下列事项：

（1）当事人的姓名或者名称、地址。

（2）违反法律、法规或者规章的事实和证据。

（3）行政处罚的种类和依据。

（4）行政处罚的履行方式和期限。

（5）不服行政处罚决定，申请行政复议或者提起行政诉讼的途径和期限。

（6）作出行政处罚决定的行政机关名称和作出决定的日期。

行政处罚决定书必须盖有作出行政处罚决定的行政机关的印章。

关于行政处罚决定书的交付，根据《行政处罚法》第四十条规定："行政处罚决定书应当在宣告后当场交付当事人；当事人不在场的，行政机关应当在七日内依照民事诉讼法的有关规定，将行政处罚决定书送达当事人。"

3. 听证程序

听证程序是指对重大行政处罚决定作出之前，在违法案件调查承办人员和当事人一方的参与下，由行政机关专门人员主持听取当事人申辩、质证和意见，进一步核实证据和查清事实，以保证处理结果合法、公正的程序。《行政处罚法》第四十二条规定："行政机关作出责令停产停业、吊销许可证或者执照、较大数额罚款等行政处罚决定之前，应当告知当事人有要求举行听证的权利；当事人要求听证的，行政机关应当组织听证。当事人不承担行政机关组织听证的费用。"

根据《行政处罚法》第四十二条的规定，听证依照以下程序组织：

（1）当事人要求听证的，应当在行政机关告知后三日内提出。

（2）行政机关应当在听证的七日前，通知当事人举行听证的时间、地点。

（3）除涉及国家秘密、商业秘密或者个人隐私外，听证公开举行。

（4）听证由行政机关指定的非本案调查人员主持；当事人认为主持人与本案有直接利害关系的，有权申请回避。

（5）当事人可以亲自参加听证，也可以委托一至二人代理。

（6）举行听证时，调查人员提出当事人违法的事实、证据和行政处罚建议；当事人进行申辩和质证。

（7）听证应当制作笔录；笔录应当交当事人审核无误后签字或者盖章。

当事人对限制人身自由的行政处罚有异议的，依照治安管理处罚法的有关规定执行。听证结束后，行政机关依照本法第三十八条的规定，作出决定。

六、行政处罚的执行

（一）执行主体

执行主体可以分为广义和狭义两个概念，广义的执行主体是指执行行政处罚的执法人员和因违法行为而被处罚的行政相对人。两方因行政处罚而共同成为执行主体。狭义的执行主体不包括行政相对人。本章所指的执行主体即为狭义的执行主体。包括：①法律法规赋予其行政处罚职权的行政机关、社会团体；②法律法规授权可以实施行政处罚权的组织；③有行政处罚权的行政机关委托实施处罚权的其他组织；④人民法院（无处罚权的机关和组织可以申请人民法院执行）。

（二）执行程序

行政处罚执行程序，是指确保行政处罚决定所确定的内容得以实现的程序。执行程序是完成行政处罚的重要程序，行政处罚决定一旦作出，就具有法律效力，处罚决定中所确定的义务必须得到履行。处罚执行程序有三项重要内容：

1. 实行处罚机关与收缴罚款机构相分离

《行政处罚法》确立了罚款决定机关与收缴罚款机构相分离的制度，在行政处罚决定作出后，作出罚款决定的行政机关及其工作人员不能自行收缴罚款，而由当事人自收到处罚决定书之日起 15 日内到指定的银行缴纳罚款，银行将收缴的罚款直接上缴国库。但在以下情况下，可以当场收缴罚款：①依法给予 20 元以下罚款的；②不当场收缴事后难以执行的；③在边远、水上、交通不便地区，当事人向指定的银行缴纳罚款确有困难，经当事人提出，行政机关及其执法人员可以当场收缴罚款。行政机关及其执法人员当场收缴罚款的，必须向当事人出具省、自治区、直辖市财政部门统一制发的罚款收据；不出具财政部门统一制发的罚款收据的，当事人有权拒绝缴纳罚款。执法人员当场收缴的罚款，应当自收缴罚款之日起二日内，交至行政机关；在水上当场收缴的罚款，应当自抵岸之日起二日内交至行政机关；行政机关应当在二日内将罚款缴付指定的银行。

2. 严格实行收支两条线

罚款必须全部上交国库。执法人员当场收缴的罚款，应当按规定的期限上缴所在的行政机关，行政机关则应按规定的期限交付给指定银行。《行政处罚法》第五十三条规定："罚款、没收违法所得或者没收非法财物拍卖的款项，必须全部上缴国库，任何行政机关或者个人不得以任何形式截留、私分或者变相私分；财政部门不得以任何形式向作出行政处罚决定的行政机关返还罚款、没收的违法所得或者返还没收非法财物的拍卖款项。"

3. 行政处罚的强制执行

行政处罚决定做出之后，当事人应当在法定期限内自觉履行处罚决定所设定的义务。《行政处罚法》第四十四条规定："行政处罚决定依法作出后，当事人应当在行政处罚决定的期限内，予以履行。"当事人对行政处罚决定不服申请行政复议或者提起行政诉讼的，行政处罚不停止执行，法律另有规定的除外。如果当事人没有正当理由逾期不履行，则导致强制执行。根据《行政处罚法》的规定实行强制执行有三种措施：①到期不缴纳罚款的，每日按罚款数额的3%加处罚款；②查封、扣押的财物拍卖或者将冻结的存款划拨抵缴罚款；③申请人民法院强制执行。

七、法律责任

（一）行政责任

《行政处罚法》专设一章规定法律责任，其中对行政机关工作人员违法实施行政处罚但未构成犯罪的行为，规定由有关部门依法追究其行政责任，给予处分。对非国家工作人员违反《行政处罚法》应当追究行政责任的，给予行政处罚。

（二）民事责任

对于因违法实施行政处罚而侵犯行政相对方的合法权利和利益构成民事责任的，违法的行政机关、执法人员应当赔偿受害行政相对方的利益，该返还的返还，该赔偿的赔偿。

（三）刑事责任

行政处罚实施机关及其工作人员必须严格依法公正地实施行政处罚，行政机关如果违法实施行政处罚，要追究直接负责的主管人员和其他直接责任人员相应的法律责任；如果违法实施行政处罚情节严重，依法追究直接负责的主管人员和其他直接责任人员的刑事责任。《行政处罚法》第五十八条、第六十条、第六十一条和第六十二条规定行政机关及其执法人员的相关违法行为情节严重构成犯罪的，都要依法追究直接负责的主管人员和其他直接责任人员的刑事责任。

第三节　中华人民共和国劳动法

1994年7月5日第八届全国人民代表大会常务委员会第八次会议审议通过《中华人民共和国劳动法》(以下简称《劳动法》)，自1995年1月1日起施行。《劳动法》的立法目的是为了保护劳动者的合法权益，调整劳动关系，建立和维护适应社会主义市场经济的劳动制度，促进经济发展和社会进步。在中华人民共和国境内的企业、个体经济组织（以下统称用人单位）和与之形成劳动关系的劳动者，适用《劳动法》。国家机关、事业组织、社会团体和与之建立劳动合同关系的劳动者，依照《劳动法》执行。

一、劳动安全卫生的规定

（一）安全卫生的基本要求

1. 劳动者的权利

《劳动法》第三条在劳动卫生方面赋予了劳动者享有以下权利：劳动者享有平等就业和选择职业的权利、取得劳动报酬的权利、休息休假的权利、获得劳动安全卫生保护的权利、接受职业技能培训的权利、享受社会保险和福利的权利、提请劳动争议处理的权利以及法律规定的其他劳动权利。

同时，根据《劳动法》相关规定，劳动者有权依法参加和组织工会。工会代表和维护劳动者的合法权益，依法独立自主地开展活动。劳动者依照法律规定，通过职工大会、职工代表大会或者其他形式，参与民主管理或者就保护劳动者合法权益与用人单位进行平等协商。对于用人单位管理人员违章指挥、强令冒险作业的，劳动者有权拒绝执行；对危害生命安全和身体健康的行为，劳动者有权提出批评、检举和控告。

2. 劳动者的义务

《劳动法》第三条设定了劳动者需要履行的 4 项义务：一是劳动者应当完成劳动任务。二是劳动者应当提高职业技能。三是劳动者应当执行劳动安全卫生规程。四是劳动者应当遵守劳动纪律和职业道德。

3. 用人单位的义务

《劳动法》第五十二条规定：“用人单位必须建立、健全劳动安全卫生制度，严格执行国家劳动安全卫生规程和标准，对劳动者进行劳动安全卫生教育，防止劳动过程中的事故，减少职业危害。”

《劳动法》同时规定，用人单位的劳动安全卫生设施必须符合国家规定的标准。新建、改建、扩建工程的劳动安全卫生设施必须与主体工程同时设计、同时施工、同时投入生产和使用。而且，用人单位必须为劳动者提供符合国家规定的劳动安全卫生条件和必要的劳动防护用品，对从事有职业危害作业的劳动者应当定期进行健康检查。

（二）女职工和未成年工特殊保护

女职工和未成年人由于生理等原因不适宜从事某些危险性较大或者劳动强度较大的劳动，属于弱势群体，应当在劳动就业上给予特殊的保护。《劳动法》明确规定，国家对女工和未成年工实行特殊保护。未成年工是指年满 16 周岁未满 18 周岁的劳动者。《劳动法》同时对女职工和未成年人专门作出了特殊保护的规定。

1. 女工保护

一是禁止用人单位安排女工从事矿山井下、国家规定的第四级体力劳动强度的劳动和其他禁忌从事的劳动。二是禁止用人单位安排女职工在经期从事高处、低温、冷水作业和国家规定的第三级体力劳动强度的劳动。三是禁止用人单位安排女职工在怀孕期间从事国家规定的第三级体力劳动强度的劳动和孕期禁忌从事的活动。对怀孕7个月以上的职工，不得安排其延长工作时间和夜班劳动。四是禁止用人单位安排女职工在哺乳未满1周岁婴儿期间从事国家规定的第三级体力劳动强度的劳动和哺乳期禁忌从事的其他劳动，不得延长其工作时间和安排夜班劳动。

2. 未成年工保护

一是禁止用人单位安排未成年工从事矿山井下、有毒有害、国家规定的第四级体力劳动强度的劳动和其他禁忌从事的劳动。二是要求用人单位应当对未成年工定期进行健康检查。

二、劳动安全卫生监督检查的规定

（一）劳动监察

（1）县级以上各级人民政府劳动行政部门依法对用人单位遵守劳动法律、法规的情况进行监督检查，对违反劳动法律、法规的行为有权制止，并责令改正。

（2）县级以上各级人民政府劳动行政部门监督检查人员执行公务，有权进入用人单位了解执行劳动法律、法规的情况，并对劳动场所进行检查。县级以上各级人民政府劳动行政部门监督检查人员执行公务，必须出示证件，秉公执法并遵守有关规定。

（二）有关部门的监督

县级以上各级人民政府有关部门在各自职责范围内，对用人单位遵守劳动法律、法规的情况进行监督。

（三）工会的监督

各级工会依法维护劳动者的合法权益，对用人单位遵守劳动法律、法规的情况进行监督。任何组织和个人对于违反劳动法律、法规的行为有权检举和控告。

三、劳动安全卫生违法行为实施行政处罚的决定机关

（一）劳动安全卫生监督管理体制的改革

根据1998年全国人大批准的国务院机构改革方案，国务院决定将由原劳动部负责的全国安全生产综合监督管理职能，改由国家经济贸易委员会行使。2003年，国务院又决定撤销国家经济贸易委员会，将其负责的全国安全生产综合监督管理职能，改由国家安全生产监督管理局行使。2005年2月23日，国务院决定将国家安全生产监督管理局升格为国家安全生产监督管理总局，由其负责全国安全生产综合监督管理职能。国家的安全生产监督管理体制改革和职责分工调整后，各级人民政府劳动行政部门不再负责安全生产综合监督管理工作，改由各级人民政府安全生产综合监督管理部门负责。

（二）劳动安全卫生监管和行政执法的机关

依照《安全生产法》和国务院的规定，现由县级以上人民政府负责安全生产监督管理的部门负责履行《劳动法》赋予劳动行政部门负责的劳动安全卫生监督管理的职责，行使《劳动法》中有关劳动安全卫生监督管理和行政执法的职权。县级以上人民政府劳动行政部门依照法律和本级人民政府的规定，行使劳动安全卫生以外的其他劳动活动的监督管理和行政执法的职权。

第四节　中华人民共和国劳动合同法

2007 年 6 月 29 日，第十届全国人大常委会第二十八次会议审议通过了《中华人民共和国劳动合同法》(以下简称《劳动合同法》)，自 2008 年 1 月 1 日起施行。2012 年 12 月 28 日，第十一届全国人大常委会第三十次会议通过修改决定。《劳动合同法》是一部关系广大劳动者劳动权益的重要法律。《劳动合同法》的立法目的是为了完善劳动合同制度，明确劳动合同双方当事人的权利和义务，保护劳动者的合法权益，构建和发展和谐稳定的劳动关系。

一、《劳动合同法》的基础理论

（一）《劳动合同法》的适用范围

《劳动合同法》第二条规定，中华人民共和国境内的企业、个体经济组织、民办非企业单位等组织（以下称用人单位）与劳动者建立劳动关系，订立、履行、变更、解除或者终止劳动合同，适用本法。国家机关、事业单位、社会团体和与其建立劳动关系的劳动者，订立、履行、变更、解除或者终止劳动合同，依照本法执行。

《劳动合同法》在《劳动法》的基础上，扩大了适用范围，增加了民办非企业单位等组织作为用人单位，并且将事业单位聘用制做工人员也纳入本法调整范围。此外，《劳动合同法》还根据征求意见的情况和现实劳动关系的规定，对非全日制用工作了专门规定。

（二）劳动合同订立的基本原则

《劳动合同法》第三条规定，订立劳动合同，应当遵循合法、公平、平等自愿、协商一致、诚实信用的原则。依法订立的劳动合同具有约束力，用人单位与劳动者应当履行劳动合同约定的义务。

劳动合同订立的基本原则包括以下 5 个方面：

1. 合法原则

所谓合法，就是劳动合同的形式和内容必须符合法律、法规的规定。首先，劳动合同的形式要合法。比如除非全日制用工外，劳动合同需要以书面形式订立，这是《劳动合同法》对劳动合同形式的要求。如果是口头合同，当双方发生争议，用人单位要承担不签订书面合同的法律后果；其次是劳动合同的内容要合法。

2. 公平原则

所谓公平，是指劳动合同的内容应当公平、合理，就是在符合法律规定的前提下，劳动合同的双方公正、合理地确立双方的权利和义务。公平是法律的价值选择之一，也是社会公德的体现。

3. 平等自愿原则

这个原则包含两个方面，一方面平等原则是指劳动者和用人单位在订立劳动合同时在法律地位上是平等的，没有高低、从属之分，不存在命令与服从、管理与被管理的关系；另一方面自愿原则是指订立劳动合同完全是出于劳动者和用人单位双方的真实意志，是双方协商一致达成的，任何一方不得把自己的意志强加于另一方。根据自愿原则，任何单位和个人都不得强迫劳动者订立劳动合同。

4. 协商一致原则

协商一致要求用人单位和劳动者对劳动合同的内容达成一致意见。合同是双方意思表示一致的结果，劳动合同是合同的一种类型，也受到自由意志协商一致的制约。在订立劳动合同时，用人单位和劳动者都要仔细研究合同的每项内容，进行充分的沟通和协商，解决分歧，达成一致意见。

5. 诚实信用原则

诚实信用原则是我国民事法律原则中的帝王条款，具有重大的理论与实践指导意义。具体到《劳动合同法》，简单地说就是订立劳动合同要诚实，讲信用。《劳动合同法》第八条规定，用人单位在招用劳动者时，应当如实告知劳动者工作内容、工作条件、工作地点、职业危害、安全生产状况、劳动报酬以及劳动者要求了解的其他情况；用人单位有权了解劳动者与劳动合同直接相关的基本情况，劳动者应当如实说明。这些都是诚实信用原则的具体要求。

（三）协调劳动关系的三方机制

《劳动合同法》第五条规定，县级以上人民政府劳动行政部门会同工会和企业方面代表，建立健全协调劳动关系三方机制，共同研究解决有关劳动关系的重大问题。

协调劳动关系三方协商机制，也称劳动关系三方原则，根据国际劳工组织 1976 年第 144 号《三方协商促进国际劳工标准公约》的规定，三方机制是指政府（通常以劳动部门为代表）、雇主和工人之间，就制定和实施经济和社会政策而进行的所有交往和活动。即由政府、雇主组织和工会通过一定的组织机构和运作机制共同处理所涉及劳动关系的问题，如劳动立法、经济与社会政策的制定、就业和劳动条件、劳动争议处理以及对产业行为的规范与防范。

1. 三方机制的组成

三方机制应当由代表政府的劳动行政部门、代表职工的地方总工会和代表用人单位的企业代表组成，而且这三方的职能不能相互替代，各有侧重和相互独立，相互没有隶属关系。

2. 三方机制针对的问题

根据《工会法》和《劳动合同法》的规定，三方机制要解决的是有关劳动关系的重大问题，如劳动就业、劳动报酬、社会保险、职业培训、劳动争议、劳动安全卫生、工作时间和休息休假、集体合同和劳动合同等。

（四）工会的职责与作用

《劳动合同法》第六条规定，工会应当帮助、指导劳动者与用人单位依法订立和履行劳动合同，并与用人单位建立集体协商机制，维护劳动者的合法权益。

工会是职工自愿结合的工人阶级的群众性组织。维护职工合法权益是工作的基本职责。根据《工会法》的规定，工会在维护全国人民总体利益的同时，代表和维护职工的合法权益。工会必须密切联系职工，听取和反映职工的意见和要求，关心职工的生活，帮助职工解决困难，全心全意为职工服务。工会依照法律的规定通过职工代表大会或者其他形式，组织职工参与本单位的民主决策、民主管理和民主监督。

根据《劳动合同法》规定，工会的作用体现在：一方面工会应当帮助、指导劳动者与用人单位依法订立和履行劳动合同；另一方面工会还应与用人单位建立集体协商机制。集体协商机制是工会作为职工代表与企业方就涉及职工权利的事项，为达成一致意见而建立的沟通和协商解决机制。集体协商的内容包括职工的民主管理，签订集体合同和监督集体合同的履行，涉及职工权利的规章制度的制定、修改，企业职工的劳动报酬、工作时间和休息休假等双方认为需要协商的事项。经协商达成一致意见的，工会一方应当向职工传达，要求职工遵守执行；企业方也应当按照协商结果执行。

二、劳动合同的建立及相关权利义务

（一）劳动合同的建立与内容

1. 劳动合同的订立

用人单位自用工之日起即与劳动者建立劳动关系。用人单位应当建立职工名册备查。

《劳动合同法》第八条规定，用人单位招用劳动者时，应当如实告知劳动者工作内容、工作条件、工作地点、职业危害、安全生产状况、劳动报酬，以及劳动者要求了解的其他情况；用人单位有权了解劳动者与劳动合同直接相关的基本情况，劳动者应当如实说明。

所谓劳动关系，是指劳动者与用人单位在实现劳动过程中建立的社会关系。《劳动合同法》将实际用工作为建立劳动关系的标准有其合理性，是劳动关系的应有之义，同时也有利于保护劳动者的合法权益。在劳动合同的订立过程中，有关用人单位的情况和具体劳动岗位等信息严重不对称，劳动者往往缺乏有效途径全面了解有关劳动合同的情况，同时，用人单位作为一个组织体，对其各项制度和劳动合同有关情况是非常清楚的。这种信息的不对称，导致劳动者很难公平地、平等自愿地订立劳动合同。为了平衡用人单位和劳动者信息不对称的地位，防止用人单位利用信息优势侵害劳动者合法权益，《劳动合同法》规定了用人单位如实告知的义务。

2. 劳动合同的内容

《劳动合同法》第十七条规定，劳动合同应当具备以下条款：

（1）用人单位的名称、住所和法定代表人或者主要负责人。

（2）劳动者的姓名、住址和居民身份证或者其他有效身份证件号码。

（3）劳动合同期限。

（4）工作内容和工作地点。

（5）工作时间和休息休假。

（6）劳动报酬。

（7）社会保险。

（8）劳动保护、劳动条件和职业危害防护。

（9）法律、法规规定应当纳入劳动合同的其他事项。

劳动合同除前款规定的必备条款外，用人单位与劳动者可以约定试用期、培训、保守秘密、补充保险和福利待遇等其他事项。

（二）试用期、服务期和竞业限制的约定

1. 用人单位享有依法约定试用期的权利

试用期是用人单位通过约定一定时间的试用来检验劳动者是否符合本单位特定工作岗位工作要求的制度。这对双方互相了解、双向选择，具有积极意义。在国际上，这也是劳动合同制度的普遍做法，试用期的长短根据工作岗位的需要不同，有长有短。同时，为了防止有些用人单位滥用试用期，《劳动合同法》第十九条规定，劳动合同期限三个月以上不满一年的，试用期不得超过一个月；劳动合同期限一年以上不满三年的，试用期不得超过二个月；三年以上固定期限和无固定期限的劳动合同，试用期不得超过六个月。同一用人单位与同一劳动者只能约定一次试用期。以完成一定工作任务为期限的劳动合同或者劳动合同期限不满三个月的，不得约定试用期。试用期包含在劳动合同期限内。劳动合同仅约定试用期的，试用期不成立，该期限为劳动合同期限。《劳动合同法》第二十条规定，劳动者在试用期的工资不得低于本单位相同岗位最低档工资或者劳动合同约定工资的百分之八十，并不得低于用人单位所在地的最低工资标准。

2. 用人单位享有依法约定服务期的权利

用人单位出资培训劳动者是现代企业的普遍做法，为了保障用人单位的合法权利，防止劳动者通过专门培训获得专业知识和技能后“跳槽”，使用人单位的期待利益落空，《劳动合同法》第二十二条规定，用人单位为劳动者提供专项培训费用，对其进行专业技术培训的，可以与该劳动者订立协议，约定服务期。劳动者违反服务期约定的，应当按照约定向用人单位支付违约金。违约金的数额不得超过用人单位提供的培训费用。用人单位要求劳动者支付的违约金不得超过服务期尚未履行部分所应分摊的培训费用。用人单位与劳动者约定服务期的，不影响按照正常的工资调整机制提高劳动者在服务期期间的劳动报酬。

3. 用人单位享有依法约定竞业限制的权利

竞业限制是在劳动关系结束后，要求劳动者（主要是高级管理人员和高级技术人员）在法定时间内不得与原单位同业竞争，继续保守原用人单位的商业秘密和与知识产权相关的保密事项。在现实生活中常有这样的情况：某一行业由于竞争激烈，劳动者特别是技术人员相对短缺，同业之间相互“挖人”的现象相当普遍，这种恶性竞争直接影响企业发展。商业秘密和与知识产权相关的保密事项关乎企业的竞争能力，有时甚至直接影响到企业的生存。我国法律一贯重视对知识产权和商业秘密的保护，公司法、反不正当竞争法都有相应的规定。

《劳动合同法》赋予了用人单位与劳动者约定竞业限制的权利，第二十三条规定，用人单位与劳动者可以在劳动合同中约定保守用人单位的商业秘密和与知识产权相关的保密事项。对负有保密义务的劳动者，用人单位可以在劳动合同或者保密协议中与劳动者约定竞业限制条款，并约定在解除或者终止劳动合同后，在竞业限制期限内按月给予劳动者经济补偿。劳动者违反竞业限制约定的，应当按照约定向用人单位支付违约金。

《劳动合同法》第二十四条规定，竞业限制的人员限于用人单位的高级管理人员、高级技术人员和其他负有保密义务的人员。竞业限制的范围、地域、期限由用人单位与劳动者约定，竞业限制的约定不得违反法律、法规的规定。在解除或者终止劳动合同后，负有保密义务的人员到与本单位生产或者经营同类产品、从事同类业务的有竞争关系的其他用人单位，或者自己开业生产或者经营同类产品、从事同类业务的竞业限制期限，不得超过2年。

三、劳动合同履行及相关权利义务

（一）劳动者的批评、检举和控告权利

《劳动合同法》第三十二条规定，劳动者拒绝用人单位管理人员违章指挥、强令冒险作业的，不视为违反劳动合同。劳动者对危害生命安全和身体健康的劳动条件，有权对用人单位提出批评、检举和控告。

（二）劳动者解除合同及获得经济补偿的权利

劳动者提前三十日以书面形式通知用人单位，可以解除劳动合同。劳动者在试用期内提前三日通知用人单位，可以解除劳动合同。

《劳动合同法》第三十八条规定，用人单位有下列情形之一的，劳动者可以解除劳动合同：

（1）未按照劳动合同约定提供劳动保护或者劳动条件的。

（2）未及时足额支付劳动报酬的。

（3）未依法为劳动者缴纳社会保险费的。

（4）用人单位的规章制度违反法律、法规的规定，损害劳动者权益的。

（5）因本法第二十六条第一款规定的情形致使劳动合同无效的。

（6）法律、行政法规规定劳动者可以解除劳动合同的其他情形。

用人单位以暴力、威胁或者非法限制人身自由的手段强迫劳动者劳动的，或者用人单位违章指挥、强令冒险作业危及劳动者人身安全的，劳动者可以立即解除劳动合同，不需事先告知用人单位。

《劳动合同法》第四十六条规定，劳动者依照本法第三十八条规定解除劳动合同的，用人单位应当向劳动者支付经济补偿。

（三）用人单位依法解除劳动合同的权利

在保持劳动力市场的生机和活力的前提下，构建和谐稳定的劳动关系是《劳动合同法》的出发点。《劳动合同法》延续了《劳动法》的有关规定，在赋予劳动者依法解除劳动合同的权利的同时，也赋予用人单位依法解除劳动合同的权利。用人单位在以下情形下，可以解除劳动合同：与劳动者协商一致，可以解除劳动合同；劳动者有违法、违纪、违规行为的，可以解除劳动合同；用人单位可以依法进行经济性裁员；劳动者不能从事或者胜任工作的，或者劳动合同订立时依据的客观情况发生重大变化，致使劳动合同无法履行的，用人单位提前三十日以书面形式通知劳动者本人或者额外支付劳动者一个月工资后，可以解除劳动合同。

（四）禁止用人单位单方解除情形

根据《劳动合同法》第三十九条、第四十条、第四十一条的规定，出现法定情形时，用人单位可以单方解除劳动合同，但为保护一些特定群体劳动者的合法权益，本条又规定在法定情形下，禁止用人单位根据本法第四十条、第四十一条的规定单方解除劳动合同。《劳动合同法》第四十二条规定，劳动者有下列两种情形之一的，用人单位不得依照本法

第四十条、第四十一条的规定解除劳动合同，这两种情形均涉及职业病防治等方面的权利保护：

（1）从事接触职业病危害作业的劳动者未进行离岗前职业健康检查，或者疑似职业病病人在诊断或者医学观察期间的。受到职业病威胁的劳动者以及职业病人是社会弱势群体，非常需要国家的关怀和法律的保障，因此，《职业病防治法》的一个重要特点是以保护劳动者的合法权益为基本出发点，给予劳动者法律保障。

（2）在本单位患职业病或者因工负伤并被确认丧失或者部分丧失劳动能力的。职业病是劳动者在生产劳动及其职业活动中，接触职业性有害物质引起的疾病。因工负伤，顾名思义是因工作遭受事故伤害的情形。无论是职业病还是因工负伤，都与用人单位有关工作条件、安全制度或者劳动保护制度不尽完善有关，发生职业病或者因工负伤，用人单位作为用工组织者和直接受益者理应承担相应责任。同时，一旦发生职业病或者因工负伤，都可能造成劳动者丧失或者部分丧失劳动能力，如果此时允许用人单位解除劳动合同，将会给劳动者的医疗、生活等带来困难。因此《劳动合同法》规定在本单位患职业病或者因工负伤并被确认丧失或者部分丧失劳动能力的，用人单位不得解除劳动合同。职业病的认定，需要根据《职业病防治法》的有关规定，由专门医疗机构认定。

四、安全生产和职业病防治监督检查的主管机关和管理范围

（一）安全生产和职业病防治监督检查的主管机关

《劳动合同法》第七十三条规定，国务院劳动行政部门负责全国劳动合同制度实施的监督管理。县级以上地方人民政府劳动行政部门负责本行政区域内劳动合同制度实施的监督管理。县级以上各级人民政府劳动行政部门在劳动合同制度实施的监督管理工作中，应当听取工会、企业方面代表以及有关行业主管部门的意见。

劳动行政部门监督管理是指国务院劳动行政部门和县级以上人民政府的劳动行政部门以自己的名义，代表国家对劳动合同制度的实施进行监督管理的行政执法活动。劳动行政部门监督管理是一种专业性的行政执法，有着与其他部门和群众监督不同的作用，因此它是《劳动合同法》监督检查体系中最主要的一种。劳动行政部门监督管理具有以下 3 个特点：

（1）监督管理的主体是代表国家行使监督管理职权的劳动行政部门。

（2）劳动行政部门监督管理是一种执法行为，它是劳动行政部门代表国家意志所实施的具有强制性、执行性、单向性等特征的具体行政行为。

（3）劳动行政部门监督管理是一种行政法律行为。

另外，《劳动合同法》第七十六条规定，县级以上人民政府建设、卫生、安全生产监督管理等有关主管部门在各自职责范围内，对用人单位执行劳动合同制度的情况进行监督管理。

（二）安全生产和职业病防治监督检查的管理范围

《劳动合同法》第七十四条规定，县级以上地方人民政府劳动行政部门依法对下列实施劳动合同制度的情况进行监督检查：

（1）用人单位制定直接涉及劳动者切身利益的规章制度及其执行的情况。

（2）用人单位与劳动者订立和解除劳动合同的情况。

（3）劳务派遣单位和用工单位遵守劳务派遣有关规定的情况。

（4）用人单位遵守国家关于劳动者工作时间和休息休假规定的情况。

（5）用人单位支付劳动合同约定的劳动报酬和执行最低工资标准的情况。

（6）用人单位参加各项社会保险和缴纳社会保险费的情况。

（7）法律、法规规定的其他劳动监察事项。

劳动行政部门开展监督检查的方式主要有3种：

（1）经常性地进行监督检查。

（2）集中力量，进行突击性的监督检查。

（3）有针对性地对某些用人单位进行监督检查。

五、有关劳动合同违法行为应负的法律责任

为了保证劳动合同制度的顺利实施，切实维护劳动者的合法权益，《劳动合同法》规定了违反本法应承担的法律责任，主要有以下两个方面：

（一）用人单位违法行为的法律责任

1. 用人单位规章制度违法的法律责任

《劳动合同法》第八十条规定，用人单位直接涉及劳动者切身利益的规章制度违反法律、法规规定的，由劳动行政部门责令改正，给予警告；给劳动者造成损害的，应当承担赔偿责任。

2. 用人单位订立劳动合同违法的法律责任

（1）《劳动合同法》第八十一条规定，用人单位提供的劳动合同文本未载明本法规定的劳动合同必备条款或者用人单位未将劳动合同文本交付劳动者的，由劳动行政部门责令改正；给劳动者造成损害的，应当承担赔偿责任。

（2）《劳动合同法》第八十二条规定，用人单位自用工之日起超过1个月不满1年未与劳动者订立书面劳动合同的，应当向劳动者每月支付2倍的工资。用人单位违反规定不与劳动者订立无固定期限的劳动合同的，自应当订立无固定期限劳动合同之日起向劳动者每月支付2倍的工资。

（3）《劳动合同法》第八十三条规定，用人单位违反本法规定与劳动者约定试用期的，由劳动行政部门责令改正；违法约定的试用期已经履行的，由用人单位以劳动者试用期满月工资为标准，按已经履行的超过法定试用期的期间向劳动者支付赔偿金。

（4）《劳动合同法》第八十四条规定，用人单位违反本法规定，扣押劳动者居民身份证等证件的，由劳动行政部门责令限期退还劳动者本人，并依照有关法律规定给予处罚。用人单位违反规定，以担保或者其他名义向劳动者收取财物的，由劳动行政部门责令限期退还劳动者本人，并以每人500元以上2000元以下的标准处以罚款；给劳动者造成损害的，应当承担赔偿责任。

3. 用人单位履行劳动合同违法的法律责任

《劳动合同法》第八十五条规定，用人单位有下列情形之一的，由劳动行政部门责令限期支付劳动报酬、加班费或者经济补偿；劳动报酬低于当地最低工资标准的，应当支付

其差额部分；逾期不支付的，责令用人单位按应支付金额50%以上100%以下的标准向劳动者加付赔偿金：

（1）未按照劳动合同的约定或者国家规定及时足额支付劳动者劳动报酬的。

（2）低于当地最低工资标准支付劳动者工资的。

（3）安排加班不支付加班费的。

（4）解除或者终止劳动合同，未依照本法规定向劳动者支付经济补偿的。

4. 用人单位违法解除和终止劳动合同的法律责任

（1）《劳动合同法》第八十七条规定，用人单位违反《劳动合同法》的规定解除或者终止劳动合同的，应当依照本法第四十七条规定的经济补偿标准的2倍向劳动者支付赔偿金。按照《劳动合同法》第四十七条的规定，经济补偿按劳动者在本单位工作的年限，每满一年支付一个月工资的标准向劳动者支付。六个月以上不满一年的，按一年计算；不满六个月的，向劳动者支付半个月工资的经济补偿。劳动者月工资高于用人单位所在直辖市、设区的市级人民政府公布的本地区上年度职工月平均工资三倍的，向其支付经济补偿的标准按职工月平均工资三倍的数额支付，向其支付经济补偿的年限最高不超过十二年。本条所称月工资是指劳动者在劳动合同解除或者终止前十二个月的平均工资。

（2）《劳动合同法》第八十九条规定，用人单位违反《劳动合同法》的规定未向劳动者出具解除或者终止劳动合同的书面证明，由劳动行政部门责令改正；给劳动者造成损害的，应当承担赔偿责任。

（3）《劳动合同法》第八十四条第三款规定，劳动者依法解除或者终止劳动合同，用人单位扣押劳动者档案或者其他物品的，依照前款规定处罚，即由劳动行政部门责令限期退还劳动者本人，并以每人500元以上2000元以下的标准处以罚款；给劳动者造成损害的，应当承担赔偿责任。

5. 用人单位侵害劳动者人身权益的法律责任

《劳动合同法》第八十八条规定，用人单位有下列情形之一的，依法给予行政处罚；构成犯罪的，依法追究刑事责任；给劳动者造成损害的，应当承担赔偿责任：

（1）以暴力、威胁或者非法限制人身自由的手段强迫劳动的。

（2）违章指挥或者强令冒险作业危及劳动者人身安全的。

（3）侮辱、体罚、殴打、非法搜查或者拘禁劳动者的。

（4）劳动条件恶劣、环境污染严重，给劳动者身心健康造成严重损害的。

6. 其他法律责任

（1）《劳动合同法》第九十一条规定，用人单位招用与其他用人单位尚未解除或者终止劳动合同的劳动者，给其他用人单位造成损失的，应当承担连带赔偿责任。

（2）《劳动合同法》第九十四条规定，个人承包经营者违反本法规定招用劳动者，给劳动者造成损害的，发包的组织与个人承包经营者承担连带赔偿责任。

（二）劳动者违反规定的法律责任

（1）《劳动合同法》第二十二条第二款规定，劳动者违反服务期约定的，应当按照约定向用人单位支付违约金。

（2）《劳动合同法》第二十三条规定，劳动者违反竞业限制约定的，应当按照约定向用人单位支付违约金。

（3）《劳动合同法》第九十条规定，劳动者违反本法规定解除劳动合同，或者违反劳动合同中约定的保密义务或者竞业限制，给用人单位造成损失的，应当承担赔偿责任。

第五节　中华人民共和国突发事件应对法

2007 年 8 月 30 日，第十届全国人大常委会第二十九次会议审议通过了《中华人民共和国突发事件应对法》（以下简称《突发事件应对法》），自 2007 年 11 月 1 日起施行。《突发事件应对法》的立法目的是为了预防和减少突发事件的发生，控制、减轻和消除突发事件引起的严重社会危害，规范突发事件应对活动，保护人民生命财产安全，维护国家安全、公共安全、环境安全和社会秩序。

一、突发事件及其应对的分工

（一）突发事件的概念

《突发事件应对法》所指的突发事件，是指突然发生，造成或者可能造成严重社会危害，需要采取应急处置措施予以应对的自然灾害、事故灾难、公共卫生事件和社会安全事件。《突发事件应对法》所指的突发事件包含以下特征：

1. 具有明显的公共性或者社会性

“公共危机”是国家启动制定《突发事件应对法》的初衷。公共危机是指在公共领域内发生的危机，即危机事件对一个社会系统的基本价值和行为准则架构产生严重威胁，给公众的正常生活造成严重影响，其影响和涉及的主体具有社群性和大众性。公共危机事件会引起公众的高度关注；事件对公共利益产生较大消极负面影响，甚至严重破坏正常的社会秩序、危及社会基本价值；事件本身与公权之间发生直接联系，尤其是形成某种公法关系时，才能构成公共危机事件，如果不需要公权介入，一定群体能自行解决则不具有公共性。

2. 突发性和紧迫性

突发事件往往突如其来，如果不能及时采取应对措施，危机就会迅速扩大和升级造成更大的危害和损害。

3. 危害性和破坏性

危害性与破坏性是突发事件的本质特征，一旦发生该法所指的突发事件，将对生命财产、社会秩序、公共安全构成严重威胁，如应对不当就会造成生命财产的巨大损失或社会秩序的严重动荡。

4. 需要公权介入和社会力量

必须借助公权介入和社会力量才能解决该法所指的公共突发事件。公权在突发事件应对过程中发挥着传导、组织、指挥、协调等功能，公权介入突发事件的应对，既是政府的职权，又是政府的职责。

（二）突发事件的分类与分级

《突发事件应对法》按照事件的性质、过程和机理的不同，将突发事件分为四类，即自然灾害、事故灾难、公共卫生事件和社会安全事件。其中事故灾难主要包括工矿商贸等企业的各类安全事故、交通运输事故、公共设施和设备事故、环境污染和生态破坏事件等。

《突发事件应对法》按照社会危害程序、影响范围、突发事件性质、可控性、行业特点等因素，将突发事件分为特别重大、重大、较大和一般四级。现行的有关法律、法规和规范性文件对突发事件的分类并不完全统一，法律、行政法规或者国务院另有规定的，从其规定。分级的目的是落实“分级负责”和“分级响应”的措施，同时也尊重了特殊行业管理的特殊性、专业性和灵活性。

（三）应对突发事件时政府部门的分工

《突发事件应对法》第七条规定，县级人民政府对本行政区域内突发事件的应对工作负责；涉及两个以上行政区域的，由有关行政区域共同的上一级人民政府负责，或者由各有关行政区域的上一级人民政府共同负责。突发事件发生之后，发生地县级人民政府应当立即采取措施控制事态发展，组织开展应急救援处置工作，并立即向上一级人民政府报告，必要时可以越级上报。突发事件发生地县级人民政府不能消除或者不能有效控制突发事件引起的严重社会危害的，应当及时向上级人民政府报告。上级人民政府应当及时采取措施，统一领导应急处置工作。法律、行政法规规定由国务院有关部门对突发事件的应对工作负责的，从其规定；地方人民政府应当积极配合并提供必要的支持。

健全应急运行机制，提高应对突发事件的实效性，是合理划分各级人民政府和有关部门应急分工负责的基本出发点和落脚点。《突发事件应对法》规定的应急管理机制，着重强调了“属地为主”原则下的县级人民政府的责任，以及“分级负责”原则下各级人民政府的责任，还强调了“分类管理”原则下国务院有关部门对特定突发事件应对工作的责任，同时按照“条块结合”的原则对地方人民政府的协助义务提出了要求。

1. 各级人民政府应对突发事件的分工负责

国家突发事件应急管理体制是在国务院统一领导下，各地方、各部门按照分级管理、分级响应的原则，建立健全应急管理机构，明确各级应急管理机构的工作职责。

县级人民政府对本行政区域内发生的突发事件负首要的应对处置责任，包括信息的收集、险情的监测和预警、组织调动应急队伍，依法采取必要的其他应对措施；涉及两个以上行政区域的，由有关行政区域的共同的上一级人民政府负责，或者由各有关行政区域的上一级人民政府共同负责。较大和一般突发事件，分别由发生地设区的市级人民政府和县级人民政府统一领导和协调应急处置工作。重大和特别重大自然灾害、公共卫生事件、事故灾难的应急处置工作由发生地省级人民政府统一领导和协调，其中影响全国或者跨省级行政区域的特别重大事件由国务院统一领导和协调。社会安全事件在必要时上级人民政府可以直接组织处置。

2. 国务院有关部门对突发事件的应对工作负责

基于历史和专业的原因，有效借助专业和行业的力量，本着“条块结合”的工作原则，《突发事件应对法》规定由国务院有关部门对特定领域和行业的突发事件的应对工作负责，但是并不排除突发事件发生地人民政府的应急责任，事件发生地人民政府应当积极配合并提供必要支持。

二、预防与应急准备

《突发事件应对法》全面规定了突发事件预防与应急准备的基础性工作，主要包括：制定应急预案、开展应急培训、宣传及应急演练，各类救援队伍组建、物资储备、经费保障、通信保障，建设应急避难场所、建立健全监测预警制度，开展危险源调查、登记、风险评估，调处和化解易引发突发事件的基层矛盾纠纷等。有关企事业单位特别是高危行业企业、公共场所、公共交通工具和其他人群密集场所的管理单位、居民委员会、村民委员会应当积极配合、协助政府及有关部门做好预防与应急准备工作。

（一）建立健全应急预案体系

1. 应急预案体系

《突发事件应对法》规定国家建立健全突发事件应急预案体系。国家突发事件应急预案分为两个层次：一是国家级应急预案，包括突发事件总体应急预案、专项应急预案和部门应急预案；二是地方级应急预案，即地方各级人民政府和县级以上地方各级人民政府有关部门根据有关法律、法规、规章、上级人民政府及其有关部门的应急预案以及本地区的实际情况，制定相应的突发事件应急预案。

此外，企事业单位也应根据有关法律法规制定应急预案；举办大型会展和文化体育等重大活动，主办单位也要制定应急预案。

应急预案的制定、修订程序由国务院规定。应急预案制定单位应当根据实际情况和形势的变化，适时修订应急预案。

2. 应急预案的内容

《突发事件应对法》第十八条规定了应急预案的基本内容，要求应急预案应当根据《突发事件应对法》和其他有关法律、法规的规定，针对突发事件的性质、特点和可能造成的社会危害，具体规定突发事件应急管理工作的组织指挥体系与职责和突发事件的预防与预警机制、处置程序、应急保障措施以及事后恢复与重建措施等内容。

其中应急保障措施内容比较多，包括人力资源保障、财力保障、物资保障、基本生活保障、医疗卫生保障、交通运输保障、治安维护、人员防护、通信保障、公共设施和科技支撑等。

（二）单位预防与应对突发事件的义务

1. 所有单位预防突发事件的义务

《突发事件应对法》第二十二条规定所有单位应当建立健全安全管理制度，定期检查本单位各项安全防范措施的落实情况，及时消除事故隐患；掌握并及时处理本单位存在的可能引发社会安全事件的问题，防止矛盾激化和事态扩大；对本单位可能发生的突发事件和采取安全防范措施的情况，应当按照规定及时向所在地人民政府或者人民政府有关部门报告。根据本条规定所有单位应当从以下 3 方面着手：一是建立健全安全管理责任制；二是组织制定本单位安全管理规章制度和操作规程；三是各单位的主要负责人应当组织力量开展事故隐患普查，全面掌握事故隐患情况，采取措施，动态管理和监控风险。

2. 高危行业企业预防突发事件的义务

《突发事件应对法》第二十三条规定矿山、建筑施工单位和易燃易爆物品、危险化学品、放射性物品等危险物品的生产、经营、储运、使用单位，应当制定具体应急预案，并对生产经营场所、有危险物品的建筑物、构筑物及周边环境开展隐患排查，及时采取措施消除隐患，防止发生突发事件。

高危行业企业所从事的生产经营等活动有特殊性，一旦发生事故，将对人民群众生命财产安全造成严重损害。高危企业必须本着高度负责的精神，严格执行相关法律、法规和标准的规定，建立健全严格的安全管理规章制度，设置必要的安全防范设施，提高从业人员的素质，编制有针对性的应急预案，组织力量排查隐患，采取可靠的安全保障措施，保证生产经营活动的安全进行。

3. 人员密集场所经营单位预防突发事件的义务

《突发事件应对法》第二十四条规定公共交通工具、公共场所和其他人员密集场所的经营单位或者管理单位应当制定具体应急预案，为交通工具和有关场所配备报警装置和必要的应急救援设备、设施，注明其使用方法，并显著标明安全撤离的通道、路线，保证安全通道、出口的畅通。有关单位应当定期检测、维护其报警装置和应急救援设备、设施，使其处于良好状态，确保正确使用。

（三）应急能力建设

《突发事件应对法》规定县级以上人民政府应当整合应急资源，建立综合性或者专业性的应急救援队伍，对有关部门负责处置突发事件职责的工作人员定期培训，为专业应急救援人员购买人身意外伤害保险，配备必要的防护装备与器材，组织开展应急宣传普及和必要的演练，开展学校应急教育，为保障突发事件应对工作提供经费，建立应急通信保障，完善公用通信网，鼓励并发展保险事业，鼓励并扶持应急教学科研等内容。

三、监测与预警

加强监测和预警，不仅是应对突发事件本身的要求，也是政府管理目标的要求，政府管理的目的是使用较低的成本来预防，而不是花高额的成本来抢救和重建。

（一）突发事件信息的收集与报告

《突发事件应对法》第三十八条规定了政府及有关部门、专业机构应当通过多种途径收集突发事件信息，县级人民政府应当在居民委员会、村民委员会和有关单位建立专职或者兼职信息报告员制度，公民、法人和其他组织也有报告突发事件信息的义务。第三十九条规定了信息报告应当做到及时、客观、真实，不得迟报、谎报、瞒报和漏报。第四十条规定了对收集到的信息应当及时汇总分析，对突发事件的可能性及其可能造成的影响进行评估，认为可能发生重大或者特别重大突发事件的，应当立即报告或者通报。

（二）突发事件监测制度

《突发事件应对法》第四十一条规定，县级以上人民政府及其有关部门应当根据自然灾害、事故灾难和公共卫生事件的种类和特点，建立健全基础信息数据库，完善监测网络，划分监测区域，确定监测点，明确监测项目，提供必要的设备、设施，配备专职或者兼职人员，对可能发生的突发事件进行监测。

（三）突发事件预警

国家将自然灾害、事故灾难和公共卫生事件预警分为一级、二级、三级和四级，分别用红色、橙色、黄色和蓝色标示，一级为最高级别。不同的突发事件特点不同，预警级别标准也有区别，具有较强的专业性。《突发事件应对法》授权国务院或国务院规定的部门制定预警级别划分标准。

当可以预警的突发事件即将发生或者发生的可能性增大时，县级以上地方人民政府应当发布相应级别的警报，并宣布有关地区进入预警期。

1. 三级、四级警报后的措施

三级、四级警报是预警中级别相对较低的，三级、四级警报后，县级以上地方各级人民政府应当采取如下五种措施：一是启动应急预案；二是责令有关部门、专业机构、监测网点和负有特定职责的人员收集、报告有关信息，向社会公布反映突发事件信息的渠道，加强监测、预报和预警；三是组织对突发事件信息进行分析评估，预测事件的可能性与影响范围和强度，以及可能发生的突发事件的级别；四是向社会公布预测的信息和分析评估的结果，并对信息的报道进行管理；五是及时发布警告、宣传减灾常识和公布咨询电话。

2. 一级、二级警报后的措施

一级、二级警报级别比较高，特别是一级警报，意味着应对突发事件进入最高警戒级别。县级以上人民政府除采取三级和四级警报后的措施之外，还要采取如下八种措施：一是责令应急救援队伍、负有特定职责的人员进入待命状态，并动员后备人员做好参加应急救援和处置工作的准备；二是调集应急救援所需物资、设备、工具，准备应急设施和避难场所，并确保其处于良好状态、随时可以投入正常使用；三是加强对重点单位、重要部位和重要基础设施的安全保卫，维护社会治安秩序；四是采取必要措施，确保交通、通信、供水、排水、供电、供气、供热等公共设施的安全和正常运行；五是及时向社会发布有关采取特定措施避免或者减轻危害的建议、劝告；六是转移、疏散或者撤离易受突发事件危害的人员并予以妥善安置，转移重要财产；七是关闭或者限制使用易受突发事件危害的场所，控制或者限制容易导致危害扩大的公共场所的活动；八是法律、法规、规章规定的其他必要的防范性、保护性措施。

四、应急处置与救援

突发事件发生后，必须在第一时间采取有力措施控制事态发展，开展应急救援工作。不同的突发事件发生之后，应当根据实际情况采取相应的应急处置措施，相关组织、单位、公民在应急处置中有相应的义务。

（一）应急处置措施

1. 应急处置措施的法定条件、主体和要求

突发事件发生之后，事件发生地人民政府有必要实施应急处置措施，有力组织并有序开展各种抢险救援工作。应急处置措施的总体要求是保护公民的权利和应急处置的需要。应急处置措施是一种暂时的强制性行政应急措施，是一种行政行为。处置措施的法定条件是突发事件发生，实施的主体是履行统一领导职责或者组织处置突发事件的人民政府；具体要求是应当针对突发事件的性质、特点和危害程度；途径是组织有关部门，调动应急救援队伍和社会力量；依据是《突发事件应对法》的规定及有关法律、法规、规章和规定。

2. 自然灾害、事故灾难或者公共卫生事件发生后的应急处置措施

突发事件发生后，究竟采取哪些措施，应当视具体情况而定。《突发事件应对法》规定了10项措施：一是救助性措施，主要是对公民人身的救助；二是控制性措施，主要是针对场所的强制；三是保障性措施，主要是针对生命线工程系统；四是保护性措施，阻止事件蔓延传播；五是调用急需的物资、设备、设施和工具；六是组织公民参与救援；七是保障生活必需品的供应；八是稳定市场的经济性管制；九是维护社会稳定和治安的措施；十是防止次生事件和衍生事件的措施。

3. 信息的发布与传播

人民政府应当尊重公众的知情权，按照规定统一、准确、及时发布有关突发事件事态发展和应急处置工作的信息，让民众远离谣言，克服恐慌，减少不安定因素，形成政府与民众的良性互动，激发战胜危机的信心。

任何单位和个人，一切国家机关、社会团体、企业事业单位和所有公民，都不得编造、传播有关突发事件事态发展或者应急处置工作的虚假信息。新闻媒体应当严格遵守有关法律、法规，客观、公正地进行新闻报道。

（二）应急救援

突发事件发生后，发生地的居民委员会、村民委员会和其他组织应当按照当地人民政府的决定、命令，组织群众开展自救和互救，协助维护社会秩序。发生地的公民应当服从指挥和安排，配合人民政府采取的应急处置措施，积极参加应急救援工作。

受到自然灾害危害或者发生事故灾难、公共卫生事件的单位，应当立即组织本单位应急救援队伍和工作人员营救受害人员，疏散、撤离、安置受到威胁的人员，控制危险源，标明危险区域，封锁危险场所，并采取其他防止危害扩大的必要措施，同时向所在地县级人民政府报告。突发事件发生地的其他单位应配合人民政府采取的应急处置措施，做好本单位的应急救援工作，并积极组织人员参加所在地的应急救援和处置工作。

五、事后恢复与重建

突发事件的威胁和危害得到控制或者消除后，履行统一领导职责或者组织处置突发事件的人民政府应当停止执行应急处置措施，并采取必要措施防止发生次生、衍生事件或者重新引发社会安全事件；承担恢复与重建职责；请求上一级政府支持恢复重建工作；制定善后工作计划并组织实施；及时查明事件经过与原因，总结经验教训。

六、法律责任

地方人民政府及县级以上人民政府有关部门及其工作人员、有关单位和个人违反《突发事件应对法》的规定都应当承担法律责任。

1. 地方各级人民政府和县级以上各级人民政府有关部门法律责任

政府部门的违法行为主要包括：未按规定采取预防措施，导致发生突发事件，或者未采取必要的防范措施，导致发生次生、衍生事件的；迟报、谎报、瞒报、漏报有关突发事件的信息，或者通报、报送、公布虚假信息，造成后果的；未按规定及时发布突发事件警报、采取预警期的措施，导致损害发生的；未按规定及时采取措施处置突发事件或者处置不当，造成后果的；不服从上级人民政府对突发事件应急处置工作的统一领导、指挥和协调的；未及时组织开展生产自救、恢复重建等善后工作的；截留、挪用、私分或者变相私分应急救援资金、物资的；不及时归还征用的单位和个人的财产，或者对被征用财产的单位和个人不按规定给予补偿的。有上述情形之一的，根据情节对直接负责的主管人员和其他直接责任人员依法给予处分。

2. 有关单位法律责任

容易引发突发事件和容易受突发事件影响的生产经营单位和管理单位的违法行为主要包括：未按照规定采取预防措施，导致发生严重突发事件的；未及时消除已发现的可能引发突发事件的隐患，导致发生严重突发事件的；未做好应急设备、设施日常维护、检测工作，导致发生严重突发事件或者突发事件危害扩大的；突发事件发生后，不及时组织开展应急救援工作，造成严重后果的。有下列情形之一的，由所在地履行统一领导职责的人民政府责令停产停业，暂扣或者吊销许可证或者营业执照，并处五万元以上二十万元以下的罚款；构成违反治安管理行为的，由公安机关依法给予处罚。其他法律、行政法规规定由人民政府有关部门依法决定处罚的，从其规定。

第六节　中华人民共和国职业病防治法

2001 年 10 月 27 日，第九届全国人民代表大会常务委员会第二十四次会议审议通过《中华人民共和国职业病防治法》(以下简称《职业病防治法》)，自 2002 年 5 月 1 日起施行。根据 2018 年 12 月 29 日第十三届全国人民代表大会常务委员会第七次会议《关于修改〈中华人民共和国劳动法〉等七部法律的决定》第四次修正。该法是我国第一部关于职业病防治的法律，是体现政府管理职责、实现社会实质公平的一部法律。《职业病防治法》的立法目的是为了预防、控制和消除职业病危害，防治职业病，保护劳动者健康及其相关权益，促进经济社会发展。该法适用于中华人民共和国领域内的职业病防治活动。该法确立了职业病防治法律制度，为职业病防治提供了重要法律保障。

一、职业病的范围

依据《职业病防治法》第二条的规定，职业病是指企业、事业单位和个体经济组织等用人单位的劳动者在职业活动中，因接触粉尘、放射性物质和其他有毒、有害因素而引起的疾病。职业病的分类和目录由国务院卫生行政部门会同国务院劳动保障行政部门制定、调整并公布。应当强调的是，考虑到随着我国经济社会发展，一些新的类型的用人单位如民办非企业单位不断增多，这些用人单位的职业病防治工作同样适用本法规定。《职业病防治法》所称的职业病，并非泛指的职业病，而是由法律作出界定的职业病。由法律授权国务院的卫生行政部门和劳动保障行政部门制定职业病目录，可以更确切地反映实际情况，根据现实的需要及时地进行调整，既有原则性，又有灵活性。

依据《职业病防治法》的规定，职业病危害是指对从事职业活动的劳动者可能导致职业病的各种危害。职业病危害因素包括职业活动中存在的各种有害的化学、物理、生物因素以及在作业过程中产生的其他职业有害因素。

二、职业病防治的基本方针、基本制度

《职业病防治法》的总则部分对职业病防治的基本方针、基本制度作出了规定。这些基本方针、基本制度主要有：

1. 预防为主、防治结合的基本方针

这是职业病防治工作必须坚持的基本方针。它是根据职业病可以预防，但是难治这个特点提出来的，是一个对劳动者健康负责的、积极的、主动的方针，是职业卫生工作长期经验的总结所证实应当采取的正确方针。预防可以减少职业病的发生，减轻职业病的危害程度，但是对已经引起的疾病仍要重视治疗，救治病人，减少痛苦，所以预防为主、防治结合是一个全面的方针，概括了职业病防治的基本要求。

2. 职业病防治工作机制

修订后的《职业病防治法》确立了用人单位负责、行政机关监管、行业自律、职工参与和社会监督工作机制。用人单位是职业病预防的首要责任主体，应当积极采取措施，为劳动者创造安全卫生的工作条件和工作环境。行政机关的监管是用人单位落实责任的重要外部监督力量。行业组织是行业自律性组织，要切实发挥好行业自律作用，推动职业病防治工作深入开展。职业病防治事关广大职工的切身利益，要保障和扩大广大职工参与职业病防治的积极性。接受社会监督是企业防治职业病的社会义务，既包括工会组织等职工组织的监督，也包括新闻媒体和社会舆论的监督。

3. 劳动者依法享有职业卫生保护的权利

这是劳动者的基本权利，也是制定《职业病防治法》的前提，或者说是这部法律产生的基础和最充足的理由。劳动者参与职业活动，创造社会财富，有理由要求其健康受到保护，从国家来说，保护劳动者的健康，让劳动者获得一个符合国家职业卫生标准和卫生要求的工作环境和条件，是合理的而且是必要的，有利于社会的发展进步，有利于保障各种合法的职业活动正常进行，因此制定《职业病防治法》，使劳动者享有职业卫生保护的权利，是这部法律的中心内容。

4. 实行用人单位职业病防治责任制

这是立法确立的职业病防治的一项基本的制度。它的核心是用人单位对职业病防治负有法定的责任。因为职业活动是以用人单位为基础组织的，用人单位对其职业活动有支配作用，在职业活动中创造出来的成果首先由用人单位来体现，而职业活动中职业病的危害因素又是用人单位能控制的。所以，对于职业病的防治首先的责任应当由用人单位承担，并建立相应的制度，因而在《职业病防治法》中作出了如下规定：用人单位应当建立、健全职业病防治责任制，加强对职业病防治的管理，提高职业病防治水平，对本单位产生的职业病危害承担责任。这项规定不但确定了用人单位的责任，而且从法律上要求用人单位建立起健全的制度。

为进一步落实用人单位职业病防治主体责任，法律同时规定，用人单位的主要负责人对本单位的职业病防治工作全面负责。用人单位的主要负责人是指对用人单位经营决策活动享有最高权力的个人。在公司制企业中一般指公司的董事长，在合伙企业中一般是合伙执行人，在个人独资企业或者个体工商户中一般是企业或者个体工商户登记证书中载明的

个人。

5. 依法参加工伤保险

依法参加工伤保险是职业病防治中保护劳动者的一项基本措施。工伤是劳动者由于工作原因受到事故伤害和职业病伤害的总称，将职业病列入工伤的直接理由就是劳动者是在用人单位中引致的疾病和蒙受的损害。将职业病纳入工伤保险，不仅有利于保障职业病病人的合法权益，同时也分担了用人单位的工伤风险，有利于生产经营的稳定。《职业病防治法》中规定应当加强对工伤保险的监督管理，确保劳动者依法享受工伤保险待遇。

6. 国家实行职业卫生监督制度

《职业病防治法》明确国家实行职业卫生监督制度，对职业卫生实施监督管理是国家管理职能的体现。职业病防治是职业卫生监督管理的重要组成部分，法律对有关监督管理的体制、原则、权限、程序、行为规则等都作出明确规定，具有权威性，对社会亦具有约束力。根据该法规定，我国的职业病防治监督管理体制实行县级以上人民政府卫生、安全生产监督管理、劳动保障部门的监督管理，与县级以上人民政府有关行政部门的监督管理相结合的体制。职业卫生监督包括职业病危害前期预防监督、劳动过程中防护与管理的监督、职业病诊断与职业病病人保障监督、职业卫生执法监督。

7. 加强社会监督

由于职业病危害在社会中许多地方都存在，在加强卫生行政部门监督管理的同时，还要依靠社会的力量，尤其是对分散存在于城乡各地的职业病危害的现象，更需要社会各界的监督，鼓励劳动者、知情者、主张社会公正的人进行检举和控告，对违法者施加压力，在社会力量的支持下加大查处力度，所以在《职业病防治法》第十三条规定，任何单位和个人有权对违反本法的行为进行检举和控告。这项规定表明，防治职业病需要全社会的关注，也需要动员和支持社会公众热心地参与防治职业病活动，支持社会中的弱势群体，与损害劳动者健康的违法行为作斗争。

《职业病防治法》为鼓励社会监督也从另一个方面作出规定，给防治职业病成绩显著的单位和个人予以奖励。《职业病防治法》第十三条第二款规定，对防治职业病成绩显著的单位和个人，给予奖励。在法律中没有写明由谁奖励，但还是清楚地表明，这种奖励既应当是政府奖励，也应当是用人单位奖励，更不排除来自其他方面的奖励。

三、前期预防要求

（一）工作场所的职业卫生要求

《职业病防治法》第十五条规定，产生职业病危害的用人单位的设立除应当符合法律、行政法规规定的设立条件外，其工作场所还应当符合下列职业卫生要求：

（1）职业病危害因素的强度或者浓度符合国家职业卫生标准；

（2）有与职业病危害防护相适应的设施；

（3）生产布局合理，符合有害与无害作业分开的原则；

（4）有配套的更衣间、洗浴间、孕妇休息间等卫生设施；

（5）设备、工具、用具等设施符合保护劳动者生理、心理健康的要求；

（6）法律、行政法规和国务院卫生行政部门关于保护劳动者健康的其他要求。

（二）职业病危害项目申报

《职业病防治法》第十六条规定，国家建立职业病危害项目申报制度。用人单位工作场所存在职业病目录所列职业病的危害因素的，应当及时、如实向所在地卫生行政部门申报危害项目，接受监督。职业病危害因素分类目录由国务院卫生行政部门制定、调整并公布。职业病危害项目申报的具体办法由国务院卫生行政部门制定。

（三）建设项目职业病危害预评价

新建、扩建、改建建设项目和技术改造、技术引进项目（以下统称建设项目）可能产生职业病危害的，建设单位在可行性论证阶段应当进行职业病危害预评价。医疗机构建设项目可能产生放射性职业病危害的，建设单位应当向卫生行政部门提交放射性职业病危害预评价报告。卫生行政部门应当自收到预评价报告之日起三十日内，作出审核决定并书面通知建设单位。未提交预评价报告或者预评价报告未经卫生行政部门审核同意的，不得开工建设。职业病危害预评价报告应当对建设项目可能产生的职业病危害因素及其对工作场所和劳动者健康的影响作出评价，确定危害类别和职业病防护措施。建设项目职业病危害分类管理办法由国务院卫生行政部门制定。

（四）职业病危害防护设施

建设项目的职业病防护设施所需费用应当纳入建设项目工程预算，并与主体工程同时设计，同时施工，同时投入生产和使用。建设项目的职业病防护设施设计应当符合国家职业卫生标准和卫生要求；其中，医疗机构放射性职业病危害严重的建设项目的防护设施设计，应当经卫生行政部门审查同意后，方可施工。

四、劳动过程中职业病的防护与管理

（一）用人单位职业病防治措施

《职业病防治法》第二十条规定，用人单位应当采取下列职业病防治管理措施：

（1）设置或者指定职业卫生管理机构或者组织，配备专职或者兼职的职业卫生管理人员，负责本单位的职业病防治工作；

（2）制定职业病防治计划和实施方案；

（3）建立、健全职业卫生管理制度和操作规程；

（4）建立、健全职业卫生档案和劳动者健康监护档案；

（5）建立、健全工作场所职业病危害因素监测及评价制度；

（6）建立、健全职业病危害事故应急救援预案。

（二）职业病防护资金投入

《职业病防治法》第二十一条规定，用人单位应当保障职业病防治所需的资金投入，不得挤占、挪用，并对因资金投入不足导致的后果承担责任。

（三）职业病防护设施和防护用品

《职业病防治法》第二十二条规定，用人单位必须采用有效的职业病防护设施，并为劳动者提供个人使用的职业病防护用品。用人单位为劳动者个人提供的职业病防护用品必须符合防治职业病的要求；不符合要求的，不得使用。

（四）用人单位职业病管理

1. 职业危害公告和警示

《职业病防治法》第二十四条规定，产生职业病危害的用人单位，应当在醒目位置设置公告栏，公布有关职业病防治的规章制度、操作规程、职业病危害事故应急救援措施和工作场所职业病危害因素检测结果。对产生严重职业病危害的作业岗位，应当在其醒目位置，设置警示标识和中文警示说明。警示说明应当载明产生职业病危害的种类、后果、预防以及应急救治措施等内容。

《职业病防治法》第二十五条规定，对可能发生急性职业损伤的有毒、有害工作场所，用人单位应当设置报警装置，配置现场急救用品、冲洗设备、应急撤离通道和必要的泄险区。对放射工作场所和放射性同位素的运输、贮存，用人单位必须配置防护设备和报警装置，保证接触放射性的工作人员佩戴个人剂量计。对职业病防护设备、应急救援设施和个人使用的职业病防护用品，用人单位应当进行经常性的维护、检修，定期检测其性能和效果，确保其处于正常状态，不得擅自拆除或者停止使用。

2. 职业病危害因素的监测、检测、评价及治理

《职业病防治法》第二十六条规定，用人单位应当实施由专人负责的职业病危害因素日常监测，并确保监测系统处于正常运行状态。用人单位应当按照国务院卫生行政部门的规定，定期对工作场所进行职业病危害因素检测、评价。检测、评价结果存入用人单位职业卫生档案，定期向所在地卫生行政部门报告并向劳动者公布。职业病危害因素检测、评价由依法设立的取得国务院卫生行政部门或者设区的市级以上地方人民政府卫生行政部门按照职责分工给予资质认可的职业卫生技术服务机构进行。职业卫生技术服务机构所作检测、评价应当客观、真实。发现工作场所职业病危害因素不符合国家职业卫生标准和卫生要求时，用人单位应当立即采取相应治理措施，仍然达不到国家职业卫生标准和卫生要求的，必须停止存在职业病危害因素的作业；职业病危害因素经治理后，符合国家职业卫生标准和卫生要求的，方可重新作业。

3. 向用人单位提供可能产生职业病危害的设备的规定要求

《职业病防治法》第二十八条规定，向用人单位提供可能产生职业病危害的设备的，应当提供中文说明书，并在设备的醒目位置设置警示标识和中文警示说明。警示说明应当载明设备性能、可能产生的职业病危害、安全操作和维护注意事项、职业病防护以及应急救治措施等内容。

4. 向用人单位提供可能产生职业病危害的化学原料及放射性物质的物品的规定要求

《职业病防治法》第二十九条规定，向用人单位提供可能产生职业病危害的化学品、放射性同位素和含有放射性物质的材料的，应当提供中文说明书。说明书应当载明产品特性、主要成分、存在的有害因素、可能产生的危害后果、安全使用注意事项、职业病防护以及应急救治措施等内容。产品包装应当有醒目的警示标识和中文警示说明。贮存上述材料的场所应当在规定的部位设置危险物品标识或者放射性警示标识。国内首次使用或者首次进口与职业病危害有关的化学材料，使用单位或者进口单位按照国家规定经国务院有关部门批准后，应当向国务院卫生行政部门报送该化学材料的毒性鉴定以及经有关部门登记注册或者批准进口的文件等资料。进口放射性同位素、射线装置和含有放射性物质的物品的，按照国家有关规定办理。

5. 职业病危害如实告知

《职业病防治法》第三十三条规定，用人单位与劳动者订立劳动合同（含聘用合同，下同）时，应当将工作过程中可能产生的职业病危害及其后果、职业病防护措施和待遇等如实告知劳动者，并在劳动合同中写明，不得隐瞒或者欺骗。劳动者在已订立劳动合同期间因工作岗位或者工作内容变更，从事与所订立劳动合同中未告知的存在职业病危害的作业时，用人单位应当依照前款规定，向劳动者履行如实告知的义务，并协商变更原劳动合同相关条款。用人单位违反前两款规定的，劳动者有权拒绝从事存在职业病危害的作业，用人单位不得因此解除与劳动者所订立的劳动合同。

6. 职业卫生培训要求

《职业病防治法》第三十四条规定，用人单位的主要负责人和职业卫生管理人员应当接受职业卫生培训，遵守职业病防治法律、法规，依法组织本单位的职业病防治工作。用人单位应当对劳动者进行上岗前的职业卫生培训和在岗期间的定期职业卫生培训，普及职业卫生知识，督促劳动者遵守职业病防治法律、法规、规章和操作规程，指导劳动者正确使用职业病防护设备和个人使用的职业病防护用品。劳动者应当学习和掌握相关的职业卫生知识，增强职业病防范意识，遵守职业病防治法律、法规、规章和操作规程，正确使用、维护职业病防护设备和个人使用的职业病防护用品，发现职业病危害事故隐患应当及时报告。劳动者不履行前款规定义务的，用人单位应当对其进行教育。

7. 职业健康检查

《职业病防治法》第三十五条规定，对从事接触职业病危害的作业的劳动者，用人单位应当按照国务院卫生行政部门的规定组织上岗前、在岗期间和离岗时的职业健康检查，并将检查结果书面告知劳动者。职业健康检查费用由用人单位承担。

用人单位不得安排未经上岗前职业健康检查的劳动者从事接触职业病危害的作业；不得安排有职业禁忌的劳动者从事其所禁忌的作业；对在职业健康检查中发现有与所从事的职业相关的健康损害的劳动者，应当调离原工作岗位，并妥善安置；对未进行离岗前职业健康检查的劳动者不得解除或者终止与其订立的劳动合同。

职业健康检查应当由取得《医疗机构执业许可证》的医疗卫生机构承担。卫生行政部门应当加强对职业健康检查工作的规范管理，具体管理办法由国务院卫生行政部门制定。

8. 职业健康监护档案

《职业病防治法》第三十六条规定，用人单位应当为劳动者建立职业健康监护档案，并按照规定的期限妥善保存。职业健康监护档案应当包括劳动者的职业史、职业病危害接触史、职业健康检查结果和职业病诊疗等有关个人健康资料。劳动者离开用人单位时，有权索取本人职业健康监护档案复印件，用人单位应当如实、无偿提供，并在所提供的复印件上签章。

9. 急性职业病危害事故

《职业病防治法》第三十七条规定，发生或者可能发生急性职业病危害事故时，用人单位应当立即采取应急救援和控制措施，并及时报告所在地卫生行政部门和有关部门。卫生行政部门接到报告后，应当及时会同有关部门组织调查处理；必要时，可以采取临时控制措施。卫生行政部门应当组织做好医疗救治工作。对遭受或者可能遭受急性职业病危害的劳动者，用人单位应当及时组织救治、进行健康检查和医学观察，所需费用由用人单位承担。

10. 对未成年工和女职工劳动保护

《职业病防治法》第三十八条规定，用人单位不得安排未成年工从事接触职业病危害的作业；不得安排孕期、哺乳期的女职工从事对本人和胎儿、婴儿有危害的作业。

11. 据实列支职业病防治费用

《职业病防治法》第四十一条规定，用人单位按照职业病防治要求，用于预防和治理职业病危害、工作场所卫生检测、健康监护和职业卫生培训等费用，按照国家有关规定，在生产成本中据实列支。

（五）劳动者享有的职业卫生保护权利

《职业病防治法》第三十九条规定，劳动者享有下列职业卫生保护权利：

（1）获得职业卫生教育、培训；

（2）获得职业健康检查、职业病诊疗、康复等职业病防治服务；

（3）了解工作场所产生或者可能产生的职业病危害因素、危害后果和应当采取的职业病防护措施；

（4）要求用人单位提供符合防治职业病要求的职业病防护设施和个人使用的职业病防护用品，改善工作条件；

（5）对违反职业病防治法律、法规以及危及生命健康的行为提出批评、检举和控告；

（6）拒绝违章指挥和强令进行没有职业病防护措施的作业；

（7）参与用人单位职业卫生工作的民主管理，对职业病防治工作提出意见和建议。

用人单位应当保障劳动者行使前款所列权利。因劳动者依法行使正当权利而降低其工资、福利等待遇或者解除、终止与其订立的劳动合同的，其行为无效。

（六）工会组织的权利

《职业病防治法》第四十条规定，工会组织应当督促并协助用人单位开展职业卫生宣传教育和培训，有权对用人单位的职业病防治工作提出意见和建议，依法代表劳动者与用人单位签订劳动安全卫生专项集体合同，与用人单位就劳动者反映的有关职业病防治的问题进行协调并督促解决。工会组织对用人单位违反职业病防治法律、法规，侵犯劳动者合法权益的行为，有权要求纠正；产生严重职业病危害时，有权要求采取防护措施，或者向政府有关部门建议采取强制性措施；发生职业病危害事故时，有权参与事故调查处理；发现危及劳动者生命健康的情形时，有权向用人单位建议组织劳动者撤离危险现场，用人单位应当立即作出处理。

五、职业病诊断与职业病病人保障

（一）职业病诊断

1. 职业病诊断机构选择

职业病诊断应当由取得《医疗机构执业许可证》的医疗卫生机构承担。承担职业病诊断的医疗卫生机构不得拒绝劳动者进行职业病诊断的要求。劳动者可以在用人单位所在地、本人户籍所在地或者经常居住地依法承担职业病诊断的医疗卫生机构进行职业病诊断。

2. 职业病诊断因素与程序

职业病诊断，应当综合分析病人的职业史、职业病危害接触史和工作场所职业病危害因素情况、临床表现以及辅助检查结果等因素。没有证据否定职业病危害因素与病人临床表现之间的必然联系的，应当诊断为职业病。

职业病诊断证明书应当由参与诊断的取得职业病诊断资格的执业医师签署，并经承担职业病诊断的医疗卫生机构审核盖章。

3. 职业病诊断资料提供、调查及判定

用人单位应当如实提供职业病诊断、鉴定所需的劳动者职业史和职业病危害接触史、工作场所职业病危害因素检测结果等资料；卫生行政部门应当监督检查和督促用人单位提供上述资料；劳动者和有关机构也应当提供与职业病诊断、鉴定有关的资料。职业病诊断、鉴定机构需要了解工作场所职业病危害因素情况时，可以对工作场所进行现场调查，也可以向卫生行政部门提出，卫生行政部门应当在十日内组织现场调查。用人单位不得拒绝、阻挠。

职业病诊断、鉴定过程中，用人单位不提供工作场所职业病危害因素检测结果等资料的，诊断、鉴定机构应当结合劳动者的临床表现、辅助检查结果和劳动者的职业史、职业病危害接触史，并参考劳动者的自述、卫生行政部门提供的日常监督检查信息等，作出职业病诊断、鉴定结论。

劳动者对用人单位提供的工作场所职业病危害因素检测结果等资料有异议，或者因劳动者的用人单位解散、破产，无用人单位提供上述资料的，诊断、鉴定机构应当提请卫生行政部门进行调查，卫生行政部门应当自接到申请之日起三十日内对存在异议的资料或者工作场所职业病危害因素情况作出判定；有关部门应当配合。

4. 职业病诊断、鉴定中相关争议处理

职业病诊断、鉴定过程中，在确认劳动者职业史、职业病危害接触史时，当事人对劳动关系、工种、工作岗位或者在岗时间有争议的，可以向当地的劳动人事争议仲裁委员会申请仲裁；接到申请的劳动人事争议仲裁委员会应当受理，并在三十日内作出裁决。当事人在仲裁过程中对自己提出的主张，有责任提供证据。劳动者无法提供由用人单位掌握管理的与仲裁主张有关的证据的，仲裁庭应当要求用人单位在指定期限内提供；用人单位在指定期限内不提供的，应当承担不利后果。劳动者对仲裁裁决不服的，可以依法向人民法院提起诉讼。用人单位对仲裁裁决不服的，可以在职业病诊断、鉴定程序结束之日起十五日内依法向人民法院提起诉讼；诉讼期间，劳动者的治疗费用按照职业病待遇规定的途径支付。

5. 职业病诊断异议处理

当事人对职业病诊断有异议的，可以向作出诊断的医疗卫生机构所在地地方人民政府卫生行政部门申请鉴定。职业病诊断争议由设区的市级以上地方人民政府卫生行政部门根据当事人的申请，组织职业病诊断鉴定委员会进行鉴定。当事人对设区的市级职业病诊断鉴定委员会的鉴定结论不服的，可以向省、自治区、直辖市人民政府卫生行政部门申请再鉴定。

职业病诊断鉴定委员会由相关专业的专家组成。职业病诊断鉴定委员会应当按照国务院卫生行政部门颁布的职业病诊断标准和职业病诊断、鉴定办法进行职业病诊断鉴定，向当事人出具职业病诊断鉴定书。职业病诊断、鉴定费用由用人单位承担。

职业病诊断鉴定委员会组成人员应当遵守职业道德，客观、公正地进行诊断鉴定，并承担相应的责任。职业病诊断鉴定委员会组成人员不得私下接触当事人，不得收受当事人的财物或者其他好处，与当事人有利害关系的，应当回避。

6. 职业病报告义务

用人单位和医疗卫生机构发现职业病病人或者疑似职业病病人时，应当及时向所在地卫生行政部门报告。确诊为职业病的，用人单位还应当向所在地劳动保障行政部门报告。接到报告的部门应当依法作出处理。

（二）职业病病人保障

1. 疑似职业病待遇

医疗卫生机构发现疑似职业病病人时，应当告知劳动者本人并及时通知用人单位。用人单位应当及时安排对疑似职业病病人进行诊断；在疑似职业病病人诊断或者医学观察期间，不得解除或者终止与其订立的劳动合同。疑似职业病病人在诊断、医学观察期间的费用，由用人单位承担。

2. 职业病待遇

用人单位应当保障职业病病人依法享受国家规定的职业病待遇。按照国家有关规定，安排职业病病人进行治疗、康复和定期检查。对不适宜继续从事原工作的职业病病人，应当调离原岗位，并妥善安置。对从事接触职业病危害的作业的劳动者，应当给予适当岗位津贴。职业病病人的诊疗、康复费用，伤残以及丧失劳动能力的职业病病人的社会保障，按照国家有关工伤保险的规定执行。

职业病病人除依法享有工伤保险外，依照有关民事法律，尚有获得赔偿的权利的，有权向用人单位提出赔偿要求。

3. 特殊情况保障

劳动者被诊断患有职业病，但用人单位没有依法参加工伤保险的，其医疗和生活保障由该用人单位承担。职业病病人变动工作单位，其依法享有的待遇不变。

用人单位在发生分立、合并、解散、破产等情形时，应当对从事接触职业病危害的作业的劳动者进行健康检查，并按照国家有关规定妥善安置职业病病人。

4. 医疗病人社会救助

用人单位已经不存在或者无法确认劳动关系的职业病病人，可以向地方人民政府医疗保障、民政部门申请医疗救助和生活等方面的救助。地方各级人民政府应当根据本地区的实际情况，采取其他措施，使前款规定的职业病病人获得医疗救治。

六、职业病防治监督检查

《职业病防治法》规定，县级以上人民政府职业卫生监督管理部门依照职业病防治法律、法规、国家职业卫生标准和卫生要求，依据职责划分，对职业病防治工作进行监督检查。

卫生行政部门履行监督检查职责时，有权采取下列措施：

进入被检查单位和职业病危害现场，了解情况，调查取证；查阅或者复制与违反职业病防治法律、法规的行为有关的资料和采集样品；责令违反职业病防治法律、法规的单位和个人停止违法行为。

发生职业病危害事故或者有证据证明危害状态可能导致职业病危害事故发生时，卫生行政部门可以采取下列临时控制措施：

（1）责令暂停导致职业病危害事故的作业；

（2）封存造成职业病危害事故或者可能导致职业病危害事故发生的材料和设备；

（3）组织控制职业病危害事故现场。

在职业病危害事故或者危害状态得到有效控制后，卫生行政部门应当及时解除控制措施。

七、职业病防治违法行为应负的法律责任

（一）建设单位的法律责任

《职业病防治法》规定，建设单位未按照规定进行职业病危害预评价或者未按照规定对职业病防护设施进行职业病危害控制效果评价等违反本法规定行为的，由卫生行政部门给予警告，责令限期改正；逾期不改正的，处10万元以上50万元以下的罚款；情节严重的，责令停止产生职业病危害的作业，或者提请有关人民政府按照国务院规定的权限责令停建、关闭。

（二）用人单位的法律责任

《职业病防治法》规定，用人单位有未采取职业病防治管理措施，未按照规定组织劳动者进行职业卫生培训等违反本法规定的行为，由卫生行政部门分别给予警告、责令限期改正、罚款、责令停止产生职业病危害的作业，或者提请有关人民政府按照国务院规定的权限给予责令停建、关闭的行政处罚。对有直接责任的主管人员和其他直接责任人员，依法给予降级或者撤职的行政处分。

（三）职业卫生技术服务机构的法律责任

《职业病防治法》第八十条、第八十一条规定，职业卫生技术服务机构和医疗卫生机构有违反本法规定的行为，由卫生行政部门依据职责分工，分别给予责令立即停止违法行为、给予警告，没收违法所得、取消其相应资格的行政处罚。对直接负责的主管人员和其他直接责任人员，依法给予降级、撤职或者开除的处分；构成犯罪的，依法追究刑事责任。

第六章　安全生产行政法规

第一节　安全生产许可证条例

2004 年 1 月 13 日国务院公布《安全生产许可证条例》，自公布之日起施行。2014 年 7 月 29 日，对其部分条款进行了修改。《安全生产许可证条例》的立法目的是为了严格规范安全生产条件，进一步加强安全生产监督管理，防止和减少生产安全事故。这是我国第一部对煤矿企业、非煤矿山企业、建筑施工企业和危险化学品、烟花爆竹、民用爆炸物品生产企业实施安全生产行政许可的行政法规。这部行政法规通过确立安全生产许可制度，提高了安全生产准入门槛，加大了安全生产监管力度，同时填补了我国安全生产法律制度的一项空白。依条例公布时的安全生产法制环境来看，虽然条例所确立的安全生产许可制度是一项新的基本制度，但与其他有关安全生产的法律、法规仍然是互相衔接的，与正在实施的《安全生产法》的基本精神是一致的，是对安全生产法有关规定的具体化。近几年的实践表明，《安全生产许可证条例》的颁布施行，对于建立安全生产许可制度，依法规范企业的安全生产条件，强化安全生产监督管理，防止和减少生产安全事故，发挥着重要的制度保障作用。

一、安全生产许可制度的适用范围

确立安全生产行政许可制度，是《安全生产许可证条例》的核心内容。国家对矿山企业、建筑施工企业和危险化学品、烟花爆竹、民用爆炸物品生产企业实行安全生产许可制度，是指这五类危险性较大的企业，必须依照法定条件、程序，向有关管理机关申请领取安全生产许可证，方可进行生产。凡是没有取得安全生产许可证的，一律不得从事相关生产活动。理解和把握安全生产许可制度，应当着重于以下 3 个方面：

（1）安全生产许可制度是一项专门的、统一的制度。这个制度是第一个专门针对安全生产条件而设立的行政许可，同时又是一个统一的制度，适用于矿山企业、建筑施工企业、危险化学品生产企业、烟花爆竹生产企业、民用爆炸物品生产企业等五类企业，与其他只适用于某一类企业的安全生产审批、许可事项不同。

（2）安全生产许可制度是一项带有市场准入性质的制度。企业要进行生产，就必须依法取得安全生产许可证。要取得安全生产许可证，就必须具备相应的安全生产条件。因此，这一制度实质上提高了企业从事生产活动的门槛，使不具备相应安全生产条件的企业不能进行生产，有利于从源头上防止和减少生产安全事故，真正实现安全生产。

（3）安全生产许可制度是一项新的基本制度。《煤炭法》《建设工程安全生产管理条例》《危险化学品安全管理条例》《中华人民共和国民用爆炸物品管理条例》等现行有关安全生产的法律法规对矿山企业、建筑施工企业和危险化学品、烟花爆竹、民用爆炸物品生产企业应当具备的安全生产条件、资质已经规定了相应的审批、许可事项。如《煤炭法》第二十二条规定："煤矿投入生产前，煤矿企业应当依照有关安全生产的法律、行政法规的规定取得安全生产许可证。未取得安全生产许可证的，不得从事煤炭生产。"安全生产许可制度是为了严格规范安全生产条件，进一步加强安全生产监督管理，在现行有关安全生产的法律法规已有规定基础上新设立的一项基本制度，不是现行法律、法规已有规定的翻版，同时也并不取代有关安全生产法律、法规规定的审批、许可事项。将来修订有关安全生产法律法规时，可以统筹考虑安全生产许可制度与相关制度的衔接。

《安全生产许可证条例》的适用范围包括空间范围、时间范围和主体及其行为范围。

1. 空间的范围

《安全生产许可证条例》的适用范围涵盖了在我国国家主权所涉及范围内从事的矿产资源开发、建筑施工和危险化学品、烟花爆竹、民用爆炸物品生产等活动。这里需要指出的是，除了在我国领土、领空范围内从事上述活动的企业以外，领水的范围既包括我国的内陆水域，又包括领海海域和其他海域；既包括领海毗连区，又包括200海里海洋专属经济区。在我国海域从事矿产资源尤其是石油、天然气等矿产资源开发的生产活动比较多，其中有关中国企业和中外合资、合作企业的安全生产活动，应当受《安全生产许可证条例》的调整，依法申请领取安全生产许可证。

2. 时间的范围

依照国务院令第397号的决定，《安全生产许可证条例》自公布之日起施行。这就是说，它的生效时间自2004年1月13日起算。对于《安全生产许可证条例》公布生效之后新开办的矿山企业、建筑施工企业和危险化学品、烟花爆竹、民用爆炸物品生产企业来说，必须依法申请取得安全生产许可证；未取得安全生产许可证的，不得从事生产经营活动。另外，在该条例施行前，已经进行生产的企业，应当自该条例施行之日起1年内，按照规定申请办理安全生产许可证。

3. 主体及其行为范围

《安全生产许可证条例》对人的效力范围包括从事矿产资源开发、建筑施工和危险化学品、烟花爆竹、民用爆炸物品生产等活动的自然人，又包括法人和非企业法人单位。凡是在中华人民共和国领域内从事矿产资源开发、建筑施工和危险化学品、烟花爆竹、民用爆炸物品生产等活动的所有企业法人、非企业法人单位和中国人、外籍人、无国籍人，不论其是否领取安全生产许可证，不论其所有制性质和生产方式如何，都要遵守《安全生产许可证条例》的各项规定。

根据《安全生产许可证条例》的规定，安全生产许可证的发放范围具体包括五类企业：矿山企业、建筑施工企业和危险化学品、烟花爆竹、民用爆炸物品生产企业。确定这一范围的主要考虑是：结合我国安全生产的实际状况和各类生产企业的具体特点，结合我国安全生产监督管理的阶段特征，突出重点，加强针对性，以确保这一制度能够切实发挥作用，解决安全生产工作中面临的突出问题。从近年来我国生产安全事故（交通事故除外）的实际情况看，矿山企业、建筑施工企业和危险化学品、烟花爆竹、民用爆炸物品生产企业是危险性较大、发生事故和死亡人数较多的几个行业，是需要对其安全生产进行重点监管的行业。将安全生产许可证的发放范围限定在这几类企业，抓住了主要矛盾和矛盾的主要方面，是符合我国目前安全生产的实际状况和企业的具体特点的，比较适当。但需要说明的是，将范围限定在上述五类企业并不是绝对的，根据我国安全生产发展需要，可以结合实际情况，对安全生产许可证的发放范围进行必要的调整。

二、取得安全生产许可证的条件和程序

（一）取得安全生产许可证的条件

1. 三类企业

《安全生产许可证条例》将施行许可制度的企业分为六种：矿山企业分为煤矿企业和非煤矿企业两种，危险物品生产企业分为危险化学品生产企业、烟花爆竹生产企业和民用爆炸物品生产企业三种，加上建筑施工企业共为六种。《安全生产许可证条例》规定上述三类六种生产（施工）企业必须具备法定的安全生产条件，依法申请领取安全生产许可证，方可从事生产建设活动。

2. 三类企业均应具备的基本安全生产条件

三类高危企业虽各有特点，但都具有危险性较大的共性。《安全生产许可证条例》第六条规定的企业应当具备的安全生产条件，不是高危生产企业应当具备的全部的安全生产条件，而是这些企业必须具备的共同的安全生产条件，即从有关安全生产法律、行政法规中概括出来的基本安全生产条件。这些安全生产条件好似“通用件”，对三类高危生产企业普遍适用。

《安全生产许可证条例》的立法目的就是要为高危生产企业设定最基本的、最低的安全生产条件，也就是安全生产准入的最低“门槛”。企业安全生产条件的全面改善固然需要较长的过程，规定基本安全生产条件就是为了提升高危生产企业的整体安全素质，不能因为有些企业不具备安全生产条件而降低要求。依法规定严格的安全生产条件将为企业安全生产设定具体标准和行为规则，迫使那些不具备基本安全生产条件的企业进行整改，在较短的时间内具备法定条件；对于那些根本无法具备基本安全生产条件的企业，必须淘汰或者取缔，不准其从事生产活动。

3. 基本安全生产条件需要细化为具体的、可操作的安全生产条件

《安全生产许可证条例》第六条规定，企业取得安全生产许可证，应当具备下列安全生产条件：

（1）建立、健全安全生产责任制，制定完备的安全生产规章制度和操作规程。

（2）安全投入符合安全生产要求。

（3）设置安全生产管理机构，配备专职安全生产管理人员。

（4）主要负责人和安全生产管理人员经考核合格。

（5）特种作业人员经有关业务主管部门考核合格，取得特种作业人员操作资格证书。

（6）从业人员经安全生产教育和培训合格。

（7）依法参加工伤保险，为从业人员缴纳保险费。

（8）厂房、作业场所和安全设施、设备、工艺符合有关安全生产法律、法规、标准

和规程的要求。

（9）有职业危害防治措施，并为从业人员配备符合国家标准或者行业标准的劳动防护用品。

（10）依法进行安全评价。

（11）有重大危险源检测、评估、监控措施和应急预案。

（12）有生产安全事故应急救援预案、应急救援组织或者应急救援人员，配备必要的应急救援器材、设备。

（13）法律、法规规定的其他条件。

《安全生产许可证条例》第六条第13项关于"法律、法规规定的其他条件"的规定，是指有关法律、法规对高危生产企业的安全生产条件另有规定的，应当从其规定，它可以将分散于相关法律、法规中的有关法律规范联结为一体，更具有可操作性，更能够体现特殊性。应当注意的是，"法律、法规规定的其他条件"并不只限于法律、法规的直接规定，还包括法律、法规规定必须具备的国家标准或者行业标准、安全规程和行业技术规范中设定的安全生产条件。譬如，《安全生产法》第十六条关于"生产经营单位应当具备本法和有关法律、行政法规和国家标准或者行业标准规定的安全生产条件"的规定，就已经涵盖了国家标准或者行业标准规定的安全生产条件。

（二）取得安全生产许可证的程序

1. 公开申请事项和要求

设定和实施安全生产许可，是一项面向全社会的行政管理活动。安全生产许可证颁发管理机关应当将有关申请领取安全生产许可证的时间、地点、机关和应当提交的文件、资料向社会公布，使申请人能够知道、了解有关申办事项及其具体要求，以便能够及时申请领取安全生产许可证。安全生产许可证颁发管理机关制定的安全生产许可证颁发管理的规章制度等具体规定应当公布。否则，不得作为实施行政许可的具体依据。

2. 企业应当依法提出申请

颁发安全生产许可证的前提，是企业必须依法向安全生产许可证颁发管理机关提出申请，即不申请不发证。

（1）新设立生产企业的申请。现行有关法律、行政法规对设立企业审批、领取工商营业执照和颁发许可证的时间、顺序等程序性规定不尽相同，暂时难以统一。依照《安全生产许可证条例》的规定，不论法律、行政法规关于高危生产企业领取有关证照的时间和程序如何规定以及是否相同，安全生产许可证必须在企业建成投产前提出申请；如不提出申请并未取得安全生产许可证，不得从事生产活动。

（2）企业必须依法向安全生产许可证颁发管理机关提出申请。企业具备了条例规定的安全生产条件，只能表明具备了从事生产的潜在安全资质，并不表示企业具备从事安全生产的当然资格，必须依法向安全生产许可证颁发管理机关申请领取安全生产许可证。根据《安全生产许可证条例》第三条、第四条、第五条的规定，安全生产监督管理部门负责非煤矿矿山企业和危险化学品、烟花爆竹生产企业安全生产许可证的颁发和管理，煤矿安全监察机构负责煤矿企业安全生产许可证的颁发和管理，建设主管部门负责建筑施工企业安全生产许可证的颁发和管理，民用爆炸物品行业主管部门负责民用爆炸物品生产企业安全生产许可证的颁发和管理。除此之外，其他任何单位和个人都无权受理安全生产许可证申请事宜。

（3）申请人应当提交相关文件、资料。依照《安全生产许可证条例》及其配套实施规章的规定，6 种高危生产企业申请办理安全生产许可证，都要向安全生产许可证颁发管理机关提交相关文件、资料。每种企业需要提交的相关文件、资料不尽相同，应由有关安全生产许可证颁发管理机关作出具体规定。申请人提交的相关文件、资料必须能够满足对安全生产条件审查的需要。

3. 受理申请及审查

接到申请人关于领取安全生产许可证的申请书、相关文件和资料后，安全生产许可证颁发管理机关应当决定是否受理和审查。审查工作分为两部分，一部分是形式审查，另一部分是实质性审查。

（1）形式审查。所谓形式审查，是指安全生产许可证颁发管理机关依法对申请人提交的申请文件、资料是否齐全、真实、合法，进行检查核实的工作。这时申请人提交的证明其具备法定安全生产条件的都是书面的文件、资料。这些书面文件、资料可以在一定程度上反映申请人的安全生产条件。安全生产许可证颁发管理机关受理申请以后的第一道程序，就是进行形式审查。如果发现提交的文件、资料不齐全、不真实、不符合法定要求，安全生产许可证颁发管理机关有权向申请人说明并要求补正，申请人应当按照要求补正。否则，安全生产许可证颁发管理机关有权拒绝受理安全生产许可证的申请。

（2）实质性审查。申请人提交的文件、资料通过形式审查以后，安全生产许可证颁发管理机关认为有必要的，应当对申请文件、资料和企业的实际安全生产条件进行实地审查或者核实。譬如，需要对一些生产厂房、作业场所进行检查、审验；对一些安全设施、设备需要进行检测、检验或者试运行。这些审查工作不是在办公室里能够完成的，必须前往实地或者企业才能进行直接的审查或者核实。

安全生产许可证颁发管理机关进行实质性审查的方式主要有 3 种：一是委派本机关的工作人员直接进行审查或者核实；二是委托其他行政机关代为进行审查或者核实；三是委托安全中介机构对一些专业技术性很强的设施、设备和工艺进行专门的检测、检验。

4. 决定

经审查或者核实后，安全生产许可证颁发管理机关可以依法作出两种决定：企业具备法定安全生产条件的，决定颁发安全生产许可证；不具备法定安全生产条件的，决定不予颁发安全生产许可证，书面通知企业并说明理由。

关于审查发证的法定时限，《安全生产许可证条例》第七条规定，安全生产许可证颁发管理机关完成审查和发证工作的时限是自收到申请之日起 45 日之内。确定安全生产许可证颁发管理机关是否在法定时限内完成审查发证工作，关系到是否符合法定程序要求的问题。如果安全生产许可证颁发管理机关未在法定时限内完成审查发证工作，将会构成行政违法并要承担相应的法律责任。在实践中，如何计算安全生产许可证审查发证工作的法定时限，需要视不同情形加以确定：

（1）自安全生产许可证颁发管理机关收到申请人提交的相关文件、资料之日起，应当在 45 日内完成审查发证工作。45 日是指法定工作日，如遇法定节日、假日自动顺延，不连续计算。

（2）安全生产许可证颁发管理机关收到申请人提交的相关文件、资料后，经审查相关文件、资料认为其不符合法定要求，安全生产许可证颁发管理机关要求申请人予以补正的，完成安全生产许可证审查发证工作的法定时限，自申请人重新提交补正的相关文件、资料之日起计算。

（3）安全生产许可证颁发管理机关对申请人的实际安全生产条件进行审查或者核实后，认为不具备安全生产条件需要纠正的，申请人纠正后再次提请安全生产许可证颁发管理机关进行审查的，完成安全生产许可证审查发证工作的法定时限，自申请人再次提出申请之日起计算。

（4）在审查过程中，安全生产许可证颁发管理机关认为需要聘请专家或者安全中介机构进行专门的检测、检验的，完成安全生产许可证审查发证工作的法定时限自提交检测、检验报告之日起计算。

（5）审查发证工作中遇有不可抗力的情况，完成安全生产许可证审查发证工作的法定时限，自不可抗力的情况消失之日起计算。

5. 期限与延续

安全生产许可证有效期为 3 年，不设年检。在安全生产许可证有效期满后的延续问题上，行政法规规定了两种情形：

（1）有效期满的例行延续。《安全生产许可证条例》第九条第一款规定，安全生产许可证的有效期为 3 年。安全生产许可证有效期满需要延期的，企业应当于期满前 3 个月向原安全生产许可证颁发管理机关办理延期手续。企业办理安全生产许可证延期手续所需提供的文件、资料或者有关情况，由国务院安全生产监督管理部门、建设行政主管部门、国防科技工业主管部门和国家煤矿安全监察机构规定。

（2）有效期满的免审延续。《安全生产许可证条例》第九条第二款对严格遵守有关安全生产法规，安全生产状况良好、没有发生死亡事故的企业予以免审延期的特殊规定，目的是要鼓励企业自觉做好安全生产工作，不出生产安全事故。但有一点需要注意，符合该规定的企业虽然不需经过审查即可延续 3 年，但不是自动延期，应当在有效期满前向原安全生产许可证颁发管理机关提出延期的申请，经其同意后方可免审延续 3 年。

6. 补办与变更

《安全生产许可证条例》的配套规章中对安全生产许可证的补办与变更的情况作出了明确的规定。企业持有的安全生产许可证如遇损毁、丢失等情况，就需要向原安全生产许可证颁发管理机关申请补办。经过审核，应当重新颁发安全生产许可证。另外，已经取得安全生产许可证的企业的有关事项发生变化，也需要及时办理安全生产许可证变更手续。

7. 档案管理与公告

档案管理是安全生产许可证管理的一项重要内容。档案管理的主要目的是保证安全生产许可证管理的基本情况有据可查，规范安全生产许可证的颁发管理行为。为评价安全生产许可证颁发管理工作，监督检查有关工作人员依法履行职责，完善许可证制度提供基础。建立健全安全生产许可证档案管理制度，一是要建立、健全归档制度，保证及时、全面地将安全生产许可证申请、颁发及监督管理等有关情况存档入案；二是要加强对已归档材料的管理，强化日常监督检查，严格责任追究制度。

将安全生产许可证颁发的情况向社会公告，是行政许可工作公开透明的需要，是进行社会监督的需要。《安全生产许可证条例》第十条要求安全生产许可证颁发管理机关定期向社会公布企业取得安全生产许可证的情况。公布的具体形式可以多样但须规范，公布的时间由安全生产许可证颁发管理机关决定。

三、安全生产许可监督管理的规定

实行安全生产许可制度，必须建立相应的安全生产许可证颁发管理体制，确定安全生产许可证颁发管理的行政机关。鉴于煤矿企业、非煤矿矿山企业、建筑施工企业和危险化学品、烟花爆竹、民用爆炸物品生产企业的特点各不相同，负有安全生产监督管理职责的部门及其职责各不相同，这就决定了安全生产许可证的颁发管理机关不是一个而是多个。《安全生产许可证条例》从实际出发，根据不同情况规定了安全生产许可证颁发管理机关的级别及其权限。

（一）安全生产许可证发证机关的层级

《安全生产许可证条例》按照两级发证的原则规定了安全生产许可证的颁发机关，并对民用爆炸物品生产企业安全生产许可证的颁发机关作出了特殊的规定。

1. 两级发证

根据《行政许可法》规定，有权依法设定行政许可的只有国家和省、自治区、直辖市两级国家权力机关和行政机关，具有行政许可设定权的行政机关有权依法实施行政许可。为了使行政许可的设定机关与实施机关的层级相一致，避免两者之间因层级差别而影响安全生产许可制度的实施，《安全生产许可证条例》确定国务院与省、自治区、直辖市两级人民政府的负有安全生产监督管理职责的部门和建设主管部门为安全生产许可证的发证机关。

2. 一级发证

在两级发证的原则下，也要对特殊情况作出特别规定，民用爆炸物品生产企业安全生产许可证的发证机关就是特例。民用爆炸物品生产企业具有特殊性，不宜与其他高危生产企业等同。民用爆破器材生产企业数量较少，发证和管理的工作量较小。《安全生产许可证条例》第五条规定，省、自治区、直辖市人民政府民用爆炸物品行业主管部门负责民用爆炸物品生产企业安全生产许可证的颁发和管理，并接受国务院民用爆炸物品行业主管部门的指导和监督。

（二）煤矿企业安全生产许可证的颁发和管理

1. 发证对象

《煤炭法》第二十二条规定，煤矿投入生产前，煤矿企业应当依照有关安全生产的法律、行政法规的规定取得安全生产许可证。未取得安全生产许可证的，不得从事煤炭生产。《安全生产许可证条例》第七条第二款规定，煤矿企业应当以矿（井）为单位，依照本条例的规定取得安全生产许可证。

2. 发证机关

煤矿企业安全生产许可证颁发管理机关是相关煤矿安全监察机构。《安全生产许可证条例》第三条规定，国家煤矿安全监察机构负责中央管理的煤矿企业安全生产许可证的颁发和管理。在省、自治区、直辖市设立的煤矿安全监察机构负责前款规定以外的其他煤矿企业安全生产许可证的颁发和管理，并接受国家煤矿安全监察机构的指导和监督。

国家未设直属煤矿安全监察机构的其他省、自治区、直辖市的煤矿企业安全生产许可证颁发管理机关，应当是《煤矿安全监察条例》授权的省、自治区、直辖市人民政府指定的部门，多数为省级安全生产监督管理局。在这些地方，省级安全生产监督管理局依法履行煤矿企业安全生产许可证颁发管理机关的全部职责。

（三）非煤矿矿山企业安全生产许可证的颁发和管理

1. 发证对象

非煤矿矿山企业的矿种和数量远远超过煤矿企业，情况比较复杂。从矿产资源赋存状态来看，非煤矿种包括固态、液态和气态3种。《安全生产许可证条例》第三条规定，国务院安全生产监督管理部门负责中央管理的非煤矿矿山企业安全生产许可证的颁发和管理。省、自治区、直辖市人民政府安全生产监督管理部门负责前款规定以外的非煤矿矿山企业安全生产许可证的颁发和管理。

2. 发证机关

绝大多数非煤矿矿山企业的生产作业场所比较固定，其安全生产许可证的发证机关也是两级，即国务院安全生产监督管理部门和省、自治区、直辖市人民政府安全生产监督管理部门。

（四）危险化学品和烟花爆竹生产企业安全生产许可证的颁发和管理

1. 发证对象

原国家安全生产监督管理局依照《危险化学品安全管理条例》的授权制定公布的原《危险化学品目录》的规定，纳入监督管理的危险化学品主要包括最终产品和中间产品是危险化学品的化学品。中间化学品是指危险化学品生产企业为满足生产的需要，生产一种或者多种产品作为下一个生产过程参与化学反应的原料。危险化学品生产企业包括两类，一类是最终产品是危险化学品的生产企业，另一类是中间产品是危险化学品的生产企业。后者虽然不直接生产危险化学品，但其中间产品可以作为其他产品的原料而具有易燃、易爆、腐蚀或者辐射等危险性。所以，也要将中间产品是危险化学品的生产企业纳入危险化学品生产企业安全生产许可证的发证对象范围内，加强监督管理。

2. 发证机关

依照《安全生产许可证条例》的规定，危险化学品和烟花爆竹生产企业安全生产许可证的发证机关分别是国务院和省、自治区、直辖市人民政府的安全生产监督管理部门。国务院安全生产监督管理部门负责中央管理的危险化学品和烟花爆竹生产企业安全生产许可证的颁发和管理，省、自治区、直辖市人民政府安全生产监督管理部门负责其他危险化学品、烟花爆竹生产企业安全生产许可证的颁发和管理。

（五）建筑施工企业安全生产许可证的颁发和管理

1. 发证对象

建筑施工企业数量众多，大小均有。承担建筑工程的施工单位中有总承包单位、专业承包单位和劳务分包单位，还包括一些规模较小的施工队。施工单位中有的是建筑施工企业法人，有的是非法人施工单位。依照《建筑法》和《建设工程安全生产管理条例》的规定，施工单位不论是否具有法人资格，都要取得相应等级的资质，并申请领取建筑施工许可证。鉴于建筑施工活动具有流动性大、独立作业的特点，除了将建筑施工企业作为安全生产许可证的发证对象外，也要考虑安全生产许可证与施工单位资质等级和施工许可证发证对象的一致性，对独立从事建筑施工活动的施工单位颁发安全生产许可证。

2. 发证机关

安全生产许可证实行国家和省两级发证。《安全生产许可证条例》第四条规定，国务院建设主管部门负责中央管理的建筑施工企业安全生产许可证的颁发和管理。省、自治区、直辖市人民政府建设主管部门负责前款规定以外的建筑施工企业安全生产许可证的颁发和管理，并接受国务院建设主管部门的指导和监督。根据该条规定，除中央管理的建筑施工企业以外的其他建筑施工企业，都要向省级建设主管部门申请领取安全生产许可证，而后再向工程所在地县级以上建设主管部门申请领取建筑施工许可证。

（六）民用爆炸物品生产企业安全生产许可证的颁发和管理

《安全生产许可证条例》第五条规定省、自治区、直辖市人民政府民用爆炸物品行业主管部门负责民用爆炸物品生产企业安全生产许可证的颁发和管理，并接受国务院民用爆炸物品行业主管部门的指导和监督。

（七）中央管理企业安全生产许可证的颁发和管理

国务院特设的国有资产管理委员会，对关系国计民生的大型国有企业实行国有资产管理。原国家安全生产监督管理局对中央管理企业的安全生产进行监督管理。

1. 发证对象

中央管理企业的发证对象主要有 3 种：

（1）总公司（总厂）、集团公司。中央管理企业中资产最多的是国家投资设立的全资总公司、集团公司，亦称母公司，如中国中煤能源集团公司、中国石油天然气集团公司、中国海洋石油公司、中国石油化工集团公司、中国建筑工程总公司等。中央管理的总公司（总厂）、集团公司也要接受法律的规范和政府的监管，应当取得安全生产许可证。

（2）一级上市公司。全部由中央管理的总公司（总厂）、集团公司投资和控股的一级上市公司，是具有独立法人资格的生产企业。这种企业也应当依法申请领取安全生产许可证。

（3）中央管理的总公司（总厂）、集团公司全资或者控股的子公司和具有法人资格的企业。这种全部或者大部由国家投资的子公司和具有法人资格的企业是中央管理企业不可分割的组成部分，它们的生产活动是否安全，不仅关系企业经济效益的提高，而且关系国有资产的保值、增值。所以，中央管理的总公司（总厂）、集团公司全资或者控股的子公司和具有法人资格的企业应当依照《安全生产许可证条例》的规定，申请领取安全生产许可证。

2. 发证机关

依照《安全生产许可证条例》的规定，除了民用爆破器材生产企业之外，其他中央管理企业安全生产许可证的发证机关都是两级。

（1）中央管理的总公司（总厂）、集团公司及其投资或者控股的一级上市公司，由国务院有关部门颁发安全生产许可证。不论这些企业在中华人民共和国境内的任何地方注册，均应依照《安全生产许可证条例》的规定，由国务院安全生产监督管理部门、国家煤矿安全监察机构、建设主管部门和民用爆炸物品行业主管部门按照各自的职责颁发安全生产许可证并进行监督管理。

（2）中央管理的总公司（总厂）、集团公司全资或者控股的子公司和具有法人资格的企业，由其所在地省级有关部门颁发安全生产许可证。根据《行政许可法》确定的效能与便民原则和《安全生产许可证条例》的规定，中央管理的总公司（总厂）、集团公司全资或者控股的子公司和具有法人资格的企业应以省级行政区域为限，不论在何地注册，均由所在地省级人民政府安全生产监督管理部门、建设主管部门和省级煤矿安全监察机构按照各自的职责，颁发安全生产许可证并进行监督管理。

（八）安全生产许可监督管理

1. 安全生产许可监督管理的对象

《安全生产许可证条例》规定国务院和省级人民政府有关主管部门负责安全生产许可证的颁发和管理。《安全生产许可证条例》所称的管理，包含两个方面：一是对安全生产许可证的申请和颁发工作实施管理，二是对取得安全生产许可证企业的生产（建筑施工）活动的安全生产实施监督检查。

2. 安全生产许可证的申请和颁发工作实施管理的主要事项

（1）制定安全生产许可证颁发工作的规章制度和工作程序。

（2）受理安全生产许可的申请。

（3）对申请人的安全生产条件进行审查。

（4）决定安全生产许可证的颁发。

（5）规定安全生产许可证的式样或者制作安全生产许可证。

（6）建立安全生产许可证档案管理制度。

（7）公布企业取得安全生产许可证的情况。

（8）协调、解决安全生产许可证颁发工作的有关事项。

3. 对取得安全生产许可证企业的生产（建筑施工）活动的安全生产实施监督检查的主要事项

（1）监督检查企业取得安全生产许可证的情况。

（2）监督检查取得安全生产许可证的企业执行有关安全生产的法律、法规、规章和国家标准或者行业标准的情况。

（3）检查企业的安全生产条件和日常安全生产管理的情况。

（4）受理有关安全生产许可违法行为的举报。

（5）监督安全生产许可证颁发机关工作人员履行职责的情况。

四、安全生产许可违法行为应负的法律责任

《安全生产许可证条例》共有 6 条关于法律责任追究的规定，涵盖了对安全生产许可违法行为实施法律责任追究的原则、违法行为的界定、行政处罚和刑事处罚等方面的内容。

（一）法律责任追究的原则

《行政许可法》关于法律责任追究的原则是有过必罚、过罚相当。所谓有过必罚，是指许可人和被许可人不履行法定义务，就要承担相应的法律责任，受到法律制裁。所谓过罚相当，是指违法过错或者过失与应受的处罚相当，过大罚重，过小罚轻。《安全生产许可证条例》关于安全生产许可证颁发管理机关和高危生产企业各自的权力（权利）、义务与责任的规定，体现了“谁持证谁负责”“谁发证谁处罚”的原则。

（二）安全生产许可违法行为的界定

依照《安全生产许可证条例》的规定，下列行为属于安全生产许可违法行为：

1. 安全生产许可证颁发管理机关工作人员的安全生产许可违法行为

这里所说的机关工作人员，是指负责颁发管理安全生产许可证的行政机关的领导人、有关内设机构的负责人、具体承办人员和负责监督管理的行政人员。《安全生产许可证条例》第十八条列举了安全生产许可证颁发管理机关工作人员的违法行为：

（1）向不符合本条例规定的安全生产条件的企业颁发安全生产许可证的。

（2）发现企业未依法取得安全生产许可证擅自从事生产活动，不依法处理的。

（3）发现取得安全生产许可证的企业不再具备本条例规定的安全生产条件，不依法处理的。

（4）接到对违反本条例规定行为的举报后，不及时处理的。

（5）在安全生产许可证颁发、管理和监督检查工作中，索取或者接受企业的财物，或者牟取其他利益的。

2. 企业的安全生产许可违法行为

制定《安全生产许可证条例》的目的之一，就是为了严格规范企业的安全生产条件和生产活动的安全。实施安全生产许可，不仅要规范、促使企业实现安全生产，也要查处安全生产许可违法行为的责任者。《安全生产许可证条例》规定实施处罚的违法行为包括：

（1）未取得安全生产许可证擅自进行生产的。这是一种无证非法生产的违法行为。依照《安全生产许可证条例》的规定，无证非法生产的违法行为有 3 种情况：一是从未申请领取安全生产许可证擅自生产的；二是申请领取安全生产许可证，但经审查不具备安全生产条件，不予颁发安全生产许可证擅自生产的；三是被暂扣或者吊销安全生产许可证擅自进行生产的。

（2）取得安全生产许可证后不再具备安全生产条件的。这是一种持证违法的行为。《安全生产许可证条例》第十四条第一款规定，企业取得安全生产许可证后，不得降低安全生产条件，并应当加强日常安全生产管理，接受安全生产许可证颁发管理机关的监督检查。持证企业在生产过程中降低安全生产条件，也都是违法的。

（3）安全生产许可证有效期满未办理延期手续，继续进行生产的。《安全生产许可证条例》第九条第一款规定，安全生产许可证的有效期为 3 年。安全生产许可证有效期满需要延期的，企业应当于期满前 3 个月向原安全生产许可证颁发管理机关办理延期手续。不设安全生产许可证年检是为了方便企业，简化手续。但是安全生产许可证有效期满，仍要依法办理延期手续。逾期仍不办理延期手续继续生产的，以无证非法生产论处。

（4）转让、冒用安全生产许可证或者使用伪造安全生产许可证的。这是行政法规明令禁止的违法行为。安全生产许可证是企业具备安全生产条件、取得从事相应生产活动的权利的法定凭证。《安全生产许可证条例》第十三条规定，企业不得转让、冒用安全生产许可证或者使用伪造的安全生产许可证。

（三）行政处罚的种类和决定行政处罚的机关

1. 行政处罚的种类

《安全生产许可证条例》设定的行政处罚有责令停止生产、没收违法所得、罚款、暂扣和吊销安全生产许可证 5 种。关于没收违法所得和暂扣安全生产许可证两种行政处罚，在实施时需要特别注意。

（1）没收违法所得。《安全生产许可证条例》第十九条、第二十条、第二十一条和第二十二条都设定了没收违法所得的行政处罚。违法所得不仅指货币收入，也包括非法取得的财物或者资产，一律应当作为违法所得而予以没收。

（2）暂扣安全生产许可证。《安全生产许可证条例》第十四条规定应予暂扣安全生产许可证的行政处罚。在给予暂扣安全生产许可证的行政处罚后，企业不得继续进行生产，必须停产整改；经整改具备安全生产条件的，应当申请安全生产许可证颁发管理机关进行复查。复查后具备安全生产条件的，可以发还安全生产许可证。企业不进行整改或者经整改仍不具备安全生产条件的，可以决定吊销安全生产许可证。

2. 行政处罚的决定机关

安全生产许可证颁发管理的原则是“谁发证、谁管理、谁处罚”。发证权、管理权和处罚权三位一体，不可分离。《安全生产许可证条例》第二十三条规定，本条例规定的行政处罚，由安全生产许可证颁发管理机关决定。按照职责分工，有权对安全生产许可行为实施行政处罚的行政执法主体不是 1 个，而是 4 个。

（1）国务院和省级人民政府的安全生产监督管理部门，是对非煤矿矿山企业和危险化学品、烟花爆竹生产企业安全生产许可违法行为实施行政处罚的决定机关。

（2）国家煤矿安全监察机构和省级煤矿安全监察机构，是对煤矿企业安全生产许可违法行为实施行政处罚的决定机关。

（3）国务院和省级人民政府的建设主管部门，是对建筑施工企业安全生产许可违法行为实施行政处罚的决定机关。

（4）省、自治区、直辖市人民政府民用爆炸物品行业主管部门，是对民用爆炸物品生产企业安全生产许可违法行为实施行政处罚的决定机关。

（四）刑事处罚

刑事处罚是追究安全生产许可违法行为的法律责任的主要方式。《安全生产许可证条例》规定适用刑事处罚的违法行为，主要有：

（1）安全生产许可证颁发管理机关工作人员构成职务犯罪的。

（2）企业未取得安全生产许可证擅自进行生产、造成重大生产安全事故或者其他严重后果，有关人员构成犯罪的。

（3）企业安全生产许可证有效期满逾期不办理延期手续，继续进行生产，有关人员构成犯罪的。

（4）企业转让、冒用安全生产许可证或者使用伪造的安全生产许可证，有关人员构成犯罪的。

（5）《安全生产许可证条例》施行前已经进行生产的企业逾期不办理安全生产许可证，或者经审查不具备安全生产条件，未取得安全生产许可证，继续进行生产，有关人员构成犯罪的。

第二节　煤矿安全监察条例

2000 年 11 月 7 日国务院发布第 296 号令《煤矿安全监察条例》，自 2000 年 12 月 1 日起施行。2013 年 5 月 31 日，对其部分条款进行了修改。《煤矿安全监察条例》的立法目的是为了保障煤矿安全，规范煤矿安全监察工作，保护煤矿职工人身安全和身体健康。

一、煤矿安全监察体制

我国是世界主要煤炭生产国和消耗国。煤炭是我国的主要能源，在我国一次能源生产和消费结构中一直处于十分重要的基础地位。煤炭工业是重要的基础产业，在党和政府的领导下，经过多年的安全专项整治，我国煤矿安全状况明显好转；但由于大多数煤矿规模较小、安全生产条件差、从业人员素质低、安全投入严重不足和安全管理不到位，我国煤矿安全形势又十分严峻。煤矿企业事故的死亡人数在我国工矿商贸企业和矿山企业中是最高的，在世界上也是最多的。据统计，在 1990—2000 年的 11 年间，全国煤矿年死亡人数在 4500 ~ 7100 之间，平均百万吨死亡率为 5.2。煤矿事故高发的主要原因之一，就是煤矿安全监督管理体制不健全，故应当建立新型的煤矿安全监管体制。

为了适应煤炭工业管理体制改革的需要，加强煤矿安全监察工作，进一步从体制上、组织上加强煤矿安全监督管理，1999 年 12 月 30 日，国务院批准《煤矿安全监察体制改革实施方案》（国办发〔1999〕104 号），借鉴国外的成功经验，决定实行垂直管理的煤矿安全监察体制。设立国家煤矿安全监察局，负责全国煤矿安全监察工作。在河北、山西等 20 个主要产煤的省（自治区、直辖市）设立煤矿安全监察局，省（自治区、直辖市）煤矿安全监察局均为国家煤矿安全监察局的直属机构，实行国家煤矿安全监察局与所在省（自治区、直辖市）政府双重领导、以国家煤矿安全监察局为主的管理体制。原由劳动等部门负责的煤矿安全监察职能，均由煤矿安全监察局承担。在 69 个大中型煤矿矿区设立煤矿安全监察办事处，作为省（自治区、直辖市）煤矿安全监察局的派出机构。独立的、垂直管理的煤矿安全监察体制和体系由此产生，这是深化我国煤炭工业管理体制改革，保障煤矿生产安全的又一重大举措。这次改革的显著特点是：一是政企分开。安全监察与安全管理分开，建立专门从事煤矿安全监察工作的、自上而下垂直管理的煤矿安全监察机构。国家煤矿安全监察局、省（自治区、直辖市）煤矿安全监察局、煤矿安全监察办事处三级设置，既形成了完整的煤矿安全监察体系，又保证了安全监察的独立性。二是建立国家煤矿安全监察员制度。对全国省级煤矿安全监察局及派出的办事处核定行政编制 2800 人，属中央垂直管理。要求国家煤矿安全监察局及有关部门建立国家煤矿安全监察员制度，对煤矿安全监察员的职责、任职资格、培训、录用、监察业务范围和工作任务等做出具体规定，推动煤矿安全监察工作的顺利进行。

为了进一步完善煤矿安全监督管理体制，2004年11月4日，国务院办公厅发布《国务院办公厅关于完善煤矿安全监察体制的意见》(国办发〔2004〕79号)，确定了国家监察、地方监管职责，明确了“国家监察、地方监管、企业负责”的煤矿安全工作格局。调整煤矿安全监察机构布局，在监察任务繁重的地区适当增设煤矿安全监察机构。在湖北、广东、广西、青海、福建5省（自治区）增设煤矿安全监察局。将煤矿安全监察办事处更名为区域性监察分局。

作为负责煤矿安全监察的专门行政执法机构，各级煤矿安全监察机构必须依法行政，依法监察，煤矿安全监察必须有法可依。因此，有必要通过法律形式确定煤矿安全监察机构的地位、职责和煤矿安全监察内容，将煤矿安全监察纳入法制轨道。《煤矿安全监察条例》等法律法规颁布实施后，又相继制定、出台了煤矿安全监察执法方面的一系列规章和规范性文件，制定了三批20余种执法文书，及时修订了《煤矿安全规程》。煤矿安全监察方面的法律法规基本上满足了执法的需要，煤矿安全监察的各个层面、各个环节做到了有法可依、有章可循。

二、煤矿安全监察机构及其职责

（一）煤矿安全监察机构的设置

1. 煤矿安全监察机构的设置

《煤矿安全监察条例》所称的“国家煤矿安全监察机构”是指原国家安全生产监督管理总局（应急管理部）管理的国家煤矿安全监察局，“地区煤矿安全监察机构”是指省、自治区、直辖市煤矿安全监察局，“煤矿安全监察办事处”是指地区煤矿安全监察分局。

鉴于国家在一些省、自治区、直辖市没有设立地区煤矿安全监察机构，因此需要明确这些地方负责煤矿安全监察的部门。《煤矿安全监察条例》第四十九条规定：“未设立地区煤矿安全监察机构的省、自治区、直辖市，省、自治区、直辖市人民政府可以指定有关部门依照本条例的规定对本行政区域内的煤矿实施安全监察。”

2. 煤矿安全监察机构的法律地位

《煤矿安全监察条例》明确规定，国家对煤矿安全实行监察制度。国务院决定设立的煤矿安全监察机构按照国务院规定的职责，依照本条例的规定实施安全监察。地方人民政府应当加强煤矿安全管理工作，支持和协助煤矿安全监察机构依法对煤矿实施安全监察。煤矿安全监察机构应当及时向有关地方人民政府通报煤矿安全监察的有关情况，并可以提出加强和改善煤矿安全管理的建议。煤矿安全监察应当以预防为主，及时发现和消除事故隐患，有效纠正影响煤矿安全的违法行为，实行安全监察与促进安全管理相结合、教育与惩处相结合的方法。煤矿安全监察机构依法行使职权，不受任何组织和个人的非法干涉。煤矿及其有关人员必须接受并配合煤矿安全监察人员依法实施的安全监察，不得拒绝、阻挠。

（二）煤矿安全监察机构的职责

依照《煤矿安全监察条例》的规定，煤矿安全监察机构的职责包括4个方面：

（1）行政处罚权。为了制裁煤矿安全违法行为，保障煤矿依法进行生产，根据《煤矿安全监察条例》《煤矿安全监察行政处罚办法》及其他有关法律、行政法规的规定，国家煤矿安全监察局、省级煤矿安全监察局和煤矿安全监察分局，对煤矿及其有关人员违反有关安全生产的法律、行政法规、部门规章、国家标准、行业标准和规程的行为有权实施行政处罚。省级煤矿安全监察局、煤矿安全监察分局实施行政处罚按照属地原则进行管辖。国家煤矿安全监察局认为应由其实施行政处罚的，由国家煤矿安全监察局管辖。两个以上煤矿安全监察机构因行政处罚管辖权发生争议的，由其共同的上一级煤矿安全监察机构指定管辖。

（2）安全检查权。地区煤矿安全监察机构、煤矿安全监察分局应当对煤矿实施经常性的安全检查；对事故多发地区的煤矿，应当实施重点安全检查。国家煤矿安全监察机构根据煤矿安全工作的实际情况，组织对全国煤矿的全面安全检查或者重点安全抽查。

地区煤矿安全监察机构、煤矿安全监察分局应当对每个煤矿建立煤矿安全监察档案。煤矿安全监察人员对每次检查的内容、发现的问题及其处理情况，应当作详细记录，并由参加检查的煤矿安全监察人员签名后归档。

（3）建议报告权。煤矿安全监察机构在实施安全监察过程中，发现煤矿存在的安全问题涉及有关人民政府或其有关部门的，应当向有关人民政府或其有关部门提出建议，并向上级人民政府或其有关部门报告。

（4）事故调查处理权。煤矿安全监察机构负责组织煤矿事故的调查处理。

三、煤矿安全监察员的职权

（一）煤矿安全监察员资格条件

煤矿安全监察员是具体负责煤矿安全监察和行政执法工作的国家公务人员。煤矿安全监察员的素质对其能否秉公执法关系极大。2003 年 6 月 13 日国家安全生产监督管理局、国家煤矿安全监察局颁布的《煤矿安全监察员管理办法》规定，煤矿安全监察员除符合国家公务员的条件外，还应当具备下述 5 项任职条件，由国家煤矿安全监察机构任命：

（1）热爱煤矿安全监察工作，熟悉国家有关煤矿安全的方针、政策、法律、法规、规章、标准、规程。

（2）熟悉煤矿安全监察业务，具有煤矿安全方面的专业知识。

（3）具有大学专科以上学历。

（4）符合国家煤矿安全监察机构规定的工作经历和年龄要求。

（5）身体健康，适应煤矿安全监察工作需要。

（二）煤矿安全监察员的职权

依照《煤矿安全监察条例》和《煤矿安全监察员管理办法》的规定，煤矿安全监察员依法履行下列职责：

（1）有权随时进入煤矿作业现场进行检查，调阅有关资料，参加煤矿安全生产会议，向有关单位或者人员了解情况。

（2）在检查中发现影响煤矿安全的违法行为，有权当场予以纠正或者要求限期改正。

（3）进行现场检查时，发现存在事故隐患的，有权要求煤矿立即消除或者限期解决；发现威胁职工生命安全的紧急情况时，有权要求立即停止作业，下达立即从危险区域内撤出作业人员的命令，并立即将紧急情况和处理措施报告煤矿安全监察机构。

（4）发现煤矿作业场所的瓦斯、粉尘或者其他有毒有害气体的浓度超过国家安全标准或者行业安全标准的，煤矿擅自开采保安煤柱的，或者采用危及相邻煤矿生产安全的决水、爆破、贯通巷道等危险方法进行采矿作业的，有权责令立即停止作业，并将有关情况报告煤矿安全监察机构。

（5）发现煤矿矿长或者其他主管人员违章指挥工人或者强令工人违章、冒险作业，或者发现工人违章作业的，有权立即责令纠正或者责令立即停止作业。

（6）发现煤矿使用的设施、设备、器材、劳动防护用品不符合国家安全标准或者行业安全标准的，有权责令其停止使用；需要查封或者扣押的，应当及时报告煤矿安全监察机构依法处理。

（7）法律、法规赋予的其他权力。

四、煤矿安全监察的主要内容

煤矿安全监察内容是实施煤矿安全监察的重要事项，《煤矿安全监察条例》对此作出了以下 8 个方面的规定。

（一）煤矿安全生产责任制

煤矿安全监察机构发现煤矿未依法建立安全生产责任制的，有权责令限期改正。

（二）煤矿安全生产组织保障

（1）设置安全生产机构或者配备安全生产人员。煤矿安全监察机构发现煤矿未设置安全生产机构或者配备安全生产人员的，应当责令限期改正。

（2）矿长安全任职资格。煤矿安全监察机构发现煤矿矿长不具备安全专业知识的，应当责令限期改正。

（3）特种作业人员持证上岗。煤矿安全监察机构发现煤矿特种作业人员未取得资格证书上岗作业的，应当责令限期改正。

（4）职工岗前教育培训。煤矿安全监察机构发现煤矿分配职工上岗作业前，未进行安全教育、培训的，应当责令限期改正。

（三）安全技措费的提取和使用

煤矿安全监察机构对煤矿安全技术措施专项费用的提取和使用情况进行监督，对未依法提取或者使用的，应当责令限期改正。

（四）安全设施设计审查

煤矿建设工程设计必须符合煤矿安全规程和行业技术规范的要求。煤矿建设工程安全设施设计必须经煤矿安全监察机构审查同意；未经审查同意的，不得施工。煤矿安全监察机构审查煤矿建设工程安全设施设计，应当自收到申请审查的设计资料之日起 30 日内审查完毕，签署同意或者不同意的意见，并书面答复。

（五）安全设施验收和安全条件审查

煤矿建设工程竣工后或者投产前，应当经煤矿安全监察机构对其安全设施和条件进行验收；未经验收或者验收不合格的，不得投入生产。煤矿安全监察机构对煤矿建设工程安全设施和条件进行验收，应当自收到申请验收文件之日起 30 日内验收完毕，签署合格或者不合格的意见，并书面答复。

（六）作业现场检查和复查

（1）煤矿安全监察机构发现煤矿矿井通风、防火、防水、防瓦斯、防毒、防尘等安全设施和条件不符合国家安全标准、行业安全标准、煤矿安全规程和行业技术规范要求的，应当责令立即停止作业或者责令限期达到要求。

（2）煤矿安全监察机构发现作业场所有未使用专用防爆电器设备、专用放炮器、人员专用升降容器、使用明火明电等违法行为的，有权责令立即停止作业，限期改正；有关煤矿或者作业场所经复查合格的，方可恢复作业。

（3）煤矿安全监察人员发现煤矿矿长或者其他主管人员违章指挥工人或者强令工人违章、冒险作业，或者发现工人违章作业的，应当立即纠正或者责令立即停止作业。

（4）煤矿安全监察人员发现煤矿未向职工发放保障安全生产所需的劳动防护用品的，应当责令限期改正。

（5）煤矿安全监察机构依照《煤矿安全监察条例》的规定责令煤矿限期解决事故隐患、限期改正影响煤矿安全的违法行为或者限期使安全设施和条件达到要求的，应当在限期届满时及时对煤矿执行情况进行复查并签署复查意见；经有关煤矿申请，也可以在限期内进行复查并签署复查意见。

煤矿安全监察机构及其煤矿安全监察人员依照《煤矿安全监察条例》的规定责令煤矿立即停止作业，责令立即停止使用不符合国家安全标准或者行业安全标准的设备、器材、仪器、仪表、防护用品，或者责令关闭矿井的，应当对煤矿的执行情况随时进行检查。

（七）专用设备监督检查

煤矿安全监察机构发现煤矿矿井使用的设备、器材、仪器、仪表、防护用品不符合国家安全标准或者行业安全标准的，应当责令限期改正。

（八）事故预防和应急计划

煤矿安全监察机构监督煤矿制定事故预防和应急计划，并检查煤矿制定的发现和消除事故隐患的措施及其落实情况。

五、煤矿事故调查处理的规定

（一）煤矿安全监察机构负责组织调查处理

根据《煤矿安全监察条例》和《煤矿生产安全事故报告和调查处理规定》（安监总政法〔2008〕212号）的规定，煤矿生产安全事故是指各类煤矿（包括与煤炭生产直接相关的煤矿地面生产系统、附属场所）发生的生产安全事故。特别重大事故由国务院或者根据国务院授权，由原国家安全生产监督管理总局（应急管理部）组织调查处理。特别重大事故以下等级的事故按照事故等级划分，分别由相应的煤矿安全监察机构负责组织调查处理。未设立煤矿安全监察分局的省级煤矿安全监察机构，由省级煤矿安全监察机构履行煤矿安全监察分局的职责。

（二）事故调查程序和处理办法

煤矿安全监察机构组织调查处理事故，应当依照《生产安全事故报告和调查处理条例》(国务院令第 493 号) 和《煤矿生产安全事故报告和调查处理规定》(安监总政法〔2008〕212 号) 的规定进行。

特别重大事故由国务院组织事故调查组进行调查，或者根据国务院授权，由原国家安全生产监督管理总局（应急管理部）组织国务院事故调查组进行调查。重大事故由省级煤矿安全监察机构组织事故调查组进行调查。较大事故由煤矿安全监察分局组织事故调查组进行调查。一般事故中造成人员死亡的，由煤矿安全监察分局组织事故调查组进行调查；没有造成人员死亡的，煤矿安全监察分局可以委托地方人民政府负责煤矿安全生产监督管理的部门或者事故发生单位组织事故调查组进行调查。

特别重大事故由国务院或者经国务院授权由原国家安全生产监督管理总局（应急管理部)、国家煤矿安全监察局、监察部等有关部门、全国总工会和事故发生地省级人民政府派员组成国务院事故调查组，并邀请最高人民检察院派员参加。特别重大事故以下等级的事故，根据事故的具体情况，由煤矿安全监察机构、有关地方人民政府及其安全生产监督管理部门、负责煤矿安全生产监督管理的部门、行业主管部门、监察机关、公安机关以及工会派人组成事故调查组，并应当邀请人民检察院派人参加。

事故调查组应当坚持实事求是、依法依规、注重实效的三项基本要求和“四不放过”的原则，做到诚信公正、恪尽职守、廉洁自律，遵守事故调查组的纪律，保守事故调查的秘密，不得包庇、袒护负有事故责任的人员或者借机打击报复。重大、较大和一般事故的事故调查组组长由负责煤矿事故调查的煤矿安全监察机构负责人担任。委托调查的一般事故，事故调查组组长由煤矿安全监察机构商事故发生地人民政府确定。

事故调查组应当自事故发生之日起 60 日内提交事故调查报告。特殊情况下，经上级煤矿安全监察机构批准，提交事故调查报告的期限可以适当延长，但延长的期限最长不超过 60 日。

特别重大事故调查报告报经国务院同意后，由原国家安全生产监督管理总局（应急管理部）批复结案。重大事故调查报告经征求省级人民政府意见后，报国家煤矿安全监察局批复结案。较大事故调查报告经征求设区的市级人民政府意见后，报省级煤矿安全监察机构批复结案。一般事故由煤矿安全监察分局批复结案。重大事故、较大事故、一般事故，煤矿安全监察机构应当自收到事故调查报告之日起 15 日内作出批复。特别重大事故的批复时限依照《生产安全事故报告和调查处理条例》的规定执行。

六、煤矿安全违法行为应负的法律责任

（一）煤矿建设工程安全设施违法的责任

煤矿建设工程安全设施设计未经煤矿安全监察机构审查同意，擅自施工的，由煤矿安全监察机构责令停止施工；拒不执行的，由煤矿安全监察机构移送地质矿产主管部门依法吊销采矿许可证。

煤矿建设工程安全设施和条件未经验收或者验收不合格，擅自投入生产的，由煤矿安全监察机构责令停止生产，处 5 万元以上 10 万元以下的罚款；拒不停止生产的，由煤矿安全监察机构移送地质矿产主管部门依法吊销采矿许可证。

（二）安全设施、条件违法的责任

煤矿矿井通风、防火、防水、防瓦斯、防毒、防尘等安全设施和条件不符合国家安全标准、行业安全标准、煤矿安全规程和行业技术规范的要求，经煤矿安全监察机构责令限期达到要求，逾期仍达不到要求的，由煤矿安全监察机构责令停产整顿；经停产整顿仍不具备安全生产条件的，由煤矿安全监察机构决定吊销安全生产许可证，并移送地质矿产主管部门依法吊销采矿许可证。

煤矿作业场所未使用专用防爆电器设备、专用放炮器、人员专用升降容器或者使用明火明电照明，经煤矿安全监察机构责令限期改正，逾期不改正的，由煤矿安全监察机构责令停产整顿，可以处 3 万元以下的罚款。

（三）安技措费、设备、器材等违法的责任

未依法提取或者使用煤矿安全技术措施专项费用，或者使用不符合国家安全标准或者行业安全标准的设备、器材、仪器、仪表、防护用品，经煤矿安全监察机构责令限期改正或者责令立即停止使用，逾期不改正或者不立即停止使用的，由煤矿安全监察机构处 5 万元以下的罚款；情节严重的，由煤矿安全监察机构责令停产整顿；对直接负责的主管人员和其他直接责任人员，依法给予纪律处分。

（四）矿长、特种作业人员无证上岗、职工岗前培训违法的责任

煤矿矿长不具备安全专业知识，或者特种作业人员未取得操作资格证书上岗作业，经煤矿安全监察机构责令限期改正，逾期不改正的，责令停产整顿；调整配备合格人员并经复查合格后，方可恢复生产。

分配职工上岗作业前未进行安全教育、培训，经煤矿安全监察机构责令限期改正，逾期不改正的，由煤矿安全监察机构处 4 万元以下的罚款；情节严重的，由煤矿安全监察机构责令停产整顿；对直接负责的主管人员和其他直接责任人员，依法给予纪律处分。

（五）拒不停止作业的责任

煤矿作业场所的瓦斯、粉尘或者其他有毒有害气体的浓度超过国家安全标准或者行业安全标准，经煤矿安全监察人员责令立即停止作业，拒不停止作业的，由煤矿安全监察机构责令停产整顿，可以处 10 万元以下的罚款。

擅自开采保安煤柱，或者采用危及相邻煤矿生产安全的决水、爆破、贯通巷道等危险方法进行采矿作业，经煤矿安全监察人员责令立即停止作业，拒不停止作业的，由煤矿安全监察机构决定吊销安全生产许可证，并移送地质矿产主管部门依法吊销采矿许可证；构成犯罪的，依法追究刑事责任；造成损失的，依法承担赔偿责任。

（六）管理人员违章管理的责任

煤矿矿长或者其他主管人员有违章指挥工人或者强令工人违章、冒险作业，对工人屡次违章作业熟视无睹、不加制止，对重大事故预兆或者已发现的事故隐患不及时采取措施，拒不执行煤矿安全监察机构及其煤矿安全监察人员的安全监察指令的，由煤矿安全监察机构给予警告；造成严重后果，构成犯罪的，依法追究刑事责任。

（七）拒绝检查、提供虚假情况和隐瞒事故隐患的责任

煤矿有关人员拒绝、阻碍煤矿安全监察机构及其安全监察人员现场检查，或者提供虚假情况，或者隐瞒存在的事故隐患以及其他安全问题的，由煤矿安全监察机构给予警告，可以并处 5 万元以上 10 万元以下的罚款；情节严重的，由煤矿安全监察机构责令停产整

顿；对直接负责的主管人员和其他直接责任人员，依法给予撤职直至开除的纪律处分。

（八）妨碍事故调查处理的责任

煤矿发生事故，有不按规定及时、如实报告煤矿事故，伪造、故意破坏煤矿事故现场，阻碍、干涉煤矿事故调查工作，拒绝接受调查取证、提供有关情况和资料的，由煤矿安全监察机构给予警告，可以并处3万元以上15万元以下的罚款；情节严重的，由煤矿安全监察机构责令停产整顿；对直接负责的主管人员和其他直接责任人员，依法给予降级直至开除的纪律处分；构成犯罪的，依法追究刑事责任。

（九）安全监察人员违法行政的责任

煤矿安全监察人员滥用职权、玩忽职守、徇私舞弊，发现煤矿事故隐患或者影响煤矿安全的违法行为不及时处理或者报告，或者有违反《煤矿安全监察条例》第十九条规定行为之一，构成犯罪的，依法追究刑事责任；尚不构成犯罪的，依法给予行政处分。

第三节　国务院关于预防煤矿生产安全事故的特别规定

2005年9月3日国务院第446号令公布《国务院关于预防煤矿生产安全事故的特别规定》(以下简称《特别规定》)，自公布之日起施行。《特别规定》的立法目的是为了及时发现并排除煤矿安全生产隐患，落实煤矿安全生产责任，预防煤矿生产安全事故发生，保障职工的生命安全和煤矿安全生产。

《特别规定》的出台背景是：全国煤矿安全生产形势依然严峻，存在的问题仍很突出，煤矿生产安全事故，特别是重特大事故频繁发生，瓦斯爆炸事故居高不下，小煤矿成为事故多发的重灾区，安全生产基础薄弱，执法不力等。针对当时煤矿安全生产中存在的突出问题，《特别规定》将预防煤矿生产安全事故进一步纳入法制化轨道，对预防煤矿生产安全事故的发生实行更加严格的制度和更加严厉的措施。把煤矿安全生产的关口前移，狠抓事故预防这个煤矿安全生产的关键，通过发现隐患，排除隐患，达到消灭事故的目的。因此，特别规定是国务院为遏制煤矿事故多发而采取的一项重要举措。

一、重大安全生产隐患的范围

当前煤矿安全的最大威胁主要来自重大安全生产隐患和煤矿安全违法行为。如果这些隐患和行为得不到及时排除和纠正，必将引发煤矿生产安全事故。过去有关的安全生产法律、法规虽然对重大事故隐患的防范作出了一些规定，但并没有对其作出过明确、具体的法律规定，使得煤矿安全管理缺乏严格的法律规范。“隐患险于明火”。要从根本上防止煤矿生产安全事故发生，必须防患于未然，加强对重大安全生产隐患的排查和治理。因此，《特别规定》按照预防为主的原则，在总结大量煤矿生产事故教训的基础上，第一次明确了需要重点预防的煤矿重大安全生产隐患和应当纠正的违法行为。这就为加强煤矿安全管理和监督检查提供了法律依据。

《特别规定》第八条第二款明确列举了15种必须排除的煤矿重大安全生产隐患和应当及时改正的严重违法行为。原国家安全生产监督管理总局（应急管理部）制定的《煤矿重大安全生产隐患认定办法（试行）》(安监总煤矿字〔2005〕133号）又从实际出发，将《特别规定》明确的15种煤矿重大安全生产隐患和应当及时改正的严重违法行为具体化为60种。

（1）“超能力、超强度或者超定员组织生产”，是指有下列情形之一的：①矿井全年产量超过矿井核定生产能力的；②矿井月产量超过当月产量计划10%的；③一个采区内同一煤层布置3个（含3个）以上回采工作面或5个（含5个）以上掘进工作面同时作业的；④未按规定制定主要采掘设备、提升运输设备检修计划或者未按计划检修的；⑤煤矿企业未制定井下劳动定员或实际入井人数超过规定人数的。

（2）“瓦斯超限作业”，是指有下列情形之一的：①瓦斯检查员配备数量不足的；②不按规定检查瓦斯，存在漏检、假检的；③井下瓦斯超限后不采取措施继续作业的。

（3）“煤与瓦斯突出矿井，未依照规定实施防突出措施”，是指有下列情形之一的：①未建立防治突出机构并配备相应专业人员的；②未装备矿井安全监控系统和抽放瓦斯系统，未设置采区专用回风巷的；③未进行区域突出危险性预测的，未采取区域与局部防突措施的，未进行防治突出措施效果检验的，未采取安全防护措施的；④未按规定配备防治突出装备和仪器的。

（4）“高瓦斯矿井未建立瓦斯抽放系统和监控系统，或者瓦斯监控系统不能正常运行”，是指有下列情形之一的：①高瓦斯矿井未按《煤矿安全规程》第145条的规定建立抽放瓦斯系统的；②虽建有矿井安全监控系统但未配备专职人员进行管理、使用和维护的；③传感器设置数量不足、安设位置不当、调校不及时，瓦斯超限后不能断电并发出声光报警的。

（5）“通风系统不完善、不可靠”，是指有下列情形之一的：①矿井总风量不足的；②主井、回风井同时出煤的；③没有备用主要通风机或者两台主要通风机能力不匹配的；④违反规定串联通风的；⑤没有按正规设计形成通风系统的；⑥采掘工作面等主要用风地点风量不足的；⑦采区进（回）风巷未贯穿整个采区，或者虽贯穿整个采区但一段进风、一段回风的；⑧风门、风桥、密闭等通风设施构筑质量不符合标准、设置不能满足通风安全需要的；⑨煤巷、半煤岩巷和有瓦斯涌出的岩巷的掘进工作面未装备甲烷风电闭锁装置或者甲烷断电仪和风电闭锁装置的。

（6）“有严重水患，未采取有效措施的”，是指有下列情形之一的：①未查明矿井水文地质条件、相邻矿井及废弃老窑积水情况而组织生产的；②矿井水文地质条件复杂没有配备防治水机构或人员，未按规定设置防治水设施和配备有关技术装备、仪器的；③在有突水威胁区域进行采掘作业而未按规定进行探放水的；④擅自开采各种防隔水煤柱的；⑤有明显透水征兆未撤出井下作业人员的。

（7）“超层越界开采的”，是指有下列情形之一的：①国土资源部门认定为超层越界的；②超出采矿许可证规定开采煤层层位进行开采的；③超出采矿许可证载明的平面坐标控制范围开采的；④擅自开采保安煤柱的。

（8）“有冲击地压危险，未采取有效措施的”，是指有下列情形之一的：①有冲击地压危险的矿井未配备专业人员并编制专门设计的；②未进行冲击地压预测预报、未采取有效防治措施的。

（9）“自然发火严重，未采取有效措施的”，是指有下列情形之一的：①开采容易自燃和自燃的煤层时，未编制防止采空区自然发火设计或未按设计组织生产的；②高瓦斯矿井采用放顶煤采煤法采取措施后仍不能有效防治煤层自然发火的；③开采容易自燃和自燃煤层的矿井，未选定自然发火观测站或者观测点位置并建立监测系统、未建立自然发火预测预报制度，未按规定采取预防性灌浆或者全部充填、注惰性气体等措施的；④有自然发火征兆而没有采取相应的安全防范措施并继续生产的；⑤开采容易自燃煤层而未设置采区专用回风巷的。

（10）“使用明令禁止使用或者淘汰的设备、工艺”，是指有下列情形之一的：①被列入国家应予淘汰的煤矿机电设备和工艺目录的产品或工艺，超过规定期限仍在使用的；②突出矿井在 2006 年 1 月 6 日之前未采取安全措施使用架线式电机车或在此之后仍继续使用架线式电机车的；③矿井提升人员的绞车、钢丝绳、提升容器、斜井人车及采区内电气设备等未取得煤矿矿用产品安全标志、未按规定进行定期检验的；④使用非阻燃皮带、非阻燃电缆，采区内电气设备未取得煤矿矿用产品安全标志的；⑤未按矿井瓦斯等级选用相应的煤矿许用炸药和雷管、未使用专用发爆器的；⑥采用不能保证 2 个畅通安全出口采煤工艺开采（三角煤、残留煤柱按规定开采者除外）的；⑦高瓦斯矿井、煤与瓦斯突出矿井、开采容易自燃和自燃煤层（薄煤层除外）矿井采用前进式采煤方法的；

（11）“年产 6 万吨以上的煤矿没有双回路供电系统”，是指有下列情形之一的：①单回路供电的；②有两个回路但取自一个区域变电所同一母线端的。

（12）“新建煤矿边建设边生产，煤矿改扩建期间，在改扩建的区域生产，或者在其他区域的生产超出安全设计规定的范围和规模的”，是指有下列情形之一的：①建设项目安全设施设计未经批准擅自组织施工的；②对批准的安全设施设计作出重大变更后未经再次审批即组织施工的；③改扩建矿井在改扩建区域生产的；④改扩建矿井在非改扩建区域超出安全设计规定范围和规模生产的；⑤建设项目安全设施未经竣工验收并批准而擅自组织生产的。

（13）“煤矿实行整体承包生产经营后，未重新取得安全生产许可证，从事生产的，或者承包方再次转包的，以及煤矿将井下采掘工作面和井巷维修作业进行劳务承包”，是指有下列情形之一的：①生产经营单位将煤矿（矿井）整体发包或者出租给不具备安全生产条件或者相应资质的单位或者个人的；②煤矿（含矿井）实行整体承包（含托管）但未签订安全管理协议书（或载有双方安全责任与权力内容的承包合同）进行生产的；③整体承包方（含承托方）未重新取得安全生产许可证进行生产的；④整体承包方（含托管）再次转包的；⑤煤矿将井下采掘工作面或井巷维修作业对外承包的。

（14）“煤矿改制期间，未明确安全生产责任人和安全管理机构的，或者在完成改制后，未重新取得或者变更采矿许可证、安全生产许可证和营业执照的”，是指有下列情形之一的：①煤矿改制期间，未明确安全生产责任人进行生产的；②煤矿改制期间，未明确安全生产管理机构及其管理人员进行生产的；③完成改制后，未重新取得或者变更采矿许可证、安全生产许可证、工商营业执照、矿长安全资格证进行生产的。

（15）“有其他重大安全生产隐患和行为”，是指存在可能造成重大事故的其他安全生产隐患。

《特别规定》第九条要求煤矿企业建立健全安全生产隐患排查、治理和报告制度。

《煤矿隐患排查和整顿关闭实施办法（试行）》（安监总煤矿字〔2005〕134 号）作了进一步明确的规定。煤矿企业要建立安全生产隐患排查、治理制度，组织职工发现和排除隐患。煤矿主要负责人应当每月组织一次由相关煤矿安全管理人员、工程技术人员和职工参加的安全生产隐患排查，并对查出的隐患登记建档。煤矿企业要加强现场监督检查，及时发现和查处违章指挥、违章作业和违反操作规程的行为。发现存在重大隐患，要立即停止生产，并向煤矿主要负责人报告。煤矿安全生产隐患实行分级管理和监控。一般隐患由煤矿主要负责人指定隐患整改责任人，责成立即整改或限期整改。对限期整改的隐患，由整改责任人负责监督检查和整改验收，验收合格后报煤矿主要负责人审核签字备案。重大隐患由煤矿主要负责人组织制定隐患整改方案、安全保障措施，落实整改的内容、资金、期限、下井人数、整改作业范围，并组织实施。整改结束后要按照要求认真自检。煤矿企业应当于每季度第一周将上季度重大隐患及排查整改情况向县级以上地方人民政府负责煤矿安全生产监督管理的部门、煤矿安全监察机构提交书面报告，报告应当经煤矿企业主要负责人签字。报告要包括产生重大隐患的原因、现状、危害程度分析、整改方案、安全措施和整改结果等内容，重要情况应当随时报告。县级以上地方人民政府负责煤矿安全生产监督管理的部门、煤矿安全监察机构接到煤矿企业重大隐患整改报告后，对不符合要求和措施不完善的提出修改意见，并对煤矿重大隐患登记建档，指定专人负责跟踪监控，督促企业认真整改。

二、煤矿行政许可的规定

为了确保煤矿安全生产，国家制定相关法律、行政法规对煤炭资源采矿权、安全许可权、煤矿生产权和煤矿企业法人资格以及煤矿有关从业人员的安全资格设定了严格的行政许可，依法实行市场准入制度。《特别规定》再次肯定了实施煤矿行政许可制度的必要性和法定性，划定了合法煤矿与非法煤矿的界限。

《特别规定》第五条规定："煤矿未依法取得采矿许可证、安全生产许可证、营业执照和矿长未依法取得矿长安全资格证的，煤矿不得从事生产。擅自从事生产的，属非法煤矿。"该条明确了煤矿取得法定资质、矿长取得法定资格和煤矿合法与非法的界限 3 个问题。

（一）依法取得有关证照

1. 采矿许可证

《矿产资源法》第三条规定："勘查、开采矿产资源，必须依法分别申请、经批准取得探矿权、采矿权，并办理登记……从事矿产资源勘查、开采的，必须符合规定的资质条件。"第十六条对采矿许可证的颁发管理部门及其职责作出了规定。《煤炭法》第十九条第三款规定："经批准开办的煤矿企业，凭批准文件由地质矿产主管部门颁发采矿许可证。"采矿许可证是煤矿取得采矿权的法定凭证。依照矿产资源法律法规和现行职责分工的规定，煤矿采矿许可证的颁发管理机关是县级以上人民政府国土资源管理部门。

2. 安全生产许可证

依照《安全生产许可证条例》规定，煤矿企业必须依法申请领取安全生产许可证。煤矿安全生产许可证的颁发管理机关是国家煤矿安全监察机构。

3. 营业执照

营业执照是企业取得市场主体资质的法定凭证，是企业作为法人以自己的资产、行为和名义独立享有权利、履行义务和承担责任的标志。依照我国企业登记法律、法规的规定，煤矿企业必须依法办理工商登记并取得企业法人营业执照，才能作为市场主体从事生产经营活动。

（二）有关人员依法取得资格证书

1. 矿长安全资格证

煤炭法律、法规中关于取得煤矿矿长资格的条件既包括行政的，也包括业务的，其中虽有安全条件，但是不够突出、具体和明确，不能满足对矿长安全素质的要求。因此，有必要对煤矿矿长任职的安全资格条件单独作出规定，对矿长安全资格实行行政许可。煤矿矿长安全资格证的颁发管理机关是国家煤矿安全监察机构。

2. 特种作业人员操作资格证

国家有关的安全生产法律、法规和煤炭法律、法规，都对煤矿特种作业人员操作资格作出了严格而又明确的规定，要求特种作业人员必须经过专门的安全培训并经考核合格，方可上岗作业。煤矿特种作业人员操作资格证书的颁发管理机关是国家煤矿安全监察机构。

（三）非法煤矿的界定

虽然有关法律、法规对煤矿安全准入和煤矿安全违法行为作出了规定，但是并没有明确合法与非法的界限。所以，一些地方和人员对此理解不一，影响了法律、法规的贯彻实施。

《特别规定》第五条对非法煤矿的界定，明确了两个问题：

1. 合法与非法的根本界限在于煤矿是否依法取得法定的行政许可

对煤矿颁发“两证一照”，实际上是国家赋予煤矿企业煤炭资源采矿权、安全许可权和企业法人资格等法定权能的法律凭证。只有依法申请领取“两证一照”，才能从事煤炭生产经营，使煤矿企业的权益受法律保护。未依法申请领取“两证一照”擅自从事生产的，属于无证（照）非法煤矿，其权益不但不受法律保护，还要被依法取缔或者关闭。

2. 法定证照必须齐全有效

煤矿从事生产，必须依法申请领取采矿许可证和安全生产许可证，依法办理工商注册登记并取得企业法人执照。一是“两证一照”缺一不可，必须依法取得。二是证照不全的，不得生产。三是被责令停产整顿或者暂扣证照的，不得生产。

三、停产整顿的规定

对于在煤矿安全监管监察中发现的存在着安全生产隐患或者不具备安全生产条件的煤矿，必须采取断然措施责令煤矿停产整顿。《特别规定》对此作出了比以往更加明确、更加严厉的规定，其目的就是要及时排除隐患，预防事故。《特别规定》第八条规定，煤矿有重大安全生产隐患和行为的，应当立即停止生产，排除隐患。

（一）停产整顿

1. 存在重大安全生产隐患和违法行为是法律明令禁止的

重大安全生产隐患和违法行为是导致煤矿重大、特大事故发生的直接原因，属于违法的范畴。因此，凡是存在重大安全生产隐患和违法行为的煤矿都有义务排除隐患或者进行整顿，不得继续生产。

2. 重大安全生产隐患和违法行为的发现

及时发现煤矿存在的重大安全生产隐患和违法行为，是煤矿企业的法定义务。有关法律、法规都要求煤矿应当加强内部安全管理，建立和实行安全生产责任制，其目的就是要及时发现和排除重大安全生产隐患，停止和纠正违法行为。应当发现而没有发现煤矿自身存在的重大安全生产隐患和违法行为，就是一种违法行为，应当承担相应的法律责任。

另一方面，煤矿安全监管监察部门也要履行监督检查的职责，发现重大安全生产隐患和违法行为时，应当责令煤矿排除隐患或者纠正违法行为。

3. 重大安全生产隐患和违法行为一经发现，必须立即停止生产，排除隐患

这里突出了法律的时效性，即煤矿自己发现的，必须立即排除，不得拖延排除，不得边生产边排除；煤矿安全监管监察部门发现的，必须立即下达停产整顿的指令，提出整顿的内容、时间等具体要求。否则，就是行政不作为。

（二）停产整顿期间的监督检查

《特别规定》关于煤矿停产整顿期间的监督检查，采取了下列两项措施：

1. 暂扣证照

一些煤矿被责令停产整顿后，仍然持证非法生产，或者停而不改，或者不停不改。为了暂时中止被责令停产整顿煤矿的法定许可，《特别规定》第十一条第一款规定：“对被责令停产整顿的煤矿，颁发证照的部门应当暂扣采矿许可证、安全生产许可证、营业执照和矿长安全资格证。”

2. 采取有效措施进行监督检查

作为监管主体，有关人民政府对所在地被责令停产整顿的煤矿负有监督检查的职责。为此，《特别规定》第十二条规定：“对被停产整顿的煤矿，在停产整顿期间，由有关人民政府采取有效措施进行监督检查。”这里需要把握两点，一是明确了监督检查的主体是有关人民政府；二是必须采取有效措施，《特别规定》之所以不规定具体措施，主要是考虑到各地的情况不同，不论采取哪些措施，只要是合法有效，都可以因地制宜。

（三）停产整顿后的整改复查

为了防止“不停不整”或者走过场，必须对整顿过程以及恢复生产进行监督检查和验收，保证整顿质量。

1. 复产验收

《特别规定》第十一条第二款规定：“被责令停产整顿的煤矿应当制定整改方案，落实整改措施和安全技术规定；整改结束后要求恢复生产的，应当由县级以上人民政府负责煤矿安全监督管理的部门自收到恢复生产申请之日起60日内组织验收完毕。”这里强调了3点：一是必须制定包括整改措施和安全技术要求的整改方案；二是整改后要求恢复生产的，煤矿必须提出验收申请；三是要由地方煤矿安全生产监管部门在法定时限内组织验收。

2. 经验收后依法作出处理决定

《特别规定》第十一条规定了3种处理措施，一是验收合格的，经组织验收的地方人

民政府负责煤矿安全监督管理的部门的主要负责人签字，并经有关煤矿安全监察机构主要负责人审核同意，报请有关地方人民政府主要负责人签字批准，煤矿方可恢复生产。二是经验收不合格的，由有关人民政府予以关闭。三是被责令停产整顿的煤矿擅自从事生产的，县级以上地方人民政府负责煤矿安全监督管理的部门、煤矿安全监察机构应当提请有关地方人民政府予以关闭，没收违法所得，并处违法所得1倍以上5倍以下的罚款；构成犯罪的，依法追究刑事责任。

3. 在法定期限内多次发现有重大隐患仍然生产的，予以关闭

《特别规定》对在短期内屡次发现存在重大安全生产隐患的，规定对3个月内2次或者2次以上发现有重大安全生产隐患，仍然进行生产的煤矿，县级以上人民政府负责煤矿安全生产监督管理的部门、煤矿安全监察机构应当提请有关人民政府关闭该煤矿，并由颁发证照的部门立即吊销矿长安全资格证，该煤矿的法定代表人和矿长5年内不得再担任任何煤矿的法定代表人或者矿长。

四、关闭煤矿的要求

在关闭煤矿的过程中，有一些地方和煤矿不关或者假关，关而不“死”，致使一些煤矿擅自生产或者“死灰复燃”。《特别规定》对需要关闭的煤矿、关闭的程序和关闭的要求作出了明确具体的规定。

（一）非法煤矿的关闭

1. 应予关闭的非法煤矿

《特别规定》不仅界定了非法煤矿，而且还明确了应予关闭的非法煤矿的4种情形：

（1）无证照或者证照不全擅自生产的。

（2）在3个月内2次或者2次以上发现有重大安全生产隐患的。

（3）停产整顿期间擅自从事生产的。

（4）经整顿验收不合格的。

2. 关闭煤矿的决定程序

过去有关法律、法规对关闭煤矿的行政执法主体和关闭程序不够明确，《特别规定》从下列两个方面作出了规定：

（1）有关部门向有关人民政府提出关闭的建议。不论地方人民政府负责安全生产监督管理的部门还是国家煤矿安全监察机构，只要是在履行各自职责的过程中发现应予关闭的非法煤矿，都有权向所在地方的人民政府提出关闭煤矿的建议。在提出关闭建议的同时，还应当依法责令停止生产。

（2）有关人民政府在法定时限内作出决定。接到负责安全生产监督管理的部门、煤矿安全监察机构关于关闭煤矿的建议后，有关县级以上地方人民政府应当在7日内作出关闭或者不予关闭的决定，并由其主要负责人签字存档。对决定关闭的，有关地方人民政府应当立即组织实施。

3. 关闭煤矿的具体要求

《特别规定》提出了关闭煤矿应当达到的5项要求：

（1）吊销相应证照。

（2）停止供应并处理火工用品。

（3）停止供电，拆除矿井生产设备、供电、通信线路。

（4）封闭、填实矿井井筒，平整井口场地，恢复地貌。

（5）妥善遣散从业人员。

为了保护和合理利用煤炭资源，决定关闭的煤矿仍有开采价值的，经依法批准可以进行拍卖。

（二）无安全保障煤矿的关闭

除了非法煤矿必须予以关闭之外，还有一类因非人为原因而存在重大安全生产隐患也需要予以关闭的煤矿，即无安全保障的煤矿。对于这类煤矿的关闭，《特别规定》第十五条作出了规定。

1. 存在不可抗力的重大自然灾害威胁

由于煤炭赋存条件先天存在着瓦斯突出、自然发火、冲击地压、水害威胁等自然灾害，造成对于某些安全生产隐患是不可预见、不可抗拒、不可改变的。存在这些不可抗力的因素致使煤矿安全无保障的，应予关闭。

瓦斯突出，又称煤（岩）与瓦斯突出，是煤矿井下生产过程中，瞬间从煤（岩）体内部向外部巷道或者采场空间喷出大量的煤（岩）和大量瓦斯的现象。瓦斯突出是一种破坏力十分巨大的动力现象，其常伴有猛烈的声响和强大的动能，使井巷设施摧毁，通风系统破坏，甚至引起火灾和瓦斯爆炸事故，严重时会导致整个矿井正常生产系统瘫痪。我国和世界其他主要产煤国家对瓦斯突出的防治技术进行了长期的研究和探索，但距完全控制瓦斯突出仍然存在一定的距离。瓦斯突出是当前和今后一段时间严重威胁煤矿安全生产的主要自然灾害之一，是煤矿安全生产的世界性难题。

自然发火是指具有自燃倾向性的煤层中的碳化物质与空气中的氧在常温下相互作用，产生热量积聚而引起的煤层内因火灾。当前对其发生、发展的准确规律，仍然有待进一步研究。

冲击地压是煤矿井巷或者采场周围在其力学平衡状态破坏时，由于弹性变形能突然释放而产生的突然、急剧、猛烈的动力现象。它具有很大的破坏性，常伴有很大的声响、岩体的震动和冲击波，在一定范围内能感到周围介质的剧烈震动；有时会向采空空间抛出大量的碎煤和岩块，形成大量煤尘；有时还会释放出大量的瓦斯。冲击地压常常导致巷道支架破坏、设备移动和空间被堵塞，危害程度比一般矿山压力显现更为严重，是非常严重的煤矿自然灾害。目前，随着我国煤矿开采深度的不断增加，冲击地压的危害会日益突出。

水害威胁是指威胁煤矿采区、水平或者矿井安全，能够导致矿井局部或者全部被淹没的矿井水害。按照水源不同矿井水害可以分为地表水水害、老窑水水害、孔隙水水害、裂隙水水害、岩溶水水害等等。我国矿井水害严重，经过多年研究，虽然积累了一些防止矿井水害的经验和办法，但因我国煤矿地质条件复杂，地质勘探、矿井地质工作和历史开采资料、新技术等不适应生产发展的需要，造成近几年重大、特大水灾事故不断发生，且有日益严重的趋势。减少水害威胁是摆在我们面前的一大课题。

2. 现有科学技术难以有效防治

上述煤矿的自然灾害威胁必须是现有科学技术没有认识或者没有有效防治方法或者措

施的。对目前科技未知的灾害威胁虽不能克服，但可以通过关闭煤矿而避免事故发生。因此，对于上述不能预防的重大自然灾害威胁，采取关闭措施才是科学的、经济的、安全的。

3. 对安全生产无保障的煤矿应当先予停止生产

发现无安全保障的煤矿，不能任其继续生产，必须及时采取果断措施。《特别规定》第十五条要求县级以上地方人民政府负责煤矿安全生产监督管理的部门、煤矿安全监察机构应当责令其立即停止生产。

4. 关闭的程序和实施

（1）县级以上地方人民政府负责煤矿安全生产监督管理的部门、煤矿安全监察机构责令其立即停止生产后，还应提请有关人民政府组织专家进行论证。专家论证应当客观、公正、科学。

（2）政府根据论证结论作出是否关闭的决定，并组织实施。决定是否关闭和组织实施关闭无安全保障的煤矿的行政主体，是有关地方人民政府。

五、预防煤矿事故违法行为所应负的法律责任

《特别规定》将预防煤矿生产安全事故的主体确定为两类，一类是生产主体，另一类是监管主体。对两类主体实行责任追究的形式、违法行为的界定和相应的法律制裁，都是以此为基础规定的。

（一）违法行为的责任主体和责任形式

1. 违法行为的责任主体

（1）煤矿企业及其主要负责人。煤矿企业实施了《特别规定》禁止的行为和不履行法定义务的行为，即构成违法，应当承担相应的法律责任。煤矿是预防生产安全事故违法行为的主要的责任主体。当然，对煤矿预防生产安全事故负有责任的法定代表人和矿长，也是违法行为的责任主体。

（2）国家工作人员。地方各级人民政府及其负责煤矿安全生产监督管理的部门、煤矿安全监察机构的行政机关工作人员失职、渎职或有其他行政违法行为的，将被追究法律责任。此外，国有煤矿的主要负责人等人员属于国家工作人员的范畴，其违法行为也属于追究之列。

2. 违法行为的责任形式

（1）行政责任。行政责任是采用最多的法律责任形式。《特别规定》对不同的责任主体实施责任追究的规定是不同的。对煤矿及其主体负责人的行政责任追究采用行政处罚的方式实施。对国家工作人员的行政责任追究采用行政处分的方式实施。

（2）刑事责任。《特别规定》对两类责任主体构成犯罪的，都作了追究刑事责任的规定。煤矿的法定代表人和矿长构成犯罪的，依照《刑法》关于安全生产犯罪的规定处以刑罚。国家工作人员构成犯罪的，依照《刑法》关于职务犯罪的规定处以刑罚。

（二）煤矿企业及其从业人员的违法行为

《特别规定》规定实施行政处罚的煤矿生产安全事故违法行为，包括下列10种：

（1）无证照非法生产的。

（2）未依法对安全隐患进行排查和报告的。

（3）有重大安全生产隐患和违法行为仍然进行生产的。

（4）在停产整顿期间擅自生产的。

（5）关闭的煤矿擅自恢复生产的。

（6）未依法对井下作业人员进行安全生产教育和培训的。

（7）1 个月内 3 次以上发现未依法对井下作业人员进行安全生产教育和培训的。

（8）拒不执行有关执法指令的。

（9）未按国家规定带班下井或者下井登记虚假档案的。

（10）未依法向每位矿工发放煤矿矿工安全手册的。

（三）监管监察人员的违法行为

《特别规定》规定给予行政处分的地方人民政府负责煤矿安全生产监督管理的部门和煤矿安全监察机构的工作人员的行政违法行为，包括下列 8 种：

（1）向不符合法定条件的煤矿或者矿长颁发有关证照的。

（2）不履行日常监管监察职责的。

（3）发现有非法煤矿并且没有采取有效措施制止的。

（4）因监督检查不力，煤矿在停产整顿期间继续生产的。

（5）组织实施关闭煤矿未达到法定要求的。

（6）未履行监督检查煤矿安全生产教育和培训的职责的。

（7）未依法对停产整顿或者关闭的煤矿进行公告的。

（8）未及时调查处理举报事项的。

第四节　建设工程安全生产管理条例

2003 年 11 月 24 日国务院第 393 号令公布《建设工程安全生产管理条例》，自 2004 年 2 月 1 日起施行。《建设工程安全生产管理条例》的立法目的是为了加强建设工程安全生产监督管理，保障人民群众生命和财产安全。

建设行业是国民经济的支柱产业之一，在国民经济中举足轻重。随着我国经济建设的快速发展，固定资产投资水平不断提高，工程建设规模扩大到工业、民用、交通和城市基础设施等各个方面。与其他行业相比，建筑行业属于高危行业，建筑施工范围遍及各个行业、地区，对工程质量和安全的要求很高。建筑工程多属地下、地面、高空作业，面临着固有和不可预见的危险因素和灾害威胁，故而建筑施工事故多发，其事故起数和死亡人数仅次于采矿业，并有逐年上升的趋势。

建筑工程安全存在的主要问题，一是工程建设各方的安全责任不明确。建设单位、勘察单位、设计单位、施工单位、工程监理单位以及设备租赁单位、拆装单位各自的安全生产责任不明确、不具体，缺乏法律规范。二是安全投入不足。一些建筑施工单位挤扣、减少安全资金，降低成本，必要的安全设备、设施、器材、工具、用品不齐全，陈旧落后，安全性能低，不能及时维修、保养、更新。三是安全责任制和规章制度不明确、不健全、不落实，管理混乱。四是建筑事故应急救援制度不完善。一些建筑施工单位没有制定应急预案，没有应急组织和器材。要改变建筑工程安全的被动局面，有必要制定相关法规，依法加强监督管理。《建设工程安全生产管理条例》确立了参与建设活动的各主体方、相关方严格的、明确的安全生产责任制度及其法律责任追究制度。

一、建设单位的安全责任

（一）规定建设单位安全责任的必要性

1. 建设单位是建筑工程的投资主体，在建筑活动中居于主导地位

作为业主和甲方，建设单位有权选择勘察、设计、施工、工程监理的单位，可以自行选购施工所需的主要建筑材料，检查工程质量、控制进度、监督工程款使用，对施工的各个环节实行综合管理。

2. 因建设单位的市场行为不规范所造成的事故居多，必须依法规范

有的建设单位为降低工程造价，不择手段地追求利润最大化，在招投标中压价，将工程发包价压低于成本价。为降低成本，向勘察、设计和监理单位提出违法要求，强令改变勘察设计；对安全措施费不认可，拒付安全生产合理费用，安全投入低；强令施工单位压缩工期，偷工减料，搞“豆腐渣工程”；将工程交给不具备资质和安全条件的单位或者个人施工或者拆除。因此，必须依法规范建设单位的安全责任。《建设工程安全生产管理条例》针对建设单位的不规范行为做出了严格的规定。

（二）建设单位应当如实向施工单位提供有关施工资料

作为负责建设工程整体工作的一方，提供真实、准确、完整的建设工程各个环节所需的基础资料是建设单位的基本义务。《建设工程安全生产管理条例》第六条规定，建设单位应当向施工单位提供施工现场及毗邻区域内供水、排水、供电、供气、供热、通信、广播电视等地下管线资料，气象和水文观测资料，相邻建筑物和构筑物、地下工程的有关资料，并保证资料的真实、准确、完整。这里强调了 4 个方面内容：一是施工资料的真实性，不得伪造、篡改。二是施工资料的科学性，必须经过科学论证，数据准确。三是施工资料的完整性，必须齐全，能够满足施工需要。四是有关部门和单位应当协助提供施工资料，不得推诿。

（三）建设单位不得向有关单位提出非法要求，不得压缩合同工期

《建设工程安全生产管理条例》第七条规定，建设单位不得对勘察、设计、施工、工程监理等单位提出不符合建设工程安全生产法律、法规和强制性标准规定的要求，不得要求压缩合同的工期。

（1）遵守建设工程安全生产法律、法规和安全标准，是建设单位的法定义务。进行建筑活动，必须严格遵守法定的安全生产条件，依法进行建设施工。违法从事建设工程建设，将要承担法律责任。

（2）要求勘察、设计、施工、工程监理等单位违法从事有关活动，必然会给建设工程带来重大结构性的安全隐患和施工中的安全隐患，容易造成事故。建设单位不得为了盲目赶工期，简化工序，粗制滥造，或者留下建设工程安全隐患。

（3）压缩合同工期必然带来事故隐患，必须禁止。压缩工期是建设单位为了早发挥效益，迫使施工单位增加人力、物力，损害承包方利益，其结果是赶工期、简化工序和违

规操作，诱发很多事故，或者留下了结构性安全隐患。确定合理工期是保证建设施工安全和质量的重要措施。合理工期应经双方充分论证、协商一致确定，具有法律效力。要采用科学合理的施工工艺、管理方法和工期定额，保证施工质量和安全。

（四）必须保证必要的安全投入

《建设工程安全生产管理条例》第八条规定，建设单位在编制工程概算时，应当确定建设工程安全作业环境及安全施工措施所需要费用。

这是对《安全生产法》第二十条规定的具体落实。《安全生产法》第二十条规定："生产经营单位应当具备的安全生产条件所必需的资金投入，由生产经营单位的决策机构、主要负责人或者个人经营的投资人予以保证，并对由于安全生产所必需的资金投入不足导致的后果承担责任。"要保证建设施工安全，必须要有相应的资金投入。安全投入不足的直接结果，必然是降低工程造价，不具备安全生产条件，甚至导致建设施工事故的发生。安全作业环境及施工措施所需费用应由建设单位承担。一是安全作业环境及施工措施所需费用是保证建设工程安全和质量的重要条件，该项费用已纳入工程总造价，应由建设单位支付。二是建设工程产品单一、体积庞大、露天生产、高处作业、环境多变、作业危险复杂，要保证安全生产，必须有大量的资金投入，应由建设单位支付。安全作业环境和施工措施所需费用应当符合《建设施工安全检查标准》的要求，建设单位应当据此承担的安全施工措施费用，不得随意降低费用标准。

工程概算是指在初步设计阶段，根据初步设计的图纸、概算定额或概算指标、费用定额及其他有关文件，概略计算的拟建工程费用。在建设部颁布的《建筑施工安全检查标准》中，规定了保证安全生产、文明施工和作业环境的项目。根据这一标准，对安全防护、临时用电、生活设施等的建设标准以及对现场围挡、场地硬化、医疗救助等提出了明确要求。

（五）不得明示或者暗示施工单位购买不符合安全要求的设备、设施、器材和用具

《安全生产法》第三十五条规定，国家对严重危及生产安全的工艺、设备实行淘汰制度。生产经营单位不得使用应当淘汰的危及生产安全的工艺、设备。《建设工程安全生产管理条例》第九条进一步规定，建设单位不得明示或者暗示施工单位购买、租赁、使用不符合安全施工要求的安全防护用具、机械设备、施工机具及配件、消防设施和器材。

为了确保工程质量和施工安全，施工单位应当严格按照勘察设计文件、施工工艺和施工规范的要求选用符合国家质量标准、卫生标准和环保标准的安全防护用具、机械设备、施工机具及配件、消防设施和器材。但实践中，由于受利益驱动，建设单位干预施工单位，违反国家规定使用不符合要求的安全防护用具、机械设备、施工机具及配件、消防设施和器材，是导致生产安全事故屡见不鲜的重要原因之一。施工单位购买不安全的设备、设施、器材和用具，对施工安全和建筑物安全构成极大威胁。为此，《建设工程安全生产管理条例》严禁建设单位明示或者暗示施工单位购买不符合安全要求的设备、设施、器材和用具，并规定了相应的法律责任。

（六）开工前报送有关安全施工措施的资料

依照《建设工程安全生产管理条例》第十条的规定，建设单位在申请领取施工许可证时，应当提供建设工程有关安全施工措施的资料。依法批准开工报告的建设工程，建设

单位应当自开工报告批准之日起 15 日内，将保证安全施工的措施报送建设工程所在地的县级以上人民政府建设行政主管部门或者其他有关部门备案。

建设单位在申请领取施工许可证前，应当提供下列安全施工措施的资料：

（1）施工现场总平面布置图。

（2）临时设施规划方案和已搭建情况。

（3）施工现场安全防护设施（防护网、棚）搭设（设置）计划。

（4）施工进度计划，安全措施费用计划。

（5）施工组织设计（方案、措施）。

（6）拟进入现场使用的起重机械设备（塔式起重机、物料提升机、外用电梯）的型号、数量。

（7）工程项目负责人、安全管理人员和特种作业人员持证上岗情况。

（8）建设单位安全监督人员和工程监理人员的花名册。

对编制安全施工措施应当着重以下 3 个方面的要求：一是及时性，要在工程开工前编制。考虑到各项安全措施实施前要有一个充裕的准备时间，而且在施工过程中还会随着工程的变化等不断更新完善，应当在工程开工前完成编制。二是要有针对性，不同的建设工程对安全生产的要求也会不同，安全措施必须针对工程的特点、施工方法、场地环境、施工条件等具体情况以及安全的法律法规和强制性标准、技术规范等要求制定，消除施工中的安全隐患，保证施工安全。三是真实有效性，安全施工措施资料不得伪造、编造。建设单位在申请领取施工许可证时，所报送的安全施工措施资料应当真实、有效，能够反映建设工程的安全生产准备情况、达到的条件和施工实施阶段的具体措施。必要时，建设行政主管部门收到资料后，应当尽快派员到现场进行实地勘察。

根据《建筑法》第七条的规定，并不是所有的建设工程都需要领取施工许可证，按照国务院规定的权限和程序批准开工报告的建筑工程，不再领取施工许可证。对于不领取施工许可证的建设工程，为了加强对建设工程安全生产的监督管理，建设单位应当将保证安全施工的措施报送政府有关行政主管部门备案。备案的有关注意事项如下：

（1）备案的时间要求：自开工报告批准之日起 15 日内。

（2）报送备案的内容：保证安全施工的措施，具体要求与申请领取施工许可证的要求相同。

（3）报送的部门：建设行政主管部门或者其他有关部门。其他有关部门是指水利、交通、铁路等专业部门，相关的专业建设工程的保证安全施工的措施应当报送相关的专业部门备案。

（七）关于拆除工程的特殊规定

过去较长时期内，有关建设法律、法规主要是对新建、改建和扩建等工程建设作出了规范，对拆除施工单位的安全要求不够明确，这就导致拆除工程安全没有纳入法律规范，比较混乱，从事拆除工程活动的单位中有的无资质和无技术力量，拆除工程事故频发。为了规范拆除工程安全，《建设工程安全生产管理条例》第十一条规定，建设单位应当将拆除工程发包给具有相应资质等级的施工单位。

《建筑法》第五十条明确规定，房屋拆除应当由具备保证安全条件的施工单位承担，由建筑施工单位负责人对安全负责。为了进一步规范拆除工程市场秩序，提高拆除工程的技术保证水平，避免发生安全事故，建设部2001年颁布的《建筑业企业资质管理规定》（建设部令第87号）将爆破与拆除工程列为专业承包工程资质序列，并对取得该资质的具体条件、承包工程范围作了严格的规定。因此，为了保证拆除活动的安全，建设单位必须选择有相应资质等级的单位承担拆除工程。

建设单位应当在拆除工程施工15日前，将下列资料报送建设工程所在地县级以上人民政府建设行政主管部门或者其他有关部门备案：

（1）施工单位资质等级证明。

（2）拟拆除建筑物、构筑物及可能危及毗邻建筑的说明。

（3）拆除施工组织方案。

（4）堆放、清除废弃物的措施。

实施爆破作业的，应当遵守国家有关民用爆炸物品管理的规定。依照《中华人民共和国民用爆炸物品安全管理条例》的规定，进行大型爆破作业，或在城镇与其他居民聚集的地方，风景名胜区和重要工程设施附近进行控制爆破作业，施工单位必须事先将爆破作业方案，报县、市以上主管部门批准，并征得所在地县、市公安局同意，方准实施爆破作业。

二、勘察、设计及工程监理等单位的安全责任

建设工程具有投资规模大、建设周期长、生产环节多、参与主体多等特点。安全生产是贯穿于工程建设的勘察、设计、工程监理及其他有关单位的活动。勘察单位的勘察文件是设计和施工的基础材料和重要依据，勘察文件的质量又直接关系到设计工程质量和安全性能。设计单位的设计文件质量又关系到施工安全操作、安全防护以及作业人员和建设工程的主体结构安全。工程监理单位是保证建设工程安全生产的重要一方，对保证施工单位作业人员的安全起着重要的作用。施工机械设备生产、租赁、安装以及检验检测机构等与工程建设有关的其他单位是否依法从事相关活动，直接影响到建设工程安全。

（一）勘察单位的安全责任

建设工程勘察是指根据工程要求，查明、分析、评价建设场地的地质地理环境特征和岩土工程条件，编制建设工程勘察文件的活动。

（1）勘察单位的注册资本、专业技术人员、技术装备和业绩应当符合规定。依据《建设工程勘察设计企业资质管理规定》（建设部令第93号）取得相应等级资质证书后，在许可范围内从事勘察活动。

（2）勘察必须满足工程强制性标准的要求。工程建设强制性标准是指工程建设标准中，直接涉及人民生命财产安全、人身健康、环境保护和其他公共利益的、必须强制执行的条款。只有满足工程强制性标准，才能满足工程对安全、质量、卫生、环保等多方面的要求。因此，必须严格执行。如房屋建筑部分的工程建设强制性标准主要由建筑设计、建筑防火、建筑设备、勘察和地质基础、结构设计、房屋抗震设计、结构鉴定和加固、施工质量和安全8个方面的相关标准组成。

（3）勘察单位提供的勘察文件应当真实、准确，满足安全生产的要求。工程勘察就

是要通过测量、测绘、观察、调查、钻探、试验、测试、鉴定、分析资料和综合评价等工作查明场地的地形、地貌、地质、岩型、地质构造、地下水条件和各种自然或者人工地质现象，并提出基础、边坡等工程设计准则和工程施工的指导意见，提出解决岩土工程问题的建议，进行必要的岩土工程治理。

工程勘察应当按照勘察阶段要求，正确反映工程地质条件，提出岩土工程评价，为设计、施工提供依据。因此编制的勘察文件应当客观反映建设场地的地质、地理环境特征和岩土工程条件。勘察单位对提供的勘察成果的真实性和准确性负责。

（4）勘察单位应当严格执行操作规程、采取措施保证各类管线、设施和周边建筑物、构筑物的安全。一是勘察单位应当按照国家有关规定，制定勘察操作规程和勘查钻机、精探车、经纬仪等设备和检测仪器的安全操作规程，并严格遵守，防止生产安全事故的发生。二是勘察单位应当采取措施，保证现场各类管线、设施和周边建筑物、构筑物的安全。

（二）设计单位的安全责任

建设工程设计，是指根据建设工程的要求，对建设工程所需的技术、经济、资源、环境等条件进行综合分析、论证，编制建设工程设计文件的活动。

（1）设计单位必须依据《建设工程勘察设计企业资质管理规定》（建设部令第93号）取得相应的等级资质证书，在许可范围内承揽设计业务。

（2）设计单位必须依法和标准进行设计，保证设计质量和施工安全。

（3）设计单位应当考虑施工安全和防护需要，对涉及施工安全的重点部位和环节，在设计文件中注明，并对防范生产安全事故提出指导意见。

《建筑法》第三十七条规定："建筑工程设计应当符合按照国家规定制定的建筑安全规程和技术规范，保证工程的安全性能"。下列涉及施工安全的重点部位和环节应当在设计文件中注明，施工单位作业前，设计单位应当就设计意图、设计文件向施工单位做出说明和技术交底，并对防范生产安全事故提出指导意见：①地下管线的防护：地下管线的种类和具体位置、地下管线的安全保护措施；②外电防护：外电与建筑物的距离、外电电压、应采用的防护措施、设置防护设施施工时应注意的安全作业事项、施工作业中的安全注意事项等；③深基坑工程：基坑侧壁选用的安全系数、护壁、支护结构选型、地下水控制方法及验算、承载能力极限状态和正常状态的设计计算和验算、支护结构计算和验算、质量检测及施工监控要求、采取的方式方法、安全防护设施的设置以及安全作业注意事项等；对于特殊结构的混凝土模板支护，设计单位应当提供模板支撑系统结构图及计算书。

（4）采用新结构、新材料、新工艺的建设工程以及特殊结构的工程，设计单位应当提出保障施工作业人员安全和预防生产安全事故的措施建议。

（5）设计单位和注册建筑师等注册执业人员应当对其设计负责。

按照"谁设计谁负责"的原则，设计单位和注册建筑师等注册执业人员应当对其设计质量负责。《建筑法》第七十三条规定："建筑设计单位不按照建筑工程质量、安全标准进行设计的，责令改正，处以罚款；造成工程质量事故的，责令停业整顿，降低资质等级或者吊销资质证书，没收违法所得，并处罚款；造成损失的，承担赔偿责任；构成犯罪的，依法追究刑事责任。"我国目前对设计行业已经实行了建筑师和结构工程师的个人执业注册制度，注册建筑师、注册结构工程师必须在规定的执业范围内对本人负责的建设工程设计质量负责。《建设工程质量管理条例》对注册职业人员应承担的设计质量和安全的法律责任作出了明确规定。

（三）工程监理单位的安全责任

工程监理是工程监理单位受建设单位的委托，依据法律、法规及有关的技术标准、设计文件和建设工程承包合同、委托监理合同，代表建设单位对承包单位在施工质量、建设工期、建设资金使用等方面实施监督管理的活动。

（1）工程监理单位应当审查施工组织设计中的安全技术措施或者专项施工方案是否符合工程建设强制性标准。

（2）工程监理单位在实施监理过程中，发现事故隐患的，应当要求施工单位整改；情节严重的，应当要求施工单位停止施工，并及时报告建设单位。施工单位拒不整改或者不停止施工的，工程监理单位应当及时向有关主管部门报告。

（3）工程监理单位和监理工程师应当按照法律、法规和工程建设强制性标准实施监理，对建设工程安全生产承担监理职责。

（四）有关单位的安全责任

1. 提供机械设备和配件的单位的安全责任

为建设工程提供机械设备和配件的单位，应当按照安全施工的要求配备齐全有效的保险、限位等安全设施和装置。一是向施工单位提供安全可靠的起重机械、挖掘机械、土方铲运机械、凿岩机械、基础及凿井机械、钢筋混凝土机械、筑路机械以及其他施工机械设备。二是应当依照国家有关法律、法规和安全技术规范进行有关机械设备和配件的生产经营活动。机械设备和配件的生产制造单位应当严格按照国家标准进行生产，保证产品的质量和安全。三是施工机械的安全保护装置应当符合国家和行业有关技术标准和规范的要求。对配件的生产与制造，应当符合设计要求，并保证质量和安全性能可靠。在施工过程中，严禁拆除机械设备上的自动控制机构、力矩限位器等安全装置，不得拆除监测、指示、仪表、警报器等自动报警、信号装置。为建设工程提供机械设备和配件的单位，应当对其提供的施工机械设备和配件等产品的质量和安全性能负责，对因产品质量造成生产安全事故的，应当承担相应的法律责任。

2. 出租单位的安全责任

一是出租机械设备、施工机具及配件，应当具有生产（制造）许可证、产品合格证。二是应当对出租机械设备、施工机具及配件的安全性能进行检测，在签订租赁协议时，应当出具检测合格证明。三是禁止出租检测不合格的机械设备、施工机具及配件。

3. 现场安装、拆卸施工起重机械设施单位的安全责任

一是在施工现场安装、拆卸施工起重机械和整体提升脚手架、模板等自升式架设设施，必须具有相应的资质的单位承担。二是安装、拆卸起重机械、整体提升脚手架、模板等自升式架设设施，应当编制拆装方案、制定安全施工措施，并由专业技术人员现场监督。三是施工起重机械、整体提升脚手架、模板等自升式架设设施安装完毕后，安装单位应当自检，出具自检合格证明，并向施工单位进行安全使用说明，办理验收手续并签字。

《建设工程安全生产管理条例》规定，施工起重机械、整体提升脚手架、模板等自升

式架设设备的使用达到国家规定的检验检测期限的，必须经具有专业资质的检验检测机构检测。经检测不合格的，不得继续使用。检验检测机构对检测合格的施工起重机械和整体提升脚手架、模板等自升式架设设备，应当出具安全合格证明文件，并对检测结果负责。

三、施工单位的安全责任

施工单位是工程建设活动中的重要主体之一，在施工安全中居于核心地位，是绝大部分生产安全事故的直接责任方。《建设工程安全生产管理条例》对施工单位的市场准入、施工单位的安全生产行为规范和安全生产条件以及施工单位主要负责人、项目负责人、安全管理人员和作业人员的安全责任，作出了明确的规定。

（一）施工单位的安全资质

《建筑法》第二十六条规定，承包建筑工程的单位应当持有依法取得的资质证书，并在其资质等级许可的业务范围内承揽工程。禁止建筑施工企业超越本企业资质等级许可的业务范围或者以任何形式用其他建筑施工企业的名义承揽工程。禁止建筑施工企业以任何形式允许其他单位或者个人使用本企业的资质证书、营业执照，以本企业的名义承揽工程。建筑法律的有关规定确立的建筑市场准入制度，为施工单位的安全资质设定了法律规范。

《建筑法》第十二条规定了从事建筑活动的建筑施工企业应当具备的条件，具体包括：有符合国家规定的注册资本；有与其从事的建筑活动相适应的具有法定执业资格的专业技术人员；有从事相关建筑活动所应有的技术装备；法律、行政法规规定的其他条件。此外《安全生产法》第十七条规定，生产经营单位应当具备本法和有关法律、行政法规和国家标准或者行业标准规定的安全生产条件；不具备安全生产条件的，不得从事生产经营活动。结合两部法律规定，施工单位要想取得相应的资质证书，除具备《建筑法》规定的注册资本、专业技术人员和技术装备外，还必须具备基本的安全生产条件，包括建立健全安全生产管理机构、配备专职安全管理人员、特种作业人员按国家规定取得特种作业操作资格证书、制定生产安全事故应急救援预案等。

（二）主要负责人和项目负责人的安全施工责任

施工单位主要负责人和项目负责人的安全素质直接关系到施工安全，必须将其应负的施工安全责任法律化。

1. 施工单位主要负责人的安全责任

根据《安全生产法》第十八条有关生产经营单位主要负责人安全责任的规定，结合建设施工的实际，《建设工程安全生产管理条例》第二十一条第一款规定，施工单位主要负责人依法对本单位的安全生产工作全面负责。其主要职责包括：

（1）建立健全安全生产责任制。

（2）建立健全安全教育培训制度。

（3）制定安全生产规章制度和操作规程。

（4）保证本单位安全生产条件所需资金的投入。

（5）对所承担的建设工程进行定期和专项安全检查，并做好安全检查记录。

2. 项目负责人的安全责任

施工单位的项目负责人即项目经理，在施工活动中占有非常重要的地位，代表施工企业法定代表人对项目组织实施中劳动力的调配、资金的使用、建筑材料的购进等行使决策权。因此，施工单位的项目负责人应当对建设工程项目施工安全负全面责任，是本项目安全生产的第一责任人。为了加强对项目负责人安全资格的管理，明确其安全生产职责，《建设工程安全生产管理条例》第二十一条第二款规定，施工单位的项目负责人应当由取得相应执业资格的人员担任，对建设工程项目的安全施工负责，其职责主要包括：

（1）落实安全生产责任制。

（2）落实安全生产规章制度和操作规程。

（3）确保安全生产费用的有效使用。

（4）根据工程的特点组织制定安全施工措施，消除安全事故隐患。

（5）及时、如实报告生产安全事故。

（三）安全管理机构和安全管理人员的配置

《安全生产法》第二十一条第一款规定，矿山、金属冶炼、建筑施工、道路运输单位和危险物品的生产、经营、储存单位，应当设置安全生产管理机构或者配备专职安全生产管理人员。依据《建设工程安全生产管理条例》第二十三条的规定，施工单位应当设立安全生产管理机构，配备专职安全生产管理人员。所谓安全生产管理机构是指建筑施工企业设置的负责安全生产管理工作的独立职能部门。所谓专职安全生产管理人员是指经建设主管部门或者其他有关部门安全生产考核合格取得安全生产考核合格证书，并在建筑施工企业及其项目从事安全生产管理工作的专职人员。

专职安全生产管理人员的主要职责包括：

（1）负责对安全生产进行现场监督检查。

（2）发现安全事故隐患，及时向项目负责人和安全生产管理机构报告。

（3）对于违章指挥、违章操作的，应当立即制止。

专职安全生产管理人员的配备办法由国务院建设行政主管部门会同国务院其他有关部门制定。根据建设部《建筑施工企业安全生产管理机构设置及专职安全生产管理人员配备办法》的要求，总承包单位配备项目专职安全生产管理人员应当满足下列要求：①建筑工程、装修工程按照建筑面积配备：1 万平方米以下的工程不少于 1 人；1 万 ~5 万平方米的工程不少于 2 人；5 万平方米及以上的工程不少于 3 人，且按专业配备专职安全生产管理人员。②土木工程、线路管道、设备安装工程按照工程合同价配备：5000 万元以下的工程不少于 1 人；5000 万 ~1 亿元的工程不少于 2 人；1 亿元及以上的工程不少于 3 人，且按专业配备专职安全生产管理人员。分包单位配备项目专职安全生产管理人员应当满足下列要求：①专业承包单位应当配置至少 1 人，并根据所承担的分部分项工程的工程量和施工危险程度增加。②劳务分包单位施工人员在 50 人以下的，应当配备 1 名专职安全生产管理人员；50 ~200 人的，应当配备 2 名专职安全生产管理人员；200 人及以上的，应当配备 3 名及以上专职安全生产管理人员，并根据所承担的分部分项工程施工危险实际情况增加，不得少于工程施工人员总人数的 5‰。

（四）总承包单位与分包单位的安全管理

施工总承包，是指发包单位将建设工程的施工任务，包括土建施工和有关设施、设备安装调试的施工任务，全部发包给一家具备相应的施工总承包资质条件的承包单位，由该施工总承包单位对全过程向建设单位负责，直到工程竣工，向建设单位交付符合设计要求和合同约定的建设工程的承包方式。实行施工总承包的，施工现场由总承包单位全面统一负责，包括工程质量、建设工期、造价控制、施工组织等，由此，施工现场的安全生产也应当由施工总承包单位负责。根据《建筑法》第二十九条的规定，施工总承包的，建筑工程主体结构的施工必须由总承包单位自行完成。

总承包单位依法将建设工程分包给其他单位的，分包合同中应当明确各自的安全生产方面的权利、义务。总承包单位和分包单位对分包工程的安全生产承担连带责任。分包单位应当服从总承包单位的安全生产管理，分包单位不服从管理导致生产安全事故的，由分包单位承担主要责任。

（五）特种作业人员的资格管理

建设施工特种作业人员直接从事建设施工特种作业，具有较大的危险性。他们的安全素质和安全技能，直接关系到施工安全。明确建设施工特种作业人员的范围，严格安全资格管理，十分必要。《安全生产法》第二十七条规定，生产经营单位的特种作业人员必须按照国家有关规定经专门的安全作业培训，取得相应资格，方可上岗作业。《建设工程安全生产管理条例》第二十五条规定，垂直运输机械作业人员、安装拆卸工、爆破作业人员、起重信号工、登高架设作业人员等特种作业人员，必须按照国家有关规定经过专门的安全作业培训，并取得特种作业操作资格证书后，方可上岗作业。

（六）安全警示标志和危险部位的安全防护措施

《安全生产法》第三十二条规定，生产经营单位应当在有较大危险因素的生产经营场所和有关设施、设备上，设置明显的安全警示标志。施工单位应当在施工现场入口、起重机械、临时用电设施、脚手架、出入通道口、楼梯口、电梯井口、孔洞口、桥梁口、隧道口、基坑边沿、爆破物，有害危险气体、液体的存放处等危险部位，设置明显的安全警示标志。安全警示标志必须符合国家标准。施工单位应当根据不同施工阶段和周围环境及季节、气候的变化，在施工现场采取相应的安全施工措施。施工现场暂时停止施工的，施工单位应当做好现场防护，所需费用由责任方承担，或者按照合同约定执行。

（七）施工现场的安全管理

施工现场的安全管理工作量大、涉及面广，需要全面加强。《建设工程安全生产管理条例》第三十条至第三十五条包括下列内容：

（1）毗邻建筑物、构筑物和地下管线和现场围栏的安全管理。

（2）现场消防安全管理。

（3）保障施工人员的人身安全。

（4）施工人员的安全生产权利与义务。

（5）施工现场安全防护用具、机械设备、施工机具和配件的管理。

（6）起重机械、脚手架、模板等设施的验收、检验和备案。

（八）人身意外伤害保险

《建筑法》第四十八条规定，建筑施工企业应当依法为职工参加工伤保险缴纳工伤保险费。鼓励企业为从事危险作业的职工办理意外伤害保险，支付保险费。《建设工程安全生产管理条例》第三十八条规定，施工单位应当为施工现场从事危险作业的人员办理意外伤害保险。意外伤害保险费由施工单位支付。实行施工总承包的，由总承包单位支付意外伤害保险费。意外伤害保险期限自建设工程开工之日起至竣工验收合格止。建筑法律、行政法规关于人身意外伤害保险的规定，包括4个方面的内容：一是意外伤害保险是法定的强制性保险。该项保险不论施工单位是否愿意、经济状况好坏、工程造价多少，必须投保。二是意外伤害保险的投保人是施工单位。三是意外伤害保险的被保险人或者受益人是从事危险作业的职工。四是意外伤害保险期限与建设工程工期相同。

四、建设工程安全生产监督管理的规定

（一）建筑施工安全生产的监督管理职责划分

建设施工遍及各行各业，有关法律、行政法规对建设施工安全监督管理做出了不同的规定。《建设工程安全生产管理条例》对建设施工安全综合监督管理和专项监督管理分别作出了规定。

1. 建设施工的综合监督管理

《建设工程安全生产管理条例》第三十九条规定，国务院负责安全生产监督管理的部门依照《中华人民共和国安全生产法》的规定，对全国建设工程安全生产工作实施综合监督管理。县级以上地方人民政府负责安全生产监督管理的部门依照《中华人民共和国安全生产法》的规定，对本行政区域内建设工程安全生产工作实施综合监督管理。

2. 建设施工的专项监督管理

《建设工程安全生产管理条例》第四十条规定，国务院建设行政主管部门对全国的建设工程安全生产实施监督管理。国务院铁路、交通、水利等有关部门按照国务院规定的职责分工，负责有关专业建设工程安全生产的监督管理。县级以上地方人民政府建设行政主管部门对本行政区域内的建设工程安全生产实施监督管理。县级以上地方人民政府交通、水利等有关部门在各自的职责范围内，负责本行政区域内的专业建设工程安全生产的监督管理。

（二）建设施工许可

《建设工程安全生产管理条例》第四十二条规定，建设行政主管部门在审核发放施工许可证时，应当对建设工程是否有安全施工措施进行审查，对没有安全施工措施的，不得颁发施工许可证。建设行政主管部门或者其他有关部门对建设工程是否有安全施工措施进行审查时，不得收取费用。

（三）日常监督检查措施

《建设工程安全生产管理条例》第四十三条规定，县级以上人民政府负有建设工程安全生产监督管理职责的部门在各自的职责范围内履行安全监督检查职责时，有权采取下列措施：

（1）要求被检查单位提供有关建设工程安全生产的文件和资料。

（2）进入被检查单位施工现场进行检查。

（3）纠正施工中违反安全生产要求的行为。

（4）对检查中发现的安全事故隐患，责令立即排除；重大安全事故隐患排除前或者

排除过程中无法保证安全的，责令从危险区域内撤出作业人员或者暂时停止施工。

五、建设工程安全生产违法行为应负的法律责任

（一）责任主体

依照《建设工程安全生产管理条例》的规定，建设工程安全生产违法行为的责任主体包括：

（1）建设行政主管部门或者其他有关部门的工作人员。

（2）建设工程的各方主体及其有关人员。

（3）施工单位的主要负责人、项目负责人。

（4）勘察、设计、施工、监理单位的直接责任人员。

（5）注册执业人员。

（二）行政处罚种类

依照《建设工程安全生产管理条例》，对建设工程安全生产违法行为的责任主体实施下列行政处罚：

（1）警告。

（2）责令限期改正。

（3）责令停业整顿。

（4）罚款。

（5）降低资质等级。

（6）吊销资质证书。

（三）行政处罚的实施

根据现行职责分工，对建设工程安全生产违法行为实施行政处罚的决定机关不是一个而是多个，因此，必须明确有关行政处罚的执法主体。为了保证行政处罚的有效实施，《建设工程安全生产管理条例》第六十八条规定，本条例规定的行政处罚，由建设行政主管部门或者其他有关部门依照法定职权决定。违反消防安全管理规定的行为，由公安消防机构依法处罚。有关法律、行政法规对建设工程安全生产违法行为的行政处罚决定机关另有规定的，从其规定。

第五节　危险化学品安全管理条例

2011 年 3 月 2 日国务院重新修订发布了《危险化学品安全管理条例》(国务院令第 591 号),自 2011 年 12 月 1 日起施行。《危险化学品安全管理条例》的立法目的是加强危险化学品的安全管理,预防和减少危险化学品事故,保证人民群众生命财产安全,保护环境。

一、危险化学品安全管理的基本规定

（一）危险化学品的范围

《危险化学品安全管理条例》第三条规定：“本条例所称危险化学品，是指具有毒害、腐蚀、爆炸、燃烧、助燃等性质，对人体、设施、环境具有危害的剧毒化学品和其他化学

品。危险化学品目录，由国务院安全生产监督管理部门会同国务院工业和信息化、公安、环境保护、卫生、质量监督检验检疫、交通运输、铁路、民用航空、农业主管部门，根据化学品危险特性的鉴别和分类标准确定、公布，并适时调整。”

（二）《危险化学品安全管理条例》的适用范围

1. 适用范围

《危险化学品安全管理条例》第二条规定：“危险化学品生产、储存、使用、经营和运输的安全管理，适用本条例。废弃危险化学品的处置，依照有关环境保护的法律、行政法规和国家有关规定执行。”第九十八条：“危险化学品的进出口管理，依照有关对外贸易的法律、行政法规、规章的规定执行；进口的危险化学品的储存、使用、经营、运输的安全管理，依照本条例的规定执行。”

本条例适用的主体范围，中华人民共和国境内一切从事危险化学品生产、储存、使用、经营、运输的自然人、法人和其他组织。即国有企业事业单位、集体所有制的企业、股份制企业、中外合资经营企业、中外合作经营企业、外资企业，合伙企业、个人独资企业、自然人等，不论其经济性质如何，规模大小，还是自然人，只要从事生产、储存、使用、经营、运输危险化学品的活动，都必须遵守本条例的各项规定。

2. 排除适用

《危险化学品安全管理条例》第九十七条规定，监控化学品、属于危险化学品的药品和农药的安全管理，依照本条例的规定执行；法律、行政法规另有规定的，依照其规定。

民用爆炸物品、烟花爆竹、放射性物品、核能物质以及用于国防科研生产的危险化学品的安全管理，不适用本条例。

法律、行政法规对燃气的安全管理另有规定的，依照其规定。

危险化学品容器属于特种设备的，其安全管理依照有关特种设备安全的法律、行政法规的规定执行。

（三）危险化学品单位的安全责任

依据《危险化学品安全管理条例》的规定，危险化学品安全管理，应当坚持安全第一、预防为主、综合治理的方针，强化和落实企业的主体责任。

生产、储存、使用、经营、运输危险化学品的单位（以下统称危险化学品单位）的主要负责人对本单位的危险化学品安全管理工作全面负责。

危险化学品单位应当具备法律、行政法规规定和国家标准、行业标准要求的安全条件，建立、健全安全管理规章制度和岗位安全责任制度，对从业人员进行安全教育、法制教育和岗位技术培训。从业人员应当接受教育和培训，考核合格后上岗作业；对有资格要求的岗位，应当配备依法取得相应资格的人员。

任何单位和个人不得生产、经营、使用国家禁止生产、经营、使用的危险化学品。

国家对危险化学品的使用有限制性规定的，任何单位和个人不得违反限制性规定使用危险化学品。

（四）危险化学品监督管理部门的职责

依照《危险化学品安全管理条例》第六条的规定，对危险化学品的生产、储存、使用、经营、运输实施安全监督管理的有关部门（统称负有危险化学品安全监督管理职责的部门)，依照下列规定履行职责：

(1) 安全生产监督管理部门负责危险化学品安全监督管理综合工作，组织确定、公布、调整危险化学品目录，对新建、改建、扩建生产、储存危险化学品（包括使用长输管道输送危险化学品）的建设项目进行安全条件审查，核发危险化学品安全生产许可证、危险化学品安全使用许可证和危险化学品经营许可证，并负责危险化学品登记工作。

(2) 公安机关负责危险化学品的公共安全管理，核发剧毒化学品购买许可证、剧毒化学品道路运输通行证，并负责危险化学品运输车辆的道路交通安全管理。

(3) 质量监督检验检疫部门负责核发危险化学品及其包装物、容器（不包括储存危险化学品的固定式大型储罐）生产企业的工业产品生产许可证，并依法对其产品质量实施监督，负责对进出口危险化学品及其包装实施检验。

(4) 环境保护主管部门负责废弃危险化学品处置的监督管理，组织危险化学品的环境危害性鉴定和环境风险程度评估，确定实施重点环境管理的危险化学品，负责危险化学品环境管理登记和新化学物质环境管理登记；依照职责分工调查相关危险化学品环境污染事故和生态破坏事件，负责危险化学品事故现场的应急环境监测。

(5) 交通运输主管部门负责危险化学品道路运输、水路运输的许可以及运输工具的安全管理，对危险化学品水路运输安全实施监督，负责危险化学品道路运输企业、水路运输企业驾驶人员、船员、装卸管理人员、押运人员、申报人员、集装箱装箱现场检查员的资格认定。

(6) 铁路监管部门负责危险化学品铁路运输的安全管理，负责危险化学品铁路运输承运人、托运人的资质审批及其运输工具的安全管理。

(7) 民用航空主管部门负责危险化学品航空运输以及航空运输企业及其运输工具的安全管理。

(8) 卫生主管部门负责危险化学品毒性鉴定的管理，负责组织、协调危险化学品事故受伤人员的医疗卫生救援工作。

(9) 工商行政管理部门依据有关部门的许可证件，核发危险化学品生产、储存、经营、运输企业营业执照，查处危险化学品经营企业违法采购危险化学品的行为。

(10) 邮政管理部门负责依法查处寄递危险化学品的行为。

(五) 危险化学品安全监督管理部门的监督检查权

依据《危险化学品安全管理条例》第七条的规定，负有危险化学品安全监督管理职责的部门依法进行监督检查，可以采取下列5项措施：

(1) 进入危险化学品作业场所实施现场检查，向有关单位和人员了解情况，查阅、复制有关文件、资料。

(2) 发现危险化学品事故隐患，责令立即消除或者限期消除。

(3) 对不符合法律、行政法规、规章规定或者国家标准、行业标准要求的设施、设备、装置、器材、运输工具，责令立即停止使用。

(4) 经本部门主要负责人批准，查封违法生产、储存、使用、经营危险化学品的场所，扣押违法生产、储存、使用、经营、运输的危险化学品以及用于违法生产、使用、运输危险化学品的原材料、设备、运输工具。

（5）发现影响危险化学品安全的违法行为，当场予以纠正或者责令限期改正。

负有危险化学品安全监督管理职责的部门依法进行监督检查，监督检查人员不得少于2人，并应当出示执法证件；有关单位和个人对依法进行的监督检查应当予以配合，不得拒绝、阻碍。

（六）危险化学品安全监管的协调机制

依据《危险化学品安全管理条例》第八条的规定，县级以上人民政府应当建立危险化学品安全监督管理工作协调机制，支持、督促负有危险化学品安全监督管理职责的部门依法履行职责，协调、解决危险化学品安全监督管理工作中的重大问题。

负有危险化学品安全监督管理职责的部门应当相互配合、密切协作，依法加强对危险化学品的安全监督管理。

（七）对违反危险化学品安全管理行为的举报

依据《危险化学品安全管理条例》第九条的规定，任何单位和个人对违反本条例规定的行为，有权向负有危险化学品安全监督管理职责的部门举报。负有危险化学品安全监督管理职责的部门接到举报，应当及时依法处理；对不属于本部门职责的，应当及时移送有关部门处理。

（八）国家鼓励采取新技术、新工艺、新设备

依据《危险化学品安全管理条例》第十条的规定，国家鼓励危险化学品生产企业和使用危险化学品从事生产的企业采用有利于提高安全保障水平的先进技术、工艺、设备以及自动控制系统，鼓励对危险化学品实行专门储存、统一配送、集中销售。

二、危险化学品生产、储存安全管理的规定

（一）生产、储存的规划

依据《危险化学品安全管理条例》第十一条的规定，国家对危险化学品的生产、储存实行统筹规划、合理布局。

国务院工业和信息化主管部门以及国务院其他有关部门依据各自职责，负责危险化学品生产、储存的行业规划和布局。

地方人民政府组织编制城乡规划，应当根据本地区的实际情况，按照确保安全的原则，规划适当区域专门用于危险化学品的生产、储存。

（二）新建、改建、扩建生产、储存建设项目的安全条件审查

依据《危险化学品安全管理条例》第十二条的规定，新建、改建、扩建生产、储存危险化学品的建设项目（简称建设项目），应当由安全生产监督管理部门进行安全条件审查。

建设单位应当对建设项目进行安全条件论证，委托具备国家规定的资质条件的机构对建设项目进行安全评价，并将安全条件论证和安全评价的情况报告报建设项目所在地设区的市级以上人民政府安全生产监督管理部门；安全生产监督管理部门应当自收到报告之日起45日内作出审查决定，并书面通知建设单位。

新建、改建、扩建储存、装卸危险化学品的港口建设项目，由港口行政管理部门按照国务院交通运输主管部门的规定进行安全条件审查。

（三）生产、储存危险化学品单位管道的安全标志及检查

依据《危险化学品安全管理条例》第十三条的规定，生产、储存危险化学品的单位，应当对其铺设的危险化学品管道设置明显标志，并对危险化学品管道定期检查、检测。

进行可能危及危险化学品管道安全的施工作业，施工单位应当在开工的7日前书面通知管道所属单位，并与管道所属单位共同制定应急预案，采取相应的安全防护措施。管道所属单位应当指派专门人员到现场进行管道安全保护指导。

（四）生产危险化学品单位依法取得相应许可证

依据《危险化学品安全管理条例》第十四条的规定，危险化学品生产企业进行生产前，应当依照《安全生产许可证条例》的规定，取得危险化学品安全生产许可证。

生产列入国家实行生产许可证制度的工业产品目录的危险化学品的企业，应当依照《中华人民共和国工业产品生产许可证管理条例》的规定，取得工业产品生产许可证。

负责颁发危险化学品安全生产许可证、工业产品生产许可证的部门，应当将其颁发许可证的情况及时向同级工业和信息化主管部门、环境保护主管部门和公安机关通报。

（五）安全技术说明书

依据《危险化学品安全管理条例》第十五条的规定，危险化学品生产企业应当提供与其生产的危险化学品相符的化学品安全技术说明书，并在危险化学品包装（包括外包装件）上粘贴或者拴挂与包装内危险化学品相符的化学品安全标签。化学品安全技术说明书和化学品安全标签所载明的内容应当符合国家标准的要求。

危险化学品生产企业发现其生产的危险化学品有新的危险特性的，应当立即公告，并及时修订其化学品安全技术说明书和化学品安全标签。

（六）生产实施重点环境管理的危险化学品的环境要求

依据《危险化学品安全管理条例》第十六条的规定，生产实施重点环境管理的危险化学品的企业，应当按照国务院环境保护主管部门的规定，将该危险化学品向环境中释放等相关信息向环境保护主管部门报告。环境保护主管部门可以根据情况采取相应的环境风险控制措施。

（七）危险化学品包装物、容器的安全管理

依据《危险化学品安全管理条例》第十七条的规定，危险化学品的包装应当符合法律、行政法规、规章的规定以及国家标准、行业标准的要求。危险化学品包装物、容器的材质以及危险化学品包装的型式、规格、方法和单件质量（重量），应当与所包装的危险化学品的性质和用途相适应。

生产列入国家实行生产许可证制度的工业产品目录的危险化学品包装物、容器的企业，应当依据《中华人民共和国工业产品生产许可证管理条例》的规定，取得工业产品生产许可证；其生产的危险化学品包装物、容器经国务院质量监督检验检疫部门认定的检验机构检验合格，方可出厂销售。

运输危险化学品的船舶及其配载的容器，应当按照国家船舶检验规范进行生产，并经海事管理机构认定的船舶检验机构检验合格，方可投入使用。

对重复使用的危险化学品包装物、容器，使用单位在重复使用前应当进行检查；发现存在安全隐患的，应当维修或者更换。使用单位应当对检查情况作出记录，记录的保存期

限不得少于 2 年。

（八）生产装置和储存设施的选址

依据《危险化学品安全管理条例》第十九条的规定，危险化学品生产装置或者储存数量构成重大危险源的危险化学品储存设施（运输工具、加油站、加气站除外），与下列场所、设施、区域的距离应当符合国家有关规定：

（1）居住区以及商业中心、公园等人员密集场所。

（2）学校、医院、影剧院、体育场（馆）等公共设施。

（3）饮用水源、水厂以及水源保护区。

（4）车站、码头（依法经许可从事危险化学品装卸作业的除外）、机场以及通信干线、通信枢纽、铁路线路、道路交通干线、水路交通干线、地铁风亭以及地铁站出入口。

（5）基本农田保护区、基本草原、畜禽遗传资源保护区、畜禽规模化养殖场（养殖小区）、渔业水域以及种子、种畜禽、水产苗种生产基地。

（6）河流、湖泊、风景名胜区、自然保护区。

（7）军事禁区、军事管理区。

（8）法律、行政法规规定的其他场所、设施、区域。

已建的危险化学品生产装置或者储存数量构成重大危险源的危险化学品储存设施不符合前款规定的，由所在地设区的市级人民政府安全生产监督管理部门会同有关部门监督其所属单位在规定期限内进行整改；需要转产、停产、搬迁、关闭的，由本级人民政府决定并组织实施。

储存数量构成重大危险源的危险化学品储存设施的选址，应当避开地震活动断层和容易发生洪灾、地质灾害的区域。

（九）生产、储存危险化学品单位安全设备设施的设置

依据《危险化学品安全管理条例》第二十条、第二十一条的规定，生产、储存危险化学品的单位，应当根据其生产、储存的危险化学品的种类和危险特性，在作业场所设置相应的监测、监控、通风、防晒、调温、防火、灭火、防爆、泄压、防毒、中和、防潮、防雷、防静电、防腐、防泄漏以及防护围堤或者隔离操作等安全设施、设备，并按照国家标准、行业标准或者国家有关规定对安全设施、设备进行经常性维护、保养，保证安全设施、设备的正常使用。

生产、储存危险化学品的单位，应当在其作业场所和安全设施、设备上设置明显的安全警示标志。

生产、储存危险化学品的单位，应当在其作业场所设置通信、报警装置，并保证处于适用状态。

（十）生产、储存危险化学品的安全评价

依据《危险化学品安全管理条例》第二十二条的规定，生产、储存危险化学品的企业，应当委托具备国家规定的资质条件的机构，对本企业的安全生产条件每 3 年进行一次安全评价，提出安全评价报告。安全评价报告的内容应当包括对安全生产条件存在的问题进行整改的方案。

生产、储存危险化学品的企业，应当将安全评价报告以及整改方案的落实情况报所在

地县级人民政府安全生产监督管理部门备案。在港区内储存危险化学品的企业，应当将安全评价报告以及整改方案的落实情况报港口行政管理部门备案。

（十一）生产、储存剧毒化学品和易制爆危险化学品的专项管理

依据《危险化学品安全管理条例》第二十三条的规定，生产、储存剧毒化学品或者国务院公安部门规定的可用于制造爆炸物品的危险化学品（简称易制爆危险化学品）的单位，应当如实记录其生产、储存的剧毒化学品、易制爆危险化学品的数量、流向，并采取必要的安全防范措施，防止剧毒化学品、易制爆危险化学品丢失或者被盗；发现剧毒化学品、易制爆危险化学品丢失或者被盗的，应当立即向当地公安机关报告。

生产、储存剧毒化学品、易制爆危险化学品的单位，应当设置治安保卫机构，配备专职治安保卫人员。

（十二）危险化学品仓库的安全管理

依据《危险化学品安全管理条例》第二十四条、第二十五条、第二十六条的规定，生产、储存危险化学品的仓库应当遵循下列要求：

（1）危险化学品应当储存在专用仓库、专用场地或者专用储存室（统称专用仓库）内，并由专人负责管理；剧毒化学品以及储存数量构成重大危险源的其他危险化学品，应当在专用仓库内单独存放，并实行双人收发、双人保管制度。

（2）危险化学品的储存方式、方法以及储存数量应当符合国家标准或者国家有关规定。

（3）储存危险化学品的单位应当建立危险化学品出入库核查、登记制度。

（4）对剧毒化学品以及储存数量构成重大危险源的其他危险化学品，储存单位应当将其储存数量、储存地点以及管理人员的情况，报所在地县级人民政府安全生产监督管理部门（在港区内储存的，报港口行政管理部门）和公安机关备案。

（5）危险化学品专用仓库应当符合国家标准、行业标准的要求，并设置明显的标志。储存剧毒化学品、易制爆危险化学品的专用仓库，应当按照国家有关规定设置相应的技术防范设施。

（6）储存危险化学品的单位应当对其危险化学品专用仓库的安全设施、设备定期进行检测、检验。

（十三）危险化学品单位转产、停产、停业或者解散的安全管理

依据《危险化学品安全管理条例》第二十七条的规定，生产、储存危险化学品的单位转产、停产、停业或者解散的，应当采取有效措施，及时、妥善处置其危险化学品生产装置、储存设施以及库存的危险化学品，不得丢弃危险化学品；处置方案应当报所在地县级人民政府安全生产监督管理部门、工业和信息化主管部门、环境保护主管部门和公安机关备案。安全生产监督管理部门应当会同环境保护主管部门和公安机关对处置情况进行监督检查，发现未依照规定处置的，应当责令其立即处置。

三、危险化学品使用的安全管理规定

（一）使用危险化学品的单位基本安全要求

依据《危险化学品安全管理条例》第二十八条、第三十二条的规定，使用危险化学

品的单位应当遵循下列要求：

（1）使用危险化学品的单位，其使用条件（包括工艺）应当符合法律、行政法规的规定和国家标准、行业标准的要求，并根据所使用的危险化学品的种类、危险特性以及使用量和使用方式，建立、健全使用危险化学品的安全管理规章制度和安全操作规程，保证危险化学品的安全使用。

（2）使用实施重点环境管理的危险化学品从事生产的企业，应当按照国务院环境保护主管部门的规定，将该危险化学品向环境中释放等相关信息向环境保护主管部门报告。

（3）使用危险化学品的单位，应当遵守本条例第二十条关于安全设备设施的设置的规定。

（4）使用危险化学品的单位，应当遵守本条例第二十一条关于在其作业场所设置通信、报警的规定。

（5）使用危险化学品的单位，应当遵守本条例第二十三条第一款关于生产、储存剧毒化学品和易制爆危险化学品的专项管理规定。

（6）使用危险化学品的单位，应当遵守本条例第二十七条关于生产、储存危险化学品单位的转产、停产、停业或者解散的规定。

（7）使用危险化学品的单位，应当遵守本条例第二十二条关于生产、储存危险化学品单位的安全评价的规定。

（二）安全使用许可证

依据《危险化学品安全管理条例》第二十九条的规定，使用危险化学品从事生产并且使用量达到规定数量的化工企业（属于危险化学品生产企业的除外），应当依照本条例的规定取得危险化学品安全使用许可证。

1. 安全条件

依据《危险化学品安全管理条例》第三十条的规定，申请危险化学品安全使用许可证的化工企业，除应当符合本条例第二十八条的规定外，还应当具备下列条件：

（1）有与所使用的危险化学品相适应的专业技术人员。

（2）有安全管理机构和专职安全管理人员。

（3）有符合国家规定的危险化学品事故应急预案和必要的应急救援器材、设备。

（4）依法进行了安全评价。

2. 申办程序

依据《危险化学品安全管理条例》第三十一条的规定，申请危险化学品安全使用许可证的化工企业，应当向所在地设区的市级人民政府安全生产监督管理部门提出申请，并提交其符合申办规定条件的证明材料。设区的市级人民政府安全生产监督管理部门应当依法进行审查，自收到证明材料之日起45日内作出批准或者不予批准的决定。予以批准的，颁发危险化学品安全使用许可证；不予批准的，书面通知申请人并说明理由。

（三）安全使用许可证的信息共享

依据《危险化学品安全管理条例》第三十一条第二款的规定，安全生产监督管理部门应当将其颁发危险化学品安全使用许可证的情况及时向同级环境保护主管部门和公安机关通报。

四、危险化学品经营的安全管理规定

（一）经营许可证

依据《危险化学品安全管理条例》第三十三条的规定，国家对危险化学品经营（包括仓储经营，下同）实行许可制度。未经许可，任何单位和个人不得经营危险化学品。

依法设立的危险化学品生产企业在其厂区范围内销售本企业生产的危险化学品，不需要取得危险化学品经营许可。

依据《中华人民共和国港口法》的规定取得港口经营许可证的港口经营人，在港区内从事危险化学品仓储经营，不需要取得危险化学品经营许可。

申请人持危险化学品经营许可证向工商行政管理部门办理登记手续后，方可从事危险化学品经营活动。法律、行政法规或者国务院规定经营危险化学品还需要经其他有关部门许可的，申请人向工商行政管理部门办理登记手续时还应当持相应的许可证件。

1. 安全条件

依据《危险化学品安全管理条例》第三十四条的规定，从事危险化学品经营的企业应当具备下列条件：

（1）有符合国家标准、行业标准的经营场所，储存危险化学品的，还应当有符合国家标准、行业标准的储存设施。

（2）从业人员经过专业技术培训并经考核合格。

（3）有健全的安全管理规章制度。

（4）有专职安全管理人员。

（5）有符合国家规定的危险化学品事故应急预案和必要的应急救援器材、设备。

（6）法律、法规规定的其他条件。

2. 申办程序

依据《危险化学品安全管理条例》第三十五条的规定，从事剧毒化学品、易制爆危险化学品经营的企业，应当向所在地设区的市级人民政府安全生产监督管理部门提出申请，从事其他危险化学品经营的企业，应当向所在地县级人民政府安全生产监督管理部门提出申请（有储存设施的，应当向所在地设区的市级人民政府安全生产监督管理部门提出申请）。申请人应当提交其符合申办规定条件的证明材料。

设区的市级人民政府安全生产监督管理部门或者县级人民政府安全生产监督管理部门应当依法进行审查，并对申请人的经营场所、储存设施进行现场核查，自收到证明材料之日起30日内作出批准或者不予批准的决定。予以批准的，颁发危险化学品经营许可证；不予批准的，书面通知申请人并说明理由。

（二）经营许可证的信息共享

依据《危险化学品安全管理条例》第三十五条的规定，设区的市级人民政府安全生产监督管理部门和县级人民政府安全生产监督管理部门应当将其颁发危险化学品经营许可证的情况及时向同级环境保护主管部门和公安机关通报。

（三）危险化学品经营企业的安全管理

依据《危险化学品安全管理条例》第三十六条、第三十七条的规定，危险化学品经营企业应当遵守以下规定：

（1）危险化学品经营企业储存危险化学品的，应当遵守本条例第二章关于储存危险化学品的规定。

（2）危险化学品商店内只能存放民用小包装的危险化学品。

（3）危险化学品经营企业不得向未经许可从事危险化学品生产、经营活动的企业采购危险化学品，不得经营没有化学品安全技术说明书或者化学品安全标签的危险化学品。

（四）剧毒化学品购买许可证

1. 申办条件

依据《危险化学品安全管理条例》的规定，申请取得剧毒化学品购买许可证，申请人应当向所在地县级人民政府公安机关提交下列材料：

（1）营业执照或者法人证书（登记证书）的复印件。

（2）拟购买的剧毒化学品品种、数量的说明。

（3）购买剧毒化学品用途的说明。

（4）经办人的身份证明。

2. 申办程序

县级人民政府公安机关应当自收到申办条件规定的材料之日起 3 日内，作出批准或者不予批准的决定。予以批准的，颁发剧毒化学品购买许可证；不予批准的，书面通知申请人并说明理由。

（五）购买剧毒化学品、易制爆危险化学品的安全规定

依据《危险化学品安全管理条例》的规定，对购买剧毒化学品、易制爆危险化学品作出如下规定：

（1）依法取得危险化学品安全生产许可证、危险化学品安全使用许可证、危险化学品经营许可证的企业，凭相应的许可证件购买剧毒化学品、易制爆危险化学品。民用爆炸物品生产企业凭民用爆炸物品生产许可证购买易制爆危险化学品。

（2）除依法取得危险化学品安全生产许可证、危险化学品安全使用许可证、危险化学品经营许可证的企业、民用爆炸物品生产企业以外，其他单位购买剧毒化学品的，应当向所在地县级人民政府公安机关申请取得剧毒化学品购买许可证；购买易制爆危险化学品的，应当持本单位出具的合法用途说明。

（3）个人不得购买剧毒化学品（属于剧毒化学品的农药除外）和易制爆危险化学品。

（六）销售剧毒化学品、易制爆危险化学品的安全规定

依据《危险化学品安全管理条例》的规定，对销售剧毒化学品、易制爆危险化学品作出如下规定：

（1）危险化学品生产企业、经营企业销售剧毒化学品、易制爆危险化学品，应当查验本条例第三十八条第一款、第二款规定的相关许可证件或者证明文件，不得向不具有相关许可证件或者证明文件的单位销售剧毒化学品、易制爆危险化学品。对持剧毒化学品购买许可证购买剧毒化学品的，应当按照许可证载明的品种、数量销售。

（2）禁止向个人销售剧毒化学品（属于剧毒化学品的农药除外）和易制爆危险化学品。

（3）危险化学品生产企业、经营企业销售剧毒化学品、易制爆危险化学品，应当如实记录购买单位的名称、地址、经办人的姓名、身份证号码以及所购买的剧毒化学品、易制爆危险化学品的品种、数量、用途。销售记录以及经办人的身份证明复印件、相关许可证件复印件或者证明文件的保存期限不得少于 1 年。

（4）剧毒化学品、易制爆危险化学品的销售企业、购买单位应当在销售、购买后 5 日内，将所销售、购买的剧毒化学品、易制爆危险化学品的品种、数量以及流向信息报所在地县级人民政府公安机关备案，并输入计算机系统。

（七）出借、转让其购买的剧毒化学品、易制爆危险化学品的禁止规定

依据《危险化学品安全管理条例》的规定，使用剧毒化学品、易制爆危险化学品的单位不得出借、转让其购买的剧毒化学品、易制爆危险化学品；因转产、停产、搬迁、关闭等确需转让的，应当向具有本条例第三十八条第一款、第二款规定的相关许可证件或者证明文件的单位转让，并在转让后将有关情况及时向所在地县级人民政府公安机关报告。

五、危险化学品运输的安全管理规定

（一）道路、水路运输的资质和资格

1. 企业资质

依据《危险化学品安全管理条例》的规定，从事危险化学品道路运输、水路运输的，应当分别依照有关道路运输、水路运输的法律、行政法规的规定，取得危险货物道路运输许可、危险货物水路运输许可，并向工商行政管理部门办理登记手续。

危险化学品道路运输企业、水路运输企业应当配备专职安全管理人员。

2. 人员资格

依据《危险化学品安全管理条例》的规定，危险化学品道路运输企业、水路运输企业的驾驶人员、船员、装卸管理人员、押运人员、申报人员、集装箱装箱现场检查员应当经交通运输主管部门考核合格，取得从业资格。

（二）装卸的安全管理

依据《危险化学品安全管理条例》的规定，危险化学品的装卸作业应当遵守安全作业标准、规程和制度，并在装卸管理人员的现场指挥或者监控下进行。水路运输危险化学品的集装箱装箱作业应当在集装箱装箱现场检查员的指挥或者监控下进行，并符合积载、隔离的规范和要求；装箱作业完毕后，集装箱装箱现场检查员应当签署装箱证明书。

（三）道路运输途中的安全管理

依据《危险化学品安全管理条例》的规定，危险化学品运输途中应当遵守下列规定：

（1）运输危险化学品，应当根据危险化学品的危险特性采取相应的安全防护措施，并配备必要的防护用品和应急救援器材。

（2）用于运输危险化学品的槽罐以及其他容器应当封口严密，能够防止危险化学品在运输过程中因温度、湿度或者压力的变化发生渗漏、洒漏；槽罐以及其他容器的溢流和泄压装置应当设置准确、起闭灵活。

（3）运输危险化学品的驾驶人员、船员、装卸管理人员、押运人员、申报人员、集装箱装箱现场检查员，应当了解所运输的危险化学品的危险特性及其包装物、容器的使用

要求和出现危险情况时的应急处置方法。

（4）通过道路运输危险化学品的，托运人应当委托依法取得危险货物道路运输许可的企业承运。

（5）通过道路运输危险化学品的，应当按照运输车辆的核定载质量装载危险化学品，不得超载。

（6）危险化学品运输车辆应当符合国家标准要求的安全技术条件，并按照国家有关规定定期进行安全技术检验。

（7）危险化学品运输车辆应当悬挂或者喷涂符合国家标准要求的警示标志。

（8）通过道路运输危险化学品的，应当配备押运人员，并保证所运输的危险化学品处于押运人员的监控之下。

（9）运输危险化学品途中因住宿或者发生影响正常运输的情况，需要较长时间停车的，驾驶人员、押运人员应当采取相应的安全防范措施；运输剧毒化学品或者易制爆危险化学品的，还应当向当地公安机关报告。

（10）未经公安机关批准，运输危险化学品的车辆不得进入危险化学品运输车辆限制通行的区域。危险化学品运输车辆限制通行的区域由县级人民政府公安机关划定，并设置明显的标志。

（四）剧毒化学品道路运输通行证

依据《危险化学品安全管理条例》的规定，通过道路运输剧毒化学品的，托运人应当向运输始发地或者目的地县级人民政府公安机关申请剧毒化学品道路运输通行证。

1. 申办条件

申请剧毒化学品道路运输通行证，托运人应当向县级人民政府公安机关提交下列材料：

（1）拟运输的剧毒化学品品种、数量的说明。

（2）运输始发地、目的地、运输时间和运输路线的说明。

（3）承运人取得危险货物道路运输许可、运输车辆取得营运证以及驾驶人员、押运人员取得上岗资格的证明文件。

（4）本条例第三十八条第一款、第二款规定的购买剧毒化学品的相关许可证件，或者海关出具的进出口证明文件。

2. 申办程序

县级人民政府公安机关应当自收到前款规定的材料之日起 7 日内，作出批准或者不予批准的决定。予以批准的，颁发剧毒化学品道路运输通行证；不予批准的，书面通知申请人并说明理由。

（五）剧毒化学品、易制爆危险化学品丢失、被盗、被抢的安全管理

依据《危险化学品安全管理条例》的规定，剧毒化学品、易制爆危险化学品在道路运输途中丢失、被盗、被抢或者出现流散、泄漏等情况的，驾驶人员、押运人员应当立即采取相应的警示措施和安全措施，并向当地公安机关报告。公安机关接到报告后，应当根据实际情况立即向安全生产监督管理部门、环境保护主管部门、卫生主管部门通报。有关部门应当采取必要的应急处置措施。

（六）内河运输剧毒化学品和其他危险化学品的禁止规定

依据《危险化学品安全管理条例》的规定，禁止通过内河封闭水域运输剧毒化学品以及国家规定禁止通过内河运输的其他危险化学品。

内河封闭水域以外的内河水域，禁止运输国家规定禁止通过内河运输的剧毒化学品以及其他危险化学品。

禁止通过内河运输的剧毒化学品以及其他危险化学品的范围，由国务院交通运输主管部门会同国务院环境保护主管部门、工业和信息化主管部门、安全生产监督管理部门，根据危险化学品的危险特性、危险化学品对人体和水环境的危害程度以及消除危害后果的难易程度等因素规定并公布。

（七）水路运输的安全管理

依据《危险化学品安全管理条例》的规定，水路运输危险化学品应当遵守下列规定：

（1）通过水路运输危险化学品的，应当遵守法律、行政法规以及国务院交通运输主管部门关于危险货物水路运输安全的规定。

（2）海事管理机构应当根据危险化学品的种类和危险特性，确定船舶运输危险化学品的相关安全运输条件。拟交付船舶运输的化学品的相关安全运输条件不明确的，应当经国家海事管理机构认定的机构进行评估，明确相关安全运输条件并经海事管理机构确认后，方可交付船舶运输。

（3）通过内河运输危险化学品，应当由依法取得危险货物水路运输许可的水路运输企业承运，其他单位和个人不得承运。托运人应当委托依法取得危险货物水路运输许可的水路运输企业承运，不得委托其他单位和个人承运。

（4）通过内河运输危险化学品，应当使用依法取得危险货物适装证书的运输船舶。水路运输企业应当针对所运输的危险化学品的危险特性，制定运输船舶危险化学品事故应急救援预案，并为运输船舶配备充足、有效的应急救援器材和设备。

（5）通过内河运输危险化学品的船舶，其所有人或者经营人应当取得船舶污染损害责任保险证书或者财务担保证明。船舶污染损害责任保险证书或者财务担保证明的副本应当随船携带。

（6）通过内河运输危险化学品，危险化学品包装物的材质、形式、强度以及包装方法应当符合水路运输危险化学品包装规范的要求。国务院交通运输主管部门对单船运输的危险化学品数量有限制性规定的，承运人应当按照规定安排运输数量。

（7）用于危险化学品运输作业的内河码头、泊位应当符合国家有关安全规范，与饮用水取水口保持国家规定的距离。有关管理单位应当制定码头、泊位危险化学品事故应急预案，并为码头、泊位配备充足、有效的应急救援器材和设备。用于危险化学品运输作业的内河码头、泊位，经交通运输主管部门按照国家有关规定验收合格后方可投入使用。

（8）船舶载运危险化学品进出内河港口，应当将危险化学品的名称、危险特性、包装以及进出港时间等事项，事先报告海事管理机构。海事管理机构接到报告后，应当在国务院交通运输主管部门规定的时间内作出是否同意的决定，通知报告人，同时通报港口行政管理部门。定船舶、定航线、定货种的船舶可以定期报告。

（9）在内河港口内进行危险化学品的装卸、过驳作业，应当将危险货物的名称、特性、包装和作业的时间、地点等事项报告港口行政管理部门。港口行政管理部门接到报告后，应当在国务院交通运输主管部门规定的时间内作出是否同意的决定，通知报告人，同时通报海事管理机构。

(10) 载运危险化学品的船舶在内河航行，通过过船建筑物的，应当提前向交通运输主管部门申报，并接受交通运输主管部门的管理。

(11) 载运危险化学品的船舶在内河航行、装卸或者停泊，应当悬挂专用的警示标志，按照规定显示专用信号。

(12) 载运危险化学品的船舶在内河航行，按照国务院交通运输主管部门的规定需要引航的，应当申请引航。

(13) 载运危险化学品的船舶在内河航行，应当遵守法律、行政法规和国家其他有关饮用水水源保护的规定。内河航道发展规划应当与依法经批准的饮用水水源保护区划定方案相协调。

(八) 托运人的责任

依据《危险化学品安全管理条例》的规定，托运危险化学品的，托运人应当向承运人说明所托运的危险化学品的种类、数量、危险特性以及发生危险情况的应急处置措施，并按照国家有关规定对所托运的危险化学品妥善包装，在外包装上设置相应的标志。

运输危险化学品需要添加抑制剂或者稳定剂的，托运人应当添加，并将有关情况告知承运人。

托运人不得在托运的普通货物中夹带危险化学品，不得将危险化学品匿报或者谎报为普通货物托运。

任何单位和个人不得交寄危险化学品或者在邮件、快件内夹带危险化学品，不得将危险化学品匿报或者谎报为普通物品交寄。

六、危险化学品登记与事故应急救援

(一) 危险化学品登记管理

依据《危险化学品安全管理条例》的规定，国家实行危险化学品登记制度，为危险化学品安全管理以及危险化学品事故预防和应急救援提供技术、信息支持。

危险化学品生产企业、进口企业，应当向国务院安全生产监督管理部门负责危险化学品登记的机构（简称危险化学品登记机构）办理危险化学品登记。

危险化学品登记包括下列内容：

(1) 分类和标签信息。

(2) 物理、化学性质。

(3) 主要用途。

(4) 危险特性。

(5) 储存、使用、运输的安全要求。

(6) 出现危险情况的应急处置措施。

对同一企业生产、进口的同一品种的危险化学品，不进行重复登记。危险化学品生产企业、进口企业发现其生产、进口的危险化学品有新的危险特性的，应当及时向危险化学品登记机构办理登记内容变更手续。

（二）危险化学品事故应急预案

依据《危险化学品安全管理条例》的规定，县级以上地方人民政府安全生产监督管理部门应当会同工业和信息化、环境保护、公安、卫生、交通运输、铁路、质量监督检验检疫等部门，根据本地区实际情况，制定危险化学品事故应急预案，报本级人民政府批准。

危险化学品单位应当制定本单位危险化学品事故应急预案，配备应急救援人员和必要的应急救援器材、设备，并定期组织应急救援演练。

危险化学品单位应当将其危险化学品事故应急预案报所在地设区的市级人民政府安全生产监督管理部门备案。

（三）危险化学品事故应急救援

依据《危险化学品安全管理条例》的规定，发生危险化学品事故，事故单位主要负责人应当立即按照本单位危险化学品应急预案组织救援，并向当地安全生产监督管理部门和环境保护、公安、卫生主管部门报告；道路运输、水路运输过程中发生危险化学品事故的，驾驶人员、船员或者押运人员还应当向事故发生地交通运输主管部门报告。

发生危险化学品事故，有关地方人民政府应当立即组织安全生产监督管理、环境保护、公安、卫生、交通运输等有关部门，按照本地区危险化学品事故应急预案组织实施救援，不得拖延、推诿。

有关地方人民政府及其有关部门应当按照下列规定，采取必要的应急处置措施，减少事故损失，防止事故蔓延、扩大：

（1）立即组织营救和救治受害人员，疏散、撤离或者采取其他措施保护危害区域内的其他人员。

（2）迅速控制危害源，测定危险化学品的性质、事故的危害区域及危害程度。

（3）针对事故对人体、动植物、土壤、水源、大气造成的现实危害和可能产生的危害，迅速采取封闭、隔离、洗消等措施。

（4）对危险化学品事故造成的环境污染和生态破坏状况进行监测、评估，并采取相应的环境污染治理和生态修复措施。

有关危险化学品单位应当为危险化学品事故应急救援提供技术指导和必要的协助。

七、法律责任

（一）生产、经营、使用国家禁止生产、经营、使用的危险化学品的处罚

依据《危险化学品安全管理条例》第七十五条的规定，生产、经营、使用国家禁止生产、经营、使用的危险化学品的，由安全生产监督管理部门责令停止生产、经营、使用活动，处20万元以上50万元以下的罚款，有违法所得的，没收违法所得；构成犯罪的，依法追究刑事责任。

有上述规定行为的，安全生产监督管理部门还应当责令其对所生产、经营、使用的危险化学品进行无害化处理。

违反国家关于危险化学品使用的限制性规定使用危险化学品的，由安全生产监督管理

部门责令停止生产、经营、使用活动，处20万元以上50万元以下的罚款，有违法所得的，没收违法所得；构成犯罪的，依法追究刑事责任。

（二）新建、改建、扩建生产、储存危险化学品的建设项目违反安全审查的处罚

依据《危险化学品安全管理条例》第七十六条的规定，未经安全条件审查，新建、改建、扩建生产、储存危险化学品的建设项目的，由安全生产监督管理部门责令停止建设，限期改正；逾期不改正的，处50万元以上100万元以下的罚款；构成犯罪的，依法追究刑事责任。

未经安全条件审查，新建、改建、扩建储存、装卸危险化学品的港口建设项目的，由港口行政管理部门依照前款规定予以处罚。

（三）违反有关安全许可规定的处罚

依据《危险化学品安全管理条例》第七十七条的规定，未依法取得危险化学品安全生产许可证从事危险化学品生产，或者未依法取得工业产品生产许可证从事危险化学品及其包装物、容器生产的，分别依照《安全生产许可证条例》《中华人民共和国工业产品生产许可证管理条例》的规定处罚。

违反本条例规定，化工企业未取得危险化学品安全使用许可证，使用危险化学品从事生产的，由安全生产监督管理部门责令限期改正，处10万元以上20万元以下的罚款；逾期不改正的，责令停产整顿。

违反本条例规定，未取得危险化学品经营许可证从事危险化学品经营的，由安全生产监督管理部门责令停止经营活动，没收违法经营的危险化学品以及违法所得，并处10万元以上20万元以下的罚款；构成犯罪的，依法追究刑事责任。

（四）危险化学品单位违反有关安全管理的处罚

依据《危险化学品安全管理条例》第七十八条的规定，有下列情形之一的，由安全生产监督管理部门责令改正，可以处5万元以下的罚款；拒不改正的，处5万元以上10万元以下的罚款；情节严重的，责令停产停业整顿：

（1）生产、储存危险化学品的单位未对其铺设的危险化学品管道设置明显的标志，或者未对危险化学品管道定期检查、检测的。

（2）进行可能危及危险化学品管道安全的施工作业，施工单位未按照规定书面通知管道所属单位，或者未与管道所属单位共同制定应急预案、采取相应的安全防护措施，或者管道所属单位未指派专门人员到现场进行管道安全保护指导的。

（3）危险化学品生产企业未提供化学品安全技术说明书，或者未在包装（包括外包装件）上粘贴、拴挂化学品安全标签的。

（4）危险化学品生产企业提供的化学品安全技术说明书与其生产的危险化学品不相符，或者在包装（包括外包装件）粘贴、拴挂的化学品安全标签与包装内危险化学品不相符，或者化学品安全技术说明书、化学品安全标签所载明的内容不符合国家标准要求的。

（5）危险化学品生产企业发现其生产的危险化学品有新的危险特性不立即公告，或者不及时修订其化学品安全技术说明书和化学品安全标签的。

（6）危险化学品经营企业经营没有化学品安全技术说明书和化学品安全标签的危险

化学品的。

（7）危险化学品包装物、容器的材质以及包装的型式、规格、方法和单件质量（重量）与所包装的危险化学品的性质和用途不相适应的。

（8）生产、储存危险化学品的单位未在作业场所和安全设施、设备上设置明显的安全警示标志，或者未在作业场所设置通讯、报警装置的。

（9）危险化学品专用仓库未设专人负责管理，或者对储存的剧毒化学品以及储存数量构成重大危险源的其他危险化学品未实行双人收发、双人保管制度的。

（10）储存危险化学品的单位未建立危险化学品出入库核查、登记制度的。

（11）危险化学品专用仓库未设置明显标志的。

（12）危险化学品生产企业、进口企业不办理危险化学品登记，或者发现其生产、进口的危险化学品有新的危险特性不办理危险化学品登记内容变更手续的。

从事危险化学品仓储经营的港口经营人有前款规定情形的，由港口行政管理部门依照前款规定予以处罚。储存剧毒化学品、易制爆危险化学品的专用仓库未按照国家有关规定设置相应的技术防范设施的，由公安机关依照前款规定予以处罚。

生产、储存剧毒化学品、易制爆危险化学品的单位未设置治安保卫机构、配备专职治安保卫人员的，依照《企业事业单位内部治安保卫条例》的规定处罚。

（五）危险化学品包装物、容器违反检验规定的处罚

依据《危险化学品安全管理条例》第七十九条的规定，危险化学品包装物、容器生产企业销售未经检验或者经检验不合格的危险化学品包装物、容器的，由质量监督检验检疫部门责令改正，处 10 万元以上 20 万元以下的罚款，有违法所得的，没收违法所得；拒不改正的，责令停产停业整顿；构成犯罪的，依法追究刑事责任。

将未经检验合格的运输危险化学品的船舶及其配载的容器投入使用的，由海事管理机构依照前款规定予以处罚。

（六）生产、储存、使用危险化学品的单位违反有关安全管理规定的处罚

依据《危险化学品安全管理条例》第八十条的规定，生产、储存、使用危险化学品的单位有下列情形之一的，由安全生产监督管理部门责令改正，处 5 万元以上 10 万元以下的罚款；拒不改正的，责令停产停业整顿直至由原发证机关吊销其相关许可证件，并由工商行政管理部门责令其办理经营范围变更登记或者吊销其营业执照；有关责任人员构成犯罪的，依法追究刑事责任：

（1）对重复使用的危险化学品包装物、容器，在重复使用前不进行检查的。

（2）未根据其生产、储存的危险化学品的种类和危险特性，在作业场所设置相关安全设施、设备，或者未按照国家标准、行业标准或者国家有关规定对安全设施、设备进行经常性维护、保养的。

（3）未依照本条例规定对其安全生产条件定期进行安全评价的。

（4）未将危险化学品储存在专用仓库内，或者未将剧毒化学品以及储存数量构成重大危险源的其他危险化学品在专用仓库内单独存放的。

（5）危险化学品的储存方式、方法或者储存数量不符合国家标准或者国家有关规定的。

（6）危险化学品专用仓库不符合国家标准、行业标准的要求的。

（7）未对危险化学品专用仓库的安全设施、设备定期进行检测、检验的。

从事危险化学品仓储经营的港口经营人有前款规定情形的，由港口行政管理部门依照前款规定予以处罚。

（七）生产、储存、使用剧毒化学品、易制爆危险化学品的单位违反有关规定的处罚

依据《危险化学品安全管理条例》第八十一条的规定，有下列情形之一的，由公安机关责令改正，可以处 1 万元以下的罚款；拒不改正的，处 1 万元以上 5 万元以下的罚款：

（1）生产、储存、使用剧毒化学品、易制爆危险化学品的单位不如实记录生产、储存、使用的剧毒化学品、易制爆危险化学品的数量、流向的。

（2）生产、储存、使用剧毒化学品、易制爆危险化学品的单位发现剧毒化学品、易制爆危险化学品丢失或者被盗，不立即向公安机关报告的。

（3）储存剧毒化学品的单位未将剧毒化学品的储存数量、储存地点以及管理人员的情况报所在地县级人民政府公安机关备案的。

（4）危险化学品生产企业、经营企业不如实记录剧毒化学品、易制爆危险化学品购买单位的名称、地址、经办人的姓名、身份证号码以及所购买的剧毒化学品、易制爆危险化学品的品种、数量、用途，或者保存销售记录和相关材料的时间少于 1 年的。

（5）剧毒化学品、易制爆危险化学品的销售企业、购买单位未在规定的时限内将所销售、购买的剧毒化学品、易制爆危险化学品的品种、数量以及流向信息报所在地县级人民政府公安机关备案的。

（6）使用剧毒化学品、易制爆危险化学品的单位依照本条例规定转让其购买的剧毒化学品、易制爆危险化学品，未将有关情况向所在地县级人民政府公安机关报告的。

生产、储存危险化学品的企业或者使用危险化学品从事生产的企业未按照本条例规定将安全评价报告以及整改方案的落实情况报安全生产监督管理部门或者港口行政管理部门备案，或者储存危险化学品的单位未将其剧毒化学品以及储存数量构成重大危险源的其他危险化学品的储存数量、储存地点以及管理人员的情况报安全生产监督管理部门或者港口行政管理部门备案的，分别由安全生产监督管理部门或者港口行政管理部门依照前款规定予以处罚。

生产实施重点环境管理的危险化学品的企业或者使用实施重点环境管理的危险化学品从事生产的企业未按照规定将相关信息向环境保护主管部门报告的，由环境保护主管部门依照本条第一款的规定予以处罚。

（八）违反有关转产、停产、停业或者解散规定的处罚

依据《危险化学品安全管理条例》第八十二条的规定，生产、储存、使用危险化学品的单位转产、停产、停业或者解散，未采取有效措施及时、妥善处置其危险化学品生产装置、储存设施以及库存的危险化学品，或者丢弃危险化学品的，由安全生产监督管理部门责令改正，处 5 万元以上 10 万元以下的罚款；构成犯罪的，依法追究刑事责任。

生产、储存、使用危险化学品的单位转产、停产、停业或者解散，未依照本条例规定将其危险化学品生产装置、储存设施以及库存危险化学品的处置方案报有关部门备案的，

分别由有关部门责令改正，可以处1万元以下的罚款；拒不改正的，处1万元以上5万元以下的罚款。

（九）危险化学品经营企业违反采购规定的处罚

依据《危险化学品安全管理条例》第八十三条的规定，危险化学品经营企业向未经许可违法从事危险化学品生产、经营活动的企业采购危险化学品的，由工商行政管理部门责令改正，处10万元以上20万元以下的罚款；拒不改正的，责令停业整顿直至由原发证机关吊销其危险化学品经营许可证，并由工商行政管理部门责令其办理经营范围变更登记或者吊销其营业执照。

（十）违反规定销售剧毒化学品、易制爆危险化学品的处罚

依据《危险化学品安全管理条例》第八十四条的规定，危险化学品生产企业、经营企业有下列情形之一的，由安全生产监督管理部门责令改正，没收违法所得，并处10万元以上20万元以下的罚款；拒不改正的，责令停产停业整顿直至吊销其危险化学品安全生产许可证、危险化学品经营许可证，并由工商行政管理部门责令其办理经营范围变更登记或者吊销其营业执照：

（1）向不具有本条例第三十八条第一款、第二款规定的相关许可证件或者证明文件的单位销售剧毒化学品、易制爆危险化学品的。

（2）不按照剧毒化学品购买许可证载明的品种、数量销售剧毒化学品的。

（3）向个人销售剧毒化学品（属于剧毒化学品的农药除外）、易制爆危险化学品的。

不具有本条例第三十八条第一款、第二款规定的相关许可证件或者证明文件的单位购买剧毒化学品、易制爆危险化学品，或者个人购买剧毒化学品（属于剧毒化学品的农药除外）、易制爆危险化学品的，由公安机关没收所购买的剧毒化学品、易制爆危险化学品，可以并处5000元以下的罚款。

使用剧毒化学品、易制爆危险化学品的单位出借或者向不具有本条例第三十八条第一款、第二款规定的相关许可证件的单位转让其购买的剧毒化学品、易制爆危险化学品，或者向个人转让其购买的剧毒化学品（属于剧毒化学品的农药除外）、易制爆危险化学品的，由公安机关责令改正，处10万元以上20万元以下的罚款；拒不改正的，责令停产停业整顿。

（十一）违反道路、水路运输规定的处罚

依据《危险化学品安全管理条例》的规定，未依法取得危险货物道路运输许可、危险货物水路运输许可，从事危险化学品道路运输、水路运输的，分别依照有关道路运输、水路运输的法律、行政法规的规定处罚。

（1）有下列情形之一的，由交通运输主管部门责令改正，处5万元以上10万元以下的罚款；拒不改正的，责令停产停业整顿；构成犯罪的，依法追究刑事责任：

① 危险化学品道路运输企业、水路运输企业的驾驶人员、船员、装卸管理人员、押运人员、申报人员、集装箱装箱现场检查员未取得从业资格上岗作业的。

② 运输危险化学品，未根据危险化学品的危险特性采取相应的安全防护措施，或者未配备必要的防护用品和应急救援器材的。

③ 使用未依法取得危险货物适装证书的船舶，通过内河运输危险化学品的。

④ 通过内河运输危险化学品的承运人违反国务院交通运输主管部门对单船运输的危险化学品数量的限制性规定运输危险化学品的。

⑤ 用于危险化学品运输作业的内河码头、泊位不符合国家有关安全规范，或者未与饮用水取水口保持国家规定的安全距离，或者未经交通运输主管部门验收合格投入使用的。

⑥ 托运人不向承运人说明所托运的危险化学品的种类、数量、危险特性以及发生危险情况的应急处置措施，或者未按照国家有关规定对所托运的危险化学品妥善包装并在外包装上设置相应标志的。

⑦ 运输危险化学品需要添加抑制剂或者稳定剂，托运人未添加或者未将有关情况告知承运人的。

（2）有下列情形之一的，由交通运输主管部门责令改正，处 10 万元以上 20 万元以下的罚款，有违法所得的，没收违法所得；拒不改正的，责令停产停业整顿；构成犯罪的，依法追究刑事责任：

① 委托未依法取得危险货物道路运输许可、危险货物水路运输许可的企业承运危险化学品的。

② 通过内河封闭水域运输剧毒化学品以及国家规定禁止通过内河运输的其他危险化学品的。

③ 通过内河运输国家规定禁止通过内河运输的剧毒化学品以及其他危险化学品的。

④ 在托运的普通货物中夹带危险化学品，或者将危险化学品谎报或者匿报为普通货物托运的。

在邮件、快件内夹带危险化学品，或者将危险化学品谎报为普通物品交寄的，依法给予治安管理处罚；构成犯罪的，依法追究刑事责任。

邮政企业、快递企业收寄危险化学品的，依照《中华人民共和国邮政法》的规定处罚。

（3）有下列情形之一的，由公安机关责令改正，处 5 万元以上 10 万元以下的罚款；构成违反治安管理行为的，依法给予治安管理处罚；构成犯罪的，依法追究刑事责任：

① 超过运输车辆的核定载质量装载危险化学品的。

② 使用安全技术条件不符合国家标准要求的车辆运输危险化学品的。

③ 运输危险化学品的车辆未经公安机关批准进入危险化学品运输车辆限制通行的区域的。

④ 未取得剧毒化学品道路运输通行证，通过道路运输剧毒化学品的。

（4）有下列情形之一的，由公安机关责令改正，处 1 万元以上 5 万元以下的罚款；构成违反治安管理行为的，依法给予治安管理处罚：

① 危险化学品运输车辆未悬挂或者喷涂警示标志，或者悬挂或者喷涂的警示标志不符合国家标准要求的。

② 通过道路运输危险化学品，不配备押运人员的。

③ 运输剧毒化学品或者易制爆危险化学品途中需要较长时间停车，驾驶人员、押运人员不向当地公安机关报告的。

④ 剧毒化学品、易制爆危险化学品在道路运输途中丢失、被盗、被抢或者发生流散、泄漏等情况，驾驶人员、押运人员不采取必要的警示措施和安全措施，或者不向当地公安机关报告的。

（5）有下列情形之一的，由交通运输主管部门责令改正，可以处 1 万元以下的罚款；拒不改正的，处 1 万元以上 5 万元以下的罚款：

① 危险化学品道路运输企业、水路运输企业未配备专职安全管理人员的。

② 用于危险化学品运输作业的内河码头、泊位的管理单位未制定码头、泊位危险化学品事故应急救援预案，或者未为码头、泊位配备充足、有效的应急救援器材和设备的。

（十二）违反有关许可管理的处罚

依据《危险化学品安全管理条例》第九十三条的规定，伪造、变造或者出租、出借、转让危险化学品安全生产许可证、工业产品生产许可证，或者使用伪造、变造的危险化学品安全生产许可证、工业产品生产许可证的，分别依照《安全生产许可证条例》《中华人民共和国工业产品生产许可证管理条例》的规定处罚。

伪造、变造或者出租、出借、转让本条例规定的其他许可证，或者使用伪造、变造的本条例规定的其他许可证的，分别由相关许可证的颁发管理机关处 10 万元以上 20 万元以下的罚款，有违法所得的，没收违法所得；构成违反治安管理行为的，依法给予治安管理处罚；构成犯罪的，依法追究刑事责任。

（十三）危险化学品安全监督管理部门及其工作人员渎职、失职的法律责任

依据《危险化学品安全管理条例》第九十六条的规定，负有危险化学品安全监督管理职责的部门的工作人员，在危险化学品安全监督管理工作中滥用职权、玩忽职守、徇私舞弊，构成犯罪的，依法追究刑事责任；尚不构成犯罪的，依法给予处分。

第六节　烟花爆竹安全管理条例

为了加强烟花爆竹生产安全的管理和监督，防止和减少烟花爆竹事故，2006 年 1 月 21 日国务院公布了《烟花爆竹安全管理条例》，自公布之日起施行。

一、烟花爆竹安全管理的基本规定

（一）烟花爆竹的范围

《烟花爆竹安全管理条例》第二条规定："本条例所称烟花爆竹，是指烟花爆竹制品和用于生产烟花爆竹的民用黑火药、烟火药、引火线等物品。"

烟花爆竹的生产、经营、运输和燃放，适用本条例。

（二）资质许可

《烟花爆竹安全管理条例》第三条规定："国家对烟花爆竹的生产、经营、运输和举办焰火晚会以及其他大型焰火燃放活动，实行许可证制度。未经许可，任何单位或者个人不得生产、经营、运输烟花爆竹，不得举办焰火晚会以及其他大型焰火燃放活动。"

（三）烟花爆竹安全管理的政府部门及职责

依据《烟花爆竹安全管理条例》的规定，安全生产监督管理部门负责烟花爆竹的安

全生产监督管理；公安部门负责烟花爆竹的公共安全管理；质量监督检验部门负责烟花爆竹的质量监督和进出口检验。

公安部门、安全生产监督管理部门、质量监督检验部门、工商行政管理部门应当按照职责分工，组织查处非法生产、经营、储存、运输、邮寄烟花爆竹以及非法燃放烟花爆竹的行为。

（四）主要负责人的责任

依据《烟花爆竹安全管理条例》的规定，烟花爆竹生产、经营、运输企业和焰火晚会以及其他大型焰火燃放活动主办单位的主要负责人，对本单位的烟花爆竹安全工作负责。

烟花爆竹生产、经营、运输企业和焰火晚会以及其他大型焰火燃放活动主办单位应当建立健全安全责任制，制定各项安全管理制度和操作规程，并对从业人员定期进行安全教育、法制教育和岗位技术培训。

二、烟花爆竹生产安全的规定

（一）烟花爆竹生产企业应当具备的安全生产条件

烟花爆竹生产企业应当具备以下条件：

（1）符合当地产业结构规划。

（2）基本建设项目经过批准。

（3）选址符合城乡规划，并与周边建筑、设施保持必要的安全距离。

（4）厂房和仓库的设计、结构和材料以及防火、防爆、防雷、防静电等安全设备、设施符合国家有关标准和规范。

（5）生产设备、工艺符合安全标准。

（6）产品品种、规格、质量符合国家标准。

（7）有健全的安全生产责任制。

（8）有安全生产管理机构和专职安全生产管理人员。

（9）依法进行了安全评价。

（10）有事故应急救援预案、应急救援组织和应急救援人员，配备必要的应急救援器材、设备。

（11）法律、法规规定的其他条件。

（二）烟花爆竹安全生产许可证

依据《烟花爆竹安全管理条例》的规定，生产烟花爆竹的企业，应当在投入生产前向所在地设区的市人民政府安全生产监督管理部门提出安全审查申请，并提交能够证明符合本条例第八条规定条件的有关材料。设区的市人民政府安全生产监督管理部门应当自收到材料之日起20日内提出安全审查初步意见，报省、自治区、直辖市人民政府安全生产监督管理部门审查。省、自治区、直辖市人民政府安全生产监督管理部门应当自受理申请之日起45日内进行安全审查，对符合条件的，核发《烟花爆竹安全生产许可证》；对不符合条件的，应当说明理由。

生产烟花爆竹的企业，持《烟花爆竹安全生产许可证》到工商行政管理部门办理登记手续后，方可从事烟花爆竹生产活动。

生产烟花爆竹的企业为扩大生产能力进行基本建设或者技术改造的，应当依照本条例的规定申请办理安全生产许可证。

（三）从业人员的安全资格

依据《烟花爆竹安全管理条例》的要求，生产烟花爆竹的企业，应当对生产作业人员进行安全生产知识教育，对从事药物混合、造粒、筛选、装药、筑药、压药、切引、搬运等危险工序的作业人员进行专业技术培训。从事危险工序的作业人员经设区的市人民政府安全生产监督管理部门考核合格，方可上岗作业。

（四）安全管理

依据《烟花爆竹安全管理条例》的规定，生产烟花爆竹的企业，应当按照安全生产许可证核定的产品种类进行生产，生产工序和生产作业应当执行有关国家标准和行业标准。

生产烟花爆竹使用的原料，应当符合国家标准的规定。生产烟花爆竹使用的原料，国家标准有用量限制的，不得超过规定的用量。不得使用国家标准规定禁止使用或者禁忌配伍的物质生产烟花爆竹。

生产烟花爆竹的企业，应当按照国家标准的规定，在烟花爆竹产品上标注燃放说明，并在烟花爆竹包装物上印制易燃易爆危险物品警示标志。

生产烟花爆竹的企业，应当对黑火药、烟火药、引火线的保管采取必要的安全技术措施，建立购买、领用、销售登记制度，防止黑火药、烟火药、引火线丢失。黑火药、烟火药、引火线丢失的，企业应当立即向当地安全生产监督管理部门和公安部门报告。

（五）规章制度

烟花爆竹生产企业应当建立健全安全责任制，制定各项安全管理制度和操作规程。

三、烟花爆竹经营安全的规定

（一）烟花爆竹的批发和零售

《烟花爆竹安全管理条例》规定，从事烟花爆竹批发的企业和零售经营者的经营布点，应当经安全生产监督管理部门审批。在城市市区，禁止布设烟花爆竹批发场所；烟花爆竹零售网点，应当按照严格控制的原则合理布设。

烟花爆竹批发企业应当向生产烟花爆竹的企业采购烟花爆竹，向烟花爆竹零售经营者供应烟花爆竹，但不得向从事烟花爆竹零售的经营者供应按照国家标准规定应由专业燃放人员燃放的烟花爆竹。

烟花爆竹批发企业、零售经营者不得采购和销售非法生产、经营的烟花爆竹。生产、经营黑火药、烟火药、引火线的企业，不得向未取得烟花爆竹安全生产许可的任何单位或者个人销售黑火药、烟火药和引火线。

（二）烟花爆竹批发企业的条件

依照《烟花爆竹安全管理条例》的规定，烟花爆竹批发企业应当具备的条件有：

（1）具有企业法人条件。

（2）经营场所与周边建筑、设施保持必要的安全距离。

（3）有符合国家标准的经营场所和储存仓库。

（4）有保管员、仓库守护员。

（5）依法进行了安全评价。

（6）有事故应急救援预案、应急救援组织和人员，并配备必要的应急救援器材、设备。

（7）法律、法规规定的其他条件。

（三）烟花爆竹零售经营者的条件

依照《烟花爆竹安全管理条例》的规定，烟花爆竹零售经营者应当具备下列条件：

（1）主要负责人经过安全知识教育。

（2）实行专店或者专柜销售，设专人负责安全管理。

（3）经营场所配备必要的消防器材，张贴明显的安全警示标志。

（4）法律、法规规定的其他条件。

（四）烟花爆竹经营安全许可证

依据《烟花爆竹安全管理条例》的规定，申请从事烟花爆竹批发的企业，应当向所在地设区的市人民政府安全生产监督管理部门提出申请，并提供能够证明符合本条例第十七条规定条件的有关材料。受理申请的安全生产监督管理部门应当自受理申请之日起30日内对提交的有关材料和经营场所进行审查，对符合条件的，核发《烟花爆竹经营（批发）许可证》；对不符合条件的，应当说明理由。

申请从事烟花爆竹零售的经营者，应当向所在地县级人民政府安全生产监督管理部门提出申请，并提供能够证明符合本条例第十八条规定条件的有关材料。受理申请的安全生产监督管理部门应当自受理申请之日起20日内对提交的有关材料和经营场所进行审查，对符合条件的，核发《烟花爆竹经营（零售）许可证》；对不符合条件的，应当说明理由。

四、烟花爆竹运输安全的规定

（一）烟花爆竹道路运输许可证

依据《烟花爆竹安全管理条例》的规定，经由道路运输烟花爆竹的，托运人应当向运达地县级人民政府公安部门提出申请，并提交七方面的证明材料，包括：承运人从事危险货物运输的资质证明；驾驶员、押运员从事危险货物运输的资格证明；危险货物运输车辆的道路运输证明；托运人从事烟花爆竹生产、经营的资质证明；烟花爆竹的购销合同及运输烟花爆竹的种类、规格、数量；烟花爆竹的产品质量和包装合格证明；运输车辆牌号、运输时间、起始地点、行驶路线、经停地点等。

受理道路运输烟花爆竹申请的公安部门应当自受理申请之日起3日内对托运人提交的有关材料进行审查，对符合条件的，核发《烟花爆竹道路运输许可证》；对不符合条件的，应当说明理由。《烟花爆竹道路运输许可证》应当载明托运人、承运人、一次性运输有效期限、起始地点、行驶路线、经停地点、烟花爆竹的种类、规格和数量。

（二）道路运输烟花爆竹的要求

依据《烟花爆竹安全管理条例》的规定，从事道路运输烟花爆竹的，除应当遵守

《中华人民共和国道路交通安全法》外，还应当遵守以下规定：随车携带《烟花爆竹道路运输许可证》；不得违反运输许可事项；运输车辆悬挂或者安装符合国家标准的易燃易爆危险物品警示标志；烟花爆竹的装载符合国家有关标准和规范；装载烟花爆竹的车厢不得载人；运输车辆限速行驶，途中经停必须有专人看守；出现危险情况立即采取必要的措施，并报告当地公安部门。

托运人将烟花爆竹运达目的地后，收货人应当在 3 日内将《烟花爆竹道路运输许可证》交回发证机关核销。禁止邮寄烟花爆竹，禁止在托运的行李、包裹、邮件中夹带烟花爆竹。

经由铁路、水路、航空运输烟花爆竹的，应当依照铁路、水路、航空运输安全管理的有关法律、法规、规章的规定执行。

五、烟花爆竹燃放安全的规定

（一）一般要求

依据《烟花爆竹安全管理条例》的规定，燃放烟花爆竹应当遵守有关法律、法规和规章的规定。燃放烟花爆竹，应当按照燃放说明燃放，不得以危害公共安全和人身、财产安全的方式燃放烟花爆竹。禁止在法律法规明确规定禁燃的地点燃放烟花爆竹，这些地点包括：文物保护单位；车站、码头、飞机场等交通枢纽以及铁路线路安全保护区内；易燃易爆物品生产、储存单位；输变电设施安全保护区内；医疗机构、幼儿园、中小学校、敬老院；山林、草原等重点防火区；县级以上地方人民政府规定的禁止燃放烟花爆竹的其他地点。除上述地点外，县级以上地方人民政府可以根据本行政区域的实际情况，确定限制或者禁止燃放烟花爆竹的时间、地点和种类。

各级人民政府和政府有关部门应当开展社会宣传活动，教育公民遵守有关法律、法规和规章，安全燃放烟花爆竹。广播、电视、报刊等新闻媒体，应当做好安全燃放烟花爆竹的宣传、教育工作。未成年人的监护人应当对未成年人进行安全燃放烟花爆竹的教育。

（二）焰火晚会等大型焰火燃放活动的许可

依据《烟花爆竹安全管理条例》的规定，举办焰火晚会以及其他大型焰火燃放活动，应当按照举办的时间、地点、环境、活动性质、规模以及燃放烟花爆竹的种类、规格和数量，确定危险等级，实行分级管理。

申请举办焰火晚会以及其他大型焰火燃放活动，主办单位应当按照分级管理的规定，向公安部门提出申请，并提交以下有关材料：举办焰火晚会以及其他大型焰火燃放活动的时间、地点、环境、活动性质、规模；燃放烟花爆竹的种类、规格、数量；燃放作业方案；燃放作业单位、作业人员符合行业标准规定条件的证明等。

受理申请的公安部门应当自受理申请之日起 20 日内对提交的有关材料进行审查，对符合条件的，核发《焰火燃放许可证》；对不符合条件的，应当说明理由。焰火晚会以及其他大型焰火燃放活动燃放作业单位和作业人员，应当按照焰火燃放安全规程和经许可的燃放作业方案进行燃放作业。公安部门应当加强对危险等级较高的焰火晚会以及其他大型焰火燃放活动的监督检查。

六、烟花爆竹安全违法行为应负的法律责任

（一）非法从事烟花爆竹生产经营运输活动的处罚

《烟花爆竹安全管理条例》第三十六条规定，对未经许可生产、经营烟花爆竹制品，或者向未取得烟花爆竹安全生产许可的单位或者个人销售黑火药、烟火药、引火线的，由安全生产监督管理部门责令停止非法生产、经营活动，处2万元以上10万元以下的罚款，并没收非法生产、经营的物品及违法所得。

对未经许可经由道路运输烟花爆竹的，由公安部门责令停止非法运输活动，处1万元以上5万元以下的罚款，并没收非法运输的物品及违法所得。

非法生产、经营、运输烟花爆竹，构成违反治安管理行为的，依法给予治安管理处罚；构成犯罪的，依法追究刑事责任。

（二）对不具备安全生产条件的生产企业的处罚

《烟花爆竹安全管理条例》第三十七条规定，生产烟花爆竹的企业有下列行为之一的，由安全生产监督管理部门责令限期改正，处1万元以上5万元以下的罚款；逾期不改正的，责令停产停业整顿，情节严重的，吊销安全生产许可证：

（1）未按照安全生产许可证核定的产品种类进行生产的。

（2）生产工序或者生产作业不符合有关国家标准、行业标准的。

（3）雇佣未经设区的市人民政府安全生产监督管理部门考核合格的人员从事危险工序作业的。

（4）生产烟花爆竹使用的原料不符合国家标准规定的，或者使用的原料超过国家标准规定的用量限制的。

（5）使用按照国家标准规定禁止使用或者禁忌配伍的物质生产烟花爆竹的。

（6）未按照国家标准的规定在烟花爆竹产品上标注燃放说明，或者未在烟花爆竹的包装物上印制易燃易爆危险物品警示标志的。

（三）对违反规定销售烟花爆竹活动的处罚

《烟花爆竹安全管理条例》第三十八条规定，从事烟花爆竹批发的企业向从事烟花爆竹零售的经营者供应非法生产、经营的烟花爆竹，或者供应按照国家标准规定应当由专业燃放人员燃放的烟花爆竹的，由安全生产监督管理部门责令停止违法行为，处2万元以上10万元以下的罚款，并没收非法经营的物品及违法所得；情节严重的，吊销烟花爆竹经营许可证。

从事烟花爆竹零售的经营者销售非法生产、经营的烟花爆竹，或者销售按照国家标准规定应当由专业燃放人员燃放的烟花爆竹的，由安全生产监督管理部门责令停止违法行为，处1000元以上5000元以下的罚款，并没收非法经营的物品及违法所得；情节严重的，吊销烟花爆竹经营许可证。

（四）对丢失主要烟花爆竹生产原料而不报告的行为的处罚

《烟花爆竹安全管理条例》第三十九条规定，生产、经营、使用黑火药、烟火药、引火线的企业，丢失黑火药、烟火药、引火线未及时向当地安全生产监督管理部门和公安部门报告的，由公安部门对企业主要负责人处5000元以上2万元以下的罚款，对丢失的物

品予以追缴。

（五）对违反道路运输规定的行为的处罚

《烟花爆竹安全管理条例》第四十条规定，经由道路运输烟花爆竹，有下列行为之一的，由公安部门责令改正，处 200 元以上 2000 元以下的罚款：

（1）违反运输许可事项的。

（2）未随车携带《烟花爆竹道路运输许可证》的。

（3）运输车辆没有悬挂或者安装符合国家标准的易燃易爆危险物品警示标志的。

（4）烟花爆竹的装载不符合国家有关标准和规范的。

（5）装载烟花爆竹的车厢载人的。

（6）超过危险物品运输车辆规定时速行驶的。

（7）运输车辆途中经停没有专人看守的。

（8）运达目的地后,未按规定时间将《烟花爆竹道路运输许可证》交回发证机关核销的。

（六）对违规携带和邮寄烟花爆竹行为的处罚

《烟花爆竹安全管理条例》第四十一条规定，对携带烟花爆竹搭乘公共交通工具，或者邮寄烟花爆竹以及在托运的行李、包裹、邮件中夹带烟花爆竹的，由公安部门没收非法携带、邮寄、夹带的烟花爆竹，可以并处 200 元以上 1000 元以下的罚款。

（七）对违规举办大型焰火燃放活动的处罚

《烟花爆竹安全管理条例》第四十二条规定，对未经许可举办焰火晚会以及其他大型焰火燃放活动，或者焰火晚会以及其他大型焰火燃放活动燃放作业单位和作业人员违反焰火燃放安全规程、燃放作业方案进行燃放作业的，由公安部门责令停止燃放，对责任单位处 1 万元以上 5 万元以下的罚款。

在禁止燃放烟花爆竹的时间、地点燃放烟花爆竹，或者以危害公共安全和人身、财产安全的方式燃放烟花爆竹的，由公安部门责令停止燃放，处 100 元以上 500 元以下的罚款；构成违反治安管理行为的，依法给予治安管理处罚。

（八）对没收非法烟花爆竹产品的处置

《烟花爆竹安全管理条例》第四十三条规定，对没收的非法烟花爆竹以及生产、经营企业弃置的废旧烟花爆竹，应当就地封存，并由公安部门组织销毁、处置。

（九）对监管部门有关人员违规行为的处罚

《烟花爆竹安全管理条例》第四十四条规定，安全生产监督管理部门、公安部门、质量监督检验部门、工商行政管理部门的工作人员，在烟花爆竹安全监管工作中滥用职权、玩忽职守、徇私舞弊，构成犯罪的，依法追究刑事责任；尚不构成犯罪的，依法给予行政处分。

第七节　民用爆炸物品安全管理条例

为了加强对民用爆破物品的安全管理，预防爆炸事故发生，保障公民生命、财产安全和公共安全，2006 年 5 月 10 日国务院令第 466 号公布了《民用爆炸物品安全管理条例》，自 2006 年 9 月 1 日起施行，1984 年 1 月 6 日国务院发布的《民用爆炸物品管理条例》同时废止。2014 年 7 月 29 日，国务院令第 653 号对其部分条款进行了修改。

一、民用爆炸物品安全管理的基本规定

（一）《民用爆炸物品安全管理条例》的适用范围

依照本条例第二条的规定，所谓民用爆炸物品，是指用于非军事目的、列入民用爆炸物品品名表的各类火药、炸药及其制品和雷管、导火索等点火、起爆器材。民用爆炸物品的生产、销售、购买、进出口、运输、爆破作业和储存以及硝酸铵的销售、购买，适用本条例。《民用爆炸物品安全管理条例》不仅将工业用的民用爆炸物品的安全纳入了法律规范，还将其他民用爆炸物品的安全纳入了法律规范。这里所称的民用爆炸物品主要是指工业用的民用爆破器材。从这个意义上说，人们通常所称的民用爆破器材实际上是民用爆炸物品的同义词；从事民用爆炸物品生产的企业主要是指民用爆破器材生产企业。

（二）民用爆炸物品安全监管的政府部门及职责

依据《民用爆炸物品安全管理条例》的规定，民用爆炸物品行业主管部门负责民用爆炸物品生产、销售的安全监督管理。

公安机关负责民用爆炸物品公共安全管理和民用爆炸物品购买、运输、爆破作业的安全监督管理，监控民用爆炸物品流向。

安全生产监督、铁路、交通、民用航空主管部门依照法律、行政法规的规定，负责做好民用爆炸物品的有关安全监督管理工作。

民用爆炸物品行业主管部门、公安机关、工商行政管理部门按照职责分工，负责组织查处非法生产、销售、购买、储存、运输、邮寄、使用民用爆炸物品的行为。

（三）从业人员的资格

依据《民用爆炸物品安全管理条例》的规定，无民事行为能力人、限制民事行为能力人或者曾因犯罪受过刑事处罚的人，不得从事民用爆炸物品的生产、销售、购买、运输和爆破作业。

民用爆炸物品从业单位应当加强对本单位从业人员的安全教育、法制教育和岗位技术培训，从业人员经考核合格的，方可上岗作业；对有资格要求的岗位，应当配备具有相应资格的人员。

二、民用爆炸物品生产的安全管理规定

依据《民用爆炸物品安全管理条例》的规定，设立民用爆破器材生产企业，应当遵循统筹规划、合理布局的原则。设立民用爆破器材生产企业，必须具备法定的安全生产条件，按照法定程序申请取得生产许可。

（一）设立民用爆破器材生产企业的条件

依据《民用爆炸物品安全管理条例》第十一条规定，申请从事民用爆炸物品生产的企业，应当具备下列条件：

（1）符合国家产业结构规划和产业技术标准。

（2）厂房和专用仓库的设计、结构、建筑材料、安全距离以及防火、防爆、防雷、防静电等安全设备、设施符合国家有关标准和规范。

（3）生产设备、工艺符合有关安全生产的技术标准和规程。

（4）有具备相应资格的专业技术人员、安全生产管理人员和生产岗位人员。

（5）有健全的安全管理制度、岗位安全责任制度。

（6）法律、行政法规规定的其他条件。

（二）取得生产许可、安全许可、工商登记的程序

申请从事民用爆炸物品生产的企业，应当向国务院民用爆炸物品行业主管部门提交申请书、可行性研究报告以及能够证明其符合依据《民用爆炸物品安全管理条例》第十一条规定条件的有关材料。

国务院民用爆炸物品行业主管部门应当自受理申请之日起45日内进行审查，对符合条件的，核发《民用爆炸物品生产许可证》；对不符合条件的，不予核发《民用爆炸物品生产许可证》，书面向申请人说明理由。民用爆炸物品生产企业为调整生产能力及品种进行改建、扩建的，应当申请办理《民用爆炸物品生产许可证》。

民用爆炸物品生产企业持《民用爆炸物品生产许可证》到工商行政管理部门办理工商登记，并在办理工商登记后3日内，向所在地县级人民政府公安机关备案。

取得《民用爆炸物品生产许可证》的企业应当在基本建设完成后，向省、自治区、直辖市人民政府民用爆炸物品行业主管部门申请安全生产许可。省、自治区、直辖市人民政府民用爆炸物品行业主管部门应当依照《安全生产许可证条例》的规定对其进行查验，对符合条件的，核发《民用爆炸物品安全生产许可证》。民用爆炸物品生产企业取得《民用爆炸物品安全生产许可证》后，方可生产民用爆炸物品。

三、民用爆炸物品销售、购买的安全管理规定

民用爆炸物品销售、购买，实行安全许可制度。

（一）民用爆炸物品的销售许可

依据《民用爆炸物品安全管理条例》的规定，申请从事民用爆炸物品销售的企业，应当具备下列条件：

（1）符合对民用爆炸物品销售企业规划的要求。

（2）销售场所和专用仓库符合国家有关标准和规范。

（3）有具备相应资格的安全管理人员、仓库管理人员。

（4）有健全的安全管理制度、岗位安全责任制度。

（5）法律、行政法规规定的其他条件。

申请从事民用爆炸物品销售的企业，应当向所在地省、自治区、直辖市人民政府民用爆炸物品行业主管部门提交申请书、可行性研究报告以及能够证明其符合规定条件的有关材料。

省、自治区、直辖市人民政府民用爆炸物品行业主管部门应当自受理之日起30日内进行审查，并对申请单位的销售场所和专用仓库等经营设施进行查验，对符合条件的，核发《民用爆炸物品销售许可证》；对不符合条件的，不予核发《民用爆炸物品销售许可证》，书面向申请人说明理由。

民用爆炸物品销售企业持《民用爆炸物品销售许可证》到工商行政管理部门办理工

商登记后，方可销售民用爆炸物品。民用爆炸物品销售企业应当在办理工商登记后 3 日内，向所在地县级人民政府公安机关备案。

（二）民用爆炸物品的购买许可

依据《民用爆炸物品安全管理条例》的规定，民用爆炸物品使用单位购买民用爆炸物品的，应当向所在地县级人民政府公安机关提出购买申请，并提交有关材料：

（1）工商营业执照或者事业单位法人证书。

（2）《爆破作业单位许可证》或者其他合法使用的证明。

（3）购买单位的名称、地址、银行账户。

（4）购买的品种、数量和用途说明。

受理申请的公安机关应当自受理之日起 5 日内对提交的有关材料进行审查，对符合条件的，核发《民用爆炸物品购买许可证》；对不符合条件的，不予核发《民用爆炸物品购买许可证》，书面向申请人说明理由。《民用爆炸物品购买许可证》应当载明许可购买的品种、数量、购买单位以及许可的有效期限。

（三）民用爆炸物品销售、购买的特别规定

依据《民用爆炸物品安全管理条例》的规定，民用爆炸物品生产企业凭《民用爆炸物品生产许可证》，可以销售本企业生产的民用爆炸物品。民用爆炸物品生产企业销售本企业生产的民用爆炸物品，不得超出核定的品种、产量。

民用爆炸物品生产企业凭《民用爆炸物品生产许可证》购买属于民用爆炸物品的原料，民用爆炸物品销售单位凭《民用爆炸物品销售许可证》购买民用爆炸物品，民用爆炸物品使用单位凭《民用爆炸物品购买许可证》购买民用爆炸物品，还应当提供经办人的身份证明。销售民用爆炸物品的企业，应当查验有关许可证和经办人的身份证明；对持《民用爆炸物品购买许可证》购买的，应当按照许可的品种、数量销售。

销售、购买民用爆炸物品，应当通过银行账户进行交易，不得使用现金或者实物进行交易。销售民用爆炸物品的企业，应当将购买单位的许可证、银行账户转账凭证、经办人的身份证明复印件保存 2 年备查。

销售民用爆炸物品的企业，应当自民用爆炸物品买卖成交之日起 3 日内，将销售的品种、数量和购买单位向所在地省、自治区、直辖市人民政府民用爆炸物品行业主管部门和所在地县级人民政府公安机关备案。

购买民用爆炸物品的单位，应当自民用爆炸物品买卖成交之日起 3 日内，将购买的品种、数量向所在地县级人民政府公安机关备案。

进出口民用爆炸物品，应当经国务院民用爆炸物品行业主管部门审批。进出口民用爆炸物品审批办法，由国务院民用爆炸物品行业主管部门会同国务院公安部门、海关总署规定。进出口单位应当将进出口的民用爆炸物品的品种、数量向收货地或者出境口岸所在地县级人民政府公安机关备案。

四、民用爆炸物品运输的安全管理规定

民用爆炸物品运输，实行安全许可制度。

（一）民用爆炸物品的运输许可

国家对民用爆炸物品运输实施行政许可制度。依据《民用爆炸物品安全管理条例》第二十六条的规定，运输民用爆炸物品，收货单位应向运达地县级人民政府公安机关提出申请，并提交包括下列内容的材料：

（1）民用爆炸物品生产企业、销售企业、使用单位以及进出口单位分别提供的《民用爆炸物品生产许可证》《民用爆炸物品销售许可证》《民用爆炸物品购买许可证》或者进出口批准证明。

（2）运输民用爆炸物品的品种、数量、包装材料和包装方式。

（3）运输民用爆炸物品的特性、出现险情的应急处置方法。

（4）运输时间、起始地点、运输路线、经停地点。

受理申请的公安机关应当自受理申请之日起3日内对提交的有关材料进行审查，对符合条件的，核发《民用爆炸物品运输许可证》；对不符合条件的，不予核发《民用爆炸物品运输许可证》，书面向申请人说明理由。

《民用爆炸物品运输许可证》应当载明收货单位、销售企业、承运人、一次性运输有效期限、起始地点、运输路线、经停地点，民用爆炸物品的品种、数量。

运输民用爆炸物品的，应当凭《民用爆炸物品运输许可证》，按照许可的品种、数量运输。

（二）经由道路运输民用爆炸物品的特别规定

依据《民用爆炸物品安全管理条例》的规定，经由道路运输民用爆炸物品的，应当遵守下列规定：

（1）携带《民用爆炸物品运输许可证》。

（2）民用爆炸物品的装载符合国家有关标准和规范，车厢内不得载人。

（3）运输车辆安全技术状况应当符合国家有关安全技术标准的要求，并按照规定悬挂或者安装符合国家标准的易燃易爆危险物品警示标志。

（4）运输民用爆炸物品的车辆应当保持安全车速。

（5）按照规定的路线行驶，途中经停应当由专人看守，并远离建筑设施和人口稠密的地方，不得在许可以外的地点经停。

（6）按照安全操作规程装卸民用爆炸物品，并在装卸现场设置警戒，禁止无关人员进入。

（7）出现危险情况立即采取必要的应急处置措施，并报告当地公安机关。

民用爆炸物品运达目的地，收货单位应当进行验收后在《民用爆炸物品运输许可证》上签注，并在3日内将《民用爆炸物品运输许可证》交回发证机关核销。

（三）以其他方式携带和邮寄民用爆炸物品的禁止性规定

（1）禁止携带民用爆炸物品搭乘公共交通工具或者进入公共场所。

（2）禁止邮寄民用爆炸物品。

（3）禁止在托运的货物、行李、包裹、邮件中夹带民用爆炸物品。

五、爆破作业的安全管理规定

（一）爆破作业的安全许可

依据《民用爆炸物品安全管理条例》第三十一条规定，申请从事爆破作业的单位，应当具备下列条件：

（1）爆破作业属于合法的生产活动。

（2）有符合国家有关标准和规范的民用爆炸物品专用仓库。

（3）有具备相应资格的安全管理人员、仓库管理人员和具备国家规定执业资格的爆破作业人员。

（4）有健全的安全管理制度、岗位安全责任制度。

（5）有符合国家标准、行业标准的爆破作业专用设备。

（6）法律、行政法规规定的其他条件。

申请从事爆破作业的单位，应当按国务院公安部门的规定，向有关人民政府公安机关提出申请，并提供能够证明其符合本条例第三十一条规定的有关材料。受理申请的公安机关应当自受理申请之日起20日内进行审查，对符合条件的，核发《爆破作业单位许可证》；对不符合条件的，不予核发《爆破作业单位许可证》，书面向申请人说明理由。

营业性爆破作业单位持《爆破作业单位许可证》到工商行政管理部门办理工商登记后，方可从事营业性爆破作业活动。

爆破作业单位应当在办理工商登记后3日内，向所在地县级人民政府公安机关备案。

（二）爆破作业的安全管理

依据本条例的规定，爆破作业应当遵守下列规定：

（1）爆破作业单位应当对本单位爆破作业人员、安全管理人员、仓库管理人员进行专业技术培训。爆破作业人员应当经设区的市级人民政府公安机关考核合格，取得《爆破作业人员许可证》后，方可从事爆破作业。

（2）爆破作业单位应当按照其资质等级承接爆破作业项目，爆破作业人员应当按照其资格等级从事爆破作业。

（3）在城市、风景名胜区和重要工程设施附近实施爆破作业的，应当向爆破作业所在地设区的市级人民政府公安机关提出申请，提交《爆破作业单位许可证》和具有相应资质的安全评估企业出具的爆破设计、施工方案评估报告。受理申请的公安机关应当自受理之日起20日内对提交的有关材料进行审查，对符合条件的，作出批准的决定；不符合条件的，作出不予批准的决定，并书面向申请人说明理由。实施上述爆破作业，应当由具有资质的安全监理企业进行监理，由爆破所在地县级人民政府公安机关负责组织实施安全警戒。

（4）爆破作业单位跨省、自治区、直辖市行政区域从事爆破作业的，应当事先将爆破作业项目的有关情况向爆破作业所在地县级人民政府公安机关报告。

（5）爆破作业单位应当如实记载领取、发放民用爆炸物品的品种、数量、编号以及领取、发放人员姓名。领取民用爆炸物品的数量不得超过当班用量，作业后剩余的民用爆炸物品必须当班清退回库。爆破作业单位应当将领取、发放民用爆炸物品的原始记录保存2年备查。

（6）实施爆破作业，应当遵守国家有关标准和规范，在安全距离以外设置警示标志并安排警戒人员，防止无关人员进入；爆破作业结束后应当及时检查、排除未引爆的民用爆炸物品。

(7) 爆破作业单位不再使用民用爆炸物品时，应当将剩余的民用爆炸物品登记造册，报所在地县级人民政府公安机关监督销毁。发现、拣拾无主民用爆炸物品的，应当立即报告当地公安机关。

六、民用爆炸物品储存的安全管理规定

依据《民用爆炸物品安全管理条例》的规定，民用爆炸物品应当储存在专用仓库内，并按照国家规定设置技术防范设施。

(一) 储存民用爆炸物品的规定

依据《民用爆炸物品安全管理条例》的规定，储存民用爆炸物品应当遵守下列规定：

(1) 建立出入库检查、登记制度，收存和发放民用爆炸物品必须进行登记，做到账目清楚，账物相符。

(2) 储存的民用爆炸物品数量不得超过储存设计容量，对性质相抵触的民用爆炸物品必须分库储存，严禁在库房内存放其他物品。

(3) 专用仓库应当指定专人管理、看护，严禁无关人员进入仓库区内，严禁在仓库区内吸烟和用火，严禁把其他容易引起燃烧、爆炸的物品带入仓库区内，严禁在库房内住宿和进行其他活动。

(4) 民用爆炸物品丢失、被盗、被抢，应当立即报告当地公安机关。

(二) 现场临时存放民用爆炸物品的规定

依据《民用爆炸物品安全管理条例》的规定，在爆破作业现场临时存放民用爆炸物品的，应当具备临时存放民用爆炸物品的条件，并设专人管理、看护，不得在不具备安全存放条件的场所存放民用爆炸物品。民用爆炸物品变质和过期失效的，应当及时清理出库，并予以销毁。销毁前应当登记造册，提出销毁方案，报省、自治区、直辖市人民政府民用爆炸物品行业主管部门、所在地县级人民政府公安机关组织监督销毁。

七、民用爆炸物品安全管理违法行为应负的法律责任

(1) 违反《民用爆炸物品安全管理条例》的规定，非法制造、买卖、运输、储存民用爆炸物品，构成犯罪的，依法追究刑事责任；尚不构成犯罪，有违反治安管理行为的，依法给予治安管理处罚。

在生产、储存、运输、使用民用爆炸物品中发生重大事故，造成严重后果或者后果特别严重，构成犯罪的，依法追究刑事责任。

未经许可生产、销售民用爆炸物品的，由民用爆炸物品行业主管部门责令停止非法生产、销售活动，处 10 万元以上 50 万元以下的罚款，并没收非法生产、销售的民用爆炸物品及其违法所得。

未经许可购买、运输民用爆炸物品或者违法从事爆破作业的，由公安机关责令停止非法购买、运输、爆破作业活动，处 5 万元以上 20 万元以下的罚款，并没收非法购买、运输以及从事爆破作业使用的民用爆炸物品及其违法所得。

(2) 违反《民用爆炸物品安全管理条例》的规定，生产、销售民用爆炸物品的企业

有下列行为之一的，由民用爆炸物品行业主管部门责令限期改正，处 10 万元以上 50 万元以下的罚款；逾期不改正的，责令停产停业整顿；情节严重的，吊销《民用爆炸物品生产许可证》或者《民用爆炸物品销售许可证》：

① 超出生产许可的品种、数量进行生产、销售的。

② 违反安全技术规程生产作业的。

③ 民用爆炸物品的质量不符合相关标准的。

④ 民用爆炸物品的包装不符合法律、行政法规的规定以及相关标准的。

⑤ 超出购买许可的品种、数量销售民用爆炸物品的。

⑥ 向没有《民用爆炸物品生产许可证》《民用爆炸物品销售许可证》《民用爆炸物品购买许可证》的单位销售民用爆炸物品的。

⑦ 民用爆炸物品生产企业销售本企业生产的民用爆炸物品未按规定向民用爆炸物品行业主管部门备案的。

⑧ 未经审批进出口民用爆炸物品的。

（3）违反《民用爆炸物品安全管理条例》的规定，有下列情形之一的，由公安机关责令限期改正，处 5 万元以上 20 万元以下的罚款；逾期不改正的，责令停产停业整顿：

① 未按照规定对民用爆炸物品做出警示标志、登记标识或者未对雷管编码打号的。

② 超出购买许可的品种、数量购买民用爆炸物品的。

③ 使用现金或者实物进行民用爆炸物品交易的。

④ 未按照规定保存购买单位的许可证、银行账户转账凭证、经办人的身份证明复印件的。

⑤ 销售、购买、进出口民用爆炸物品，未按照规定向公安机关备案的。

⑥ 未按照规定建立民用爆炸物品登记制度，如实将本单位生产、销售、购买、运输、储存、使用民用爆炸物品的品种、数量和流向信息输入计算机系统的。

⑦ 未按照规定将《民用爆炸物品运输许可证》交回发证机关核销的。

（4）违反《民用爆炸物品安全管理条例》的规定，经由道路运输民用爆炸物品，有下列情形之一的，由公安机关责令改正，处 5 万元以上 20 万元以下的罚款：

① 违反运输许可事项的。

② 未携带《民用爆炸物品运输许可证》的。

③ 违反有关标准和规范混装民用爆炸物品的。

④ 运输车辆未按照规定悬挂或者安装符合国家标准的易燃易爆危险物品警示标志的。

⑤ 未按照规定的路线行驶，途中经停没有专人看守或者在许可以外的地点经停的。

⑥ 装载民用爆炸物品的车厢载人的。

⑦ 出现危险情况未立即采取必要的应急处置措施、报告当地公安机关的。

（5）违反《民用爆炸物品安全管理条例》的规定，从事爆破作业的单位有下列情形之一的，由公安机关责令停止违法行为或者限期改正，处 10 万元以上 50 万元以下的罚款；逾期不改正的，责令停产停业整顿；情节严重的，吊销《爆破作业单位许可证》：

① 爆破作业单位未按照其资质等级从事爆破作业的。

② 营业性爆破作业单位跨省、自治区、直辖市行政区域实施爆破作业，未按照规定

事先向爆破作业所在地的县级公安机关报告的。

③ 爆破作业单位未按照规定建立民用爆炸物品领取登记制度、保存登记记录的。

④ 违反国家有关标准和规范实施作业的。

爆破作业人员违反国家有关标准和规范的规定实施爆破作业的，由公安机关责令限期改正；情节严重的，吊销《爆破作业人员许可证》。

（6）违反《民用爆炸物品安全管理条例》的规定，有下列情形之一的，由民用爆炸物品行业主管部门、公安机关按照职责责令限期改正，可以并处5万元以上20万元以下的罚款；逾期不改正的，责令停产停业整顿；情节严重的，吊销许可证：

① 未按照规定在专用仓库设置技术防范设施的。

② 未按照规定建立出入库检查、登记制度或者收存和发放民用爆炸物品，致使账物不符的。

③ 超量储存、在非专用仓库储存或者违反储存标准和规范储存民用爆炸物品的。

④ 有本条例规定的其他违反民用爆炸物品储存管理规定行为的。

（7）违反《民用爆炸物品安全管理条例》的规定，民用爆炸物品从业单位有下列情形之一的，由公安机关处2万元以上10万元以下的罚款；情节严重的，吊销其许可证；有违反治安管理行为的，依法给予治安管理处罚：

① 违反安全管理制度，致使民用爆炸物品丢失、被盗、被抢的。

② 民用爆炸物品丢失、被盗、被抢，未按照规定向当地公安机关报告或者故意隐瞒不报的。

③ 转让、出借、转借、抵押、赠送民用爆炸物品的。

（8）违反《民用爆炸物品安全管理条例》的规定，携带民用爆炸物品搭乘公共交通工具或者进入公共场所，邮寄或者在托运的货物、行李、包裹、邮件中夹带民用爆炸物品，构成犯罪的，依法追究刑事责任；尚不构成犯罪的，由公安机关依法给予治安管理处罚，没收非法的民用爆炸物品，处1000元以上1万元以下的罚款。

（9）民用爆炸物品从业单位的主要负责人未履行《民用爆炸物品安全管理条例》规定的安全管理责任，导致发生重大伤亡事故或者造成其他严重后果，构成犯罪的，依法追究刑事责任；尚不构成犯罪的，对主要负责人给予撤职处分，对个人经营的投资人处2万元以上20万元以下的罚款。

（10）民用爆炸物品行业主管部门、公安机关、工商行政管理部门的工作人员，在民用爆炸物品安全监督管理工作中滥用职权、玩忽职守或者徇私舞弊，构成犯罪的，依法追究刑事责任；尚不构成犯罪的，依法给予行政处分。

第八节　特种设备安全监察条例

2003年3月11日国务院令第373号公布《特种设备安全监察条例》，自2003年6月1日起施行。2009年1月24日，国务院令第549号对《特种设备安全监察条例》进行了修订，自2009年5月1日起施行。《特种设备安全监察条例》的立法目的是为了加强特种设备的安全监察，防止和减少事故，保障人民群众生命和财产安全，促进经济发展。

一、特种设备安全监察的基本规定

（一）特种设备的概念

1. 锅炉

锅炉：指利用各种燃料、电或者其他能源，将所盛装的液体加热到一定的参数，并对外输出热能的设备，其范围规定为容积大于或者等于30升的承压蒸汽锅炉；出口水压大于或者等于0.1兆帕（表压），且额定功率大于或者等于0.1兆瓦的承压热水锅炉；有机热载体锅炉。

2. 压力容器

压力容器：指盛装气体或者液体，承载一定压力的密闭设备，其范围规定为最高工作压力大于或者等于0.1兆帕（表压），且压力与容积的乘积大于或者等于2.5兆帕·升的气体、液化气体和最高工作温度高于或者等于标准沸点的液体的固定式容器和移动式容器；盛装公称工作压力大于或者等于0.2兆帕（表压），且压力与容积的乘积大于或者等于1.0兆帕·升的气体、液化气体和标准沸点等于或者低于60摄氏度液体的气瓶；氧舱等。

3. 压力管道

压力管道：指利用一定的压力，用于输送气体或者液体的管状设备，其范围规定为最高工作压力大于或者等于0.1兆帕（表压）的气体、液化气体、蒸汽介质或者可燃、易爆、有毒、有腐蚀性、最高工作温度高于或者等于标准沸点的液体介质，且公称直径大于25毫米的管道。

4. 电梯

电梯：指动力驱动，利用沿刚性导轨运行的箱体或者沿固定线路运行的梯级（踏步），进行升降或者平行运送人、货物的机电设备，包括载人（货）电梯、自动扶梯、自动人行道等。

5. 起重机械

起重机械：指用于垂直升降或者垂直升降并水平移动重物的机电设备，其范围规定为额定起重量大于或者等于0.5吨的升降机；额定起重量大于或者等于1吨，且提升高度大于或者等于2米的起重机和承重形式固定的电动葫芦等。

6. 客运索道

客运索道：指动力驱动，利用柔性绳索牵引箱体等运载工具运送人员的机电设备，包括客运架空索道、客运缆车、客运拖牵索道等。

7. 大型游乐设施

大型游乐设施：指用于经营目的，承载乘客游乐的设施，其范围规定为设计最大运行线速度大于或者等于2米/秒，或者运行高度距地面高于或者等于2米的载人大型游乐设施。

8. 场（厂）内专用机动车辆

场（厂）内专用机动车辆：指除道路交通、农用车辆以外仅在工厂厂区、旅游景区、游乐场所等特定区域使用的专用机动车辆。

特种设备包括其所用的材料、附属的安全附件、安全保护装置和与安全保护装置相关的设施。

（二）《特种设备安全监察条例》的适用范围

《特种设备安全监察条例》第二条规定：“本条例所称特种设备是指涉及生命安全、危险性较大的锅炉、压力容器（含气瓶）、压力管道、电梯、起重机械、客运索道、大型游乐设施和场（厂）内专用机动车辆。”

第三条第一款规定：“特种设备的生产（含设计、制造、安装、改造、维修，下同）、使用、检验检测及其监督检查，应当遵守本条例，但本条例另有规定的除外。”

（三）排除适用的规定

鉴于目前我国特种设备种类较多，已有一些特种设备形成了固有的监督管理体制并行之有效，所以对于某些特殊的特种设备的安全监督管理不需要改变现行管理体制，不宜作出统一的规定。

《特种设备安全监察条例》第三条第二款规定：“军事装备、核设施、航空航天器、铁路机车、海上设施和船舶以及矿山井下使用的特种设备、民用机场专用设备的安全监察不适用本条例。”第三条第三款规定：“房屋建筑工地和市政工程工地用起重机械、场（厂）内专用机动车辆的安装、使用的监督管理，由建设行政主管部门依照有关法律、法规的规定执行。”

第一百条规定：“压力管道设计、安装、使用的安全监督管理办法由国务院另行制定。”

（四）特种设备安全监察部门

对于锅炉、压力容器（含气瓶）、压力管道、电梯、起重机械、客运索道、大型游乐设施和场（厂）内专用机动车辆8种特种设备，《特种设备安全监察条例》第四条规定，国务院特种设备安全监督管理部门负责全国特种设备的安全监察工作，县以上地方负责特种设备安全监督管理的部门对本行政区域内特种设备实施安全监察（以下统称特种设备安全监督管理部门）。

（五）特种设备生产、使用单位和检验检测机构的职责

依据《特种设备安全监察条例》的规定，特种设备生产、使用单位应当建立健全特种设备安全、节能管理制度和岗位安全、节能责任制度。

特种设备生产、使用单位的主要负责人应当对本单位特种设备的安全和节能全面负责。

特种设备生产、使用单位和特种设备检验检测机构，应当接受特种设备安全监督管理部门依法进行的特种设备安全监察。

特种设备检验检测机构，应当依照本条例规定，进行检验检测工作，对其检验检测结果、鉴定结论承担法律责任。

二、特种设备生产的安全规定

（一）特种设备生产单位的规定

依据《特种设备安全监察条例》的规定，特种设备生产单位，应当依照本条例规定以及国务院特种设备安全监督管理部门制订并公布的安全技术规范（以下简称安全技术规范）的要求，进行生产活动。

特种设备生产单位对其生产的特种设备的安全性能和能效指标负责，不得生产不符合安全性能要求和能效指标的特种设备，不得生产国家产业政策明令淘汰的特种设备。

（二）压力容器设计的安全管理

1. 设计单位的条件

依据《特种设备安全监察条例》的规定，压力容器的设计单位应当经国务院特种设备安全监督管理部门许可，方可从事压力容器的设计活动。

压力容器的设计单位应当具备下列条件：

（1）有与压力容器设计相适应的设计人员、设计审核人员。

（2）有与压力容器设计相适应的场所和设备。

（3）有与压力容器设计相适应的健全的管理制度和责任制度。

2. 设计文件鉴定

依据《特种设备安全监察条例》的规定，锅炉、压力容器中的气瓶（简称气瓶）、氧舱和客运索道、大型游乐设施以及高耗能特种设备的设计文件，应当经国务院特种设备安全监督管理部门核准的检验检测机构鉴定，方可用于制造。

（三）特种设备及其安全附件、装置的安全管理

1. 新产品的试验和测试

依据《特种设备安全监察条例》的规定，按照安全技术规范的要求，应当进行型式试验的特种设备产品、部件或者试制特种设备新产品、新部件、新材料，必须进行型式试验和能效测试。

2. 锅炉等特种设备及部件的许可

依照《特种设备安全监察条例》的规定，锅炉、压力容器、电梯、起重机械、客运索道、大型游乐设施及其安全附件、安全保护装置的制造、安装、改造单位，以及压力管道用管子、管件、阀门、法兰、补偿器、安全保护装置等（简称压力管道元件）的制造单位和场（厂）内专用机动车辆的制造、改造单位，应当经国务院特种设备安全监督管理部门许可，方可从事相应的活动。

上述特种设备的制造、安装、改造单位应当具备下列条件：

（1）有与特种设备制造、安装、改造相适应的专业技术人员和技术工人。

（2）有与特种设备制造、安装、改造相适应的生产条件和检测手段。

（3）有健全的质量管理制度和责任制度。

3. 出厂附件规定

依照《特种设备安全监察条例》的规定，特种设备出厂时，应当附有安全技术规范要求的设计文件、产品质量合格证明、安装及使用维修说明、监督检验证明等文件。

（四）特种设备安装、改造和维修的安全管理

1. 维修单位的要求

依照《特种设备安全监察条例》的规定，锅炉、压力容器、电梯、起重机械、客运索道、大型游乐设施、场（厂）内专用机动车辆的维修单位，应当有与特种设备维修相适应的专业技术人员和技术工人以及必要的检测手段，并经省、自治区、直辖市特种设备安全监督管理部门许可，方可从事相应的维修活动。

2. 安装、改造、维修的管理

依照《特种设备安全监察条例》的规定，锅炉、压力容器、起重机械、客运索道、大型游乐设施的安装、改造、维修以及场（厂）内专用机动车辆的改造、维修，必须由依照本条例取得许可的单位进行。

电梯的安装、改造、维修，必须由电梯制造单位或者其通过合同委托、同意的依照本条例取得许可的单位进行。电梯制造单位对电梯质量以及安全运行涉及的质量问题负责。

特种设备安装、改造、维修的施工单位应当在施工前将拟进行的特种设备安装、改造、维修情况书面告知直辖市或者设区的市的特种设备安全监督管理部门，告知后即可施工。

3. 电梯安装的管理

依照《特种设备安全监察条例》的规定，电梯井道的土建工程必须符合建筑工程质量要求。电梯安装施工过程中，电梯安装单位应当遵守施工现场的安全生产要求，落实现场安全防护措施。电梯安装施工过程中，施工现场的安全生产监督，由有关部门依照有关法律、行政法规的规定执行。

电梯安装施工过程中，电梯安装单位应当服从建筑施工总承包单位对施工现场的安全生产管理，并订立合同，明确各自的安全责任。

4. 电梯的制造、安装、改造和维修的技术要求

依照《特种设备安全监察条例》的规定，电梯的制造、安装、改造和维修活动，必须严格遵守安全技术规范的要求。电梯制造单位委托或者同意其他单位进行电梯安装、改造、维修活动的，应当对其安装、改造、维修活动进行安全指导和监控。电梯的安装、改造、维修活动结束后，电梯制造单位应当按照安全技术规范的要求对电梯进行校验和调试，并对校验和调试的结果负责。

5. 技术资料移交归档

依照《特种设备安全监察条例》的规定，锅炉、压力容器、电梯、起重机械、客运索道、大型游乐设施的安装、改造、维修以及场（厂）内专用机动车辆的改造、维修竣工后，安装、改造、维修的施工单位应当在验收后30日内将有关技术资料移交使用单位，高耗能特种设备还应当按照安全技术规范的要求提交能效测试报告。使用单位应当将其存入该特种设备的安全技术档案。

6. 特种设备的监督检验

依据《特种设备安全监察条例》的规定，锅炉、压力容器、压力管道元件、起重机械、大型游乐设施的制造过程和锅炉、压力容器、电梯、起重机械、客运索道、大型游乐设施的安装、改造、重大维修过程，必须经国务院特种设备安全监督管理部门核准的检验检测机构按照安全技术规范的要求进行监督检验；未经监督检验合格的不得出厂或者交付使用。

（五）气瓶充装单位的安全管理

依据《特种设备安全监察条例》的规定，移动式压力容器、气瓶充装单位应当经省、自治区、直辖市的特种设备安全监督管理部门许可，方可从事充装活动。

充装单位应当具备下列条件：

（1）有与充装和管理相适应的管理人员和技术人员。

（2）有与充装和管理相适应的充装设备、检测手段、场地厂房、器具、安全设施。

（3）有健全的充装管理制度、责任制度、紧急处理措施。

气瓶充装单位应当向气体使用者提供符合安全技术规范要求的气瓶，对使用者进行气瓶安全使用指导，并按照安全技术规范的要求办理气瓶使用登记，提出气瓶的定期检验要求。

三、特种设备使用的安全规定

（一）特种设备使用单位的安全管理

1. 基本要求

依据《特种设备安全监察条例》的规定，特种设备使用单位，应当严格执行本条例和有关安全生产的法律、行政法规的规定，保证特种设备的安全使用。特种设备使用单位应当使用符合安全技术规范要求的特种设备。特种设备投入使用前，使用单位应当核对其是否附有依据本条例第十五条规定的相关文件。

2. 使用登记

依据《特种设备安全监察条例》的规定，特种设备在投入使用前或者投入使用后30日内，特种设备使用单位应当向直辖市或者设区的市的特种设备安全监督管理部门登记。登记标志应当置于或者附着于该特种设备的显著位置。

3. 安全技术档案

依据《特种设备安全监察条例》的规定，特种设备使用单位应当建立特种设备安全技术档案。安全技术档案应当包括以下内容：

（1）特种设备的设计文件、制造单位、产品质量合格证明、使用维护说明等文件以及安装技术文件和资料。

（2）特种设备的定期检验和定期自行检查的记录。

（3）特种设备的日常使用状况记录。

（4）特种设备及其安全附件、安全保护装置、测量调控装置及有关附属仪器仪表的日常维护保养记录。

（5）特种设备运行故障和事故记录。

（6）高耗能特种设备的能效测试报告、能耗状况记录以及节能改造技术资料。

（二）特种设备维护保养和定期检验

1. 特种设备维护保养

依据《特种设备安全监察条例》的规定，特种设备使用单位应当对在用特种设备进行经常性日常维护保养，并定期自行检查。特种设备使用单位对在用特种设备应当至少每月进行一次自行检查，并作出记录。特种设备使用单位在对在用特种设备进行自行检查和日常维护保养时发现异常情况的，应当及时处理。特种设备使用单位应当对在用特种设备的安全附件、安全保护装置、测量调控装置及有关附属仪器仪表进行定期校验、检修，并作出记录。

2. 特种设备定期检验检测

依据《特种设备安全监察条例》的规定，锅炉使用单位应当按照安全技术规范的要求进行锅炉水（介）质处理，并接受特种设备检验检测机构实施的水（介）质处理定期检验。从事锅炉清洗的单位，应当按照安全技术规范的要求进行锅炉清洗，并接受特种设备检验检测机构实施的锅炉清洗过程监督检验。特种设备使用单位应当按照安全技术规范的定期检验要求，在安全检验合格有效期届满前 1 个月向特种设备检验检测机构提出定期检验要求。检验检测机构接到定期检验要求后，应当按照安全技术规范的要求及时进行安全性能检验和能效测试。未经定期检验或者检验不合格的特种设备，不得继续使用。

（三）特种设备故障和事故隐患的处理

1. 事故故障消除

依据《特种设备安全监察条例》的规定，特种设备出现故障或者发生异常情况，使用单位应当对其进行全面检查，消除事故隐患后，方可重新投入使用。特种设备不符合能效指标的，特种设备使用单位应当采取相应措施进行整改。

2. 报废注销

依据《特种设备安全监察条例》的规定，特种设备存在严重事故隐患，无改造、维修价值，或者超过安全技术规范规定使用年限，特种设备使用单位应当及时予以报废，并应当向原登记的特种设备安全监督管理部门办理注销。

（四）公共服务特种设备的安全管理

1. 电梯维护保养单位资质

依据《特种设备安全监察条例》的规定，电梯的日常维护保养必须由依照本条例取得许可的安装、改造、维修单位或者电梯制造单位进行。

2. 电梯维护保养的安全要求

依据《特种设备安全监察条例》的规定，电梯应当至少每 15 日进行一次清洁、润滑、调整和检查。电梯的日常维护保养单位应当在维护保养中严格执行国家安全技术规范的要求，保证其维护保养的电梯的安全技术性能，并负责落实现场安全防护措施，保证施工安全。电梯的日常维护保养单位，应当对其维护保养的电梯的安全性能负责。接到故障通知后，应当立即赶赴现场，并采取必要的应急救援措施。

3. 安全管理机构和安全管理人员

依据《特种设备安全监察条例》的规定，电梯、客运索道、大型游乐设施等为公众提供服务的特种设备运营使用单位，应当设置特种设备安全管理机构或者配备专职的安全管理人员；其他特种设备使用单位，应当根据情况设置特种设备安全管理机构或者配备专职、兼职的安全管理人员。特种设备的安全管理人员应当对特种设备使用状况进行经常性检查，发现问题的应当立即处理；情况紧急时，可以决定停止使用特种设备并及时报告本单位有关负责人。

4. 使用前的试运行和例行检查

依据《特种设备安全监察条例》的规定，客运索道、大型游乐设施的运营使用单位在客运索道、大型游乐设施每日投入使用前，应当进行试运行和例行安全检查，并对安全装置进行检查确认。电梯、客运索道、大型游乐设施的运营使用单位应当将电梯、客运索道、大型游乐设施的安全注意事项和警示标志置于易于为乘客注意的显著位置。

5. 客运索道、大型游乐设施的运营安全

依据《特种设备安全监察条例》的规定，客运索道、大型游乐设施的运营使用单位的主要负责人应当熟悉客运索道、大型游乐设施的相关安全知识，并全面负责客运索道、大型游乐设施的安全使用。客运索道、大型游乐设施的运营使用单位的主要负责人至少应当每月召开一次会议，督促、检查客运索道、大型游乐设施的安全使用工作。客运索道、大型游乐设施的运营使用单位，应当结合本单位的实际情况，配备相应数量的营救装备和急救物品。

6. 电梯运行安全

依据《特种设备安全监察条例》的规定，电梯投入使用后，电梯制造单位应当对其制造的电梯的安全运行情况进行跟踪调查和了解，对电梯的日常维护保养单位或者电梯的使用单位在安全运行方面存在的问题，提出改进建议，并提供必要的技术帮助。发现电梯存在严重事故隐患的，应当及时向特种设备安全监督管理部门报告。电梯制造单位对调查和了解的情况，应当作出记录。

（五）特种设备作业人员管理

1. 特种设备作业人员资格

依据《特种设备安全监察条例》的规定，锅炉、压力容器、电梯、起重机械、客运索道、大型游乐设施、场（厂）内专用机动车辆的作业人员及其相关管理人员（统称特种设备作业人员），应当按照国家有关规定经特种设备安全监督管理部门考核合格，取得国家统一格式的特种作业人员证书，方可从事相应的作业或者管理工作。

2. 使用单位特种作业人员安全教育和培训

依据《特种设备安全监察条例》的规定，特种设备使用单位应当对特种设备作业人员进行特种设备安全、节能教育和培训，保证特种设备作业人员具备必要的特种设备安全、节能知识。特种设备作业人员在作业中应当严格执行特种设备的操作规程和有关的安全规章制度。

3. 事故隐患报告

依据《特种设备安全监察条例》的规定，特种设备作业人员在作业过程中发现事故隐患或者其他不安全因素，应当立即向现场安全管理人员和单位有关负责人报告。

四、特种设备检验检测的规定

（一）特种设备检验检测机构资质认可

依据《特种设备安全监察条例》的规定，从事本条例规定的监督检验、定期检验、型式试验以及专门为特种设备生产、使用、检验检测提供无损检测服务的特种设备检验检测机构，应当经国务院特种设备安全监督管理部门核准。特种设备使用单位设立的特种设备检验检测机构，经国务院特种设备安全监督管理部门核准，负责本单位核准范围内的特种设备定期检验工作。

特种设备检验检测机构，应当具备下列条件：

（1）有与所从事的检验检测工作相适应的检验检测人员。

（2）有与所从事的检验检测工作相适应的检验检测仪器和设备。

（3）有健全的检验检测管理制度、检验检测责任制度。

（二）检验检测人员资格管理

依据《特种设备安全监察条例》的规定，从事本条例规定的监督检验、定期检验、型式试验和无损检测的特种设备检验检测人员应当经国务院特种设备安全监督管理部门组织考核合格，取得检验检测人员证书，方可从事检验检测工作。

（三）检验检测活动的规定

1. 检验检测机构和检验检测人员职业准则

依据《特种设备安全监察条例》的规定，检验检测人员从事检验检测工作，必须在特种设备检验检测机构执业，但不得同时在两个以上检验检测机构中执业。特种设备检验检测机构和检验检测人员进行特种设备检验检测，应当遵循诚信原则和方便企业的原则，为特种设备生产、使用单位提供可靠、便捷的检验检测服务。特种设备检验检测机构和检验检测人员对涉及的被检验检测单位的商业秘密，负有保密义务。

2. 特种设备检验检测的要求

依据《特种设备安全监察条例》的规定，特种设备检验检测机构和检验检测人员应当客观、公正、及时地出具检验检测结果、鉴定结论。检验检测结果、鉴定结论经检验检测人员签字后，由检验检测机构负责人签署。特种设备检验检测机构和检验检测人员对检验检测结果、鉴定结论负责。特种设备检验检测机构和检验检测人员不得从事特种设备的生产、销售，不得以其名义推荐或者监制、监销特种设备。

3. 事故隐患报告

依据《特种设备安全监察条例》的规定，特种设备检验检测机构进行特种设备检验检测，发现严重事故隐患或者能耗严重超标的，应当及时告知特种设备使用单位，并立即向特种设备安全监督管理部门报告。

4. 投诉监督

依据《特种设备安全监察条例》的规定，特种设备检验检测机构和检验检测人员利用检验检测工作故意刁难特种设备生产、使用单位，特种设备生产、使用单位有权向特种设备安全监督管理部门投诉，接到投诉的特种设备安全监督管理部门应当及时进行调查处理。

五、特种设备安全检查监督的规定

（一）特种设备安全监察部门的职责

1. 日常安全监察和重点安全监察

依据《特种设备安全监察条例》的规定，特种设备安全监督管理部门应当依照本条例的规定，对特种设备生产、使用单位和检验检测机构实施安全监察。对学校、幼儿园以及车站、客运码头、商场、体育场馆、展览馆、公园等公众聚集场所的特种设备，特种设备安全监督管理部门应当实施重点安全监察。

2. 检查职权

依据《特种设备安全监察条例》的规定，特种设备安全监督管理部门根据举报或者取得的涉嫌违法证据，对涉嫌违反本条例规定的行为进行查处时，可以行使下列职权：

（1）向特种设备生产、使用单位和检验检测机构的法定代表人、主要负责人和其他有关人员调查、了解与涉嫌从事违反本条例的生产、使用、检验检测有关的情况。

（2）查阅、复制特种设备生产、使用单位和检验检测机构的有关合同、发票、账簿以及其他有关资料。

（3）对有证据表明不符合安全技术规范要求的或者有其他严重事故隐患、能耗严重超标的特种设备，予以查封或者扣押。

（二）许可、核准和登记的规定

依据《特种设备安全监察条例》的规定，依照本条例规定实施许可、核准、登记的特种设备安全监督管理部门，应当严格依照本条例规定条件和安全技术规范要求对有关事项进行审查；不符合本条例规定条件和安全技术规范要求的，不得许可、核准、登记；在申请办理许可、核准期间，特种设备安全监督管理部门发现申请人未经许可从事特种设备相应活动或者伪造许可、核准证书的，不予受理或者不予许可、核准，并在1年内不再受理其新的许可、核准申请。未依法取得许可、核准、登记的单位擅自从事特种设备的生产、使用或者检验检测活动的，特种设备安全监督管理部门应当依法予以处理。违反本条例规定，被依法撤销许可的，自撤销许可之日起3年内，特种设备安全监督管理部门不予受理其新的许可申请。

（三）特种设备监督检查

1. 实施行政审批和行政许可的规定

依据《特种设备安全监察条例》的规定，特种设备安全监督管理部门在办理本条例规定的有关行政审批事项时，其受理、审查、许可、核准的程序必须公开，并应当自受理申请之日起30日内，作出许可、核准或者不予许可、核准的决定；不予许可、核准的，应当书面向申请人说明理由。

地方各级特种设备安全监督管理部门不得以任何形式进行地方保护和地区封锁，不得对已经依照本条例规定在其他地方取得许可的特种设备生产单位重复进行许可，也不得要求对依照本条例规定在其他地方检验检测合格的特种设备，重复进行检验检测。

2. 监察执法的规定

依据《特种设备安全监察条例》的规定，特种设备安全监督管理部门的安全监察人员（简称特种设备安全监察人员）应当熟悉相关法律、法规、规章和安全技术规范，具有相应的专业知识和工作经验，并经国务院特种设备安全监督管理部门考核，取得特种设备安全监察人员证书。特种设备安全监察人员应当忠于职守、坚持原则、秉公执法。

特种设备安全监督管理部门对特种设备生产、使用单位和检验检测机构实施安全监察时，应当有两名以上特种设备安全监察人员参加，并出示有效的特种设备安全监察人员证件。特种设备安全监督管理部门对特种设备生产、使用单位和检验检测机构实施安全监察，应当对每次安全监察的内容、发现的问题及处理情况，作出记录，并由参加安全监察的特种设备安全监察人员和被检查单位的有关负责人签字后归档。被检查单位的有关负责人拒绝签字的，特种设备安全监察人员应当将情况记录在案。

3. 实施行政强制措施的规定

依据《特种设备安全监察条例》的规定，特种设备安全监督管理部门对特种设备生产、使用单位和检验检测机构进行安全监察时，发现有违反本条例规定和安全技术规范要求的行为或者在用的特种设备存在事故隐患、不符合能效指标的，应当以书面形式发出特种设备安全监察指令，责令有关单位及时采取措施，予以改正或者消除事故隐患。紧急情况下需要采取紧急处置措施的，应当随后补发书面通知。

4. 定期公布特种设备安全及能效

依据《特种设备安全监察条例》的规定，国务院特种设备安全监督管理部门和省、自治区、直辖市特种设备安全监督管理部门应当定期向社会公布特种设备安全以及能效状况。公布特种设备安全以及能效状况，应当包括下列内容：

（1）特种设备质量安全状况。

（2）特种设备事故的情况、特点、原因分析、防范对策。

（3）特种设备能效状况。

（4）其他需要公布的情况。

六、特种设备事故的报告和调查处理规定

（一）事故种类划分

1. 特种设备特别重大事故

依据《特种设备安全监察条例》的规定，有下列情形之一的，为特别重大事故：

（1）特种设备事故造成 30 人以上死亡，或者 100 人以上重伤（包括急性工业中毒），或者 1 亿元以上直接经济损失的。

（2）600 兆瓦以上锅炉爆炸的。

（3）压力容器、压力管道有毒介质泄漏，造成 15 万人以上转移的。

（4）客运索道、大型游乐设施高空滞留 100 人以上并且时间在 48 小时以上的。

2. 特种设备重大事故

依据《特种设备安全监察条例》的规定，有下列情形之一的，为重大事故：

（1）特种设备事故造成 10 人以上 30 人以下死亡，或者 50 人以上 100 人以下重伤，或者 5000 万元以上 1 亿元以下直接经济损失的。

（2）600 兆瓦以上锅炉因安全故障中断运行 240 小时以上的。

（3）压力容器、压力管道有毒介质泄漏，造成 5 万人以上 15 万人以下转移的。

（4）客运索道、大型游乐设施高空滞留 100 人以上并且时间在 24 小时以上 48 小时以下的。

3. 特种设备较大事故

依据《特种设备安全监察条例》的规定，有下列情形之一的，为较大事故：

（1）特种设备事故造成 3 人以上 10 人以下死亡，或者 10 人以上 50 人以下重伤，或者 1000 万元以上 5000 万元以下直接经济损失的。

（2）锅炉、压力容器、压力管道爆炸的。

（3）压力容器、压力管道有毒介质泄漏，造成 1 万人以上 5 万人以下转移的。

（4）起重机械整体倾覆的。

（5）客运索道、大型游乐设施高空滞留人员 12 小时以上的。

4. 特种设备一般事故

依据《特种设备安全监察条例》的规定，有下列情形之一的，为一般事故：

（1）特种设备事故造成 3 人以下死亡，或者 10 人以下重伤，或者 1 万元以上 1000 万元以下直接经济损失的。

（2）压力容器、压力管道有毒介质泄漏，造成 500 人以上 1 万人以下转移的。

（3）电梯轿厢滞留人员 2 小时以上的。

（4）起重机械主要受力结构件折断或者起升机构坠落的。

（5）客运索道高空滞留人员 3.5 小时以上 12 小时以下的。

（6）大型游乐设施高空滞留人员 1 小时以上 12 小时以下的。

（二）应急预案及演练

依据《特种设备安全监察条例》的规定，特种设备安全监督管理部门应当制定特种设备应急预案。特种设备使用单位应当制定事故应急专项预案，并定期进行事故应急演练。

（三）事故抢救及报告

依据《特种设备安全监察条例》的规定，特种设备事故发生后，事故发生单位应当立即启动事故应急预案，组织抢救，防止事故扩大，减少人员伤亡和财产损失，并及时向事故发生地县以上特种设备安全监督管理部门和有关部门报告。压力容器、压力管道发生爆炸或者泄漏，在抢险救援时应当区分介质特性，严格按照相关预案规定程序处理，防止二次爆炸。

（四）事故调查

依据《特种设备安全监察条例》的规定，特别重大事故由国务院或者国务院授权有关部门组织事故调查组进行调查。重大事故由国务院特种设备安全监督管理部门会同有关部门组织事故调查组进行调查。较大事故由省、自治区、直辖市特种设备安全监督管理部门会同有关部门组织事故调查组进行调查。一般事故由设区的市的特种设备安全监督管理部门会同有关部门组织事故调查组进行调查。

（五）事故批复

依据《特种设备安全监察条例》的规定，事故调查报告应当由负责组织事故调查的特种设备安全监督管理部门的所在地人民政府批复，并报上一级特种设备安全监督管理部门备案。有关机关应当按照批复，依照法律、行政法规规定的权限和程序，对事故责任单位和有关人员进行行政处罚，对负有事故责任的国家工作人员进行处分。

七、特种设备安全违法行为应负的法律责任

（一）擅自从事特种设备设计、制造活动的法律责任

（1）依据《特种设备安全监察条例》的规定，未经许可，擅自从事压力容器设计活动的，由特种设备安全监督管理部门予以取缔，处 5 万元以上 20 万元以下罚款；有违法所得的，没收违法所得；触犯刑律的，对负有责任的主管人员和其他直接责任人员依照刑法关于非法经营罪或者其他罪的规定，依法追究刑事责任。

（2）依据《特种设备安全监察条例》的规定，锅炉、气瓶、氧舱和客运索道、大型

游乐设施以及高耗能特种设备的设计文件，未经国务院特种设备安全监督管理部门核准的检验检测机构鉴定，擅自用于制造的，由特种设备安全监督管理部门责令改正，没收非法制造的产品，处5万元以上20万元以下罚款；触犯刑律的，对负有责任的主管人员和其他直接责任人员依照刑法关于生产、销售伪劣产品罪、非法经营罪或者其他罪的规定，依法追究刑事责任。

（二）违反型式试验的法律责任

依据《特种设备安全监察条例》的规定，按照安全技术规范的要求应当进行型式试验的特种设备产品、部件或者试制特种设备新产品、新部件，未进行整机或者部件型式试验的，由特种设备安全监督管理部门责令限期改正；逾期未改正的，处2万元以上10万元以下罚款。

（三）擅自从事特种设备生产、安装、改造、维修保养活动的法律责任

（1）依据《特种设备安全监察条例》的规定，未经许可，擅自从事锅炉、压力容器、电梯、起重机械、客运索道、大型游乐设施、场（厂）内专用机动车辆及其安全附件、安全保护装置的制造、安装、改造以及压力管道元件的制造活动的，由特种设备安全监督管理部门予以取缔，没收非法制造的产品，已经实施安装、改造的，责令恢复原状或者责令限期由取得许可的单位重新安装、改造，处10万元以上50万元以下罚款；触犯刑律的，对负有责任的主管人员和其他直接责任人员依照刑法关于生产、销售伪劣产品罪、非法经营罪、重大责任事故罪或者其他罪的规定，依法追究刑事责任。

（2）依据《特种设备安全监察条例》的规定，特种设备出厂时，未按照安全技术规范的要求附有设计文件、产品质量合格证明、安装及使用维修说明、监督检验证明等文件的，由特种设备安全监督管理部门责令改正；情节严重的，责令停止生产、销售，处违法生产、销售货值金额30%以下罚款；有违法所得的，没收违法所得。

（3）依据《特种设备安全监察条例》的规定，未经许可，擅自从事锅炉、压力容器、电梯、起重机械、客运索道、大型游乐设施、场（厂）内专用机动车辆的维修或者日常维护保养的，由特种设备安全监督管理部门予以取缔，处1万元以上5万元以下罚款；有违法所得的，没收违法所得；触犯刑律的，对负有责任的主管人员和其他直接责任人员依照刑法关于非法经营罪、重大责任事故罪或者其他罪的规定，依法追究刑事责任。

（4）依据《特种设备安全监察条例》的规定，锅炉、压力容器、电梯、起重机械、客运索道、大型游乐设施的安装、改造、维修的施工单位以及场（厂）内专用机动车辆的改造、维修单位，在施工前未将拟进行的特种设备安装、改造、维修情况书面告知直辖市或者设区的市的特种设备安全监督管理部门即行施工的，或者在验收后30日内未将有关技术资料移交锅炉、压力容器、电梯、起重机械、客运索道、大型游乐设施的使用单位的，由特种设备安全监督管理部门责令限期改正；逾期未改正的，处2000元以上1万元以下罚款。

（5）依据《特种设备安全监察条例》的规定，锅炉、压力容器、压力管道元件、起重机械、大型游乐设施的制造过程和锅炉、压力容器、电梯、起重机械、客运索道、大型游乐设施的安装、改造、重大维修过程，以及锅炉清洗过程，未经国务院特种设备安全监督管理部门核准的检验检测机构按照安全技术规范的要求进行监督检验的，由特种设备安

全监督管理部门责令改正，已经出厂的，没收违法生产、销售的产品，已经实施安装、改造、重大维修或者清洗的，责令限期进行监督检验，处5万元以上20万元以下罚款；有违法所得的，没收违法所得；情节严重的，撤销制造、安装、改造或者维修单位已经取得的许可，并由工商行政管理部门吊销其营业执照；触犯刑律的，对负有责任的主管人员和其他直接责任人员依照刑法关于生产、销售伪劣产品罪或者其他罪的规定，依法追究刑事责任。

（6）依据《特种设备安全监察条例》的规定，未经许可，擅自从事移动式压力容器或者气瓶充装活动的，由特种设备安全监督管理部门予以取缔，没收违法充装的气瓶，处10万元以上50万元以下罚款；有违法所得的，没收违法所得；触犯刑律的，对负有责任的主管人员和其他直接责任人员依照刑法关于非法经营罪或者其他罪的规定，依法追究刑事责任。

移动式压力容器、气瓶充装单位未按照安全技术规范的要求进行充装活动的，由特种设备安全监督管理部门责令改正，处2万元以上10万元以下罚款；情节严重的，撤销其充装资格。

（四）电梯制造单位违反有关规定的处理

依据《特种设备安全监察条例》的规定，电梯制造单位有下列情形之一的，由特种设备安全监督管理部门责令限期改正；逾期未改正的，予以通报批评：

（1）未依照本条例第十九条的规定对电梯进行校验、调试的。

（2）对电梯的安全运行情况进行跟踪调查和了解时，发现存在严重事故隐患，未及时向特种设备安全监督管理部门报告的。

（五）特种设备生产单位、检验检测机构的法律责任

依据《特种设备安全监察条例》的规定，已经取得许可、核准的特种设备生产单位、检验检测机构有下列行为之一的，由特种设备安全监督管理部门责令改正，处2万元以上10万元以下罚款；情节严重的，撤销其相应资格：

（1）未按照安全技术规范的要求办理许可证变更手续的。

（2）不再符合本条例规定或者安全技术规范要求的条件，继续从事特种设备生产、检验检测的。

（3）未依照本条例规定或者安全技术规范要求进行特种设备生产、检验检测的。

（4）伪造、变造、出租、出借、转让许可证书或者监督检验报告的。

（六）特种设备使用单位的法律责任

依据《特种设备安全监察条例》的规定，特种设备使用单位有下列情形之一的，由特种设备安全监督管理部门责令限期改正；逾期未改正的，处2000元以上2万元以下罚款；情节严重的，责令停止使用或者停产停业整顿：

（1）特种设备投入使用前或者投入使用后30日内，未向特种设备安全监督管理部门登记，擅自将其投入使用的。

（2）未依照本条例第二十六条的规定，建立特种设备安全技术档案的。

（3）未依照本条例第二十七条的规定，对在用特种设备进行经常性日常维护保养和定期自行检查的，或者对在用特种设备的安全附件、安全保护装置、测量调控装置及有关

附属仪器仪表进行定期校验、检修，并作出记录的。

（4）未按照安全技术规范的定期检验要求，在安全检验合格有效期届满前1个月向特种设备检验检测机构提出定期检验要求的。

（5）使用未经定期检验或者检验不合格的特种设备的。

（6）特种设备出现故障或者发生异常情况，未对其进行全面检查、消除事故隐患，继续投入使用的。

（7）未制定特种设备事故应急专项预案的。

（8）未依照本条例第三十一条第二款的规定，对电梯进行清洁、润滑、调整和检查的。

（9）未按照安全技术规范要求进行锅炉水（介）质处理的。

（10）特种设备不符合能效指标，未及时采取相应措施进行整改的。

特种设备使用单位使用未取得生产许可的单位生产的特种设备或者将非承压锅炉、非压力容器作为承压锅炉、压力容器使用的，由特种设备安全监督管理部门责令停止使用，予以没收，处2万元以上10万元以下罚款。

（七）特种设备未按规定注销的法律责任

依据《特种设备安全监察条例》的规定，特种设备存在严重事故隐患，无改造、维修价值，或者超过安全技术规范规定的使用年限，特种设备使用单位未予以报废，并向原登记的特种设备安全监督管理部门办理注销的，由特种设备安全监督管理部门责令限期改正；逾期未改正的，处5万元以上20万元以下罚款。

（八）电梯、客运索道、大型游乐设施的运营使用单位的法律责任

依据《特种设备安全监察条例》的规定，电梯、客运索道、大型游乐设施的运营使用单位有下列情形之一的，由特种设备安全监督管理部门责令限期改正；逾期未改正的，责令停止使用或者停产停业整顿，处1万元以上5万元以下罚款：

（1）客运索道、大型游乐设施每日投入使用前，未进行试运行和例行安全检查，并对安全装置进行检查确认的。

（2）未将电梯、客运索道、大型游乐设施的安全注意事项和警示标志置于易于为乘客注意的显著位置的。

（九）特种设备使用单位有关安全管理机构和从业人员的法律责任

依据《特种设备安全监察条例》的规定，特种设备使用单位有下列情形之一的，由特种设备安全监督管理部门责令限期改正；逾期未改正的，责令停止使用或者停产停业整顿，处2000元以上2万元以下罚款：

（1）未依照本条例规定设置特种设备安全管理机构或者配备专职、兼职的安全管理人员的。

（2）从事特种设备作业的人员，未取得相应特种作业人员证书，上岗作业的。

（3）未对特种设备作业人员进行特种设备安全教育和培训的。

（十）发生特种设备事故不及时抢救及隐瞒不报谎报或者拖延不报的法律责任

依据《特种设备安全监察条例》的规定，发生特种设备事故，有下列情形之一的，对单位，由特种设备安全监督管理部门处5万元以上20万元以下罚款；对主要负责人，

由特种设备安全监督管理部门处4000元以上2万元以下罚款；属于国家工作人员的，依法给予处分；触犯刑律的，依照刑法关于重大责任事故罪或者其他罪的规定，依法追究刑事责任：

（1）特种设备使用单位的主要负责人在本单位发生特种设备事故时，不立即组织抢救或者在事故调查处理期间擅离职守或者逃匿的。

（2）特种设备使用单位的主要负责人对特种设备事故隐瞒不报、谎报或者拖延不报的。

（十一）事故发生单位的法律责任

依据《特种设备安全监察条例》的规定，对事故发生负有责任的单位，由特种设备安全监督管理部门依照下列规定处以罚款：

（1）发生一般事故的，处10万元以上20万元以下罚款。

（2）发生较大事故的，处20万元以上50万元以下罚款。

（3）发生重大事故的，处50万元以上200万元以下罚款。

（十二）事故发生单位主要负责人的法律责任

依据《特种设备安全监察条例》的规定，对事故发生负有责任的单位的主要负责人未依法履行职责，导致事故发生的，由特种设备安全监督管理部门依照下列规定处以罚款；属于国家工作人员的，并依法给予处分；触犯刑律的，依照刑法关于重大责任事故罪或者其他罪的规定，依法追究刑事责任：

（1）发生一般事故的，处上一年年收入30%的罚款。

（2）发生较大事故的，处上一年年收入40%的罚款。

（3）发生重大事故的，处上一年年收入60%的罚款。

（十三）特种设备作业人员的法律责任

依据《特种设备安全监察条例》的规定，特种设备作业人员违反特种设备的操作规程和有关的安全规章制度操作，或者在作业过程中发现事故隐患或者其他不安全因素，未立即向现场安全管理人员和单位有关负责人报告的，由特种设备使用单位给予批评教育、处分；情节严重的，撤销特种设备作业人员资格；触犯刑律的，依照刑法关于重大责任事故罪或者其他罪的规定，依法追究刑事责任。

（十四）特种设备检验检测机构的法律责任

依据《特种设备安全监察条例》的规定，特种设备检验检测机构违反本条例的有关规定，依照本条例第九十一条、第九十二条、第九十三条、第九十四条、第九十五条、第九十六条的规定追究法律责任。

（十五）特种设备安全监察人员的法律责任

依据《特种设备安全监察条例》的规定，特种设备安全监督管理部门及其特种设备安全监察人员，有下列违法行为之一的，对直接负责的主管人员和其他直接责任人员，依法给予降级或者撤职的处分；触犯刑律的，依照刑法关于受贿罪、滥用职权罪、玩忽职守罪或者其他罪的规定，依法追究刑事责任：

（1）不按照本条例规定的条件和安全技术规范要求，实施许可、核准、登记的。

（2）发现未经许可、核准、登记擅自从事特种设备的生产、使用或者检验检测活动不予取缔或者不依法予以处理的。

（3）发现特种设备生产、使用单位不再具备本条例规定的条件而不撤销其原许可，或者发现特种设备生产、使用违法行为不予查处的。

（4）发现特种设备检验检测机构不再具备本条例规定的条件而不撤销其原核准，或者对其出具虚假的检验检测结果、鉴定结论或者检验检测结果、鉴定结论严重失实的行为不予查处的。

（5）对依照本条例规定在其他地方取得许可的特种设备生产单位重复进行许可，或者对依照本条例规定在其他地方检验检测合格的特种设备，重复进行检验检测的。

（6）发现有违反本条例和安全技术规范的行为或者在用的特种设备存在严重事故隐患，不立即处理的。

（7）发现重大的违法行为或者严重事故隐患，未及时向上级特种设备安全监督管理部门报告，或者接到报告的特种设备安全监督管理部门不立即处理的。

（8）迟报、漏报、瞒报或者谎报事故的。

（9）妨碍事故救援或者事故调查处理的。

（十六）生产、使用单位或者检验检测机构拒不接受安全监察的法律责任

依据《特种设备安全监察条例》的规定，特种设备的生产、使用单位或者检验检测机构，拒不接受特种设备安全监督管理部门依法实施的安全监察的，由特种设备安全监督管理部门责令限期改正；逾期未改正的，责令停产停业整顿，处 2 万元以上 10 万元以下罚款；触犯刑律的，依照刑法关于妨害公务罪或者其他罪的规定，依法追究刑事责任。

特种设备生产、使用单位擅自动用、调换、转移、损毁被查封、扣押的特种设备或者其主要部件的，由特种设备安全监督管理部门责令改正，处 5 万元以上 20 万元以下罚款；情节严重的，撤销其相应资格。

第九节　生产安全事故应急条例

党中央国务院历来高度重视安全生产工作。近年来生产安全事故起数和死亡人数大幅减少，但依然稳中有忧、稳中有险。其中由于盲目施救、处置不当，导致事故扩大，以及死亡人数增加的事件时有发生，屡见不鲜，亟须进行统一和规范。为了解决生产安全事故应急工作中存在的突出问题，提高生产安全事故应急工作的科学化、规范化和法治化水平，2019 年 2 月 17 日，国务院总理李克强签署第 708 号国务院令，公布《生产安全事故应急条例》（以下简称《条例》），自 2019 年 4 月 1 日起施行。《条例》，共五章，三十五条，对生产安全事故应急工作体制、应急准备、应急救援等作了规定。

一、《条例》的适用范围

（1）《条例》是《安全生产法》和《突发事件应对法》的配套行政法规。《条例》第一条规定："为了规范生产安全事故应急工作，保障人民群众生命和财产安全，根据《中华人民共和国安全生产法》和《中华人民共和国突发事件应对法》，制定本条例。"《安全生产法》是安全生产领域的综合性法规，确立了安全生产的基本准则和基本制度，生产

安全事故应急工作是安全生产的重要内容，法律也设有生产安全事故应急救援和调查处理一章，对有关应急救援作出规定。《突发事件应对法》是我国应急工作的法律基础，它确立了突发事件应急工作的法律原则和法律制度。

(2)《条例》是生产安全事故应急工作的行为规范。《条例》第二条规定："本条例适用于生产安全事故应急工作；法律、行政法规另有规定的，适用其规定。"这里包括两方面内容。

一是普遍适用原则。《条例》明确是规范生产安全事故应急工作的普遍规定，所有生产安全事故应急工作都要遵守本条例的规定。根据《安全生产法》和《生产安全事故报告和调查处理条例》，生产安全事故是指生产经营活动中发生的造成人身伤亡或者直接经济损失的事故，分四个等级。二是例外适用原则。法律、行政法规对生产安全事故应急工作另有规定的，适用其规定，不适用《条例》，这是《条例》与其他法律、行政法规的衔接性规定。按照下位法服从上位法的原则，法律已对生产安全事故应急工作作出规定的，适用其法律的规定，这些法律有《安全生产法》《突发事件应对法》等。按照特殊法优于一般法的原则，《条例》是国务院制定颁布的行政法规，是规范生产安全事故应急工作的一般规定，其他行政法规对生产安全事故应急工作另有规定的，适用其行政法规的规定。例如《危险化学品安全管理条例》对危险化学品事故应急预案有规定，这些行政法规还有《电力安全事故应急处置和调查处理条例》《铁路交通事故应急救援和调查处理条例》等。

(3)《条例》是科研机构、学校、医院等单位的安全事故应急工作的重要参照。按照参照适用原则，《条例》第三十四条规定："储存、使用易燃易爆物品、危险化学品等危险物品的科研机构、学校、医院等单位的安全事故应急工作，参照本条例有关规定执行。"根据生产安全事故的范围，科研机构、学校、医院等单位发生的安全事故，不属于生产安全事故。但是，现实中这类单位储存、使用易燃易爆物品、危险化学品等危险物品，存在较大的风险，极易发生事故，也需要应急工作。故《条例》作出了参照执行规定，弥补了法规空缺。

二、《条例》明确了生产安全事故应急工作的体制

为了加强和规范生产安全事故应急工作，《条例》第三条、第四条从政府、企业两个层面5个方面明确了相应的职责，理清了工作机制。

一是明确生产安全事故应急工作由县级以上人民政府统一领导、分级负责。《条例》第三条第一款规定："国务院统一领导全国的生产安全事故应急工作，县级以上地方人民政府统一领导本行政区域内的生产安全事故应急工作。生产安全事故应急工作涉及两个以上行政区域的，由有关行政区域共同的上一级人民政府负责，或者由各有关行政区域的上一级人民政府共同负责。"根据上述规定，假如两个县属于同一市管辖的，则由该市政府负责；假如两个县分别属于不同市管辖的，则由不同市共同负责。

二是明确政府有关部门按照各自职责负责有关行业、领域的生产安全事故应急工作。《条例》第三条第二款规定："县级以上人民政府应急管理部门和其他对有关行业、领域的安全生产工作实施监督管理的部门（以下统称负有安全生产监督管理职责的部门）在各

自职责范围内，做好有关行业、领域的生产安全事故应急工作。”生产安全事故应急工作是安全生产的重要内容，按照管行业必须管安全，管业务必须管安全、管生产经营必须管安全的原则，政府应急管理部门和其他负责安全生产监督管理职责的部门在各自职责范围内，分别做好有关生产安全事故应急工作，各负其责。

三是明确应急管理部门对生产安全事故应急工作负有统筹职责。《条例》第三条第三款规定:“县级以上人民政府应急管理部门指导、协调本级人民政府其他负有安全生产监督管理职责的部门和下级人民政府的生产安全事故应急工作。”应急管理部门作为安全生产工作的综合部门，对安全生产工作负责综合监督管理职责，同样对同级政府其他部门和下级政府的生产安全事故应急工作负有指导、协调职责。

四是明确乡镇等政府和派出机关协助做好生产安全事故应急工作。《条例》第三条第四款规定:“乡、镇人民政府以及街道办事处等地方人民政府派出机关应当协助上级人民政府有关部门依法履行生产安全事故应急工作职责。”这与《安全生产法》类似，乡、镇人民政府以及街道办事处等地方人民政府派出机关仅是作好协助工作。

五是明确生产经营单位是本单位生产安全事故应急工作的责任主体，主要负责人全面负责。《条例》第四条规定:“生产经营单位应当加强生产安全事故应急工作，建立、健全生产安全事故应急工作责任制，其主要负责人对本单位的生产安全事故应急工作全面负责。”贯彻落实《安全生产法》的规定，强调管安全生产工作，必须管应急工作。

三、《条例》强化了生产安全事故的应急准备

应急准备是整个应急工作的前提。《突发事件应对法》对有关应急准备作出了很多规定，《安全生产法》对有关应急预案和应急队伍、物资配备也作出了相应规定。在此基础上，结合生产安全事故应急工作的实际需要，《条例》设立专章，共12条，从预案编制、预案备案、预案演练、队伍建设、值班制度、人员培训、物资储备、信息系统8个方面进行规范。

1. 规范了应急预案的编制

一是明确县级以上政府及部门要制定生产安全事故预案，并向社会公布。《条例》第五条规定:“县级以上人民政府及其负有安全生产监督管理职责的部门和乡、镇人民政府以及街道办事处等地方人民政府派出机关，应当针对可能发生的生产安全事故的特点和危害，进行风险辨识和评估，制定相应的生产安全事故应急救援预案，并依法向社会公布。”按照预案对象的不同，预案的种类也不同，各级政府要制定相应的政府预案，有关部门要制定不同的事故预案，有生产安全事故专项综合应急预案，也有危险化学品事故、尾矿库事故、特种设备事故等部门应急预案等。

二是明确生产经营单位要制定生产安全事故预案，并向从业人员公布。《条例》第五条规定:“生产经营单位应当针对本单位可能发生的生产安全事故的特点和危害，进行风险辨识和评估，制定相应的生产安全事故应急救援预案，并向本单位从业人员公布。”各单位生产经营活动情况不同，面临的风险也不同，有的生产经营单位仅存有单一风险，有的生产经营单位存有多种风险。因此，生产经营单位要针对自身可能发生的生产安全事故的种类、特点和危害程度等因素，进行风险辨识和评估，制定面对多种灾害的综合性应急

预案，或者面对单一灾害的专项应急预案，或者简单的现场处置方案。

三是明确了预案编制的依据和内容。《条例》第六条规定："生产安全事故应急救援预案应当符合有关法律、法规、规章和标准的规定，具有科学性、针对性和可操作性，明确规定应急组织体系、职责分工以及应急救援程序和措施。"根据规定，生产安全事故应急预案编制不仅要符合法律、法规的要求，还要符合规章和标准的要求，特别是增加标准的规定，其目的就是要增强应急预案的科学性、针对性和可操作性。

四是规范了应急预案的修订。实践中，很多政府及部门、生产经营单位编制的生产安全事故应急预案往往多年不修订。为此，《条例》第六条规定："有下列情形之一的，生产安全事故应急救援预案制定单位应当及时修订相关预案：（一）制定预案所依据的法律、法规、规章、标准发生重大变化；（二）应急指挥机构及其职责发生调整；（三）安全生产面临的风险发生重大变化；（四）重要应急资源发生重大变化；（五）在预案演练或者应急救援中发现需要修订预案的重大问题；（六）其他应当修订的情形。"出现上述情况的，有关政府及部门、生产经营单位等预案制定部门应当及时修订相应的应急预案。

2. 规范了预案的备案

预案备案是加强应急管理的重要内容。《条例》从政府部门应急预案和生产经营单位应急预案两个方面对备案作出规定：

一是政府部门的应急预案向本级人民政府备案。第七条规定："县级以上人民政府负有安全生产监督管理职责的部门应当将其制定的生产安全事故应急救援预案报送本级人民政府备案。"

二是高危生产经营单位和人员密集场所经营单位的应急预案向政府有关部门备案，并依法向社会公布。第七条规定："易燃易爆物品、危险化学品等危险物品的生产、经营、储存、运输单位，矿山、金属冶炼、城市轨道交通运营、建筑施工单位，以及宾馆、商场、娱乐场所、旅游景区等人员密集场所经营单位，应当将其制定的生产安全事故应急救援预案按照国家有关规定报送县级以上人民政府负有安全生产监督管理职责的部门备案，并依法向社会公布。"这里与《条例》第五条规定有所不同，生产经营单位制定的应急救援预案要向从业人员公布，但是，高危生产经营单位和人员密集场所经营单位的应急预案要依法向社会公布，要求更严。

3. 规范了预案的演练

应急预案进行演练是保证应急预案有效性的重要手段。《条例》从三方面对应急预案演练作出规定：

一是政府及部门应急预案必须至少每 2 年组织 1 次演练。实践中，很多部门的应急预案从编制完成以来，因各种因素和原因，没有过一次演练，形同虚设。为此，《条例》第八条规定："县级以上地方人民政府以及县级以上人民政府负有安全生产监督管理职责的部门，乡、镇人民政府以及街道办事处等地方人民政府派出机关，应当至少每 2 年组织 1 次生产安全事故应急救援预案演练。"

二是高危生产经营单位和人员密集场所经营单位必须至少每半年组织 1 次演练。《条例》第八条规定："易燃易爆物品、危险化学品等危险物品的生产、经营、储存、运输单位，矿山、金属冶炼、城市轨道交通运营、建筑施工单位，以及宾馆、商场、娱乐场所、旅游景区等人员密集场所经营单位，应当至少每半年组织1次生产安全事故应急救援预案演练，并将演练情况报送所在地县级以上地方人民政府负有安全生产监督管理职责的部门。”根据规定，演练必须每半年至少1次，也可以针对不同的事故，每半年组织2次及以上演练，由高危生产经营单位和人员密集场所经营单位根据实际情况确定。演练结束后，高危生产经营单位和人员密集场所经营单位应当将演练情况报送所在地县级以上地方人民政府负有安全生产监督管理职责的部门，这是法定义务。

三是规定了政府部门对高危生产经营单位和人员密集场所经营单位演练的监督。对演练的监督，是保证演练取得效果的重要手段和措施。《条例》第八条规定：“县级以上地方人民政府负有安全生产监督管理职责的部门应当对本行政区域内前款规定的重点生产经营单位的生产安全事故应急救援预案演练进行抽查；发现演练不符合要求的，应当责令限期改正。”这里讲的抽查，是一种事后监督方式。

4. 强化了应急救援队伍能力建设

为了加强应急救援队伍建设，提高应急救援人员素质。《条例》从以下7个方面进行了规范：

一是明确政府应急救援队伍建设。政府及有关部门建立的综合和专职应急救援队伍，是参与生产安全事故应急救援工作的主要力量。为了避免应急救援队伍的重复建设，《条例》第九条从建设规划和队伍建设两个方面作出了规定：第一是规定各级人民政府对应急救援队伍建设进行统筹，明确“县级以上人民政府应当加强对生产安全事故应急救援队伍建设的统一规划、组织和指导。”第二是规定有关部门可以单独建立，也可以共同建立应急救援队伍，明确“县级以上人民政府负有安全生产监督管理职责的部门根据生产安全事故应急工作的实际需要，在重点行业、领域单独建立或者依托有条件的生产经营单位、社会组织共同建立应急救援队伍。”

二是明确社会化救援队伍建设。实践中，部分生产经营单位自己建立了专门的应急救援队伍，除了满足自身救援工作外，更多从事社会化救援服务；还有一些专门从事应急救援工作的社会组织，其本身性质也各不相同，有企业性质的，也有事业单位性质的等。这些社会救援力量，也是我国应急救援工作的重要支持。为了发挥这些救援力量的作用，《条例》第九规定：“国家鼓励和支持生产经营单位和其他社会力量建立提供社会化应急救援服务的应急救援队伍。”

三是明确高危生产经营单位和人员密集场所经营单位应急救援队伍建设。《条例》第十条规定：“易燃易爆物品、危险化学品等危险物品的生产、经营、储存、运输单位，矿山、金属冶炼、城市轨道交通运营、建筑施工单位，以及宾馆、商场、娱乐场所、旅游景区等人员密集场所经营单位，应当建立应急救援队伍；其中，小型企业或者微型企业等规模较小的生产经营单位，可以不建立应急救援队伍，但应当指定兼职的应急救援人员，并且可以与邻近的应急救援队伍签订应急救援协议。”

四是明确产业聚集区可以联合建立应急救援队伍。实践中，工业园区、开发区等区域内，特别是化工园区内，高危生产经营单位较多，每个单位都建立应急救援队伍，既浪费资源，也无必要。为此，《条例》第十条规定：“工业园区、开发区等产业聚集区域内的生产经营单位，可以联合建立应急救援队伍。”

五是明确应急救援人员素质和培训。应急救援人员从事的工作特殊，需要面对火灾、水害、尘毒等各种类型风险，专业极性强，必须具有较高的素质和技能。为此，《条例》第十一条从两个方面作出规定，第一是对专业知识、技能素质提出要求，明确："应急救援队伍的应急救援人员应当具备必要的专业知识、技能、身体素质和心理素质。"第二是对培训提出要求，必须经过培训合格方可参加应急救援工作，明确："应急救援队伍建立单位或者兼职应急救援人员所在单位应当按照国家有关规定对应急救援人员进行培训；应急救援人员经培训合格后，方可参加应急救援工作。"

六是明确应急救援队伍的训练。应急救援队伍必须经常训练，方可提高应急救援能力。为此，《条例》第十一条规定："应急救援队伍应当配备必要的应急救援装备和物资，并定期组织训练。"

七是明确了应急队伍的统筹管理。应急救援队伍的统筹管理和信息化，是调动各方面应急救援力量，提高整体应急救援能力的重要手段。为此，《条例》第十二条从两个方面作出规定，第一是规定生产经营单位建立的应急救援队伍要向政府部门报告，明确："生产经营单位应当及时将本单位应急救援队伍建立情况按照国家有关规定报送县级以上人民政府负有安全生产监督管理职责的部门，并依法向社会公布。"第二是规定政府有关部门建立的应急救援队伍要向本级政府报告，便于统筹管理，明确："县级以上人民政府负有安全生产监督管理职责的部门应当定期将本行业、本领域的应急救援队伍建立情况报送本级人民政府，并依法向社会公布。"

5. 规范了物资储备要求

为了强化生产安全事故应急物资储备，保障应急工作的需要，《条例》第十三条从两个方面作出规定：一是政府应急物资储备的要求，明确："县级以上地方人民政府应当根据本行政区域内可能发生的生产安全事故的特点和危害，储备必要的应急救援装备和物资，并及时更新和补充。"二是高危生产经营单位以及人员密集场所经营单位的储备要求，明确："易燃易爆物品、危险化学品等危险物品的生产、经营、储存、运输单位，矿山、金属冶炼、城市轨道交通运营、建筑施工单位，以及宾馆、商场、娱乐场所、旅游景区等人员密集场所经营单位，应当根据本单位可能发生的生产安全事故的特点和危害，配备必要的灭火、排水、通风以及危险物品稀释、掩埋、收集等应急救援器材、设备和物资，并进行经常性维护、保养，保证正常运转。"

6. 规范的应急值班制度

为了保证应急工作的开展，及时联络相关人员和应急救援队伍，以及易燃易爆等高危物品应急救援的技术支撑，《条例》第十四条从两个方面作出规定：一是要求三类单位建立应急值班制度，配备应急值班人员。明确："下列单位应当建立应急值班制度，配备应急值班人员：（一）县级以上人民政府及其负有安全生产监督管理职责的部门；（二）危险物品的生产、经营、储存、运输单位以及矿山、金属冶炼、城市轨道交通运营、建筑施工单位；（三）应急救援队伍。"二是要求易燃易爆等高危物品单位成立应急处置技术组，24 小时值班。明确："规模较大、危险性较高的易燃易爆物品、危险化学品等危险物品的生产、经营、储存、运输单位应当成立应急处置技术组，实行 24 小时应急值班。"

7. 规范了从业人员的应急培训

《安全生产法》对生产经营单位从业人员的安全生产教育和培训提出了要求。实践中，生产经营单位往往忽视从业人员应急能力的提高，导致发生事故后，从业人员不知、不会逃生，不具备基本的应急知识。为了提高从业人员的应急能力，《条例》第十五条规定："生产经营单位应当对从业人员进行应急教育和培训，保证从业人员具备必要的应急知识，掌握风险防范技能和事故应急措施。"生产经营单位必须按照规定加强对业人员的应急教育和培训，切实提高从业人员的应急能力；违反规定的，将予以处罚。

8. 强化了应急救援的信息化建设

应急救援的信息化，是保障应急救援有效的重要手段。应急救援队伍、人员、物资、预案等信息必须实现共享、互通。《条例》第十六条从两个方面作出了规定：一是建立统一的生产安全事故应急救援信息系统，明确："国务院负有安全生产监督管理职责的部门应当按照国家有关规定建立生产安全事故应急救援信息系统，并采取有效措施，实现数据互联互通、信息共享。"二是规定生产安全事故应急救援信息系统与日常监管结合，实现"互联网+监督"服务。明确："生产经营单位可以通过生产安全事故应急救援信息系统办理生产安全事故应急救援预案备案手续，报送应急救援预案演练情况和应急救援队伍建设情况；但依法需要保密的除外。"

四、《条例》规范了生产安全事故的应急救援

实践中，生产安全事故发生后，事故现场救援机制不够完善、救援程序不够明确、救援指挥不够科学等问题，尤其是在一些基层生产经营单位违章指挥、盲目施救现象时有发生。为了规范生产安全事故应急救援工作，在《安全生产法》《突发事件应对法》已有规定的基础上，结合近年来应急救援的实践，《条例》从以下 11 个方面进行了规范。

1. 规范了生产经营单位的初期处置行为

发生事故后，生产经营单位是第一救援力量，必须进行初期处置，避免事态扩大。为此，《条例》第十七条规定发生生产安全事故后，生产经营单位应当立即启动生产安全事故应急救援预案，采取下列一项或者多项应急救援措施，并按照国家有关规定报告事故情况。这些措施有：①迅速控制危险源，组织抢救遇险人员；②根据事故危害程度，组织现场人员撤离或者采取可能的应急措施后撤离；③及时通知可能受到事故影响的单位和人员；④采取必要措施，防止事故危害扩大和次生、衍生灾害发生；⑤根据需要请求邻近的应急救援队伍参加救援，并向参加救援的应急救援队伍提供相关技术资料、信息和处置方法；⑥维护事故现场秩序，保护事故现场和相关证据；⑦法律、法规规定的其他应急救援措施。

针对上述措施，生产经营单位可以针对应急处置的需要，采取其中一项应急措施，或者采取多项应急措施。如果没有规定，还可以采取《突发事件应对法》《安全生产法》等法律、行政法规、地方性法规规定的其他应急救援措施。不得采取没有法律、法规规定的措施。

2. 规范了政府的应急救援程序

有关地方人民政府及其部门接到生产安全事故报告后，应当按照国家有关规定上报事故情况，立即应急响应，开展应急救援工作。为此，《条例》第十八条从 4 个方面作出规

定：一是按照国家有关规定上报事故情况。二是启动相应的生产安全事故应急救援预案。三是按照应急救援预案的规定采取下列一项或者多项应急救援措施。这些措施有：①组织抢救遇险人员，救治受伤人员，研判事故发展趋势以及可能造成的危害；②通知可能受到事故影响的单位和人员，隔离事故现场，划定警戒区域，疏散受到威胁的人员，实施交通管制；③采取必要措施，防止事故危害扩大和次生、衍生灾害发生，避免或者减少事故对环境造成的危害；④依法发布调用和征用应急资源的决定；⑤依法向应急救援队伍下达救援命令；⑥维护事故现场秩序，组织安抚遇险人员和遇险遇难人员亲属；⑦依法发布有关事故情况和应急救援工作的信息；⑧法律、法规规定的其他应急救援措施。四是有关地方人民政府不能有效控制生产安全事故的，应当及时向上级人民政府报告。上级人民政府应当及时采取措施，统一指挥应急救援。

3. 设立现场救援指挥部

实践中，事故相对简单，应急救援工作比较快，政府或者有关部门很容易处理。但是，如果事故比较复杂，往往救援工作就很难，救援队伍、人员、政府领导和专家等较多，救援方案难以统一和确定。这种情况下，亟需有一个权威机构来统一指挥救援工作。针对这些情况，《条例》规定可以设立现场指挥部，实行总指挥负责制，从3个方面进行规定：一是可以设立现场指挥部。《条例》第二十条规定："发生生产安全事故后，有关人民政府认为有必要的，可以设立由本级人民政府及其有关部门负责人、应急救援专家、应急救援队伍负责人、事故发生单位负责人等人员组成的应急救援现场指挥部，并指定现场指挥部总指挥。"二是实行总指挥负责制。《条例》第二十一条规定："现场指挥部实行总指挥负责制，按照本级人民政府的授权组织制定并实施生产安全事故现场应急救援方案，协调、指挥有关单位和个人参加现场应急救援。参加生产安全事故现场应急救援的单位和个人应当服从现场指挥部的统一指挥。"总指挥的职责有两项：第一是根据本级人民政府的授权，组织制定并实施生产安全事故现场应急救援方案。第二是协调、指挥有关单位和个人参加现场应急救援。参加生产安全事故现场应急救援的单位和个人应当服从现场指挥部的统一指挥。

4. 设置了应急救援中止

实践中，应急救援过程中，因社会影响等原因，往往救援工作难以停止，盲目施救。为此，《条例》第二十二条对应急救援中止作出了规定，明确："在生产安全事故应急救援过程中，发现可能直接危及应急救援人员生命安全的紧急情况时，现场指挥部或者统一指挥应急救援的人民政府应当立即采取相应措施消除隐患，降低或者化解风险，必要时可以暂时撤离应急救援人员。"

5. 设置了应急救援终止

实践中，应急救援工作什么时候结束，没有具体规定。为此，《条例》第二十五条规定："生产安全事故的威胁和危害得到控制或者消除后，有关人民政府应当决定停止执行依照本条例和有关法律、法规采取的全部或者部分应急救援措施。"根据规定，生产安全事故的威胁和危害得到控制或者消除后，可以全部或者部分终止应急救援工作。

6. 设立了必须履行救援命令或者救援请求的规定

《条例》第十九条规定："应急救援队伍接到有关人民政府及其部门的救援命令或者签

有应急救援协议的生产经营单位的救援请求后，应当立即参加生产安全事故应急救援。”根据规定，一是应急救援队伍接到有关人民政府及其部门的救援命令，必须立即参加生产安全事故应急救援；二是应急救援队伍接到签有应急救援协议的生产经营单位的救援请求后，应当立即参加生产安全事故应急救援。

7. 规范了通信等保障的要求

在《安全生产法》《突发事件应对法》总体规定的基础上，《条例》第二十三条明确规定:“生产安全事故发生地人民政府应当为应急救援人员提供必需的后勤保障，并组织通信、交通运输、医疗卫生、气象、水文、地质、电力、供水等单位协助应急救援。”根据规定，事故发生后，事故发生地人民政府应当为应急救援人员提供必需的后勤保障，并组织相关协助应急救援。

8. 规定了可以调用和征用财产的情形

为了保障应急救援工作的进行，《突发事件应对法》对征用和调用作出了规定。同样，生产安全事故发生后，政府及部门需依法进行征用或者调用。为此，《条例》第二十六条规定:“有关人民政府及其部门根据生产安全事故应急救援需要依法调用和征用的财产，在使用完毕或者应急救援结束后，应当及时归还。财产被调用、征用或者调用、征用后毁损、灭失的，有关人民政府及其部门应当按照国家有关规定给予补偿。”这是法定的行为，可以征用或者调用财产，但必须是应急救援工作的需要。根据规定，因应急救援工作的需要，有关人民政府及其部门可以征用或者调用企业、事业、其他组织或者个人的财产，但是，在使用完毕或者应急救援结束后，应当及时归还；财产被调用、征用或者调用、征用后毁损、灭失的，应当按照国家有关规定给予补偿。

9. 规范了应急救援评估

应急救援评估是整体应急工作的重要环节，其目的是评估应急救援工作的有效性，为修订应急预案提供依据和后续应急救援工作提供经验。《条例》从两个方面作出了规定：

一是规定了应急救援资料和证据的收集。《条例》第二十四条规定:“现场指挥部或者统一指挥生产安全事故应急救援的人民政府及其有关部门应当完整、准确地记录应急救援的重要事项，妥善保存相关原始资料和证据。”已成立现场指挥部的，由现场指挥部负责应急救援有关资料和证据的收集工作；没有成立现场指挥部的，由统一指挥生产安全事故应急救援的人民政府及其有关部门负责应急救援有关资料和证据的收集工作。

二是事故调查组负责事故评估。《条例》第二十七条规定:“按照国家有关规定成立的生产安全事故调查组应当对应急救援工作进行评估，并在事故调查报告中作出评估结论。”事故救援工作结束后，现场指挥部或者统一指挥生产安全事故应急救援的人民政府及其有关部门可能已经解散，事故调查组将成立。这时，现场指挥部或者统一指挥生产安全事故应急救援的人民政府及其有关部门应当将保存的有关应急救援资料或者证据移送给成立的事故调查组，由事故调查组进行评估，并纳入事故调查报告。

10. 明确应急救援费用由事故责任单位承担

生产经营单位是本单位安全生产的责任主体，应当遵守有关安全生产的法律、法规、规章和标准等规定，建立健全安全生产责任制，加强安全管理，完善安全生产条件，防止和减少事故。为了落实生产经营单位的主体责任，明确有关方责任，并借鉴国外的做法，

《条例》第十九条规定:“应急救援队伍根据救援命令参加生产安全事故应急救援所耗费用，由事故责任单位承担；事故责任单位无力承担的，由有关人民政府协调解决。”需要说明的，事故救援费用原则上由事故责任单位承担。

11. 明确了救治和抚恤以及烈士评定的要求

为了保障应急救援人员的安全，《条例》对救治和抚恤以及评定烈士等作出了衔接规定。《条例》第二十八条规定:“县级以上地方人民政府应当按照国家有关规定，对在生产安全事故应急救援中伤亡的人员及时给予救治和抚恤；符合烈士评定条件的，按照国家有关规定评定为烈士。”在现有国家规定中，《工伤保险条例》对有关救治和抚恤作出了相应规定，《烈士褒扬条例》对评定烈士的条件等作出了规定。

五、法律责任

在法律责任部分，《条例》对生产经营单位、有关人员等多种违法行为进行制裁，并与《安全生产法》《突发事件应对法》等法律进行了衔接。

（1）明确了有关政府及部门和有关人员违法行为的制裁。《条例》第二十九条规定:“地方各级人民政府和街道办事处等地方人民政府派出机关以及县级以上人民政府有关部门违反本条例规定的，由其上级行政机关责令改正；情节严重的，对直接负责的主管人员和其他直接责任人员依法给予处分。”

（2）明确了生产经营单位未制定应急预案等违法行为的处罚。《条例》第三十条规定:“生产经营单位未制定生产安全事故应急救援预案、未定期组织应急救援预案演练、未对从业人员进行应急教育和培训，生产经营单位的主要负责人在本单位发生生产安全事故时不立即组织抢救的，由县级以上人民政府负有安全生产监督管理职责的部门依照《中华人民共和国安全生产法》有关规定追究法律责任。”

（3）明确了生产经营单位未对应急救援器材、设备和物资进行经常性维护、保养等违法行为的处罚。《条例》第三十一条规定:“生产经营单位未对应急救援器材、设备和物资进行经常性维护、保养，导致发生严重生产安全事故或者生产安全事故危害扩大，或者在本单位发生生产安全事故后未立即采取相应的应急救援措施，造成严重后果的，由县级以上人民政府负有安全生产监督管理职责的部门依照《中华人民共和国突发事件应对法》有关规定追究法律责任。”

（4）明确了生产经营单位未将生产安全事故应急救援预案报送备案、未建立应急值班制度或者配备应急值班人员的违法行为的处罚。《条例》第三十二条规定:“生产经营单位未将生产安全事故应急救援预案报送备案、未建立应急值班制度或者配备应急值班人员的，由县级以上人民政府负有安全生产监督管理职责的部门责令限期改正；逾期未改正的，处3万元以上5万元以下的罚款，对直接负责的主管人员和其他直接责任人员处1万元以上2万元以下的罚款。”

（5）明确有关单位和人员违反治安管理行为的处罚。《条例》第三十三条规定:“违反本条例规定，构成违反治安管理行为的，由公安机关依法给予处罚；构成犯罪的，依法追究刑事责任。”

第十节　生产安全事故报告和调查处理条例

2007 年 4 月 9 日温家宝总理签发国务院令第 493 号，公布《生产安全事故报告和调查处理条例》，自 2007 年 6 月 1 日施行。《生产安全事故报告和调查处理条例》是我国第一部全面规范事故报告和调查处理的基本法规。《生产安全事故报告和调查处理条例》的立法目的是为了规范生产安全事故的报告和调查处理，落实生产安全事故责任追究制度，防止和减少生产安全事故。

一、事故报告和调查处理的基本规定

（一）《生产安全事故报告和调查处理条例》的适用范围

《生产安全事故报告和调查处理条例》从 5 个方面对其适用范围作出了规定：

（1）普遍适用。《生产安全事故报告和调查处理条例》第二条规定："生产经营活动中发生的造成人身伤亡或者直接经济损失的事故的报告和调查处理，适用本条例。"这样规定确立了《生产安全事故报告和调查处理条例》在各类事故报告和调查处理立法中的主法地位，具有普遍约束力。鉴于《生产安全事故报告和调查处理条例》是《安全生产法》的配套行政法规，因此其适用的空间范围、主体范围和行为范围与上位法是一致的，即适用于在中华人民共和国领域内的生产经营单位从事生产经营活动中发生的造成人身伤亡或者直接经济损失的事故的报告和调查处理，但排除适用的除外。

（2）衔接适用。《生产安全事故报告和调查处理条例》第四十五条规定："特别重大事故以下等级事故的报告和调查处理，有关法律、行政法规或者国务院另有规定的，依照其规定。"为了体现某些事故的报告和调查处理工作的特殊性，并与相关法律、行政法规相衔接，在保证国家行使对各类特别重大事故调查处理的最高行政权和普遍适用《生产安全事故报告和调查处理条例》关于事故报告、调查和处理程序的基本规定的前提下，允许一些特殊行业依照有关法律、行政法规和国务院的特别规定报告和调查处理重大事故、较大事故和一般事故，譬如水上交通事故、煤矿事故等。

（3）选择适用。《生产安全事故报告和调查处理条例》第四十四条第一款规定："没有造成人员伤亡，但是社会影响恶劣的事故，国务院或者有关地方人民政府认为需要调查处理的，依照本条例的有关规定执行。"在实践中也有一些没有造成人员伤亡或者人员伤亡达不到相应等级、但是社会影响恶劣的事故。这类事故是否需要调查处理，其选择决定权属于国务院和有关地方人民政府。如果决定调查处理的，由有关人民政府依照《生产安全事故报告和调查处理条例》关于该级人民政府组织事故调查处理的规定执行。

（4）参照适用。《生产安全事故报告和调查处理条例》第四十四条第二款规定："国家机关、事业单位、人民团体发生的事故，参照本条例执行。"各类事故中也有一些发生在国家机关、事业单位和人民团体等社会组织，这些事故发生单位虽不同于生产经营单位，但也会造成人身伤亡、直接经济损失或者恶劣的社会影响，具有危害性和违法性，应当依法报告和调查处理。《生产安全事故报告和调查处理条例》关于该类事故参照适用的规定，有利于解决国家机关、事业单位、人民团体发生事故的报告和调查处理无法可依的

问题。

(5) 排除适用。《生产安全事故报告和调查处理条例》第二条规定:“环境污染事故、核设施事故、国防科研生产事故的报告和调查处理,不适用本条例。”鉴于上述事故的报告和调查处理非常特殊,并且国家已有相关法律规定,所以《生产安全事故报告和调查处理条例》对其作出了排除适用的规定。

(二) 生产安全事故分级

《生产安全事故报告和调查处理条例》确定了以人员伤亡(集体工业中毒)、直接经济损失和社会影响等对生产安全事故进行分级。

1. 通用的事故分级的规定

《生产安全事故报告和调查处理条例》将一般的生产安全事故分为下列四级:

(1) 特别重大事故,是指一次造成30人以上死亡,或者100人以上重伤(包括急性工业中毒,下同),或者1亿元以上直接经济损失的事故。

(2) 重大事故,是指一次造成10人以上30人以下死亡,或者50人以上100人以下重伤,或者5000万元以上1亿元以下直接经济损失的事故。

(3) 较大事故,是指一次造成3人以上10人以下死亡,或者10人以上50人以下重伤,或者1000万元以上5000万元以下直接经济损失的事故。

(4) 一般事故,是指一次造成3人以下死亡,或者10人以下重伤,或者1000万元以下直接经济损失的事故。

上述规定中的“以上”含本数,“以下”不含本数。

2. 特殊的事故分级的规定

(1) 补充分级。除了对事故分级的一般性规定之外,考虑到某些行业事故分级的特点,《生产安全事故报告和调查处理条例》第三条第二款规定:“国务院安全生产监督管理部门可以会同国务院有关部门,制定事故等级划分的补充性规定。”

(2) 社会影响恶劣事故。《生产安全事故报告和调查处理条例》第四十四条关于社会影响恶劣事故报告和调查处理的规定没有明确其事故等级,在实践中可以根据影响大小和危害程度,比照相应等级的事故进行调查处理。

二、生产安全事故报告的规定

(一) 报告事故是政府和企业的法定义务和责任

虽然有关地方人民政府及其职能部门和事故发生单位在事故报告和调查处理工作的法律地位不同,各自的义务和责任有所不同,但其报告事故的法定义务和责任是共同的。作为监管主体,政府及其职能部门的义务和责任主要是及时掌握传递报送事故信息,组织事故应急救援和调查处理;不履行法定职责的,要承担相应的法律责任。作为生产经营主体,事故发生单位的义务和责任主要是及时、如实报告其事故情况,组织自救,配合和接受事故调查,否则要承担相应的法律责任。

(二) 事故报告主体

要做到及时报告事故情况,必须明确法定的事故报告主体(义务人)。事故报告主体不履行法定报告义务,将受到法律追究。《生产安全事故报告和调查处理条例》明确的负有事故报告义务的主体主要有5种：

（1）事故发生单位现场人员。从事生产经营作业的从业人员或者其他相关人员，只要发现发生了事故，应当立即报告本单位负责人。

（2）事故单位负责人。事故发生单位主要负责人或者有关负责人接到事故报告后，必须依照《生产安全事故报告和调查处理条例》的规定向有关政府职能部门报告。

（3）有关政府职能部门。县级以上人民政府安全生产综合监督管理部门、负有安全生产监督管理职责的有关部门负有报告事故情况的义务。

（4）有关地方人民政府。不论是哪一级地方人民政府的哪一个有关部门接到事故报告后，都要按照程序向本级人民政府报告。有关地方人民政府负有向上级人民政府报告事故情况的义务。

（5）其他报告义务人。

（三）事故报告对象

发生事故后，作为不同的事故报告主体应当履行各自的报告义务。因此，向谁报告即事故报告的对象必须明确。

（1）事故发生单位的报告对象。发生事故后，现场有关人员应当立即向本单位负责人（包括主要负责人或者有关负责人）报告。单位负责人接到报告后，应当立即报告事故发生地县级以上人民政府安全生产综合监督管理部门。对于有关人民政府设有负责监管事故发生单位的行业主管部门的，事故发生单位除了向安全生产综合监督管理部门报告外，还要向负有安全生产监督管理的有关部门报告。

（2）县级以上人民政府职能部门的报告对象。按照逐级报告的程序，县级以上人民政府安全生产综合监督管理部门、负有安全生产监督管理的有关部门接到事故发生单位的报告后，其报告对象有两个，一是上一级人民政府安全生产综合监督管理部门、负有安全生产监督管理的有关部门，二是本级人民政府。

（四）事故通知对象

为了便于组织事故调查和开展善后工作，《生产安全事故报告和调查处理条例》除了规定事故报告主体之外，还规定了安全生产综合监督管理部门、负有安全生产监督管理的有关部门接到事故报告后，应当通知同级公安机关、劳动保障部门、工会和人民检察院。

（五）事故报告的程序

（1）事故发生单位向政府职能部门报告。《生产安全事故报告和调查处理条例》第九条规定："事故发生后，事故现场有关人员应当立即向本单位负责人报告；单位负责人接到报告后，应当于1小时内向事故发生地县级以上人民政府安全生产监督管理部门和负有安全生产监督管理职责的有关部门报告。"

（2）政府部门报告的程序：

① 特别重大事故、重大事故逐级上报至国务院安全生产监督管理部门和负有安全生产监督管理的有关部门。

② 较大事故逐级上报至省、自治区、直辖市人民政府安全生产监督管理部门和负有安全生产监督管理的有关部门。

③ 一般事故逐级上报至设区的市级安全生产监督管理部门和负有安全生产监督管理

的有关部门。

安全生产监督管理部门和负有安全生产监督管理职责的有关部门依照上述规定上报事故情况，应当同时报告本级人民政府。国务院安全生产监督管理部门和负有安全生产监督管理职责的有关部门以及省级人民政府接到发生特别重大事故、重大事故的报告后，应当立即报告国务院。

（3）越级报告：

① 事故发生单位越级报告。情况紧急时，事故现场有关人员可以直接向事故发生地县级以上人民政府安全生产监督管理部门和负有安全生产监督管理职责的有关部门报告。

② 安全生产监管部门和有关部门越级报告。必要时，安全生产监督管理部门和负有安全生产监督管理的有关部门可以越级上报事故情况。

（4）事故续报、补报。事故报告后出现新情况，事故发生单位和安全生产监督管理部门和负有安全生产监督管理的有关部门应当及时续报。自事故发生之日起 30 日内（道路交通事故、火灾事故自发生之日起 7 日内），事故造成的伤亡人数发生变化的，事故发生单位和安全生产监督管理部门和负有安全生产监督管理的有关部门应当及时补报。

（六）事故报告内容

《生产安全安全事故报告和调查处理条例》第十二条规定，报告事故应当包括下列内容：

（1）事故发生单位概况。

（2）事故发生的时间、地点以及事故现场情况。

（3）事故的简要经过。

（4）事故已经造成或者可能造成的伤亡人数（包括下落不明的人数）和初步估计的直接经济损失。

（5）已经采取的措施。

（6）其他应当报告的情况。

（七）事故报告时限

为了提高事故报告速度，及时组织现场救援，《生产安全事故报告和调查处理条例》对事故发生单位、县级以上人民政府安全生产监督管理部门和负有安全生产监督管理的有关部门报告事故情况的时限分别作出了规定。

（1）事故发生单位事故报告的时限。从事故发生单位负责人接到事故报告时起算，该单位向政府职能部门报告的时限是 1 小时。

（2）政府职能部门事故报告的时限。县级以上人民政府安全生产监督管理部门和负有安全生产监督管理的有关部门向上一级人民政府安全生产监督管理部门和负有安全生产监督管理的有关部门逐级报告事故的时限，是每级上报的时间不得超过 2 小时。安全生产监督管理部门和负有安全生产监督管理的有关部门逐级上报事故情况的同时，应当报告本级人民政府。

（3）法定事故报告时限的界定。《生产安全事故报告和调查处理条例》关于事故报告的法定时限，从事故发生单位发现事故发生和有关人民政府职能部门接到事故报告时起算。超过法定时限且没有正当理由报告事故情况的，为迟报事故并承担相应法律责任。但是遇有不可抗力的情况并有证据证明的除外。譬如，因通信中断、交通阻断或者其他自然原因致使事故信息等情况不能按时报送的，其报告时限可以适当延长。

（八）事故应急救援

（1）《生产安全事故报告和调查处理条例》第十四条规定："事故发生单位负责人接到事故报告后，应当立即启动事故应急预案，或者采取有效措施，组织抢救，防止事故扩大，减少人员伤亡和财产损失。"该条规定对事故发生单位提出了三项要求：一是主要负责人或者有关负责人必须立即启动本单位的事故应急预案或者采取有效措施，发出事故信息，组织有关人员，调动救援物资，进入事故应急状态。二是主要负责人和相关人员要立即赶赴事故现场，组织抢险救灾。三是尽最大努力防止事故扩大，全力抢救受害人员，最大限度地减少人员伤亡和财产损失。

（2）《生产安全事故报告和调查处理条例》第十五条规定："事故发生地有关地方人民政府、安全生产监督管理部门和负有安全生产监督管理职责的有关部门接到事故报告后，其负责人应当立即赶赴事故现场，组织事故救援。"强调了地方人民政府及其有关部门在事故应急救援工作中的法定职责，其目的在于加强各级人民政府对事故应急救援工作的领导，健全企业自救与政府救援相结合的事故应急救援体系，建立快速、高效的应急救援工作机制，提供完善、可靠的应急救援保障，有效实施事故应急救援。

（九）事故现场保护

（1）事故现场的保护。《生产安全事故报告和调查处理条例》第十六条规定："事故发生后，有关单位和人员应当妥善保护事故现场以及相关证据，任何人不得破坏事故现场、毁灭相关证据。"这里明确了两个问题：一是保护事故现场以及相关证据是有关单位和人员的法定义务。所谓"有关单位和人员"是事故现场保护义务的主体，既包括在事故现场的事故发生单位及其有关人员，也包括在事故现场的有关地方人民政府安全生产监管部门、负有安全生产监管职责的有关部门、事故应急救援组织等单位及其有关人员。只要是在事故现场的单位和人员，都有妥善保护现场和相关证据的义务。二是禁止破坏事故现场、毁灭有关证据。不论是过失还是故意，有关单位和人员均不得破坏事故现场、毁灭相关证据。

（2）现场物件的保护。有时为了便于抢险救灾，需要改变事故现场某些物件的状态。《生产安全事故报告和调查处理条例》第十六条第二款规定，在采取相应措施的前提下，因抢救人员、防止事故扩大以及疏通交通等原因，需要移动事故现场物件的，应当作出标记，绘制现场简图并作出书面记录，妥善保护现场重要痕迹、物证。

（十）事故犯罪嫌疑人的控制

一些企业发生事故后，有的犯罪嫌疑人为逃避法律制裁，销毁、隐匿证据或者逃匿，给事故调查处理带来困难。为了加强对事故犯罪嫌疑人的控制，保证事故调查处理工作的顺利进行，《生产安全事故报告和调查处理条例》第十七条规定："事故发生地公安机关根据事故的情况，对涉嫌犯罪的，应当依法立案侦查，采取强制措施控制犯罪嫌疑人。犯罪嫌疑人逃匿的，公安机关应当迅速追捕归案。"

（十一）事故举报

有些事故发生后，相关地方人民政府及其安全生产监督管理部门和负有安全生产监督管理的有关部门没有发现发生事故或者没有接到事故发生单位的报告，这就需要依靠社会监督，发动群众报告和举报事故情况，各级人民政府负有安全生产监督管理职责的部门应当建立相关工作制度，受理举报并查处安全生产违法行为。《生产安全事故报告和调查处理条例》第十八条规定，安全生产监督管理部门和负有安全生产监督管理的有关部门应当建立值班制度，并向社会公布值班电话，受理事故报告和举报。

三、生产安全事故调查的规定

政府领导、分级负责事故调查处理工作，是《生产安全事故报告和调查处理条例》确定的重要原则。这项原则的核心是确立有关人民政府对事故调查处理的领导权。

（一）事故调查处理必须坚持政府领导、分级负责的原则

各级人民政府在事故调查处理工作中的法律定位，是一个重大原则问题。实行政府领导、分级负责的原则，主要是基于以下考虑：

（1）安全生产实行行政首长负责制。党和国家明确提出，安全生产工作必须实行和强化行政首长负责制。各级地方人民政府守土有责，保一方平安，对本行政区域内的安全生产工作负总责。组织调查处理事故，有关人民政府责无旁贷。

（2）对本行政区域安全生产工作实行统一领导，是各级人民政府的法定权力。《宪法》《国务院组织法》《地方人民政府组织法》明确规定，各级人民政府是国家和地方的政权组织，按照各自的职权分别对国家和地方事务实施行政管理。安全生产工作包括事故调查处理，应当置于各级人民政府统一领导之下。

（3）政府领导、分级负责原则既符合事故调查处理工作的实际需要，又有利于发挥、协调有关部门的作用。强调政府领导、分级负责，不仅不会排斥政府有关部门的作用，反而会在政府统一领导下更好地发挥其职能作用。在有关人民政府不直接组织事故调查的情况下，需要授权或者委托有关部门组织事故调查。受权或者受托的政府部门在本级政府领导下开展事故调查工作，由其牵头组织成立的事故调查组是政府的调查组而不是部门的事故调查组。不论有关人民政府授权或者委托哪个部门组织事故调查，都需要其他部门的参加和配合。

（4）事故报告、抢救、调查处理和善后工作都要依靠地方人民政府。事故调查工作与事故报告、抢救、调查处理和善后工作是一个有机整体，都离不开地方人民政府的领导。事故信息报告要依靠地方政府，事故应急救援和现场抢险要依靠地方政府，事故调查处理要依靠地方政府，事故善后和稳定工作要依靠地方政府，事故责任人的追究和落实要依靠地方政府。

（二）事故调查的一般规定

按照属地分级组织事故调查的原则，《生产安全事故报告和调查处理条例》对组织事故调查的具体方式，即政府直接组织调查和授权或者委托有关部门组织调查，分别作出了规定。

1. 有关人民政府直接组织调查

《生产安全事故报告和调查处理条例》第十九条对有关人民政府直接组织事故调查，作出了下列规定：

（1）特别重大事故由国务院组织事故调查组进行调查。

（2）重大事故由事故发生地省级人民政府直接组织事故调查组进行调查。省级人民政府是指省、自治区、直辖市人民政府。

（3）较大事故由事故发生地设区的市级人民政府直接组织事故调查组进行调查。设区的市级人民政府还包括地区行政公署和民族自治地方的州、盟人民政府。

（4）一般事故由事故发生地县级人民政府直接组织事故调查组进行调查。其中未造成人员伤亡的，县级人民政府也可委托事故发生单位组织事故调查组进行调查。县级人民政府还包括县级市人民政府和民族自治地方的旗人民政府。

2. 授权或者委托有关部门组织调查

在有关人民政府不直接组织事故调查的情况下，《生产安全事故报告和调查处理条例》对有关人民政府可以授权或者委托有关部门组织调查，作出了下列规定：

（1）特别重大事故由国务院授权的部门组织事故调查组进行调查。

（2）重大事故由事故发生地省级人民政府授权或者委托有关部门组织事故调查组进行调查。

（3）较大事故由事故发生地设区的市级人民政府授权或者委托有关部门组织事故调查组进行调查。

（4）一般事故由事故发生地县级人民政府授权或者委托有关部门组织事故调查组进行调查。

《生产安全事故报告和调查处理条例》所称的有关部门既包括安全生产监督管理部门，也包括负有安全生产监督管理职责的有关部门。目前有关人民政府通常授权或者委托安全生产监督管理部门组织事故调查组进行调查，有时授权或者委托负有安全生产监督管理职责的有关部门组织事故调查组进行调查。

3. 事故调查的特别规定

鉴于事故调查工作情况复杂和有关法律、行政法规对某些事故调查的主体另有规定，因此，《生产安全事故报告和调查处理条例》除了对事故调查作出一般规定之外，还作出了下列特别规定：

（1）提级调查。对于一些情况复杂、影响恶劣、涉及面宽、调查难度大的事故，上级人民政府认为必要时，可以直接调查由下级人民政府负责调查的事故。《生产安全事故报告和调查处理条例》第二十条关于提级调查的规定，没有限制上级人民政府的层级，在实践中可能是上一级政府，但也不限于上一级人民政府，还可能提到上两级人民政府乃至国务院直接组织调查。

（2）升级调查。有些事故发生当时根据人员伤亡和直接经济损失情况确定了相应事故等级并由有关人民政府组织调查，但经过一定时间后事故情况有所变化而构成了上一级事故，这就需要按照提升后的事故等级另行组织调查。譬如，在一定期限内出现了伤亡人员或者重伤（急性工业中毒）者医治无效死亡而导致伤亡人数增加的情况。所以，《生产安全事故报告和调查处理条例》第二十条第二款规定：“在事故发生之日起 30 日内（道路交通事故、火灾事故自发生之日起 7 日内），因事故伤亡人数变化导致事故等级发生变化，依照本条例应当由上级人民政府负责调查的，上级人民政府可以另行组织事故调查组进行调查。”

（3）跨行政区域的事故调查。有些事故特别是流动作业事故（如交通运输事故）的发生地跨两个县级以上行政区域，需要确定事故调查主体。对于异地发生事故的调查，《生产安全事故报告和调查处理条例》第二十一条规定：“特别重大以外的事故，事故发生地与事故发生单位所在地不在同一个县级以上行政区域的，由事故发生地人民政府负责调查，事故发生单位所在地人民政府应当派员参加。”也就是说，两地有关人民政府负有共同调查跨行政区域事故的职责，双方应当相互支持和配合，任何一方不得拒绝参加事故调查。

4. 法律授权部门组织事故调查

依照《生产安全事故报告和调查处理条例》第十九条的一般规定，国家和省、设区的市、县四级人民政府分别负责特别重大事故、重大事故、较大事故、一般事故的调查工作。

此外，国家制定的有关法律、行政法规中直接对组织事故调查的主体作出了特殊规定，即由法定政府部门直接组织一些特殊事故的调查。也就是说，按照现行法律规定，有关人民政府是事故调查的一般主体，法律授权部门是事故调查主体中的特殊主体。所以，《生产安全事故报告和调查处理条例》第四十五条规定：“特别重大事故以下等级的事故的报告和调查处理，有关法律、行政法规另有规定的，依照其规定。”该条规定在明确特别重大事故国家调查权的前提下，允许由特别法授权的政府部门直接组织特殊事故调查。目前，对法律授权部门直接组织事故调查有明确规定的，主要有《海上交通安全法》《海上交通事故调查处理条例》《铁路交通事故应急救援和调查处理条例》《煤矿安全监察条例》等。法律、行政法规授权有关部门负责组织事故调查的，也要依靠有关地方人民政府的支持和配合。

（三）事故调查组的地位及其职责

1. 参与事故调查的单位

《生产安全事故报告和调查处理条例》对组成事故调查组的成员单位和参加单位分别作出了规定。

（1）事故调查组的成员单位。《生产安全事故报告和调查处理条例》第二十二条规定，事故调查组的组成应当遵循精简、效能的原则。根据事故的具体情况，事故调查组由有关人民政府、安全生产监督管理部门、负有安全生产监督管理职责的有关部门、监察机关、公安机关以及工会派人组成。在实践中，有关人民政府安全生产监督管理部门、监察机关、公安机关以及同级工会通常都是事故调查组的组成单位。关于有关人民政府和负有安全生产监督管理职责的有关部门是否参加事故调查组的问题，有两种情况需要注意：一是有关人民政府直接组织事故调查组的，它是事故调查组的成员单位并且领导事故调查工作；如果授权或者委托其职能部门组织事故调查的，有关人民政府不是事故调查组的成员单位。二是发生某些行业或者领域生产安全事故时，有关人民政府设有负有安全生产监督管理职责的有关部门的，有关部门是事故调查组的成员单位。

（2）事故调查的邀请单位。检察机关是国家法律监督机关，依法负有追究国家工作人员职务犯罪的职责。检察机关参加事故调查，既有利于支持、协助有关人民政府部门调查处理事故，又有利于履行法定职责。加强行政机关与检察机关的联系和配合，是建立联合执法机制的需要。《生产安全事故报告和调查处理条例》第二十二条规定，应当邀请人民检察院派人参加事故调查。这里需要注意3个问题：

① 事故责任人中的国家工作人员涉嫌犯罪，是邀请检察机关参加事故调查的前提条件。生产安全事故的性质有责任事故与非责任事故之分，事故责任人的法律责任既有行政责任，又有刑事责任。有的责任人既要负行政责任又要负刑事责任，有的只负行政责任不负刑事责任。有关事故责任人中的国家工作人员是否应负刑事责任，不可能事先确定，只有经过调查才能确定。因此，有必要邀请人民检察院派人参加事故调查。通过调查，对涉嫌刑事犯罪的事故责任人中的国家工作人员，检察机关立案侦查、提起公诉，依法追究刑事责任。

② 检察机关与行政机关在事故调查中职责不同、目标一致。检察机关参与事故调查主要是依照《刑法》《刑事诉讼法》和《安全生产法》等法律的规定，负责对生产安全事故涉嫌职务犯罪的国家工作人员立案侦查、拘捕和起诉，目的是惩治安全生产犯罪分子。行政机关主要是查明事故原因、认定事故性质、提出事故责任追究的意见、建议和实施行政处罚。检察机关与行政机关同属国家机关，虽有职责分工不同，但其共同目标都是依法制裁安全生产违法犯罪者，共同构建安全生产法律秩序。

③ 调查组成员单位与检察机关应当相互支持配合。两者在事故调查中应当加强相互联系和支持，紧密合作、沟通协商，共同完成事故调查工作。

2. 事故调查组的职责

事故调查组依法享有事故调查权，责任重大，其职责必须明确具体。《生产安全事故报告和调查处理条例》第二十五条规定的五项法定职责，是事故调查组开展工作的主要法律依据。

（1）查明事故发生经过、原因、人员伤亡情况及直接经济损失。这就要求事故调查组按照尊重科学、实事求是和“四不放过”原则，查清事故基本情况，为认定事故的性质和责任提供最直接、最真实、最可靠的有关材料、证据。事故基本情况应当经得起实践和历史的检验，具有确凿充分的证明力和说服力。

（2）认定事故的性质和事故责任。根据对事故基本情况的分析判定，事故调查组应对事故性质作出属于责任事故或者非责任事故的认定。经认定属于责任事故的，应当确定明确的事故责任单位及其责任人，界定不同事故责任主体各自应当承担的行政责任、民事责任、刑事责任。《生产安全事故报告和调查处理条例》对事故调查组及其提交的调查报告的基本要求是定性准确、责任明晰、程序合法。

（3）提出对事故责任者的处理建议。《生产安全事故报告和调查处理条例》所称的事故责任者，既包括事故发生单位和对事故报告、抢救、调查、处理负有责任的行政机关，又包括事故发生单位的主要负责人、直接负责的主管人员、其他直接责任人员和行政机关的直接负责的主管人员、参与事故调查人员、其他直接责任人员。《生产安全事故报告和调查处理条例》赋予事故调查组享有对事故责任者处理的建议权。事故调查组要准确认定责任主体，分清责任。处理建议应当体现权责一致、责罚相当、宽严相济的原则，于法有据。

（4）总结事故教训，提出防范和整改措施。事故是反面教员，调查事故不仅要体现责任追究，更要总结吸取血的教训。要提出可操作的防范和整改措施，以避免或者减少同类事故的发生。

（5）提交事故调查报告。事故调查报告是全面、准确地反映事故调查结果或者结论的法定文书，是有关人民政府作出事故批复的主要依据。事故调查组应当依照《生产安全事故报告和调查处理条例》的规定，在法定时限内向有关人民政府提交经事故调查组全体成员签名的事故调查报告。事故调查报告具有法定的证明力，事故调查组应当对其真实性、准确性、合法性负责。

3. 事故调查组的法定地位

事故调查处理工作常见的问题之一，就是对事故调查组的地位问题存在着不同认识，甚至由此引发了对事故调查组及其提交的事故调查报告提起的行政复议或者行政诉讼。《生产安全事故报告和调查处理条例》关于事故调查组法定地位的规定，需要明确两个问题：

（1）事故调查组的属性。事故调查组是有关人民政府或其授权、委托的部门和法律、行政法规授权的部门临时组成、专门负责事故调查的工作机构。事故调查组的法律属性体现为"四性"：一是法定性。它是法定的工作机构，代表有关人民政府履行事故调查职责，相关单位和人员必须予以支持和配合。二是临时性。它成立于事故发生，解散于调查结束。事故调查组不是一个独立的、常设的行政主体，不能成为行政复议和行政诉讼的主体。三是专业性。它的工作任务单一，专门负责事故调查。四是建设性。它对事故定性、责任划分和事后处理所提出的结论、意见、建议虽对有关人民政府作出批复具有重要的影响力，但都是建设性的。是否同意事故调查报告的决定权，属于组成事故调查组的有关人民政府。

（2）事故调查组的统一性、权威性、纪律性。事故调查组是统一整体。成员单位之间有时对事故原因、事故性质、事故责任的认识和意见不尽相同是正常的。这就需要建立组长负责制，成员单位应当在组长的领导下各负其责、密切配合，确保事故调查工作的顺利进行。为此，《生产安全事故报告和调查处理条例》第二十四条规定："事故调查组组长由负责事故调查的人民政府指定。事故调查组组长主持事故调查组的工作。"第二十八条规定："事故调查组成员在事故调查工作中应当诚信公正、恪尽职守，遵守调查组的纪律，保守事故调查的秘密。未经事故调查组组长允许，事故调查组成员不得擅自发布有关事故的信息。"

（四）事故调查时限

《生产安全事故报告和调查处理条例》第二十九条规定，事故调查组应当自事故发生之日起 60 日内提交事故调查报告；特殊情况下，经负责事故调查的人民政府批准，提交事故调查报告的期限可以适当延长，但延长的期限最长不超过 60 日。

（五）事故调查报告内容

《生产安全事故报告和调查处理条例》第三十条规定，事故调查报告应当包括下列内容：

（1）事故发生单位概况。

（2）事故发生经过和事故救援情况。

（3）事故造成的人员伤亡和直接经济损失。

（4）事故发生的原因和事故性质。

（5）事故责任的认定以及对事故责任者的处理建议。

（6）事故防范和整改措施。

事故调查报告应当附具有关证据材料。事故调查组成员应当在事故调查报告上签名。

四、生产安全事故处理的规定

依照《生产安全事故报告和调查处理条例》的规定，事故调查组应当提交事故调查报告，有关人民政府应当作出事故处理批复。这是在事故调查阶段和事故处理阶段形成的重要法律文书。确认调查报告和事故处理批复的法律属性，对于查明事故原因、认定事故性质、分清事故责任、实施责任追究，减少行政复议和行政诉讼，具有重要意义。

（一）事故调查报告的法律属性

《生产安全事故报告和调查处理条例》规定，事故调查组在一定期限内应当向有关人民政府提交符合法定内容的事故调查报告（以下简称调查报告）。在事故调查处理过程中，最容易发生的异议或者提起行政复议和行政诉讼的，就是关于调查报告是否具有行政约束力和法律效力的问题。对调查报告的法律属性有了正确认识，这些问题即可迎刃而解。依照《安全生产法》《行政复议法》和《生产安全事故报告和调查处理条例》的有关规定，调查报告是在事故调查中反映事故真实情况、提出处理意见的法律文书，其法律属性表现在4个方面：

（1）调查报告具有真实性。调查报告是在进行详细周密的调查核实之后，以客观事实为依据，真实、准确、全面地反映事故发生单位概况、事故发生经过和救援情况、人员伤亡和直接经济损失、事故发生原因的原始材料。调查报告不得对事故原貌进行修改、修饰，不得掺杂人为色彩，不得弄虚作假。

（2）调查报告具有证据性。经依法调查核实和有关人民政府认定的调查报告及其证明材料具有法定的证明力，它是有关人民政府作出事故处理批复的重要依据，也可以作为司法机关办案的佐证材料。调查报告及其证明材料包括主报告及其附具的调查记录、讯问笔录、鉴定报告、无证、书证、视听材料和其他相关材料。

（3）调查报告具有建议性。调查报告在查明事故真相的基础上，要对事故性质、事故责任认定、事故责任者的处理建议和事故防范整改措施等问题提出结论性意见。调查报告反映的是参加事故调查的成员单位的意见、建议，至于其是否正确、适当，应由有关人民政府加以确认。

（4）调查报告具有不可复议、诉讼性。由于一些当事人对事故调查报告具有不可复议、不可诉讼的法律属性不了解，所以因对调查报告持有异议而提起的行政复议和行政诉讼时有发生。调查报告的这种属性表现在：一是提交调查报告的不是独立的行政主体。事故调查组是临时工作机构，无权独立作出确认当事人的权利、义务和责任的具体行政行为。二是调查报告不具有独立完整、直接执行的法律效力和行政约束力。不能依据调查报告直接实施法律责任追究。三是对调查报告持有异议，不属于法定的行政复议和行政诉讼的受案范围。依照《行政复议法》和《行政诉讼法》的规定，行政相对人申请复议和起诉的主体必须是独立的国家行政机关，复议和起诉的事由必须是被认为是侵犯其合法权益的独立的、完整的具体行政行为。鉴于调查报告不具备上述法定特征，所以行政相对人不能针对事故调查组及其提交的调查报告提起行政复议和行政诉讼。

调查报告提交后，有关人民政府对调查报告中关于事故基本情况尤其是事故定性、责任划分和处理建议等问题要进行全面的讨论研究。如果认为调查报告对事故原因认定不清、定性不准、责任不明，有权要求进行重新调查或者补充调查和补正材料。

（二）事故处理批复的法律属性

事故处理批复（以下简称事故批复）与调查报告不同，它是由有关人民政府或其授权的部门依法作出的具有行政约束力和执行力的法律文书。对于事故批复的性质存在着不同认识，影响了事故批复的法律效力和执行力。

（1）事故批复主体是法定的行政机关。《生产安全事故报告和调查处理条例》第三十二条的规定，负责事故调查的国家、省、市、县四级人民政府接到事故调查报告后，应当在法定期限内作出批复。这就是说，事故批复权属于上述有关人民政府。在实践中，下达事故批复的形式有两种，一种形式是由有关人民政府直接下达事故批复，另一种形式是由有关人民政府或其授权的部门，或者法律、行政法规授权的部门受权下达事故批复。

（2）作出事故批复是对确定事故原因、事故性质和实施事故追究责任的具体行政行为。这是有关人民政府根据事故调查报告，依照职权独立作出的、直接确定事故责任者的权利、义务和责任，具有法律效力和强制约束力的行政决定。有关行政机关和单位必须遵照执行，不得任意改变或者拒绝执行。

（3）事故批复是事故处理的法定依据。依照《生产安全事故报告和调查处理条例》的规定，事故批复应当对负有行政责任的事故责任者作出追究行政责任的决定。有关机关应当根据人民政府的批复，依照法律、行政法规规定的权限和程序，对事故发生单位和有关人员进行行政处罚，对负有事故责任的国家工作人员进行处分。事故发生单位应当按照负责事故调查的人民政府的批复，对本单位负有事故责任的人员进行处理。负有事故责任的人员涉嫌犯罪的，依法追究刑事责任。

需要指出的是，事故批复虽然具有法律效力和强制约束力，但它不是而且不能替代有关机关根据事故批复对事故责任者制作下达的行政处分、行政处罚等法律文书。

（4）行政相对人对事故批复持有异议的，可以依法申请行政复议或者提起行政诉讼。从作出事故批复的主体、内容和效力上看，进行事故处理具备了具体行政行为的法定要件。因此，事故发生单位或者有关责任人员认为事故批复侵犯了其合法权益，有权依法申请行政复议或者提起行政诉讼。

（三）事故批复的实施机关

鉴于事故责任主体及其法律责任有所不同，所以需要明确落实事故批复、实施责任追究的主体即实施机关。《生产安全事故报告和调查处理条例》第三十二条规定的“有关机关”是事故批复的实施机关，主要包括行政机关和司法机关两类国家机关。有关机关应当依照法律、行政法规规定的权限和程序，实施事故责任追究。

（1）行政机关。事故责任主体不同，责任追究机关和追究方式也不同。行政机关工作人员和企业、事业单位中由行政机关任命的人员对生产安全事故负有行政责任应当给予罚款的行政处罚的，由《生产安全事故报告和调查处理条例》第四十三条规定的行政机关实施；应当给予行政处分的，由其任命机关实施。事故发生单位及其非国家工作人员的有关责任人员，对生产安全事故负有行政责任应当给予罚款的行政处罚的，由《生产安全事故报告和调查处理条例》第四十三条规定的行政机关实施。

（2）司法机关。事故批复认定负有事故责任的人员涉嫌犯罪的，移交司法机关依法追究刑事责任。其中：事故发生单位责任人员中的非国家工作人员涉嫌犯罪的，由公安机关立案侦查；行政机关和事故发生单位责任人员中的国家工作人员涉嫌犯罪的，由检察机关立案侦查和起诉；所有涉嫌犯罪人员被起诉追究刑事责任的，一律由审判机关依法审理并作出判决。

五、生产安全事故报告和调查处理违法行为应负的法律责任

《安全生产法》规定，国家对生产安全事故实行责任追究制度。《生产安全事故报告和调查处理条例》第五章专门就事故责任追究问题作出了具体规定。《生产安全事故报告和调查处理条例》的有关规定，涵盖了事故责任要件、事故责任主体、实施法律制裁等法律适用问题，需要全面、准确地把握。

（一）确定事故责任的要件

《生产安全事故报告调查处理条例》规定，对责任事故的责任者依法追究法律责任。不论是事故发生单位还是有关人民政府、安全生产监督管理部门、负有安全生产监督管理职责的有关部门及其有关人员，凡是实施了《生产安全事故报告和调查处理条例》规定的违法行为的，都要对其实施责任追究。但在如何界定其是否负有责任并且是否应当追究责任的法律适用上，应当遵循责任法定的原则，明确严格、具体的法律界限。根据法理，确定事故责任的要件有 4 个，缺一不可。

（1）责任者依法应当履行义务。确定是否属于事故责任者，一要看其是否负有法定义务，二要看其是否履行了法定义务。负有法定义务而未履行其义务的，承担法律责任。没有法定义务的，不承担法律责任。依照《生产安全事故报告和调查处理条例》有关责任追究的规定，事故发生单位及其有关人员必须是在安全生产管理和事故报告、救援、接受与配合调查等方面负有法定义务而未履行其义务的，才承担相应的法律责任。有关人民政府、安全生产监督管理部门和负有安全生产监督管理职责的有关部门及其有关人员，在事故报告、救援、调查和处理等项工作中不履行法定职责或者义务的，也要承担相应的法律责任。

（2）责任者实施了违法行为。事故责任者主观上必须有违法的故意或者过失，客观上独立并且直接实施了《生产安全事故报告和调查处理条例》规定的具有社会危害性的违法行为。这里要强调的是，责任者实施的违法行为的范围不得扩大或者缩小，必须是安全生产法律、法规有关义务性规范和禁止性规范中明文规定的行为。实施了法无规定的行为，不能认定或者推定为违法行为。

（3）违法行为应与事故发生有直接的因果关系。确定是否应负法律责任，必须搞清楚违法行为与损害后果之间是否具有直接的因果关系。所谓直接的因果关系，应当是出自

行为人的故意或者过失而实施的违法行为，直接导致了事故的发生。在这个问题上，既应坚持对事故的直接责任者不放过，也应注意不要把一些间接原因推导成为直接原因，从而扩大责任追究的范围。

（4）责任者必须是依法应当予以制裁的。依照《生产安全事故报告和调查处理条例》的规定，实施责任追究的不仅是未履行法定义务、实施了违法行为并造成危害后果的责任者，而且必须是法律、行政法规明文规定应当给予法律制裁的责任者。也就是说，只具备了前三个要件还不够，还要同时具备第四个要件，才能实施责任追究。因为对某些实施了一般违法行为、危害后果和违法情节显著轻微的责任者，有关法律、法规并不规定都要给予法律制裁。所以，只有法律、法规明文规定应当承担法律责任的，才能实施责任追究。

（二）事故责任主体的确定

事故责任主体即事故责任者，是指未履行法定义务、实施了相关违法行为、对事故发生和事故报告、救援、调查处理负有责任并应受法律制裁的社会组织和个人。依照《生产安全事故报告和调查处理条例》的规定，应受责任追究的事故责任主体主要有四种：

（1）事故发生单位。《安全生产法》规定，生产经营单位是生产经营活动的主体，依法应当履行加强管理、确保安全生产的义务；因其违法造成事故的，应当承担相应的法律责任。《生产安全事故报告和调查处理条例》规定，生产经营单位（事故发生单位）发生生产安全事故后，负有报告、救援和接受调查的义务。据此，生产经营单位对事故发生负有直接责任，应当作为独立的责任主体承担法律责任。

（2）事故发生单位有关人员。《生产安全事故报告和调查处理条例》规定，不仅要追究事故发生单位的责任，还要对其有关人员实行责任追究。事故发生单位有关人员包括负有责任的主要负责人、直接负责的主管人员和其他直接责任人员。“主要负责人”包括企业法定代表人、实际控制人等对生产经营活动负全面领导责任、有主要决策指挥权的负责人；“直接负责的主管人员”包括负有直接领导、管理责任的有关负责人、安全管理机构的负责人和管理人员；“其他直接责任人员”包括负有直接责任的从业人员和其他人员。

（3）有关政府、部门工作人员。《生产安全事故报告和调查处理条例》规定，有关地方人民政府、安全生产监督管理部门和负有安全生产监督管理职责的有关部门实施违法行为，对其直接负责的主管人员和其他直接责任人员予以责任追究。“直接负责的主管人员”包括负有责任的有关地方人民政府的领导人、安全生产监督管理部门和有关部门的负责人；“其他直接责任人员”包括负有责任的行政机关内设机构的负责人和其他工作人员。

（4）中介机构及其相关人员。《生产安全事故报告和调查处理条例》规定，对发生事故的单位提供虚假证明的中介机构及其相关人员实行责任追究。

（三）实施法律制裁的规定

追究事故责任者的法律责任，必须正确、适当地适用法律，既不能放纵责任者，也不能枉及无辜。《生产安全事故报告和调查处理条例》有关实施法律制裁的规定，主要涉及4个问题：

1. 法律制裁的责任方式

《生产安全事故报告和调查处理条例》明确了对事故责任者实施法律制裁的责任方

式，有行政责任和刑事责任两种，两种责任方式可以单独适用或者并用。

（1）行政责任。《生产安全事故报告和调查处理条例》规定应当实施责任追究的行政责任主体包括行政主体和企业主体两类，责任主体不同则责任追究的规定也不同。行政主体包括对事故负有责任的有关地方人民政府、安全生产监管部门和有关部门中的工作人员。企业主体包括事故发生单位及其有关人员。两类主体因违反国家行政管理法律、法规的规定而应当承担的法律责任是行政责任。

（2）刑事责任。《生产安全事故报告和调查处理条例》规定对事故责任者中构成刑事犯罪的，依法追究刑事责任。刑事责任主体也包括行政主体和企业主体两类。两类主体有关人员的违法行为触犯《刑法》关于安全生产犯罪规定的，应当承担相应的刑事责任。

2. 事故责任主体的违法行为

《生产安全事故报告和调查处理条例》按照责任主体的不同，对其应予追究法律责任的违法行为，分别作出了界定。

（1）事故发生单位的违法行为。《生产安全事故报告和调查处理条例》第三十六条、第三十七条、第四十条规定有六种行为之一的，对事故发生单位给予行政处罚。其中前五种行为是在事故发生后实施的违法行为；第六种行为主要是指在事故发生前，由事故发生单位及其有关人员实施的造成事故的违法行为。只要事故是因生产经营单位及其有关人员违反安全生产法律、法规的规定而发生的，均应负法律责任。

（2）事故发生单位有关人员的违法行为。《生产安全事故报告和调查处理条例》重点对事故发生单位主要负责人的三类十种违法行为作出了界定：第一类有第三十五条列举的三种违法行为；第二类有第三十六条列举的六种违法行为；第三类有第三十七条列举的未履行法定安全生产管理职责的违法行为。

事故发生单位的直接负责的主管人员、其他直接责任人员有第三十六条列举的六种违法行为之一的，也要追究责任。

（3）行政机关工作人员的违法行为。《生产安全事故报告和调查处理条例》对有关地方人民政府、安全生产监管部门和负有安全生产监督管理职责的有关部门等行政机关工作人员的三类八种违法行为也作出了界定：第一类有第三十九条列举的四种违法行为；第二类有第四十一条列举的事故调查人员的三种违法行为；第三类有第四十二条列举的故意拖延或者拒绝落实经批复的对事故责任人的处理意见的违法行为。

（4）中介机构及其相关人员的违法行为。《生产安全事故报告和调查处理条例》第四十条第二款对因中介机构及其相关人员出具虚假证明造成事故的违法行为，设定了行政处罚。

3. 行政处罚种类、幅度的设定

《生产安全事故报告和调查处理条例》对负有行政责任的事故责任者，设定了资格罚、财产罚和治安管理处罚三种行政处罚，旨在强化安全准入监管和加大事故违法“成本”。

（1）资格罚。这是指行政机关依法停止、吊销、撤销行政责任主体从事相关活动的许可、资格的行政处罚。《生产安全事故报告和调查处理条例》第四十条规定的对事故发生负有责任的事故发生单位、有关人员和提供虚假证明的中介机构及其相关人员的资格罚，应当依照有关安全生产法律、法规的规定处罚。这不仅是指依照某个或者几个法律、法规实施处罚，凡是有关法律、法规对生产经营单位、中介机构及其相关责任人员有资格罚的规定的，都可以实施处罚。

（2）财产罚。这是指行政机关依法处以行政责任主体缴纳一定数额的罚款的行政处罚。《生产安全事故报告和调查处理条例》规定实施财产罚的企业主体，不以其所有制不同而有所区分。凡是依法应当给予财产罚的，不论事故发生单位的所有制和管理体制有何不同，都要对该单位及其有关人员处以罚款。

（3）治安管理处罚。为了配合事故报告、救援和调查处理工作，维护事故现场秩序和社会公共安全，《生产安全事故报告和调查处理条例》第三十六条对实施六种违法行为中构成违反治安管理行为的，规定由公安机关依照《治安管理处罚法》给予治安管理处罚。

4. 行政处罚的实施

鉴于现行法律、行政法规中有关财产罚、行政处罚种类、幅度和决定机关的规定不尽相同，为了与其衔接，《生产安全事故报告和调查处理条例》在行政处罚实施问题上，既对实施财产罚作出了一般规定，又对某些特殊问题作出了特别规定。

（1）关于财产罚的一般规定。《生产安全事故报告和调查处理条例》第四十三条第一款规定："本条例规定的罚款的行政处罚，由安全生产监督管理部门决定。"至于由哪一级安全生产监督管理部门决定，应当依照《生产安全事故报告和调查处理条例》的上位法《安全生产法》第一百一十条的规定，由县级以上人民政府安全生产监督管理部门决定。

（2）关于行政处罚种类、幅度和决定机关的特别规定。按照特别法优于一般法的法律适用原则，《生产安全事故报告和调查处理条例》第四十三条第二款规定："法律、行政法规对行政处罚种类、幅度和决定机关另有规定的，依照其规定。"该款规定仅限于国家法即法律、行政法规对负有责任的事故发生单位及其有关人员实施行政处罚有特别规定的。地方性法规或者地方政府规章对此另有规定或者没有规定的，应当适用法律、行政法规的规定。具体而言，法律、行政法规设定的行政处罚种类超出《生产安全事故报告和调查处理条例》规定的，可以依法作出资格罚、财产罚以外的其他种类的行政处罚；处以罚款的幅度与《生产安全事故报告和调查处理条例》规定不同的，可以依照特别法规定的幅度处以罚款；对行政执法主体另有规定的，应由特别法授权的行政机关实施行政处罚。

（四）具体追究法律责任的形式

1. 事故发生单位主要负责人违反事故抢救及报告规定的法律责任

依据《生产安全事故报告和调查处理条例》第三十五条规定，事故发生单位主要负责人有下列行为之一的，处上一年年收入 40% 至 80% 的罚款；属于国家工作人员的，并依法给予处分；构成犯罪的，依法追究刑事责任：

（1）不立即组织事故抢救的。

（2）迟报或者漏报事故的。

（3）在事故调查处理期间擅离职守的。

2. 事故发生单位及有关人员违反事故报告和调查规定的法律责任

依据《生产安全事故报告和调查处理条例》第三十六条规定，事故发生单位及其有关人员有下列行为之一的，对事故发生单位处100万元以上500万元以下的罚款；对主要负责人、直接负责的主管人员和其他直接责任人员处上一年年收入60%至100%的罚款；属于国家工作人员的，并依法给予处分；构成违反治安管理行为的，由公安机关依法给予治安管理处罚；构成犯罪的，依法追究刑事责任：

（1）谎报或者瞒报事故的。

（2）伪造或者故意破坏事故现场的。

（3）转移、隐匿资金、财产，或者销毁有关证据、资料的。

（4）拒绝接受调查或者拒绝提供有关情况和资料的。

（5）在事故调查中作伪证或者指使他人作伪证的。

（6）事故发生后逃匿的。

3. 事故发生单位的法律责任

依据《生产安全事故报告和调查处理条例》第三十七条规定，事故发生单位对事故发生负有责任的，依照下列规定处以罚款：

（1）发生一般事故的，处10万元以上20万元以下的罚款。

（2）发生较大事故的，处20万元以上50万元以下的罚款。

（3）发生重大事故的，处50万元以上200万元以下的罚款。

（4）发生特别重大事故的，处200万元以上500万元以下的罚款。

4. 事故发生单位主要负责人未履行职责的法律责任

依据《生产安全事故报告和调查处理条例》第三十八条规定，事故发生单位主要负责人未依法履行安全生产管理职责，导致事故发生的，依照下列规定处以罚款；属于国家工作人员的，并依法给予处分；构成犯罪的，依法追究刑事责任：

（1）发生一般事故的，处上一年年收入30%的罚款。

（2）发生较大事故的，处上一年年收入40%的罚款。

（3）发生重大事故的，处上一年年收入60%的罚款。

（4）发生特别重大事故的，处上一年年收入80%的罚款。

5. 政府、部门及工作人员违反事故调查处理规定的法律责任

依据《生产安全事故报告和调查处理条例》第三十九条规定，有关地方人民政府、安全生产监督管理部门和负有安全生产监督管理职责的有关部门有下列行为之一的，对直接负责的主管人员和其他直接责任人员依法给予处分；构成犯罪的，依法追究刑事责任：

（1）不立即组织事故抢救的。

（2）迟报、漏报、谎报或者瞒报事故的。

（3）阻碍、干涉事故调查工作的。

（4）在事故调查中作伪证或者指使他人作伪证的。

6. 事故发生单位、中介机构有关资质的处罚

依据《生产安全事故报告和调查处理条例》第四十条规定，事故发生单位对事故发生负有责任的，由有关部门依法暂扣或者吊销其有关证照；对事故发生单位负有事故责任的有关人员，依法暂停或者撤销其与安全生产有关的执业资格、岗位证书；事故发生单位

主要负责人受到刑事处罚或者撤职处分的，自刑罚执行完毕或者受处分之日起，5 年内不得担任任何生产经营单位的主要负责人。

为发生事故单位提供虚假证明的中介机构，由有关部门依法暂扣或者吊销其有关证照及其相关人员的执业资格；构成犯罪的，依法追究刑事责任。

7. 事故调查人员违反规定的法律责任

依据《生产安全事故报告和调查处理条例》第四十一条规定，参与事故调查的人员在事故调查中有下列行为之一的，依法给予处分；构成犯罪的，依法追究刑事责任：

（1）对事故调查工作不负责任，致使事故调查工作有重大疏漏的。

（2）包庇、袒护负有事故责任的人员或者借机打击报复的。

第十一节 工伤保险条例

2003 年 4 月 27 日，国务院令第 375 号公布《工伤保险条例》，自 2004 年 1 月 1 日起施行。2010 年 12 月 20 日，国务院令第 586 号公布了新修订的《工伤保险条例》，自 2011 年 1 月 1 日起施行。《工伤保险条例》的立法目的是为了保障因工作遭受事故伤害或者患职业病的职工获得医疗救治和经济补偿，促进工伤预防和职业康复，分散用人单位的工伤风险。

一、工伤保险的适用范围

（一）工伤保险

1. 具有补偿性

工伤保险是法定的强制性社会保险，是通过对受害人实施医疗救治和给予必要的经济补偿以保障其经济权利的补救措施。从根本上说，它是由政府监管、社保机构经办的社会保障制度。

2. 权利主体

享有工伤保险权利的主体只限于用人单位的职工或者雇工，其他人不能享有这项权利。如果在单位发生生产安全事故时对职工或者雇工以及其他人造成伤害，只有本单位的职工或者雇工可以得到工伤保险补偿，而受到事故伤害的其他人则不能享有这项权利。所以，工伤保险补偿权利的权利主体是特定的。

3. 义务和责任主体

依照《安全生产法》和《工伤保险条例》的规定，生产经营单位和用人单位有为从业人员办理工伤保险、缴纳保险费的义务，这就确定了生产经营单位和用人单位是工伤保险的义务和责任主体。不履行这项义务，就要承担相应的法律责任。

4. 保险补偿的原则

按照国际惯例和我国立法，工伤保险补偿实行“无责任补偿”，即无过错补偿的原则，这是基于职业风险理论确立的。这种理论从最大限度地保护职工权益的理念出发，认为职业伤害不可避免，职工无法抗拒，不能以受害人是否负有责任来决定是否补偿，只要因公受到伤害就应补偿。基于这种理论，工伤保险不强调造成工伤的原因、过错及其责任，只要确认职工在法定情形下发生工伤，就依法享有获得经济补偿的权利。

5. 补偿风险的承担

按照无责任补偿原则，工伤补偿风险的第一承担者本应是企业或者业主，但是工伤保险是以社会共济方式确定补偿风险承担者的，因此不需要企业或者业主直接负责补偿，而是将补偿风险转由社保机构承担，由社保机构负责支付工伤保险补偿金。只要企业或者业主依法足额缴纳了工伤保险费，那么工伤补偿的责任就要由社保机构承担。工伤保险实际上是一种转移工伤补偿的风险和责任的社会共济方式。

（二）工伤保险的适用范围

依据《工伤保险条例》第二条规定，中华人民共和国境内的企业、事业单位、社会团体、民办非企业单位、基金会、律师事务所、会计师事务所等组织和有雇工的个体工商户（以下称用人单位）应当依照本条例规定参加工伤保险，为本单位全部职工或者雇工（以下称职工）缴纳工伤保险费。中华人民共和国境内的企业、事业单位、社会团体、民办非企业单位、基金会、律师事务所、会计师事务所等组织的职工和个体工商户的雇工，均有依照本条例的规定享受工伤保险待遇的权利。

依据《工伤保险条例》第六十六条规定，无营业执照或者未经依法登记、备案的单位以及被依法吊销营业执照或者撤销登记、备案的单位的职工受到事故伤害或者患职业病的，由该单位向伤残职工或者死亡职工的近亲属给予一次性赔偿，赔偿标准不得低于本条例规定的工伤保险待遇；用人单位不得使用童工，用人单位使用童工造成童工伤残、死亡的，由该单位向童工或者童工的近亲属给予一次性赔偿，赔偿标准不得低于本条例规定的工伤保险待遇。

上述规定的伤残职工或者死亡职工的近亲属就赔偿数额与单位发生争议的，以及上述规定的童工或者童工的近亲属就赔偿数额与单位发生争议的，按照处理劳动争议的有关规定处理。

（三）公务员和参照公务员法管理的事业单位、社会团体工伤事故的处理

依据《工伤保险条例》第六十五条规定，公务员和参照公务员法管理的事业单位、社会团体的工作人员因工作遭受事故伤害或者患职业病的，由所在单位支付费用。

二、缴纳工伤保险费的规定

1. 确定费率的原则

依据《工伤保险条例》的规定，工伤保险费根据以支定收、收支平衡的原则，确定费率。工伤保险实行用人单位缴纳保险费的方式，建立工伤保险社会统筹基金。工伤保险费的缴费方式与养老、医疗、失业保险不同，特别是与基本医疗保险的“以收定支”原则有明显的区别。以支定收、收支平衡，即以一个周期内的工伤保险基金的支付额度，确定征缴的额度。以成本为基础的保险费征缴可以提高工伤保险机构的承付能力。

2. 费率的制定

依据《工伤保险条例》的规定，国家根据不同行业的工伤风险程度确定行业的差别费率，并根据工伤保险费使用、工伤发生率等情况在每个行业内确定若干费率档次。行业差别费率及行业内费率档次由国务院社会保险行政部门制定，报国务院批准后公布施

行。

统筹地区经办机构根据用人单位工伤保险费使用、工伤发生率等情况，适用所属行业内相应的费率档次确定单位缴费费率。

国务院社会保险行政部门应当定期了解全国各统筹地区工伤保险基金收支情况，及时提出调整行业差别费率及行业内费率档次的方案，报国务院批准后公布施行。

3. 工伤保险费的缴纳

依据《工伤保险条例》的规定，用人单位应当按时缴纳工伤保险费。职工个人不缴纳工伤保险费。用人单位缴纳工伤保险费的数额为本单位职工工资总额乘以单位缴费费率之积。

对难以按照工资总额缴纳工伤保险费的行业，其缴纳工伤保险费的具体方式，由国务院社会保险行政部门规定。

工资总额是指用人单位直接支付给本单位全部职工的劳动报酬总额。

本人工资是指工伤职工因工作遭受事故伤害或者患职业病前12个月平均月缴费工资。本人工资高于统筹地区职工平均工资300%的，按照统筹地区职工平均工资的300%计算；本人工资低于统筹地区职工平均工资60%的，按照统筹地区职工平均工资的60%计算。

三、工伤保险基金的使用

依据《工伤保险条例》的规定，工伤保险基金存入社会保障基金财政专户，用于《工伤保险条例》规定的工伤保险待遇，劳动能力鉴定，工伤预防的宣传、培训等费用，以及法律、法规规定的用于工伤保险的其他费用的支付。

工伤预防费用的提取比例、使用和管理的具体办法，由国务院社会保险行政部门会同国务院财政、卫生行政、安全生产监督管理等部门规定。

任何单位或者个人不得将工伤保险基金用于投资运营、兴建或者改建办公场所、发放奖金，或者挪作其他用途。

工伤保险基金应当留有一定比例的储备金，用于统筹地区重大事故的工伤保险待遇支付；储备金不足支付的，由统筹地区的人民政府垫付。储备金占基金总额的具体比例和储备金的使用办法，由省、自治区、直辖市人民政府规定。

四、工伤和劳动能力鉴定的规定

（一）工伤范围

依据《工伤保险条例》第十四条规定，职工有下列情形之一的，应当认定为工伤：

（1）在工作时间和工作场所内，因工作原因受到事故伤害的。

（2）工作时间前后在工作场所内，从事与工作有关的预备性或者收尾性工作受到事故伤害的。

（3）在工作时间和工作场所内，因履行工作职责受到暴力等意外伤害的。

（4）患职业病的。

（5）因工外出期间，由于工作原因受到伤害或者发生事故下落不明的。

（6）在上下班途中，受到非本人主要责任的交通事故或者城市轨道交通、客运轮渡、火车事故伤害的。

（7）法律、行政法规规定应当认定为工伤的其他情形。

（二）视同工伤

依据《工伤保险条例》第十五条规定，职工有下列情形之一的，视同工伤：

（1）在工作时间和工作岗位，突发疾病死亡或者在48小时之内经抢救无效死亡的。

（2）在抢险救灾等维护国家利益和公共利益活动中受到伤害的。

（3）职工原在军队服役，因战、因工负伤致残，已取得革命伤残军人证，到用人单位后旧伤复发的。

职工有上述第一项、第二项情形的，按照本条例的有关规定享受工伤保险待遇；职工有上述第三项情形的，按照本条例的有关规定享受除一次性伤残补助金以外的工伤保险待遇。

《工伤保险条例》规定，因故意犯罪、醉酒或者吸毒、自残或者自杀的等情形，不得认定为工伤或者视同工伤。

（三）工伤认定

1. 工伤保险申请时限、时效和申请责任

依据《工伤保险条例》第十七条规定，职工发生事故伤害或者按照职业病防治法规定被诊断、鉴定为职业病，所在单位应当自事故伤害发生之日或者被诊断、鉴定为职业病之日起30日内，向统筹地区社会保险行政部门提出工伤认定申请。遇有特殊情况，经报社会保险行政部门同意，申请时限可以适当延长。

用人单位未按上述规定提出工伤认定申请的，工伤职工或者其近亲属、工会组织在事故伤害发生之日或者被诊断、鉴定为职业病之日起1年内，可以直接向用人单位所在地统筹地区社会保险行政部门提出工伤认定申请。

按照上述规定应当由省级社会保险行政部门进行工伤认定的事项，根据属地原则由用人单位所在地的设区的市级社会保险行政部门办理。

用人单位未在上述规定的时限内提交工伤认定申请，在此期间发生符合本条例规定的工伤待遇等有关费用由该用人单位负担。

2. 工伤认定申请材料

依据《工伤保险条例》第十八条规定，提出工伤认定申请，应当提交工伤认定申请表、与用人单位存在劳动关系（包括事实劳动关系）的证明材料、医疗诊断证明或者职业病诊断证明（鉴定）书等材料。

工伤认定申请表应当包括事故发生的时间、地点、原因以及职工伤害程度等基本情况。

工伤认定申请人提供材料不完整的，社会保险行政部门应当一次性书面告知工伤认定申请人需要补正的全部材料。申请人按照书面告知要求补正材料后，社会保险行政部门应当受理。

3. 工伤认定程序

依据《工伤保险条例》第十九条规定，社会保险行政部门受理工伤认定申请后，根据审核需要可以对事故伤害进行调查核实，用人单位、职工、工会组织、医疗机构以及有关部门应当予以协助。职业病诊断和诊断争议的鉴定，依照职业病防治法的有关规定执行。对依法取得职业病诊断证明书或者职业病诊断鉴定书的，社会保险行政部门不再进行调查核实。

职工或者其近亲属认为是工伤，用人单位不认为是工伤的，由用人单位承担举证责任。

依据《工伤保险条例》第二十条规定，社会保险行政部门应当自受理工伤认定申请之日起60日内作出工伤认定的决定，并书面通知申请工伤认定的职工或者其近亲属和该职工所在单位。

社会保险行政部门对受理的事实清楚、权利义务明确的工伤认定申请，应当在15日内作出工伤认定的决定。

作出工伤认定决定需要以司法机关或者有关行政主管部门的结论为依据的，在司法机关或者有关行政主管部门尚未作出结论期间，作出工伤认定决定的时限中止。

社会保险行政部门工作人员与工伤认定申请人有利害关系的，应当回避。

（四）劳动能力鉴定

依据《工伤保险条例》的规定，职工发生工伤，经治疗伤情相对稳定后存在残疾、影响劳动能力的，应当进行劳动能力鉴定。劳动能力鉴定是指劳动功能障碍程度和生活自理障碍程度的等级鉴定。劳动功能障碍分为十个伤残等级，最重的为一级，最轻的为十级。生活自理障碍分为三个等级：生活完全不能自理、生活大部分不能自理和生活部分不能自理。

劳动能力鉴定由用人单位、工伤职工或者其近亲属向设区的市级劳动能力鉴定委员会提出申请，并提供工伤认定决定和职工工伤医疗的有关资料。省、自治区、直辖市劳动能力鉴定委员会和设区的市级劳动能力鉴定委员会分别由省、自治区、直辖市和设区的市级社会保险行政部门、卫生行政部门、工会组织、经办机构代表以及用人单位代表组成。

劳动能力鉴定委员会建立医疗卫生专家库。列入专家库的医疗卫生专业技术人员应当具备下列条件：

（1）具有医疗卫生高级专业技术职务任职资格。

（2）掌握劳动能力鉴定的相关知识。

（3）具有良好的职业品德。

设区的市级劳动能力鉴定委员会收到劳动能力鉴定申请后，应当从其建立的医疗卫生专家库中随机抽取3名或者5名相关专家组成专家组，由专家组提出鉴定意见。设区的市级劳动能力鉴定委员会根据专家组的鉴定意见作出工伤职工劳动能力鉴定结论；必要时，可以委托具备资格的医疗机构协助进行有关的诊断。

设区的市级劳动能力鉴定委员会应当自收到劳动能力鉴定申请之日起60日内作出劳动能力鉴定结论，必要时，作出劳动能力鉴定结论的期限可以延长30日。劳动能力鉴定结论应当及时送达申请鉴定的单位和个人。

申请鉴定的单位或者个人对设区的市级劳动能力鉴定委员会作出的鉴定结论不服的，可以在收到该鉴定结论之日起15日内向省、自治区、直辖市劳动能力鉴定委员会提出再次鉴定申请。省、自治区、直辖市劳动能力鉴定委员会作出的劳动能力鉴定结论为最终结论。

劳动能力鉴定工作应当客观、公正。劳动能力鉴定委员会组成人员或者参加鉴定的专家与当事人有利害关系的，应当回避。

自劳动能力鉴定结论作出之日起 1 年后，工伤职工或者其近亲属、所在单位或者经办机构认为伤残情况发生变化的，可以申请劳动能力复查鉴定。

五、工伤保险待遇的规定

（一）工伤医疗补偿

依据《工伤保险条例》的规定，职工因工作遭受事故伤害或者患职业病进行治疗，享受工伤医疗待遇。职工治疗工伤应当在签订服务协议的医疗机构就医，情况紧急时可以先到就近的医疗机构急救。治疗工伤所需费用符合工伤保险诊疗项目目录、工伤保险药品目录、工伤保险住院服务标准的，从工伤保险基金支付。工伤保险诊疗项目目录、工伤保险药品目录、工伤保险住院服务标准，由国务院社会保险行政部门会同国务院卫生行政部门、食品药品监督管理部门等部门规定。

职工住院治疗工伤的伙食补助费，以及经医疗机构出具证明，报经办机构同意，工伤职工到统筹地区以外就医所需的交通、食宿费用从工伤保险基金支付，基金支付的具体标准由统筹地区人民政府规定。

工伤职工治疗非工伤引发的疾病，不享受工伤医疗待遇，按照基本医疗保险办法处理。

工伤职工到签订服务协议的医疗机构进行工伤康复的费用，符合规定的，从工伤保险基金支付。

社会保险行政部门作出认定为工伤的决定后发生行政复议、行政诉讼的，行政复议和行政诉讼期间不停止支付工伤职工治疗工伤的医疗费用。

工伤职工因日常生活或者就业需要，经劳动能力鉴定委员会确认，可以安装假肢、矫形器、假眼、假牙和配置轮椅等辅助器具，所需费用按照国家规定的标准从工伤保险基金支付。

（二）停薪期间的福利

依据《工伤保险条例》的规定，职工因工作遭受事故伤害或者患职业病需要暂停工作接受工伤医疗的，在停工留薪期内，原工资福利待遇不变，由所在单位按月支付。

停工留薪期一般不超过 12 个月。伤情严重或者情况特殊，经设区的市级劳动能力鉴定委员会确认，可以适当延长，但延长不得超过 12 个月。工伤职工评定伤残等级后，停发原待遇，按照有关规定享受伤残待遇。工伤职工在停工留薪期满后仍需治疗的，继续享受工伤医疗待遇。

生活不能自理的工伤职工在停工留薪期需要护理的，由所在单位负责。

（三）护理费

依据《工伤保险条例》的规定，工伤职工已经评定伤残等级并经劳动能力鉴定委员会确认需要生活护理的，从工伤保险基金按月支付生活护理费。生活护理费按照生活完全不能自理、生活大部分不能自理或者生活部分不能自理3个不同等级支付，其标准分别为统筹地区上年度职工月平均工资的50%、40%或者30%。

（四）一级至四级伤残的待遇

依据《工伤保险条例》的规定，职工因工致残被鉴定为一级至四级伤残的，保留劳动关系，退出工作岗位，享受以下待遇：

（1）从工伤保险基金按伤残等级支付一次性伤残补助金，标准为：一级伤残为27个月的本人工资，二级伤残为25个月的本人工资，三级伤残为23个月的本人工资，四级伤残为21个月的本人工资。

（2）从工伤保险基金按月支付伤残津贴，标准为：一级伤残为本人工资的90%，二级伤残为本人工资的85%，三级伤残为本人工资的80%，四级伤残为本人工资的75%。伤残津贴实际金额低于当地最低工资标准的，由工伤保险基金补足差额。

（3）工伤职工达到退休年龄并办理退休手续后，停发伤残津贴，按照国家有关规定享受基本养老保险待遇。基本养老保险待遇低于伤残津贴的，由工伤保险基金补足差额。

职工因工致残被鉴定为一级至四级伤残的，由用人单位和职工个人以伤残津贴为基数，缴纳基本医疗保险费。

（五）五级至六级伤残的待遇

依据《工伤保险条例》的规定，职工因工致残被鉴定为五级、六级伤残的，享受以下待遇：

（1）从工伤保险基金按伤残等级支付一次性伤残补助金，标准为：五级伤残为18个月的本人工资，六级伤残为16个月的本人工资。

（2）保留与用人单位的劳动关系，由用人单位安排适当工作。难以安排工作的，由用人单位按月发给伤残津贴，标准为：五级伤残为本人工资的70%，六级伤残为本人工资的60%，并由用人单位按照规定为其缴纳应缴纳的各项社会保险费。伤残津贴实际金额低于当地最低工资标准的，由用人单位补足差额。

经工伤职工本人提出，该职工可以与用人单位解除或者终止劳动关系，由工伤保险基金支付一次性工伤医疗补助金，由用人单位支付一次性伤残就业补助金。一次性工伤医疗补助金和一次性伤残就业补助金的具体标准由省、自治区、直辖市人民政府规定。

（六）七级至十级伤残的待遇

依据《工伤保险条例》的规定，职工因工致残被鉴定为七级至十级伤残的，享受以下待遇：

（1）从工伤保险基金按伤残等级支付一次性伤残补助金，标准为：七级伤残为13个月的本人工资，八级伤残为11个月的本人工资，九级伤残为9个月的本人工资，十级伤残为7个月的本人工资。

（2）劳动、聘用合同期满终止，或者职工本人提出解除劳动、聘用合同的，由工伤保险基金支付一次性工伤医疗补助金，由用人单位支付一次性伤残就业补助金。一次性工伤医疗补助金和一次性伤残就业补助金的具体标准由省、自治区、直辖市人民政府规定。

（七）职工死亡的待遇

依据《工伤保险条例》的规定，职工因工死亡，其近亲属按照下列规定从工伤保险基金领取丧葬补助金、供养亲属抚恤金和一次性工亡补助金：

（1）丧葬补助金为6个月的统筹地区上年度职工月平均工资。

（2）供养亲属抚恤金按照职工本人工资的一定比例发给由因工死亡职工生前提供主要生活来源、无劳动能力的亲属。标准为：配偶每月40%，其他亲属每人每月30%，孤寡老人或者孤儿每人每月在上述标准的基础上增加10%。核定的各供养亲属的抚恤金之和不应高于因工死亡职工生前的工资。供养亲属的具体范围由国务院社会保险行政部门规定。

（3）一次性工亡补助金标准为上一年度全国城镇居民人均可支配收入的20倍。

伤残职工在停工留薪期内因工伤导致死亡的，其近亲属享受本条第一款规定的待遇。

一级至四级伤残职工在停工留薪期满后死亡的，其近亲属可以享受本条第一款第（一）项、第（二）项规定的待遇。

（八）职工因工外出期间发生事故或者在抢险救灾中下落不明的待遇

依据《工伤保险条例》的规定，职工因工外出期间发生事故或者在抢险救灾中下落不明的，从事故发生当月起3个月内照发工资，从第4个月起停发工资，由工伤保险基金向其供养亲属按月支付供养亲属抚恤金。生活有困难的，可以预支一次性工亡补助金的50%。职工被人民法院宣告死亡的，按照本条例第三十九条职工因工死亡的规定处理。

（九）停止享受工伤保险待遇

《工伤保险条例》第四十条规定，工伤职工有下列情形之一的，停止享受工伤保险待遇：

（1）丧失享受待遇条件的。

（2）拒不接受劳动能力鉴定的。

（3）拒绝治疗的。

（十）分立合并转让的工伤保险责任

依据《工伤保险条例》的规定，用人单位分立、合并、转让的，承继单位应当承担原用人单位的工伤保险责任；原用人单位已经参加工伤保险的，承继单位应当到当地经办机构办理工伤保险变更登记。

用人单位实行承包经营的，工伤保险责任由职工劳动关系所在单位承担。

职工被借调期间受到工伤事故伤害的，由原用人单位承担工伤保险责任，但原用人单位与借调单位可以约定补偿办法。

企业破产的，在破产清算时依法拨付应当由单位支付的工伤保险待遇费用。

（十一）出境工作的待遇

依据《工伤保险条例》的规定，职工被派遣出境工作，依据前往国家或者地区的法律应当参加当地工伤保险的，参加当地工伤保险，其国内工伤保险关系中止；不能参加当地工伤保险的，其国内工伤保险关系不中止。

六、申请行政复议或者提起行政诉讼的规定

依据《工伤保险条例》的规定，有下列情形之一的，有关单位或者个人可以依法申请行政复议，也可以依法向人民法院提起行政诉讼：

（1）申请工伤认定的职工或者其近亲属、该职工所在单位对工伤认定申请不予受理的决定不服的。

（2）申请工伤认定的职工或者其近亲属、该职工所在单位对工伤认定结论不服的。

（3）用人单位对经办机构确定的单位缴费费率不服的。

（4）签订服务协议的医疗机构、辅助器具配置机构认为经办机构未履行有关协议或者规定的。

（5）工伤职工或者其近亲属对经办机构核定的工伤保险待遇有异议的。

七、工伤保险违法行为应负的法律责任

（一）挪用工伤保险基金的法律责任

依据《工伤保险条例》的规定，单位或者个人违反《工伤保险条例》有关规定挪用工伤保险基金构成犯罪的，依法追究刑事责任；尚不构成犯罪的，依法给予行政处分或者纪律处分。对被挪用的基金由劳动保障行政部门追回，并入工伤保险基金；没收的违法所得依法上缴国库。

（二）社会保险行政部门工作人员的法律责任

依据《工伤保险条例》的规定，社会保险行政部门工作人员无正当理由不受理工伤认定申请，或者弄虚作假将不符合工伤条件的人员认定为工伤职工的；未妥善保管申请工伤认定的证据材料，致使有关证据灭失的和收受当事人财物等违法行为的，依法给予处分；情节严重构成犯罪的，依法追究刑事责任。

（三）经办机构的法律责任

依据《工伤保险条例》的规定，工伤保险经办机构有未按规定保存用人单位缴费和职工享受工伤保险待遇情况记录的、不按规定核定工伤保险待遇的和收受当事人财物等违法行为的，由社会保险行政部门责令改正，对直接负责的主管人员和其他责任人员依法给予纪律处分；情节严重，构成犯罪的，依法追究刑事责任；造成当事人经济损失的，由经办机构依法承担赔偿责任。

（四）骗取工伤保险待遇或者工伤保险基金的法律责任

依据《工伤保险条例》的规定，用人单位、工伤职工或者其近亲属骗取工伤保险待遇，医疗机构、辅助器具配置机构骗取工伤保险基金支出的，由社会保险行政部门责令退还，处骗取金额2倍以上5倍以下的罚款；情节严重，构成犯罪的，依法追究刑事责任。

（五）用人单位的法律责任

依据《工伤保险条例》的规定，用人单位依照本条例规定应当参加工伤保险而未参加的，由社会保险行政部门责令限期参加，补缴应当缴纳的工伤保险费，并自欠缴之日起，按日加收万分之五的滞纳金；逾期仍不缴纳的，处欠缴数额1倍以上3倍以下的罚款。

依照本条例规定应当参加工伤保险而未参加工伤保险的用人单位职工发生工伤的，由该用人单位按照本条例规定的工伤保险待遇项目和标准支付费用。

用人单位参加工伤保险并补缴应当缴纳的工伤保险费、滞纳金后，由工伤保险基金和用人单位依照本条例的规定支付新发生的费用。

依据《工伤保险条例》的规定，用人单位违反本条例规定，拒不协助社会保险行政部门对事故进行调查核实的，由社会保险行政部门责令改正，处2000元以上2万元以下的罚款。

（六）从事劳动能力鉴定的组织或者个人的法律责任

从事劳动能力鉴定的组织或者个人有下列情形之一的，由社会保险行政部门责令改正，处2000元以上1万元以下的罚款；情节严重，构成犯罪的，依法追究刑事责任：

（1）提供虚假鉴定意见的。

（2）提供虚假诊断证明的。

（3）收受当事人财物的。

第十二节　大型群众性活动安全管理条例

2007年9月14日，国务院总理温家宝签署了国务院第505号令，公布了《大型群众性活动安全管理条例》，自2007年10月1日起施行。这是我国第一部规范和加强大型群众性活动安全管理工作的行政法规。该条例对大型群众性活动的范围、承办者、程序、时限，安全管理措施以及法律责任等作了明确的规定，对于保护公民人身和财产安全，维护社会治安秩序和公共安全具有十分重要的意义。

一、大型群众性活动的范围

《大型群众性活动安全管理条例》所称的大型群众性活动是指法人或者其他组织面向社会公众举办的每场次预计参加人数达到1000人以上的下列活动：包括体育比赛活动；演唱会、音乐会等文艺演出活动；展览、展销等活动；游园、灯会、庙会、花会、焰火晚会等活动；人才招聘会、现场开奖的彩票销售等活动。但是影剧院、音乐厅、公园、娱乐场所等在其日常业务范围内举办的活动，不适用本条例的规定。所谓“日常业务范围”，主要以工商执照核定的范围和项目为准。

条例所称的“大型群众性活动”有5个特征：一是有承办者，即依照法定程序成立的法人或者其他组织。有些活动虽然具有大型群众性活动的某些特征，如农村地区群众赶庙会、群众自发聚集在一起的歌会，由于没有承办者来牵头组织，不是条例所指的大型群众性活动，不需要安全许可，纳入日常公共安全管理即可。另外，条例排除了个人举办大型群众性活动的情形，因为个人承担法律责任的能力有限，如需要举办大型群众性活动，可先行注册一个公司，并以其名义开展活动。二是参与人数众多，预计参加人数在1000人以上，包括活动组织、协调、保障、直接参与活动的相关人员数量与预计发售门票或组织观众数量之和。对于一些展览和展销等活动，主要指单位时间内动态的最高流量，是每场次、每天的容量，而不是指活动期间人数之总和。如果无法确定参与人数，有固定座席的，按固定座席数量计算，无固定座席的，可以按照人均面积1平方米计算。1000人以下的活动也是纳入日常公共安全管理。三是参与人群为不特定人员，活动是面向公众，人员是不特定人群，单位内部举办的联欢会、运动会等活动不适用本条例。四是活动地点为公共场所，一般是临时租用、借用的。五是该条款是等内条款，没有列举的活动不在条例管辖范围内，如促销活动没有被列举，不属于大型群众性活动，而是适用《企业事业单位内部治安保卫条例》来调整，但是如果促销活动涉及文艺演出，则符合大型群众性活动的特征，因而承办者应当申报安全许可。

二、安全责任

（一）承办者安全责任

大型群众性活动承办者对其承办活动的安全负责，承办者的主要负责人为大型群众性活动的安全责任人。举办大型群众性活动，承办者应当制订大型群众性活动安全工作方案。大型群众性活动安全工作方案内容包括：①活动的时间、地点、内容及组织方式；②安全工作人员的数量、任务分配和识别标志；③活动场所消防安全措施；④活动场所可容纳的人员数量以及活动预计参加人数；⑤治安缓冲区域的设定及其标识；⑥入场人员的票证查验和安全检查措施；⑦车辆停放、疏导措施；⑧现场秩序维护、人员疏导措施；⑨应急救援预案。大型群众性活动的承办者在举办大型群众性活动时，不但要对活动的内容负责，更重要的是要保证活动的安全顺利进行，安全工作方案是承办者履行大型群众活动安全责任的重要保障措施，好的工作方案是安全工作的基础。大型群众性活动要遵守“安全第一”的方针，凡与安全有冲突的事项，必须实施安全工作的“一票否决”。活动之前要进行风险因素评估，根据风险评估的结果分等级管理。工作方案要有针对性和可操作性，真正起到保证大型群众性活动安全的作用。法律所列的九项内容是最基本的，是所有大型群众性活动都必须具备的内容。大型群众性活动的安全工作与活动时间、地点、内容及组织方式密切相关，在不同的时空条件下，安全工作重点也是不同的，因此要考虑具体的时间段、举办场所所在位置，活动内容和方式等内容。安全工作方案对安全工作人员的基本情况作出简要说明，便于公安机关审查。一般大型群众性活动的安全工作人员主要包括举办单位的安全工作人员以及专门从事大型群众性活动安保工作的保安队伍。活动场所也要严格执行《消防法》的要求，对构建筑物、室内装修装饰材料、消防设施器材、疏散通道和安全出口等要符合法律法规的要求。大型群众性活动场所管理者向承办者提供的人员核定容量，应当依据建筑场所设定的标准核定，并充分考虑活动本身需要的空间，进行细致的安全风险评估，预留缓冲区域，并提供翔实的资料证明。设置治安缓冲区是在发生突发事件时，保障人群紧急疏散的重要措施，缓冲区应当有明显标识。人员入场票证查验和安全检查措施可以防止不法分子携带危险爆炸物品、管理刀具等混入大型群众性活动现场。

为确保大型群众性活动安全有序地进行，承办者必须全面履行安全工作职责并进行细分，确保活动各方面、各环节都能在安全的前提下有序进行。大型群众性活动承办者具体负责的安全事项包括：①落实大型群众性活动安全工作方案和安全责任制度，明确安全措施、安全工作人员岗位职责，开展大型群众性活动安全宣传教育；②保障临时搭建的设施、建筑物的安全，消除安全隐患；③按照负责许可的公安机关的要求，配备必要的安全检查设备，对参加大型群众性活动的人员进行安全检查，对拒不接受安全检查的，承办者有权拒绝其进入；④按照核准的活动场所容纳人员数量、划定的区域发放或者出售门票；⑤落实医疗救护、灭火、应急疏散等应急救援措施并组织演练；⑥对妨碍大型群众性活动安全的行为及时予以制止，发现违法犯罪行为及时向公安机关报告；⑦配备与大型群众性活动安全工作需要相适应的专业保安人员以及其他安全工作人员；⑧为大型群众性活动的安全工作提供必要的保障。承办者要落实大型群众性活动的安全工作方案，主要负责人应当担负起大型群众性活动的安全责任，建立并落实安全责任制度，明确安全措施、岗位职责，加强人员责任心，对参加活动工作人员进行排班，确定岗位，做到职责明确、措施得力、责任到人，并且设立专人检查各项要求的落实情况，还要积极开展安全宣传教育工作。对活动场所、临时搭建的建筑、设施开展安全检查，发现安全隐患及时消除，检查的重点包括：场内临时设施、悬挂物、舞台、展台、展架等；水、电、通信、广播等设施；售票处、通道、安全出口、疏散通道、现场桥梁、涵洞、陡坡、窄路、转弯等地段。对参加活动的人员要进行安全检查，对拒不接受安全检查的，承办者有权拒绝其进入，及时发现和处置出入人员所携带的违禁品与危险品。检查不能仅仅依靠电子仪器进行人身检查，应该与感官检查有机结合起来。要按照预定方案发放或者出售门票，严格实施安检措施，防止无票人员入场，把好“入口关”。承办者发现盗窃、抢夺、打架斗殴等案件时，要及时予以制止并向公安机关报告。

（二）场所管理者安全责任

大型群众性活动的活动场所是大型群众性活动的中心区和人员聚集地，是安全保卫工作的核心。大型群众性活动场所管理者具体负责的安全事项包括：①保障活动场所、设施符合国家安全标准和安全规定；②保障疏散通道、安全出口、消防车通道、应急广播、应急照明、疏散指示标志符合法律、法规、技术标准的规定；③保障监控设备和消防设施、器材配置齐全、完好有效；④提供必要的停车场地，并维护安全秩序。大型群众性活动场所构筑物的构件和建筑材料的防火性能要符合国家或行业标准，内装修装饰依据国家工程建筑消防技术标准的规定，应当使用不燃、难燃材料的，必须选用经检验机构检验合格的材料；公众聚集场所在使用或者开业前，应当向当地安全消防机构申报，经消防检查合格后，发给《消防安全检查意见书》，方可使用或开业。大型群众性活动场所管理者还应向承办者提供场所人员核定容量、供电系统等涉及场所使用安全资料、证明，包括场所电路图、用电设施、设备等相关使用说明书，以及电力部门安全检查报告等。恶性火灾事故的主要原因之一就是火灾初期人员疏散不畅。全国一次死亡 10 人以上的近 100 次火灾中，2/3 以上都存在安全疏散通道、安全出口堵塞、封闭的问题。《建筑设计防火规范》（GBJ 16）、《高层民用建筑设计防火规范》（GB 50045）、《建筑内部高层防火规范》（GB 50222）等标准对安全疏散出口的数量、规格，疏散走道的宽度及疏散走道的最大疏散距离，疏散通道的安全指标标志，火灾事故照明设置都作了明确、具体的规定。例如安全疏散门必须向外开启，不得采用卷帘门、旋转门、吊门和侧拉门；室外疏散通道宽度不少于 3 米；安全疏散门都要设置安全疏散出口标志，走道疏散灯间距不宜大于 20 米等。重要建筑物周围应设环形消防车通道，设环形车道有困难时，可沿建筑物的两个边设置消防车通道，当建筑物的沿街长度超过 150 米或总长度超过 220 米时，应在适中位置设置穿过建筑的消防车通道。对超过 3000 个座位的体育馆和超过 2000 个座位的会堂等公共活动场所，宜设环形消防车道；消防车道靠近建筑物一侧不应布置妨碍登高消防车作业的绿化、架空管线等。

（三）参加活动人员的安全义务

大型群众性活动能否安全有序举办，参加活动人员在其中扮演了十分重要的角色，确保活动安全举办，不仅仅是政府的职责，也是每一位参与活动的公民应当承担的责任。参加大型群众性活动的人员应当遵守下列规定：①遵守法律、法规和社会公德，不得妨碍社会治安、影响社会秩序；②遵守大型群众性活动场所治安、消防等管理制度，接受安全检查，不得携带爆炸性、易燃性、放射性、毒害性、腐蚀性等危险物质或者非法携带枪支、弹药、管制器具；③服从安全管理，不得展示侮辱性标语、条幅等物品，不得围攻裁判员、运动员或者其他工作人员，不得投掷杂物。

三、安全管理

（一）大型群众性活动的安全许可

大型群众性活动安全是系统性问题，事故之后补救难以消除影响或者要付出更大的代价，往往采用事前监督管理更加合适，公安机关对大型群众性活动实行安全许可制度。《营业性演出管理条例》对演出活动的安全管理另有规定的，从其规定。举办大型群众性活动应当符合的条件包括：①承办者是依照法定程序成立的法人或者其他组织；②大型群众性活动的内容不得违反宪法、法律、法规的规定，不得违反社会公德；③具有符合本条例规定的安全工作方案，安全责任明确、措施有效；④活动场所、设施符合安全要求。大型群众性活动的承办者要具有合法身份，要依法登记成立，包括企业法人和社会组织两类，法定代表人具有完全责任能力，无违法犯罪记录。大型群众性活动内容合法主要是指不得反对宪法确定的基本原则，不得危害国家统一、主权和领土完整，危害国家安全，或者损害国家荣誉和利益，不得煽动民族仇恨、民族分裂，违反宗教政策，干扰社会秩序，破坏社会稳定，危害社会公德或者民族优秀文化传统，不得宣传淫秽、色情、邪教、迷信或者渲染暴力以及法律法规规定的其他情形。申请安全许可时必须向公安机关提供活动场所管理者出具同意使用场所的证明和有关部门对场所建设、设施的安全鉴定文件。大型群众性活动的预计参加人数在1000人以上5000人以下的，由活动所在地县级人民政府公安机关实施安全许可；预计参加人数在5000人以上的，由活动所在地设区的市级人民政府公安机关或者直辖市人民政府公安机关实施安全许可；跨省、自治区、直辖市举办大型群众性活动的，由国务院公安部门实施安全许可。

（二）大型群众性活动许可后的变更

经安全许可的大型群众性活动，承办者不得擅自变更活动的时间、地点、内容或者扩大大型群众性活动的举办规模。承办者变更大型群众性活动时间的，应当在原定举办活动时间之前向做出许可决定的公安机关申请变更，经公安机关同意方可变更。承办者变更大型群众性活动地点、内容以及扩大大型群众性活动举办规模的，应当依照本条例的规定重新申请安全许可。承办者取消举办大型群众性活动的，应当在原定举办活动时间之前书面告知做出安全许可决定的公安机关，并交回公安机关颁发的准予举办大型群众性活动的安全许可证件。举办大型群众性活动，时间因素是一个重要审批方面，举办时间、地点和国事、外交、军事或者其他重大活动相冲突的，不予许可。大型群众性活动举办地点不能擅自改变，只有达到国家规定的安全标准，才能在公安机关的安全许可下举办大型群众性活动。

（三）大型群众性活动事故应急

在大型群众性活动举办过程中发生公共安全事故、治安案件的，安全责任人应当立即启动应急救援预案，并立即报告公安机关。应急救援预案是大型群众性活动安全工作方案的重要内容之一，当大型群众性活动举办过程中发生公共安全事故时，大型群众性活动的安全责任人应当立即启动应急预案，积极组织抢救，防止事态扩大，减少人员伤亡和财产损失，同时安全责任人要及时、准确地将现场情况报告给公安机关，不能瞒报、谎报。

第十三节　女职工劳动保护特别规定

为了减少和解决女职工在劳动中因生理特点造成的特殊困难，保护女职工健康，1988年7月21日国务院制定了《女职工劳动保护规定》。2012年4月28日，国务院公布新修订的《女职工劳动保护特别规定》(国务院令第619号)，自公布之日起施行，原《女职工劳动保护规定》同时废止。《女职工劳动保护特别规定》对女职工劳动保护作出了新规定，如明确用人单位不得因女职工怀孕、生育、哺乳降低其工资、予以辞退、与其解除劳动或者聘用合同。

一、适用范围

《女职工劳动保护特别规定》第二条明确："中华人民共和国境内的国家机关、企业、事业单位、社会团体、个体经济组织以及其他社会组织等用人单位及其女职工，适用本规定。"

二、女职工禁忌从事的劳动范围

《女职工劳动保护特别规定》对女职工禁忌从事的劳动范围作出了明确规定，同时明确女职工禁忌从事的劳动范围由国务院安全生产监督管理部门会同国务院人力资源社会保障行政部门、国务院卫生行政部门根据经济社会发展情况，对女职工禁忌从事的劳动范围进行调整。

1. 女职工禁忌从事的劳动范围

依据《女职工劳动保护特别规定》，女职工禁忌从事的劳动范围：

（1）矿山井下作业。

（2）体力劳动强度分级标准中规定的第四级体力劳动强度的作业。

（3）每小时负重6次以上、每次负重超过20公斤的作业，或者间断负重、每次负重超过25公斤的作业。

2. 女职工在经期禁忌从事的劳动范围

依据《女职工劳动保护特别规定》，女职工在经期禁忌从事的劳动范围：

（1）冷水作业分级标准中规定的第二级、第三级、第四级冷水作业。

（2）低温作业分级标准中规定的第二级、第三级、第四级低温作业。

（3）体力劳动强度分级标准中规定的第三级、第四级体力劳动强度的作业。

（4）高处作业分级标准中规定的第三级、第四级高处作业。

3. 女职工在孕期禁忌从事的劳动范围

依据《女职工劳动保护特别规定》，女职工在孕期禁忌从事的劳动范围：

（1）作业场所空气中铅及其化合物、汞及其化合物、苯、镉、铍、砷、氰化物、氮氧化物、一氧化碳、二硫化碳、氯、己内酰胺、氯丁二烯、氯乙烯、环氧乙烷、苯胺、甲醛等有毒物质浓度超过国家职业卫生标准的作业。

（2）从事抗癌药物、己烯雌酚生产，接触麻醉剂气体等的作业。

（3）非密封源放射性物质的操作，核事故与放射事故的应急处置。

（4）高处作业分级标准中规定的高处作业。

（5）冷水作业分级标准中规定的冷水作业。

（6）低温作业分级标准中规定的低温作业。

（7）高温作业分级标准中规定的第三级、第四级的作业。

（8）噪声作业分级标准中规定的第三级、第四级的作业。

（9）体力劳动强度分级标准中规定的第三级、第四级体力劳动强度的作业。

（10）在密闭空间、高压室作业或者潜水作业，伴有强烈振动的作业，或者需要频繁弯腰、攀高、下蹲的作业。

4. 女职工在哺乳期禁忌从事的劳动范围

依据《女职工劳动保护特别规定》，女职工在哺乳期禁忌从事的劳动范围：

（1）孕期禁忌从事的劳动范围的第一项、第三项、第九项。

（2）作业场所空气中锰、氟、溴、甲醇、有机磷化合物、有机氯化合物等有毒物质浓度超过国家职业卫生标准的作业。

三、用人单位的职责

依据《女职工劳动保护特别规定》，用人单位应当履行下列职责：

（1）用人单位应当加强女职工劳动保护，采取措施改善女职工劳动安全卫生条件，对女职工进行劳动安全卫生知识培训。

（2）用人单位应当遵守女职工禁忌从事的劳动范围的规定。用人单位应当将本单位属于女职工禁忌从事的劳动范围的岗位书面告知女职工。

（3）用人单位不得因女职工怀孕、生育、哺乳降低其工资、予以辞退、与其解除劳动或者聘用合同。

四、女职工孕期的保护

依据《女职工劳动保护特别规定》，女职工在孕期不能适应原劳动的，用人单位应当根据医疗机构的证明，予以减轻劳动量或者安排其他能够适应的劳动。

对怀孕 7 个月以上的女职工，用人单位不得延长劳动时间或者安排夜班劳动，并应当在劳动时间内安排一定的休息时间。

怀孕女职工在劳动时间内进行产前检查，所需时间计入劳动时间。

五、产假规定

依据《女职工劳动保护特别规定》，女职工生育享受98天产假，其中产前可以休假15天；难产的，增加产假15天；生育多胞胎的，每多生育1个婴儿，增加产假15天。

女职工怀孕未满4个月流产的，享受15天产假；怀孕满4个月流产的，享受42天产假。

六、生育津贴规定

依据《女职工劳动保护特别规定》，女职工产假期间的生育津贴，对已经参加生育保险的，按照用人单位上年度职工月平均工资的标准由生育保险基金支付；对未参加生育保险的，按照女职工产假前工资的标准由用人单位支付。

女职工生育或者流产的医疗费用，按照生育保险规定的项目和标准，对已经参加生育保险的，由生育保险基金支付；对未参加生育保险的，由用人单位支付。

七、哺乳规定

依据《女职工劳动保护特别规定》，对哺乳未满1周岁婴儿的女职工，用人单位不得延长劳动时间或者安排夜班劳动。

用人单位应当在每天的劳动时间内为哺乳期女职工安排1小时哺乳时间；女职工生育多胞胎的，每多哺乳1个婴儿每天增加1小时哺乳时间。

女职工比较多的用人单位应当根据女职工的需要，建立女职工卫生室、孕妇休息室、哺乳室等设施，妥善解决女职工在生理卫生、哺乳方面的困难。

八、性骚扰的保护

为了保护女职工免受性骚扰，《女职工劳动保护特别规定》明确："在劳动场所，用人单位应当预防和制止对女职工的性骚扰。"

九、仲裁和诉讼

《女职工劳动保护特别规定》明确："用人单位违反本规定，侵害女职工合法权益的，女职工可以依法投诉、举报、申诉，依法向劳动人事争议调解仲裁机构申请调解仲裁，对仲裁裁决不服的，依法向人民法院提起诉讼。"

十、法律责任

依据《女职工劳动保护特别规定》，用人单位违反本规定的，人力资源社会保障行政部门、安全生产监督管理部门依法实施处罚；用人单位违反本规定，侵害女职工合法权益，造成女职工损害的，依法给予赔偿；用人单位及其直接负责的主管人员和其他直接责任人员构成犯罪的，依法追究刑事责任。

第七章　安全生产部门规章

第一节　注册安全工程师分类管理办法

自2002年原人事部和原国家安全生产监督管理局（应急管理部）联合制定并实施《注册安全工程师执业资格制度暂行规定》以来，经多年努力，目前，全国取得注册安全工程师执业资格人员有27.2万人，经注册执业的16.9万人，为安全生产形势的好转发挥了重要作用。但是，注册安全工程师人数尚不能满足当前企业安全管理的人才需求。同时，不同行业企业对安全生产管理人员能力要求也不相同，高危行业不同领域对安全生产专业知识要求差异较大，以前制度的注册安全工程师不分专业、级别，导致了注册安全工程师专业化水平不高、发挥作用不明显、企业使用率不高、发展通道不畅通等问题，注册安全工程师得不到企业和社会的普遍认同，影响了安全生产工作，制约了注册安全工程师队伍发展。

《中共中央　国务院关于推进安全生产领域改革发展的意见》和《安全生产法》对加强安全生产监督管理，完善注册安全工程师职业资格制度作出了明确要求。同时，安全生产形势的深刻变化，对生产经营单位安全管理水平提出了更高要求，迫切需要一大批职业化、专业化安全管理人才。2017年9月人力资源社会保障部发布的《国家职业资格目录》将注册安全工程师列入准入类专业技术人员职业资格。2017年11月2日，国家安全生产监督管理总局、人力资源和社会保障部联合制定了《注册安全工程师分类管理办法》(安监总人事〔2017〕118号)，自2018年1月1日起施行。以往规定与本办法不一致的，按照本办法规定执行。

《注册安全工程师分类管理办法》从十方面对健全和完善注册安全工程师的管理作出了明确规定。

一、注册安全工程师类别和级别

以往注册安全工程师考试不分专业、学习范围广、通用内容较多，一定程度上导致部分注册安全工程师学的不深、不精、专业化水平不高。为此，《注册安全工程师分类管理办法》对注册安全工程师从专业类别上划分7种，同时从级别上划分3个等级，《注册安全工程师分类管理办法》规定："注册安全工程师专业类别划分为煤矿安全、金属非金属矿山安全、化工安全、金属冶炼安全、建筑施工安全、道路运输安全、其他安全（不包括消防安全）。注册安全工程师级别设置为高级、中级、初级（助理）。"同时，还规定："人力资源社会保障部、国家安全监管总局负责注册安全工程师职业资格制度的制定、指导、监督和检查实施，统筹规划注册安全工程师专业分类。如需另行增设专业类别，由国务院有关行业主管部门提出意见，人力资源社会保障部、国家安全监管总局共同确定。”

划分专业类别后，注册安全工程师按照专业类别进行考试、注册、参加继续教育、配备使用等，注册安全工程师的专业化水平会更高，对推动安全生产工作的专业化水平更有帮助。划分等级后，一方面，有利于满足不同企业对不同级别注册安全工程师的要求，提高企业安全生产管理水平，防范和遏制事故的发生。另一方面，有利于注册安全工程师人尽其才、才尽其用，激励注册安全工程师不断提高专业能力素质。

二、注册安全工程师执业范围

关于注册安全工程师可在哪些单位或机构中执业，《注册安全工程师分类管理办法》明确规定：“注册安全工程师可在相应行业领域生产经营单位和安全评价检测等安全生产专业服务机构中执业。”关于不同专业类别注册安全工程师具体执业行业和执业范围将会在即将修订发布的《注册安全工程师职业资格制度暂行规定》中作出明确规定。

关于上述提到的注册安全工程师可在相应行业领域生产经营单位，2014 年新修订的《安全生产法》第二十四条明确规定：“危险物品的生产、储存单位以及矿山、金属冶炼单位应当有注册安全工程师从事安全生产管理工作。”为了贯彻落实《安全生产法》和国家职业资格制度有关规定，《注册安全工程师分类管理办法》规定：“危险物品的生产、储存单位以及矿山、金属冶炼单位应当有相应专业类别的中级及以上注册安全工程师从事安全生产管理工作，并要求危险物品的生产、储存单位以及矿山单位安全生产管理人员中的中级及以上注册安全工程师比例应自本办法施行之日起 2 年内，金属冶炼单位安全生产管理人员中的中级及以上注册安全工程师比例应自本办法施行之日起 5 年内达到 15% 左右并逐步提高。”这样规定有利于注册安全工程师发挥更大作用，有利于企业提升安全生产管理水平。

三、高级注册安全工程师取得

高级注册安全工程师是最高等级，不仅要求较高的理论知识，还要求丰富的实践经验，理论上讲应当是安全方面的权威。借鉴美国等先进国家的做法，结合我国的实际，高级注册安全工程师采取考试和评审的方式。《注册安全工程师分类管理办法》规定：“高级注册安全工程师采取考试与评审相结合的评价方式，具体办法另行规定。”

四、中级注册安全工程师取得

中级注册安全工程师采取考试方式取得。《注册安全工程师分类管理办法》规定：“中级注册安全工程师职业资格考试按照专业类别实行全国统一考试，考试科目分为公共科目和专业科目，由人力资源社会保障部、国家安全监管总局负责组织实施。”同时也规定：“国家安全监管总局或其授权的机构负责中级注册安全工程师职业资格公共科目和专业科目（建筑施工安全、道路运输安全类别除外）考试大纲的编制和命审题组织工作。住房城乡建设部、交通运输部或其授权的机构分别负责建筑施工安全、道路运输安全类别中级注册安全工程师职业资格专业科目考试大纲的编制和命审题工作。人力资源社会保障部负责审定考试大纲，负责组织实施考务工作。”

五、助理注册安全工程师取得

助理注册安全工程师采取考试方式取得。《注册安全工程师分类管理办法》规定："助理注册安全工程师职业资格考试使用全国统一考试大纲，考试和注册管理由各省、自治区、直辖市人力资源社会保障部门和安全监管部门会同有关行业主管部门组织实施。"

六、注册安全工程师继续教育

为了提高注册安全工程师的技术和素质，《注册安全工程师管理规定》明确规定："继续教育按照注册类别分类进行。注册安全工程师在每个注册周期内应当参加继续教育，时间累计不得少于48学时。继续教育由部门、省级注册机构按照统一制定的大纲组织实施。中央企业注册安全工程师的继续教育可以由中央企业总公司（总厂、集团公司）组织实施。继续教育应当由具备安全培训条件的机构承担。煤矿安全、非煤矿矿山安全、危险物品安全（民用爆破器材安全除外）和其他安全类注册安全工程师继续教育大纲，由国家安全监管总局组织制定；建筑施工安全、民用爆破器材安全注册安全工程师继续教育大纲，由国家安全监管总局会同国务院有关主管部门组织制定。"

根据目前注册安全工程师的现状，《注册安全工程师分类管理办法》仅对中级注册安全工程师的继续教育作出规定，对高级和助理注册安全工程师的继续教育未作出规定。《注册安全工程师分类管理办法》规定："中级注册安全工程师按照专业类别进行继续教育，其中专业课程学时应不少于继续教育总学时的一半。"

七、注册安全工程师注册

《注册安全工程师分类管理办法》规定："注册安全工程师按照专业类别进行注册，国家安全监管总局或其授权的机构为注册安全工程师职业资格的注册管理机构。"同时规定："住房城乡建设部、交通运输部或其授权的机构分别负责其职责范围内建筑施工安全、道路运输安全类别中级注册安全工程师的注册初审工作。各省、自治区、直辖市安全监管部门和经国家安全监管总局授权的机构负责其他中级注册安全工程师的注册初审工作。国家安全监管总局或其授权的机构负责中级注册安全工程师的注册终审工作。终审通过的建筑施工安全、道路运输安全类别中级注册安全工程师名单分别抄送住房城乡建设部、交通运输部。"

此外，《注册安全工程师分类管理办法》规定："助理注册安全工程师职业资格考试使用全国统一考试大纲，考试和注册管理由各省、自治区、直辖市人力资源社会保障部门和安全监管部门会同有关行业主管部门组织实施。"

八、注册安全工程师与政府主管部门安全能力合格证明的关系

注册安全工程师是我国安全生产领域内具有较高专业技术知识和实际经验能力的专业人才，对其专业知识和能力的考核要求已基本涵盖对安全生产管理人员的考核要求。因此，《注册安全工程师分类管理办法》规定："取得注册安全工程师职业资格证书并经注

册的人员，表明其具备与所从事的生产经营活动相应的安全生产知识和管理能力，可视为其安全生产知识和管理能力考核合格。”

九、注册安全工程师与工程系列安全工程专业职称之间的关系

为贯彻落实中央有关职称制度改革要求，促进职称制度和职业资格制度有效衔接，打通注册安全工程师的职业发展通道，《注册安全工程师分类管理办法》规定：“注册安全工程师各级别与工程系列安全工程专业职称相对应，不再组织工程系列安全工程专业职称评审。高级注册安全工程师考评办法出台前，工程系列安全工程专业高级职称评审仍然按现行制度执行。”也就是说，安全工程专业技术人员职称采取以考代评的方式，依法取得注册安全工程师职业资格证书即取得相应级别职称资格。高级注册安全工程师考评办法出台前，工程系列安全工程专业高级职称评审仍然按现行制度执行。

十、已取得注册安全工程师的认可

为了做好现行注册安全工程师与《注册安全工程师分类管理办法》实施后取得的注册安全工程师的衔接，《注册安全工程师分类管理办法》规定：“本办法施行之前已取得的注册安全工程师执业资格证书、注册助理安全工程师资格证书，分别视同为中级注册安全工程师职业资格证书、助理注册安全工程师职业资格证书。”

第二节　生产经营单位安全培训规定

2006 年 1 月 17 日，国家安全生产监督管理总局公布《生产经营单位安全培训规定》（总局令第 3 号），自 2006 年 3 月 1 日起施行。《生产经营单位安全培训规定》的制定目的是为了加强和规范生产经营单位安全培训工作，提高从业人员安全素质，防范伤亡事故，减轻职业危害。2013 年 8 月 29 日、2015 年 5 月 29 日，国家安全生产监督管理总局两次进行了修改。

一、《生产经营单位安全培训规定》的基本要求

1.《生产经营单位安全培训规定》的适用范围

《生产经营单位安全培训规定》规定：“工矿商贸生产经营单位（以下简称生产经营单位）从业人员的安全培训，适用本规定。”工矿商贸生产经营单位通常指工业、矿业、商业和贸易领域从事生产、经营活动的单位，这些单位从业人员应当按照《生产经营单位安全培训规定》的要求进行安全培训。除此以外，其他生产经营单位从业人员的安全培训不适用。这里需要明确的是，单位是个中性词，不同于企业，即各种所有制的企业或者其经济组织都可以称作单位。

2. 生产经营单位的职责

从业人员的安全培训是生产经营单位自身的职责。生产经营单位应当建立健全安全培训制度，加强对从业人员的安全培训，提高从业人员安全素质和技能，从而促进安全生产。为此，《生产经营单位安全培训规定》规定：“生产经营单位负责本单位从业人员安

全培训工作。生产经营单位应当按照安全生产法和有关法律、行政法规和本规定，建立健全安全培训工作制度。”

3. 安全培训的范围及要求

（1）基本要求。《生产经营单位安全培训规定》规定：“生产经营单位应当进行安全培训的从业人员包括主要负责人、安全生产管理人员、特种作业人员和其他从业人员。生产经营单位从业人员应当接受安全培训，熟悉有关安全生产规章制度和安全操作规程，具备必要的安全生产知识，掌握本岗位的安全操作技能，了解事故应急处理措施，知悉自身在安全生产方面的权利和义务。未经安全培训合格的从业人员，不得上岗作业。”依据规定，从业人员是指生产经营单位的全体人员，包括主要负责人、安全生产管理人员、特种作业人员和其他从业人员。法律对不同从业人员的安全培训要求是不一样的，对从业人员的基本要求：熟悉有关安全生产规章制度和安全操作规程，具备必要的安全生产知识，掌握本岗位的安全操作技能，增强预防事故、控制职业危害和应急处理的能力。对主要负责人、安全生产管理人员、高危行业与其他行业的安全培训有不同的要求，煤矿等高危行业的主要负责人、安全生产管理人员必须取得相应的安全合格证，方可任职上岗；其他行业的主要负责人、安全生产管理人员也要经过相应的安全培训；特种作业人员必须接受专门的安全培训，经考核合格，取得特种作业操作资格证书后，方可上岗作业。

（2）被派遣劳动者的要求。《生产经营单位安全培训规定》规定：“生产经营单位使用被派遣劳动者的，应当将被派遣劳动者纳入本单位从业人员统一管理，对被派遣劳动者进行岗位安全操作规程和安全操作技能的教育和培训。劳务派遣单位应当对被派遣劳动者进行必要的安全生产教育和培训。”

（3）实习生的要求。《生产经营单位安全培训规定》规定：“生产经营单位接收中等职业学校、高等学校学生实习的，应当对实习学生进行相应的安全生产教育和培训，提供必要的劳动防护用品。学校应当协助生产经营单位对实习学生进行安全生产教育和培训。”

依据《生产经营单位安全培训规定》，生产经营单位主要负责人是指有限责任公司或者股份有限公司的董事长、总经理，其他生产经营单位的厂长、经理、（矿务局）局长、矿长（含实际控制人）等。生产经营单位安全生产管理人员是指生产经营单位分管安全生产的负责人，安全生产管理机构负责人及其管理人员，未设安全生产管理机构的生产经营单位专、兼职安全生产管理人员等。生产经营单位其他从业人员是指除主要负责人、安全生产管理人员和特种作业人员以外，该单位从事生产经营活动的所有人员，包括其他负责人、其他管理人员、技术人员和各岗位的工人以及临时聘用的人员等。

4. 安全培训的监督管理部门及职责

国家对安全培训实行的是“综合监管、专项监管”“分级负责、属地监管”相结合的监督管理体制。《生产经营单位安全培训规定》规定：“国家安全生产监督管理总局指导全国安全培训工作，依法对全国的安全培训工作实施监督管理。国务院有关主管部门按照各自职责指导监督本行业安全培训工作，并按照本规定制定实施办法。国家煤矿安全监察局指导监督检查全国煤矿安全培训工作。各级安全生产监督管理部门和煤矿安全监察机构（以下简称安全生产监管监察部门）按照各自的职责，依法对生产经营单位的安全培训工作实施监督管理。”

二、主要负责人、安全生产管理人员的安全培训

1. 安全培训要求及标准

国家对生产经营单位主要负责人、安全生产管理人员安全培训的要求分两类，一类是达到基本的安全培训要求；另一类是实行考核。《生产经营单位安全培训规定》规定："生产经营单位主要负责人和安全生产管理人员应当接受安全培训，具备与所从事的生产经营活动相适应的安全生产知识和管理能力。煤矿、非煤矿山、危险化学品、烟花爆竹、金属冶炼等生产经营单位主要负责人和安全生产管理人员，自任职之日起6个月内，必须经安全生产监管监察部门对其安全生产知识和管理能力考核合格。"生产经营单位主要负责人、安全生产管理人员安全培训的基本要求是：通过安全培训，使其具备与所从事的生产经营活动相适应的安全生产知识和管理能力。如何衡量，没有统一的标准，根据各行业企业的实际情况确定。对于煤矿、非煤矿山、危险化学品、烟花爆竹等高危行业，根据法律法规的规定，除达到基本要求外，还必须经政府主管部门考核合格。根据现有规定，煤矿的主要负责人、安全生产管理人员由煤矿安全监察机构负责考核；非煤矿山、危险化学品、烟花爆竹、金属冶炼等的主要负责人、安全生产管理人员由安全生产监督管理部门负责考核，取得安全合格证书。建筑等行业的主要负责人、安全生产管理人员由建设行政主管部门负责考核。

2. 主要负责人安全培训内容

依据《生产经营单位安全培训规定》，生产经营单位主要负责人的安全培训包括下列内容：

（1）国家安全生产方针、政策和有关安全生产的法律、法规、规章及标准。

（2）安全生产管理基本知识、安全生产技术、安全生产专业知识。

（3）重大危险源管理、重大事故防范、应急管理和救援组织以及事故调查处理的有关规定。

（4）职业危害及其预防措施。

（5）国内外先进的安全生产管理经验。

（6）典型事故和应急救援案例分析。

（7）其他需要培训的内容。

3. 安全生产管理人员安全培训内容

依据《生产经营单位安全培训规定》，生产经营单位安全生产管理人员的安全培训包括下列内容：

（1）国家安全生产方针、政策和有关安全生产的法律、法规、规章及标准。

（2）安全生产管理、安全生产技术、职业卫生等知识。

（3）伤亡事故统计、报告及职业危害的调查处理方法。

（4）应急管理、应急预案编制以及应急处置的内容和要求。

（5）国内外先进的安全生产管理经验。

（6）典型事故和应急救援案例分析。

（7）其他需要培训的内容。

4. 安全培训时间

安全培训时间分2类，一类是初次安全培训时间，另一类是每年再培训时间。《生产经营单位安全培训规定》规定："生产经营单位主要负责人和安全生产管理人员初次安全培训时间不得少于32学时。每年再培训时间不得少于12学时。煤矿、非煤矿山、危险化学品、烟花爆竹、金属冶炼等生产经营单位主要负责人和安全生产管理人员初次安全培训时间不得少于48学时，每年再培训时间不得少于16学时。"

5. 安全培训大纲及考核标准

《生产经营单位安全培训规定》从以下3个方面对生产经营单位主要负责人、安全生产管理人员的培训大纲及考核标准作出规定：

（1）非煤矿山、危险化学品、烟花爆竹、金属冶炼等生产经营单位主要负责人和安全生产管理人员的安全培训大纲及考核标准由原国家安全生产监督管理总局（应急管理部）统一制定。

（2）煤矿主要负责人和安全生产管理人员的安全培训大纲及考核标准由国家煤矿安全监察局制定。

（3）煤矿、非煤矿山、危险化学品、烟花爆竹、金属冶炼以外的其他生产经营单位主要负责人和安全管理人员的安全培训大纲及考核标准，由省、自治区、直辖市安全生产监督管理部门制定。

6. 安全培训的实施

依据《生产经营单位安全培训规定》，生产经营单位主要负责人和安全生产管理人员的安全培训必须依照安全生产监管监察部门制定的安全培训大纲实施。

三、其他从业人员的安全培训

1. 新工人上岗培训要求

（1）高危行业新工人上岗。《生产经营单位安全培训规定》规定："煤矿、非煤矿山、危险化学品、烟花爆竹、金属冶炼等生产经营单位必须对新上岗的临时工、合同工、劳务工、轮换工、协议工等进行强制性安全培训，保证其具备本岗位安全操作、自救互救以及应急处置所需的知识和技能后，方能安排上岗作业。"

（2）其他行业新工人上岗。《生产经营单位安全培训规定》规定："加工、制造业等生产单位的其他从业人员，在上岗前必须经过厂（矿）、车间（工段、区、队）、班组三级安全培训教育。生产经营单位应当根据工作性质对其他从业人员进行安全培训，保证其具备本岗位安全操作、应急处置等知识和技能。"

2. 安全培训时间

《生产经营单位安全培训规定》规定："生产经营单位新上岗的从业人员，岗前安全培训时间不得少于24学时。煤矿、非煤矿山、危险化学品、烟花爆竹、金属冶炼等生产经营单位新上岗的从业人员安全培训时间不得少于72学时，每年再培训的时间不得少于20学时。"

3. 厂（矿）级岗前安全培训内容

依据《生产经营单位安全培训规定》规定，厂（矿）级岗前安全培训内容包括：

（1）本单位安全生产情况及安全生产基本知识。

（2）本单位安全生产规章制度和劳动纪律。

（3）从业人员安全生产权利和义务。

（4）有关事故案例等。

煤矿、非煤矿山、危险化学品、烟花爆竹、金属冶炼等生产经营单位厂（矿）级安全培训除包括上述内容外，应当增加事故应急救援、事故应急预案演练及防范措施等内容。

4. 车间（工段、区、队）级岗前安全培训内容

依据《生产经营单位安全培训规定》规定，车间（工段、区、队）级岗前安全培训内容包括：

（1）工作环境及危险因素。

（2）所从事工种可能遭受的职业伤害和伤亡事故。

（3）所从事工种的安全职责、操作技能及强制性标准。

（4）自救互救、急救方法、疏散和现场紧急情况的处理。

（5）安全设备设施、个人防护用品的使用和维护。

（6）本车间（工段、区、队）安全生产状况及规章制度。

（7）预防事故和职业危害的措施及应注意的安全事项。

（8）有关事故案例。

（9）其他需要培训的内容。

5. 班组级岗前安全培训内容

依据《生产经营单位安全培训规定》规定，班组级岗前安全培训内容包括：

（1）岗位安全操作规程。

（2）岗位之间工作衔接配合的安全与职业卫生事项。

（3）有关事故案例。

（4）其他需要培训的内容。

6. 重新上岗培训要求

从业人员调整工作岗位，或者离岗一年以上重新上岗，必须进行相应的安全培训。生产经营单位采用新工艺、新技术、新材料，也必须对相应的从业人员进行专门安全培训。为此，《生产经营单位安全培训规定》第十七条规定："从业人员在本生产经营单位内调整工作岗位或离岗一年以上重新上岗时，应当重新接受车间（工段、区、队）和班组级的安全培训。生产经营单位采用新工艺、新技术、新材料或者使用新设备时，应当对有关从业人员重新进行有针对性的安全培训。"

7. 特种作业人员培训

特种作业人员的培训和考核管理，国家专门制定了《特种作业人员安全技术培训考核管理规定》。因此，《生产经营单位安全培训规定》第十八条规定："生产经营单位的特种作业人员，必须按照国家有关法律、法规的规定接受专门的安全培训，经考核合格，取得特种作业操作资格证书后，方可上岗作业。特种作业人员的范围和培训考核管理办法，另行规定。"这是一条衔接性规定。

四、安全培训的组织

依据《生产经营单位安全培训规定》第十九条规定："生产经营单位从业人员的安全培训工作，由生产经营单位组织实施。生产经营单位应当坚持以考促学、以讲促学，确保全体从业人员熟练掌握岗位安全生产知识和技能；煤矿、非煤矿山、危险化学品、烟花爆竹、金属冶炼等生产经营单位还应当完善和落实师傅带徒弟制度。"

五、生产经营单位安全培训的职责

《生产经营单位安全培训规定》从4个方面对生产经营单位安全培训的职责进行了规定：

（1）具备安全培训条件的生产经营单位，应当以自主培训为主；可以委托具备安全培训条件的机构，对从业人员进行安全培训。不具备安全培训条件的生产经营单位，应当委托具备安全培训条件的机构，对从业人员进行安全培训。生产经营单位委托其他机构进行安全培训的，保证安全培训的责任仍由本单位负责。

（2）生产经营单位应当将安全培训工作纳入本单位年度工作计划。保证本单位安全培训工作所需资金。生产经营单位的主要负责人负责组织制定并实施本单位安全培训计划。

（3）生产经营单位应当建立健全从业人员安全生产教育和培训档案，由生产经营单位的安全生产管理机构以及安全生产管理人员详细、准确记录培训的时间、内容、参加人员以及考核结果等情况。

（4）生产经营单位安排从业人员进行安全培训期间，应当支付工资和必要的费用。

六、安全培训的监督管理

1. 监管监察部门的监督检查

依据《生产经营单位安全培训规定》的规定，安全生产监管监察部门要依法对生产经营单位安全培训情况进行监督检查，督促生产经营单位按照国家有关法律法规和《生产经营单位安全培训规定》的要求开展安全培训工作。县级以上地方人民政府负责煤矿安全生产监督管理的部门要对煤矿井下作业人员的安全培训情况进行监督检查。煤矿安全监察机构要对煤矿特种作业人员安全培训及其持证上岗的情况进行监督检查。

依据《生产经营单位安全培训规定》的规定，安全生产监管监察部门检查中发现安全生产教育和培训责任落实不到位、有关从业人员未经培训合格的，应当视为生产安全事故隐患，责令生产经营单位立即停止违法行为，限期整改，并依法予以处罚。

2. 监督检查的内容

依据《生产经营单位安全培训规定》规定，各级安全生产监管监察部门对生产经营单位安全培训及其持证上岗的情况进行监督检查，主要包括以下内容：

（1）安全培训制度、计划的制定及其实施的情况。

（2）煤矿、非煤矿山、危险化学品、烟花爆竹、金属冶炼等生产经营单位主要负责人和安全生产管理人员安全培训以及安全生产知识和管理能力考核的情况；其他生产经营单位主要负责人和安全生产管理人员培训的情况。

（3）特种作业人员操作资格证持证上岗的情况。

（4）建立安全生产教育和培训档案，并如实记录的情况。

（5）对从业人员现场抽考本职工作的安全生产知识。

（6）其他需要检查的内容。

3. 考核

《生产经营单位安全培训规定》规定："安全生产监管监察部门对煤矿、非煤矿山、危险化学品、烟花爆竹、金属冶炼等生产经营单位的主要负责人、安全管理人员应当按照本规定严格考核。考核不得收费。安全生产监管监察部门负责考核的有关人员不得玩忽职守和滥用职权"。

七、法律责任

1. 生产经营单位未履行安全培训职责的处罚

依据《生产经营单位安全培训规定》规定，生产经营单位有下列行为之一的，由安全生产监管监察部门责令其限期改正，可以处 1 万元以上 3 万元以下的罚款：

（1）未将安全培训工作纳入本单位工作计划并保证安全培训工作所需资金的。

（2）从业人员进行安全培训期间未支付工资并承担安全培训费用的。

2. 生产经营单位从业人员未按规定进行安全培训的处罚

依据《生产经营单位安全培训规定》规定，生产经营单位有下列行为之一的，由安全生产监管监察部门责令其限期改正，可以处 5 万元以下的罚款；逾期未改正的，责令停产停业整顿，并处 5 万元以上 10 万元以下的罚款，对其直接负责的主管人员和其他直接责任人员处 1 万元以上 2 万元以下的罚款：

（1）煤矿、非煤矿山、危险化学品、烟花爆竹、金属冶炼等生产经营单位主要负责人和安全管理人员未按照规定经考核合格的。

（2）未按照规定对从业人员、被派遣劳动者、实习学生进行安全生产教育和培训或者未如实告知其有关安全生产事项的。

（3）未如实记录安全生产教育和培训情况的。

（4）特种作业人员未按照规定经专门的安全技术培训并取得特种作业人员操作资格证书，上岗作业的。

县级以上地方人民政府负责煤矿安全生产监督管理的部门发现煤矿未按照本规定对井下作业人员进行安全培训的，责令限期改正，处 10 万元以上 50 万元以下的罚款；逾期未改正的，责令停产停业整顿。

煤矿安全监察机构发现煤矿特种作业人员无证上岗作业的，责令限期改正，处 10 万元以上 50 万元以下的罚款；逾期未改正的，责令停产停业整顿。

3. 工作人员失职渎职的处理

依据《生产经营单位安全培训规定》规定："安全生产监管监察部门有关人员在考核、发证工作中玩忽职守、滥用职权的，由上级安全生产监管监察部门或者行政监察部门给予记过、记大过的行政处分。"

第三节 特种作业人员安全技术培训考核管理规定

2010年5月24日，国家安全生产监督管理总局公布《特种作业人员安全技术培训考核管理规定》(总局令第30号)，自2010年7月1日起施行。1999年7月12日原国家经济贸易委员会发布的《特种作业人员安全技术培训考核管理办法》同时废止。2013年8月29日、2015年5月29日国家安全生产监督管理总局两次对《特种作业人员安全技术培训考核管理规定》进行了修改。制定《特种作业人员安全技术培训考核管理规定》的目的是为了规范特种作业人员的安全技术培训考核工作，提高特种作业人员的安全技术水平，防止和减少伤亡事故，促进安全生产。

加强特种作业人员的安全技术培训考核，对保障安全生产十分重要。原国家安全生产监督管理总局（应急管理部）在《特种作业人员安全技术培训考核管理办法》(国家经贸委令第13号）的基础上，相继制定了《关于特种作业人员安全技术培训考核的意见》(安监管人字〔2002〕124号）等一系列规范性文件，对规范特种作业人员的安全技术培训考核起到了重要作用。2009年全国特种作业人员持证人数已超过1200万，其中煤矿持续人数约260万。但是，随着我国安全生产监管监察体制机制的不断完善，特种作业人员的安全培训考核工作出现了新情况、新问题。一是《特种作业人员安全技术培训考核管理办法》(国家经贸委令第13号）是1999年制定的，不符合《行政许可法》的规定。二是矿山企业的特种作业人员种类、数量偏多，危险化学品生产、经营等企业的特种作业人员种类又不明确，导致部分地方自行设置相应工种，特种作业人员管理混乱。因此，国家重新修订出台了《特种作业人员安全技术培训考核管理规定》，以规范特种作业人员的安全技术培训考核工作。

一、特种作业人员的范围

《特种作业人员安全技术培训考核管理规定》在原国家经贸委令第13号的基础上，根据安全生产工作的需要，对有关作业类别、工种进行了重大补充和调整，调整后的特种作业范围共10个作业类别。这些特种作业具备以下特点：一是独立性。必须是独立的岗位，由专人操作的作业，操作人员必须具备一定的安全生产知识和技能。二是危险性。必须是危险性较大的作业，如果操作不当，容易对不特定的多数人或物造成伤害，甚至发生重特大伤亡事故。三是特殊性。从事特种作业的人员不能很多，不然难以管理，也体现不出特殊性。总体上讲，每个类别的特种作业人员一般不超过该行业或领域全部从业人员的30%。

《特种作业人员安全技术培训考核管理规定》规定：“本规定所称特种作业，是指容易发生事故，对操作者本人、他人的安全健康及设备、设施的安全可能造成重大危害的作业。特种作业的范围由特种作业目录规定。本规定所称特种作业人员，是指直接从事特种作业的从业人员。”特种作业人员的范围实行目录管理，根据安全生产工作的需要适时调整。依据《特种作业人员安全技术培训考核管理规定》的目录规定，目前特种作业人员共有十大类。

1. 电工作业

电工作业是指对电气设备进行运行、维护、安装、检修、改造、施工、调试等作业（不含电力系统进网作业），具体包括高压电工作业、低压电工作业和防爆电气作业等3个小类。

2. 焊接与热切割作业

焊接与热切割作业是指运用焊接或者热切割方法对材料进行加工的作业（不含《特种设备安全监察条例》规定的有关作业），具体包括熔化焊接与热切割作业、压力焊作业、钎焊作业等3个小类。

3. 高处作业

高处作业是指专门或经常在坠落高度基准面2米及以上有可能坠落的高处进行的作业，具体包括登高架设作业和高处安装、维护、拆除作业等2个小类。

4. 制冷与空调作业

制冷与空调作业是指对大中型制冷与空调设备运行操作、安装与修理的作业，具体包括制冷与空调设备运行操作作业、制冷与空调设备安装修理作业等2个小类。

5. 煤矿安全作业

煤矿安全作业具体包括煤矿井下电气作业、煤矿井下爆破作业、煤矿安全监测监控作业、煤矿瓦斯检查作业、煤矿安全检查作业、煤矿提升机操作作业、煤矿采煤机（掘进机）操作作业、煤矿瓦斯抽采作业、煤矿防突作业、煤矿探放水作业等10个小类。

6. 金属非金属矿山安全作业

金属非金属矿山安全作业具体包括金属非金属矿井通风作业、尾矿作业、金属非金属矿山安全检查作业、金属非金属矿山提升机操作作业、金属非金属矿山支柱作业、金属非金属矿山井下电气作业、金属非金属矿山排水作业、金属非金属矿山爆破作业等8个小类。

7. 石油天然气安全作业

目前，石油天然气安全作业具体指司钻作业。司钻作业是指石油、天然气开采过程中操作钻机起升钻具的作业，适用于陆上石油、天然气司钻（含钻井司钻、作业司钻及勘探司钻）作业。

8. 冶金（有色）生产安全作业

目前，冶金（有色）生产安全作业具体指煤气作业。煤气作业是指冶金、有色企业内从事煤气生产、储存、输送、使用、维护检修的作业。

9. 危险化学品安全作业

危险化学品安全作业是指从事危险化工工艺过程操作及化工自动化控制仪表安装、维修、维护的作业，具体包括光气及光气化工艺作业、氯碱电解工艺作业、氯化工艺作业、硝化工艺作业、合成氨工艺作业、裂解（裂化）工艺作业、氟化工艺作业、加氢工艺作业、重氮化工艺作业、氧化工艺作业、过氧化工艺作业、胺基化工艺作业、磺化工艺作业、聚合工艺作业、烷基化工艺作业、化工自动化控制仪表作业等16个小类。

10. 烟花爆竹安全作业

烟花爆竹安全作业是指从事烟花爆竹生产、储存中的药物混合、造粒、筛选、装药、筑药、压药、搬运等危险工序的作业，具体包括烟火药制造作业、黑火药制造作业、引火线制造作业、烟花爆竹产品涉药作业、烟花爆竹储存作业等5个小类。

二、特种作业人员的条件

依据《特种作业人员安全技术培训考核管理规定》规定，特种作业人员应当符合下列条件：

（1）年满18周岁，且不超过国家法定退休年龄。

（2）经社区或者县级以上医疗机构体检健康合格，并无妨碍从事相应特种作业的器质性心脏病、癫痫病、美尼尔氏症、眩晕症、癔病、震颤麻痹症、精神病、痴呆症以及其他疾病和生理缺陷。

（3）具有初中及以上文化程度。

（4）具备必要的安全技术知识与技能。

（5）相应特种作业规定的其他条件。

危险化学品特种作业人员除符合上述第1项、第2项、第4项和第5项规定的条件外，还应当具备高中或者相当于高中及以上文化程度。

这里需要说明的是第5项条件，这是针对不同岗位特种作业人员而设立的要求，如有的岗位特种作业人员需对视力有要求。

三、特种作业人员的资格许可及监督管理

1. 特种作业人员的资格许可

根据《行政许可法》的规定，国家对特种作业人员实施资格许可。《特种作业人员安全技术培训考核管理规定》第五条规定："特种作业人员必须经专门的安全技术培训并考核合格，取得《中华人民共和国特种作业操作证》（以下简称特种作业操作证）后，方可上岗作业。"这是强制性规定，也是行政许可，特种作业人员未取得特种作业操作证，不得上岗作业。

2. 特种作业人员监督管理部门及职责

依据《特种作业人员安全技术培训考核管理规定》的规定，特种作业人员的安全技术培训、考核、发证、复审工作实行统一监管、分级实施、教考分离的原则。

原国家安全生产监督管理总局（应急管理部）指导、监督全国特种作业人员的安全技术培训、考核、发证、复审工作；省、自治区、直辖市人民政府安全生产监督管理部门指导、监督本行政区域特种作业人员的安全技术培训工作，负责本行政区域特种作业人员的考核、发证、复审工作；县级以上地方人民政府安全生产监督管理部门负责监督检查本行政区域特种作业人员的安全技术培训和持证上岗工作。

国家煤矿安全监察局（以下简称煤矿安监局）指导、监督全国煤矿特种作业人员（含煤矿矿井使用的特种设备作业人员）的安全技术培训、考核、发证、复审工作；省、自治区、直辖市人民政府负责煤矿特种作业人员考核发证工作的部门或者指定的机构指导、监督本行政区域煤矿特种作业人员的安全技术培训工作，负责本行政区域煤矿特种作业人员的考核、发证、复审工作。

省、自治区、直辖市人民政府安全生产监督管理部门和负责煤矿特种作业人员考核发证工作的部门或者指定的机构（以下统称考核发证机关）可以委托设区的市人民政府安全生产监督管理部门和负责煤矿特种作业人员考核发证工作的部门或者指定的机构实施特种作业人员的考核、发证、复审工作。

四、特种作业人员的安全培训

1. 培训方式及地点

依据国家有关法律法规的规定，对特种作业人员实行专门培训规定。《特种作业人员安全技术培训考核管理规定》第九条规定："特种作业人员应当接受与其所从事的特种作业相应的安全技术理论培训和实际操作培训。跨省、自治区、直辖市从业的特种作业人员，可以在户籍所在地或者从业所在地参加培训。"特种作业人员的培训由安全技术理论培训和实际操作培训组成。对于跨省、自治区、直辖市从业的特种作业人员，可以在户籍所在地参加培训，也可以在从业所在地参加培训，由自己选择。

2. 免予培训

考虑到现有职业学校也开展相应的特种作业方面的教育，为使职业教育与特种作业人员培训有效衔接，避免重复培训，根据目前各地的实际情况，对取得职业高中、技工学校及中专以上学历的毕业生从事特种作业的，免予相关专业培训。为此，《特种作业人员安全技术培训考核管理规定》第九条规定："已经取得职业高中、技工学校及中专以上学历的毕业生从事与其所学专业相应的特种作业，持学历证明经考核发证机关同意，可以免予相关专业的培训。"

这里需注意三点：

（1）仅对已经取得职业高中、技工学校及中专以上学历的毕业生，这是学历上的要求。

（2）毕业后从事与其所学专业相应的特种作业。尽管是取得上述学历的人员，但不从事其所学专业相应的特种作业，也不能免予培训。

（3）经考核发证机关同意可以免予相关专业的培训。原则上主要是免除相关专业的安全技术理论培训。

3. 培训的要求

对特种作业人员的安全技术培训，具备安全培训条件的生产经营单位应当以自主培训为主，也可以委托具备安全培训条件的机构进行培训。不具备安全培训条件的生产经营单位，应当委托具备安全培训条件的机构进行培训。生产经营单位委托其他机构进行特种作业人员安全技术培训的，保证安全技术培训的责任仍由本单位负责。

依据《特种作业人员安全技术培训考核管理规定》的规定，从事特种作业人员安全培训的机构要符合以下要求：

从事特种作业人员安全技术培训的机构应当制定相应的培训计划、教学安排，按照原国家安全生产监督管理总局（应急管理部）、煤矿安监局制定的特种作业人员培训大纲和煤矿特种作业人员培训大纲进行特种作业人员的安全技术培训。

五、特种作业人员的考核发证

1. 考核方式

依据《特种作业人员安全技术培训考核管理规定》的规定，对特种作业人员的考核从以下几方面作出了规定：

（1）特种作业人员的考核包括考试和审核两部分。考试由考核发证机关或其委托的单位负责。审核由考核发证机关负责。考核发证机关是指省、自治区、直辖市人民政府安全生产监督管理部门和负责煤矿特种作业人员考核发证工作的部门或者指定的机构，考核发证机关也可以委托设区的市人民政府安全生产监督管理部门和负责煤矿特种作业人员考核发证工作的部门或者指定的机构负责。目前，除煤矿以外的特种作业人员由省级或者委托市级安全生产监督管理部门负责。煤矿特种作业人员比较复杂，每个省的情况也不相同，有的由安全生产监督管理部门负责，有的由煤炭管理部门负责，有的由煤矿安全监察机构负责。

（2）建立统一考核标准和考试题库。原国家安全生产监督管理总局（应急管理部）、煤矿安监局分别制定特种作业人员、煤矿特种作业人员的考核标准，并建立相应的考试题库。

（3）必须依照考核标准进行考核。考核发证机关或其委托的单位应当按照原国家安全生产监督管理总局（应急管理部）、煤矿安监局统一制定的考核标准进行考核。

2. 考试程序

依据《特种作业人员安全技术培训考核管理规定》的规定，特种作业人员的考试遵循以下程序：

（1）参加特种作业操作资格考试的人员，应当填写考试申请表，由申请人或者申请人的用人单位持学历证明或者培训机构出具的培训证明向申请人户籍所在地或者从业所在地的考核发证机关或其委托的单位提出申请。

（2）考核发证机关或其委托的单位收到申请后，应当在 60 日内组织考试。

（3）特种作业操作资格考试包括安全技术理论考试和实际操作考试两部分。考试不及格的，允许补考 1 次。经补考仍不及格的，重新参加相应的安全技术培训。

（4）考核发证机关或其委托承担特种作业操作资格考试的单位，应当在考试结束后 10 个工作日内公布考试成绩。

3. 发证程序

依据《特种作业人员安全技术培训考核管理规定》，特种作业人员的发证遵循以下程序：

（1）符合特种作业人员条件并经考试合格的特种作业人员，应当向其户籍所在地或者从业所在地的考核发证机关申请办理特种作业操作证，并提交身份证复印件、学历证书复印件、体检证明、考试合格证明等材料。

（2）收到申请的考核发证机关应当在 5 个工作日内完成对特种作业人员所提交申请材料的审查，作出受理或者不予受理的决定。能够当场作出受理决定的，应当当场作出受理决定；申请材料不齐或者不符合要求的，应当当场或者在 5 个工作日内一次告知申请人需要补正的全部内容，逾期不告知的，自收到申请材料之日起即为受理。

（3）对已经受理的申请，考核发证机关应当在20个工作日内完成审核工作。符合条件的，颁发特种作业操作证；不符合条件的，应当说明理由。

4. 特种作业操作证的有效期

《特种作业人员安全技术培训考核管理规定》第十九规定：“特种作业操作证有效期为6年，在全国范围内有效。特种作业操作证由安全监管总局统一式样、标准及编号。”特种作业操作证是特种作业人员从事特种作业的资格许可凭证。为了防止弄虚作假、伪造、冒用、转让等行为，国家对特种作业操作证进行统一式样、标准及编号。用人单位雇用特种作业人员，可以通过考核发证机关查阅其特种作业操作证编号，以防假冒。

5. 特种作业操作证的补发更换及更新

特种作业操作证是IC卡，里面记载特种作业人员有关本人的信息，包括安全培训的信息等。特种作业人员发现特种作业操作证遗失的，必须及时补发；发现有关信息变化或者损毁的，必须及时更换IC卡或者更新有关信息。为此，《特种作业人员安全技术培训考核管理规定》第二十条规定：“特种作业操作证遗失的，应当向原考核发证机关提出书面申请，经原考核发证机关审查同意后，予以补发。特种作业操作证所记载的信息发生变化或者损毁的，应当向原考核发证机关提出书面申请，经原考核发证机关审查确认后，予以更换或者更新。”

六、特种作业操作证的复审

1. 复审期限

《特种作业人员安全技术培训考核管理规定》第二十一条规定：“特种作业操作证每3年复审1次。特种作业人员在特种作业操作证有效期内，连续从事本工种10年以上，严格遵守有关安全生产法律法规的，经原考核发证机关或者从业所在地考核发证机关同意，特种作业操作证的复审时间可以延长至每6年1次。”

2. 复审程序

依据《特种作业人员安全技术培训考核管理规定》，特种作业操作证复审遵循下列程序：

（1）特种作业操作证需要复审的，应当在期满前60日内，由申请人或者申请人的用人单位向原考核发证机关或者从业所在地考核发证机关提出申请，并提交社区或者县级以上医疗机构出具的健康证明、从事特种作业的情况、安全培训考试合格记录。

特种作业操作证有效期届满需要延期换证的，应当按照上述规定申请延期复审。

（2）申请复审的，考核发证机关应当在收到申请之日起20个工作日内完成复审工作。复审合格的，由考核发证机关签章、登记，予以确认；不合格的，说明理由。

申请延期复审的，经复审合格后，由考核发证机关重新颁发特种作业操作证。

3. 复审培训

为了保证特种作业人员及时掌握有关法律、法规、标准及新工艺、新技术、新装备的知识，规定特种作业人员复审或者延期复审前必须进行必要的培训。《特种作业人员安全技术培训考核管理规定》第二十三条规定：“特种作业操作证申请复审或者延期复审前，特种作业人员应当参加必要的安全培训并考试合格。安全培训时间不少于8个学时，主要培训法律、法规、标准、事故案例和有关新工艺、新技术、新装备等知识。”

4. 复审或延期复审不予通过

为了保证复审的效果，依据《特种作业人员安全技术培训考核管理规定》第二十五条规定，特种作业人员有下列情形之一的，复审或者延期复审不予通过：

（1）健康体检不合格的。

（2）违章操作造成严重后果或者有2次以上违章行为，并经查证确实的。

（3）有安全生产违法行为，并给予行政处罚的。

（4）拒绝、阻碍安全生产监管监察部门监督检查的。

（5）未按规定参加安全培训，或者考试不合格的。

（6）所持特种作业操作证存在被撤销或者注销情形的。

5. 重新培训

依据《特种作业人员安全技术培训考核管理规定》第二十六条规定：“特种作业操作证复审或者延期复审符合不予通过规定条件的第（二）项、第（三）项、第（四）项、第（五）项情形的，按照本规定经重新安全培训考试合格后，再办理复审或者延期复审手续。”

6. 特种作业操作证失效

为了加强特种作业操作证的复审工作，《特种作业人员安全技术培训考核管理规定》第二十六条规定：“再复审、延期复审仍不合格，或者未按期复审的，特种作业操作证失效。”特种作业操作证失效后，特种作业人员必须按照初次申请特种作业操作证的程序，经安全培训合格后重新申请办理。

七、特种作业操作证的监督管理

1. 撤销特种作业操作证

依据《特种作业人员安全技术培训考核管理规定》第三十条规定，有下列情形之一的，考核发证机关应当撤销特种作业操作证：

（1）超过特种作业操作证有效期未延期复审的。

（2）特种作业人员的身体条件已不适合继续从事特种作业的。

（3）对发生生产安全事故负有责任的。

（4）特种作业操作证记载虚假信息的。

（5）以欺骗、贿赂等不正当手段取得特种作业操作证的。

特种作业人员违反上述第4项、第5项规定的，3年内不得再次申请特种作业操作证。

2. 注销特种作业操作证

依据《特种作业人员安全技术培训考核管理规定》第三十一条规定，有下列情形之一的，考核发证机关应当注销特种作业操作证：

（1）特种作业人员死亡的。

（2）特种作业人员提出注销申请的。

（3）特种作业操作证被依法撤销的。

3. 离岗 6 个月须实际操作考试

《特种作业人员安全技术培训考核管理规定》第三十二条规定："离开特种作业岗位 6 个月以上的特种作业人员，应当重新进行实际操作考试，经确认合格后方可上岗作业。"根据此规定，持有特种作业操作证书，离开特种作业岗位 6 个月以上的特种作业人员，重新回到原工作过的岗位上岗前，必须到考核发证机关或者委托的单位进行实际操作考试，经确认合格后方可上岗作业。

4. 考核发证机关的监督检查

依据《特种作业人员安全技术培训考核管理规定》，从 4 个方面对考核发证机关的监督检查作出规定：

（1）考核发证机关或其委托的单位及其工作人员应当忠于职守、坚持原则、廉洁自律，按照法律、法规、规章的规定进行特种作业人员的考核、发证、复审工作，接受社会的监督。

（2）考核发证机关应当加强对特种作业人员的监督检查，发现其具有撤销特种作业操作证情形的，及时撤销特种作业操作证；对依法应当给予行政处罚的安全生产违法行为，按照有关规定依法对生产经营单位及其特种作业人员实施行政处罚。

（3）考核发证机关应当建立特种作业人员管理信息系统，方便用人单位和社会公众查询；对于注销特种作业操作证的特种作业人员，应当及时向社会公告。

（4）省、自治区、直辖市人民政府安全生产监督管理部门和负责煤矿特种作业人员考核发证工作的部门或者指定的机构应当每年分别向原国家安全生产监督管理总局（应急管理部）、煤矿安监局报告特种作业人员的考核发证情况。

5. 生产经营单位的责任

依据《特种作业人员安全技术培训考核管理规定》，生产经营单位应当加强对本单位特种作业人员的管理，建立健全特种作业人员培训、复审档案，做好申报、培训、考核、复审的组织工作和日常的检查工作。特种作业人员在劳动合同期满后变动工作单位的，原工作单位不得以任何理由扣押其特种作业操作证。生产经营单位不得印制、伪造、倒卖特种作业操作证，或者使用非法印制、伪造、倒卖的特种作业操作证。

6. 特种作业人员的责任

依据《特种作业人员安全技术培训考核管理规定》，跨省、自治区、直辖市从业的特种作业人员应当接受从业所在地考核发证机关的监督管理。特种作业人员不得伪造、涂改、转借、转让、冒用特种作业操作证或者使用伪造的特种作业操作证。

八、生产经营单位、特种作业人员违反规定的处罚

1. 生产经营单位未建立档案的处罚

《特种作业人员安全技术培训考核管理规定》第三十八条规定："生产经营单位未建立健全特种作业人员档案的，给予警告，并处 1 万元以下的罚款。"

2. 生产经营单位违反规定使用特种作业人员的处罚

《特种作业人员安全技术培训考核管理规定》第三十九条规定："生产经营单位使用未取得特种作业操作证的特种作业人员上岗作业的，责令限期改正；可以处 5 万元以下的

罚款；逾期未改正的，责令停产停业整顿，并处5万元以上10万元以下的罚款，对直接负责的主管人员和其他直接责任人员处1万元以上2万元以下的罚款。”

煤矿企业使用未取得特种作业操作证的特种作业人员上岗作业的，依照《国务院关于预防煤矿生产安全事故的特别规定》的规定处罚。

3. 生产经营单位非法印制特种作业操作证等行为的处罚

《特种作业人员安全技术培训考核管理规定》规定：“生产经营单位非法印制、伪造、倒卖特种作业操作证，或者使用非法印制、伪造、倒卖的特种作业操作证的，给予警告，并处1万元以上3万元以下的罚款；构成犯罪的，依法追究刑事责任。”

4. 特种作业人员违反规定的处罚

《特种作业人员安全技术培训考核管理规定》规定：“特种作业人员伪造、涂改特种作业操作证或者使用伪造的特种作业操作证的，给予警告，并处1000元以上5000元以下的罚款。特种作业人员转借、转让、冒用特种作业操作证的，给予警告，并处2000元以上10000元以下的罚款。”

第四节　安全生产培训管理办法

为了加强安全生产培训管理，规范安全生产培训秩序，保证安全生产培训质量，促进安全生产培训工作健康发展，根据《安全生产法》和有关法律、行政法规的规定，2004年国家安全生产监督管理总局制定了《安全生产培训管理办法》，并于2012年进行了修改。2013年根据国家行政审批制度的改革，取消了安全生产培训机构的资质许可，对《安全生产培训管理办法》进行了再次修改。2015年5月29日，根据新的《安全生产法》，对《安全生产培训管理办法》进一步作出修改。

一、基本规定

（1）适用范围。根据《安全生产培训管理办法》的规定：“安全培训机构、生产经营单位从事安全生产培训（以下简称安全培训）活动以及安全生产监督管理部门、煤矿安全监察机构、地方人民政府负责煤矿安全培训的部门对安全培训工作实施监督管理，适用本办法。

本办法所称安全培训是指以提高安全监管监察人员、生产经营单位从业人员和从事安全生产工作的相关人员的安全素质为目的的教育培训活动。

前款所称安全监管监察人员是指县级以上各级人民政府安全生产监督管理部门、各级煤矿安全监察机构从事安全监管监察、行政执法的安全生产监管人员和煤矿安全监察人员；生产经营单位从业人员是指生产经营单位主要负责人、安全生产管理人员、特种作业人员及其他从业人员；从事安全生产工作的相关人员是指从事安全教育培训工作的教师、危险化学品登记机构的登记人员和承担安全评价、咨询、检测、检验的人员及注册安全工程师、安全生产应急救援人员等。”

（2）安全生产培训的管理。《安全生产培训管理办法》规定：“国家安全生产监督管理总局（以下简称国家安全监管总局）指导全国安全培训工作，依法对全国的安全培训工作实施监督管理。国家煤矿安全监察局（以下简称国家煤矿安监局）指导全国煤矿安全培训工作，依法对全国煤矿安全培训工作实施监督管理。国家安全生产应急救援指挥中心指导全国安全生产应急救援培训工作。县级以上地方各级人民政府安全生产监督管理部门依法对本行政区域内的安全培训工作实施监督管理。省、自治区、直辖市人民政府负责煤矿安全培训的部门、省级煤矿安全监察机构（以下统称省级煤矿安全培训监管机构）按照各自工作职责，依法对所辖区域煤矿安全培训工作实施监督管理。”

（3）安全培训机构的要求。安全生产培训机构资质取消后，为了保证安全培训质量，《安全生产培训管理办法》规定：“安全培训的机构应当具备从事安全培训工作所需要的条件。从事危险物品的生产、经营、储存单位以及矿山、金属冶炼单位的主要负责人和安全生产管理人员，特种作业人员以及注册安全工程师等相关人员培训的安全培训机构，应当将教师、教学和实习实训设施等情况书面报告所在地安全生产监督管理部门、煤矿安全培训监管机构。安全生产相关社会组织依照法律、行政法规和章程，为生产经营单位提供安全培训有关服务，对安全培训机构实行自律管理，促进安全培训工作水平的提升。”

二、安全培训

（1）安全培训大纲的要求。《安全生产培训管理办法》规定：“安全培训应当按照规定的安全培训大纲进行。安全监管监察人员，危险物品的生产、经营、储存单位与非煤矿山、金属冶炼单位的主要负责人和安全生产管理人员、特种作业人员以及从事安全生产工作的相关人员的安全培训大纲，由国家安全监管总局组织制定。煤矿企业的主要负责人和安全生产管理人员、特种作业人员的培训大纲由国家煤矿安监局组织制定。除危险物品的生产、经营、储存单位和矿山、金属冶炼单位以外其他生产经营单位的主要负责人、安全生产管理人员及其他从业人员的安全培训大纲，由省级安全生产监督管理部门、省级煤矿安全培训监管机构组织制定。”

（2）安全培训教材的要求。《安全生产培训管理办法》规定：“国家安全监管总局、省级安全生产监督管理部门定期组织优秀安全培训教材的评选。安全培训机构应当优先使用优秀安全培训教材。”

（3）安全培训的管理。《安全生产培训管理办法》规定：“国家安全监管总局负责省级以上安全生产监督管理部门的安全生产监管人员、各级煤矿安全监察机构的煤矿安全监察人员的培训工作。省级安全生产监督管理部门负责市级、县级安全生产监督管理部门的安全生产监管人员的培训工作。生产经营单位的从业人员的安全培训，由生产经营单位负责。危险化学品登记机构的登记人员和承担安全评价、咨询、检测、检验的人员及注册安全工程师、安全生产应急救援人员的安全培训，按照有关法律、法规、规章的规定进行。”

此外，《安全生产培训管理办法》规定：“对从业人员的安全培训，具备安全培训条件的生产经营单位应当以自主培训为主，也可以委托具备安全培训条件的机构进行安全培训。不具备安全培训条件的生产经营单位，应当委托具有安全培训条件的机构对从业人员进行安全培训。生产经营单位委托其他机构进行安全培训的，保证安全培训的责任仍由本单位负责。”

（4）生产经营单位安全培训的要求。《安全生产培训管理办法》规定："生产经营单位应当建立安全培训管理制度，保障从业人员安全培训所需经费，对从业人员进行与其所从事岗位相应的安全教育培训；从业人员调整工作岗位或者采用新工艺、新技术、新设备、新材料的，应当对其进行专门的安全教育和培训。未经安全教育和培训合格的从业人员，不得上岗作业。"

《安全生产培训管理办法》规定："中央企业的分公司、子公司及其所属单位和其他生产经营单位，发生造成人员死亡的生产安全事故的，其主要负责人和安全生产管理人员应当重新参加安全培训。特种作业人员对造成人员死亡的生产安全事故负有直接责任的，应当按照《特种作业人员安全技术培训考核管理规定》重新参加安全培训。"

《安全生产培训管理办法》规定："国家鼓励生产经营单位招录职业院校毕业生。职业院校毕业生从事与所学专业相关的作业，可以免予参加初次培训，实际操作培训除外。"

同时，《安全生产培训管理办法》规定："从业人员安全培训的时间、内容、参加人员以及考核结果等情况，生产经营单位应当如实记录并建档备查。"

（5）新招矿山井下人员安全培训要求。《安全生产培训管理办法》规定："国家鼓励生产经营单位实行师傅带徒弟制度。矿山新招的井下作业人员和危险物品生产经营单位新招的危险工艺操作岗位人员，除按照规定进行安全培训外，还应当在有经验的职工带领下实习满 2 个月后，方可独立上岗作业。"

（6）被派遣劳动者安全培训要求。《安全生产培训管理办法》规定："生产经营单位使用被派遣劳动者的，应当将被派遣劳动者纳入本单位从业人员统一管理，对被派遣劳动者进行岗位安全操作规程和安全操作技能的教育和培训。劳务派遣单位应当对被派遣劳动者进行必要的安全生产教育和培训。"

（7）实习生安全培训要求。《安全生产培训管理办法》规定："生产经营单位接收中等职业学校、高等学校学生实习的，应当对实习学生进行相应的安全生产教育和培训，提供必要的劳动防护用品。学校应当协助生产经营单位对实习学生进行安全生产教育和培训。"

（8）安全培训机构的要求。《安全生产培训管理办法》规定："安全培训机构应当建立安全培训工作制度和人员培训档案。安全培训相关情况，应当如实记录并建档备查。安全培训机构从事安全培训工作的收费，应当符合法律、法规的规定，法律、法规没有规定的，应当按照行业标准或者指导性标准收费。国家鼓励安全培训机构和生产经营单位利用现代信息技术开展安全培训，包括远程培训。"

三、安全培训的考核

（1）考核标准。《安全生产培训管理办法》规定："安全监管监察人员，危险物品的生产、经营、储存单位及非煤矿山、金属冶炼单位主要负责人、安全生产管理人员和特种作业人员，以及从事安全生产工作的相关人员的考核标准，由国家安全监管总局统一制定。煤矿企业的主要负责人、安全生产管理人员和特种作业人员的考核标准，由国家煤矿安监局制定。除危险物品的生产、经营、储存单位和矿山、金属冶炼单位以外其他生产经营单位主要负责人、安全生产管理人员及其他从业人员的考核标准，由省级安全生产监督管理部门制定。”

（2）考核。《安全生产培训管理办法》从四个层次对相关人员进行考核，规定：“国家安全监管总局负责省级以上安全生产监督管理部门的安全生产监管人员、各级煤矿安全监察机构的煤矿安全监察人员的考核；负责中央企业的总公司、总厂或者集团公司的主要负责人和安全生产管理人员的考核。省级安全生产监督管理部门负责市级、县级安全生产监督管理部门的安全生产监管人员的考核；负责省属生产经营单位和中央企业分公司、子公司及其所属单位的主要负责人和安全生产管理人员的考核；负责特种作业人员的考核。市级安全生产监督管理部门负责本行政区域内除中央企业、省属生产经营单位以外的其他生产经营单位的主要负责人和安全生产管理人员的考核。省级煤矿安全培训监管机构负责所辖区域内煤矿企业的主要负责人、安全生产管理人员和特种作业人员的考核。除主要负责人、安全生产管理人员、特种作业人员以外的生产经营单位的其他从业人员的考核，由生产经营单位按照省级安全生产监督管理部门公布的考核标准，自行组织考核。”

四、安全培训的发证

（1）发证。《安全生产培训管理办法》规定：“接受安全培训人员经考核合格的，由考核部门在考核结束后10个工作日内颁发相应的证书。安全生产监管人员经考核合格后，颁发安全生产监管执法证；煤矿安全监察人员经考核合格后，颁发煤矿安全监察执法证；危险物品的生产、经营、储存单位和矿山、金属冶炼单位主要负责人、安全生产管理人员经考核合格后，颁发安全合格证；特种作业人员经考核合格后，颁发《中华人民共和国特种作业操作证》（以下简称特种作业操作证）；危险化学品登记机构的登记人员经考核合格后，颁发上岗证；其他人员经培训合格后，颁发培训合格证。”

（2）有效性。《安全生产培训管理办法》规定：“安全生产监管执法证、煤矿安全监察执法证、安全合格证的有效期为3年。有效期届满需要延期的，应当于有效期届满30日前向原发证部门申请办理延期手续。特种作业人员的考核发证按照《特种作业人员安全技术培训考核管理规定》执行。特种作业操作证和省级安全生产监督管理部门、省级煤矿安全培训监管机构颁发的主要负责人、安全生产管理人员的安全合格证，在全国范围内有效。”

五、监督管理

（1）根据《安全生产培训管理办法》的规定，安全生产监督管理部门和煤矿安全培训监管机构应当对安全培训机构开展安全培训活动的情况进行监督检查，检查内容包括：①具备从事安全培训工作所需要的条件的情况；②建立培训管理制度和教师配备的情况；③执行培训大纲、建立培训档案和培训保障的情况；④培训收费的情况；⑤法律法规规定的其他内容。

（2）根据《安全生产培训管理办法》的规定，安全生产监督管理部门、煤矿安全培训监管机构应当对生产经营单位的安全培训情况进行监督检查，检查内容包括：①安全培训制度、年度培训计划、安全培训管理档案的制定和实施的情况；②安全培训经费投入和使用的情况；③主要负责人、安全生产管理人员接受安全生产知识和管理能力考核的情况；④特种作业人员持证上岗的情况；⑤应用新工艺、新技术、新材料、新设备以及转岗前对从业人员安全培训的情况；⑥其他从业人员安全培训的情况；⑦法律法规规定的其他内容。

六、法律责任

1. 对安全培训机构的处罚

《安全生产培训管理办法》规定，安全培训机构有下列情形之一的，责令限期改正，处1万元以下的罚款；逾期未改正的，给予警告，处1万元以上3万元以下的罚款：

（1）不具备安全培训条件的。

（2）未按照统一的培训大纲组织教学培训的。

（3）未建立培训档案或者培训档案管理不规范的。同时规定："安全培训机构采取不正当竞争手段，故意贬低、诋毁其他安全培训机构的，依照前款规定处罚。"

2. 对有关人员的处罚

《安全生产培训管理办法》规定，生产经营单位主要负责人、安全生产管理人员、特种作业人员以欺骗、贿赂等不正当手段取得安全合格证或者特种作业操作证的，除撤销其相关证书外，处3000元以下的罚款，并自撤销其相关证书之日起3年内不得再次申请该证书。

3. 对生产经营单位的处罚

《安全生产培训管理办法》规定，生产经营单位有下列情形之一的，责令改正，处3万元以下的罚款：

（1）从业人员安全培训的时间少于《生产经营单位安全培训规定》或者有关标准规定的。

（2）矿山新招的井下作业人员和危险物品生产经营单位新招的危险工艺操作岗位人员，未经实习期满独立上岗作业的。

（3）相关人员未按照本办法第十二条规定重新参加安全培训的。

第五节　安全生产事故隐患排查治理暂行规定

2007年12月28日，国家安全生产监督管理总局制定公布《安全生产事故隐患排查治理暂行规定》(总局令第16号)，自2008年2月1日起施行。制定《安全生产事故隐患排查治理暂行规定》的目的是为了建立安全生产事故隐患排查治理长效机制，强化安全生产主体责任，加强事故隐患监督管理，防止和减少事故。

一、事故隐患

1. 事故隐患的定义和范围

根据《职业安全卫生术语》(GB/T 15236)，所谓事故隐患是指可导致事故发生的物的危险状态、人的不安全行为及管理上的缺陷。但在实际执行过程中，人的不安全行为及管理上的缺陷比较难以界定，而且极易发生变化，较多存在的是违反安全生产法律、法规、规章和有关标准、规程要求的物的危险状态。兼顾两方面的因素，《安全生产事故隐患排查治理暂行规定》第三条规定：“本规定所称安全生产事故隐患（以下简称事故隐患），是指生产经营单位违反安全生产法律、法规、规章、标准、规程和安全生产管理制度的规定，或者因其他因素在生产经营活动中存在可能导致事故发生的物的危险状态、人的不安全行为和管理上的缺陷。”

2. 事故隐患的分级

原劳动部《重大事故隐患管理规定》中按照事故可能造成的后果将事故隐患分为三级，然而实际操作过程中小隐患也可能引发大事故。为了方便操作，结合多年的实际情况，根据隐患整改的难易程度将事故隐患分为两级。《安全生产事故隐患排查治理暂行规定》第三条规定：“事故隐患分为一般事故隐患和重大事故隐患。一般事故隐患，是指危害和整改难度较小，发现后能够立即整改排除的隐患。重大事故隐患，是指危害和整改难度较大，应当全部或者局部停产停业，并经过一定时间整改治理方能排除的隐患，或者因外部因素影响致使生产经营单位自身难以排除的隐患。”

二、事故隐患排查治理

1. 生产经营单位事故隐患排查治理职责

依据《安全生产事故隐患排查治理暂行规定》的规定，生产经营单位应当履行以下事故隐患排查治理职责：

（1）生产经营单位应当依照法律、法规、规章、标准和规程的要求从事生产经营活动。严禁非法从事生产经营活动。

（2）生产经营单位是事故隐患排查、治理和防控的责任主体。生产经营单位应当建立健全事故隐患排查治理和建档监控等制度，逐级建立并落实从主要负责人到每个从业人员的隐患排查治理和监控责任制。生产经营单位主要负责人对本单位事故隐患排查治理工作全面负责。

（3）生产经营单位应当保证事故隐患排查治理所需的资金，建立资金使用专项制度。

（4）生产经营单位应当定期组织安全生产管理人员、工程技术人员和其他相关人员排查本单位的事故隐患。对排查出的事故隐患，应当按照事故隐患的等级进行登记，建立事故隐患信息档案，并按照职责分工实施监控治理。

（5）生产经营单位应当建立事故隐患报告和举报奖励制度，鼓励、发动职工发现和排除事故隐患，鼓励社会公众举报。对发现、排除和举报事故隐患的有功人员，应当给予物质奖励和表彰。

（6）生产经营单位将生产经营项目、场所、设备发包、出租的，应当与承包、承租单位签订安全生产管理协议，并在协议中明确各方对事故隐患排查、治理和防控的管理职责。生产经营单位对承包、承租单位的事故隐患排查治理负有统一协调和监督管理的职责。

（7）生产经营单位应当每季、每年对本单位事故隐患排查治理情况进行统计分析，并分别于下一季度15日前和下一年1月31日前向安全监管监察部门和有关部门报送书面统计分析表。统计分析表应当由生产经营单位主要负责人签字。

2. 重大事故隐患报告

依据《安全生产事故隐患排查治理暂行规定》的规定，对于重大事故隐患，生产经营单位除依照前款规定报送外，应当及时向安全监管监察部门和有关部门报告。重大事故隐患报告内容应当包括：

（1）隐患的现状及其产生原因。

（2）隐患的危害程度和整改难易程度分析。

（3）隐患的治理方案。

3. 事故隐患治理

依据《安全生产事故隐患排查治理暂行规定》的规定，对于一般事故隐患，由生产经营单位（车间、分厂、区队等）负责人或者有关人员立即组织整改。

对于重大事故隐患，由生产经营单位主要负责人组织制定并实施事故隐患治理方案。重大事故隐患治理方案应当包括以下内容：

（1）治理的目标和任务。

（2）采取的方法和措施。

（3）经费和物资的落实。

（4）负责治理的机构和人员。

（5）治理的时限和要求。

（6）安全措施和应急预案。

4. 事故隐患排查治理中的紧急处置

事故隐患排查治理过程中，可能面临不安全的因素，保障隐患排查治理中人员的安全至关重要。《安全生产事故隐患排查治理暂行规定》第十六条规定："生产经营单位在事故隐患治理过程中，应当采取相应的安全防范措施，防止事故发生。事故隐患排除前或者排除过程中无法保证安全的，应当从危险区域内撤出作业人员，并疏散可能危及的其他人员，设置警戒标志，暂时停产停业或者停止使用；对暂时难以停产或者停止使用的相关生产储存装置、设施、设备，应当加强维护和保养，防止事故发生。"

5. 自然灾害的预警

自然灾害极易引发各种事故隐患，给本单位及邻近生产经营单位带来极大危害，加强这类事故隐患的防范和预警，对防止重大事故的发生十分重要。《安全生产事故隐患排查治理暂行规定》第十七条规定："生产经营单位应当加强对自然灾害的预防。对于因自然灾害可能导致事故灾难的隐患，应当按照有关法律、法规、标准和本规定的要求排查治理，采取可靠的预防措施，制定应急预案。在接到有关自然灾害预报时，应当及时向下属单位发出预警通知；发生自然灾害可能危及生产经营单位和人员安全的情况时，应当采取撤离人员、停止作业、加强监测等安全措施，并及时向当地人民政府及其有关部门报告。"

6. 重大事故隐患治理后的安全评估

生产经营单位存在属于政府部门监督检查中发现、实行挂牌督办并采取局部停产整顿的重大事故隐患，可以判定该生产经营单位局部已不具备安全生产条件。此类事故隐患整改完成后，需要专业技术人员才能较好地判断该生产经营单位是否达到了安全生产条件，最好聘请具备相应资质的安全评价机构对重大事故隐患的整改现状进行评价，这是保证重大隐患治理效果的有效手段。《安全生产事故隐患排查治理暂行规定》第十八条规定："地方人民政府或者安全监管监察部门及有关部门挂牌督办并责令全部或者局部停产停业治理的重大事故隐患，治理工作结束后，有条件的生产经营单位应当组织本单位的技术人员和专家对重大事故隐患的治理情况进行评估；其他生产经营单位应当委托具备相应资质的安全评价机构对重大事故隐患的治理情况进行评估。"

7. 重大事故隐患治理的监督检查

为了加强对重大事故隐患的治理，依据《安全生产事故隐患排查治理暂行规定》的规定，应当进行以下监督检查：

（1）地方人民政府或者安全监管监察部门及有关部门挂牌督办并责令全部或者局部停产停业治理的重大事故隐患，经治理后符合安全生产条件的，生产经营单位应当向安全监管监察部门和有关部门提出恢复生产的书面申请。申请报告应当包括治理方案的内容、项目和安全评价机构出具的评价报告等。

（2）安全监管监察部门收到生产经营单位恢复生产的申请报告后，应当在10日内进行现场审查。审查合格的，对事故隐患进行核销，同意恢复生产经营；审查不合格的，依法责令改正或者下达停产整改指令。对整改无望或者生产经营单位拒不执行整改指令的，依法实施行政处罚；不具备安全生产条件的，依法提请县级以上人民政府按照国务院规定的权限予以关闭。

三、生产经营单位违反本规定的处罚

《安全生产事故隐患排查治理暂行规定》第二十五条规定："生产经营单位及其主要负责人未履行事故隐患排查治理职责，导致发生生产安全事故的，依法给予行政处罚。"

《安全生产事故隐患排查治理暂行规定》第二十六条规定："生产经营单位违反本规定，有下列行为之一的，由安全监管监察部门给予警告，并处三万元以下的罚款：

（1）未建立安全生产事故隐患排查治理等各项制度的。

（2）未按规定上报事故隐患排查治理统计分析表的。

（3）未制定事故隐患治理方案的。

（4）重大事故隐患不报或者未及时报告的。

（5）未对事故隐患进行排查治理擅自生产经营的。

（6）整改不合格或者未经安全监管监察部门审查同意擅自恢复生产经营的。"

第六节　生产安全事故应急预案管理办法

2016年6月3日，国家安全生产监督管理总局公布了修订后的《生产安全事故应急预案管理办法》(总局令第88号)，自2016年7月1日起施行。制定《生产安全事故应急预案管理办法》的目的是规范生产安全事故应急预案管理工作，迅速有效处置生产安全事故。

规范的生产安全事故应急预案管理工作，是及时开展事故应急救援工作，减少人员伤害和事故损失的重要举措。2007年颁布的《突发事件应对法》对建立应急预案体系作出了明确规定，国务院、国务院办公厅相继印发了《国务院关于全面加强应急管理工作的意见》《国务院办公厅关于全面加强基层应急管理工作的意见》等文件，原国家安全监督管理总局（应急管理部）多年来一直致力于以多种形式推进应急预案体系的建设，目前全国生产安全事故应急预案体系基本形成。

一、应急预案管理的原则和政府部门职责

目前，应急预案的种类十分繁杂。根据现行法律法规和国家有关规定，各级政府制定政府应急预案、各个部门制定部门应急预案、生产经营单位制定各自的应急预案，此外，还有综合应急预案，如生产安全事故应急预案；专项应急预案，如危险化学品事故应急预案等。针对这种情况，《生产安全事故应急预案管理办法》第三条规定："应急预案的管理实行属地为主、分级负责、分类指导、综合协调、动态管理的原则。"第四条规定："国家安全生产监督管理总局负责全国应急预案的综合协调管理工作。县级以上地方各级安全生产监督管理部门负责本行政区域内应急预案的综合协调管理工作。县级以上地方各级其他负有安全生产监督管理职责的部门按照各自的职责负责有关行业、领域应急预案的管理工作。"第五条规定："生产经营单位主要负责人负责组织编制和实施本单位的应急预案，并对应急预案的真实性和实用性负责；各分管负责人应当按照职责分工落实应急预案规定的职责。"

二、应急预案的编制

1. 编制的基本要求

规范、合理的编制应急预案是保证应急预案质量的基础。依据《生产安全事故应急预案管理办法》，应急预案的编制应当符合下列基本要求：

（1）有关法律、法规、规章和标准的规定。

（2）本地区、本部门、本单位的安全生产实际情况。

（3）本地区、本部门、本单位的危险性分析情况。

（4）应急组织和人员的职责分工明确，并有具体的落实措施。

（5）有明确、具体的应急程序和处置措施，并与其应急能力相适应。

（6）有明确的应急保障措施，满足本地区、本部门、本单位的应急工作需要。

（7）应急预案基本要素齐全、完整，应急预案附件提供的信息准确。

（8）应急预案内容与相关应急预案相互衔接。

2. 生产经营单位应急预案的种类

依据《生产安全事故应急预案管理办法》，生产经营单位应当根据有关法律、法规规章和相关标准，结合本单位组织管理体系、生产规模和可能发生的事故特点，确立本单位的应急预案体系，编制相应的应急预案，并体现自救互救和先期处置等特点。生产经营单位的应急预案分为综合应急预案、专项应急预案和现场处置方案。

（1）生产经营单位风险种类多、可能发生多种类型事故的，应当组织编制综合应急

预案。综合应急预案应能从总体上阐述事故的应急方针、政策、应急组织结构及相关应急职责、应急行动、措施和保障等基本要求和程序，是应对各类事故的综合性文件。综合应急预案应当规定应急组织机构及其职责、应急预案体系、事故风险描述、预警及信息报告、应急响应、保障措施、应急预案管理等内容。

（2）对于某一种或多种类型的事故风险，生产经营单位可以编制相应的专项应急预案，或将专项应急预案并入综合应急预案。专项应急预案是针对具体的事故类别（如煤矿瓦斯爆炸、危险化学品泄漏等事故）、危险源和应急保障而制定的计划或方案，是综合应急预案的组成部分，应按照综合应急预案的程序和要求组织制定，并作为综合应急预案的附件。专项应急预案应当规定应急指挥机构与职责、处置程序和措施等内容。

（3）对于危险性较大的场所、装置或者设施，生产经营单位应当编制现场处置方案。现场处置方案应根据风险评估及危险性控制措施逐一编制，具体、简单、针对性强。做到事故相关人员应知应会，熟练掌握，并通过应急演练，做到迅速反应、正确处置。现场处置方案应当规定应急工作职责、应急处置措施和注意事项等内容。

3. 预案的衔接及附件

依据《生产安全事故应急预案管理办法》规定，生产经营单位编制的各类应急预案之间应当相互衔接，并与相关人民政府及其部门、应急救援队伍和涉及的其他单位的应急预案相衔接。生产经营单位应当在编制应急预案的基础上，针对工作场所、岗位的特点，编制简明、实用、有效的应急处置卡。应急处置卡应当规定重点岗位、人员的应急处置程序和措施，以及相关联络人员和联系方式便于从业人员携带。

三、应急预案的评审

1. 安全生产监督管理部门预案的评审

为保证安全生产监督管理部门预案的质量，《生产安全事故应急预案管理办法》规定："地方各级安全生产监督管理部门应当组织有关专家对本部门编制的部门应急预案进行审定；必要时，可以召开听证会，听取社会有关方面的意见。"

2. 生产经营单位预案的评审

预案的评审是保证预案质量的关键，但又要避免对所有生产经营单位的预案进行评审，给生产经营单位带来负担。《生产安全事故应急预案管理办法》从以下 2 个方面对生产经营单位的预案评审作出规定：

（1）矿山、金属冶炼、建筑施工企业和易燃易爆物品、危险化学品的生产、经营（带储存设施的）、储存企业，以及使用危险化学品达到国家规定数量的化工企业、烟花爆竹生产、批发经营企业和中型规模以上的其他生产经营单位，应当对本单位编制的应急预案进行评审，并形成书面评审纪要。

（2）上述规定以外的其他生产经营单位应当对本单位编制的应急预案进行论证。

3. 评审的要求

依据《生产安全事故应急预案管理办法》，应急预案评审或者论证应当符合以下 3 个方面要求：

（1）参加应急预案评审的人员应当包括有关安全生产及应急管理方面的专家。

（2）评审人员与所评审预案的生产经营单位有利害关系的，应当回避。

（3）应急预案的评审或者论证应当注重基本要素的完整性、组织体系的合理性、应急处置程序和措施的针对性、应急保障措施的可行性、应急预案的衔接性等内容。

四、应急预案的备案

应急预案备案工作是指导企业开展应急预案编制，提高应急预案质量的重要措施。《国务院办公厅关于加强基层应急管理工作的意见》明确规定有关部门要加强基层应急预案备案和修订管理工作。《国务院办公厅转发安全监管总局等部门关于加强企业应急管理工作意见的通知》中明确要求，企业应急预案按照“分类管理、分级负责”的原则报当地政府主管部门和上级单位备案，并告知相关单位。备案管理单位要加强对预案内容的审查，实现预案之间的有机衔接。

1. 政府部门预案的备案

《生产安全事故应急预案管理办法》第二十五条规定：“地方各级安全生产监督管理部门的应急预案，应当报同级人民政府备案，并抄送上一级安全生产监督管理部门。其他负有安全生产监督管理职责的部门的应急预案，应当抄送同级安全生产监督管理部门。”

2. 生产经营单位预案的备案

应急预案的管理遵循“属地为主、分级负责、分类指导、综合协调、动态管理”的原则。《生产安全事故应急预案管理办法》从以下 7 个方面对生产经营单位预案的备案作出规定：

（1）生产经营单位应当在应急预案公布之日起 20 个工作日内，按照分级属地原则，向安全生产监督管理部门和有关部门进行告知性备案。

（2）中央企业总部（上市公司）的应急预案，报国务院主管的负有安全生产监督管理职责的部门备案，并抄送原国家安全生产监督管理总局（应急管理部）。

（3）中央企业总部（上市公司）所属单位的应急预案报所在地的省、自治区、直辖市或者设区的市人民政府主管的负有安全生产监督管理职责的部门备案，并抄送同级安全生产监督管理部门。

（4）中央企业总部（上市公司）以外的非煤矿山、金属冶炼和危险化学品、生产、经营、储存企业，以及使用危险化学品达到国家规定数量的化工企业、烟花爆竹生产、批发经营企业的应急预案，按照隶属关系报所在地县级以上地方人民政府安全生产监督管理部门备案。

（5）其他生产经营单位应急预案的备案，由省、自治区、直辖市人民政府负有安全生产监督管理职责的部门确定。

（6）油气输送管道运营单位的应急预案，除按照上述规定的备案外，还应当抄送所跨行政区域的县级安全生产监督管理部门。

（7）煤矿企业的应急预案除按照上述规定备案外，还应当抄送所在地的煤矿安全监察机构。

3. 生产经营单位申请备案的材料

依据《生产安全事故应急预案管理办法》，生产经营单位申报应急预案备案，应当提交以下材料：应急预案备案申请表；应急预案评审或者论证意见；应急预案文本及电子文档；风险评估结果和应急资源调查清单。

4. 安全生产监督管理部门的备案审查

依据《生产安全事故应急预案管理办法》，受理备案登记的负有安全生产监督管理职责的部门应当在5个工作日内对应急预案材料进行核对，材料齐全的，应当予以备案并出具应急预案备案登记表；材料不齐全的，不予备案并一次性告知需要补齐的材料。逾期不予备案又不说明理由的，视为已经备案。对于实行安全生产许可的生产经营单位，已经进行应急预案备案登记的，在申请安全生产许可证时，可以不提供相应的应急预案，仅提供应急预案备案登记表。

五、应急预案的实施

1. 应急预案的宣传教育培训

应急预案需要通过广泛的宣传教育培训，让广大人民群众了解、熟悉，才能提高生产经营单位及从业人员、政府部门工作人员应急处置能力。《生产安全事故应急预案管理办法》第三十条规定："各级安全生产监督管理部门、各类生产经营单位应当采取多种形式开展应急预案的宣传教育，普及生产安全事故避险、自救和互救知识，提高从业人员和社会公众的安全意识与应急处置技能。"第三十一条规定："各级安全生产监督管理部门应当将本部门应急预案的培训纳入安全生产培训工作计划，并组织实施本行政区域内重点生产经营单位的应急预案培训工作。生产经营单位应当组织开展本单位的应急预案、应急知识、自救互救和避险逃生技能的培训活动，使有关人员了解应急预案内容，熟悉应急职责、应急处置程序和措施。应急培训的时间、地点、内容、师资参加人员和考核结果等情况应当如实记入本单位的安全生产教育和培训档案。"

2. 应急预案的演练

加强应急预案演练，是保证应急预案实效的重要措施，为此，《生产安全事故应急预案管理办法》对有关应急预案的演练作出了明确要求。第三十二条规定："各级安全生产监督管理部门应当定期组织应急预案演练，提高本部门、本地区生产安全事故应急处置能力。"第三十三条规定："生产经营单位应当制定本单位的应急预案演练计划，根据本单位的事故风险特点，每年至少组织一次综合应急预案演练或者专项应急预案演练，每半年至少组织一次现场处置方案演练。"第三十四条规定："应急预案演练结束后，应急预案演练组织单位应当对应急预案演练效果进行评估，撰写应急预案演练评估报告，分析存在的问题，并对应急预案提出修订意见。"

3. 应急预案的修订

应急预案的及时修订是保证应急预案针对性、实效性的重要措施。《生产安全事故应急预案管理办法》第三十四条规定："应急预案演练结束后，应急预案演练组织单位应当对应急预案演练效果进行评估，撰写应急预案演练评估报告，分析存在的问题，并对应急预案提出修订意见。"第三十五条规定："应急预案编制单位应当建立应急预案定期评估制度，对预案内容的针对性和实用性进行分析，并对应急预案是否需要修订作出结论。"第三十六条规定，有下列情形之一的，应急预案应当及时修订并归档：

（1）依据法律、法规、规章、标准及上位预案中的有关规定发生重大变化的。
（2）应急指挥机构及其职责发生调整的。
（3）面临的事故风险发生重大变化的。
（4）重要应急资源发生重大变化的。
（5）预案中的其他重要信息发生变化的。
（6）在应急演练和事故应急救援中发现问题需要修订的。
（7）编制单位认为应当修订的其他情况。

六、奖励与处罚

1. 奖励

《生产安全事故应急预案管理办法》第四十三条规定：“对于在应急预案管理工作中做出显著成绩的单位和人员，安全生产监督管理部门、生产经营单位可以给予表彰和奖励。”

2. 处罚

《生产安全事故应急预案管理办法》第四十四条规定，生产经营单位未按照规定编制应急预案的，未按照规定定期组织应急预案演练的，由县级以上安全生产监督管理部门依照《中华人民共和国安全生产法》第九十四条的规定，责令限期改正，可以处 5 万元以下罚款；逾期未改正的，责令停产停业整顿，并处 5 万元以上 10 万元以下罚款，对直接负责的主管人员和其他直接责任人员处 1 万元以上 2 万元以下的罚款。

《生产安全事故应急预案管理办法》第四十五条规定，生产经营单位在应急预案编制前未按照规定开展风险评估和应急资源调查的；未按照规定开展应急预案评审或者论证的；未按照规定进行应急预案备案的；事故风险可能影响周边单位、人员的，未将事故风险的性质、影响范围和应急防范措施告知周边单位和人员的；未按照规定开展应急预案评估的；未按照规定进行应急预案修订并重新备案的；未落实应急预案规定的应急物资及装备的由县级以上安全生产监督管理部门责令限期改正，可以处 1 万元以上 3 万元以下罚款。

第七节　生产安全事故信息报告和处置办法

2009 年 6 月 16 日，国家安全生产监督管理总局制定公布《生产安全事故信息报告和处置办法》(总局令第 21 号)，自 2009 年 7 月 1 日起施行。

一、《生产安全事故信息报告和处置办法》的适用范围

制定《生产安全事故信息报告和处置办法》的主要目的是规范安全生产监督管理部门和安全监察机构对安全生产事故信息的报告和处置工作，不涉及对事故的应急救援和调查处理等方面的实质性工作。因此，《生产安全事故信息报告和处置办法》第二条规定：“生产经营单位报告安全生产事故信息和安全生产监督管理部门、煤矿安全监察机构对有关安全生产事故信息的报告和处置工作，适用本办法。”第三条规定：“本办法规定的应

当报告和处置的生产安全事故信息（以下简称事故信息），是指已经发生的生产安全事故和较大涉险事故的信息。”

二、较大涉险事故的范围

从近些年的生产安全事故发生情况来看，较大涉险事故时有发生，不仅造成一定的物质损失，也暴露出存在的安全隐患，对这类事故处置不当，则有可能导致发生生产安全事故，造成人员伤亡。依据《生产安全事故信息报告和处置办法》第二十六条规定，较大涉险事故是指：

（1）涉险 10 人以上的事故。

（2）造成 3 人以上被困或者下落不明的事故。

（3）紧急疏散人员 500 人以上的事故。

（4）因生产安全事故对环境造成严重污染（人员密集场所、生活水源、农田、河流、水库、湖泊等）的事故。

（5）危及重要场所和设施安全（电站、重要水利设施、危化品库、油气站和车站、码头、港口、机场及其他人员密集场所等）的事故。

（6）其他较大涉险事故。

三、事故信息的报告

1. 生产经营单位的报告

发生生产安全事故或者较大涉险事故后，依据《生产安全事故信息报告和处置办法》的规定，生产经营单位根据事故的大小可以分 3 个层次报告：

（1）生产经营单位发生生产安全事故或者较大涉险事故，其单位负责人接到事故信息报告后应当于 1 小时内报告事故发生地县级安全生产监督管理部门、煤矿安全监察分局。这是事故报告的基本规定，生产经营单位发生生产安全事故或者较大涉险事故，必须按照规定时限报告事故发生地的县级安全生产监督管理部门；涉及煤矿的事故，同时报告煤矿安全监察分局；涉及其他事故的，同时报告其他有关主管部门。

（2）发生较大以上生产安全事故的，事故发生单位在依照第 1 条规定报告的同时，应当在 1 小时内报告省级安全生产监督管理部门、省级煤矿安全监察机构。即生产经营单位发生死亡 3 人以上，或者重伤 10 人以上（包括急性工业中毒），或者经济损失 1000 万元以上的生产安全事故，除正常向县级安全生产监督管理部门报告事故外，还应当在 1 小时内直接报告省级安全生产监督管理部门；涉及煤矿的事故，同时报告给省级煤矿安全监察机构。

（3）发生重大、特别重大生产安全事故的，事故发生单位在依照第 1 项、第 2 项规定报告的同时，可以立即报告原国家安全生产监督管理总局（应急管理部）、国家煤矿安全监察局。即生产经营单位发生死亡 10 人以上，或者重伤 50 人以上（包括急性工业中毒），或者经济损失 5000 万元以上的生产安全事故，除正常向县级安全生产监督管理部门报告事故外，还应当在 1 小时内直接报告省级安全生产监督管理部门；涉及煤矿的事故，同时报告给省级煤矿安全监察机构。事故发生单位还可以直接向原国家安全生产监督管理总局（应急管理部）、国家煤矿安全监察局报告。

2. 较大以上生产安全事故或者社会影响重大的事故的快报

为了加快较大生产安全事故或者社会影响重大事故的报告，要求安全生产监督管理部门、煤矿安全监察机构按照《生产安全事故报告和调查处理条例》的规定逐级报告外，增加了电话快报。同时，增加了乡镇安监站（办）可以越级上报的规定。《生产安全事故信息报告和处置办法》规定："发生较大生产安全事故或者社会影响重大的事故的，县级、市级安全生产监督管理部门或者煤矿安全监察分局接到事故报告后，在依照《生产安全事故报告和调查处理条例》规定逐级上报的同时，应当在1小时内先用电话快报省级安全生产监督管理部门、省级煤矿安全监察机构，随后补报文字报告；乡镇安监站（办）可以根据事故情况越级直接报告省级安全生产监督管理部门、省级煤矿安全监察机构。"

3. 重大、特别重大生产安全事故或者社会影响恶劣的事故的快报

为了加快重大、特别重大生产安全事故或者社会影响恶劣事故的报告，要求安全生产监督管理部门、煤矿安全监察机构按照《生产安全事故报告和调查处理条例》的规定逐级报告外，增加了电话快报。同时，增加了县、市安全生产监督管理部门或者煤矿安全监察分局可以越级上报原国家安全生产监督管理总局（应急管理部）、国家煤矿安全监察局的规定。《生产安全事故信息报告和处置办法》规定："发生重大、特别重大生产安全事故或者社会影响恶劣的事故的，县级、市级安全生产监督管理部门或者煤矿安全监察分局接到事故报告后，在依照《生产安全事故报告和调查处理条例》规定逐级上报的同时，应当在1小时内先用电话快报省级安全生产监督管理部门、省级煤矿安全监察机构，随后补报文字报告；必要时，可以直接用电话报告原国家安全生产监督管理总局（应急管理部）、国家煤矿安全监察局。

省级安全生产监督管理部门、省级煤矿安全监察机构接到事故报告后，应当在1小时内先用电话快报原国家安全生产监督管理总局（应急管理部）、国家煤矿安全监察局，随后补报文字报告。

原国家安全生产监督管理总局（应急管理部）、国家煤矿安全监察局接到事故报告后，应当在1小时内先用电话快报国务院总值班室，随后补报文字报告。"

4. 事故信息报告的内容

依据《生产安全事故信息报告和处置办法》，生产经营单位、安全生产监督管理部门或者煤矿安全监察报告事故信息，应当包括下列内容：

（1）事故发生单位的名称、地址、性质、产能等基本情况。

（2）事故发生的时间、地点以及事故现场情况。

（3）事故的简要经过（包括应急救援情况）。

（4）事故已经造成或者可能造成的伤亡人数（包括下落不明、涉险的人数）和初步估计的直接经济损失。

（5）已经采取的措施。

（6）其他应当报告的情况。

5. 事故信息电话快报的内容

使用电话快报，应当包括下列内容：

（1）事故发生单位的名称、地址、性质。

（2）事故发生的时间、地点。

（3）事故已经造成或者可能造成的伤亡人数（包括下落不明、涉险的人数）。

6. 事故信息的续报

为保证事故信息的及时续报，《生产安全事故信息报告和处置办法》规定："事故具体情况暂不清的，负责事故报告的单位可以先报事故概况，随即补报事故全面情况。事故信息报告后出现新情况的，负责事故报告的单位应当及时续报。较大涉险事故、一般事故、较大事故每日至少续报1次；重大事故、特别重大事故每日至少续报2次。自事故发生之日起30日内（道路交通、火灾事故自发生之日起7日内），事故造成的伤亡人数发生变化的，应当当日补报。"

四、举报事故信息的处置

受理单位和个人对事故的举报，是安全生产监督管理部门和煤矿安全监察机构的法定义务。《生产安全事故信息报告和处置办法》从以下4个方面对举报事故信息的处置做出了规定：

（1）安全生产监督管理部门、煤矿安全监察机构接到任何单位或者个人的事故信息举报后，应当立即与事故单位或者下一级安全生产监督管理部门、煤矿安全监察机构联系，并进行调查核实。

（2）下一级安全生产监督管理部门、煤矿安全监察机构接到上级安全生产监督管理部门、煤矿安全监察机构的事故信息举报核查通知后，应当立即组织查证核实，并在2个月内向上一级安全生产监督管理部门、煤矿安全监察机构报告核实结果。

（3）对发生较大涉险事故的，下一级安全生产监督管理部门、煤矿安全监察机构依照规定对事故信息查证核后，按照规定在2个月内向上一级安全生产监督管理部门、煤矿安全监察机构报告核实结果；对发生生产安全事故的，安全生产监督管理部门、煤矿安全监察机构应当在5日内对事故情况进行初步查证，并将事故初步查证的简要情况报告上一级安全生产监督管理部门、煤矿安全监察机构，详细核实结果在2个月内报告。

（4）事故信息经初步查证后，负责查证的安全生产监督管理部门、煤矿安全监察机构应当立即报告本级人民政府和上一级安全生产监督管理部门、煤矿安全监察机构，并书面通知公安机关、劳动保障部门、工会、人民检察院和有关部门。

五、现场调查

根据《安全生产法》《生产安全事故报告和调查处理条例》的有关规定，《生产安全事故信息报告和处置办法》按照事故等级大小，对安全生产监督管理部门、煤矿安全监察机构负责人或者有关人员赶赴事故现场做出了明确具体规定。

依据《生产安全事故信息报告和处置办法》规定，安全生产监督管理部门、煤矿安全监察机构接到生产安全事故报告后，应当按照下列规定派员立即赶赴事故现场：

（1）发生一般事故的，县级安全生产监督管理部门、煤矿安全监察分局负责人立即赶赴事故现场。

（2）发生较大事故的，设区的市级安全生产监督管理部门、省级煤矿安全监察局负责人应当立即赶赴事故现场。

（3）发生重大事故的，省级安全监督管理部门、省级煤矿安全监察局负责人立即赶赴事故现场。

（4）发生特别重大事故的，原国家安全生产监督管理总局（应急管理部）、国家煤矿安全监察局负责人立即赶赴事故现场。

上级安全生产监督管理部门、煤矿安全监察机构认为必要的，可以派员赶赴事故现场。

六、生产经营单位违反事故信息报告的处罚

1. 迟报、漏报、谎报或者瞒报生产安全事故的处罚

《生产安全事故信息报告和处置办法》第二十四条规定："生产经营单位及其有关人员对生产安全事故迟报、漏报、谎报或者瞒报的，依照有关规定予以处罚。"生产经营单位迟报、漏报、谎报或者瞒报生产安全事故，依据《生产安全事故报告和调查处理条例》的规定实施行政处罚。

2. 迟报、漏报、谎报或者瞒报较大涉险事故的处罚

《生产安全事故信息报告和处置办法》第二十五条规定："生产经营单位对较大涉险事故迟报、漏报、谎报或者瞒报的，给予警告，并处3万元以下的罚款。"

第八节 建设工程消防监督管理规定

2009年4月30日，公安部制定公布《建设工程消防监督管理规定》(公安部令第106号)，自2009年5月1日起施行。1996年10月16日发布的《建筑工程消防监督审核管理规定》(公安部令第30号）同时废止。制定《建设工程消防监督管理规定》的目的是为了加强建设工程消防监督管理，落实建设工程消防设计、施工质量和安全责任，规范消防监督管理行为。2012年7月6日，《公安部关于修改〈建设工程消防监督管理规定〉的决定》已经公安部部长办公会议通过，自2012年11月1日起施行。

一、建设工程消防监督管理的基本要求

1.《建设工程消防监督管理规定》的适用范围

《建设工程消防监督管理规定》适用于新建、扩建、改建（含室内外装修、建筑保温、用途变更）等建设工程的消防监督管理。不适用住宅室内装修、村民自建住宅、救灾和其他非人员密集场所的临时性建筑的建设活动。这里注意改建的建设工程包括室内装修、建筑保温、用途变更，主要是指商业用房、公共用房等。新建、扩建、改建的住宅建设工程的公共消防应当适用《建设工程消防监督管理规定》。住宅室内装修、村民自建住宅、救灾和其他非人员密集场所的临时性建筑的建设活动不适用《建设工程消防监督管理规定》。

2. 建设、设计、施工、工程监理等单位的职责

依据《建设工程消防监督管理规定》的规定，建设、设计、施工、工程监理等单位

应当遵守消防法规、建设工程质量管理法规和国家消防技术标准，对建设工程消防设计、施工质量和安全负责。

3. 公安机关消防机构的职责

依据《建设工程消防监督管理规定》的规定，公安机关消防机构依法实施建设工程消防设计审核、消防验收和备案、抽查，对建设工程进行消防监督。除省、自治区人民政府公安机关消防机构外，县级以上地方人民政府公安机关消防机构承担辖区建设工程的消防设计审核、消防验收和备案抽查工作，具体分工由省级公安机关消防机构确定。

跨行政区域的建设工程消防设计审核、消防验收和备案抽查工作，由其共同的上一级公安机关消防机构指定管辖。

二、消防设计和施工的质量责任

1. 建设单位的责任

依据《建设工程消防监督管理规定》的规定，建设单位不得要求设计、施工、工程监理等有关单位和人员违反消防法规和国家工程建设消防技术标准，降低建设工程消防设计、施工质量，并承担下列消防设计、施工的质量责任：

（1）依法申请建设工程消防设计审核、消防验收，依法办理消防设计和竣工验收消防备案手续并接受抽查；建设工程内设置的公众聚集场所未经消防安全检查或者经检查不符合消防安全要求的，不得投入使用、营业。

（2）实行工程监理的建设工程，应当将消防施工质量一并委托监理。

（3）选用具有国家规定资质等级的消防设计、施工单位。

（4）选用合格的消防产品和满足防火性能要求的建筑构件、建筑材料及装修材料。

（5）依法应当经消防设计审核、消防验收的建设工程，未经审核或者审核不合格的，不得组织施工；未经验收或者验收不合格的，不得交付使用。

2. 设计单位的责任

依据《建设工程消防监督管理规定》的规定，设计单位应当承担以下消防设计的质量责任：

（1）根据消防法规和国家工程建设消防技术标准进行消防设计，编制符合要求的消防设计文件，不得违反国家工程建设消防技术标准强制性要求进行设计。

（2）在设计中选用的消防产品和具有防火性能要求的建筑构件、建筑材料、装修材料，应当注明规格、性能等技术指标，其质量要求必须符合国家标准或者行业标准。

（3）参加建设单位组织的建设工程竣工验收，对建设工程消防设计实施情况签字确认。

3. 施工单位的责任

依据《建设工程消防监督管理规定》的规定，施工单位应当承担以下消防施工的质量和安全责任：

（1）按照国家工程建设消防技术标准和经消防设计审核合格或者备案的消防设计文件组织施工，不得擅自改变消防设计进行施工，降低消防施工质量。

（2）查验消防产品和具有防火性能要求的建筑构件、建筑材料及装修材料的质量，使用合格产品，保证消防施工质量。

（3）建立施工现场消防安全责任制度，确定消防安全负责人。加强对施工人员的消防教育培训，落实动火、用电、易燃可燃材料等消防管理制度和操作规程。保证在建工程竣工验收前消防通道、消防水源、消防设施和器材、消防安全标志等完好有效。

4. 工程监理单位的责任

依据《建设工程消防监督管理规定》的规定，工程监理单位应当承担以下消防施工的质量监理责任：

（1）按照国家工程建设消防技术标准和经消防设计审核合格或者备案的消防设计文件实施工程监理。

（2）在消防产品和具有防火性能要求的建筑构件、建筑材料、装修材料施工、安装前，核查产品质量证明文件，不得同意使用或者安装不合格的消防产品和防火性能不符合要求的建筑构件、建筑材料、装修材料。

（3）参加建设单位组织的建设工程竣工验收，对建设工程消防施工质量签字确认。

5. 服务机构和人员的责任

依据《建设工程消防监督管理规定》的规定，社会消防技术服务机构应当依法设立，社会消防技术服务工作应当依法开展。为建设工程消防设计、竣工验收提供图纸审查、安全评估、检测等消防技术服务的机构和人员，应当依法取得相应的资质、资格，按照法律、行政法规、国家标准、行业标准和执业准则提供消防技术服务，并对出具的审查、评估、检验、检测意见负责。

三、消防设计审核和消防验收

依据《建设工程消防监督管理规定》，人员密集场所和特殊工程由公安消防机构进行消防设计审核和消防验收。

1. 人员密集场所

依据《建设工程消防监督管理规定》的规定，对具有下列情形之一的人员密集场所，建设单位应当向公安机关消防机构申请消防设计审核，并在建设工程竣工后向出具消防设计审核意见的公安机关消防机构申请消防验收：

（1）建筑总面积大于 2 万平方米的体育场馆、会堂，公共展览馆、博物馆的展示厅。

（2）建筑总面积大于 1.5 万平方米的民用机场航站楼、客运车站候车室、客运码头候船厅。

（3）建筑总面积大于 1 万平方米的宾馆、饭店、商场、市场。

（4）建筑总面积大于 2500 平方米的影剧院，公共图书馆的阅览室，营业性室内健身、休闲场馆，医院的门诊楼，大学的教学楼、图书馆、食堂，劳动密集型企业的生产加工车间，寺庙、教堂。

（5）建筑总面积大于 1000 平方米的托儿所、幼儿园的儿童用房，儿童游乐厅等室内儿童活动场所，养老院、福利院，医院、疗养院的病房楼，中小学校的教学楼、图书馆、食堂，学校的集体宿舍，劳动密集型企业的员工集体宿舍。

（6）建筑总面积大于 500 平方米的歌舞厅、录像厅、放映厅、卡拉 OK 厅、夜总会、游艺厅、桑拿浴室、网吧、酒吧，具有娱乐功能的餐馆、茶馆、咖啡厅。

2. 特殊建设工程

依据《建设工程消防监督管理规定》的规定，对具有下列情形之一的特殊建设工程，建设单位应当向公安机关消防机构申请消防设计审核，并在建设工程竣工后向出具消防设计审核意见的公安机关消防机构申请消防验收：

（1）设有本规定所列的人员密集场所的建设工程。

（2）国家机关办公楼、电力调度楼、电信楼、邮政楼、防灾指挥调度楼、广播电视楼、档案楼。

（3）本条第1项、第2项规定以外的单体建筑面积大于四万平方米或者建筑高度超过五十米的公共建筑。

（4）国家标准规定的一类高层住宅建筑。

（5）城市轨道交通、隧道工程，大型发电、变配电工程。

（6）生产、储存、装卸易燃易爆危险物品的工厂、仓库和专用车站、码头，易燃易爆气体和液体的充装站、供应站、调压站。

3. 申请消防设计审核提供的材料

依据《建设工程消防监督管理规定》的规定，建设单位申请消防设计审核应当提供下列材料：

（1）建设工程消防设计审核申报表。

（2）建设单位的工商营业执照等合法身份证明文件。

（3）设计单位资质证明文件。

（4）消防设计文件。

（5）法律、行政法规规定的其他材料。

依法需要办理建设工程规划许可的，应当提供建设工程规划许可证明文件；依法需要城乡规划主管部门批准的临时性建筑，属于人员密集场所的，应当提供城乡规划主管部门批准的证明文件。

具有下列情形之一的，建设单位除提供本规定第十五条所列材料外，应当同时提供特殊消防设计文件，或者设计采用的国际标准、境外消防技术标准的中文文本，以及其他有关消防设计的应用实例、产品说明等技术资料：

（1）国家工程建设消防技术标准没有规定的。

（2）消防设计文件拟采用的新技术、新工艺、新材料可能影响建设工程消防安全，不符合国家标准规定的。

（3）拟采用国际标准或者境外消防技术标准的。

4. 消防设计审核程序

依据《建设工程消防监督管理规定》的规定，消防设计审核一般遵循下列程序：

（1）建设单位向公安机关消防机构提交申请消防设计审核的有关材料。

（2）公安机关消防机构依照消防法规和国家工程建设消防技术标准强制性要求对申报的消防设计文件进行审核。

（3）公安机关消防机构自受理消防设计审核申请之日起20日内出具书面审核意见。

但是依照本规定需要组织专家评审的，专家评审时间不计算在审核时间内。对符合条件的，出具消防设计审核合格意见；对不符合条件的，应当出具消防设计审核不合格意见，并说明理由。

对于国家工程建设消防技术标准没有规定；消防设计文件拟采用的新技术、新工艺、新材料可能影响建设工程消防安全，不符合国家标准规定；拟采用国际标准或者境外消防技术标准等三种特殊工程，公安机关消防机构应当在受理消防设计审核申请之日起五日内将申请材料报送省级人民政府公安机关消防机构组织专家评审。

省级人民政府公安机关消防机构应当在收到申请材料之日起三十日内会同同级住房和城乡建设行政主管部门召开专家评审会，对建设单位提交的特殊消防设计文件进行评审。参加评审的专家应当具有相关专业高级技术职称，总数不应少于七人，并应当出具专家评审意见。评审专家有不同意见的，应当注明。

省级人民政府公安机关消防机构应当在专家评审会后五日内将专家评审意见书面通知报送申请材料的公安机关消防机构，同时报公安部消防局备案。

对三分之二以上评审专家同意的特殊消防设计文件，可以作为消防设计审核的依据。

5. 消防设计审核合格条件

依据《建设工程消防监督管理规定》的规定，对符合下列条件的，公安机关消防机构应当出具消防设计审核合格意见：

（1）设计单位具备相应的资质。

（2）消防设计文件的编制符合公安部规定的消防设计文件申报要求。

（3）建筑的总平面布局和平面布置、耐火等级、建筑构造、安全疏散、消防给水、消防电源及配电、消防设施等的消防设计符合国家工程建设消防技术标准。

（4）选用的消防产品和具有防火性能要求的建筑材料符合国家工程建设消防技术标准和有关管理规定。

依据《建设工程消防监督管理规定》的规定，建设、设计、施工单位不得擅自修改经公安机关消防机构审核合格的建设工程消防设计。确需修改的，建设单位应当向出具消防设计审核意见的公安机关消防机构重新申请消防设计审核。

6. 申请消防验收提供的材料

依据《建设工程消防监督管理规定》，建设单位申请消防验收应当提供下列材料：

（1）建设工程消防验收申报表。

（2）工程竣工验收报告和有关消防设施的工程竣工图纸。

（3）消防产品质量合格证明文件。

（4）具有防火性能要求的建筑构件、建筑材料、装修材料符合国家标准或者行业标准的证明文件、出厂合格证。

（5）消防设施检测合格证明文件。

（6）施工、工程监理、检测单位的合法身份证明和资质等级证明文件。

（7）建设单位的工商营业执照等合法身份证明文件。

（8）法律、行政法规规定的其他材料。

7. 消防验收程序

依据《建设工程消防监督管理规定》的规定，消防验收遵循下列程序：

（1）建设单位向公安机关消防机构提交申请消防验收的有关材料。

（2）公安机关消防机构对申报消防验收的建设工程，应当依照建设工程消防验收评定标准对已经消防设计审核合格的内容组织消防验收。

（3）公安机关消防机构应当自受理消防验收申请之日起20日内组织消防验收，并出具消防验收意见。对综合评定结论为合格的建设工程，公安机关消防机构应当出具消防验收合格意见；对综合评定结论为不合格的，应当出具消防验收不合格意见，并说明理由。

8. 公安机关消防机构重点监督检查

依据《建设工程消防监督管理规定》的规定，对通过消防设计审核的高层建筑、地下工程，以及采用新技术、新工艺、新材料的建设工程，公安机关消防机构应当重点进行监督检查，督促施工单位落实工程建设消防安全和质量责任。

四、消防设计、竣工验收的备案抽查

依据《消防法》和《建设工程消防监督管理规定》，除人员密集场所建设工程和特殊建设工程外，其他建设工程应向公安机关消防机构办理消防设计和竣工验收备案，公安机关消防机构有权对备案的建设工程进行抽查。

1. 申报备案

依据《建设工程消防监督管理规定》的规定，对除人员密集场所建设工程和特殊建设工程以外的其他建设工程，建设单位应当在取得施工许可、工程竣工验收合格之日起7日内，通过省级公安机关消防机构网站进行消防设计、竣工验收消防备案，或者到公安机关消防机构业务受理场所进行消防设计、竣工验收消防备案。

建设单位在进行建设工程消防设计或者竣工验收消防备案时，应当分别向公安机关消防机构提供备案申报表、本规定消防审核的相关材料及施工许可文件复印件或者本规定消防验收的相关材料。按照住房和城乡建设行政主管部门的有关规定进行施工图审查的，还应当提供施工图审查机构出具的审查合格文件复印件。

依法不需要取得施工许可的建设工程，可以不进行消防设计、竣工验收消防备案。

2. 备案抽查

依据《建设工程消防监督管理规定》的规定，公安机关消防机构收到消防设计、竣工验收消防备案申报后，对备案材料齐全的，应当出具备案凭证；备案材料不齐全或者不符合法定形式的，应当当场或者在五日内一次告知需要补正的全部内容。

公安机关消防机构应当在已经备案的消防设计、竣工验收工程中，随机确定检查对象并向社会公告。对确定为检查对象的，公安机关消防机构应当在二十日内按照消防法规和国家工程建设消防技术标准完成图纸检查，或者按照建设工程消防验收评定标准完成工程检查，制作检查记录。检查结果应当向社会公告，检查不合格的，还应当书面通知建设单位。

建设单位收到通知后，应当停止施工或者停止使用，组织整改后向公安机关消防机构申请复查。公安机关消防机构应当在收到书面申请之日起二十日内进行复查并出具书面复查意见。

建设、设计、施工单位不得擅自修改已经依法备案的建设工程消防设计。确需修改的，建设单位应当重新申报消防设计备案。

五、消防设计审核合格意见、消防验收合格意见的撤销

依据《建设工程消防监督管理规定》的规定，消防设计审核合格意见、消防验收合格意见具有下列情形之一的，出具许可意见的公安机关消防机构或者其上级公安机关消防机构，根据利害关系人的请求或者依据职权，可以依法撤销许可意见：

（1）对不具备申请资格或者不符合法定条件的申请人作出的。

（2）建设单位以欺骗、贿赂等不正当手段取得的。

（3）公安机关消防机构超出法定职责和权限作出的。

（4）公安机关消防机构违反法定程序作出的。

（5）公安机关消防机构工作人员滥用职权、玩忽职守作出的。

依照前款规定撤销消防设计审核合格意见、消防验收合格意见，可能对公共利益造成重大损害的，不予撤销。

六、公安机关消防机构的执法监督

依据《建设工程消防监督管理规定》的规定，公安机关消防机构应当履行下列执法监督职责：

（1）公安机关消防机构办理建设工程消防设计审核、消防验收，实行主责承办、技术复核、审验分离和集体会审等制度。

公安机关消防机构实施消防设计审核、消防验收的主责承办人、技术复核人和行政审批人应当依照职责对消防执法质量负责。

（2）建设工程消防设计与竣工验收消防备案的抽查比例由省级公安机关消防机构结合辖区内施工图审查机构的审查质量、消防设计和施工质量情况确定并向社会公告。对设有人员密集场所的建设工程的抽查比例不应低于百分之五十。

公安机关消防机构及其工作人员应当依照本规定对建设工程消防设计和竣工验收实施备案抽查，不得擅自确定检查对象。

（3）办理消防设计审核、消防验收、备案抽查的公安机关消防机构工作人员是申请人、利害关系人的近亲属，或者与申请人、利害关系人有其他关系可能影响办理公正的，应当回避。

（4）公安机关消防机构接到公民、法人和其他组织有关建设工程违反消防法律法规和国家工程建设消防技术标准的举报，应当在3日内组织人员核查，核查处理情况应当及时告知举报人。

（5）公安机关消防机构实施建设工程消防监督管理时，不得对消防技术服务机构、消防产品设定法律法规规定以外的地区性准入条件。

（6）公安机关消防机构及其工作人员不得指定或者变相指定建设工程的消防设计、施工、工程监理单位和消防技术服务机构。不得指定消防产品和建筑材料的品牌、销售单位。不得参与或者干预建设工程消防设施施工、消防产品和建筑材料采购的招投标活动。

（7）公安机关消防机构实施消防设计审核、消防验收和备案、抽查，不得收取任何费用。

（8）公安机关消防机构实施建设工程消防监督管理的依据、范围、条件、程序、期限及其需要提交的全部材料的目录和申请书示范文本应当在互联网网站、受理场所、办公场所公示。

消防设计审核、消防验收、备案抽查的结果，除涉及国家秘密、商业秘密和个人隐私的以外，应当予以公开，公众有权查阅。

七、法律责任

1. 违反申报备案的处理

《建设工程消防监督管理规定》第二十六条规定："建设工程的消防设计、竣工验收未依法报公安机关消防机构备案的，公安机关消防机构应当依法处罚，责令建设单位在五日内备案，并确定为检查对象；对逾期不备案的，公安机关消防机构应当在备案期限届满之日起五日内通知建设单位停止施工或者停止使用。"

2. 公安机关消防机构工作人员违反规定的处理

依据《建设工程消防监督管理规定》第四十四条规定，公安机关消防机构的人员玩忽职守、滥用职权、徇私舞弊，构成犯罪的，依法追究刑事责任。有下列行为之一，尚未构成犯罪的，依照有关规定给予处分：

（1）对不符合法定条件的建设工程出具消防设计审核合格意见、消防验收合格意见或者通过消防设计、竣工验收消防备案抽查的；

（2）对符合法定条件的建设工程消防设计、消防验收的申请或者消防设计、竣工验收的备案、抽查，不予受理、审核、验收或者拖延办理的；

（3）指定或者变相指定设计单位、施工单位、工程监理单位的；

（4）指定或者变相指定消防产品品牌、销售单位或者技术服务机构、消防设施施工单位的；

（5）利用职务接受有关单位或者个人财物的。

第九节　建设项目安全设施"三同时"监督管理办法

2010 年 12 月 14 日，国家安全生产监督管理总局制定公布《建设项目安全设施"三同时"监督管理暂行办法》(总局令第 36 号)，自 2011 年 2 月 1 日起施行。2015 年 4 月 2 日，根据新修订的《安全生产法》和当前安全生产工作的实际，国家安全生产监督管理总局进行了修订（总局令第 77 号)，将名称改为《建设项目安全设施"三同时"监督管理办法》。制定《建设项目安全设施"三同时"监督管理办法》的目的是为了加强建设项目安全管理，预防和减少生产安全事故，保障从业人员生命和财产安全，促进安全生产。

对建设项目安全设施"三同时"进行监管，是安全生产监督管理的一项重要内容，也是贯彻落实《安全生产法》第二十八条至第三十一条等条文规定的保证。《安全生产法》对矿山、金属冶炼建设项目和用于生产、储存、装卸危险物品的建设项目安全设施设计审查和竣工验收作出了较为明确的规定，而对其他建设项目“三同时”管理仅作了原则性规定：“生产经营单位新建、改建、扩建工程项目的安全设施，必须与主体工程同时设计、同时施工、同时投入生产和使用。安全设施投资应当纳入建设项目概算。”加强和规范建设项目安全设施“三同时”管理是从源头上治理和预防安全生产隐患，防止安全设施与建设工程主体项目脱节，避免先天不足的有效措施，也是落实《国务院关于进一步加强企业安全生产工作的通知》中加强建设项目安全管理，建立安全生产长效机制规定的举措之一。

一、《建设项目安全设施“三同时”监督管理办法》的适用范围

新建、改建、扩建的建设项目，范围很广，形式多样，有政府或者政府部门投资的项目，有生产经营单位自己投资的项目。根据国务院关于投资体制改革的决定，除政府投资主管部门对建设项目依法审批、核准和备案外，其他建设项目由生产经营单位自主决定。《建设项目安全设施“三同时”监督管理办法》第二条、第三条从3个方面作出了规定：

（1）明确了适用范围。《建设项目安全设施“三同时”监督管理办法》第二条第一款规定：“经县级以上人民政府及其有关主管部门依法审批、核准或者备案的生产经营单位新建、改建、扩建工程项目（以下统称建设项目）安全设施的建设及其监督管理，适用本办法。”对于其他建设项目，由于数量较多、危害程度相对不高等原因，未列入《建设项目安全设施“三同时”监督管理办法》的适用范围。

（2）界定了建设项目安全设施的范围。《建设项目安全设施“三同时”监督管理办法》第三条规定：“本办法所称的建设项目安全设施，是指生产经营单位在生产经营活动中用于预防生产安全事故的设备、设施、装置、构（建）筑物和其他技术措施的总称。”《职业病防治法》规定的建设项目、涉及职业病危害防护设施等内容实施“三同时”监督管理的要求与安全设施“三同时”的要求有所不同，因此建设项目安全设施不包括有关职业病危害防护的内容。

（3）规定了排除适用的范围。根据《消防法》等法律、行政法规规定，消防、交通、特种设备等行业或者领域建设项目“三同时”的监管职责分别隶属于国务院其他有关部门。因此，《建设项目安全设施“三同时”监督管理办法》第二条第二款规定：“法律、行政法规及国务院对建设项目安全设施建设及其监督管理另有规定的，依照其规定。”

二、建设项目安全设施“三同时”监管的职权划分

为了加强建设项目安全设施“三同时”的监管工作，各级安全生产监督管理部门实行“统一监管，分级负责，属地为主”的原则。《建设项目安全设施“三同时”监督管理办法》从以下4个方面作出规定：

（1）原国家安全生产监督管理总局（应急管理部）对全国建设项目安全设施“三同时”实施综合监督管理，并在国务院规定的职责范围内承担有关建设项目安全设施“三同时”的监督管理。

（2）县级以上地方各级安全生产监督管理部门对本行政区域内的建设项目安全设施“三同时”实施综合监督管理，并在本级人民政府规定的职责范围内承担本级人民政府及

其有关主管部门审批、核准或者备案的建设项目安全设施“三同时”的监督管理。

（3）跨两个及两个以上行政区域的建设项目安全设施“三同时”由其共同的上一级人民政府安全生产监督管理部门实施监督管理。

（4）上一级人民政府安全生产监督管理部门根据工作需要，可以将其负责监督管理的建设项目安全设施“三同时”工作委托下一级人民政府安全生产监督管理部门实施监督管理。”

三、建设项目安全预评价

1. 需要安全预评价建设项目的范围

依据《安全生产法》《建设项目安全设施“三同时”监督管理办法》的规定，下列建设项目（高危建设项目）在进行可行性研究时，生产经营单位应当按照国家规定进行安全预评价：

（1）非煤矿矿山建设项目。

（2）生产、储存危险化学品（包括使用长输管道输送危险化学品）的建设项目。

（3）生产、储存烟花爆竹的建设项目。

（4）金属冶炼建设项目。

（5）使用危险化学品从事生产并且使用量达到规定数量的化工建设项目（属于危险化学品生产的除外，以下简称化工建设项目）。

（6）法律、行政法规和国务院规定的其他建设项目。

2. 安全预评价

安全预评价是指在建设项目可行性研究阶段、工业园区规划阶段或生产经营活动组织实施之前，根据相关的基础资料，辨识与分析建设项目、工业园区、生产经营活动潜在的危险、有害因素，确定其与安全生产法律法规、规章、标准、规范的符合性，预测发生事故的可能性及其严重程度，提出科学、合理、可行的安全对策措施建议，做出安全评价结论的活动。依据《建设项目安全设施“三同时”监督管理办法》的规定，建设项目安全预评价遵循以下规定：

（1）生产经营单位应当委托具有相应资质的安全评价机构，对其建设项目进行安全预评价，并编制安全预评价报告。

（2）建设项目安全预评价报告应当符合国家标准或者行业标准的规定。

生产、储存危险化学品的建设项目和化工建设项目安全预评价报告除符合国家标准或者行业标准的规定外，还应当符合《危险化学品建设项目安全监督管理办法》等有关危险化学品建设项目的规定。

3. 其他建设项目的安全生产条件和设施综合分析

对于其他建设项目，国家不作强制规定必须进行安全预评价，由生产经营单位对其安全生产条件和设施进行综合分析。为此，《建设项目安全设施“三同时”监督管理办法》规定：除非煤矿矿山建设项目等高危建设项目外，对于其他建设项目，生产经营单位应当对其安全生产条件和设施进行综合分析，形成书面报告备查。备查的目的，是要求生产经营单位必须要做，并要有记录，安全生产监督管理部门将随时对其分析情况报告进行检查。

四、建设项目安全设施设计审查

1. 安全设施设计

《建设项目安全设施“三同时”监督管理办法》从 4 个方面作出规定：

（1）生产经营单位在建设项目初步设计时，应当委托有相应资质的初步设计单位对建设项目安全设施同时进行设计，编制安全设施设计。

（2）安全设施设计必须符合有关法律、法规、规章和国家标准或者行业标准、技术规范的规定，并尽可能采用先进适用的工艺、技术和可靠的设备、设施。

（3）高危建设项目安全设施设计还应当充分考虑建设项目安全预评价报告提出的安全对策措施。

（4）安全设施设计单位、设计人应当对其编制的设计文件负责。

2. 安全设施设计内容

为了保证安全设施设计的质量，《建设项目安全设施“三同时”监督管理办法》规定建设项目安全设施设计内容应当包括下列内容：

（1）设计依据。

（2）建设项目概述。

（3）建设项目潜在的危险、有害因素和危险、有害程度及周边环境安全分析。

（4）建筑及场地布置。

（5）重大危险源分析及检测监控。

（6）安全设施设计采取的防范措施。

（7）安全生产管理机构设置或者安全生产管理人员配备要求。

（8）从业人员教育培训要求。

（9）工艺、技术和设备、设施的先进性和可靠性分析。

（10）安全设施专项投资概算。

（11）安全预评价报告中的安全对策及建议采纳情况。

（12）预期效果以及存在的问题与建议。

（13）可能出现的事故预防及应急救援措施。

（14）法律、法规、规章、标准规定需要说明的其他事项。

这里需要强调的是新建、改建、扩建建设项目的情况不同，编制安全设施设计，应当根据实际情况确定。存在上述情况的，则安全设施设计必须包括相应的内容。

3. 高危建设项目安全设施设计审查

根据《安全生产法》等相关法律法规的规定，高危建设项目安全设施设计审查是政府行政许可行为。

1）提交文件资料

依据《建设项目安全设施“三同时”监督管理办法》的规定，非煤矿矿山建设项目；生产、储存危险化学品（包括使用长输管道输送危险化学品）的建设项目；生产、储存烟花爆竹的建设项目；金属冶炼建设项目等高危建设项目，安全设施设计完成后，生产经营单位应当按照建设项目“三同时”安全监管权限划分的规定向安全生产监督管理部门提出审查申请，并提交下列文件资料：

（1）建设项目审批、核准或者备案的文件。

（2）建设项目安全设施设计审查申请。

（3）设计单位的设计资质证明文件。

（4）建设项目安全设施设计。

（5）建设项目安全预评价报告及相关文件资料。

（6）法律、行政法规、规章规定的其他文件资料。

2）受理

安全生产监督管理部门收到申请后，对属于本部门职责范围内的，应当及时进行审查，并在收到申请后 5 个工作日内作出受理或者不予受理的决定，书面告知申请人；对不属于本部门职责范围内的，应当将有关文件资料转送有审查权的安全生产监督管理部门，并书面告知申请人。

3）审查及作出决定

对已经受理的建设项目安全设施设计审查申请，安全生产监督管理部门应当自受理之日起 20 个工作日内作出是否批准的决定，并书面告知申请人。20 个工作日内不能作出决定的，经本部门负责人批准，可以延长 10 个工作日，并应当将延长期限的理由书面告知申请人。

4. 其他建设项目安全设施设计审查

依据《建设项目安全设施“三同时”监督管理办法》的规定，除高危建设项目外，其他建设项目安全设施设计，由生产经营单位组织审查，形成书面报告备查。

5. 建设项目安全设施设计不予批准

为了加强建设项目安全设施设计的管理，依据《建设项目安全设施“三同时”监督管理办法》规定，建设项目安全设施设计有下列情形之一的，不予批准，并不得开工建设：

（1）无建设项目审批、核准或者备案文件的。

（2）未委托具有相应资质的设计单位进行设计的。

（3）安全预评价报告由未取得相应资质的安全评价机构编制的。

（4）设计内容不符合有关安全生产的法律、法规、规章和国家标准或者行业标准、技术规范的规定的。

（5）未采纳安全预评价报告中的安全对策和建议，且未作充分论证说明的。

（6）不符合法律、行政法规规定的其他条件的。

建设项目安全设施设计审查未予批准的，生产经营单位经过整改后可以向原审查部门申请再审。

6. 建设项目安全设施设计的变更

依据《建设项目安全设施“三同时”监督管理办法》，已经批准的建设项目及其安全设施设计有下列情形之一的，生产经营单位应当报原批准部门审查同意；未经审查同意的，不得开工建设：

（1）建设项目的规模、生产工艺、原料、设备发生重大变更的。

（2）改变安全设施设计且可能降低安全性能的。

（3）在施工期间重新设计的。

五、建设项目安全设施施工和竣工验收

1. 施工

加强建设项目安全设施施工管理，保证施工质量，是加强建设项目“三同时”管理的重要内容。《建设项目安全设施“三同时”监督管理办法》从5个方面对建设项目安全设施施工作出规定：

（1）建设项目安全设施的施工应当由取得相应资质的施工单位进行，并与建设项目主体工程同时施工。

（2）施工单位应当在施工组织设计中编制安全技术措施和施工现场临时用电方案，同时对危险性较大的分部分项工程依法编制专项施工方案，并附具安全验算结果，经施工单位技术负责人、总监理工程师签字后实施。

（3）施工单位应当严格按照安全设施设计和相关施工技术标准、规范施工，并对安全设施的工程质量负责。

（4）施工单位发现安全设施设计文件有错漏的，应当及时向生产经营单位、设计单位提出。生产经营单位、设计单位应当及时处理。

（5）施工单位发现安全设施存在重大事故隐患时，应当立即停止施工并报告生产经营单位进行整改。整改合格后，方可恢复施工。

2. 监理

《建设项目安全设施“三同时”监督管理办法》从3个方面对建设项目安全设施的监理作出规定：

（1）工程监理单位应当审查施工组织设计中的安全技术措施或者专项施工方案是否符合工程建设强制性标准。

（2）工程监理单位在实施监理过程中，发现存在事故隐患的，应当要求施工单位整改；情况严重的，应当要求施工单位暂时停止施工，并及时报告生产经营单位。施工单位拒不整改或者不停止施工的，工程监理单位应当及时向有关主管部门报告。

（3）工程监理单位、监理人员应当按照法律、法规和工程建设强制性标准实施监理，并对安全设施工程的工程质量承担监理责任。

3. 试运行

为了保证建设工程竣工后能够正常投入生产或者使用，借鉴煤矿、化工企业建设项目多年的实践经验，对建设项目试运行作出规定可以有效避免很多生产经营单位的建设项目竣工后，长期试运行，迟迟不报政府验收，迟迟不申请安全生产许可证，逃避政府监管。《建设项目安全设施“三同时”监督管理办法》对高危建设项目竣工后作出试运行规定，其他建设项目暂不要求。

《建设项目安全设施“三同时”监督管理办法》从3个方面对高危建设项目试运行作出规定：

（1）高危建设项目竣工后，根据规定建设项目需要试运行（包括生产、使用）的，应当在正式投入生产或者使用前进行试运行。

（2）试运行时间应当不少于30日，最长不得超过180日，国家有关部门有规定或者特殊要求的行业除外。

（3）生产、储存危险化学品的建设项目和化工建设项目，应当在建设项目试运行前将试运行方案报负责建设项目安全许可的安全生产监督管理部门备案。

4. 高危建设项目安全验收评价

安全验收评价是旨在建设项目竣工后正式生产运行前，通过检查建设项目安全设施与主体工程同时设计、同时施工、同时投入生产和使用的情况，检查安全生产管理措施到位情况，检查安全生产规章制度健全情况，检查事故应急救援预案建立情况，审查建设项目满足安全生产法律法规、规章、标准、规范要求的符合性，从整体上确定建设项目的运行状况和安全管理情况，做出安全验收评价结论的活动。安全验收评价对保证建设项目安全设施质量至关重要。《建设项目安全设施“三同时”监督管理办法》对高危建设项目从3个方面对安全验收评价作出规定：

（1）建设项目安全设施竣工或者试运行完成后，生产经营单位应当委托具有相应资质的安全评价机构对安全设施进行验收评价，并编制建设项目安全验收评价报告。

（2）建设项目安全验收评价报告应当符合国家标准或者行业标准的规定。

（3）生产、储存危险化学品的建设项目和化工建设项目安全验收评价报告除符合上述规定外，还应当符合有关危险化学品建设项目的规定。

5. 建设项目竣工验收

依据《建设项目安全设施“三同时”监督管理办法》的规定，建设项目竣工投入生产或者使用前，生产经营单位应当组织对安全设施进行竣工验收，并形成书面报告备查。安全设施竣工验收合格后，方可投入生产和使用。

安全监管部门应当按照下列方式之一对高危建设项目的竣工验收活动和验收结果进行监督核查：

（1）对安全设施竣工验收报告按照不少于总数10%的比例进行随机抽查。

（2）在实施有关安全许可时，对建设项目安全设施竣工验收报告进行审查。

抽查和审查以书面方式为主。对竣工验收报告的实质内容存在疑问，需要到现场核查的，安全监管部门应当指派两名以上工作人员对有关内容进行现场核查。工作人员应当提出现场核查意见，并如实记录在案。

6. 建设项目竣工验收不合格

依据《建设项目安全设施“三同时”监督管理办法》的规定，建设项目的安全设施有下列情形之一的，建设单位不得通过竣工验收，并不得投入生产或者使用：

（1）未选择具有相应资质的施工单位施工的。

（2）未按照建设项目安全设施设计文件施工或者施工质量未达到建设项目安全设施设计文件要求的。

（3）建设项目安全设施的施工不符合国家有关施工技术标准的。

（4）未选择具有相应资质的安全评价机构进行安全验收评价或者安全验收评价不合

格的。

（5）安全设施和安全生产条件不符合有关安全生产法律、法规、规章和国家标准或者行业标准、技术规范规定的。

（6）发现建设项目试运行期间存在事故隐患未整改的。

（7）未依法设置安全生产管理机构或者配备安全生产管理人员的。

（8）从业人员未经过安全生产教育和培训或者不具备相应资格的。

（9）不符合法律、行政法规规定的其他条件的。

六、建设项目违反“三同时”管理的处罚

1. 高危建设项目违反“三同时”的处罚

依据《建设项目安全设施“三同时”监督管理办法》的规定，非煤矿矿山建设项目；生产、储存危险化学品（包括使用长输管道输送危险化学品）的建设项目；生产、储存烟花爆竹的建设项目；金属冶炼建设项目有下列情形之一的，责令停止建设或者停产停业整顿，限期改正；逾期未改正的，处50万元以上100万元以下的罚款，对其直接负责的主管人员和其他直接责任人员处2万元以上5万元以下的罚款；构成犯罪的，依照刑法有关规定追究刑事责任：

（1）未按照本办法规定对建设项目进行安全评价的。

（2）没有安全设施设计或者安全设施设计未按照规定报经安全生产监督管理部门审查同意，擅自开工的。

（3）施工单位未按照批准的安全设施设计施工的。

（4）投入生产或者使用前，安全设施未经验收合格的。

2. 建设项目安全设施违反变更规定的处罚

《建设项目安全设施“三同时”监督管理办法》规定：“已经批准的建设项目安全设施设计发生重大变更，生产经营单位未报原批准部门审查同意擅自开工建设的，责令限期改正，可以并处1万元以上3万元以下的罚款。”

3. 其他建设项目违反“三同时”规定的处罚

依据《建设项目安全设施“三同时”监督管理办法》的规定，除非煤矿矿山建设项目；生产、储存危险化学品（包括使用长输管道输送危险化学品）的建设项目；生产、储存烟花爆竹的建设项目；金属冶炼建设项目等高危建设项目以外，其他建设项目有下列情形之一的，对生产经营单位责令限期改正，可以并处5000元以上3万元以下的罚款：

（1）没有安全设施设计的。

（2）安全设施设计未组织审查，并形成书面审查报告的。

（3）施工单位未按照安全设施设计施工的。

（4）投入生产或者使用前，安全设施未经竣工验收合格，并形成书面报告的。

4. 安全评价出具虚假证明的处罚

依据《安全生产法》和《建设项目安全设施“三同时”监督管理办法》的规定，承担建设项目安全评价的机构弄虚作假、出具虚假报告，尚未构成犯罪的，没收违法所得，

违法所得在10万元以上的，并处违法所得2倍以上5倍以下的罚款；没有违法所得或者违法所得不足10万元的，单处或者并处10万元以上20万元以下的罚款，对其直接负责的主管人员和其他直接责任人员处2万元以上5万元以下的罚款；给他人造成损害的，与生产经营单位承担连带赔偿责任。

对有前款违法行为的机构，吊销其相应资质。

第十节　煤矿企业安全生产许可证实施办法

为了规范煤矿企业安全生产条件，加强煤矿企业安全生产许可证的颁发管理工作，根据《安全生产许可证条例》和有关法律、行政法规，制定《煤矿企业安全生产许可证实施办法》，自2016年4月1日起施行。

一、基本规定

（1）适用范围。《煤矿企业安全生产许可证实施办法》规定："煤矿企业必须依照本实施办法的规定取得安全生产许可证。未取得安全生产许可证的，不得从事生产活动。"

（2）许可证的管理。依据《煤矿企业安全生产许可证实施办法》的规定，安全生产许可证的颁发管理工作实行企业申请、两级发证、属地监管的原则。国家煤矿安全监察局指导、监督全国煤矿企业安全生产许可证的颁发管理工作，负责中央管理的煤矿企业总部（总公司、集团公司）安全生产许可证的颁发和管理。省级煤矿安全监察局负责中央管理的煤矿企业总部（总公司、集团公司）以外的其他煤矿企业安全生产许可证的颁发和管理；未设立煤矿安全监察机构的省、自治区，由省、自治区人民政府指定的部门（以下与省级煤矿安全监察局统称省级安全生产许可证颁发管理机关）负责本行政区域内煤矿企业安全生产许可证的颁发和管理。

二、安全生产条件

煤矿企业具备相应的安全生产条件是保证安全生产的前提，也是实施安全生产许可证的目的，为此，《煤矿企业安全生产许可证实施办法》对煤矿企业的安全生产条件作出了具体规定。

1. 基本管理制度

依据《煤矿企业安全生产许可证实施办法》规定，煤矿企业应当建立、健全主要负责人、分管负责人、安全生产管理人员、职能部门、岗位安全生产责任制；制定安全目标管理、安全奖惩、安全技术审批、事故隐患排查治理、安全检查、安全办公会议、地质灾害普查、井下劳动组织定员、矿领导带班下井、井工煤矿入井检身与出入井人员清点等安全生产规章制度和各工种操作规程。

2. 基本安全要求

依据《煤矿企业安全生产许可证实施办法》规定，煤矿企业的安全投入应当满足安全生产要求，并按照有关规定足额提取和使用安全生产费用。煤矿企业应当设置安全生产管理机构，配备专职安全生产管理人员。煤与瓦斯突出矿井、水文地质类型复杂矿井还应设置专门的防治煤与瓦斯突出管理机构和防治水管理机构。煤矿企业主要负责人和安全生产管理人员的安全生产知识和管理能力应当经考核合格。煤矿企业应当参加工伤保险，为从业人员缴纳工伤保险费。煤矿企业应当制定重大危险源检测、评估和监控措施。煤矿企业应当制定应急救援预案，并按照规定设立矿山救护队，配备救护装备；不具备单独设立矿山救护队条件的煤矿企业，所属煤矿应当设立兼职救护队，并与邻近的救护队签订救护协议。煤矿企业应当制定特种作业人员培训计划、从业人员培训计划、职业危害防治计划。

3. 煤矿安全生产条件

依据《煤矿企业安全生产许可证实施办法》规定，煤矿除符合上述规定的条件外，还必须符合下列条件：①特种作业人员经有关业务主管部门考核合格，取得特种作业操作资格证书；②从业人员进行安全生产教育培训，并经考试合格；③制定职业危害防治措施、综合防尘措施，建立粉尘检测制度，为从业人员配备符合国家标准或者行业标准的劳动防护用品；④依法进行安全评价；⑤制定矿井灾害预防和处理计划；⑥依法取得采矿许可证，并在有效期内。

此外，对于井工煤矿的安全设施、设备、工艺，还必须符合下列条件：

（1）矿井至少有2个能行人的通达地面的安全出口，各个出口之间的距离不得小于30米；井下每一个水平到上一个水平和各个采（盘）区至少有两个便于行人的安全出口，并与通达地面的安全出口相连接；采煤工作面有两个畅通的安全出口，一个通到进风巷道，另一个通到回风巷道。在用巷道净断面满足行人、运输、通风和安全设施及设备安装、检修、施工的需要。

（2）按规定进行瓦斯等级、煤层自燃倾向性和煤尘爆炸危险性鉴定。

（3）矿井有完善的独立通风系统。矿井、采区和采掘工作面的供风能力满足安全生产要求，矿井使用安装在地面的矿用主要通风机进行通风，并有同等能力的备用主要通风机，主要通风机按规定进行性能检测；生产水平和采区实行分区通风；高瓦斯和煤与瓦斯突出矿井、开采容易自燃煤层的矿井、煤层群联合布置矿井的每个采区设置专用回风巷，掘进工作面使用专用局部通风机进行通风，矿井有反风设施。

（4）矿井有安全监控系统，传感器的设置、报警和断电符合规定，有瓦斯检查制度和矿长、技术负责人瓦斯日报审查签字制度，配备足够的专职瓦斯检查员和瓦斯检测仪器；按规定建立瓦斯抽采系统，开采煤与瓦斯突出危险煤层的有预测预报、防治措施、效果检验和安全防护的综合防突措施。

（5）有防尘供水系统，有地面和井下排水系统；有水害威胁的矿井还应有专用探放水设备。

（6）制定井上、井下防火措施；有地面消防水池和井下消防管路系统，井上、井下有消防材料库；开采容易自燃和自燃煤层的矿井还应有防灭火专项设计和综合预防煤层自然发火的措施。

（7）矿井有两回路电源线路；严禁井下配电变压器中性点直接接地；井下电气设备的选型符合防爆要求，有短路、过负荷、接地、漏电等保护，掘进工作面的局部通风机按规定采用专用变压器、专用电缆、专用开关，实现风电、瓦斯电闭锁。

（8）运送人员的装置应当符合有关规定。使用检测合格的钢丝绳；带式输送机采用非金属聚合物制造的输送带的阻燃性能和抗静电性能符合规定，设置安全保护装置。

（9）有通信联络系统，按规定建立人员位置监测系统。

（10）按矿井瓦斯等级选用相应的煤矿许用炸药和电雷管，爆破工作由专职爆破工担任。

（11）不得使用国家有关危及生产安全淘汰目录规定的设备及生产工艺；使用的矿用产品应有安全标志。

（12）配备足够数量的自救器，自救器的选用型号应与矿井灾害类型相适应，按规定建立安全避险系统。

（13）有反映实际情况的图纸：矿井地质图和水文地质图，井上下对照图，巷道布置图，采掘工程平面图，通风系统图，井下运输系统图，安全监控系统布置图和断电控制图，人员位置监测系统图，压风、排水、防尘、防火注浆、抽采瓦斯等管路系统图，井下通信系统图，井上、下配电系统图和井下电气设备布置图，井下避灾路线图。采掘工作面有符合实际情况的作业规程。

对于露天煤矿的安全设施、设备、工艺，还必须符合下列条件：

（1）按规定设置栅栏、安全挡墙、警示标志。

（2）露天采场最终边坡的台阶坡面角和边坡角符合最终边坡设计要求。

（3）配电线路、电动机、变压器的保护符合安全要求。

（4）爆炸物品的领用、保管和使用符合规定。

（5）有边坡工程、地质勘探工程、岩土物理力学试验和稳定性分析，有边坡监测措施。

（6）有防排水设施和措施。

（7）地面和采场内的防灭火措施符合规定；开采有自然发火倾向的煤层或者开采范围内存在火区时，制定专门防灭火措施。

（8）有反映实际情况的图纸：地形地质图，工程地质平面图、断面图、综合水文地质图，采剥、排土工程平面图和运输系统图，供配电系统图，通信系统图，防排水系统图，边坡监测系统平面图，井工采空区与露天矿平面对照图。

三、安全生产许可证的申请和颁发

1. 申请

根据《煤矿企业安全生产许可证实施办法》的规定，煤矿企业依据本实施办法的规定向安全生产许可证颁发管理机关申请领取安全生产许可证。

2. 提交的材料

根据《煤矿企业安全生产许可证实施办法》的规定，申请领取安全生产许可证应当提供下列文件、资料：

（1）煤矿企业提供的文件、资料：①安全生产许可证申请书；②主要负责人安全生产责任制（复制件），各分管负责人、安全生产管理人员以及职能部门负责人安全生产责任制目录清单；③安全生产规章制度目录清单；④设置安全生产管理机构、配备专职安全生产管理人员的文件（复制件）；⑤主要负责人、安全生产管理人员安全生产知识和管理能力考核合格的证明材料；⑥特种作业人员培训计划，从业人员安全生产教育培训计划；⑦为从业人员缴纳工伤保险费的有关证明材料；⑧重大危险源检测、评估和监控措施；⑨事故应急救援预案，设立矿山救护队的文件或者与专业救护队签订的救护协议。

（2）煤矿提供的文件、资料和图纸：①安全生产许可证申请书；②采矿许可证（复制件）；③主要负责人安全生产责任制（复制件），各分管负责人、安全生产管理人员以及职能部门负责人安全生产责任制目录清单；④安全生产规章制度和操作规程目录清单；⑤设置安全生产管理机构和配备专职安全生产管理人员的文件（复制件）；⑥矿长、安全生产管理人员安全生产知识和管理能力考核合格的证明材料；⑦特种作业人员操作资格证书的证明材料；⑧从业人员安全生产教育培训计划和考试合格的证明材料；⑨为从业人员缴纳工伤保险费的有关证明材料；⑩具备资质的中介机构出具的安全评价报告；⑪矿井瓦斯等级鉴定文件；高瓦斯、煤与瓦斯突出矿井瓦斯参数测定报告，煤层自燃倾向性和煤尘爆炸危险性鉴定报告；⑫矿井灾害预防和处理计划；⑬井工煤矿采掘工程平面图，通风系统图；⑭露天煤矿采剥工程平面图，边坡监测系统平面图；⑮事故应急救援预案，设立矿山救护队的文件或者与专业矿山救护队签订的救护协议；⑯井工煤矿主要通风机、主提升机、空压机、主排水泵的检测检验合格报告。

3. 受理

依据《煤矿企业安全生产许可证实施办法》规定："安全生产许可证颁发管理机关对申请人提交的申请书及文件、资料，应当按照下列规定处理：（一）申请事项不属于本机关职权范围的，即时作出不予受理的决定，并告知申请人向有关行政机关申请；（二）申请材料存在可以当场更正的错误的，允许或者要求申请人当场更正，并即时出具受理的书面凭证，通过互联网申请的，符合要求后即时提供电子受理回执；（三）申请材料不齐全或者不符合要求的，应当当场或者在5个工作日内一次告知申请人需要补正的全部内容，逾期不告知的，自收到申请材料之日起即为受理；（四）申请材料齐全、符合要求或者按照要求全部补正的，自收到申请材料或者全部补正材料之日起为受理。"

4. 审查

依据《煤矿企业安全生产许可证实施办法》规定："对已经受理的申请，安全生产许可证颁发管理机关应当指派有关人员对申请材料进行审查；对申请材料实质内容存在疑问，认为需要到现场核查的，应当到现场进行核查。负责审查的有关人员提出审查意见。"

5. 决定

依据《煤矿企业安全生产许可证实施办法》规定："安全生产许可证颁发管理机关应当对有关人员提出的审查意见进行讨论，并在受理申请之日起45个工作日内作出颁发或者不予颁发安全生产许可证的决定。对决定颁发的，安全生产许可证颁发管理机关应当自决定之日起10个工作日内送达或者通知申请人领取安全生产许可证；对不予颁发的，应当在10个工作日内书面通知申请人并说明理由。经审查符合本实施办法规定的，安全生产许可证颁发管理机关应当分别向煤矿企业及其所属煤矿颁发安全生产许可证。"

6. 有效期

依据《煤矿企业安全生产许可证实施办法》规定："安全生产许可证的有效期为3年。"

7. 延期

依据《煤矿企业安全生产许可证实施办法》的规定，安全生产许可证有效期满需要延期的，煤矿企业应当于期满前3个月按照规定，向原安全生产许可证颁发管理机关提出延期申请，并提交本实施办法规定的文件、资料和安全生产许可证正本、副本。对已经受理的延期申请，安全生产许可证颁发管理机关应当按照本实施办法的规定办理安全生产许可证延期手续。

此外，依据《煤矿企业安全生产许可证实施办法》的规定："煤矿企业在安全生产许可证有效期内符合下列条件的，在安全生产许可证有效期届满时，经原安全生产许可证颁发管理机关同意，不再审查，直接办理延期手续：（一）严格遵守有关安全生产的法律法规和本实施办法；（二）接受安全生产许可证颁发管理机关及煤矿安全监察机构的监督检查；（三）未因存在严重违法行为纳入安全生产不良记录"黑名单"管理；（四）未发生生产安全死亡事故；（五）煤矿安全质量标准化等级达到二级及以上。"

8. 变更

依据《煤矿企业安全生产许可证实施办法》规定："煤矿企业在安全生产许可证有效期内有下列情形之一的，应当向原安全生产许可证颁发管理机关申请变更安全生产许可证：（一）变更主要负责人的；（二）变更隶属关系的；（三）变更经济类型的；（四）变更煤矿企业名称的；（五）煤矿改建、扩建工程经验收合格的。

变更本条第一款第一、二、三、四项的，自工商营业执照变更之日起10个工作日内提出申请；变更本条第一款第五项的，应当在改建、扩建工程验收合格后10个工作日内提出申请。

申请变更本条第一款第一项的，应提供变更后的工商营业执照副本和主要负责人任命文件（或者聘书）；申请变更本条第一款第二、三、四项的，应提供变更后的工商营业执照副本；申请变更本条第一款第五项的，应提供改建、扩建工程安全设施及条件竣工验收合格的证明材料。

9. 注销

依据《煤矿企业安全生产许可证实施办法》规定："煤矿企业停办、关闭的，应当自停办、关闭决定之日起10个工作日内向原安全生产许可证颁发管理机关申请注销安全生产许可证，并提供煤矿开采现状报告、实测图纸和遗留事故隐患的报告及防治措施。"

四、监督管理

1. 撤销许可证

根据《煤矿企业安全生产许可证实施办法》的规定，安全生产许可证颁发管理机关发现有下列情形之一的，应当撤销已经颁发的安全生产许可证：

（1）超越职权颁发安全生产许可证的。

（2）违反本实施办法规定的程序颁发安全生产许可证的。

（3）不具备本实施办法规定的安全生产条件颁发安全生产许可证的。

（4）以欺骗、贿赂等不正当手段取得安全生产许可证的。

2. 注销许可证

根据《煤矿企业安全生产许可证实施办法》的规定，取得安全生产许可证的煤矿企业有下列情形之一的，安全生产许可证颁发管理机关应当注销其安全生产许可证：

（1）终止煤炭生产活动的。

（2）安全生产许可证被依法撤销的。

（3）安全生产许可证被依法吊销的。

（4）安全生产许可证有效期满未申请办理延期手续的。

五、法律责任

1. 吊销许可证

根据《煤矿企业安全生产许可证实施办法》的规定，取得安全生产许可证的煤矿企业，倒卖、出租、出借或者以其他形式非法转让安全生产许可证的，没收违法所得，处10万元以上50万元以下的罚款，吊销其安全生产许可证；构成犯罪的，依法追究刑事责任。

2. 未取得许可证擅自生产的处罚

根据《煤矿企业安全生产许可证实施办法》的规定，发现煤矿企业有下列行为之一的，责令停止生产，没收违法所得，并处10万元以上50万元以下的罚款；构成犯罪的，依法追究刑事责任：

（1）未取得安全生产许可证，擅自进行生产的。

（2）接受转让的安全生产许可证的。

（3）冒用安全生产许可证的。

（4）使用伪造安全生产许可证的。

3. 有效期满未办理延期手续继续生产的处罚

根据《煤矿企业安全生产许可证实施办法》的规定，煤矿企业在安全生产许可证有效期满未办理延期手续，继续进行生产的，责令停止生产，限期补办延期手续，没收违法所得，并处5万元以上10万元以下的罚款；逾期仍不申请办理延期手续，依照本实施办法第二十九条、第四十条的规定处理。

4. 未办理变更的处罚

根据《煤矿企业安全生产许可证实施办法》的规定，在安全生产许可证有效期内，主要负责人、隶属关系、经济类型、煤矿企业名称发生变化，未按本实施办法申请办理变更手续的，责令限期补办变更手续，并处1万元以上3万元以下罚款。煤矿企业改建、扩建工程已经验收合格，未按本实施办法规定申请办理变更手续擅自投入生产的，责令停止生产，限期补办变更手续，并处1万元以上3万元以下罚款；逾期仍不办理变更手续，继续进行生产的，依照本实施办法第四十条的规定处罚。

5. 违法转让的处罚

根据《煤矿企业安全生产许可证实施办法》的规定，煤矿企业非法转让安全生产许可证的，没收违法所得，处10万元以上50万元以下的罚款，吊销其安全生产许可证；构成犯罪的，依法追究刑事责任。

6. 隐瞒等违法行为的处罚

根据《煤矿企业安全生产许可证实施办法》的规定，煤矿企业隐瞒有关情况或者提供虚假材料申请安全生产许可证的，安全生产许可证颁发管理机关不予受理，且在一年内不得再次申请安全生产许可证。

第十一节　煤矿建设项目安全设施监察规定

为了规范煤矿建设工程安全设施监察工作，保障煤矿安全生产，根据安全生产法、煤矿安全监察条例以及有关法律、行政法规的规定，2003年制定了《煤矿建设项目安全设施监察规定》。2015年5月29日，根据新的《安全生产法》，国家安全生产监督管理总局对《煤矿建设项目安全设施监察规定》进行了修改。

一、基本规定

1. 适用范围

根据《煤矿建设项目安全设施监察规定》的规定，煤矿安全监察机构对煤矿新建、改建和扩建工程项目（以下简称煤矿建设项目）的安全设施进行监察，适用本规定。

2. 煤矿建设项目的要求

根据《煤矿建设项目安全设施监察规定》的规定，煤矿建设项目应当进行安全评价，其初步设计应当按规定编制安全专篇。安全专篇应当包括安全条件的论证、安全设施的设计等内容。煤矿建设项目的安全设施的设计、施工应当符合工程建设强制性标准、煤矿安全规程和行业技术规范。煤矿建设项目施工前，其安全设施设计应当经煤矿安全监察机构审查同意；竣工投入生产或使用前，其安全设施和安全条件应当经煤矿建设单位验收合格。

3. 建设项目的管理

根据《煤矿建设项目安全设施监察规定》第六条，煤矿建设项目安全设施的设计审查，由煤矿安全监察机构按照设计或者新增的生产能力，实行分级负责。

（1）设计或者新增的生产能力在300万吨/年及以上的井工煤矿建设项目和1000万吨/年及以上的露天煤矿建设项目，由国家煤矿安全监察局负责设计审查。

（2）设计或者新增的生产能力在300万吨/年以下的井工煤矿建设项目和1000万吨/年以下的露天煤矿建设项目，由省级煤矿安全监察局负责设计审查。

未设立煤矿安全监察机构的省、自治区，由省、自治区人民政府指定的负责煤矿安全监察工作的部门负责设计或者新增的生产能力在300万吨/年以下的井工煤矿建设项目和1000万吨/年以下的露天煤矿建设项目的设计审查。

此外，《煤矿建设项目安全设施监察规定》明确规定："经省级煤矿安全监察局审查同意的项目，应及时报国家煤矿安全监察局备案。"

二、安全评价

1. 安全评价

《煤矿建设项目安全设施监察规定》明确规定："煤矿建设项目的安全评价包括安全预评价和安全验收评价。煤矿建设项目在可行性研究阶段，应当进行安全预评价；在投入生产或者使用前，应当进行安全验收评价。煤矿建设项目的安全评价应由具有国家规定资质的安全中介机构承担。承担煤矿建设项目安全评价的安全中介机构对其作出的安全评价结果负责。煤矿企业应与承担煤矿建设项目安全评价的安全中介机构签订书面委托合同，明确双方各自的权利和义务。承担煤矿建设项目安全评价的安全中介机构，应当按照规定的标准和程序进行评价，提出评价报告。"

2. 安全预评价内容

根据《煤矿建设项目安全设施监察规定》的规定，煤矿建设项目安全预评价报告应当包括以下内容：

（1）主要危险、有害因素和危害程度以及对公共安全影响的定性、定量评价。

（2）预防和控制的可能性评价。

（3）建设项目可能造成职业危害的评价。

（4）安全对策措施、安全设施设计原则。

（5）预评价结论。

（6）其他需要说明的事项。

3. 安全验收评价内容

根据《煤矿建设项目安全设施监察规定》的规定，煤矿建设项目安全验收评价报告应当包括以下内容：

（1）安全设施符合法律、法规、标准和规程规定以及设计文件的评价。

（2）安全设施在生产或使用中的有效性评价。

（3）职业危害防治措施的有效性评价。

（4）建设项目的整体安全性评价。

（5）存在的安全问题和解决问题的建议。

（6）验收评价结论。

（7）有关试运转期间的技术资料、现场检测、检验数据和统计分析资料。

（8）其他需要说明的事项。

三、设计审查

1. 安全设施设计内容

根据《煤矿建设项目安全设施监察规定》的规定，煤矿建设项目的安全设施设计应经煤矿安全监察机构审查同意；未经审查同意的，不得施工。煤矿建设项目的安全设施设计，应由具有相应资质的设计单位承担。设计单位对安全设施设计负责。煤矿建设项目的安全设施设计应当包括煤矿水、火、瓦斯、煤尘、顶板等主要灾害的防治措施，所确定的设施、设备、器材等应当符合国家标准和行业标准。

2. 安全设施设计审查申请

根据《煤矿建设项目安全设施监察规定》的规定，煤矿建设项目的安全设施设计审查前，煤矿企业应当按照本规定第六条的规定，向煤矿安全监察机构提出书面申请。

申请煤矿建设项目的安全设施设计审查，应当提交下列资料：

（1）安全设施设计审查申请报告及申请表。

（2）建设项目审批、核准或者备案的文件。

（3）采矿许可证或者矿区范围批准文件。

（4）安全预评价报告书。

（5）初步设计及安全专篇。

（6）其他需要说明的材料。

3. 设计审查不合格

根据《煤矿建设项目安全设施监察规定》的规定，煤矿安全监察机构接到审查申请后，应当对上报资料进行审查。有下列情形之一的，为设计审查不合格：

（1）安全设施设计未由具备相应资质的设计单位承担的。

（2）煤矿水、火、瓦斯、煤尘、顶板等主要灾害防治措施不符合规定的。

（3）安全设施设计不符合工程建设强制性标准、煤矿安全规程和行业技术规范的。

（4）所确定的设施、设备、器材不符合国家标准和行业标准的。

（5）不符合国家煤矿安全监察局规定的其他条件的。

4. 设计审查

《煤矿建设项目安全设施监察规定》明确规定："煤矿安全监察机构审查煤矿建设项目的安全设施设计，应当自收到审查申请起 30 日内审查完毕。经审查同意的，应当以文件形式批复；不同意的，应当提出审查意见，并以书面形式答复。煤矿企业对已批准的煤矿建设项目安全设施设计需作重大变更的，应经原审查机构审查同意。"

四、施工和联合试运转

1. 施工

根据《煤矿建设项目安全设施监察规定》的规定，煤矿建设项目的安全设施应由具有相应资质的施工单位承担。施工单位应当按照批准的安全设施设计施工，并对安全设施的工程质量负责。施工单位在施工期间，发现煤矿建设项目的安全设施设计不合理或者存在重大事故隐患时，应当立即停止施工，并报告煤矿企业。煤矿企业需对安全设施设计作重大变更的，应当按照规定重新审查。

2. 试运转

根据《煤矿建设项目安全设施监察规定》的规定，煤矿建设项目在竣工完成后，应当在正式投入生产或使用前进行联合试运转。联合试运转的时间一般为 1 至 6 个月，有特殊情况需要延长的，总时长不得超过 12 个月。煤矿建设项目联合试运转，应按规定经有关主管部门批准。煤矿建设项目联合试运转期间，煤矿企业应当制定可靠的安全措施，做好现场检测、检验，收集有关数据，并编制联合试运转报告。

3. 安全验收评价

根据《煤矿建设项目安全设施监察规定》的规定，煤矿建设项目联合试运转正常后，应当进行安全验收评价。

五、竣工验收

1. 竣工验收

根据《煤矿建设项目安全设施监察规定》的规定，煤矿建设项目的安全设施和安全条件验收应当由煤矿建设单位负责组织；未经验收合格的，不得投入生产和使用。煤矿建设单位实行多级管理的，应当由具体负责建设项目施工建设单位的上一级具有法人资格的公司（单位）负责组织验收。

2. 竣工验收不合格

根据《煤矿建设项目安全设施监察规定》的规定，煤矿建设单位或者其上一级具有法人资格的公司（单位）组织验收时，应当对有关资料进行审查并组织现场验收。有下列情形之一的，为验收不合格：

（1）安全设施和安全条件不符合设计要求，或未通过工程质量认证的。

（2）安全设施和安全条件不能满足正常生产和使用的。

（3）未按规定建立安全生产管理机构和配备安全生产管理人员的。

（4）矿长和特种作业人员不具备相应资格的。

（5）不符合国家煤矿安全监察局规定的其他条件的。

第十二节　煤矿安全规程

为保障煤矿安全生产和从业人员的人身安全与健康，防止煤矿事故与职业病危害，根据《煤炭法》《矿山安全法》《安全生产法》《职业病防治法》《煤矿安全监察条例》和《安全生产许可证条例》等，2016 年 2 月 25 日国家安全生产监督管理总局发布了修订后的《煤矿安全规程》，自 2016 年 10 月 1 日起施行。

《煤矿安全规程》有六编及附则，共 32 章，721 条，包括第一编总则，第二编地质保障，第三编井工煤矿，第四编露天煤矿，第五编职业病危害防治，第六编应急救援以及附则。出于篇幅限制，本书仅介绍总则中规定的有关内容。

一、适用范围

在中华人民共和国领域内从事煤炭生产和煤矿建设活动，必须遵守本规程。

二、许可证制度

规程规定，煤炭生产实行安全生产许可证制度。未取得安全生产许可证的，不得从事煤炭生产活动。

三、安全生产责任制

从事煤炭生产与煤矿建设的企业（以下统称煤矿企业）必须遵守国家有关安全生产

的法律、法规、规章、规程、标准和技术规范。煤矿企业必须加强安全生产管理，建立健全各级负责人、各部门、各岗位安全生产与职业病危害防治责任制；必须建立健全安全生产与职业病危害防治目标管理、投入、奖惩、技术措施审批、培训、办公会议制度，安全检查制度，事故隐患排查、治理、报告制度，事故报告与责任追究制度等；必须建立各种设备、设施检查维修制度，定期进行检查维修，并做好记录。煤矿必须制定本单位的作业规程和操作规程。

四、安全管理机构设置

煤矿企业必须设置专门机构负责煤矿安全生产与职业病危害防治管理工作，配备满足工作需要的人员及装备。

五、三同时要求

煤矿建设项目的安全设施和职业病危害防护设施，必须与主体工程同时设计、同时施工、同时投入使用。

六、风险告知义务

对作业场所和工作岗位存在的危险有害因素及防范措施、事故应急措施、职业病危害及其后果、职业病危害防护措施等，煤矿企业应当履行告知义务，从业人员有权了解并提出建议。

七、从业人员的权利

煤矿安全生产与职业病危害防治工作必须实行群众监督。煤矿企业必须支持群众组织的监督活动，发挥群众的监督作用。

从业人员有权制止违章作业，拒绝违章指挥；当工作地点出现险情时，有权立即停止作业，撤到安全地点；当险情没有得到处理不能保证人身安全时，有权拒绝作业。从业人员必须遵守煤矿安全生产规章制度、作业规程和操作规程，严禁违章指挥、违章作业。

八、人员培训要求

煤矿企业必须对从业人员进行安全教育和培训。培训不合格的，不得上岗作业。

主要负责人和安全生产管理人员必须具备煤矿安全生产知识和管理能力，并经考核合格。特种作业人员必须按国家有关规定培训合格，取得资格证书，方可上岗作业。矿长必须具备安全专业知识，具有组织、领导安全生产和处理煤矿事故的能力。

九、煤矿矿用产品安全标志

煤矿使用的纳入安全标志管理的产品，必须取得煤矿矿用产品安全标志。未取得煤矿矿用产品安全标志的，不得使用。试验涉及安全生产的新技术、新工艺必须经过论证并制定安全措施；新设备、新材料必须经过安全性能检验，取得产品工业性试验安全标志。严禁使用国家明令禁止使用或淘汰的危及生产安全和可能产生职业病危害的技术、工艺、材料和设备。

十、规划与计划的编制

煤矿企业在编制生产建设长远发展规划和年度生产建设计划时，必须编制安全技术与职业病危害防治发展规划和安全技术措施计划。安全技术措施与职业病危害防治所需费用、材料和设备等必须列入企业财务、供应计划。煤炭生产与煤矿建设的安全投入和职业病危害防治费用提取、使用必须符合国家有关规定。

煤矿必须编制年度灾害预防和处理计划，并根据具体情况及时修改。灾害预防和处理计划由矿长负责组织实施。

十一、入井（场）要求

入井（场）人员必须戴安全帽等个体防护用品，穿戴有反光标识的工作服。入井（场）前严禁饮酒。入井人员必须随身携带自救器、标识卡和矿灯，严禁携带烟草和点火物品，严禁穿化纤衣服。

煤矿必须建立入井检身制度和出入井人员清点制度；必须掌握井下人员数量、位置等实时信息。

十二、煤矿有关图纸要求

井工煤矿必须按规定填绘反映实际情况的下列图纸：

（1）矿井地质图和水文地质图。

（2）井上、下对照图。

（3）巷道布置图。

（4）采掘工程平面图。

（5）通风系统图。

（6）井下运输系统图。

（7）安全监控布置图和断电控制图、人员位置监测系统图。

（8）压风、排水、防尘、防火注浆、抽采瓦斯等管路系统图。

（9）井下通信系统图。

（10）井上、下配电系统图和井下电气设备布置图。

（11）井下避灾路线图。

露天煤矿必须按规定填绘反映实际情况的下列图纸：

（1）地形地质图。

（2）工程地质平面图、断面图。

（3）综合水文地质图。

（4）采剥、排土工程平面图和运输系统图。

（5）供配电系统图。

（6）通信系统图。

（7）防排水系统图。

（8）边坡监测系统平面图。

（9）井工采空区与露天矿平面对照图。

十三、井工煤矿停工停产期间安全要求

井工煤矿必须制定停工停产期间的安全技术措施，保证矿井供电、通风、排水和安全监控系统正常运行，落实24h值班制度。复工复产前必须进行全面安全检查。

十四、煤矿应急救援基本要求

煤矿企业必须建立应急救援组织，健全规章制度，编制应急救援预案，储备应急救援物资、装备并定期检查补充。

煤矿必须建立矿井安全避险系统，对井下人员进行安全避险和应急救援培训，每年至少组织1次应急演练。

煤矿企业应当有创伤急救系统为其服务。创伤急救系统应当配备救护车辆、急救器材、急救装备和药品等。

煤矿发生事故后，煤矿企业主要负责人和技术负责人必须立即采取措施组织抢救，矿长负责抢救指挥，并按有关规定及时上报。

十五、资质要求

国家实行资质管理的，煤矿企业应当委托具有国家规定资质的机构为其提供鉴定、检测、检验等服务，鉴定、检测、检验机构对其作出的结果负责。

十六、煤矿闭坑要求

煤矿闭坑前，煤矿企业必须编制闭坑报告，并报省级煤炭行业管理部门批准。矿井闭坑报告必须有完善的各种地质资料，在相应图件上标注采空区、煤柱、井筒、巷道、火区、地面沉陷区等，情况不清的应当予以说明。

第十三节　煤矿安全培训规定

为了加强和规范煤矿安全培训工作，提高煤矿从业人员安全素质，防止和减少伤亡事故，根据《中华人民共和国安全生产法》等有关法律、行政法规，2012年5月国家安全生产监督管理总局制定了《煤矿安全培训规定》，2013年8月29日进行了修改。2018年1月11日，国家安全生产监督管理总局重新修订了《煤矿安全培训规定》（总局令第92号），自2018年3月1日起施行。

一、基本规定

1. 适用范围

《煤矿安全培训规定》明确："煤矿企业从业人员安全培训、考核、发证及监督管理工作适用本规定。"

根据《煤矿安全培训规定》，煤矿企业，是指在依法批准的矿区范围内从事煤炭资源开采活动的企业，包括集团公司、上市公司、总公司、矿务局、煤矿。煤矿企业从业人员，是指煤矿企业主要负责人、安全生产管理人员、特种作业人员和其他从业人员。

2. 培训管理体制

根据《煤矿安全培训规定》，国家煤矿安全监察局负责指导和监督管理全国煤矿企业从业人员安全培训工作。省、自治区、直辖市人民政府负责煤矿安全培训的主管部门（以下简称省级煤矿安全培训主管部门）负责指导和监督管理本行政区域内煤矿企业从业人员安全培训工作。省级及以下煤矿安全监察机构对辖区内煤矿企业从业人员安全培训工作依法实施监察。

3. 安全培训主体

《煤矿安全培训规定》明确："煤矿企业是安全培训的责任主体，应当依法对从业人员进行安全生产教育和培训，提高从业人员的安全生产意识和能力。煤矿企业主要负责人对本企业从业人员安全培训工作全面负责。"

二、安全培训的组织与管理

1. 培训计划和费用

根据《煤矿安全培训规定》，煤矿企业应当建立完善安全培训管理制度，制定年度安全培训计划，明确负责安全培训工作的机构，配备专职或者兼职安全培训管理人员，按照国家规定的比例提取教育培训经费。其中，用于安全培训的资金不得低于教育培训经费总额的百分之四十。

2. 培训组织

根据《煤矿安全培训规定》，安全培训可以由企业自行组织，也可以委托相关单位组织，但必须达到规定的条件。对从业人员的安全技术培训，具备《安全培训机构基本条件》（AQ/T 8011）规定的安全培训条件的煤矿企业应当以自主培训为主，也可以委托具备安全培训条件的机构进行安全培训。不具备安全培训条件的煤矿企业应当委托具备安全培训条件的机构进行安全培训。

此外，根据《煤矿安全培训规定》，从事煤矿安全培训的机构，应当将教师、教学和实习与实训设施等情况书面报告所在地省级煤矿安全培训主管部门。

3. 培训档案

为了加强煤矿安全培训档案管理，根据《安全生产法》的要求，《煤矿安全培训规定》从两个方面对档案管理作出规定，一是所有从业人员的档案；二是煤矿企业的档案。

根据《煤矿安全培训规定》，煤矿企业应当建立健全从业人员安全培训档案，实行一人一档。煤矿企业从业人员安全培训档案的内容包括：①学员登记表，包括学员的文化程度、职务、职称、工作经历、技能等级晋升等情况；②身份证复印件、学历证书复印件；③历次接受安全培训、考核的情况；④安全生产违规违章行为记录，以及被追究责任，受到处分、处理的情况；⑤其他有关情况。煤矿企业从业人员安全培训档案应当按照《企业文件材料归档范围和档案保管期限规定》（国家档案局令第10号）保存。

根据《煤矿安全培训规定》，煤矿企业除建立从业人员安全培训档案外，还应当建立企业安全培训档案，实行一期一档。煤矿企业安全培训档案的内容包括：①培训计划；②培训时间、地点；③培训课时及授课教师；④课程讲义；⑤学员名册、考勤、考核情况；⑥综合考评报告等；⑦其他有关情况。

另外，《煤矿安全培训规定》还明确："对煤矿企业主要负责人和安全生产管理人员的煤矿企业安全培训档案应当保存三年以上，对特种作业人员的煤矿企业安全培训档案应当保存六年以上，其他从业人员的煤矿企业安全培训档案应当保存三年以上。"

三、主要负责人和安全生产管理人员的安全培训及考核

1. 主要负责人和安全生产管理人员的范围

根据《煤矿安全培训规定》，煤矿企业主要负责人，是指煤矿企业的董事长、总经理，矿务局局长，煤矿矿长等人员。

煤矿企业安全生产管理人员，是指煤矿企业分管安全、采煤、掘进、通风、机电、运输、地测、防治水、调度等工作的副董事长、副总经理、副局长、副矿长，总工程师、副总工程师和技术负责人，安全生产管理机构负责人及其管理人员，采煤、掘进、通风、机电、运输、地测、防治水、调度等职能部门（含煤矿井、区、科、队）负责人。

2. 主要负责人和安全生产管理机构负责人的资历要求

根据《煤矿安全培训规定》，煤矿矿长、副矿长、总工程师、副总工程师应当具备煤矿相关专业大专及以上学历，具有三年以上煤矿相关工作经历。煤矿安全生产管理机构负责人应当具备煤矿相关专业中专及以上学历，具有二年以上煤矿安全生产相关工作经历。

3. 安全培训

根据《煤矿安全培训规定》，煤矿企业应当每年组织主要负责人和安全生产管理人员进行新法律法规、新标准、新规程、新技术、新工艺、新设备和新材料等方面的安全培训。按照有关规定，培训可以自行组织进行，也可以委托具备条件的培训机构组织进行。

4. 考试内容

为了保证主要负责人和安全生产管理人员的培训质量，切实提高安全技能和素质，《煤矿安全培训规定》对考试作出了规定。

根据《煤矿安全培训规定》，煤矿企业主要负责人考试应当包括下列内容：①国家安全生产方针、政策和有关安全生产的法律、法规、规章及标准；②安全生产管理、安全生产技术和职业健康基本知识；③重大危险源管理、重大事故防范、应急管理和事故调查处理的有关规定；④国内外先进的安全生产管理经验；⑤典型事故和应急救援案例分析；⑥其他需要考试的内容。煤矿企业安全生产管理人员考试应当包括下列内容：①国家安全生产方针、政策和有关安全生产的法律、法规、规章及标准；②安全生产管理、安全生产技术、职业健康等知识；③伤亡事故报告、统计及职业危害的调查处理方法；④应急管理的内容及其要求；⑤国内外先进的安全生产管理经验；⑥典型事故和应急救援案例分析；⑦其他需要考试的内容。

5. 考核标准

《煤矿安全培训规定》明确，国家煤矿安全监察局组织制定煤矿企业主要负责人和安全生产管理人员安全生产知识和管理能力考核的标准，建立国家级考试题库。省级煤矿安

全培训主管部门应当根据前款规定的考核标准，建立省级考试题库，并报国家煤矿安全监察局备案。

6. 考核管理

根据《煤矿安全培训规定》，国家煤矿安全监察局负责中央管理的煤矿企业总部（含所属在京一级子公司）主要负责人和安全生产管理人员考核工作。省级煤矿安全培训主管部门负责本行政区域内前款以外的煤矿企业主要负责人和安全生产管理人员考核工作。国家煤矿安全监察局和省级煤矿安全培训主管部门（以下统称考核部门）应当定期组织考核，并提前公布考核时间。

7. 考核时间

根据新《安全生产法》和行政审批制度改革，以及加强事中事后监管的要求，《煤矿安全培训规定》明确，煤矿企业主要负责人和安全生产管理人员应当自任职之日起六个月内通过考核部门组织的安全生产知识和管理能力考核，并持续保持相应水平和能力。

同时规定，煤矿企业主要负责人和安全生产管理人员应当自任职之日起三十日内，按照本规定的要求向考核部门提出考核申请，并提交其任职文件、学历、工作经历等相关材料。考核部门接到煤矿企业主要负责人和安全生产管理人员申请及其材料后，经审核符合条件的，应当及时组织相应的考试；发现申请人不符合有关人员资质规定的，不得对申请人进行安全生产知识和管理能力考试，并书面告知申请人及其所在煤矿企业或其任免机关调整其工作岗位。

8. 考核发证

根据《煤矿安全培训规定》，煤矿企业主要负责人和安全生产管理人员的考试应当在规定的考点采用计算机方式进行。考试试题从国家级考试题库和省级考试题库随机抽取，其中抽取国家级考试题库试题比例占百分之八十以上。考试满分为一百分，八十分以上为合格。考核部门应当自考试结束之日起五个工作日内公布考试成绩。

同时规定，煤矿企业主要负责人和安全生产管理人员考试合格后，考核部门应当在公布考试成绩之日起十个工作日内颁发安全生产知识和管理能力考核合格证明（以下简称考核合格证明）。考核合格证明在全国范围内有效。煤矿企业主要负责人和安全生产管理人员考试不合格的，可以补考一次；经补考仍不合格的，一年内不得再次申请考核。考核部门应当告知其所在煤矿企业或其任免机关调整其工作岗位。

考核部门对煤矿企业主要负责人和安全生产管理人员的安全生产知识和管理能力每三年考核一次。

四、特种作业人员的安全培训和考核发证

1. 特种作业人员的范围

《煤矿安全培训规定》明确：煤矿特种作业人员及其工种由原国家安全生产监督管理总局（应急管理部）会同国家煤矿安全监察局确定，并适时调整；其他任何单位或者个人不得擅自变更其范围。目前，根据《特种作业人员安全技术培训考核管理规定》，煤矿特种作业人员列入该规定的附件，包括煤矿井下电气作业、煤矿井下爆破作业、煤矿安全检测监控作业、煤矿瓦斯检查作业、煤矿安全检查作业、煤矿提升机操作作业、煤矿采煤

机（掘进机）作业、煤矿瓦斯抽采作业、煤矿防突作业、煤矿探放水作业等人员。

2. 特种作业人员学历

根据《煤矿安全培训规定》，煤矿特种作业人员应当具备初中及以上文化程度（自2018年6月1日起新上岗的煤矿特种作业人员应当具备高中及以上文化程度），具有煤矿相关工作经历，或者职业高中、技工学校及中专以上相关专业学历。

3. 培训大纲和考核标准

根据《煤矿安全培训规定》，国家煤矿安全监察局组织制定煤矿特种作业人员培训大纲和考核标准，建立统一的考试题库。

4. 考核管理

根据《煤矿安全培训规定》，省级煤矿安全培训主管部门负责本行政区域内煤矿特种作业人员的考核、发证工作，也可以委托设区的市级人民政府煤矿安全培训主管部门实施煤矿特种作业人员的考核、发证工作。省级煤矿安全培训主管部门及其委托的设区的市级人民政府煤矿安全培训主管部门以下统称考核发证部门。

煤矿特种作业人员必须经专门的安全技术培训和考核合格，由省级煤矿安全培训主管部门颁发《中华人民共和国特种作业操作证》（以下简称特种作业操作证）后，方可上岗作业。

5. 培训时间

根据《煤矿安全培训规定》，煤矿特种作业人员在参加资格考试前应当按照规定的培训大纲进行安全生产知识和实际操作能力的专门培训。其中，初次培训的时间不得少于九十学时。

同时规定，已经取得职业高中、技工学校及中专以上学历的毕业生从事与其所学专业相应的特种作业，持学历证明经考核发证部门审核属实的，免予初次培训，直接参加资格考试。

6. 考核发证

根据《煤矿安全培训规定》，参加煤矿特种作业操作资格考试的人员，应当填写考试申请表，由本人或其所在煤矿企业持身份证复印件、学历证书复印件或者培训机构出具的培训合格证明向其工作地或者户籍所在地考核发证部门提出申请。考核发证部门收到申请及其有关材料后，应当在六十日内组织考试。对不符合考试条件的，应当书面告知申请人或其所在煤矿企业。

煤矿特种作业操作资格考试包括安全生产知识考试和实际操作能力考试。安全生产知识考试合格后，进行实际操作能力考试。煤矿特种作业操作资格考试应当在规定的考点进行，安全生产知识考试应当使用统一的考试题库，使用计算机考试，实际操作能力考试采用国家统一考试标准进行考试。考试满分均为一百分，八十分以上为合格。考核发证部门应当在考试结束后十个工作日内公布考试成绩。申请人考试合格的，考核发证部门应当自考试合格之日起二十个工作日内完成发证工作。申请人考试不合格的，可以补考一次；经补考仍不合格的，重新参加相应的安全技术培训。

特种作业操作证有效期六年，全国范围内有效。特种作业操作证由原国家安全生产监督管理总局（应急管理部）统一式样、标准和编号。

7. 延期换证

根据《煤矿安全培训规定》，特种作业操作证有效期届满需要延期换证的，持证人应当在有效期届满六十日前参加不少于二十四学时的专门培训，持培训合格证明由本人或其所在企业向当地考核发证部门或者原考核发证部门提出考试申请。经安全生产知识和实际操作能力考试合格的，考核发证部门应当在二十个工作日内予以换发新的特种作业操作证。

8. 重新考试

根据《煤矿安全培训规定》，离开特种作业岗位六个月以上、但特种作业操作证仍在有效期内的特种作业人员，需要重新从事原特种作业的，应当重新进行实际操作能力考试，经考试合格后方可上岗作业。

9. 补发和信息变更

根据《煤矿安全培训规定》，特种作业操作证遗失或者损毁的，应当及时向原考核发证部门提出书面申请，由原考核发证部门补发。特种作业操作证所记载的信息发生变化的，应当向原考核发证部门提出书面申请，经原考核发证部门审查确认后，予以更新。

五、其他从业人员的安全培训和考核

1. 其他从业人员范围及学历

根据《煤矿安全培训规定》，煤矿其他从业人员，是指除煤矿主要负责人、安全生产管理人员和特种作业人员以外，从事生产经营活动的其他从业人员，包括煤矿其他负责人、其他管理人员、技术人员和各岗位的工人、使用的被派遣劳动者和临时聘用人员。同时规定，煤矿其他从业人员应当具备初中及以上文化程度。

2. 安全培训的要求

《安全生产法》规定："生产经营单位应当对从业人员进行安全生产教育和培训，保证从业人员具备必要的安全生产知识，熟悉有关的安全生产规章制度和安全操作规程，掌握本岗位的安全操作规程，了解事故应急处理措施，知悉自身在安全生产方面的权利和义务。"煤矿作为生产经营单位，应当对从业人员进行安全生产教育和培训，保证从业人员具备相应的安全能力。为此，《煤矿安全培训规定》明确规定："煤矿企业应当对其他从业人员进行安全培训，保证其具备必要的安全生产知识、技能和事故应急处理能力，知悉自身在安全生产方面的权利和义务。"

3. 培训大纲和考核标准

为了统一规范，《煤矿安全培训规定》明确："省级煤矿安全培训主管部门负责制定煤矿企业其他从业人员安全培训大纲和考核标准。"

4. 安全培训组织

根据《煤矿安全培训规定》，煤矿企业或者具备安全培训条件的机构应当按照培训大纲对其他从业人员进行安全培训。其中，对从事采煤、掘进、机电、运输、通风、防治水等工作的班组长的安全培训，应当由其所在煤矿的上一级煤矿企业组织实施；没有上一级煤矿企业的，由本单位组织实施。

5. 培训时间及发证

《煤矿安全培训规定》明确:“煤矿企业其他从业人员的初次安全培训时间不得少于七十二学时，每年再培训的时间不得少于二十学时。”

同时规定，煤矿企业或者具备安全培训条件的机构对其他从业人员安全培训合格后，应当颁发安全培训合格证明；未经培训并取得培训合格证明的，不得上岗作业。

6. 实习规定

《煤矿安全培训规定》明确:“煤矿企业新上岗的井下作业人员安全培训合格后，应当在有经验的工人师傅带领下，实习满四个月，并取得工人师傅签名的实习合格证明后，方可独立工作。工人师傅一般应当具备中级工以上技能等级、三年以上相应工作经历和没有发生过违章指挥、违章作业、违反劳动纪律等条件。”

7. 重新上岗规定

《煤矿安全培训规定》明确:“企业井下作业人员调整工作岗位或者离开本岗位一年以上重新上岗前，以及煤矿企业采用新工艺、新技术、新材料或者使用新设备的，应当对其进行相应的安全培训，经培训合格后，方可上岗作业。”

六、监督管理

1. 公布和举报。为了加强煤矿安全培训的社会监督,《煤矿安全培训规定》明确要求，省级煤矿安全培训主管部门应当将煤矿企业主要负责人、安全生产管理人员考核合格证明、特种作业人员特种操作证的发放、注销等情况在本部门网站上公布，接受社会监督。煤矿安全培训主管部门应当建立煤矿安全培训举报制度，公布举报电话、电子信箱，依法受理并调查处理有关举报，并将查处结果书面反馈给实名举报人。

2. 煤矿安全培训主管部门和煤矿安全监察机构应当加强对煤矿安全培训的检查。根据《煤矿安全培训规定》，煤矿安全培训主管部门和煤矿安全监察机构应当对煤矿企业安全培训的下列情况进行监督检查；发现违法行为的，依法给予行政处罚：

（1）建立安全培训管理制度，制定年度培训计划，明确负责安全培训管理工作的机构，配备专职或者兼职安全培训管理人员的情况；

（2）按照本规定投入和使用安全培训资金的情况；

（3）实行自主培训的煤矿企业的安全培训条件；

（4）煤矿企业及其从业人员安全培训档案的情况；

（5）主要负责人、安全生产管理人员考核的情况；

（6）特种作业人员持证上岗的情况；

（7）应用新工艺、新技术、新材料、新设备以及离岗、转岗时对从业人员安全培训的情况；

（8）其他从业人员安全培训的情况。

3. 抽查制度

为了对煤矿安全培训工作的监督检查,《煤矿安全培训规定》建立了考核部门的抽查制度。

根据《煤矿安全培训规定》，考核部门应当建立煤矿企业安全培训随机抽查制度，制定现场抽考办法，加强对煤矿安全培训的监督检查。考核部门对煤矿企业主要负责人和安全生产管理人员现场抽考不合格的，应当责令其重新参加安全生产知识和管理能力考核；经考核仍不合格的，考核部门应当书面告知其所在煤矿企业或其任免机关调整其工作岗位。

同时规定，省级及以下煤矿安全监察机构应当按照年度监察执法计划，采用现场抽考等多种方式对煤矿企业安全培训情况实施严格监察；对监察中发现的突出问题和共性问题，应当向本级人民政府煤矿安全培训主管部门或者下级人民政府提出有关安全培训工作的监察建议函。

4. 撤销特种作业操作证

为了加强特种作业的管理，根据《行政许可法》等规定,《煤矿安全培训规定》明确：“省级煤矿安全培训主管部门发现下列情形之一的，应当撤销特种作业操作证：（一）特种作业人员对发生生产安全事故负有直接责任的；（二）特种作业操作证记载信息虚假的。特种作业人员违反上述规定被撤销特种作业操作证的，三年内不得再次申请特种作业操作证。”

5. 禁止扣押规定

为了防止煤矿企业随意扣押,《煤矿安全培训规定》明确:“煤矿企业从业人员在劳动合同期满变更工作单位或者依法解除劳动合同的，原工作单位不得以任何理由扣押其考核合格证明或者特种作业操作证。”

6. 信息共享

为了加强各部门的沟通和信息共享，实施联合惩处,《煤矿安全培训规定》明确:“省级煤矿安全培训主管部门应当将煤矿企业主要负责人、安全生产管理人员和特种作业人员的考核情况，及时抄送省级煤矿安全监察局。煤矿安全监察机构应当将煤矿企业主要负责人、安全生产管理人员和特种作业人员的行政处罚决定及时抄送同级煤矿安全培训主管部门。”

七、法律责任

1. 煤矿企业有关人员未按照规定进行安全培训考核等违法行为的处罚

根据《煤矿安全培训规定》，煤矿企业有下列行为之一的，由煤矿安全培训主管部门或者煤矿安全监察机构责令其限期改正，可以处五万元以下的罚款；逾期未改正的，责令停产停业整顿，并处五万元以上十万元以下的罚款，对其直接负责的主管人员和其他直接责任人员处一万元以上二万元以下的罚款：①主要负责人和安全生产管理人员未按照规定经考核合格的；②未按照规定对从业人员进行安全生产培训的；③未如实记录安全生产培训情况的；④特种作业人员未经专门的安全培训并取得相应资格，上岗作业的。

2. 煤矿企业未按照规定组织培训等违法行为的处罚

根据《煤矿安全培训规定》，煤矿安全培训主管部门或者煤矿安全监察机构发现煤矿企业有下列行为之一的，责令其限期改正，可以处一万元以上三万元以下的罚款：①未建立安全培训管理制度或者未制定年度安全培训计划的；②未明确负责安全培训工作的机构,或者未配备专兼职安全培训管理人员的;③用于安全培训的资金不符合本规定的;④未按照统一的培训大纲组织培训的；⑤不具备安全培训条件进行自主培训，或者委托不具备安全培训条件机构进行培训的。

同时，为了加强对安全培训机构的制约,《煤矿安全培训规定》明确:“具备安全培训条件的机构未按照规定的培训大纲进行安全培训，或者未经安全培训并考试合格颁发有关培训合格证明的，依照上述规定给予行政处罚。”

第十四节　非煤矿矿山企业安全生产许可证实施办法

为了严格规范非煤矿矿山企业安全生产条件，做好非煤矿矿山企业安全生产许可证的颁发管理工作，根据《安全生产许可证条例》等法律、行政法规，制定《非煤矿矿山企业安全生产许可证实施办法》。非煤矿矿山企业必须依照本实施办法的规定取得安全生产许可证。未取得安全生产许可证的，不得从事生产活动。2015 年 5 月 26 日，根据新的《安全生产法》，国家安全生产监督管理总局对《非煤矿矿山企业安全生产许可证实施办法》进行了修改。

一、基本规定

1. 发证范围

非煤矿矿山的范围很广，既包括金属非金属，也包括石油天然气开采等。《非煤矿矿山企业安全生产许可证实施办法》对实施安全生产许可证的范围进行了明确规定：“本实施办法所称的非煤矿矿山企业包括金属非金属矿山企业及其尾矿库、地质勘探单位、采掘施工企业、石油天然气企业。”

金属非金属矿山企业是指从事金属和非金属矿产资源开采活动的单位：①专门从事矿产资源开采的生产单位；②从事矿产资源开采、加工的联合生产企业及其矿山生产单位；③其他非矿山企业中从事矿山生产的单位。

尾矿库是指筑坝拦截谷口或者围地构成的，用以贮存金属非金属矿石选别后排出尾矿的场所，包括氧化铝厂赤泥库，不包括核工业矿山尾矿库及电厂灰渣库。

地质勘探单位是指采用钻探工程、坑探工程对金属非金属矿产资源进行勘探作业的单位。

采掘施工企业是指承担金属非金属矿山采掘工程施工的单位。

石油天然气企业是指从事石油和天然气勘探、开发生产、储运的单位。

上述范围内的非煤矿山单位，必须依法取得非煤矿山安全生产许可证。未取得非煤矿山安全生产许可的单位，不得从事生产经营活动。

同时，考虑到地热等非煤矿山危险性较小，有没有必须要实施安全生产许可，结合多年的实际，由各省（区、市）决定。《非煤矿矿山企业安全生产许可证实施办法》规定，危险性较小的地热、温泉、矿泉水、卤水、砖瓦用黏土等资源开采活动的安全生产许可，由省级安全生产许可证颁发管理机关决定。

另外，对于煤与非煤共生的资源开采矿井，是领取煤矿安全生产许可证，还是领取非煤矿山安全生产许可证，考虑到煤矿安全生产许可证较严，根据从严的原则，《非煤矿矿山企业安全生产许可证实施办法》规定："同时开采煤炭与金属非金属矿产资源且以煤炭、煤层气为主采矿种的煤系矿山企业应当申请领取煤矿企业安全生产许可证，不再申请领取非煤矿矿山企业安全生产许可证。"

2. 许可证的管辖

对于非煤矿矿山企业安全生产许可证的颁发管理工作，实行企业申请、两级发证、属地监管的原则。根据《非煤矿矿山企业安全生产许可证实施办法》的规定，对非煤矿山安全生产许可证的管理分国家和省级两个层次，同时考虑到地方工作的需要，规定省级可以委托市级负责：

原国家安全生产监督管理总局（应急管理部）除指导、监督全国非煤矿矿山企业安全生产许可证的颁发管理工作外，还负责海洋石油天然气企业安全生产许可证的颁发和管理。

省、自治区、直辖市人民政府安全生产监督管理部门（以下简称省级安全生产许可证颁发管理机关）负责原国家安全生产监督管理总局（应急管理部）管辖以外的非煤矿矿山企业安全生产许可证的颁发和管理。省级安全生产许可证颁发管理机关可以委托设区的市级安全生产监督管理部门实施非煤矿矿山企业安全生产许可证的颁发管理工作；但中央管理企业所属非煤矿矿山的安全生产许可证颁发管理工作不得委托实施。

二、安全生产条件和申请

1. 安全生产条件

根据《非煤矿矿山企业安全生产许可证实施办法》的规定，非煤矿矿山企业取得安全生产许可证，应当具备下列安全生产条件：

（1）建立健全主要负责人、分管负责人、安全生产管理人员、职能部门、岗位安全生产责任制；制定安全检查制度、职业危害预防制度、安全教育培训制度、生产安全事故管理制度、重大危险源监控和重大隐患整改制度、设备安全管理制度、安全生产档案管理制度、安全生产奖惩制度等规章制度；制定作业安全规程和各工种操作规程。

（2）安全投入符合安全生产要求，依照国家有关规定足额提取安全生产费用。

（3）设置安全生产管理机构，或者配备专职安全生产管理人员。

（4）主要负责人和安全生产管理人员经安全生产监督管理部门考核合格，取得安全资格证书。

（5）特种作业人员经有关业务主管部门考核合格，取得特种作业操作资格证书。

（6）其他从业人员依照规定接受安全生产教育和培训，并经考试合格。

（7）依法参加工伤保险，为从业人员缴纳保险费。

（8）制定防治职业危害的具体措施，并为从业人员配备符合国家标准或者行业标准的劳动防护用品。

（9）新建、改建、扩建工程项目依法进行安全评价，其安全设施经验收合格。

（10）危险性较大的设备、设施按照国家有关规定进行定期检测检验。

（11）制定事故应急救援预案，建立事故应急救援组织，配备必要的应急救援器材、设备；生产规模较小可以不建立事故应急救援组织的，应当指定兼职的应急救援人员，并与邻近的矿山救护队或者其他应急救援组织签订救护协议。

（12）符合有关国家标准、行业标准规定的其他条件。

2. 受理申请部门

根据《非煤矿矿山企业安全生产许可证实施办法》的规定，具备安全生产条件的非煤矿山企业向原国家安全生产监督管理总局（应急管理部）、省级安全生产监督管理部门或者委托的市级安全生产监督管理部门申请领取安全生产许可证，具体规定如下：

（1）海洋石油天然气企业申请领取安全生产许可证，向原国家安全生产监督管理总局（应急管理部）提出申请。

（2）其他非煤矿矿山企业，向企业所在地省级安全生产许可证颁发管理机关或其委托的设区的市级安全生产监督管理部门提出申请。

3. 提交的资料

一般情况下，根据《非煤矿矿山企业安全生产许可证实施办法》的规定，非煤矿矿山企业申请领取安全生产许可证，应当提交下列规定的文件、资料：

（1）安全生产许可证申请书。

（2）工商营业执照复印件。

（3）采矿许可证复印件。

（4）各种安全生产责任制复印件。

（5）安全生产规章制度和操作规程目录清单。

（6）设置安全生产管理机构或者配备专职安全生产管理人员的文件复印件。

（7）主要负责人和安全生产管理人员安全资格证书复印件。

（8）特种作业人员操作资格证书复印件。

（9）足额提取安全生产费用的证明材料。

（10）为从业人员缴纳工伤保险费的证明材料；因特殊情况不能办理工伤保险的，可以出具办理安全生产责任保险的证明材料。

（11）涉及人身安全、危险性较大的海洋石油开采特种设备和矿山井下特种设备由具备相应资质的检测检验机构出具合格的检测检验报告，并取得安全使用证或者安全标志。

（12）事故应急救援预案，设立事故应急救援组织的文件或者与矿山救护队、其他应急救援组织签订的救护协议。

（13）矿山建设项目安全设施验收合格的书面报告。

中央管理的非煤矿矿山企业总部申请领取安全生产许可证，不需要提交上述条件中第（3）、（8）、（9）、（10）、（11）、（12）、（13）项规定的文件、资料。

金属非金属矿山企业从事爆破作业的，除应当提交规定的13项相应文件、资料外，还应当提交《爆破作业单位许可证》。

尾矿库申请领取安全生产许可证，不需要提交规定条件中第（3）项规定的文件、资料。

地质勘探单位申请领取安全生产许可证，不需要提交规定条件中第（3）、（9）、（13）项规定的文件、资料，但应当提交地质勘查资质证书复印件；从事爆破作业的，还应当提交《爆破作业单位许可证》。

采掘施工企业申请领取安全生产许可证，不需要提交规定条件中第（3）、（9）、（13）项规定的文件、资料，但应当提交矿山工程施工相关资质证书复印件；从事爆破作业的，还应当提交《爆破作业单位许可证》。

石油天然气勘探单位申请领取安全生产许可证，不需要提交规定条件中第（3）、（13）项规定的文件、资料；石油天然气管道储运单位申请领取安全生产许可证不需要提交规定条件中第（3）项规定的文件、资料。

三、受理、审核和颁发

1. 受理

依据《非煤矿矿山企业安全生产许可证实施办法》规定："安全生产许可证颁发管理机关对非煤矿矿山企业提交的申请书及文件、资料，应当依照下列规定分别处理：（1）申请事项不属于本机关职权范围的，应当即时作出不予受理的决定，并告知申请人向有关机关申请；（2）申请材料存在可以当场更正的错误的，应当允许或者要求申请人当场更正，并即时出具受理的书面凭证；（3）申请材料不齐全或者不符合要求的，应当当场或者在5个工作日内一次性书面告知申请人需要补正的全部内容，逾期不告知的，自收到申请材料之日起即为受理；（4）申请材料齐全、符合要求或者依照要求全部补正的，自收到申请材料或者全部补正材料之日起为受理。"

2. 审核

根据《非煤矿矿山企业安全生产许可证实施办法》的规定，安全生产许可证颁发管理机关应当依照规定的安全生产条件，对非煤矿矿山企业提交的申请材料进行审查，并在受理申请之日起45日内作出颁发或者不予颁发安全生产许可证的决定。安全生产许可证颁发管理机关认为有必要到现场对非煤矿矿山企业提交的申请材料进行复核的，应当到现场进行复核。复核时间不计算在本款规定的期限内。

对决定颁发的，安全生产许可证颁发管理机关应当自决定之日起10个工作日内送达或者通知申请人领取安全生产许可证；对决定不予颁发的，应当在10个工作日内书面通知申请人并说明理由。

3. 颁证

根据《非煤矿矿山企业安全生产许可证实施办法》的规定，安全生产许可证颁发管理机关应当依照下列规定颁发非煤矿矿山企业安全生产许可证：

（1）对金属非金属矿山企业，向企业及其所属各独立生产系统分别颁发安全生产许可证；对于只有一个独立生产系统的企业，只向企业颁发安全生产许可证。

（2）对中央管理的陆上石油天然气企业，向企业总部直接管理的分公司、子公司以及下一级与油气勘探、开发生产、储运直接相关的生产作业单位分别颁发安全生产许可证；对设有分公司、子公司的地方石油天然气企业，向企业总部及其分公司、子公司颁发安全生产许可证；对其他陆上石油天然气企业，向具有法人资格的企业颁发安全生产许可证。

（3）对海洋石油天然气企业，向企业及其直接管理的分公司、子公司以及下一级与油气开发生产直接相关的生产作业单位、独立生产系统分别颁发安全生产许可证；对其他海洋石油天然气企业，向具有法人资格的企业颁发安全生产许可证。

（4）对地质勘探单位，向最下级具有企事业法人资格的单位颁发安全生产许可证。对采掘施工企业，向企业颁发安全生产许可证。

（5）对尾矿库单独颁发安全生产许可证。

四、安全生产许可证延期和变更

1. 延期申请

安全生产许可证的有效期为3年。根据《非煤矿矿山企业安全生产许可证实施办法》的规定，安全生产许可证有效期满后需要延期的，非煤矿矿山企业应当在安全生产许可证有效期届满前3个月向原安全生产许可证颁发管理机关申请办理延期手续，并提交下列文件、资料：

（1）延期申请书。

（2）安全生产许可证正本和副本。

（3）本实施办法第二章规定的相应文件、资料。

金属非金属矿山独立生产系统和尾矿库，以及石油天然气独立生产系统和作业单位还应当提交由具备相应资质的中介服务机构出具的合格的安全现状评价报告。

金属非金属矿山独立生产系统和尾矿库在提出延期申请之前6个月内经考评合格达到安全标准化等级的，可以不提交安全现状评价报告，但需要提交安全标准化等级的证明材料。

2. 直接办理延期

根据《非煤矿矿山企业安全生产许可证实施办法》的规定，对于非煤矿山企业，当安全生产许可证有效期届满申请延期时，经原安全生产许可证颁发管理机关同意，不再审查。直接办理延期手续的条件是：

（1）严格遵守有关安全生产的法律法规的。

（2）取得安全生产许可证后，加强日常安全生产管理，未降低安全生产条件，并达到安全标准化等级二级以上的。

（3）接受安全生产许可证颁发管理机关及所在地人民政府安全生产监督管理部门的监督检查的。

（4）未发生死亡事故的。

3. 许可证变更的条件

非煤矿矿山安全生产许可证是证明非煤矿矿山企业达到规定安全生产条件的凭证。如果企业的有关情况发生变化，需要及时变更许可证。根据《非煤矿矿山企业安全生产许可证实施办法》的规定，非煤矿矿山企业在安全生产许可证有效期内有下列情形之一的，应当自工商营业执照变更之日起30个工作日内向原安全生产许可证颁发管理机关申请变更安全生产许可证：

（1）变更单位名称的。

（2）变更主要负责人的。

（3）变更单位地址的。

（4）变更经济类型的。

（5）变更许可范围的。

4. 许可证变更提交的资料

根据《非煤矿矿山企业安全生产许可证实施办法》的规定，非煤矿矿山企业申请变更安全生产许可证时，应当提交下列文件、资料：变更申请书；安全生产许可证正本和副本；变更后的工商营业执照、采矿许可证复印件及变更说明材料。变更主要负责人的，还应当提交变更后的主要负责人的安全资格证书复印件。

五、监督管理

1. 跨省区市非煤矿山安全生产许可证的管理

为了加强跨省区市非煤矿山安全生产许可证的管理，《非煤矿矿山企业安全生产许可证实施办法》规定："地质勘探单位、采掘施工单位在登记注册的省、自治区、直辖市以外从事作业的，应当向作业所在地县级以上安全生产监督管理部门书面报告。"

2. 实行安全许可证的目的

非煤矿矿山企业实行安全生产许可证的目的，是保证非煤矿矿山企业达到法定安全生产条件。安全生产许可证是达到安全生产条件的凭证，为了保障非煤矿矿山达到安全生产条件，《非煤矿矿山企业安全生产许可证实施办法》规定："非煤矿矿山企业不得转让、冒用、买卖、出租、出借或者使用伪造的安全生产许可证。"这是禁止性规定，如果违反规定，非煤矿矿山企业转让、买卖、出租、出借安全生产许可证的，受让方等同没有取得安全生产许可；非煤矿山企业冒用、使用伪造的安全生产许可证，也等同没有取得安全生产许可证。一旦从事生产经营活动，将追究相应的法律责任。同时，还要追究转让、买卖、出租、出借安全生产许可证的非煤矿矿山企业的责任。

3. 许可证的管理

为了加强许可证的管理，《非煤矿矿山企业安全生产许可证实施办法》规定："非煤矿矿山企业发现在安全生产许可证有效期内采矿许可证到期失效的，应当在采矿许可证到期前15日内向原安全生产许可证颁发管理机关报告，并交回安全生产许可证正本和副本。采矿许可证被暂扣、撤销、吊销和注销的，非煤矿矿山企业应当在暂扣、撤销、吊销和注销后5日内向原安全生产许可证颁发管理机关报告，并交回安全生产许可证正本和副本。"

4. 撤销许可证

根据《非煤矿矿山企业安全生产许可证实施办法》的规定，安全生产许可证颁发管理机关发现有下列情形之一的，应当撤销已经颁发的安全生产许可证：

（1）超越职权颁发安全生产许可证的。

（2）违反本实施办法规定的程序颁发安全生产许可证的。

（3）不具备本实施办法规定的安全生产条件颁发安全生产许可证的。

（4）以欺骗、贿赂等不正当手段取得安全生产许可证的。

5. 注销许可证

根据《非煤矿矿山企业安全生产许可证实施办法》的规定，取得安全生产许可证的非煤矿矿山企业有下列情形之一的，安全生产许可证颁发管理机关应当注销其安全生产许可证：

（1）终止生产活动的。

（2）安全生产许可证被依法撤销的。

（3）安全生产许可证被依法吊销的。

6. 申请许可证的禁止

为了防止申请者故意隐瞒情况骗取许可证，根据《行政许可法》等规定，《非煤矿矿山企业安全生产许可证实施办法》规定："非煤矿矿山企业隐瞒有关情况或者提供虚假材料申请安全生产许可证的，安全生产许可证颁发管理机关不予受理，该企业在 1 年内不得再次申请安全生产许可证。非煤矿矿山企业以欺骗、贿赂等不正当手段取得安全生产许可证后被依法予以撤销的，该企业 3 年内不得再次申请安全生产许可证。"

六、违法行为追究

（1）取得安全生产许可证的非煤矿矿山企业不再具备法定安全生产条件的，应当暂扣或者吊销其安全生产许可证。

（2）取得安全生产许可证的非煤矿矿山企业倒卖、出租、出借或者以其他形式非法转让安全生产许可证，或者暂扣安全生产许可证后未按期整改或者整改后仍不具备安全生产条件的，吊销其安全生产许可证。

（3）非煤矿矿山企业有下列行为之一的，责令停止生产，没收违法所得，并处 10 万元以上 50 万元以下的罚款：

① 未取得安全生产许可证，擅自进行生产的。

② 接受转让的安全生产许可证的。

③ 冒用安全生产许可证的。

④ 使用伪造的安全生产许可证的。

（4）非煤矿矿山企业在安全生产许可证有效期内出现采矿许可证有效期届满和采矿许可证被暂扣、撤销、吊销、注销的情况，未依照本办法向安全生产许可证颁发管理机关报告并交回安全生产许可证的，处 1 万元以上 3 万元以下罚款。

（5）非煤矿矿山企业在安全生产许可证有效期内，出现需要变更安全生产许可证的情形，未按本办法申请、办理变更手续的，责令限期办理变更手续，并处 1 万元以上 3 万元以下罚款。

（6）地质勘探单位、采掘施工单位在登记注册地以外进行跨省作业，未按照本办法书面报告的，责令限期办理书面报告手续，并处 1 万元以上 3 万元以下的罚款。

（7）非煤矿矿山企业在安全生产许可证有效期满未办理延期手续，继续进行生产的，责令停止生产，限期补办延期手续，没收违法所得，并处 5 万元以上 10 万元以下的罚款；逾期仍不办理延期手续，继续进行生产的，责令停止生产，没收违法所得，并处 10 万元以上 50 万元以下的罚款。

（8）非煤矿矿山企业转让安全生产许可证的，没收违法所得，并处 10 万元以上 50 万元以下的罚款。

第十五节 非煤矿山外包工程安全管理暂行办法

为了加强非煤矿山外包工程的安全管理和监督，明确安全生产责任，防止和减少生产安全事故，原国家安全生产监督管理总局（应急管理部）制定出台了《非煤矿山外包工程安全管理暂行办法》，自2013年10月1日起施行。2015年5月26日，根据新的《安全生产法》，国家安全生产监督管理总局对《非煤矿山外包工程安全管理暂行办法》进行了修改。

一、基本规定

1. 适用范围

外包工程很多，这里仅仅是指非煤矿山领域内的外包工程。为此，《非煤矿山外包工程安全管理暂行办法》第二条规定："在依法批准的矿区范围内，以外包工程的方式从事金属非金属矿山的勘探、建设、生产、闭坑等工程施工作业活动，以及石油天然气的勘探、开发、储运等工程与技术服务活动的安全管理和监督，适用本办法。从事非煤矿山各类房屋建筑及其附属设施的建造和安装，以及露天采矿场矿区范围以外地面交通建设的外包工程的安全管理和监督，不适用本办法。"这里讲的依法批准的矿区范围，是指经国土资源部门依法批准，并取得相应采矿许可证的矿区范围。因此，涉及非煤矿山的勘探作业，如果在被批准的矿区范围外，则勘探作业属于地质勘查，适用有关《矿产资源法》等相关法律、行政法规。

2. 发包单位的主体责任

近年来，非煤矿山外包工程越来越普遍，外包施工队伍也越来越庞大。尽管《安全生产法》对发包、出租有相应的规定，但是，发包单位往往在工程、项目、场所等发包出去后，不闻不问，以包代管。另外，由于发包单位处于强势地位，把一切责任推给承包方，导致事故不断发生。《非煤矿山外包工程安全管理暂行办法》第三条规定："非煤矿山外包工程（以下简称外包工程）的安全生产，由发包单位负主体责任，承包单位对其施工现场的安全生产负责。外包工程有多个承包单位的，发包单位应当对多个承包单位的安全生产工作实施统一协调、管理，定期进行安全检查，发现安全问题的，应当及时督促整改。"

3. 其他单位的责任

外包工程涉及勘察、设计、监理、施工等单位，任何一个环节出现问题，都可能导致工程不合格，甚至发生生产安全事故。《非煤矿山外包工程安全管理暂行办法》第四条规定："承担外包工程的勘察单位、设计单位、监理单位、技术服务机构及其他有关单位应当依照法律、法规、规章和国家标准、行业标准的规定，履行各自的安全生产职责，承担相应的安全生产责任。"

二、发包单位的安全生产责任

1. 具备法定安全生产条件

根据《安全生产法》和《安全生产许可证条例》的规定，作为非煤矿山的发包单位，应当具备法律、行政法规和国家标准或者行业标准的安全生产条件，并依法取得安全生产许可证。此外，非煤矿山具有较高安全风险，有专门的机构和人员来负责安全生产工作是十分必要的。《非煤矿山外包工程安全管理暂行办法》规定："发包单位应当依法取得非煤矿山安全生产许可证。发包单位应当依法设置安全生产管理机构或者配备专职安全生产管理人员，对外包工程的安全生产实施管理和监督。"此外，为了防止发包单位随意缩短承包工期，《非煤矿山外包工程安全管理暂行办法》规定："发包单位不得擅自压缩外包工程合同约定的工期，不得违章指挥或者强令承包单位及其从业人员冒险作业。"

2. 审查承包单位的相关资质和条件

根据《安全生产法》，生产经营单位不得将项目、场所、设备发包、出租给不具备安全生产条件或者相应资质的单位或者个人。否则，将承担相应的法律责任。为了保证承包单位或者承包单位的项目部具备相应条件或者资质，办法赋予了发包单位的审查义务。《非煤矿山外包工程安全管理暂行办法》第七条规定："发包单位应当审查承包单位的非煤矿山安全生产许可证和相应资质，不得将外包工程发包给不具备安全生产许可证和相应资质的承包单位。承包单位的项目部承担施工作业的，发包单位除审查承包单位的安全生产许可证和相应资质外，还应当审查项目部的安全生产管理机构、规章制度和操作规程、工程技术人员、主要设备设施、安全教育培训和负责人、安全生产管理人员、特种作业人员持证上岗等情况。"

如果，承担施工作业的项目部不符合规定的安全生产条件的，发包单位不得向该承包单位发包工程。这样有利于保证承包单位具备相应的条件，从而完成相应的工程任务。

3. 安全生产管理协议

根据《安全生产法》的规定，发包单位与承包单位应当签订安全生产管理协议，或者在承包合同中明确有关内容。但协议的具体内容没有规定，造成安全生产管理协议的约束作用较差。为了进一步明确相关管理协议内容，保证发包单位和承包单位相应的安全生产责任，依据《非煤矿山外包工程安全管理暂行办法》的规定："发包单位应当与承包单位签订安全生产管理协议，明确各自的安全生产管理职责。安全生产管理协议应当包括下列内容：（一）安全投入保障；（二）安全设施和施工条件；（三）隐患排查与治理；（四）安全教育与培训；（五）事故应急救援；（六）安全检查与考评；（七）违约责任。"

4. 安全投入的责任

安全投入是保证外包工程安全生产的前提。实践中，由于发包单位处于强势地位，往往规定承包单位承担相应的安全投入，但承包单位又没有这方面的投入，为了防止发包单位与承包单位相互推诿，导致安全投入不落实，《非煤矿山外包工程安全管理暂行办法》规定："发包单位是外包工程安全投入的责任主体，应当按照国家有关规定和合同约定及时、足额向承包单位提供保障施工作业安全所需的资金，明确安全投入项目和金额，并监督承包单位落实到位。"这里讲的是工程的总概算，应当包括安全投入的费用。

除此之外，工程施工过程中，由于排风、支护等工作需要，还可能涉及相应的费用。

这也是安全费用，但又不在工程造价中，导致没有出处，不落实。所以，《非煤矿山外包工程安全管理暂行办法》规定：“对合同约定以外发生的隐患排查治理和地下矿山通风、支护、防治水等所需的费用，发包单位应当提供合同价款以外的资金，保障安全生产需要。”即这部分费用，同样由发包单位承担。

5. 日常监督检查职责

石油天然气行业开采比较特殊，外包工程的专业性也较强，实践中，很多外包工程都由外单位承包。为了防止发包单位将外包工程发包出去后，不闻不问，以发代管，由发包单位定期对外包工程进行监督检查是必需的。《非煤矿山外包工程安全管理暂行办法》规定：“石油天然气总发包单位、分项发包单位以及金属非金属矿山总发包单位，应当每半年对其承包单位的施工资质、安全生产管理机构、规章制度和操作规程、施工现场安全管理和履行本办法第二十七条规定的信息报告义务等情况进行一次检查；发现承包单位存在安全生产问题的，应当督促其立即整改。”

对于金属非金属矿山，主要是分项发包，《非煤矿山外包工程安全管理暂行办法》规定：“金属非金属矿山分项发包单位，应当将承包单位及其项目部纳入本单位的安全管理体系，实行统一管理，重点加强对地下矿山领导带班下井、地下矿山从业人员出入井统计、特种作业人员、民用爆炸物品、隐患排查与治理、职业病防护等管理，并对外包工程的作业现场实施全过程监督检查。”因此，发包单位对外包工程的日常监督检查工作更加明确、可操作。

6. 外包的限制

外包工程的种类很多，实践中，出于逃避安全责任的考虑，发包单位往往把很多工程外包出去，包括一些安全生产关键工程。还有把一个完整的工程分拆发包，导致同一工程区域内，多个作业单位同时作业，增加安全风险和事故隐患，发包单位又无法掌握，最终事故发生，这类个案较多。《非煤矿山外包工程安全管理暂行办法》规定：“金属非金属矿山总发包单位对地下矿山一个生产系统进行分项发包的，承包单位原则上不得超过3家，避免相互影响生产、作业安全。前款规定的发包单位在地下矿山正常生产期间，不得将主通风、主提升、供排水、供配电、主供风系统及其设备设施的运行管理进行分项发包。”

7. 工作交底和考核

实践中，发包单位掌握工程的基础资料，而承包单位大多是临时承担此项工作，并不了解工程的整体情况。还有，发包单位出于其他原因的考虑，往往不愿意让承包单位知道工程的情况，特别是有关安全风险的情况。为了保证承包单位安全施工作业，《非煤矿山外包工程安全管理暂行办法》规定：“发包单位应当向承包单位进行外包工程的技术交底，按照合同约定向承包单位提供与外包工程安全生产相关的勘察、设计、风险评价、检测检验和应急救援等资料，并保证资料的真实性、完整性和有效性。”另外，《非煤矿山外包工程安全管理暂行办法》还规定：“发包单位应当建立健全外包工程安全生产考核机制，对承包单位每年至少进行一次安全生产考核。”

8. 制定应急预案并定期演练

为了加强和规范应急救援工作，根据《安全生产法》等法律、法规和国家有关规定，

《非煤矿山外包工程安全管理暂行办法》规定："发包单位应当按照国家有关规定建立应急救援组织，编制本单位事故应急预案，并定期组织演练。外包工程实行总发包的，发包单位应当督促总承包单位统一组织编制外包工程事故应急预案；实行分项发包的，发包单位应当将承包单位编制的外包工程现场应急处置方案纳入本单位应急预案体系，并定期组织演练。"

9. 事故救援和统计

发生事故后，及时开展应急救援和向有关部门报告是必需的，根据有关《安全生产法》等法律、行政法规的规定，《非煤矿山外包工程安全管理暂行办法》规定："发包单位在接到外包工程事故报告后，应当立即启动相关事故应急预案，或者采取有效措施，组织抢救，防止事故扩大，并依照《生产安全事故报告和调查处理条例》的规定，立即如实地向事故发生地县级以上人民政府安全生产监督管理部门和负有安全生产监督管理职责的有关部门报告。"

外包工程发生事故后，如何统计，是统计在发包单位，还是统计在承包单位，事故责任如何承担，一直是争论的焦点。《非煤矿山外包工程安全管理暂行办法》规定："外包工程发生事故的，其事故数据纳入发包单位的统计范围。发包单位和承包单位应当根据事故调查报告及其批复承担相应的事故责任。"

三、承包单位的安全生产责任

1. 具备安全生产条件和相应资质

根据《安全生产法》的规定，作为非煤矿山的承包单位，应当具备法律、行政法规和国家标准或者行业标准的安全生产条件和相应的资质。承包单位施工资质是证明其施工能力、安全管理水平的依据。实践中，很多非煤矿山承包施工单位不具备与其承揽工程规模相匹配的资质，而是采用挂靠形式承揽工程，为外包工程安全生产埋下重大隐患。《非煤矿山外包工程安全管理暂行办法》规定："承包单位应当依照有关法律、法规、规章和国家标准、行业标准的规定，以及承包合同和安全生产管理协议的约定，组织施工作业，确保安全生产。承包单位应当依法取得非煤矿山安全生产许可证和相应等级的施工资质，并在其资质范围内承包工程。"

考虑到目前建设部门颁布的《建筑业企业资质等级标准》所规定的资质范围只是矿山建设工程，不包括金属非金属矿山的生产活动。因此，需要对金属非金属矿山生产期间承包单位的施工资质提出要求，从而提高承包单位的安全准入门槛。《非煤矿山外包工程安全管理暂行办法》规定："承包金属非金属矿山建设和闭坑工程的资质等级，应当符合《建筑业企业资质等级标准》的规定。承包金属非金属矿山生产、作业工程的资质等级，应当符合下列要求：（一）总承包大型地下矿山工程和深凹露天、高陡边坡及地质条件复杂的大型露天矿山工程的，具备矿山工程施工总承包二级以上（含本级）施工资质；（二）总承包中型、小型地下矿山工程的，具备矿山工程施工总承包三级以上施工资质；（三）总承包其他露天矿山工程和分项承包金属非金属矿山工程的，具备矿山工程施工总承包或者相关的专业承包资质，具体规定由省级人民政府安全生产监督管理部门制定。承包尾矿库外包工程的资质，应当符合《尾矿库安全监督管理规定》。承包金属非金属矿山地质勘探工程的资质等级，应当符合《金属与非金属矿产资源地质勘探安全生产监督管理暂行规定》。”

考虑到石油天然气专业分工种类很细，国家有关部门如住建、海洋管理等部门对石油天然气相关施工资质均有规定。《非煤矿山外包工程安全管理暂行办法》只笼统地规定承包单位应依法取得相关部门颁发的施工资质证书，并在其资质等级许可范围内承揽工程。同时，考虑到目前一些石油天然气勘探、开发的施工资质，国家尚无规定的实际，安全监管部门暂时承认原国家有关部门曾经授权或者认可的企业认定施工资质的现状，如压裂酸化作业、固井作业等资质就是中国石油天然气集团公司认定的。《非煤矿山外包工程安全管理暂行办法》作出原则性规定："承包石油天然气勘探、开发工程的资质等级，由原国家安全生产监督管理总局（应急管理部）或者国务院有关部门按照各自的管理权限确定。"

2. 总承包和分项承包的职责

外包工程有总承包的，也有分包的，情况复杂，安全责任如何承担，一直是难点。为了明确相应的安全责任，根据《建设工程安全生产管理条例》等相关规定，《非煤矿山外包工程安全管理暂行办法》规定："外包工程实行总承包的，总承包单位对施工现场的安全生产负总责；分项承包单位按照分包合同的约定对总承包单位负责。总承包单位和分项承包单位对分包工程的安全生产承担连带责任。总承包单位依法将外包工程分包给其他单位的，其外包工程的主体部分应当由总承包单位自行完成。"。此外，为了防止承包单位随着转包所承担的工程，推卸安全责任，《非煤矿山外包工程安全管理暂行办法》规定："禁止承包单位转包其承揽的外包工程。禁止分项承包单位将其承揽的外包工程再次分包。"

3. 承包单位对项目部的职责

非煤矿山外包工程存在大量的挂靠现象，一些施工队通过交付管理费以项目部的身份挂靠有资质的承包单位，成为其名义上的下属单位，利用承包单位的施工资质承揽外包工程，造成大量不符合条件的施工队进入外包施工领域。为此，从两个方面进行要求：

（1）对承揽外包工程的项目部进行规范，包括要求项目部设立安全管理机构、配备安全管理和技术人员等条件，以提高项目部准入门槛，改变因挂靠导致外包施工事故多发的态势。《非煤矿山外包工程安全管理暂行办法》规定："承包单位及其项目部应当根据承揽工程的规模和特点，依法健全安全生产责任体系，完善安全生产管理基本制度，设置安全生产管理机构，配备专职安全生产管理人员和有关工程技术人员。承包地下矿山工程的项目部应当配备与工程施工作业相适应的专职工程技术人员，其中至少有 1 名注册安全工程师或者具有 5 年以上井下工作经验的安全生产管理人员。项目部具备初中以上文化程度的从业人员比例应当不低于 50% 。项目部负责人应当取得安全生产管理人员安全合格证。承包地下矿山工程的项目部负责人不得同时兼任其他工程的项目部负责人。"

（2）明确承包单位对项目进行管理。《非煤矿山外包工程安全管理暂行办法》规定："承包单位应当加强对所属项目部的安全管理，每半年至少进行一次安全生产检查，对项目部人员每年至少进行一次安全生产教育培训与考核。"

同时，《非煤矿山外包工程安全管理暂行办法》还规定：“禁止承包单位以转让、出租、出借资质证书等方式允许他人以本单位的名义承揽工程。”

4. 安全投入的职责

为了保证承包单位将安全资金用到实处，《非煤矿山外包工程安全管理暂行办法》规定：“承包单位应当依照法律、法规、规章的规定以及承包合同和安全生产管理协议的约定，及时将发包单位投入的安全资金落实到位，不得挪作他用。”承包单位违反规定的，承担相应的法律责任。

5. 现场安全管理

加强作业场所的现场安全管理，是保证安全生产的基础。为此，《非煤矿山外包工程安全管理暂行办法》从两个方面进行规范：

（1）制定施工方案，及时消除隐患。《非煤矿山外包工程安全管理暂行办法》规定：“承包单位应当依照有关规定制定施工方案，加强现场作业安全管理，及时发现并消除事故隐患，落实各项规章制度和安全操作规程。承包单位发现事故隐患后应当立即治理；不能立即治理的应当采取必要的防范措施，并及时书面报告发包单位协商解决，消除事故隐患。”

（2）领导带班下井。《非煤矿山外包工程安全管理暂行办法》规定：“地下矿山工程承包单位及其项目部的主要负责人和领导班子其他成员应当严格依照《金属非金属地下矿山企业领导带班下井及监督检查暂行规定》执行带班下井制度。”

6. 安全教育和培训

加强从业人员的安全生产教育和培训，提高人的安全素质是保证安全生产的基础。为此，《非煤矿山外包工程安全管理暂行办法》规定：“承包单位应当接受发包单位组织的安全生产培训与指导，加强对本单位从业人员的安全生产教育和培训，保证从业人员掌握必需的安全生产知识和操作技能。”

7. 应急救援和事故报告

为了加强应急救援工作，根据《安全生产法》等法律、法规的要求，《非煤矿山外包工程安全管理暂行办法》规定：“外包工程实行总承包的，总承包单位应当统一组织编制外包工程应急预案。总承包单位和分项承包单位应当按照国家有关规定和应急预案的要求，分别建立应急救援组织或者指定应急救援人员，配备救援设备设施和器材，并定期组织演练。外包工程实行分项承包的，分项承包单位应当根据建设工程施工的特点、范围以及施工现场容易发生事故的部位和环节，编制现场应急处置方案，并配合发包单位定期进行演练。”此外，《非煤矿山外包工程安全管理暂行办法》还规定：“外包工程发生事故后，事故现场有关人员应当立即向承包单位及项目部负责人报告。承包单位及项目部负责人接到事故报告后，应当立即如实地向发包单位报告，并启动相应的应急预案，采取有效措施，组织抢救，防止事故扩大。”

8. 向安全监管部门报告

非煤矿山外包工程情况复杂，承包单位的形式较多，到外地施工作业比较普遍。为了加强对承包单位的安全监管，及时掌握相关情况，《非煤矿山外包工程安全管理暂行办法》规定：“承包单位在登记注册地以外的省、自治区、直辖市从事施工作业的，应当向作业所在地的县级人民政府安全生产监督管理部门书面报告外包工程概况和本单位资质等级、主要负责人、安全生产管理人员、特种作业人员、主要安全设施设备等情况，并接受其监督检查。”

四、监督管理

为了加强对外包工程的安全监管，《非煤矿山外包工程安全管理暂行办法》规定：“承包单位发生较大以上责任事故或者一年内发生三起以上一般事故的，事故发生地的省级人民政府安全生产监督管理部门应当向承包单位登记注册地的省级人民政府安全生产监督管理部门通报。发生重大以上事故的，事故发生地省级人民政府安全生产监督管理部门应当邀请承包单位的安全生产许可证颁发机关参加事故调查处理工作。”

同时，《非煤矿山外包工程安全管理暂行办法》对检查的重点也作出了规定：“安全生产监督管理部门应当加强对外包工程的安全生产监督检查，重点检查下列事项：（一）发包单位非煤矿山安全生产许可证、安全生产管理协议、安全投入等情况；（二）承包单位的施工资质、应当依法取得的非煤矿山安全生产许可证、安全投入落实、承包单位及其项目部的安全生产管理机构、技术力量配备、相关人员的安全资格和持证等情况；（三）违法发包、转包、分项发包等行为。”

五、违法行为的追究

发包单位违反本办法有关规定有下列情形之一的，给予警告、罚款：

（1）违章指挥或者强令承包单位及其从业人员冒险作业的。

（2）未对承包单位实施安全生产监督检查或者考核的。

（3）未将承包单位及其项目部纳入本单位的安全管理体系，实行统一管理的。

（4）未向承包单位进行外包工程技术交底，或者未按照合同约定向承包单位提供有关资料的。

（5）在地下矿山正常生产期间，将主通风、主提升、供排水、供配电、主供风系统及其设备设施的运行管理进行分项发包的。

承包单位违反本办法有关规定有下列情形之一的，给予警告，罚款：

（1）将发包单位投入的安全资金挪作他用的。

（2）未按照规定排查治理事故隐患的。

（3）未定期对项目部人员进行安全生产教育培训与考核或者未对项目部进行安全生产检查的。

（4）承包单位在登记注册的省、自治区、直辖市以外从事施工作业，未向作业所在地县级人民政府安全生产监督管理部门书面报告本单位取得有关许可和施工资质，以及所承包工程情况的。

（5）承包地下矿山工程的项目部负责人同时兼任其他工程的项目部负责人的。

发包单位与承包单位、总承包单位与分项承包单位未依照本办法第八条规定签订安全生产管理协议的，责令限期改正，可以处 5 万元以下的罚款，对其直接负责的主管人员和其他直接责任人员可以处 1 万元以下罚款；逾期未改正的，责令停产停业整顿。

第十六节　尾矿库安全监督管理规定

为了预防和减少尾矿库生产安全事故，保障人民群众生命和财产安全，根据《安全生产法》《矿山安全法》等有关法律、行政法规，原国家安全生产监督管理总局（应急管理部）制定了《尾矿库安全监督管理规定》。2015 年 5 月 26 日，根据新的《安全生产法》，国家安全生产监督管理总局进行了修改。

一、基本规定

1. 适用范围

根据《尾矿库安全监督管理规定》的规定，尾矿库的建设、运行、回采、闭库及其安全管理与监督工作，适用本规定。核工业矿山尾矿库、电厂灰渣库的安全监督管理工作，不适用本规定。

同时，《尾矿库安全监督管理规定》规定："尾矿库建设、运行、回采、闭库的安全技术要求以及尾矿库等别划分标准，按照《尾矿库安全技术规程》(AQ 2006—2005) 执行。"

2. 尾矿库的基本安全要求

根据《尾矿库安全监督管理规定》的规定，尾矿库生产经营单位（以下简称生产经营单位）应当建立健全尾矿库安全生产责任制，建立健全安全生产规章制度和安全技术操作规程，对尾矿库实施有效的安全管理。生产经营单位应当保证尾矿库具备安全生产条件所必需的资金投入，建立相应的安全管理机构或者配备相应的安全管理人员、专业技术人员。生产经营单位主要负责人和安全管理人员应当依照有关规定经培训考核合格并取得安全合格证书。直接从事尾矿库放矿、筑坝、巡坝、排洪和排渗设施操作的作业人员必须取得特种作业操作证书，方可上岗作业。

此外，《尾矿库安全监督管理规定》还规定："鼓励生产经营单位应用尾矿库在线监测、尾矿充填、干式排尾、尾矿综合利用等先进适用技术。一等、二等、三等尾矿库应当安装在线监测系统。鼓励生产经营单位将尾矿回采再利用后进行回填。"

3. 尾矿库的许可管理

根据《尾矿库安全监督管理规定》的规定，原国家安全生产监督管理总局（应急管理部）在国务院规定的职责范围内负责对有关尾矿库建设项目进行安全设施设计审查。

上述规定以外的其他尾矿库建设项目安全设施设计审查，由省级安全生产监督管理部门按照分级管理的原则作出规定。

二、尾矿库建设

1. 尾矿库建设项目

根据《尾矿库安全监督管理规定》，尾矿库建设项目包括新建、改建、扩建以及回采、闭库的尾矿库建设工程。尾矿库建设项目安全设施设计审查与竣工验收应当符合有关法律、行政法规的规定。

2. 尾矿库建设的资质

为了保证尾矿库建设项目的质量，《尾矿库安全监督管理规定》明确规定：“尾矿库的勘察单位应当具有矿山工程或者岩土工程类勘察资质。设计单位应当具有金属非金属矿山工程设计资质。安全评价单位应当具有尾矿库评价资质。施工单位应当具有矿山工程施工资质。施工监理单位应当具有矿山工程监理资质。”

此外，《尾矿库安全监督管理规定》还明确规定，尾矿库的勘察、设计、安全评价、施工、监理等单位除符合上述规定外，还应当按照尾矿库的等别符合下列规定：

（1）一等、二等、三等尾矿库建设项目，其勘察、设计、安全评价、监理单位具有甲级资质，施工单位具有总承包一级或者特级资质。

（2）四等、五等尾矿库建设项目，其勘察、设计、安全评价、监理单位具有乙级或者乙级以上资质，施工单位具有总承包三级或者三级以上资质，或者专业承包一级、二级资质。

3. 建设项目的初步设计

《尾矿库安全监督管理规定》明确规定：“尾矿库建设项目应当进行安全设施设计，对尾矿库库址及尾矿坝稳定性、尾矿库防洪能力、排洪设施和安全观测设施的可靠性进行充分论证。尾矿库库址应当由设计单位根据库容、坝高、库区地形条件、水文地质、气象、下游居民区和重要工业构筑物等情况，经科学论证后，合理确定。”

4. 建设项目安全设施的设计审查

《尾矿库安全监督管理规定》明确规定：“尾矿库建设项目应当进行安全设施设计并经安全生产监督管理部门审查批准后方可施工。无安全设施设计或者安全设施设计未经审查批准的，不得施工。严禁未经设计并审查批准擅自加高尾矿库坝体。”

5. 施工

《尾矿库安全监督管理规定》明确规定：“尾矿库施工应当执行有关法律、行政法规和国家标准、行业标准的规定，严格按照设计施工，确保工程质量，并做好施工记录。生产经营单位应当建立尾矿库工程档案和日常管理档案，特别是隐蔽工程档案、安全检查档案和隐患排查治理档案，并长期保存。”

同时，《尾矿库安全监督管理规定》还明确规定：“施工中需要对设计进行局部修改的，应当经原设计单位同意；对涉及尾矿库库址、等别、排洪方式、尾矿坝坝型等重大设计变更的，应当报原审批部门批准。”

6. 试运行

《尾矿库安全监督管理规定》明确规定：“尾矿库建设项目安全设施试运行应当向安全生产监督管理部门书面报告，试运行时间不得超过 6 个月，且尾砂排放不得超过初期坝坝顶标高。试运行结束后，建设单位应当组织安全设施竣工验收，并形成书面报告备查。安全生产监督管理部门应当加强对建设单位验收活动和验收结果的监督核查。”

7. 竣工验收

《尾矿库安全监督管理规定》明确规定：“尾矿库建设项目安全设施经验收合格后，生产经营单位应当及时按照《非煤矿矿山企业安全生产许可证实施办法》的有关规定，申请尾矿库安全生产许可证。未依法取得安全生产许可证的尾矿库，不得投入生产运行。

生产经营单位在申请尾矿库安全生产许可证时，对于验收申请时已提交的符合颁证条件的文件、资料可以不再提交；安全生产监督管理部门在审核颁发安全生产许可证时，可以不再审查。”

三、尾矿库运行

1. 变更禁止

为了保证尾矿库的运行安全，《尾矿库安全监督管理规定》明确规定，对生产运行的尾矿库，未经技术论证和安全生产监督管理部门的批准，任何单位和个人不得对下列事项进行变更：

（1）筑坝方式。

（2）排放方式。

（3）尾矿物化特性。

（4）坝型、坝外坡坡比、最终堆积标高和最终坝轴线的位置。

（5）坝体防渗、排渗及反滤层的设置。

（6）排洪系统的型式、布置及尺寸。

（7）设计以外的尾矿、废料或者废水进库等。

2. 现状评价

为了保证尾矿库的运行安全，必须定期对尾矿库进行安全评价，及时掌握尾矿库的安全状况。《尾矿库安全监督管理规定》明确规定：“尾矿库应当每三年至少进行一次安全现状评价。安全现状评价应当符合国家标准或者行业标准的要求。尾矿库安全现状评价工作应当有能够进行尾矿坝稳定性验算、尾矿库水文计算、构筑物计算的专业技术人员参加。上游式尾矿坝堆积至二分之一至三分之二最终设计坝高时，应当对坝体进行一次全面勘察，并进行稳定性专项评价。”

3. 安全管理

根据《尾矿库安全监督管理规定》，尾矿库经安全现状评价或者专家论证被确定为危库、险库和病库的，生产经营单位应当分别采取下列措施：

（1）确定为危库的，应当立即停产，进行抢险，并向尾矿库所在地县级人民政府、安全生产监督管理部门和上级主管单位报告。

（2）确定为险库的，应当立即停产，在限定的时间内消除险情，并向尾矿库所在地县级人民政府、安全生产监督管理部门和上级主管单位报告。

（3）确定为病库的，应当在限定的时间内按照正常库标准进行整治，消除事故隐患。

4. 应急预案及演练

《尾矿库安全监督管理规定》明确规定：“生产经营单位应当建立健全防汛责任制，实施24小时监测监控和值班值守，并针对可能发生的垮坝、漫顶、排洪设施损毁等生产安全事故和影响尾矿库运行的洪水、泥石流、山体滑坡、地震等重大险情制定并及时修订应急救援预案，配备必要的应急救援器材、设备，放置在便于应急时使用的地方。应急预案应当按照规定报相应的安全生产监督管理部门备案，并每年至少进行一次演练。”

5. 记录保存

根据《尾矿库安全监督管理规定》的规定，生产经营单位应当编制尾矿库年度、季度作业计划，严格按照作业计划生产运行，做好记录并长期保存。

6. 隐患排查治理

根据《尾矿库安全监督管理规定》的规定，生产经营单位应当建立尾矿库事故隐患排查治理制度，按照本规定和《尾矿库安全技术规程》的规定，及时发现并消除事故隐患。事故隐患排查治理情况应当如实记录，建立隐患排查治理档案，并向从业人员通报。

7. 应急处置

根据《尾矿库安全监督管理规定》的规定，尾矿库出现下列重大险情之一的，生产经营单位应当按照安全监管权限和职责立即报告当地县级安全生产监督管理部门和人民政府，并启动应急预案，进行抢险：

（1）坝体出现严重的管涌、流土等现象的。

（2）坝体出现严重裂缝、坍塌和滑动迹象的。

（3）库内水位超过限制的最高洪水位的。

（4）在用排水井倒塌或者排水管（洞）坍塌堵塞的。

（5）其他危及尾矿库安全的重大险情。

此外，《尾矿库安全监督管理规定》还明确规定："尾矿库发生坝体坍塌、洪水漫顶等事故时，生产经营单位应当立即启动应急预案，进行抢险，防止事故扩大，避免和减少人员伤亡及财产损失，并立即报告当地县级安全生产监督管理部门和人民政府。"

8. 禁止爆破等行为

为了保证尾矿库的运行安全，《尾矿库安全监督管理规定》明确规定："未经生产经营单位进行技术论证并同意，以及尾矿库建设项目安全设施设计原审批部门批准，任何单位和个人不得在库区从事爆破、采砂、地下采矿等危害尾矿库安全的作业。"违反相关规定的，将承担相应的法律责任。

四、尾矿库回采和闭库

1. 回采

为了保证尾矿库回采的安全，《尾矿库安全监督管理规定》明确规定："尾矿回采再利用工程应当进行回采勘察、安全预评价和回采设计，回采设计应当包括安全设施设计，并编制安全专篇。回采安全设施设计应当报安全生产监督管理部门审查批准。生产经营单位应当按照回采设计实施尾矿回采，并在尾矿回采期间进行日常安全管理和检查，防止尾矿回采作业对尾矿坝安全造成影响。尾矿全部回采后不再进行排尾作业的，生产经营单位应当及时报安全生产监督管理部门履行尾矿库注销手续。具体办法由省级安全生产监督管理部门制定。"

2. 闭库时限

根据《尾矿库安全监督管理规定》的规定，尾矿库运行到设计最终标高或者不再进行排尾作业的，应当在一年内完成闭库。特殊情况不能按期完成闭库的，应当报经相应的安全生产监督管理部门同意后方可延期，但延长期限不得超过6个月。

此外，库容小于10万立方米且总坝高低于10米的小型尾矿库闭库程序，由省级安全生产监督管理部门根据本地实际制定。

3. 闭库设计

根据《尾矿库安全监督管理规定》的规定，尾矿库运行到设计最终标高的前12个月内，生产经营单位应当进行闭库前的安全现状评价和闭库设计，闭库设计应当包括安全设施设计。闭库安全设施设计应当经有关安全生产监督管理部门审查批准。

4. 竣工验收申请

根据《尾矿库安全监督管理规定》的规定，尾矿库闭库工程安全设施验收，应当具备下列条件：

（1）尾矿库已停止使用。

（2）尾矿库闭库工程安全设施设计已经有关安全生产监督管理部门审查批准。

（3）有完备的闭库工程安全设施施工记录、竣工报告、竣工图和施工监理报告等。

（4）法律、行政法规和国家标准、行业标准规定的其他条件。

5. 竣工验收提交材料

根据《尾矿库安全监督管理规定》的规定，生产经营单位组织尾矿库闭库工程安全设施验收，应当审查下列内容及资料：

（1）尾矿库库址所在行政区域位置、占地面积及尾矿库下游村庄、居民等情况。

（2）尾矿库建设和运行时间以及在建设和运行中曾经出现过的重大问题及其处理措施。

（3）尾矿库主要技术参数，包括初期坝结构、筑坝材料、堆坝方式、坝高、总库容、尾矿坝外坡坡比、尾矿粒度、尾矿堆积量、防洪排水型式等。

（4）闭库工程安全设施设计及审批文件。

（5）闭库工程安全设施设计的主要工程措施和闭库工程施工概况。

（6）闭库工程安全验收评价报告。

（7）闭库工程安全设施竣工报告及竣工图。

（8）施工监理报告。

（9）其他相关资料。

6. 闭库后的安全管理

为了保证尾矿库闭库后的安全，《尾矿库安全监督管理规定》明确规定："尾矿库闭库工作及闭库后的安全管理由原生产经营单位负责。对解散或者关闭破产的生产经营单位，其已关闭或者废弃的尾矿库的管理工作，由生产经营单位出资人或其上级主管单位负责；无上级主管单位或者出资人不明确的，由安全生产监督管理部门提请县级以上人民政府指定管理单位。"

五、监督管理

根据《尾矿库安全监督管理规定》的规定，安全生产监督管理部门应当严格按照有关法律、行政法规、国家标准、行业标准以及本规定要求和"分级属地"的原则，进行尾矿库建设项目安全设施设计审查；不符合规定条件的，不得批准。审查不得收取费用。安全生产监督管理部门应当建立本行政区域内尾矿库安全生产监督检查档案，记录监督检查结果、生产安全事故及违法行为查处等情况。安全生产监督管理部门应当加强对尾矿库生产经营单位安全生产的监督检查，对检查中发现的事故隐患和违法违规生产行为，依法作出处理。

六、法律责任

（1）对生产经营单位的处罚，根据《尾矿库安全监督管理规定》，生产经营单位或者尾矿库管理单位违反尾矿库建设、运行、回采和闭库管理规定的，给予警告，并处1万元以上3万元以下的罚款；对主管人员和直接责任人员由其所在单位或者上级主管单位给予行政处分；构成犯罪的，依法追究刑事责任。

（2）根据《尾矿库安全监督管理规定》，生产经营单位或者尾矿库管理单位违反变更禁止规定的，给予警告，并处3万元的罚款；情节严重的，依法责令停产整顿或者提请县级以上地方人民政府按照规定权限予以关闭。

（3）根据《尾矿库安全监督管理规定》，生产经营单位违反闭库时限规定不主动实施闭库的，给予警告，并处3万元的罚款。

第十七节　冶金企业和有色金属企业安全生产规定

冶金工业是我国国民经济的重要基础产业，经过多年的建设，已构建起包括矿山、钢铁冶炼、轧制、焦化以及配套专业和辅助生产系统组成的完整的冶金工业体系。特别是改革开放以来，我国冶金工业的建设和发展取得了举世瞩目的成就，为我国国民经济建设作出了重要贡献。但是，冶金安全生产形势十分严峻，各类重大、特别重大爆炸、火灾、中毒事故时有发生，给人民生命财产造成重大损失，在社会上产生了极其恶劣的影响，事故造成的严重后果和社会效应远远超过了事故本身。

为了加强冶金企业安全生产监督管理工作，防止和减少生产安全事故和职业危害，保障从业人员的生命安全与健康，根据安全生产法等法律、行政法规，2009年国家安全生产监督管理总局制定了《冶金企业安全生产监督管理规定》。2018年1月4日，根据新《安全生产法》及有关金属冶炼的规定，国家安全生产监督管理总局对原规定进行了修订，修改为《冶金企业和有色金属企业安全生产规定》，自2018年3月1日起施行。

一、基本规定

1. 适用范围

《冶金企业和有色金属企业安全生产规定》第二条规定：“冶金企业和有色金属企业（以下统称企业）的安全生产（含职业健康）和监督管理，适用本规定。机械铸造企业中金属冶炼活动的安全生产和监督管理参照本规定执行。”本规定所称冶金企业是指从事黑色金属冶炼及压延加工业等生产活动的企业，有色金属企业是指从事有色金属冶炼及压延加工业等生产活动的企业，金属冶炼是指冶金企业和有色金属企业从事达到国家规定规模

（体量）的高温熔融金属及熔渣（以下统称高温熔融金属）的生产活动。黑色金属冶炼及压延加工业、有色金属冶炼及压延加工业的具体目录，由原国家安全生产监督管理总局（应急管理部）参照《国民经济行业分类》（GB/T 4754）制定并公布。

2. 安全生产监督管理

根据《冶金企业和有色金属企业安全生产规定》的规定，原国家安全生产监督管理总局（应急管理部）指导、监督全国冶金企业和有色金属企业安全生产工作。县级以上地方人民政府安全生产监督管理部门和有关部门（以下统称负有冶金有色安全生产监管职责的部门）根据本级人民政府规定的职责，按照属地监管、分级负责的原则，对本行政区域内的冶金企业和有色金属企业的安全生产工作实施监督管理。

冶金企业和有色金属企业是安全生产的责任主体。企业所属不具备法人资格的分支机构的安全生产工作，由企业承担管理责任。

二、安全保障

为了保障冶金生产企业的安全生产，《冶金企业和有色金属企业安全生产规定》从24个方面进行了严格规定。

1. 总体要求

《冶金企业和有色金属企业安全生产规定》明确规定："企业应当遵守有关安全生产法律、行政法规、规章和国家标准或者行业标准的规定。企业应当建立安全风险管控和事故隐患排查治理双重预防机制，落实从主要负责人到每一名从业人员的安全风险管控和事故隐患排查治理责任制。企业应当按照规定开展安全生产标准化建设工作，推进安全健康管理系统化、岗位操作行为规范化、设备设施本质安全化和作业环境器具定置化，并持续改进。"

2. 责任制及安全管理人员要求

依据《安全生产法》等相关法律法规要求，《冶金企业和有色金属企业安全生产规定》明确："企业应当建立健全全员安全生产责任制，主要负责人（包括法定代表人和实际控制人，下同）是本企业安全生产的第一责任人，对本企业的安全生产工作全面负责；其他负责人对分管范围内的安全生产工作负责；各职能部门负责人对职责范围内的安全生产工作负责。企业主要负责人应当每年向股东会或者职工代表大会报告本企业安全生产状况，接受股东和从业人员对安全生产工作的监督。企业存在金属冶炼工艺，从业人员在一百人以上的，应当设置安全生产管理机构或者配备不低于从业人员千分之三的专职安全生产管理人员，但最低不少于三人；从业人员在一百人以下的，应当设置安全生产管理机构或者配备专职安全生产管理人员。"

3. 安全教育和培训

依据《安全生产法》等相关法律法规的要求，《冶金企业和有色金属企业安全生产规定》对有关人员安全培训作出了严格规定。根据《冶金企业和有色金属企业安全生产规定》，企业主要负责人、安全生产管理人员应当接受安全生产教育和培训，具备与本企业生产经营活动相适应的安全生产知识和管理能力。其中，存在金属冶炼工艺的企业的主要负责人、安全生产管理人员自任职之日起六个月内，必须接受负有冶金有色安全生产监管职责的部门对其进行安全生产知识和管理能力考核，并考核合格。

同时规定，企业应当按照国家有关规定对从业人员进行安全生产教育和培训，保证从业人员具备必要的安全生产知识，了解有关安全生产法律法规，熟悉本企业规章制度和安全技术操作规程，掌握本岗位安全操作技能，并建立培训档案，记录培训、考核等情况。未经安全生产教育培训合格的从业人员，不得上岗作业。企业应当对新上岗从业人员进行厂（公司）、车间（职能部门）、班组三级安全生产教育和培训；对调整工作岗位、离岗半年以上重新上岗的从业人员，应当经车间（职能部门）、班组安全生产教育和培训合格后，方可上岗作业。新工艺、新技术、新材料、新设备投入使用前，企业应当对有关操作岗位人员进行专门的安全生产教育和培训。

此外还规定，企业从事煤气生产、储存、输送、使用、维护检修作业的特种作业人员必须依法经专门的安全技术培训，并经考核合格，取得《中华人民共和国特种作业操作证》后，方可上岗作业。

4. 建设项目“三同时”

依据《冶金企业和有色金属企业安全生产规定》的规定：“企业新建、改建、扩建工程项目（以下统称建设项目）的安全设施和职业病防护设施应当严格执行国家有关安全生产、职业病防治法律、行政法规和国家标准或者行业标准的规定，并与主体工程同时设计、同时施工、同时投入生产和使用。安全设施和职业病防护设施的投资应当纳入建设项目概算。”

5. 安全设施设计验收

依据《冶金企业和有色金属企业安全生产规定》的规定，金属冶炼建设项目在可行性研究阶段，建设单位应当依法进行安全评价。建设项目在初步设计阶段，建设单位应当委托具备国家规定资质的设计单位对其安全设施进行设计，并编制安全设施设计。建设项目竣工投入生产或者使用前，建设单位应当按照有关规定进行安全设施竣工验收。

此外，还规定，原国家安全生产监督管理总局（应急管理部）负责实施国务院审批（核准、备案）的金属冶炼建设项目的安全设施设计审查。省、自治区、直辖市人民政府负有冶金有色安全生产监管职责的部门对本行政区域内金属冶炼建设项目实施指导和监督管理,确定并公布本行政区域内有关部门对金属冶炼建设项目安全设施设计审查的管辖权限。

6. 重大危险源管理

依据《冶金企业和有色金属企业安全生产规定》的规定，企业应当对本企业存在的各类危险因素进行辨识，在有较大危险因素的场所和设施、设备上，按照有关国家标准、行业标准的要求设置安全警示标志，并定期进行检查维护。对于辨识出的重大危险源，企业应当登记建档、监测监控，定期检测、评估，制定应急预案并定期开展应急演练。企业应当将重大危险源及有关安全措施、应急预案报有关地方人民政府负有冶金有色安全生产监管职责的部门备案。

7. 职业健康监护

《冶金企业和有色金属企业安全生产规定》明确：“企业应当采取有效措施预防、控制和消除职业病危害，保证工作场所的职业卫生条件符合法律、行政法规和国家标准或者行业标准的规定。企业应当定期对工作场所存在的职业病危害因素进行检测、评价，检测结果应当在本企业醒目位置进行公布。企业应当按照有关规定加强职业健康监护工作，对接触职业病危害的从业人员，应当在上岗前、在岗期间和离岗时组织职业健康检查，将检查结果书面告知从业人员，并为其建立职业健康监护档案。”

8. 建设项目发包出租管理

《冶金企业和有色金属企业安全生产规定》明确规定：“企业应当加强对施工、检修等重点工程和生产经营项目、场所的承包单位的安全管理，不得将有关工程、项目、场所发包给不具备安全生产条件或者相应资质的单位。企业和承包单位的承包协议应当明确约定双方的安全生产责任和义务。企业应当对承包单位的安全生产进行统一协调、管理，对从事检修工程的承包单位检修方案中的安全措施和应急处置措施进行审核，监督承包单位落实。企业应当对承包检修作业现场进行安全交底，并安排专人负责安全检查和协调。”

9. 劳务人员教育和培训

根据《冶金企业和有色金属企业安全生产规定》的规定，企业应当从合法的劳务公司录用劳务人员，并与劳务公司签订合同，对劳务人员进行统一的安全生产教育和培训。

10. 应急

企业施救不当或盲目施救是造成事故伤亡人数扩大的重要原因之一。企业应当结合自身特点，有针对性地制定事故应急预案，并组织开展应急演练，使作业和施救人员掌握逃生、自救、互救方法，熟悉相关应急预案内容，提高企业和从业人员的应急处置能力。为此，《冶金企业和有色金属企业安全生产规定》明确规定：“企业应当建立应急救援组织。生产规模较小的，可以不建立应急救援组织，但应当指定兼职的应急救援人员，并且可以与邻近的应急救援队伍签订应急救援协议。企业应当配备必要的应急救援器材、设备和物资，并进行经常性维护、保养，保证正常运转。”

11. 交叉作业

根据《冶金企业和有色金属企业安全生产规定》的规定，企业的正常生产活动与其他单位的建设施工或者检修活动同时在本企业同一作业区域内进行的，企业应当指定专职安全生产管理人员负责作业现场的安全检查工作，对有关作业活动进行统一协调、管理。

12. 设备设施维护

根据《冶金企业和有色金属企业安全生产规定》的规定，企业应当建立健全设备设施安全管理制度，加强设备设施的检查、维护、保养和检修，确保设备设施安全运行。对重要岗位的电气、机械等设备，企业应当实行操作牌制度。

13. 技术工艺设备禁止规定

根据《冶金企业和有色金属企业安全生产规定》的规定，企业不得使用不符合国家标准或者行业标准的技术、工艺和设备；对现有工艺、设备进行更新或者改造的，不得降低其安全技术性能。

14. 建筑物安全检查

根据《冶金企业和有色金属企业安全生产规定》的规定，企业的建（构）筑物应当按照国家标准或者行业标准规定，采取防火、防爆、防雷、防震、防腐蚀、隔热等防护措施，对承受重荷载、荷载发生变化或者受高温熔融金属喷溅、酸碱腐蚀等危害的建（构）筑物，应当定期对建（构）筑物结构进行安全检查。

此外还规定，企业对起重设备进行改造并增加荷重的，应当同时对承重厂房结构进行荷载核定，并对承重结构采取必要的加固措施，确保承重结构具有足够的承重能力。

15. 会议室等活动场所设置

《冶金企业和有色金属企业安全生产规定》明确规定："企业的操作室、会议室、活动室、休息室、更衣室等场所不得设置在高温熔融金属吊运的影响范围内。进行高温熔融金属吊运时，吊罐（包）与大型槽体、高压设备、高压管路、压力容器的安全距离应当符合有关国家标准或者行业标准的规定，并采取有效的防护措施。"

16. 高温熔融管理

依据《冶金企业和有色金属企业安全生产规定》的规定，企业在进行高温熔融金属冶炼、保温、运输、吊运过程中，应当采取防止泄漏、喷溅、爆炸伤人的安全措施，其影响区域不得有非生产性积水。高温熔融金属运输专用路线应当避开煤气、氧气、氢气、天然气、水管等管道及电缆；确需通过的，运输车辆与管道、电缆之间应当保持足够的安全距离，并采取有效的隔热措施。严禁运输高温熔融金属的车辆在管道或者电缆下方，以及有易燃易爆物质的区域停留。

17. 电炉电解管理

依据《冶金企业和有色金属企业安全生产规定》的规定，企业对电炉、电解车间应当采取防雨措施和有效的排水设施，防止雨水进入槽下地坪，确保电炉、电解槽下没有积水。企业对电炉、铸造熔炼炉、保温炉、倾翻炉、铸机、流液槽、熔盐电解槽等设备，应当设置熔融金属紧急排放和储存的设施，并在设备周围设置拦挡围堰，防止熔融金属外流。

18. 吊运管理

依据《冶金企业和有色金属企业安全生产规定》的规定，吊运高温熔融金属的起重机，应当满足《起重机械安全技术监察规程——桥式起重机》（TSGQ 0002）和《起重机械定期检验规则》（TSGQ 7015）的要求。企业应当定期对吊运、盛装熔融金属的吊具、罐体（本体、耳轴）进行安全检查和探伤检测。

19. 煤气使用管理

依据《冶金企业和有色金属企业安全生产规定》的规定，生产、储存、使用煤气的企业应当建立煤气防护站（组），配备必要的煤气防护人员、煤气检测报警装置及防护设施，并且每年至少组织一次煤气事故应急演练。生产、储存、使用煤气的企业应当严格执行《工业企业煤气安全规程》（GB 6222），在可能发生煤气泄漏、聚集的场所，设置固定式煤气检测报警仪和安全警示标志。进入煤气区域作业的人员，应当携带便携式一氧化碳检测报警仪，配备空气呼吸器，并由企业安排专门人员进行安全管理。煤气柜区域应当设有隔离围栏，安装在线监控设备，并由企业安排专门人员值守。煤气柜区域严禁烟火。

20. 防火防爆管理

《冶金企业和有色金属企业安全生产规定》明确规定："企业对涉及煤气、氧气、氢气等易燃易爆危险化学品生产、输送、使用、储存的设施以及油库、电缆隧道（沟）等重点防火部位，应当按照有关规定采取有效、可靠的防火、防爆和防泄漏措施。企业对具有爆炸危险环境的场所，应当按照《爆炸性气体环境用电气设备》（GB 3836）及《爆炸危险环境电力装置设计规范》(GB 50058) 设置自动检测报警和防灭火装置。”

21. 防腐等危害管理

《冶金企业和有色金属企业安全生产规定》明确规定：“企业对反应槽、罐、池、釜和储液罐、酸洗槽应当采取防腐蚀措施，设置事故池，进行经常性安全检查、维护、保养，并定期检测，保证正常运转。企业实施浸出、萃取作业时，应当采取防火防爆、防冒槽喷溅和防中毒等安全措施。

企业从事产生酸雾危害的电解作业时，应当采取防止酸雾扩散及槽体、厂房防腐措施。电解车间应当保持厂房通风良好，防止电解产生的氢气聚集。企业在使用酸、碱的作业场所，应当采取防止人员灼伤的措施，并设置安全喷淋或者洗涤设施。采用剧毒物品的电镀、钝化等作业，企业应当在电镀槽的下方设置事故池，并加强对剧毒物品的安全管理。”

22. 防中毒管理

依据《冶金企业和有色金属企业安全生产规定》的规定，企业对生产过程中存在二氧化硫、氯气、砷化氢、氟化氢等有毒有害气体的工作场所，应当采取防止人员中毒的措施。企业对存在铅、镉、铬、砷、汞等重金属蒸气、粉尘的作业场所，应当采取预防重金属中毒的措施。

23. 有限空间等危险作业审批

《冶金企业和有色金属企业安全生产规定》明确规定：“企业应当建立有限空间、动火、高处作业、能源介质停送等较大危险作业和检修、维修作业审批制度，实施工作票(作业票)和操作票管理，严格履行内部审批手续，并安排专门人员进行现场安全管理，确保作业安全。”

24. 复前检查

《冶金企业和有色金属企业安全生产规定》规定：“企业在生产装置复产前，应当组织安全检查，进行安全条件确认。”

三、监督管理

依据《冶金企业和有色金属企业安全生产规定》的规定，负有冶金有色安全生产监管职责的部门应当将企业安全生产标准化建设、安全生产风险管控和隐患排查治理双重预防机制的建立情况纳入安全生产年度监督检查计划，并按照计划检查督促企业开展工作。第四十二条规定：“负有冶金有色安全生产监管职责的部门应当加强对监督检查人员的冶金和有色金属安全生产专业知识的培训，提高其行政执法能力。”第四十三条规定：“负有冶金有色安全生产监管职责的部门应当为进入有限空间等特定作业场所进行监督检查的人员，配备必需的个体防护用品和监测检查仪器。”

四、法律责任

依据《冶金企业和有色金属企业安全生产规定》的规定，企业违反本规定，构成生产安全事故隐患的，责令立即消除或者限期消除事故隐患；企业拒不执行的，责令停产停业整顿，并处十万元以上五十万元以下的罚款，对其直接负责的主管人员和其他直接责任人员处二万元以上五万元以下的罚款。

第十八节 烟花爆竹生产企业安全生产许可证实施办法

为了严格烟花爆竹生产企业安全生产准入条件，规范烟花爆竹安全生产许可证的颁发和管理工作，根据《安全生产许可证条例》《烟花爆竹安全管理条例》等法律、行政法规，原国家安全生产监督管理总局（应急管理部）制定了《烟花爆竹生产企业安全生产许可证实施办法》。

一、基本规定

（1）适用范围。根据《烟花爆竹生产企业安全生产许可证实施办法》的规定，依法设立并取得工商营业执照或者企业名称工商预先核准文件，从事烟花爆竹生产的企业，应当取得烟花爆竹安全生产许可证（以下简称安全生产许可证）。未取得安全生产许可证的，不得从事烟花爆竹生产活动。

（2）发证机关。根据《烟花爆竹生产企业安全生产许可证实施办法》的规定，原国家安全生产监督管理总局（应急管理部）负责指导、监督全国安全生产许可证的颁发和管理工作，并对安全生产许可证进行统一编号。省、自治区、直辖市人民政府安全生产监督管理部门按照全国统一配号，负责本行政区域内安全生产许可证的颁发和管理工作。设区的市级人民政府安全生产监督管理部门是初审机关，负责有关材料的受理和初审工作。

二、申请安全生产许可证的条件

烟花爆竹生产企业安全风险较高，极易发生生产安全事故。对烟花爆竹生产企业实施安全生产许可证的目的，就是要求其具备规定的安全生产条件。达不到规定安全生产条件的，禁止从事烟花爆竹生产，实行严格的安全准入。为此，根据《安全生产法》《安全生产许可证条例》《烟花爆竹安全管理条例》等法律、法规和有关国家标准、行业标准的规定，《烟花爆竹生产企业安全生产许可证实施办法》对烟花爆竹生产企业申请安全生产许可证的条件作出了严格规定，包括以下 8 个方面：

1. 产业结构和选址的规定

《烟花爆竹生产企业安全生产许可证实施办法》规定：“企业的设立应当符合国家产业政策和当地产业结构规划，企业的选址应当符合当地城乡规划。企业与周边建筑、设施的安全距离必须符合国家标准、行业标准的规定。”

2. 基本建设项目的规定

《烟花爆竹生产企业安全生产许可证实施办法》规定：“企业的基本建设项目应当依照有关规定经县级以上人民政府或者有关部门批准，并符合下列条件：（一）建设项目的设计由具有乙级以上军工行业的弹箭、火炸药、民爆器材工程设计类别工程设计资质或者化工石化医药行业的有机化工、石油冶炼、石油产品深加工工程设计类型工程设计资质的单位承担；（二）建设项目的设计符合《烟花爆竹工程设计安全规范》(GB 50161）的要求，并依法进行安全设施设计审查和竣工验收。

3. 厂房和基础设施的规定

《烟花爆竹生产企业安全生产许可证实施办法》规定："企业的厂房和仓库等基础设施、生产设备、生产工艺以及防火、防爆、防雷、防静电等安全设备设施必须符合《烟花爆竹工程设计安全规范》(GB 50161)、《烟花爆竹作业安全技术规程》(GB 11652) 等国家标准、行业标准的规定。从事礼花弹生产的企业除符合前款规定外，还应当符合礼花弹生产安全条件的规定。"

4. 仓库的规定

《烟花爆竹生产企业安全生产许可证实施办法》规定："企业的药物和成品总仓库、药物和半成品中转库、机械混药和装药工房、晾晒场、烘干房等重点部位应当根据《烟花爆竹企业安全监控系统通用技术条件》(AQ 4101) 的规定安装视频监控和异常情况报警装置，并设置明显的安全警示标志。企业的生产厂房数量和储存仓库面积应当与其生产品种及规模相适应。"

5. 品种等规定

《烟花爆竹生产企业安全生产许可证实施办法》规定："企业生产的产品品种、类别、级别、规格、质量、包装、标志应当符合《烟花爆竹安全与质量》(GB 10631) 等国家标准、行业标准的规定。"

6. 安全生产管理机构及相关人员的规定

依据《烟花爆竹生产企业安全生产许可证实施办法》规定："企业应当设置安全生产管理机构，配备专职安全生产管理人员，并符合下列要求：(一) 确定安全生产主管人员；(二) 配备占本企业从业人员总数1%以上且至少有2名专职安全生产管理人员；(三) 配备占本企业从业人员总数5%以上的兼职安全员。企业主要负责人、分管安全生产负责人和专职安全生产管理人员应当经专门的安全生产培训和安全生产监督管理部门考核合格，取得安全资格证。从事药物混合、造粒、筛选、装药、筑药、压药、切引、搬运等危险工序和烟花爆竹仓库保管、守护的特种作业人员，应当接受专业知识培训，并经考核合格取得特种作业操作证。其他岗位从业人员应当依照有关规定经本岗位安全生产知识教育和培训合格。"

7. 安全生产规章制度的规定

依据《烟花爆竹生产企业安全生产许可证实施办法》的规定："企业应当建立健全主要负责人、分管负责人、安全生产管理人员、职能部门、岗位的安全生产责任制，制定下列安全生产规章制度和操作规程：(一) 符合《烟花爆竹作业安全技术规程》(GB 11652) 等国家标准、行业标准规定的岗位安全操作规程；(二) 药物存储管理、领取管理和余(废) 药处理制度；(三) 企业负责人及涉裸药生产线负责人值 (带) 班制度；(四) 特种作业人员管理制度；(五) 从业人员安全教育培训制度；(六) 安全检查和隐患排查治理制度；(七) 产品购销合同和销售流向登记管理制度；(八) 新产品、新药物研发管理制度；(九) 安全设施设备维护管理制度；(十) 原材料购买、检验、储存及使用管理制度；(十一) 职工出入厂 (库) 区登记制度；(十二) 厂 (库) 区门卫值班 (守卫) 制度；(十三) 重大危险源 (重点危险部位) 监控管理制度；(十四) 安全生产费用提取和使用制度；（十五）劳动防护用品配备、使用和管理制度；（十六）工作场所职业病危害防治制度。”

8. 应急预案及其他规定

《烟花爆竹生产企业安全生产许可证实施办法》规定：“企业应当依法参加工伤保险，为从业人员缴纳保险费。企业应当依照国家有关规定提取和使用安全生产费用，不得挪作他用。企业必须为从业人员配备符合国家标准或者行业标准的劳动防护用品，并依照有关规定对从业人员进行职业健康检查。企业应当建立生产安全事故应急救援组织，制定事故应急预案，并配备应急救援人员和必要的应急救援器材、设备。企业应当根据《烟花爆竹流向登记通用规范》（AQ 4102）和国家有关烟花爆竹流向信息化管理的规定，建立并应用烟花爆竹流向管理信息系统。”

三、安全生产许可证的申请和颁发

1. 申请及提交的资料

按照《行政许可法》要求，结合烟花爆竹生产企业的实际，依据《烟花爆竹生产企业安全生产许可证实施办法》规定：“企业申请安全生产许可证，应当向所在地设区的市级人民政府安全生产监督管理部门（以下统称初审机关）提出安全审查申请，提交下列文件、资料，并对其真实性负责：（一）安全生产许可证申请书（一式三份）；（二）工商营业执照或者企业名称工商预先核准文件（复制件）；（三）建设项目安全设施设计审查和竣工验收的证明材料；（四）安全生产管理机构及安全生产管理人员配备情况的书面文件；（五）各种安全生产责任制文件（复制件）；（六）安全生产规章制度和岗位安全操作规程目录清单；（七）企业主要负责人、分管安全生产负责人、专职安全生产管理人员名单和安全资格证（复制件）；（八）特种作业人员的特种作业操作证（复制件）和其他从业人员安全生产教育培训合格的证明材料；（九）为从业人员缴纳工伤保险费的证明材料；（十）安全生产费用提取和使用情况的证明材料；（十一）具备资质的中介机构出具的安全评价报告。”《烟花爆竹生产企业安全生产许可证实施办法》还规定：“新建企业申请安全生产许可证，应当在建设项目竣工验收通过之日起 20 个工作日内向所在地初审机关提出安全审查申请。”

2. 初审

《烟花爆竹生产企业安全生产许可证实施办法》规定：“初审机关收到企业提交的安全审查申请后，应当对企业的设立是否符合国家产业政策和当地产业结构规划、企业的选址是否符合城乡规划以及有关申请文件、资料是否符合要求进行初步审查，并自收到申请之日起 20 个工作日内提出初步审查意见（以下简称初审意见），连同申请文件、资料一并报省、自治区、直辖市人民政府安全生产监督管理部门（以下简称发证机关）。”

此外，《烟花爆竹生产企业安全生产许可证实施办法》还规定：“初审机关在审查过程中，可以就企业的有关情况征求企业所在地县级人民政府的意见”，即设区的市级安全生产监督管理部门初步审查材料时，应当听取烟花爆竹生产企业所在地县级人民政府的意见。

3. 受理

受理是实施行政许可的步骤之一，按照《行政许可法》的要求，依据《烟花爆竹生产企业安全生产许可证实施办法》规定："发证机关收到初审机关报送的申请文件、资料和初审意见后，应当按照下列情况分别作出处理：（一）申请文件、资料不齐全或者不符合要求的，当场告知或者在5个工作日内出具补正通知书，一次告知企业需要补正的全部内容；逾期不告知的，自收到申请材料之日起即为受理；（二）申请文件、资料齐全，符合要求或者按照发证机关要求提交全部补正材料的，自收到申请文件、资料或者全部补正材料之日起即为受理。"《烟花爆竹生产企业安全生产许可证实施办法》还规定："发证机关应当将受理或者不予受理决定书面告知申请企业和初审机关。"

4. 发证

《烟花爆竹生产企业安全生产许可证实施办法》规定："发证机关受理申请后，应当结合初审意见，组织有关人员对申请文件、资料进行审查。需要到现场核查的，应当指派2名以上工作人员进行现场核查；对从事黑火药、引火线、礼花弹生产的企业，应当指派2名以上工作人员进行现场核查。发证机关应当自受理之日起45个工作日内作出颁发或者不予颁发安全生产许可证的决定。对决定颁发的，发证机关应当自决定之日起10个工作日内送达或者通知企业领取安全生产许可证；对不予颁发的，应当在10个工作日内书面通知企业并说明理由。现场核查所需时间不计算在本条规定的期限内。"

四、安全生产许可证的变更和延期

1. 变更

《烟花爆竹生产企业安全生产许可证实施办法》规定，企业在安全生产许可证有效期内有下列情形之一的，应当按照本办法的规定申请变更安全生产许可证：

（1）改建、扩建烟花爆竹生产（含储存）设施的。

（2）变更产品类别、级别范围的。

（3）变更企业主要负责人的。

（4）变更企业名称的。

2. 有效期

《烟花爆竹生产企业安全生产许可证实施办法》规定："安全生产许可证有效期为3年。"

3. 延期

《烟花爆竹生产企业安全生产许可证实施办法》规定，安全生产许可证有效期满需要延期的，企业应当于有效期届满前3个月向原发证机关申请办理延期手续。企业提出延期申请的，应当向发证机关提交下列文件、资料：

（1）安全生产许可证延期申请书（一式三份）。

（2）本办法规定的文件、资料。

（3）达到安全生产标准化三级的证明材料。发证机关收到延期申请后，应当按照本办法的规定办理延期手续。

此外，《烟花爆竹生产企业安全生产许可证实施办法》还规定："企业在安全生产许可证有效期内符合下列条件，在许可证有效期届满时，经原发证机关同意，不再审查，直接办理延期手续：（一）严格遵守有关安全生产法律、法规和本办法；（二）取得安全生产许可证后，加强日常安全生产管理，不断提升安全生产条件，达到安全生产标准化二级以上；（三）接受发证机关及所在地人民政府安全生产监督管理部门的监督检查；（四）未发生生产安全死亡事故。”

五、监督管理

1. 撤销许可证

《烟花爆竹生产企业安全生产许可证实施办法》规定：“发证机关发现企业以欺骗、贿赂等不正当手段取得安全生产许可证的，应当撤销已颁发的安全生产许可证。”

2. 注销许可证

《烟花爆竹生产企业安全生产许可证实施办法》规定：“取得安全生产许可证的企业有下列情形之一的，发证机关应当注销其安全生产许可证：（一）安全生产许可证有效期满未被批准延期的；（二）终止烟花爆竹生产活动的；（三）安全生产许可证被依法撤销的；（四）安全生产许可证被依法吊销的。”

此外，《烟花爆竹生产企业安全生产许可证实施办法》还规定：“发证机关注销安全生产许可证后，应当在当地主要媒体或者本机关政府网站上及时公告被注销安全生产许可证的企业名单，并通报同级人民政府有关部门和企业所在地县级人民政府。”

3. 禁止性规定

《烟花爆竹生产企业安全生产许可证实施办法》规定：“企业取得安全生产许可证后，不得出租、转让安全生产许可证，不得将企业、生产线或者工（库）房转包、分包给不具备安全生产条件或者相应资质的其他任何单位或者个人，不得多股东各自独立进行烟花爆竹生产活动。企业不得从其他企业购买烟花爆竹半成品加工后销售或者购买其他企业烟花爆竹成品加贴本企业标签后销售，不得向其他企业销售烟花爆竹半成品。从事礼花弹生产的企业不得将礼花弹销售给未经公安机关批准的燃放活动。”

六、法律责任

1. 对发证机关、初审机关及其工作人员的追究

《烟花爆竹生产企业安全生产许可证实施办法》规定：“发证机关、初审机关及其工作人员有下列行为之一的，给予降级或者撤职的行政处分；构成犯罪的，依法追究刑事责任：（一）向不符合本办法规定的安全生产条件的企业颁发安全生产许可证的；（二）发现企业未依法取得安全生产许可证擅自从事烟花爆竹生产活动，不依法处理的；（三）发现取得安全生产许可证的企业不再具备本办法规定的安全生产条件，不依法处理的；（四）接到违反本办法规定行为的举报后，不及时处理的；（五）在安全生产许可证颁发、管理和监督检查工作中，索取或者接受企业财物、帮助企业弄虚作假或者谋取其他不正当利益的。”

2. 对未按规定变更的追究

《烟花爆竹生产企业安全生产许可证实施办法》规定：“企业有下列行为之一的，责令停止违法活动或者限期改正，并处 1 万元以上 3 万元以下的罚款：（一）变更企业主要负责人或者名称，未办理安全生产许可证变更手续的；（二）从其他企业购买烟花爆竹半

成品加工后销售，或者购买其他企业烟花爆竹成品加贴本企业标签后销售，或者向其他企业销售烟花爆竹半成品的。”

3. 暂扣许可证的情形

《烟花爆竹生产企业安全生产许可证实施办法》规定：“企业有下列行为之一的，依法暂扣其安全生产许可证：（一）多股东各自独立进行烟花爆竹生产活动的；（二）从事礼花弹生产的企业将礼花弹销售给未经公安机关批准的燃放活动的；（三）改建、扩建烟花爆竹生产（含储存）设施未办理安全生产许可证变更手续的；（四）发生较大以上生产安全责任事故的；（五）不再具备本办法规定的安全生产条件的。企业有前款第一项、第二项、第三项行为之一的，并处 1 万元以上 3 万元以下的罚款。”

4. 吊销许可证的情形

《烟花爆竹生产企业安全生产许可证实施办法》规定：“企业有下列行为之一的，依法吊销其安全生产许可证：（一）出租、转让安全生产许可证的；（二）被暂扣安全生产许可证，经停产整顿后仍不具备本办法规定的安全生产条件的。企业有前款第一项行为的，没收违法所得，并处 10 万元以上 50 万元以下的罚款。”

5. 其他违法行为的追究

《烟花爆竹生产企业安全生产许可证实施办法》规定：“企业有下列行为之一的，责令停止生产，没收违法所得，并处 10 万元以上 50 万元以下的罚款：（一）未取得安全生产许可证擅自进行烟花爆竹生产的；（二）变更产品类别或者级别范围未办理安全生产许可证变更手续的。企业取得安全生产许可证后，将企业、生产线或者工（库）房转包、分包给不具备安全生产条件或者相应资质的其他单位或者个人，依照《中华人民共和国安全生产法》的有关规定给予处罚。”

第十九节　烟花爆竹生产经营安全规定

为了加强烟花爆竹生产、经营活动的安全工作，2018 年 1 月 15 日，国家安全生产监督管理总局制定了《烟花爆竹生产经营安全规定》（总局令第 93 号），自 2018 年 3 月 1 日起施行。

一、适用范围

关于烟花爆竹安全生产监督管理的法规，除烟花爆竹安全管理条例外，原国家安全生产监督管理总局（应急管理部）还制定了《烟花爆竹生产企业安全生产许可证实施办法》和《烟花爆竹经营许可实施办法》。《烟花爆竹生产企业安全生产许可证实施办法》和《烟花爆竹经营许可实施办法》主要是规范安全生产许可证和经营许可证的程序、条件、发证等规定。《烟花爆竹生产经营安全规定》主要是规范烟花爆竹生产企业、批发企业、零售经营者（统称生产经营单位）的生产经营活动。为此，《烟花爆竹生产经营安全规定》规定：“烟花爆竹生产企业（以下简称生产企业）、烟花爆竹批发企业（以下简称批发企业）和烟花爆竹零售经营者（以下简称零售经营者）的安全生产及其监督管理，适用本规定。”

二、行政许可

根据《安全生产许可证条例》《烟花爆竹安全管理条例》《烟花爆竹生产企业安全生产许可证实施办法》和《烟花爆竹经营许可实施办法》，烟花爆竹生产企业、批发企业、零售经营者（统称生产经营单位）必须依法取得烟花爆竹生产安全生产许可证和经营许可证。《烟花爆竹生产经营安全规定》规定：“生产经营单位应当具备有关法律、行政法规和国家标准或者行业标准规定的安全生产条件，并依法取得相应行政许可。”

此外，为了防止超范围生产经营活动，《烟花爆竹生产经营安全规定》规定：“生产经营单位应当严格按照安全生产许可或者经营许可批准的范围，组织开展生产经营活动。禁止在许可证载明的场所外从事烟花爆竹生产、经营、储存活动，禁止许可证过期继续从事生产经营活动。禁止销售超标、违禁烟花爆竹产品或者非法烟花爆竹产品。生产企业不得向其他企业销售烟花爆竹含药半成品，不得从其他企业购买烟花爆竹含药半成品加工后销售，不得购买其他企业烟花爆竹成品加贴本企业标签后销售。批发企业不得向零售经营者或者个人销售专业燃放类烟花爆竹产品。零售经营者不得在居民居住场所同一建筑物内经营、储存烟花爆竹。生产企业、批发企业应当在权责明晰的组织架构下统一组织开展生产经营活动。禁止分包、转包工（库）房、生产线、生产设备设施或者出租、出借、转让许可证。”

同时，《烟花爆竹生产经营安全规定》还规定：“生产企业可以依法申请设立批发企业和零售经营场所。批发企业可以依法申请设立零售经营场所。”

三、安全要求

1. 规章制度和操作规程

依据《烟花爆竹生产经营安全规定》的规定，生产企业、批发企业应当建立、健全全员安全生产责任制，建立健全安全生产工作责任体系，制定并落实符合法律、行政法规和国家标准或者行业标准的安全生产规章制度和操作规程。

2. 设施设计和施工

依据《烟花爆竹生产经营安全规定》的规定，生产企业、批发企业应当不断完善安全生产基础设施，持续保障和提升安全生产条件。生产企业、批发企业的防雷设施应当经具有相应资质的机构设计、施工，确保符合相关国家标准或者行业标准的规定；防范静电危害的措施应当符合相关国家标准或者行业标准的规定。生产企业、批发企业在工艺技术条件发生变化和扩大生产储存规模投入生产前，应当对企业的总体布局、工艺流程、危险性工（库）房、安全防护屏障、防火防雷防静电等基础设施进行安全评价。

此外还规定，新的国家标准、行业标准公布后，生产企业、批发企业应当对企业的总体布局、工艺流程、危险性工（库）房、安全防护屏障、防火防雷防静电等基础设施以及安全管理制度进行符合性检查，并依据新的国家标准、行业标准采取相应的改进、完善措施。鼓励生产企业、批发企业制定并实施严于国家标准、行业标准的企业标准。

3. 工艺技术

依据《烟花爆竹生产经营安全规定》的规定，生产企业应当积极推进烟花爆竹生产工艺技术进步，采用本质安全、性能可靠、自动化程度高的机械设备和生产工艺，使用安全、环保的生产原材料。禁止使用国家明令禁止或者淘汰的生产工艺、机械设备及原材料。禁止从业人员自行携带工具、设备进入企业从事生产作业。

同时还规定，生产企业的涉药生产环节采用新工艺、使用新设备前，应当组织具有相应能力的机构、专家进行安全性能、安全技术要求论证。

4. 资金投入

为了保证烟花爆竹企业的安全投入，在《安全生产法》规定的前提下，《烟花爆竹生产经营安全规定》进一步规定："生产企业、批发企业应当保证下列事项所需安全生产资金投入：

（1）安全设备设施维修维护。

（2）工（库）房按国家标准、行业标准规定的条件改造。

（3）重点部位和库房监控。

（4）安全风险管控与隐患排查治理。

（5）风险评估与安全评价。

（6）安全生产教育培训。

（7）劳动防护用品配备。

（8）应急救援器材和物资配备。

（9）应急救援训练及演练。

（10）投保安全生产责任保险等其他需要投入资金的安全生产事项。"

5. 安全标志标识

为了加强和规范安全标志标识管理，《烟花爆竹生产经营安全规定》规定："生产企业、批发企业的生产区、总仓库区、工（库）房及其他有较大危险因素的生产经营场所和有关设施设备上，应当设置明显的安全警示标志；所有工（库）房应当按照国家标准或者行业标准的规定设置准确、清晰、醒目的定员、定量、定级标识。零售经营场所应当设置清晰、醒目的易燃易爆以及周边严禁烟火、严禁燃放烟花爆竹的安全标志。"

6. 安全培训

依据《烟花爆竹生产经营安全规定》的规定，生产经营单位应当对本单位从业人员进行烟花爆竹安全知识、岗位操作技能等培训，未经安全生产教育和培训的从业人员，不得上岗作业。危险工序作业等特种作业人员应当依法取得相应资格，方可上岗作业。生产经营单位的主要负责人和安全生产管理人员应当由安全生产监督管理部门对其进行安全生产知识和管理能力考核合格，考核不得收费。

7. 风险管理和事故排查治理

依据《烟花爆竹生产经营安全规定》的规定，生产企业、批发企业应当依法建立安全风险分级管控和事故隐患排查治理双重预防机制，采取技术、管理等措施，管控安全风险，及时消除事故隐患，建立安全风险分级管控和事故隐患排查治理档案，如实记录安全风险分级管控和事故隐患排查治理情况，并向本企业从业人员通报。

8. 值班巡查

依据《烟花爆竹生产经营安全规定》的规定，生产企业、批发企业必须建立值班制度和现场巡查制度，全面掌握当日各岗位人员数量及药物分布等安全生产情况，确保不超员超量，并及时处置异常情况。生产企业、批发企业的危险品生产区、总仓库区，应当确保二十四小时有人值班，并保持监控设施有效、通信畅通。

生产企业、批发企业应当加强日常安全检查，采取安全监控、巡查检查等措施，及时发现、纠正违反安全操作规程和规章制度的行为。禁止工（库）房超员、超量作业，禁止擅自改变工（库）房设计用途，禁止作业人员随意串岗、换岗、离岗。

9. 人员车辆登记

为了加强和规范人员车辆进入生产作业区域安全管理，《烟花爆竹生产经营安全规定》规定："生产企业、批发企业应当建立从业人员、外来人员、车辆进出厂（库）区登记制度，对进出厂（库）区的从业人员、外来人员、车辆如实登记记录，随时掌握厂（库）区人员和车辆的情况。禁止无关人员和车辆进入厂（库）区。禁止未安装阻火装置等不符合国家标准或者行业标准规定安全条件的机动车辆进入生产区和仓库区。"

10. 火药管理

加强火药安全管理，是生产企业、批发企业的重点。根据有关法律法规和标准的要求，《烟花爆竹生产经营安全规定》作出了明确规定。依据《烟花爆竹生产经营安全规定》的规定，生产企业和经营黑火药、引火线的批发企业应当要求供货单位提供并查验购进的黑火药、引火线及化工原材料的质检报告或者产品合格证，确保其安全性能符合国家标准或者行业标准的规定；对总仓库和中转库的黑火药、引火线、烟火药及裸药效果件，应当建立并实施由专人管理、登记、分发的安全管理制度。

生产企业、批发企业应当按照设计用途、危险等级、核定药量使用药物总库和成品总库，并按规定堆码，分类分级存放，保持仓库内通道畅通，准确记录药物和产品数量。禁止在仓库内进行拆箱、包装作业。禁止将性质不相容的物质混存。禁止将高危险等级物品储存在危险等级低的仓库。禁止在烟花爆竹仓库储存不属于烟花爆竹的其他危险物品。

生产企业的中转库数量、核定存药量、药物储存时间，应当符合国家标准或者行业标准规定，确保药物、半成品、成品合理中转，保障生产流程顺畅。禁止在中转库内超量或者超时储存药物、半成品、成品。

生产企业、批发企业应当及时妥善处置生产经营过程中产生的各类危险性废弃物。不得留存过期的烟花爆竹成品、半成品、原材料及各类危险性废弃物。

11. 作业场所管理

依据《烟花爆竹生产经营安全规定》的规定，生产企业、批发企业应当定期检查工（库）房、安全设施、电气线路、机械设备等的运行状况和作业环境，及时维护保养；对有药物粉尘的工房，应当按照操作规程及时清理冲洗。

对工（库）房、安全设施、电气线路、机械设备等进行检测、检修、维修、改造作业前，生产企业、批发企业应当制定安全作业方案，停止相关生产经营活动，转移烟花爆竹成品、半成品和原材料，清除残存药物和粉尘，切断被检测、检修、维修、改造的电气线路和机械设备电源，严格控制检修、维修作业人员数量，撤离无关的人员。

12. 流向登记

依据《烟花爆竹生产经营安全规定》的规定，生产企业、批发企业在烟花爆竹购销活动中，应当依法签订规范的烟花爆竹买卖合同，建立烟花爆竹买卖合同和流向管理制度，使用全国统一的烟花爆竹流向管理信息系统，如实登记烟花爆竹流向。

生产企业应当在专业燃放类产品包装（包括运输包装和销售包装）及个人燃放类产品运输包装上张贴流向登记标签，并在产品入库和销售出库时登记录入。批发企业购进烟花爆竹时，应当查验流向登记标签，并在产品入库和销售出库时登记录入。

13. 包装运输

依据《烟花爆竹生产经营安全规定》的规定，生产企业、批发企业所生产、销售烟花爆竹的质量、包装、标志应当符合国家标准或者行业标准的规定。

在生产企业、批发企业内部及生产区、库区之间运输烟花爆竹成品、半成品及原材料时，应当使用符合国家标准或者行业标准规定安全条件的车辆、工具。企业内部运输应当严格按照规定路线、速度行驶。生产企业、批发企业装卸烟花爆竹成品、半成品及原材料时，应当严格遵守作业规程。禁止碰撞、拖拉、抛摔、翻滚、摩擦、挤压等不安全行为。

批发企业应当向零售经营者及零售经营场所提供烟花爆竹配送服务。配送烟花爆竹抵达零售经营场所装卸作业时，应当轻拿轻放、妥善码放，禁止碰撞、拖拉、抛摔、翻滚、摩擦、挤压等不安全行为。零售经营者应当向批发企业采购烟花爆竹并接受批发企业配送服务，不得到企业仓库自行提取烟花爆竹。

四、监督管理

1. 行政处罚

依据《烟花爆竹生产经营安全规定》的规定，地方各级安全生产监督管理部门应当加强对本行政区域内生产经营单位的监督检查，明确每个生产经营单位的安全生产监督管理主体，制定并落实年度监督检查计划，对生产经营单位的安全生产违法行为，依法实施行政处罚。安全生产监督管理部门应当为进入企业现场的监督检查人员配备必要的执法装备、检测检验设备及个人防护用品，确保执法检查人员人身安全。安全生产监督管理部门监督检查中发现生产经营单位存在不属于本部门职责范围的违法行为的，应当及时移送有关部门处理。

2. 委托检验检测

为了加强安全生产监督检查，提高检查效率和针对性，通过政府购买服务方式，《烟花爆竹生产经营安全规定》规定："安全生产监督管理部门可以根据需要，委托专业技术服务机构对生产经营单位的安全设施等进行检验检测，并承担检验检测费用，不得向企业收取。专业技术服务机构对其作出的检验检测结果负责。委托检验检测结果可以作为行政执法的依据。生产经营单位不得拒绝、阻挠安全生产监督管理部门委托的专业技术服务机构开展检验检测工作。"

五、法律责任

1. 未按照规定设置标识等违法行为的处罚

依据《烟花爆竹生产经营安全规定》的规定，生产企业、批发企业有下列行为之一的，责令限期改正；逾期未改正的，处一万元以上三万元以下的罚款：

（1）工（库）房没有设置准确、清晰、醒目的定员、定量、定级标识的。

（2）未向零售经营者或者零售经营场所提供烟花爆竹配送服务的。

2. 新设备未按照规定进行安全论证等违法行为的处罚

依据《烟花爆竹生产经营安全规定》的规定，生产企业、批发企业有下列行为之一的，责令限期改正，可以处五万元以下的罚款；逾期未改正的，处五万元以上二十万元以下的罚款，对其直接负责的主管人员和其他直接责任人员处一万元以上二万元以下的罚款；情节严重的，责令停产停业整顿：

（1）防范静电危害的措施不符合相关国家标准或者行业标准规定的。

（2）使用新安全设备，未进行安全性论证的。

（3）在生产区、工（库）房等有药区域对安全设备进行检测、改造作业时，未将工（库）房内的药物、有药半成品、成品搬走并清理作业现场的。

3. 人员车辆出入未按照登记等违法行为的处罚

依据《烟花爆竹生产经营安全规定》的规定，生产企业、批发企业有下列行为之一的，责令限期改正，可以处十万元以下的罚款；逾期未改正的，责令停产停业整顿，并处十万元以上二十万元以下的罚款，对其直接负责的主管人员和其他直接责任人员处二万元以上五万元以下的罚款：

（1）未建立从业人员、外来人员、车辆出入厂（库）区登记制度的。

（2）未制定专人管理、登记、分发黑火药、引火线、烟火药及库存和中转效果件的安全管理制度的。

（3）未建立烟花爆竹买卖合同管理制度的。

（4）未按规定建立烟花爆竹流向管理制度的。

4. 违反许可储存烟花爆竹等违法行为的处罚

依据《烟花爆竹生产经营安全规定》的规定，零售经营者有下列行为之一的，责令其限期改正，可以处一千元以上五千元以下的罚款；逾期未改正的，处五千元以上一万元以下的罚款：

（1）超越许可证载明限量储存烟花爆竹的。

（2）到批发企业仓库自行提取烟花爆竹的。

5. 设备设施未按照规定检测等违法行为的处罚

依据《烟花爆竹生产经营安全规定》的规定，生产经营单位有下列行为之一的，责令改正；拒不改正的，处一万元以上三万元以下的罚款，对其直接负责的主管人员和其他直接责任人员处五千元以上一万元以下的罚款：

（1）对工（库）房、安全设施、电气线路、机械设备等进行检测、检修、维修、改造作业前，未制定安全作业方案，或者未切断被检修、维修的电气线路和机械设备电源的。

（2）拒绝、阻挠受安全生产监督管理部门委托的专业技术服务机构开展检验、检测的。

6. 未采取措施消除事故隐患等违法行为的处罚

依据《烟花爆竹生产经营安全规定》的规定，生产经营单位未采取措施消除下列事故隐患的，责令立即消除或者限期消除；生产经营单位拒不执行的，责令停产停业整顿，并处十万元以上五十万元以下的罚款，对其直接负责的主管人员和其他直接责任人员处二万元以上五万元以下的罚款：

（1）工（库）房超过核定人员、药量或者擅自改变设计用途使用工（库）房的。

（2）仓库内堆码、分类分级储存等违反国家标准或者行业标准规定的。

（3）在仓库内进行拆箱、包装作业，将性质不相容的物质混存的。

（4）在中转库、中转间内，超量、超时储存药物、半成品、成品的。

（5）留存过期及废弃的烟花爆竹成品、半成品、原材料等危险废弃物的。

（6）企业内部及生产区、库区之间运输烟花爆竹成品、半成品及原材料的车辆、工具不符合国家标准或者行业标准规定安全条件的。

（7）允许未安装阻火装置等不具备国家标准或者行业标准规定安全条件的机动车辆进入生产区和仓库区的。

（8）其他事故隐患。

第二十节　危险化学品生产企业安全生产许可证实施办法

为了严格规范危险化学品生产企业安全生产条件，做好危险化学品生产企业安全生产许可证的颁发和管理工作，根据《安全生产许可证条例》《危险化学品安全管理条例》等法律、行政法规，原国家安全生产监督管理总局（应急管理部）制定《危险化学品生产企业安全生产许可证实施办法》。2015 年 5 月 27 日，根据新的《安全生产法》，国家安全生产监督管理总局进行了修改。

一、基本规定

1. 适用范围

依据《危险化学品生产企业安全生产许可证实施办法》的规定，企业应当依照本办法的规定取得危险化学品安全生产许可证（以下简称安全生产许可证）。未取得安全生产许可证的企业，不得从事危险化学品的生产活动。本办法所称危险化学品生产企业（以下简称企业），是指依法设立且取得工商营业执照或者工商核准文件从事生产最终产品或者中间产品列入《危险化学品目录》的企业。

此外，《危险化学品生产企业安全生产许可证实施办法》还规定："将纯度较低的化学品提纯至纯度较高的危险化学品的，适用本办法。购买某种危险化学品进行分装（包括充装）或者加入非危险化学品的溶剂进行稀释，然后销售或者使用的，不适用本办法。"

2. 发证管理

依据《危险化学品生产企业安全生产许可证实施办法》的规定，安全生产许可证的颁发管理工作实行企业申请、两级发证、属地监管的原则。原国家安全生产监督管理总局（应急管理部）指导、监督全国安全生产许可证的颁发管理工作。省、自治区、直辖市安全生产监督管理部门（以下简称省级安全生产监督管理部门）负责本行政区域内中央企业及其直接控股涉及危险化学品生产的企业（总部）以外的企业安全生产许可证的颁发管理。

省级安全生产监督管理部门可以将其负责的安全生产许可证颁发工作，委托企业所在地设区的市级或者县级安全生产监督管理部门实施。涉及剧毒化学品生产的企业安全生产许可证颁发工作，不得委托实施。原国家安全生产监督管理总局（应急管理部）公布的涉及危险化工工艺和重点监管危险化学品的企业安全生产许可证颁发工作，不得委托县级安全生产监督管理部门实施。受委托的设区的市级或者县级安全生产监督管理部门在受委托的范围内，以省级安全生产监督管理部门的名义实施许可，但不得再委托其他组织和个人实施。原国家安全生产监督管理总局（应急管理部）、省级安全生产监督管理部门和受委托的设区的市级或者县级安全生产监督管理部门统称实施机关。

省级安全生产监督管理部门应当将受委托的设区的市级或者县级安全生产监督管理部门以及委托事项予以公告。省级安全生产监督管理部门应当指导、监督受委托的设区的市级或者县级安全生产监督管理部门颁发安全生产许可证，并对其法律后果负责。

二、申请安全生产许可证的条件

1. 选址布局等条件

根据《危险化学品生产企业安全生产许可证实施办法》的规定，企业选址布局、规划设计以及与重要场所、设施、区域的距离应当符合下列要求：

（1）国家产业政策；当地县级以上（含县级）人民政府的规划和布局；新设立企业建在地方人民政府规划的专门用于危险化学品生产、储存的区域内。

（2）危险化学品生产装置或者储存危险化学品数量构成重大危险源的储存设施，与《危险化学品安全管理条例》第十九条规定的八类场所、设施、区域的距离符合有关法律、法规、规章和国家标准或者行业标准的规定。

（3）总体布局符合《化工企业总图运输设计规范》(GB 50489)、《工业企业总平面设计规范》(GB 50187)、《建筑设计防火规范》(GB 50016）等标准的要求。石油化工企业除符合本条第一款规定条件外，还应当符合《石油化工企业设计防火规范》(GB 50160）的要求。

2. 厂房、场所及设备设施等条件

根据《危险化学品生产企业安全生产许可证实施办法》的规定，企业的厂房、作业场所、储存设施和安全设施、设备、工艺应当符合下列要求：

（1）新建、改建、扩建建设项目经具备国家规定资质的单位设计、制造和施工建设；涉及危险化工工艺、重点监管危险化学品的装置，由具有综合甲级资质或者化工石化专业甲级设计资质的化工石化设计单位设计。

（2）不得采用国家明令淘汰、禁止使用和危及安全生产的工艺、设备；新开发的危险化学品生产工艺必须在小试、中试、工业化试验的基础上逐步放大到工业化生产；国内首次使用的化工工艺，必须经过省级人民政府有关部门组织的安全可靠性论证。

（3）涉及危险化工工艺、重点监管危险化学品的装置装设自动化控制系统；涉及危险化工工艺的大型化工装置装设紧急停车系统；涉及易燃易爆、有毒有害气体化学品的场所装设易燃易爆、有毒有害介质泄漏报警等安全设施。

（4）生产区与非生产区分开设置，并符合国家标准或者行业标准规定的距离。

(5) 危险化学品生产装置和储存设施之间及其与建(构)筑物之间的距离符合有关标准规范的规定。

同时,《危险化学品生产企业安全生产许可证实施办法》规定:"同一厂区内的设备、设施及建(构)筑物的布置必须适用同一标准的规定。"

3. 劳动防护用品

《危险化学品生产企业安全生产许可证实施办法》规定:"企业应当有相应的职业危害防护设施,并为从业人员配备符合国家标准或者行业标准的劳动防护用品。"。

4. 重大危险源管理

《危险化学品生产企业安全生产许可证实施办法》规定:"企业应当依据《危险化学品重大危险源辨识》(GB 18218),对本企业的生产、储存和使用装置、设施或者场所进行重大危险源辨识。对已确定为重大危险源的生产和储存设施,应当执行《危险化学品重大危险源监督管理暂行规定》。"

5. 安全生产机构及人员

《危险化学品生产企业安全生产许可证实施办法》规定:"企业应当依法设置安全生产管理机构,配备专职安全生产管理人员。配备的专职安全生产管理人员必须能够满足安全生产的需要。企业应当建立全员安全生产责任制,保证每位从业人员的安全生产责任与职务、岗位相匹配。"

6. 规章制度

依据《危险化学品生产企业安全生产许可证实施办法》规定:"企业应当根据化工工艺、装置、设施等实际情况,制定完善下列主要安全生产规章制度:(一)安全生产例会等安全生产会议制度;(二)安全投入保障制度;(三)安全生产奖惩制度;(四)安全培训教育制度;(五)领导干部轮流现场带班制度;(六)特种作业人员管理制度;(七)安全检查和隐患排查治理制度;(八)重大危险源评估和安全管理制度;(九)变更管理制度;(十)应急管理制度;(十一)生产安全事故或者重大事件管理制度;(十二)防火、防爆、防中毒、防泄漏管理制度;(十三)工艺、设备、电气仪表、公用工程安全管理制度;(十四)动火、进入受限空间、吊装、高处、盲板抽堵、动土、断路、设备检维修等作业安全管理制度;(十五)危险化学品安全管理制度;(十六)职业健康相关管理制度;(十七)劳动防护用品使用维护管理制度;(十八)承包商管理制度;(十九)安全管理制度及操作规程定期修订制度。"

7. 操作规程

《危险化学品生产企业安全生产许可证实施办法》规定:"企业应当根据危险化学品的生产工艺、技术、设备特点和原辅料、产品的危险性编制岗位操作安全规程。"

8. 有关人员的要求

《危险化学品生产企业安全生产许可证实施办法》从5个层次作出了规定:一是企业主要负责人、分管安全负责人和安全生产管理人员必须具备与其从事的生产经营活动相适应的安全生产知识和管理能力,依法参加安全生产培训,并经考核合格,取得安全合格证书。二是企业分管安全负责人、分管生产负责人、分管技术负责人应当具有一定的化工专业知识或者相应的专业学历,专职安全生产管理人员应当具备国民教育化工化学类(或安全工程）中等职业教育以上学历或者化工化学类中级以上专业技术职称。三是企业应当有危险物品安全类注册安全工程师从事安全生产管理工作。四是特种作业人员应当依照《特种作业人员安全技术培训考核管理规定》，经专门的安全技术培训并考核合格，取得特种作业操作证书。五是其他从业人员应当按照国家有关规定，经安全教育培训合格。

9. 安全投入等要求

《危险化学品生产企业安全生产许可证实施办法》规定："企业应当按照国家规定提取与安全生产有关的费用，并保证安全生产所必需的资金投入。企业应当依法参加工伤保险，为从业人员缴纳保险费。企业应当依法委托具备国家规定资质的安全评价机构进行安全评价，并按照安全评价报告的意见对存在的安全生产问题进行整改。企业应当依法进行危险化学品登记，为用户提供化学品安全技术说明书，并在危险化学品包装（包括外包装件）上粘贴或者拴挂与包装内危险化学品相符的化学品安全标签。"

10. 应急管理

依据《危险化学品生产企业安全生产许可证实施办法》规定："企业应当符合下列应急管理要求：（一）按照国家有关规定编制危险化学品事故应急预案并报有关部门备案；（二）建立应急救援组织，规模较小的企业可以不建立应急救援组织，但应指定兼职的应急救援人员；（三）配备必要的应急救援器材、设备和物资，并进行经常性维护、保养，保证正常运转。"此外，《危险化学品生产企业安全生产许可证实施办法》规定："生产、储存和使用氯气、氨气、光气、硫化氢等吸入性有毒有害气体的企业，除符合本条第一款的规定外，还应当配备至少两套以上全封闭防化服；构成重大危险源的，还应当设立气体防护站（组）。"

危险化学品生产除符合上述条件外，还应当符合有关法律、行政法规和国家标准或者行业标准规定的其他安全生产条件。

三、安全生产许可证的申请

1. 向谁申请

依据《危险化学品生产企业安全生产许可证实施办法》规定，中央企业及其直接控股涉及危险化学品生产的企业（总部）以外的企业向所在地省级安全生产监督管理部门或其委托的安全生产监督管理部门申请安全生产许可证。

《危险化学品生产企业安全生产许可证实施办法》规定："新建企业安全生产许可证的申请，应当在危险化学品生产建设项目安全设施竣工验收通过后10个工作日内提出。"

2. 提交材料

依据《危险化学品生产企业安全生产许可证实施办法》规定："企业申请安全生产许可证时，应当提交下列文件、资料，并对其内容的真实性负责：（一）申请安全生产许可证的文件及申请书；（二）安全生产责任制文件，安全生产规章制度、岗位操作安全规程清单；（三）设置安全生产管理机构，配备专职安全生产管理人员的文件复制件；（四）主要负责人、分管安全负责人、安全生产管理人员和特种作业人员的安全合格证或者特种作业操作证复制件；（五）与安全生产有关的费用提取和使用情况报告，新建企业提交有关安全生产费用提取和使用规定的文件；（六）为从业人员缴纳工伤保险费的证明材料；（七）危险化学品事故应急救援预案的备案证明文件；（八）危险化学品登记证复制件；（九）工商营业执照副本或者工商核准文件复制件；（十）具备资质的中介机构出具的安全评价报告；（十一）新建企业的竣工验收报告；（十二）应急救援组织或者应急救援人员，以及应急救援器材、设备设施清单。”

《危险化学品生产企业安全生产许可证实施办法》规定：“有危险化学品重大危险源的企业，除提交本条第一款规定的文件、资料外，还应当提供重大危险源及其应急预案的备案证明文件、资料。”

四、安全生产许可证的颁发

1. 受理

根据《危险化学品生产企业安全生产许可证实施办法》的规定，实施机关收到企业申请文件、资料后，应当按照下列情况分别作出处理：

（1）申请事项依法不需要取得安全生产许可证的，即时告知企业不予受理。

（2）申请事项依法不属于本实施机关职责范围的，即时作出不予受理的决定，并告知企业向相应的实施机关申请。

（3）申请材料存在可以当场更正的错误的，允许企业当场更正，并受理其申请。

（4）申请材料不齐全或者不符合法定形式的，当场告知或者在 5 个工作日内出具补正告知书，一次告知企业需要补正的全部内容；逾期不告知的，自收到申请材料之日起即为受理。

（5）企业申请材料齐全、符合法定形式，或者按照实施机关要求提交全部补正材料的，立即受理其申请。

实施机关受理或者不予受理行政许可申请，应当出具加盖本机关专用印章和注明日期的书面凭证。

2. 审查

《危险化学品生产企业安全生产许可证实施办法》规定：“安全生产许可证申请受理后，实施机关应当组织对企业提交的申请文件、资料进行审查。对企业提交的文件、资料实质内容存在疑问，需要到现场核查的，应当指派工作人员就有关内容进行现场核查。工作人员应当如实提出现场核查意见。”

3. 决定

《危险化学品生产企业安全生产许可证实施办法》规定：“实施机关应当在受理之日起 45 个工作日内作出是否准予许可的决定。审查过程中的现场核查所需时间不计算在本条规定的期限内。实施机关作出准予许可决定的，应当自决定之日起 10 个工作日内颁发安全生产许可证。实施机关作出不予许可的决定的，应当在 10 个工作日内书面告知企业并说明理由。”

4. 变更

依据《危险化学品生产企业安全生产许可证实施办法》的规定，“企业在安全生产许可证有效期内变更主要负责人、企业名称或者注册地址的，应当自工商营业执照或者隶属关系变更之日起 10 个工作日内向实施机关提出变更申请，并提交下列文件、资料：（一）

变更后的工商营业执照副本复制件；（二）变更主要负责人的，还应当提供主要负责人经安全生产监督管理部门考核合格后颁发的安全合格证复制件；（三）变更注册地址的，还应当提供相关证明材料。”

此外，《危险化学品生产企业安全生产许可证实施办法》规定，对已经受理的变更申请，实施机关应当在对企业提交的文件、资料审查无误后，方可办理安全生产许可证变更手续。企业在安全生产许可证有效期内变更隶属关系的，仅需提交隶属关系变更证明材料报实施机关备案。企业在安全生产许可证有效期内，当原生产装置新增产品或者改变工艺技术对企业的安全生产产生重大影响时，应当对该生产装置或者工艺技术进行专项安全评价，并对安全评价报告中提出的问题进行整改；在整改完成后，向原实施机关提出变更申请，提交安全评价报告。实施机关按照规定办理变更手续。企业在安全生产许可证有效期内，有危险化学品新建、改建、扩建建设项目（以下简称建设项目）的，应当在建设项目安全设施竣工验收合格之日起 10 个工作日内向原实施机关提出变更申请，并提交建设项目安全设施竣工验收报告等相关文件、资料。实施机关按照规定办理变更手续。

5. 有效期

《危险化学品生产企业安全生产许可证实施办法》规定：“安全生产许可证有效期为 3 年。”

6. 延期

《危险化学品生产企业安全生产许可证实施办法》规定，企业安全生产许可证有效期届满后继续生产危险化学品的，应当在安全生产许可证有效期届满前 3 个月提出延期申请，并提交延期申请书和规定的申请文件、资料。实施机关按照规定进行审查，并作出是否准予延期的决定。

《危险化学品生产企业安全生产许可证实施办法》还规定，企业在安全生产许可证有效期内，符合下列条件的，其安全生产许可证届满时，经原实施机关同意，可不提交规定的文件、资料，直接办理延期手续：

（1）严格遵守有关安全生产的法律、法规和本办法的。

（2）取得安全生产许可证后，加强日常安全生产管理，未降低安全生产条件，并达到安全生产标准化等级二级以上的。

（3）未发生死亡事故的。

五、监督管理

1. 撤销许可证

依据《危险化学品生产企业安全生产许可证实施办法》的规定：“有下列情形之一的，实施机关应当撤销已经颁发的安全生产许可证：（一）超越职权颁发安全生产许可证的；（二）违反本办法规定的程序颁发安全生产许可证的；（三）以欺骗、贿赂等不正当手段取得安全生产许可证的。”

2. 注销许可证

依据《危险化学品生产企业安全生产许可证实施办法》的规定：“企业取得安全生产许可证后有下列情形之一的，实施机关应当注销其安全生产许可证：（一）安全生产许可证有效期届满未被批准延续的；（二）终止危险化学品生产活动的；（三）安全生产许可证被依法撤销的；（四）安全生产许可证被依法吊销的。安全生产许可证注销后，实施机关应当在当地主要新闻媒体或者本机关网站上发布公告，并通报企业所在地人民政府和县级以上安全生产监督管理部门。”

六、法律责任

1. 机关工作人员的追究

根据《危险化学品生产企业安全生产许可证实施办法》的规定，实施机关工作人员有下列行为之一的，给予降级或者撤职的处分；构成犯罪的，依法追究刑事责任：

（1）向不符合本办法第二章规定的安全生产条件的企业颁发安全生产许可证的。

（2）发现企业未依法取得安全生产许可证擅自从事危险化学品生产活动，不依法处理的。

（3）发现取得安全生产许可证的企业不再具备本办法第二章规定的安全生产条件，不依法处理的。

（4）接到对违反本办法规定行为的举报后，不及时依法处理的。

（5）在安全生产许可证颁发和监督管理工作中，索取或者接受企业的财物，或者谋取其他非法利益的。

2. 企业的追究

（1）暂扣许可证。根据《危险化学品生产企业安全生产许可证实施办法》的规定，企业取得安全生产许可证后发现其不具备本办法规定的安全生产条件的，依法暂扣其安全生产许可证 1 个月以上 6 个月以下；暂扣期满仍不具备本办法规定的安全生产条件的，依法吊销其安全生产许可证。

（2）出租、出借等处罚。根据《危险化学品生产企业安全生产许可证实施办法》的规定，企业出租、出借或者以其他形式转让安全生产许可证的，没收违法所得，处 10 万元以上 50 万元以下的罚款，并吊销安全生产许可证；构成犯罪的，依法追究刑事责任。

（3）未取得许可证擅自生产等违法行为的处罚。根据《危险化学品生产企业安全生产许可证实施办法》的规定，企业有下列情形之一的，责令停止生产危险化学品，没收违法所得，并处 10 万元以上 50 万元以下的罚款；构成犯罪的，依法追究刑事责任：①未取得安全生产许可证，擅自进行危险化学品生产的；②接受转让的安全生产许可证的；③冒用或者使用伪造的安全生产许可证的。

（4）有效期届满未办证的处罚。根据《危险化学品生产企业安全生产许可证实施办法》的规定，企业在安全生产许可证有效期届满未办理延期手续，继续进行生产的，责令停止生产，限期补办延期手续，没收违法所得，并处 5 万元以上 10 万元以下的罚款；逾期仍不办理延期手续，继续进行生产的，依照本办法第四十五条的规定进行处罚。

（5）未办理变更的处罚。根据《危险化学品生产企业安全生产许可证实施办法》的规定，企业在安全生产许可证有效期内主要负责人、企业名称、注册地址、隶属关系发生变更或者新增产品、改变工艺技术对企业安全生产产生重大影响，未按照本办法第三十条规定的时限提出安全生产许可证变更申请的，责令限期申请，处 1 万元以上 3 万元以下的罚款。企业在安全生产许可证有效期内，其危险化学品建设项目安全设施竣工验收合格后，未按照本办法第三十二条规定的时限提出安全生产许可证变更申请并且擅自投入运行的，责令停止生产，限期申请，没收违法所得，并处1万元以上3万元以下的罚款。

（6）隐瞒等行为的处罚。根据《危险化学品生产企业安全生产许可证实施办法》的规定，发现企业隐瞒有关情况或者提供虚假材料申请安全生产许可证的，实施机关不予受理或者不予颁发安全生产许可证，并给予警告，该企业在1年内不得再次申请安全生产许可证。企业以欺骗、贿赂等不正当手段取得安全生产许可证的，自实施机关撤销其安全生产许可证之日起3年内，该企业不得再次申请安全生产许可证。

3. 对安全评价违法行为的处罚

根据《危险化学品生产企业安全生产许可证实施办法》的规定，安全评价机构有下列情形之一的，给予警告，并处1万元以下的罚款；情节严重的，暂停资质半年，并处1万元以上3万元以下的罚款；对相关责任人依法给予处理：

（1）从业人员不到现场开展安全评价活动的。

（2）安全评价报告与实际情况不符，或者安全评价报告存在重大疏漏，但尚未造成重大损失的。

（3）未按照有关法律、法规、规章和国家标准或者行业标准的规定从事安全评价活动的。

此外，《危险化学品生产企业安全生产许可证实施办法》规定："承担安全评价、检测、检验的机构出具虚假证明的，没收违法所得；违法所得在10万元以上的，并处违法所得2倍以上5倍以下的罚款；没有违法所得或者违法所得不足10万元的，单处或者并处10万元以上20万元以下的罚款；对其直接负责的主管人员和其他直接责任人员处2万元以上5万元以下的罚款；给他人造成损害的，与企业承担连带赔偿责任；构成犯罪的，依照刑法有关规定追究刑事责任。对有前款违法行为的机构，依法吊销其相应资质。"

第二十一节　危险化学品经营许可证管理办法

为了严格危险化学品经营安全条件，规范危险化学品经营活动，保障人民群众生命、财产安全，根据《中华人民共和国安全生产法》和《危险化学品安全管理条例》，2002年10月8日，原国家经济贸易委员会制定了《危险化学品经营许可证管理办法》。2012年7月17日国家安全生产监督管理总局修订了《危险化学品经营许可证管理办法》（安全监管总局令第55号），2015年5月27日国家安全生产监督管理总局对本办法进行了部分修正。

一、适用范围

《危险化学品经营许可证管理办法》规定："在中华人民共和国境内从事列入《危险化学品目录》的危险化学品的经营（包括仓储经营）活动，适用本办法。民用爆炸物品、放射性物品、核能物质和城镇燃气的经营活动，不适用本办法。"这样做主要考虑以下原因：

(1) 根据《城镇燃气管理条例》的规定，城镇燃气的经营被纳入该条例的调整范围。因此为避免交叉管理、重复许可，《危险化学品经营许可证办法》规定不适用于城镇燃气(含运输工具用燃气)经营活动。

(2) 按照《危险化学品安全管理条例》第三十三条规定，依法取得危险化学品安全生产许可证的危险化学品生产企业在其厂区范围内销售本企业生产的危险化学品，以及依法取得港口经营许可证的港口经营人在港区内从事危险化学品仓储经营的，不需要取得危险化学品经营许可。《危险化学品经营许可证管理办法》第三条对此做了衔接性规定。

(3) 由于《危险化学品安全管理条例》未对危险化学品仓储经营进行安全许可，各级安全监管部门一直在努力探索规范和加强危险化学品仓储经营安全管理过程与方法。实践证明，《危险化学品安全管理条例》关于危险化学品经营安全的制度和措施对危险化学品仓储经营安全管理同样有效可行。这次修订时根据危险化学品经营安全管理实际情况，《危险化学品经营许可证管理办法》明确将危险化学品仓储经营纳入危险化学品经营的范畴，填补了制度上的空白，强化了危险化学品仓储经营安全管理。同时，根据危险化学品安全管理实践，《危险化学品经营许可证管理办法》第三十七条明确规定，“购买危险化学品进行分装、充装或者加入非危险化学品的溶剂进行稀释，然后销售的”，以及“使用长输管道输送并经营危险化学品的”，按照本办法执行。

二、许可管理

为了进一步明确危险化学品经营许可证的颁发工作，《危险化学品经营许可证管理办法》从3个方面进行了规范。

1. 明确国家对危险化学品经营实行许可制度

经营危险化学品的企业，应当依照本办法取得危险化学品经营许可证(以下简称经营许可证)。未取得经营许可证，任何单位和个人不得经营危险化学品。但是，从事下列危险化学品经营活动，不需要取得经营许可证：

(1) 依法取得危险化学品安全生产许可证的危险化学品生产企业在其厂区范围内销售本企业生产的危险化学品的。

(2) 依法取得港口经营许可证的港口经营人在港区内从事危险化学品仓储经营的。

2. 明确国家、省两级不负责危险化学品经营许可证的颁发工作

原国家安全生产监督管理总局(应急管理部)指导、监督全国经营许可证的颁发和管理工作。省、自治区、直辖市人民政府安全生产监督管理部门指导、监督本行政区域内经营许可证的颁发和管理工作。

3. 明确市、县两级危险化学品经营许可的颁发工作

明确设区的市、县两级安全生产监督管理部门负责危险化学品经营许可的颁发工作，并从范围上进行了划分。

设区的市级人民政府安全生产监督管理部门(以下简称市级发证机关)负责下列企业的经营许可证审批、颁发：

(1) 经营剧毒化学品的企业。

（2）经营易制爆危险化学品的企业。

（3）经营汽油加油站的企业。

（4）专门从事危险化学品仓储经营的企业。

（5）从事危险化学品经营活动的中央企业所属省级、设区的市级公司（分公司）。

（6）带有储存设施经营除剧毒化学品、易制爆危险化学品以外的其他危险化学品的企业。

县级人民政府安全生产监督管理部门（以下简称县级发证机关）负责本行政区域内除设区的市负责的以外企业的经营许可证审批、颁发；没有设立县级发证机关的，其经营许可证由市级发证机关审批、颁发。

三、申请经营许可证的条件

1. 基本条件

基本条件，是指所有从事危险化学品经营的单位必须达到的条件。依据《危险化学品经营许可证管理办法》，从事危险化学品经营的单位（以下统称申请人）应当依法登记注册为企业，并具备下列基本条件：

（1）经营和储存场所、设施、建筑物符合《建筑设计防火规范》（GB 50016）、《石油化工企业设计防火规范》（GB 50160）、《汽车加油加气站设计与施工规范》（GB 50156）、《石油库设计规范》（GB 50074）等相关国家标准、行业标准的规定。

（2）企业主要负责人和安全生产管理人员具备与本企业危险化学品经营活动相适应的安全生产知识和管理能力，经专门的安全生产培训和安全生产监督管理部门考核合格，取得相应安全资格证书；特种作业人员经专门的安全作业培训，取得特种作业操作证书；其他从业人员依照有关规定经安全生产教育和专业技术培训合格。

（3）有健全的安全生产规章制度和岗位操作规程。

（4）有符合国家规定的危险化学品事故应急预案，并配备必要的应急救援器材、设备。

（5）法律、法规和国家标准或者行业标准规定的其他安全生产条件。

条文规定的安全生产规章制度，是指全员安全生产责任制度、危险化学品购销管理制度、危险化学品安全管理制度（包括防火、防爆、防中毒、防泄漏管理等内容）、安全投入保障制度、安全生产奖惩制度、安全生产教育培训制度、隐患排查治理制度、安全风险管理制度、应急管理制度、事故管理制度、职业卫生管理制度等。

2. 特殊条件

特殊条件，是指在达到基本条件的情况下，针对从事剧毒化学品经营等特殊情形经营许可必须达到补充的条件。《危险化学品经营许可证管理办法》从3个方面进行了规定。

（1）申请人经营剧毒化学品的条件。除符合基本条件外，还应当建立剧毒化学品双人验收、双人保管、双人发货、双把锁、双本账等管理制度。

（2）申请人带有储存设施经营危险化学品的条件。除符合基本条件外，还应当具备下列条件：①新设立的专门从事危险化学品仓储经营的，其储存设施建立在地方人民政府规划的用于危险化学品储存的专门区域内；②储存设施与相关场所、设施、区域的距离符合有关法律、法规、规章和标准的规定；③依照有关规定进行安全评价，安全评价报告符合《危险化学品经营企业安全评价细则》的要求；④专职安全生产管理人员具备国民教育化工化学类或者安全工程类中等职业教育以上学历，或者化工化学类中级以上专业技术职称，或者危险物品安全类注册安全工程师资格；⑤符合《危险化学品安全管理条例》《危险化学品重大危险源监督管理暂行规定》《常用危险化学品贮存通则》（GB 15603）的相关规定。

（3）申请人储存易燃、易爆、有毒、易扩散危险化学品的条件。除符合申请人带有储存设施经营危险化学品的条件外，还应当符合《石油化工可燃气体和有毒气体检测报警设计规范》（GB 50493）的规定。

四、经营许可证的申请与颁发

1. 申请提交的资料

依据《危险化学品经营许可证管理办法》的规定，申请人申请经营许可证，应当依照本办法第五条规定向所在地市级或者县级发证机关（以下统称发证机关）提出申请，提交下列文件、资料，并对其真实性负责：

（1）申请经营许可证的文件及申请书。

（2）安全生产规章制度和岗位操作规程的目录清单。

（3）企业主要负责人、安全生产管理人员、特种作业人员的相关资格证书（复制件）和其他从业人员培训合格的证明材料。

（4）经营场所产权证明文件或者租赁证明文件（复制件）。

（5）工商行政管理部门颁发的企业性质营业执照或者企业名称预先核准文件（复制件）。

（6）危险化学品事故应急预案备案登记表（复制件）。

带有储存设施经营危险化学品的，申请人还应当提交下列文件、资料：

（1）储存设施相关证明文件（复制件）；租赁储存设施的，需要提交租赁证明文件（复制件）；储存设施新建、改建、扩建的，需要提交危险化学品建设项目安全设施竣工验收报告。

（2）重大危险源备案证明材料、专职安全生产管理人员的学历证书、技术职称证书或者危险物品安全类注册安全工程师资格证书（复制件）。

（3）安全评价报告。

2. 受理审查

依据《危险化学品经营许可证管理办法》的规定，发证机关收到申请人提交的文件、资料后，应当按照下列情况分别作出处理：

（1）申请事项不需要取得经营许可证的，当场告知申请人不予受理。

（2）申请事项不属于本发证机关职责范围的，当场作出不予受理的决定，告知申请人向相应的发证机关申请，并退回申请文件、资料。

（3）申请文件、资料存在可以当场更正的错误的，允许申请人当场更正，并受理其申请。

(4) 申请文件、资料不齐全或者不符合要求的，当场告知或者在5个工作日内出具补正告知书，一次告知申请人需要补正的全部内容；逾期不告知的，自收到申请文件、资料之日起即为受理。

(5) 申请文件、资料齐全，符合要求，或者申请人按照发证机关要求提交全部补正材料的，立即受理其申请。

同时《危险化学品经营许可证管理办法》规定："发证机关受理或者不予受理经营许可证申请，应当出具加盖本机关印章和注明日期的书面凭证。"

3. 许可时间

为了规范许可机关依法办事，《危险化学品经营许可证管理办法》规定，发证机关受理经营许可证申请后，应当组织对申请人提交的文件、资料进行审查，指派2名以上工作人员对申请人的经营场所、储存设施进行现场核查，并自受理之日起30日内作出是否准予许可的决定。发证机关现场核查以及申请人整改现场核查发现的有关问题和修改有关申请文件、资料所需时间，不计算在规定的期限内。

同时，《危险化学品经营许可证管理办法》还规定，发证机关作出准予许可决定的，应当自决定之日起10个工作日内颁发经营许可证；发证机关作出不予许可决定的，应当在10个工作日内书面告知申请人并说明理由，告知书应当加盖本机关印章。

4. 许可证内容

依据《危险化学品经营许可证管理办法》，经营许可证分为正本、副本，正本为悬挂式，副本为折页式。正本、副本具有同等法律效力。

经营许可证正本、副本应当分别载明下列事项：①企业名称；②企业住所（注册地址、经营场所、储存场所）；③企业法定代表人姓名；④经营方式；⑤许可范围；⑥发证日期和有效期限；⑦证书编号；⑧发证机关；⑨有效期延续情况。

5. 许可证变更

依据《危险化学品经营许可证管理办法》，已经取得经营许可证的企业变更企业名称、主要负责人、注册地址或者危险化学品储存设施及其监控措施的，应当自变更之日起20个工作日内，向发证机关提出书面变更申请，并提交下列文件、资料：①经营许可证变更申请书；②变更后的工商营业执照副本（复制件）；③变更后的主要负责人安全资格证书（复制件）；④变更注册地址的相关证明材料；⑤变更后的危险化学品储存设施及其监控措施的专项安全评价报告。

已经取得经营许可证的企业有新建、改建、扩建危险化学品储存设施建设项目的，应当自建设项目安全设施竣工验收合格之日起20个工作日内，向发证机关提出变更申请，并提交危险化学品建设项目安全设施竣工验收报告等相关文件、资料。发证机关应当按照规定进行审查，办理变更手续。

发证机关受理变更申请后，应当组织对企业提交的文件、资料进行审查，并自收到申请文件、资料之日起10个工作日内作出是否准予变更的决定。发证机关作出准予变更决定的，应当重新颁发经营许可证，并收回原经营许可证；不予变更的，应当说明理由并书面通知企业。

经营许可证变更的，经营许可证有效期的起始日和截止日不变，但应当载明变更日期。

6. 重新办理许可证

这里讲的重新办理，是指已经取得经营许可证的企业，生产条件及场所等发生重大变化，需要重新办理经营许可证。依据《危险化学品经营许可证管理办法》，已经取得经营许可证的企业，有下列情形之一的，应当按照本办法的规定重新申请办理经营许可证，并提交相关文件、资料：

（1）不带有储存设施的经营企业变更其经营场所的。

（2）带有储存设施的经营企业变更其储存场所的。

（3）仓储经营的企业异地重建的。

（4）经营方式发生变化的。

（5）许可范围发生变化的。

7. 许可证延期

为了方便危险化学品经营单位办理经营许可证，同时鼓励危险化学品经营单位遵守安全生产法律法规，加强安全管理，防止和减少事故，《危险化学品经营许可证管理办法》对许可证延期分一般延期和直接延期进行了规定。

一般延期。依据《危险化学品经营许可证管理办法》，经营许可证的有效期为 3 年。有效期满后，企业需要继续从事危险化学品经营活动的，应当在经营许可证有效期满 3 个月前，向发证机关提出经营许可证的延期申请，并提交延期申请书及规定的申请文件、资料。特别强调的是申请人须在许可证期满 3 个月前提出申请，如许可证 8 月 1 日到期，须在 5 月 1 日前提出。

《危险化学品经营许可证管理办法》还规定，企业提出经营许可证延期申请时，可以同时提出变更申请，并向发证机关提交相关文件、资料。

直接延期。为了方便符合下列条件的企业，依据《危险化学品经营许可证管理办法》的规定，申请经营许可证延期时，经发证机关同意，可以不提交本办法第九条规定的文件、资料：

（1）严格遵守有关法律、法规和本办法。

（2）取得经营许可证后，加强日常安全生产管理，未降低安全生产条件。

（3）未发生死亡事故或者对社会造成较大影响的生产安全事故。

带有储存设施经营危险化学品的企业，除符合上述规定条件的外，还需要取得并提交危险化学品企业安全生产标准化二级达标证书（复制件）。

同时，《危险化学品经营许可证管理办法》还规定，发证机关受理延期申请后，应当依照规定对延期申请进行审查，并在经营许可证有效期满前作出是否准予延期的决定；发证机关逾期未作出决定的，视为准予延期。发证机关作出准予延期决定的，经营许可证有效期顺延 3 年。

五、监督管理

1. 发证机关的职责

依据《危险化学品经营许可证管理办法》的规定，发证机关应当坚持公开、公平、公正的原则，严格依照法律、法规、规章、国家标准、行业标准和本办法规定的条件及程序，审批、颁发经营许可证。发证机关及其工作人员在经营许可证的审批、颁发和监督管理工作中，不得索取或者接受当事人的财物，不得谋取其他利益。

发证机关应当加强对经营许可证的监督管理，建立、健全经营许可证审批、颁发档案管理制度，并定期向社会公布企业取得经营许可证的情况，接受社会监督。

发证机关应当及时向同级公安机关、环境保护部门通报经营许可证的发放情况。

2. 许可证撤销

依据《危险化学品经营许可证管理办法》的规定，发证机关发现企业以欺骗、贿赂等不正当手段取得经营许可证的，应当撤销已经颁发的经营许可证。

3. 许可证注销

依据《危险化学品经营许可证管理办法》的规定，已经取得经营许可证的企业有下列情形之一的，发证机关应当注销其经营许可证：

（1）经营许可证有效期届满未被批准延期的。

（2）终止危险化学品经营活动的。

（3）经营许可证被依法撤销的。

（4）经营许可证被依法吊销的。

同时，《危险化学品经营许可证管理办法》还规定，发证机关注销经营许可证后，应当在当地主要新闻媒体或者本机关网站上发布公告，并通报企业所在地人民政府和县级以上安全生产监督管理部门。

4. 许可证发证备案

为了加强许可证的管理，《危险化学品经营许可证管理办法》对省、市、县三级安全生产监督管理部门颁发许可证情况作出备案要求，规定："县级发证机关应当将本行政区域内上一年度经营许可证的审批、颁发和监督管理情况报告市级发证机关。市级发证机关应当将本行政区域内上一年度经营许可证的审批、颁发和监督管理情况报告省、自治区、直辖市人民政府安全生产监督管理部门。省、自治区、直辖市人民政府安全生产监督管理部门应当按照有关统计规定，将本行政区域内上一年度经营许可证的审批、颁发和监督管理情况报告国家安全生产监督管理总局。"

六、法律责任

1. 非法从事危险化学品经营的处罚

依据《危险化学品经营许可证管理办法》的规定，未取得经营许可证从事危险化学品经营的，依照《中华人民共和国安全生产法》有关未经依法批准擅自生产、经营、储存危险物品的法律责任条款并处罚款；构成犯罪的，依法追究刑事责任。

企业在经营许可证有效期届满后，仍然从事危险化学品经营的，依照前款规定给予处罚。

2. 带有储存设施的企业违法行为的处罚

依据《危险化学品经营许可证管理办法》的规定，带有储存设施的企业违反《危险化学品安全管理条例》规定，有下列情形之一的，责令改正，处 5 万元以上 10 万元以下的罚款；拒不改正的，责令停产停业整顿；经停产停业整顿仍不具备法律、法规、规章、国家标准和行业标准规定的安全生产条件的，吊销其经营许可证：

（1）对重复使用的危险化学品包装物、容器，在重复使用前不进行检查的。

（2）未根据其储存的危险化学品的种类和危险特性，在作业场所设置相关安全设施、设备，或者未按照国家标准、行业标准或者国家有关规定对安全设施、设备进行经常性维护、保养的。

（3）未将危险化学品储存在专用仓库内，或者未将剧毒化学品以及储存数量构成重大危险源的其他危险化学品在专用仓库内单独存放的。

（4）未对其安全生产条件定期进行安全评价的。

（5）危险化学品的储存方式、方法或者储存数量不符合国家标准或者国家有关规定的。

（6）危险化学品专用仓库不符合国家标准、行业标准的要求的。

（7）未对危险化学品专用仓库的安全设施、设备定期进行检测、检验的。

3. 伪造、变造经营许可证等违法行为的处罚

《危险化学品经营许可证管理办法》规定，伪造、变造或者出租、出借、转让经营许可证，或者使用伪造、变造的经营许可证的，处 10 万元以上 20 万元以下的罚款，有违法所得的，没收违法所得；构成违反治安管理行为的，依法给予治安管理处罚；构成犯罪的，依法追究刑事责任。

4. 未按照规定变更的处罚

《危险化学品经营许可证管理办法》规定，已经取得经营许可证的企业未依照本办法的规定申请变更的，责令限期改正，处 1 万元以下的罚款；逾期仍不申请变更的，处 1 万元以上 3 万元以下的罚款。

第二十二节　危险化学品安全使用许可证实施办法

为了严格使用危险化学品从事生产的化工企业安全生产条件，规范危险化学品安全使用许可证的颁发和管理工作，根据《危险化学品安全管理条例》和有关法律、行政法规，原国家安全生产监督管理总局（应急管理部）制定《危险化学品安全使用许可证实施办法》，自 2013 年 5 月 1 日起施行。2015 年 5 月 27 日，根据新的《安全生产法》，国家安全生产监督管理总局对《危险化学品安全使用许可证实施办法》进行了修改。

一、基本规定

1. 适用范围

危险化学品的品种较多，使用危险化学品的领域也很广，如学校实验室可能需要使用某类危险化学品，公共的游泳池需要液氯消毒，液氯也是危险化学品，如果都要实施使用危险化学品许可，也不现实，也没有必要，有的单位使用危险化学品的量很少。所以，《危险化学品安全使用许可证实施办法》规定："本办法适用于列入危险化学品安全使用许可适用行业目录、使用危险化学品从事生产并且达到危险化学品使用量的数量标准的化工企业（危险化学品生产企业除外，以下简称企业）。使用危险化学品作为燃料的企业不

适用本办法。”

根据上述规定，危险化学品生产企业不需要办理危险化学品安全使用许可证，需要办理危险化学品安全使用许可的只有化工企业中2类：一是列入危险化学品安全使用许可适用行业目录，主要存在一些危险工艺的企业；二是使用危险化学品从事生产并且达到危险化学品使用量的数量标准的企业。

2. 发证机关

为了方便企业申请危险化学品安全使用许可，根据危险化学品安全监管的情况，《危险化学品安全使用许可证实施办法》规定：“设区的市级人民政府安全生产监督管理部门（以下简称发证机关）负责本行政区域内安全使用许可证的审批、颁发和管理，不得再委托其他单位、组织或者个人实施。”同时，《危险化学品安全使用许可证实施办法》规定“国家安全生产监督管理总局负责指导、监督全国安全使用许可证的颁发管理工作。省、自治区、直辖市人民政府安全生产监督管理部门（以下简称省级安全生产监督管理部门）负责指导、监督本行政区域内安全使用许可证的颁发管理工作。”这里讲的设区的市，是指地级市，不包括北京、上海、天津、重庆等直辖市。

二、申请安全使用许可证的条件

根据《安全生产许可证条例》的规定，危险化学品生产企业实施安全生产许可证制度。除了危险化学品生产企业外，还有一些化工企业本身产品不是危险化学品，但是中间环节使用危险化学品，工艺特点与危险化学品生产企业相同，这些企业同样危险。为此，《危险化学品安全管理条例》规定要对这类企业实施危险化学品安全使用许可证制度。实施危险化学品安全使用许可的目的，是严格规范列入危险化学品安全使用许可适用行业目录的化工企业，或者使用危险化学品从事生产并且达到危险化学品使用量的数量标准的化工企业必须达到规定的安全生产条件。为此，除应当符合有关法律、行政法规和国家标准或者行业标准规定的其他安全使用条件外，《危险化学品安全使用许可证实施办法》还从以下7个方面对安全生产条件作出了严格规定：

（1）企业的总体布局要求。《危险化学品安全使用许可证实施办法》规定：“企业与重要场所、设施、区域的距离和总体布局应当符合下列要求，并确保安全：（一）储存危险化学品数量构成重大危险源的储存设施，与《危险化学品安全管理条例》第十九条第一款规定的八类场所、设施、区域的距离符合国家有关法律、法规、规章和国家标准或者行业标准的规定；（二）总体布局符合《工业企业总平面设计规范》（GB 50187）、《化工企业总图运输设计规范》（GB 50489）、《建筑设计防火规范》（GB 50016）等相关标准的要求；石油化工企业还应当符合《石油化工企业设计防火规范》（GB 50160）的要求；（三）新建企业符合国家产业政策、当地县级以上（含县级）人民政府的规划和布局。”

（2）安全设施、设备的安全要求。依据《危险化学品安全使用许可证实施办法》规定：“企业的厂房、作业场所、储存设施和安全设施、设备、工艺应当符合下列要求：（一）新建、改建、扩建使用危险化学品的化工建设项目（以下统称建设项目）由具备国家规定资质的设计单位设计和施工单位建设；其中，涉及国家安全生产监督管理总局公布的重点监管危险化工工艺、重点监管危险化学品的装置，由具备石油化工医药行业相应资质的设计单位设计；（二）不得采用国家明令淘汰、禁止使用和危及安全生产的工艺、设备；新开发的使用危险化学品从事化工生产的工艺（以下简称化工工艺），在小试、中试、工业化试验的基础上逐步放大到工业化生产；国内首次使用的化工工艺，经过省级人民政府有关部门组织的安全可靠性论证；（三）涉及国家安全生产监督管理总局公布的重点监管危险化工工艺、重点监管危险化学品的装置装设自动化控制系统；涉及国家安全生产监督管理总局公布的重点监管危险化工工艺的大型化工装置装设紧急停车系统；涉及易燃易爆、有毒有害气体化学品的作业场所装设易燃易爆、有毒有害介质泄漏报警等安全设施；（四）新建企业的生产区与非生产区分开设置，并符合国家标准或者行业标准规定的距离；（五）新建企业的生产装置和储存设施之间及其建（构）筑物之间的距离符合国家标准或者行业标准的规定。”

另外，《危险化学品安全使用许可证实施办法》还规定：“同一厂区内（生产或者储存区域）的设备、设施及建（构）筑物的布置应当适用同一标准的规定。”

（3）安全生产管理机构和人员的要求。《危险化学品安全使用许可证实施办法》规定：“企业应当依法设置安全生产管理机构，按照国家规定配备专职安全生产管理人员。配备的专职安全生产管理人员必须能够满足安全生产的需要。企业主要负责人、分管安全负责人和安全生产管理人员必须具备与其从事生产经营活动相适应的安全知识和管理能力，参加安全资格培训，并经考核合格，取得安全合格证书。特种作业人员应当依照《特种作业人员安全技术培训考核管理规定》，经专门的安全技术培训并考核合格，取得特种作业操作证书。”除企业主要负责人、分管安全负责人、安全生产管理人员和特种作业人员外，其他从业人员应当按照国家有关规定，经安全教育培训合格。

（4）责任制的要求。《危险化学品安全使用许可证实施办法》规定：“企业应当建立全员安全生产责任制，保证每位从业人员的安全生产责任与职务、岗位相匹配。”

（5）安全生产规章制度和操作规程的要求。依据《危险化学品安全使用许可证实施办法》规定：“企业根据化工工艺、装置、设施等实际情况，至少应当制定、完善下列主要安全生产规章制度：（一）安全生产例会等安全生产会议制度；（二）安全投入保障制度；（三）安全生产奖惩制度；（四）安全培训教育制度；（五）领导干部轮流现场带班制度；（六）特种作业人员管理制度；（七）安全检查和隐患排查治理制度；（八）重大危险源的评估和安全管理制度；（九）变更管理制度；（十）应急管理制度；（十一）生产安全事故或者重大事件管理制度；（十二）防火、防爆、防中毒、防泄漏管理制度；（十三）工艺、设备、电气仪表、公用工程安全管理制度；（十四）动火、进入受限空间、吊装、高处、盲板抽堵、临时用电、动土、断路、设备检维修等作业安全管理制度；（十五）危险化学品安全管理制度；（十六）职业健康相关管理制度；（十七）劳动防护用品使用维护管理制度；（十八）承包商管理制度；（十九）安全管理制度及操作规程定期修订制度。”另外，《危险化学品安全使用许可证实施办法》还规定：“企业应当根据工艺、技术、设备特点和原辅料的危险性等情况编制岗位安全操作规程。”

（6）安全评价和重大危险源安全管理要求。《危险化学品安全使用许可证实施办法》规定：“企业应当依法委托具备国家规定资质条件的安全评价机构进行安全评价，并按照安全评价报告的意见对存在的安全生产问题进行整改。”另外，《危险化学品安全使用许可证实施办法》规定："企业应当依据《危险化学品重大危险源辨识》（GB 18218），对本企业的生产、储存和使用装置、设施或者场所进行重大危险源辨识。对于已经确定为重大危险源的，应当按照《危险化学品重大危险源监督管理暂行规定》进行安全管理。"

（7）应急管理的要求。依据《危险化学品安全使用许可证实施办法》规定，企业应当按照国家有关规定编制危险化学品事故应急预案，并报送有关部门备案；建立应急救援组织，明确应急救援人员，配备必要的应急救援器材、设备设施，并按照规定定期进行应急预案演练。

对于储存和使用氯气、氨气等对皮肤有强烈刺激的吸入性有毒有害气体的企业，《危险化学品安全使用许可证实施办法》规定："除符合上述应急管理要求外，还应当配备至少两套以上全封闭防化服；构成重大危险源的，还应当设立气体防护站（组）。"

三、安全使用许可证的申请

一般情况下，依据《行政许可法》，《危险化学品安全使用许可证实施办法》规定："企业向发证机关申请安全使用许可证时，应当提交下列文件、资料，并对其内容的真实性负责：（一）申请安全使用许可证的文件及申请书；（二）新建企业的选址布局符合国家产业政策、当地县级以上人民政府的规划和布局的证明材料复制件；（三）安全生产责任制文件，安全生产规章制度、岗位安全操作规程清单；（四）设置安全生产管理机构，配备专职安全生产管理人员的文件复制件；（五）主要负责人、分管安全负责人、安全生产管理人员安全合格证和特种作业人员操作证复制件；（六）危险化学品事故应急救援预案的备案证明文件；（七）由供货单位提供的所使用危险化学品的安全技术说明书和安全标签；（八）工商营业执照副本或者工商核准文件复制件；（九）安全评价报告及其整改结果的报告；（十）新建企业的建设项目安全设施竣工验收报告；（十一）应急救援组织、应急救援人员，以及应急救援器材、设备设施清单。"

特殊情况下，有危险化学品重大危险源的企业，《危险化学品安全使用许可证实施办法》规定：除提交规定的文件、资料外，还应当提交重大危险源的备案证明文件。"

此外，《危险化学品安全使用许可证实施办法》还规定："新建企业安全使用许可证的申请，应当在建设项目安全设施竣工验收通过之日起 10 个工作日内提出。"

四、安全使用许可证的颁发

1. 受理

依据《危险化学品安全使用许可证实施办法》规定："发证机关收到企业申请文件、资料后，应当按照下列情况分别作出处理：（一）申请事项依法不需要取得安全使用许可证的，当场告知企业不予受理；（二）申请材料存在可以当场更正的错误的，允许企业当场更正；（三）申请材料不齐全或者不符合法定形式的，当场或者在 5 个工作日内一次告知企业需要补正的全部内容，并出具补正告知书；逾期不告知的，自收到申请材料之日起即为受理；（四）企业申请材料齐全、符合法定形式，或者按照发证机关要求提交全部补正申请材料的，立即受理其申请。发证机关受理或者不予受理行政许可申请，应当出具加盖本机关专用印章和注明日期的书面凭证。"

2. 审查和核查

《危险化学品安全使用许可证实施办法》规定："安全使用许可证申请受理后，发证机关应当组织人员对企业提交的申请文件、资料进行审查。对企业提交的文件、资料内容存在疑问，需要到现场核查的，应当指派工作人员对有关内容进行现场核查。工作人员应当如实提出书面核查意见。"

3. 颁证

《危险化学品安全使用许可证实施办法》规定："发证机关应当在受理之日起45日内作出是否准予许可的决定。发证机关现场核查和企业整改有关问题所需时间不计算在本条规定的期限内。发证机关作出准予许可的决定的，应当自决定之日起10个工作日内颁发安全使用许可证。发证机关作出不予许可的决定的，应当在10个工作日内书面告知企业并说明理由。"

4. 变更

一般情况下的变更，《危险化学品安全使用许可证实施办法》规定："企业在安全使用许可证有效期内变更主要负责人、企业名称或者注册地址的，应当自工商营业执照变更之日起10个工作日内提出变更申请，并提交下列文件、资料：（一）变更申请书；（二）变更后的工商营业执照副本复制件；（三）变更主要负责人的，还应当提供主要负责人经安全生产监督管理部门考核合格后颁发的安全合格证复制件；（四）变更注册地址的，还应当提供相关证明材料。"

《危险化学品安全使用许可证实施办法》还规定："对已经受理的变更申请，发证机关对企业提交的文件、资料审查无误后，方可办理安全使用许可证变更手续。企业在安全使用许可证有效期内变更隶属关系的，应当在隶属关系变更之日起10日内向发证机关提交证明材料。"

特殊情况下的变更主要指工艺等发生变化后的变更，这种变更等同于重新取得安全使用许可证。为此，《危险化学品安全使用许可证实施办法》规定，企业在安全使用许可证有效期内，有下列情形之一的，发证机关按照申请条件、受理、审查和核查、颁证的规定办理变更手续：

（1）增加使用的危险化学品品种，且达到危险化学品使用量的数量标准规定的。

（2）涉及危险化学品安全使用许可范围的新建、改建、扩建建设项目的。

（3）改变工艺技术对企业的安全生产条件产生重大影响的。

5. 有效期

《危险化学品安全使用许可证实施办法》规定："安全使用许可证有效期为3年。"

6. 延期

一般情况下的延期：《危险化学品安全使用许可证实施办法》规定，企业安全使用许可证有效期届满后需要继续使用危险化学品从事生产、且达到危险化学品使用量的数量标准规定的，应当在安全使用许可证有效期届满前3个月提出延期申请，并提交规定的文件、资料。发证机关按照受理、审查和核查、颁证等规定进行审查，并作出是否准予延期的决定。

关于特殊情况下的延期，《危险化学品安全使用许可证实施办法》规定，企业取得安全使用许可证后，符合下列条件的，其安全使用许可证届满办理延期手续时，经原发证机关同意，可以不提交规定的文件、资料，直接办理延期手续：

（1）严格遵守有关法律、法规和本办法的。

（2）取得安全使用许可证后，加强日常安全管理，未降低安全使用条件，并达到安全生产标准化等级二级以上的。

（3）未发生造成人员死亡的生产安全责任事故的。

五、监督管理

1. 撤销许可证的情形

《危险化学品安全使用许可证实施办法》规定："有下列情形之一的，发证机关应当撤销已经颁发的安全使用许可证：（一）滥用职权、玩忽职守颁发安全使用许可证的；（二）超越职权颁发安全使用许可证的；（三）违反本办法规定的程序颁发安全使用许可证的；（四）对不具备申请资格或者不符合法定条件的企业颁发安全使用许可证的；（五）以欺骗、贿赂等不正当手段取得安全使用许可证的。"

2. 注销许可证的情形

《危险化学品安全使用许可证实施办法》规定："企业取得安全使用许可证后有下列情形之一的，发证机关应当注销其安全使用许可证：（一）安全使用许可证有效期届满未被批准延期的；（二）终止使用危险化学品从事生产的；（三）继续使用危险化学品从事生产，但使用量降低后未达到危险化学品使用量的数量标准规定的；（四）安全使用许可证被依法撤销的；（五）安全使用许可证被依法吊销的。"《危险化学品安全使用许可证实施办法》还规定："安全使用许可证注销后，发证机关应当在当地主要新闻媒体或者本机关网站上予以公告，并向省级和企业所在地县级安全生产监督管理部门通报。"

六、法律责任

（1）未取得安全使用许可证，擅自使用危险化学品从事生产的处罚。《危险化学品安全使用许可证实施办法》规定："企业未取得安全使用许可证，擅自使用危险化学品从事生产，且达到危险化学品使用量的数量标准规定的，责令立即停止违法行为并限期改正，处10万元以上20万元以下的罚款；逾期不改正的，责令停产整顿。企业在安全使用许可证有效期届满后未办理延期手续，仍然使用危险化学品从事生产，且达到危险化学品使用量的数量标准规定的，依照前款规定给予处罚。"

（2）伪造、变造或者出租、出借、转让许可证的处罚。《危险化学品安全使用许可证实施办法》规定："企业伪造、变造或者出租、出借、转让安全使用许可证，或者使用伪造、变造的安全使用许可证的，处10万元以上20万元以下的罚款，有违法所得的，没收违法所得；构成违反治安管理行为的，依法给予治安管理处罚；构成犯罪的，依法追究刑事责任。"

（3）未按规定变更的处罚。《危险化学品安全使用许可证实施办法》规定，企业在安全使用许可证有效期内主要负责人、企业名称、注册地址、隶属关系发生变更，未按照规定的时限提出安全使用许可证变更申请或者将隶属关系变更证明材料报发证机关的，责令限期办理变更手续，处 1 万元以上 3 万元以下的罚款。

此外，《危险化学品安全使用许可证实施办法》还规定，企业在安全使用许可证有效期内有下列情形之一，未按照规定提出变更申请，继续从事生产的，责令限期改正，处 1 万元以上 3 万元以下的罚款：①增加使用的危险化学品品种，且达到危险化学品使用量的数量标准规定的；②涉及危险化学品安全使用许可范围的新建、改建、扩建建设项目，其安全设施已经竣工验收合格的；③改变工艺技术对企业的安全生产条件产生重大影响的。

（4）对隐瞒、欺骗等行为的惩罚。根据《行政许可法》的有关要求，《危险化学品安全使用许可证实施办法》规定：“发现企业隐瞒有关情况或者提供虚假文件、资料申请安全使用许可证的，发证机关不予受理或者不予颁发安全使用许可证，并给予警告，该企业在 1 年内不得再次申请安全使用许可证。企业以欺骗、贿赂等不正当手段取得安全使用许可证的，自发证机关撤销其安全使用许可证之日起 3 年内，该企业不得再次申请安全使用许可证。”

第二十三节　危险化学品输送管道安全管理规定

为了加强危险化学品输送管道的安全管理，预防和减少危险化学品输送管道生产安全事故，2012 年 1 月 17 日，国家安全生产监督管理总局制定了《危险化学品输送管道安全管理规定》(总局令第 43 号)，自 2012 年 3 月 1 日起施行。2015 年 5 月 27 日，根据新修订的《安全生产法》，国家安全生产监督管理总局对《危险化学品输送管道安全管理规定》(总局令第 79 号) 进行修正。

参照《中华人民共和国石油天然气管道保护法》，紧紧围绕危险化学品管道的规划、建设、运行等全过程，《危险化学品输送管道安全管理规定》提出了管道安全管理的措施，明确了危险化学品管道单位、管道设计单位、施工单位、工程监理单位等相关方的责任和义务。根据《安全生产法》《危险化学品安全管理条例》的要求，《危险化学品输送管道安全管理规定》明确了安全生产监督管理部门的监管范围和要求。

一、适用范围

考虑到由于厂区（包括化工园区、工业园区）内的管道有专门的管理部门和人员，而且一般情况下 24 小时有人在岗职守、巡检、管理与维护，管道事故隐患易于发现和处理，而厂区外公共区域的管道是管理的薄弱点，公众易于接近，事故多发，且一旦发生事故影响面较大。因此，《危险化学品输送管道安全管理规定》将适用范围限定于厂区外公共区域的危险化学品管道的管理，规定：“生产、储存危险化学品的单位在厂区外公共区域埋地、地面和架空的危险化学品输送管道及其附属设施的安全管理，适用本规定。”

此外，考虑到《中华人民共和国石油天然气管道保护法》已将石油、天然气管道的监管纳入调整范围，并规定由国务院能源主管部门负责实施；城镇燃气管道的安全管理由《城镇燃气管理条例》调整，并由国务院建设主管部门负责管理。《危险化学品输送管道安全管理规定》明确规定："原油、天然气、煤层气、煤制气长输管道保护和城镇燃气管道的安全管理，不适用本规定。"

二、危险化学品管道的规划

1. 规划原则

为了加强危险化学品管道的规划，从源头把住，《危险化学品输送管道安全管理规定》明确规定："危险化学品管道建设应当遵循安全第一、节约用地和经济合理的原则，并按照相关国家标准、行业标准和技术规范进行科学规划。"

2. 禁止限制

依据《危险化学品输送管道安全管理规定》的规定，禁止光气、氯气等剧毒气体化学品管道穿（跨）越公共区域。严格控制氨、硫化氢等其他有毒气体的危险化学品管道穿（跨）越公共区域。

3. 安全距离

依据《危险化学品输送管道安全管理规定》的规定，危险化学品管道建设的选线应当避开地震活动断层和容易发生洪灾、地质灾害的区域；确实无法避开的，应当采取可靠的工程处理措施，确保不受地质灾害影响。

同时规定，危险化学品管道与居民区、学校等公共场所以及建筑物、构筑物、铁路、公路、航道、港口、市政设施、通信设施、军事设施、电力设施的距离，应当符合有关法律、行政法规和国家标准、行业标准的规定。

三、危险化学品管道的建设

1. 安全准入

为了严把危险化学品管道的安全准入关，根据《危险化学品安全管理条例》等法律法规，《危险化学品输送管道安全管理规定》规定："对新建、改建、扩建的危险化学品管道，建设单位应当依照国家安全生产监督管理总局有关危险化学品建设项目安全监督管理的规定，依法办理安全条件审查、安全设施设计审查和安全设施竣工验收手续。"按照《危险化学品建设项目安全监督管理办法》（国家安全监管总局令第45号）的要求，管道建设项目的安全审查由建设单位申请，安全生产监督管理部门分级负责实施。未经安全审查或者经审查不符合要求的，危险化学品管道不得建设或投入使用。安全生产监督管理部门依法对危险化学品管道建设项目的各个阶段进行安全审查、严格把关，是实现危险化学品管道的本质安全和运行安全的有力保障。

2. 设计

为了规范管道的设计，《危险化学品输送管道安全管理规定》规定："对新建、改建、扩建的危险化学品管道，建设单位应当依照有关法律、行政法规的规定，委托具备相应资质的设计单位进行设计。"

3. 施工

依据《危险化学品输送管道安全管理规定》的规定，承担危险化学品管道的施工单位应当具备有关法律、行政法规规定的相应资质。施工单位应当按照有关法律、法规、国家标准、行业标准和技术规范的规定，以及经过批准的安全设施设计进行施工，并对工程质量负责。

同时规定，参加危险化学品管道焊接、防腐、无损检测作业的人员应当具备相应的操作资格证书。

4. 监理

依据《危险化学品输送管道安全管理规定》的规定，负责危险化学品管道工程的监理单位应当对管道的总体建设质量进行全过程监督，并对危险化学品管道的总体建设质量负责。管道施工单位应当严格按照有关国家标准、行业标准的规定对管道的焊缝和防腐质量进行检查，并按照设计要求对管道进行压力试验和气密性试验。

对敷设在江、河、湖泊或者其他环境敏感区域的危险化学品管道，应当采取增加管道压力设计等级、增加防护套管等措施，确保危险化学品管道安全。

5. 生产（使用）前安全检查

依据《危险化学品输送管道安全管理规定》的规定，危险化学品管道试生产（使用）前，管道单位应当对有关保护措施进行安全检查，科学制定安全投入生产（使用）方案，并严格按照方案实施。

危险化学品管道试压半年后一直未投入生产（使用）的，管道单位应当在其投入生产（使用）前重新进行气密性试验；对敷设在江、河或者其他环境敏感区域的危险化学品管道，应当相应缩短重新进行气密性试验的时间间隔。

四、危险化学品管道的运行

1. 标志

依据《安全生产法》，结合危险化学品管道的要求，《危险化学品输送管道安全管理规定》规定："危险化学品管道应当设置明显标志。发现标志毁损的，管道单位应当及时予以修复或者更新。"

2. 检测维护

依据《安全生产法》，结合危险化学品管道的要求，《危险化学品输送管道安全管理规定》对管道检测维护作出明确规定。依据《危险化学品输送管道安全管理规定》的规定，管道单位应当按照有关国家标准、行业标准和技术规范对危险化学品管道进行定期检测、维护，确保其处于完好状态；对安全风险较大的区段和场所，应当进行重点监测、监控；对不符合安全标准的危险化学品管道，应当及时更新、改造或者停止使用，并向当地安全生产监督管理部门报告。此外，对涉及更新、改造的危险化学品管道，还应当按照有关安全准入规定办理安全条件审查手续。

3. 巡查

为了加强巡查工作，及时排除事故隐患，《危险化学品输送管道安全管理规定》规定："管道单位应当建立、健全危险化学品管道巡护制度，配备专人进行日常巡护。巡护人员发现危害危险化学品管道安全生产情形的，应当立即报告单位负责人并及时处理。管道单位对危险化学品管道存在的事故隐患应当及时排除；对自身排除确有困难的外部事故隐患，应当向当地安全生产监督管理部门报告。"

4. 禁止擅自开启阀门等重大危害行为

依据《危险化学品输送管道安全管理规定》的规定，管道单位发现下列危害危险化学品管道安全运行行为的，应当及时予以制止，无法处置时应当向当地安全生产监督管理部门报告：

（1）擅自开启、关闭危险化学品管道阀门。

（2）采用移动、切割、打孔、砸撬、拆卸等手段损坏管道及其附属设施。

（3）移动、毁损、涂改管道标志。

（4）在埋地管道上方和巡查便道上行驶重型车辆。

（5）对埋地、地面管道进行占压，在架空管道线路和管桥上行走或者放置重物。

（6）利用地面管道、架空管道、管架桥等固定其他设施缆绳悬挂广告牌、搭建构筑物。

（7）其他危害危险化学品管道安全运行的行为。

同时规定，禁止在危险化学品管道附属设施的上方架设电力线路、通信线路。

5. 禁止管道两侧违规种植采石等行为

依据《危险化学品输送管道安全管理规定》的规定，在危险化学品管道及其附属设施外缘两侧各5米地域范围内，管道单位发现下列危害管道安全运行的行为的，应当及时予以制止，无法处置时应当向当地安全生产监督管理部门报告：

（1）种植乔木、灌木、藤类、芦苇、竹子或者其他根系深达管道埋设部位可能损坏管道防腐层的深根植物。

（2）取土、采石、用火、堆放重物、排放腐蚀性物质、使用机械工具进行挖掘施工、工程钻探。

（3）挖塘、修渠、修晒场、修建水产养殖场、建温室、建家畜棚圈、建房以及修建其他建（构）筑物。

6. 禁止管道两侧违规建加油站等行为

依据《危险化学品输送管道安全管理规定》的规定，在危险化学品管道中心线两侧及危险化学品管道附属设施外缘两侧5米外的周边范围内，管道单位发现下列建（构）筑物与管道线路、管道附属设施的距离不符合国家标准、行业标准要求的，应当及时向当地安全生产监督管理部门报告：

（1）居民小区、学校、医院、餐饮娱乐场所、车站、商场等人口密集的建筑物。

（2）加油站、加气站、储油罐、储气罐等易燃易爆物品的生产、经营、存储场所。

（3）变电站、配电站、供水站等公用设施。

7. 禁止穿越河流管道两侧采沙等行为

依据《危险化学品输送管道安全管理规定》的规定，在穿越河流的危险化学品管道线路中心线两侧500米地域范围内，管道单位发现有实施抛锚、拖锚、挖沙、采石、水下爆破等作业的，应当及时予以制止，无法处置时应当向当地安全生产监督管理部门报告。但在保障危险化学品管道安全的条件下，为防洪和航道通畅而实施的养护疏浚作业除外。

8. 禁止专用管道隧道两侧违规采石等行为

依据《危险化学品输送管道安全管理规定》的规定，在危险化学品管道专用隧道中心线两侧1000米地域范围内，管道单位发现有实施采石、采矿、爆破等作业的，应当及时予以制止，无法处置时应当向当地安全生产监督管理部门报告。同时规定，在上述规定的地域范围内，因修建铁路、公路、水利等公共工程确需实施采石、爆破等作业的，施工单位应当在开工的7日前书面通知管道单位，将施工作业方案报管道单位，并与管道单位共同制定应急预案，采取相应的安全防护措施，管道单位应当指派专人到现场进行管道安全保护指导。

依据《危险化学品输送管道安全管理规定》的规定，实施下列可能危及危险化学品管道安全运行的施工作业的，施工单位应当在开工的7日前书面通知管道单位，将施工作业方案报管道单位，并与管道单位共同制定应急预案，采取相应的安全防护措施，管道单位应当指派专人到现场进行管道安全保护指导：

（1）穿（跨）越管道的施工作业。

（2）在管道线路中心线两侧5米至50米和管道附属设施周边100米地域范围内，新建、改建、扩建铁路、公路、河渠，架设电力线路，埋设地下电缆、光缆，设置安全接地体、避雷接地体。

（3）在管道线路中心线两侧200米和管道附属设施周边500米地域范围内，实施爆破、地震法勘探或者工程挖掘、工程钻探、采矿等作业。

同时规定，施工单位实施上述规定的施工作业应当符合下列条件：

（1）已经制定符合危险化学品管道安全运行要求的施工作业方案。

（2）已经制定应急预案。

（3）施工作业人员已经接受相应的危险化学品管道保护知识教育和培训。

（4）具有保障安全施工作业的设备、设施。

9. 专用设施等要求

依据《危险化学品输送管道安全管理规定》的规定，危险化学品管道的专用设施、永工防护设施、专用隧道等附属设施不得用于其他用途；确需用于其他用途的，应当征得管道单位的同意，并采取相应的安全防护措施。

10. 应急预案

依据《安全生产法》《突发事件应对法》《危险化学品安全管理条例》等法律、行政法规，切实加强危险化学品管道的应急工作，《危险化学品输送管道安全管理规定》规定："管道单位应当按照有关规定制定本单位危险化学品管道事故应急预案，配备相应的应急救援人员和设备物资，定期组织应急演练。发生危险化学品管道生产安全事故，管道单位应当立即启动应急预案及响应程序，采取有效措施进行紧急处置，消除或者减轻事故危害，并按照国家规定立即向事故发生地县级以上安全生产监督管理部门报告。"

五、转产停产停止使用

依据《危险化学品输送管道安全管理规定》的规定，对转产、停产、停止使用的危险化学品管道，管道单位应当采取有效措施及时妥善处置，并将处置方案报县级以上安全生产监督管理部门。

六、法律责任

1. 建设项目违法建设等行为的处罚

依据《危险化学品输送管道安全管理规定》的规定，新建、改建、扩建危险化学品管道建设项目未经安全条件审查的，由安全生产监督管理部门责令停止建设，限期改正；逾期不改正的，处50万元以上100万元以下的罚款；构成犯罪的，依法追究刑事责任。

同时规定，危险化学品管道建设单位将管道建设项目发包给不具备相应资质等级的勘察、设计、施工单位或者委托给不具有相应资质等级的工程监理单位的，由安全生产监督管理部门移送建设行政主管部门依照《建设工程质量管理条例》第五十四条规定予以处罚。

2. 管道单位未按照设置警示标志等违法行为的处罚

依据《危险化学品输送管道安全管理规定》的规定，管道单位未对危险化学品管道设置明显的安全警示标志的，由安全生产监督管理部门责令限期改正，可以处5万元以下的罚款；逾期未改正的，处5万元以上20万元以下的罚款，对其直接负责的主管人员和其他直接责任人员处1万元以上2万元以下的罚款；情节严重的，责令停产停业整顿；构成犯罪的，依照刑法有关规定追究刑事责任。

同时规定，有下列情形之一的，由安全生产监督管理部门责令改正，可以处5万元以下的罚款；拒不改正的，处5万元以上10万元以下的罚款；情节严重的，责令停产停业整顿：

（1）管道单位未按照本规定对管道进行检测、维护的。

（2）进行可能危及危险化学品管道安全的施工作业，施工单位未按照规定书面通知管道单位，或者未与管道单位共同制定应急预案并采取相应的防护措施，或者管道单位未指派专人到现场进行管道安全保护指导的。

3. 管道单位违法转产停产停止使用等行为的处罚

依据《危险化学品输送管道安全管理规定》的规定，对转产、停产、停止使用的危险化学品管道，管道单位未采取有效措施及时、妥善处置的，由安全生产监督管理部门责令改正，处5万元以上10万元以下的罚款；构成犯罪的，依法追究刑事责任。

对转产、停产、停止使用的危险化学品管道，管道单位未按照本规定将处置方案报县级以上安全生产监督管理部门的，由安全生产监督管理部门责令改正，可以处1万元以下的罚款；拒不改正的，处1万元以上5万元以下的罚款。

第二十四节 危险化学品建设项目安全监督管理办法

为了加强危险化学品建设项目安全监督管理，规范危险化学品建设项目安全审查，根据《中华人民共和国安全生产法》和《危险化学品安全管理条例》等法律、行政法规，原国家安全生产监督管理总局（应急管理部）制定《危险化学品建设项目安全监督管理办法》。2015年5月27日，根据新的《安全生产法》，国家安全生产监督管理总局对《危险化学品建设项目安全监督管理办法》进行了修改。

一、基本规定

1. 适用范围

《危险化学品建设项目安全监督管理办法》规定："中华人民共和国境内新建、改建、扩建危险化学品生产、储存的建设项目以及伴有危险化学品产生的化工建设项目（包括危险化学品长输管道建设项目，以下统称建设项目），其安全管理及其监督管理，适用本办法。危险化学品的勘探、开采及其辅助的储存，原油和天然气勘探、开采及其辅助的储存、海上输送，城镇燃气的输送及储存等建设项目，不适用本办法。"

本办法所称建设项目安全审查，是指建设项目安全条件审查、安全设施的设计审查。建设项目的安全审查由建设单位申请，安全生产监督管理部门根据本办法分级负责实施。建设项目安全设施竣工验收由建设单位负责依法组织实施。建设项目未经安全审查和安全设施竣工验收的，不得开工建设或者投入生产（使用）。

本办法所称新建项目，是指有下列情形之一的项目：

（1）新设立的企业建设危险化学品生产、储存装置（设施），或者现有企业建设与现有生产、储存活动不同的危险化学品生产、储存装置（设施）的。

（2）新设立的企业建设伴有危险化学品产生的化学品生产装置（设施），或者现有企业建设与现有生产活动不同的伴有危险化学品产生的化学品生产装置（设施）的。

本办法所称改建项目，是指有下列情形之一的项目：

（1）企业对在役危险化学品生产、储存装置（设施），在原址更新技术、工艺、主要装置（设施）、危险化学品种类的。

（2）企业对在役伴有危险化学品产生的化学品生产装置（设施），在原址更新技术、工艺、主要装置（设施）的。

本办法所称扩建项目，是指有下列情形之一的项目：

（1）企业建设与现有技术、工艺、主要装置（设施）、危险化学品品种相同，但生产、储存装置（设施）相对独立的。

（2）企业建设与现有技术、工艺、主要装置（设施）相同，但生产装置（设施）相对独立的伴有危险化学品产生的。

2. 安全审查的分级

依据《危险化学品建设项目安全监督管理办法》规定，原国家安全生产监督管理总局（应急管理部）指导、监督全国建设项目安全审查和建设项目安全设施竣工验收的实施工作，并负责实施下列建设项目的安全审查：

（1）国务院审批（核准、备案）的。

（2）跨省、自治区、直辖市的。

省、自治区、直辖市人民政府安全生产监督管理部门（以下简称省级安全生产监督管理部门）指导、监督本行政区域内建设项目安全审查和建设项目安全设施竣工验收的监督管理工作，确定并公布本部门和本行政区域内由设区的市级人民政府安全生产监督管理部门（以下简称市级安全生产监督管理部门）实施的前款规定以外的建设项目范围，并报原国家安全生产监督管理总局（应急管理部）备案。

同时，《危险化学品建设项目安全监督管理办法》规定，建设项目有下列情形之一的，应当由省级安全生产监督管理部门负责安全审查：

（1）国务院投资主管部门审批（核准、备案）的。

（2）生产剧毒化学品的。

（3）省级安全生产监督管理部门确定的其他建设项目。

《危险化学品建设项目安全监督管理办法》还规定，负责实施建设项目安全审查的安全生产监督管理部门根据工作需要，可以将其负责实施的建设项目安全审查工作，委托下一级安全生产监督管理部门实施。委托实施安全审查的，审查结果由委托的安全生产监督管理部门负责。跨省、自治区、直辖市的建设项目和生产剧毒化学品的建设项目，不得委托实施安全审查。

《危险化学品建设项目安全监督管理办法》还规定，建设项目有下列情形之一的，不得委托县级人民政府安全生产监督管理部门实施安全审查：

（1）涉及原国家安全生产监督管理总局（应急管理部）公布的重点监管危险化工工艺的。

（2）涉及原国家安全生产监督管理总局（应急管理部）公布的重点监管危险化学品中的有毒气体、液化气体、易燃液体、爆炸品，且构成重大危险源的。接受委托的安全生产监督管理部门不得将其受托的建设项目安全审查工作再委托其他单位实施。

3. 设计单位的资质

《危险化学品建设项目安全监督管理办法》规定："建设项目的设计、施工、监理单位和安全评价机构应当具备相应的资质，并对其工作成果负责。涉及重点监管危险化工工艺、重点监管危险化学品或者危险化学品重大危险源的建设项目，应当由具有石油化工医药行业相应资质的设计单位设计。"

二、建设项目安全条件审查

1. 安全评价报告

《危险化学品建设项目安全监督管理办法》规定："建设单位应当在建设项目的可行性研究阶段，委托具备相应资质的安全评价机构对建设项目进行安全评价。安全评价机构应当根据有关安全生产法律、法规、规章和国家标准、行业标准，对建设项目进行安全评价，出具建设项目安全评价报告。安全评价报告应当符合《危险化学品建设项目安全评价细则》的要求。"

同时，《危险化学品建设项目安全监督管理办法》还规定："建设项目有下列情形之一的，应当由甲级安全评价机构进行安全评价：（一）国务院及其投资主管部门审批（核准、备案）的；（二）生产剧毒化学品的；（三）跨省、自治区、直辖市的；（四）法律、法规、规章另有规定的。"

2. 安全条件审查的申请

依据《危险化学品建设项目安全监督管理办法》的规定，建设单位应当在建设项目开始初步设计前，向相应的安全生产监督管理部门申请建设项目安全条件审查，提交下列文件、资料，并对其真实性负责：

（1）建设项目安全条件审查申请书及文件。

（2）建设项目安全评价报告。

（3）建设项目批准、核准或者备案文件和规划相关文件（复制件）。

（4）工商行政管理部门颁发的企业营业执照或者企业名称预先核准通知书（复制件）。

3. 受理

《危险化学品建设项目安全监督管理办法》规定："建设单位申请安全条件审查的文件、资料齐全，符合法定形式的，安全生产监督管理部门应当当场予以受理，并书面告知建设单位。建设单位申请安全条件审查的文件、资料不齐全或者不符合法定形式的，安全生产监督管理部门应当自收到申请文件、资料之日起五个工作日内一次性书面告知建设单位需要补正的全部内容；逾期不告知的，收到申请文件、资料之日起即为受理。"

4. 审查

《危险化学品建设项目安全监督管理办法》规定："对已经受理的建设项目安全条件审查申请，安全生产监督管理部门应当指派有关人员或者组织专家对申请文件、资料进行审查，并自受理申请之日起四十五日内向建设单位出具建设项目安全条件审查意见书。建设项目安全条件审查意见书的有效期为两年。根据法定条件和程序，需要对申请文件、资料的实质内容进行核实的，安全生产监督管理部门应当指派两名以上工作人员对建设项目进行现场核查。建设单位整改现场核查发现的有关问题和修改申请文件、资料所需时间不计算在本条规定的期限内。"

此外，《危险化学品建设项目安全监督管理办法》还规定，建设项目有下列情形之一的，安全条件审查不予通过：

（1）安全评价报告存在重大缺陷、漏项的，包括建设项目主要危险、有害因素辨识和评价不全或者不准确的。

（2）建设项目与周边场所、设施的距离或者拟建场址自然条件不符合有关安全生产法律、法规、规章和国家标准、行业标准的规定的。

（3）主要技术、工艺未确定，或者不符合有关安全生产法律、法规、规章和国家标准、行业标准的规定的。

（4）国内首次使用的化工工艺，未经省级人民政府有关部门组织的安全可靠性论证的。

（5）对安全设施设计提出的对策与建议不符合法律、法规、规章和国家标准、行业标准的规定的。

（6）未委托具备相应资质的安全评价机构进行安全评价的。

（7）隐瞒有关情况或者提供虚假文件、资料的。

建设项目未通过安全条件审查的，建设单位经过整改后可以重新申请建设项目安全条件审查。

5. 重新申请

《危险化学品建设项目安全监督管理办法》规定："已经通过安全条件审查的建设项目有下列情形之一的，建设单位应当重新进行安全评价，并申请审查：（一）建设项目周边条件发生重大变化的；（二）变更建设地址的；（三）主要技术、工艺路线、产品方案或者装置规模发生重大变化的；（四）建设项目在安全条件审查意见书有效期内未开工建设，期限届满后需要开工建设的。”

三、建设项目安全设施设计审查

1. 安全设施设计

《危险化学品建设项目安全监督管理办法》规定：“设计单位应当根据有关安全生产的法律、法规、规章和国家标准、行业标准以及建设项目安全条件审查意见书，按照《化工建设项目安全设计管理导则》(AQ/T 3033)，对建设项目安全设施进行设计，并编制建设项目安全设施设计专篇。建设项目安全设施设计专篇应当符合《危险化学品建设项目安全设施设计专篇编制导则》的要求。”

2. 安全设施设计审查申请

依据《危险化学品建设项目安全监督管理办法》的规定：“建设单位应当在建设项目初步设计完成后、详细设计开始前，向出具建设项目安全条件审查意见书的安全生产监督管理部门申请建设项目安全设施设计审查，提交下列文件、资料，并对其真实性负责：（一）建设项目安全设施设计审查申请书及文件；（二）设计单位的设计资质证明文件（复制件）；（三）建设项目安全设施设计专篇。”

3. 受理

《危险化学品建设项目安全监督管理办法》规定：“建设单位申请安全设施设计审查的文件、资料齐全，符合法定形式的，安全生产监督管理部门应当当场予以受理；未经安全条件审查或者审查未通过的，不予受理。受理或者不予受理的情况，安全生产监督管理部门应当书面告知建设单位。安全设施设计审查申请文件、资料不齐全或者不符合要求的，安全生产监督管理部门应当自收到申请文件、资料之日起五个工作日内一次性书面告知建设单位需要补正的全部内容；逾期不告知的，收到申请文件、资料之日起即为受理。”

4. 设计审查

《危险化学品建设项目安全监督管理办法》规定：“对已经受理的建设项目安全设施设计审查申请，安全生产监督管理部门应当指派有关人员或者组织专家对申请文件、资料进行审查，并在受理申请之日起二十个工作日内作出同意或者不同意建设项目安全设施设计专篇的决定，向建设单位出具建设项目安全设施设计的审查意见书；二十个工作日内不能出具审查意见的，经本部门负责人批准，可以延长十个工作日，并应当将延长的期限和理由告知建设单位。根据法定条件和程序，需要对申请文件、资料的实质内容进行核实的，安全生产监督管理部门应当指派两名以上工作人员进行现场核查。建设单位整改现场核查发现的有关问题和修改申请文件、资料所需时间不计算在本条规定的期限内。”

此外，《危险化学品建设项目安全监督管理办法》还规定：“建设项目安全设施设计有下列情形之一的，审查不予通过：

（一）设计单位资质不符合相关规定的；

（二）未按照有关安全生产的法律、法规、规章和国家标准、行业标准的规定进行设计的；

（三）对未采纳的建设项目安全评价报告中的安全对策和建议，未作充分论证说明的；

（四）隐瞒有关情况或者提供虚假文件、资料的。

建设项目安全设施设计审查未通过的，建设单位经过整改后可以重新申请建设项目安全设施设计的审查。

5. 变更设计审查

依据《危险化学品建设项目安全监督管理办法》的规定："已经审查通过的建设项目安全设施设计有下列情形之一的，建设单位应当向原审查部门申请建设项目安全设施变更设计的审查：（一）改变安全设施设计且可能降低安全性能的；（二）在施工期间重新设计的。"

四、建设项目试生产（使用）

1. 检测、检验的要求

《危险化学品建设项目安全监督管理办法》规定："建设项目安全设施施工完成后，建设单位应当按照有关安全生产法律、法规、规章和国家标准、行业标准的规定，对建设项目安全设施进行检验、检测，保证建设项目安全设施满足危险化学品生产、储存的安全要求，并处于正常适用状态。"

2. 试生产

《危险化学品建设项目安全监督管理办法》规定："建设单位应当组织建设项目的设计、施工、监理等有关单位和专家，研究提出建设项目试生产（使用）（以下简称试生产〈使用〉）可能出现的安全问题及对策，并按照有关安全生产法律、法规、规章和国家标准、行业标准的规定，制定周密的试生产（使用）方案。试生产（使用）方案应当包括下列有关安全生产的内容：（一）建设项目设备及管道试压、吹扫、气密、单机试车、仪表调校、联动试车等生产准备的完成情况；（二）投料试车方案；（三）试生产（使用）过程中可能出现的安全问题、对策及应急预案；（四）建设项目周边环境与建设项目安全试生产（使用）相互影响的确认情况；（五）危险化学品重大危险源监控措施的落实情况；（六）人力资源配置情况；（七）试生产（使用）起止日期。"

此外，《危险化学品建设项目安全监督管理办法》还规定："建设项目试生产期限应当不少于30日，不超过1年。"

《危险化学品建设项目安全监督管理办法》规定："建设单位在采取有效安全生产措施后，方可将建设项目安全设施与生产、储存、使用的主体装置、设施同时进行试生产（使用）。试生产（使用）前，建设单位应当组织专家对试生产（使用）方案进行审查。试生产（使用）时，建设单位应当组织专家对试生产（使用）条件进行确认，对试生产（使用）过程进行技术指导。"

五、建设项目安全设施竣工验收

1. 安全设施施工情况报告

依据《危险化学品建设项目安全监督管理办法》的规定："建设项目安全设施施工完成后，施工单位应当编制建设项目安全设施施工情况报告。建设项目安全设施施工情况报告应当包括下列内容：(一) 施工单位的基本情况，包括施工单位以往所承担的建设项目施工情况；(二) 施工单位的资质情况（提供相关资质证明材料复印件）；(三) 施工依据和执行的有关法律、法规、规章和国家标准、行业标准；(四) 施工质量控制情况；(五) 施工变更情况，包括建设项目在施工和试生产期间有关安全生产的设施改动情况。"

2. 安全验收评价

《危险化学品建设项目安全监督管理办法》规定："建设项目试生产期间，建设单位应当按照本办法的规定委托有相应资质的安全评价机构对建设项目及其安全设施试生产（使用）情况进行安全验收评价，且不得委托在可行性研究阶段进行安全评价的同一安全评价机构。安全评价机构应当根据有关安全生产的法律、法规、规章和国家标准、行业标准进行评价。建设项目安全验收评价报告应当符合《危险化学品建设项目安全评价细则》的要求。"

3. 竣工验收

《危险化学品建设项目安全监督管理办法》规定："建设项目投入生产和使用前，建设单位应当组织人员进行安全设施竣工验收，作出建设项目安全设施竣工验收是否通过的结论。参加验收人员的专业能力应当涵盖建设项目涉及的所有专业内容。"

根据《危险化学品建设项目安全监督管理办法》规定，建设单位应当向参加验收人员提供下列文件、资料，并组织进行现场检查：

(1) 建设项目安全设施施工、监理情况报告。

(2) 建设项目安全验收评价报告。

(3) 试生产（使用）期间是否发生事故、采取的防范措施以及整改情况报告。

(4) 建设项目施工、监理单位资质证书（复制件）。

(5) 主要负责人、安全生产管理人员、注册安全工程师资格证书（复制件），以及特种作业人员名单。

(6) 从业人员安全教育、培训合格的证明材料。

(7) 劳动防护用品配备情况说明。

(8) 安全生产责任制文件，安全生产规章制度清单、岗位操作安全规程清单。

(9) 设置安全生产管理机构和配备专职安全生产管理人员的文件（复制件）。

(10) 为从业人员缴纳工伤保险费的证明材料（复制件）。

4. 竣工验收不予通过

《危险化学品建设项目安全监督管理办法》规定，建设项目安全设施有下列情形之一的，建设项目安全设施竣工验收不予通过：

(1) 未委托具备相应资质的施工单位施工的。

(2) 未按照已经通过审查的建设项目安全设施设计施工或者施工质量未达到建设项目安全设施设计文件要求的。

(3) 建设项目安全设施的施工不符合国家标准、行业标准的规定的。

(4) 建设项目安全设施竣工后未按照本办法的规定进行检验、检测，或者经检验、检测不合格的。

（5）未委托具备相应资质的安全评价机构进行安全验收评价的。

（6）安全设施和安全生产条件不符合或者未达到有关安全生产法律、法规、规章和国家标准、行业标准的规定的。

（7）安全验收评价报告存在重大缺陷、漏项，包括建设项目主要危险、有害因素辨识和评价不正确的。

（8）隐瞒有关情况或者提供虚假文件、资料的。

（9）未按照本办法规定向参加验收人员提供文件、材料，并组织现场检查的。

此外，《危险化学品建设项目安全监督管理办法》还规定："建设单位组织安全设施竣工验收合格后，应将验收过程中涉及的文件、资料存档，并按照有关法律法规及其配套规章的规定申请有关危险化学品的其他安全许可。"

六、监督管理

《危险化学品建设项目安全监督管理办法》规定，有下列情形之一的，负责审查的安全生产监督管理部门或者其上级安全生产监督管理部门可以撤销建设项目的安全审查：

（1）滥用职权、玩忽职守的。

（2）超越法定职权的。

（3）违反法定程序的。

（4）申请人不具备申请资格或者不符合法定条件的。

（5）依法可以撤销的其他情形。

《危险化学品建设项目安全监督管理办法》还规定："建设单位以欺骗、贿赂等不正当手段通过安全审查的，应当予以撤销。"

七、法律责任

1. 建设项目未经安全审查的处罚

《危险化学品建设项目安全监督管理办法》规定，未经安全条件审查或者安全条件审查未通过，新建、改建、扩建生产、储存危险化学品的建设项目的，责令停止建设，限期改正；逾期不改正的，处五十万元以上一百万元以下的罚款；构成犯罪的，依法追究刑事责任。建设项目发生变化后，未重新申请安全条件审查，以及审查未通过擅自建设的，依照前款规定处罚。

2. 建设项目安全设施未经设计审查和竣工验收合格的处罚

《危险化学品建设项目安全监督管理办法》规定，建设单位有下列行为之一的，依照《中华人民共和国安全生产法》有关建设项目安全设施设计审查、竣工验收的法律责任条款给予处罚：

（1）建设项目安全设施设计未经审查或者审查未通过，擅自建设的。

（2）建设项目安全设施设计发生本办法第二十一条规定的情形之一，未经变更设计审查或者变更设计审查未通过，擅自建设的。

（3）建设项目的施工单位未根据批准的安全设施设计施工的。

（4）建设项目安全设施未经竣工验收或者验收不合格，擅自投入生产（使用）的。

3. 建设项目未经检测检验等违法行为的处罚

《危险化学品建设项目安全监督管理办法》规定，建设单位有下列行为之一的，责令改正，可以处一万元以下的罚款；逾期未改正的，处一万元以上三万元以下的罚款：

（1）建设项目安全设施竣工后未进行检验、检测的。

（2）在申请建设项目安全审查时提供虚假文件、资料的。

（3）未组织有关单位和专家研究提出试生产（使用）可能出现的安全问题及对策，或者未制定周密的试生产（使用）方案，进行试生产（使用）的。

（4）未组织有关专家对试生产（使用）方案进行审查、对试生产（使用）条件进行检查确认的。

4. 建设单位隐瞒有关情况的处罚

《危险化学品建设项目安全监督管理办法》规定，建设单位隐瞒有关情况或者提供虚假材料申请建设项目安全审查的，不予受理或者审查不予通过，给予警告，并自安全生产监督管理部门发现之日起一年内不得再次申请该审查。建设单位采用欺骗、贿赂等不正当手段取得建设项目安全审查的，自安全生产监督管理部门撤销建设项目安全审查之日起三年内不得再次申请该审查。

5. 安全评价违法行为的处罚

《危险化学品建设项目安全监督管理办法》规定，承担安全评价、检验、检测工作的机构出具虚假报告、证明的，依照《安全生产法》的有关规定给予处罚。

第二十五节　危险化学品重大危险源监督管理暂行规定

为了加强危险化学品重大危险源的安全监督管理，防止和减少危险化学品事故的发生，保障人民群众生命财产安全，根据《安全生产法》和《危险化学品安全管理条例》等有关法律、行政法规，原国家安全生产监督管理总局（应急管理部）制定《危险化学品重大危险源监督管理暂行规定》。2015 年 5 月 27 日，根据新的《安全生产法》，国家安全生产监督管理总局对《危险化学品重大危险源监督管理暂行规定》进行了修改。

一、基本规定

1. 适用范围

《危险化学品重大危险源监督管理暂行规定》明确规定："从事危险化学品生产、储存、使用和经营的单位（以下统称危险化学品单位）的危险化学品重大危险源的辨识、评估、登记建档、备案、核销及其监督管理，适用本规定。城镇燃气、用于国防科研生产的危险化学品重大危险源以及港区内危险化学品重大危险源的安全监督管理，不适用本规定。"

本规定所称危险化学品重大危险源（以下简称重大危险源），是指按照《危险化学品重大危险源辨识》(GB 18218）标准辨识确定，生产、储存、使用或者搬运危险化学品的数量等于或者超过临界量的单元（包括场所和设施）。

2. 重大危险源的管理

依据《危险化学品重大危险源监督管理暂行规定》的规定，危险化学品单位是本单位重大危险源安全管理的责任主体，其主要负责人对本单位的重大危险源安全管理工作负责，并保证重大危险源安全生产所必需的安全投入。重大危险源的安全监督管理实行属地监管与分级管理相结合的原则。县级以上地方人民政府安全生产监督管理部门按照有关法律、法规、标准和本规定，对本辖区内的重大危险源实施安全监督管理。

二、辨识与评估

1. 重大危险源的辨识

依据《危险化学品重大危险源监督管理暂行规定》的规定，危险化学品单位应当按照《危险化学品重大危险源辨识》(GB 18218）标准，对本单位的危险化学品生产、经营、储存和使用装置、设施或者场所进行重大危险源辨识，并记录辨识过程与结果。

2. 重大危险源评估及分级

《危险化学品重大危险源监督管理暂行规定》明确规定："危险化学品单位应当对重大危险源进行安全评估并确定重大危险源等级。危险化学品单位可以组织本单位的注册安全工程师、技术人员或者聘请有关专家进行安全评估，也可以委托具有相应资质的安全评价机构进行安全评估。依照法律、行政法规的规定，危险化学品单位需要进行安全评价的，重大危险源安全评估可以与本单位的安全评价一起进行，以安全评价报告代替安全评估报告，也可以单独进行重大危险源安全评估。重大危险源根据其危险程度，分为一级、二级、三级和四级，一级为最高级别。"

同时，《危险化学品重大危险源监督管理暂行规定》明确规定："重大危险源有下列情形之一的，应当委托具有相应资质的安全评价机构，按照有关标准的规定采用定量风险评价方法进行安全评估，确定个人和社会风险值：（一）构成一级或者二级重大危险源，且毒性气体实际存在（在线）量与其在《危险化学品重大危险源辨识》中规定的临界量比值之和大于或等于1的；（二）构成一级重大危险源，且爆炸品或液化易燃气体实际存在（在线）量与其在《危险化学品重大危险源辨识》中规定的临界量比值之和大于或等于1的。"这里所讲的定量风险评价方法，依照相关的国家标准、行业标准进行。

依据《危险化学品重大危险源监督管理暂行规定》的规定，重大危险源安全评估报告应当客观公正、数据准确、内容完整、结论明确、措施可行，并包括下列内容：

（1）评估的主要依据。

（2）重大危险源的基本情况。

（3）事故发生的可能性及危害程度。

（4）个人风险和社会风险值（仅适用定量风险评价方法）。

（5）可能受事故影响的周边场所、人员情况。

（6）重大危险源辨识、分级的符合性分析。

（7）安全管理措施、安全技术和监控措施。

（8）事故应急措施。

（9）评估结论与建议。

危险化学品单位以安全评价报告代替安全评估报告的，其安全评价报告中有关重大危险源的内容应当符合本条第一款规定的要求。

3. 重新辨识和评估

依据《危险化学品重大危险源监督管理暂行规定》的规定，有下列情形之一的，危险化学品单位应当对重大危险源重新进行辨识、安全评估及分级：

（1）重大危险源安全评估已满三年的。

（2）构成重大危险源的装置、设施或者场所进行新建、改建、扩建的。

（3）危险化学品种类、数量、生产、使用工艺或者储存方式及重要设备、设施等发生变化，影响重大危险源级别或者风险程度的。

（4）外界生产安全环境因素发生变化，影响重大危险源级别和风险程度的。

（5）发生危险化学品事故造成人员死亡，或者 10 人以上受伤，或者影响到公共安全的。

（6）有关重大危险源辨识和安全评估的国家标准、行业标准发生变化的。

三、安全管理

1. 监控体系

为了加强对重大危险源的管理，《危险化学品重大危险源监督管理暂行规定》明确生产经营单位应当建立健全相应的监管体系，规定危险化学品单位应当根据构成重大危险源的危险化学品种类、数量、生产、使用工艺（方式）或者相关设备、设施等实际情况，按照下列要求建立健全安全监测监控体系，完善控制措施：

（1）重大危险源配备温度、压力、液位、流量、组份等信息的不间断采集和监测系统以及可燃气体和有毒有害气体泄漏检测报警装置，并具备信息远传、连续记录、事故预警、信息存储等功能；一级或者二级重大危险源，具备紧急停车功能。记录的电子数据的保存时间不少于 30 天。

（2）重大危险源的化工生产装置装备满足安全生产要求的自动化控制系统；一级或者二级重大危险源，装备紧急停车系统。

（3）对重大危险源中的毒性气体、剧毒液体和易燃气体等重点设施，设置紧急切断装置；毒性气体的设施，设置泄漏物紧急处置装置。涉及毒性气体、液化气体、剧毒液体的一级或者二级重大危险源，配备独立的安全仪表系统（SIS）。

（4）重大危险源中储存剧毒物质的场所或者设施，设置视频监控系统。

（5）安全监测监控系统符合国家标准或者行业标准的规定。

2. 管理制度

依据《危险化学品重大危险源监督管理暂行规定》的规定，危险化学品单位应当建立完善重大危险源安全管理规章制度和安全操作规程，并采取有效措施保证其得到执行。通过定量风险评价确定的重大危险源的个人和社会风险值，不得超过本规定的个人和社会可容许风险限值标准。超过个人和社会可容许风险限值标准的，危险化学品单位应当采取相应的降低风险措施。

3. 设备保养

依据《危险化学品重大危险源监督管理暂行规定》的规定，危险化学品单位应当按照国家有关规定，定期对重大危险源的安全设施和安全监测监控系统进行检测、检验，并进行经常性维护、保养，保证重大危险源的安全设施和安全监测监控系统有效、可靠运行。维护、保养、检测应当作好记录，并由有关人员签字。

4. 消除隐患

依据《危险化学品重大危险源监督管理暂行规定》的规定，危险化学品单位应当明确重大危险源中关键装置、重点部位的责任人或者责任机构，并对重大危险源的安全生产状况进行定期检查，及时采取措施消除事故隐患。事故隐患难以立即排除的，应当及时制定治理方案，落实整改措施、责任、资金、时限和预案。

5. 安全培训

依据《危险化学品重大危险源监督管理暂行规定》的规定，危险化学品单位应当对重大危险源的管理和操作岗位人员进行安全操作技能培训，使其了解重大危险源的危险特性，熟悉重大危险源安全管理规章制度和安全操作规程，掌握本岗位的安全操作技能和应急措施。

6. 警示标志

依据《危险化学品重大危险源监督管理暂行规定》的规定，危险化学品单位应当在重大危险源所在场所设置明显的安全警示标志，写明紧急情况下的应急处置办法。危险化学品单位应当将重大危险源可能发生的事故后果和应急措施等信息，以适当方式告知可能受影响的单位、区域及人员。

7. 应急预案和装备

依据《危险化学品重大危险源监督管理暂行规定》的规定，危险化学品单位应当依法制定重大危险源事故应急预案，建立应急救援组织或者配备应急救援人员，配备必要的防护装备及应急救援器材、设备、物资，并保障其完好和方便使用；配合地方人民政府安全生产监督管理部门制定所在地区涉及本单位的危险化学品事故应急预案。对存在吸入性有毒、有害气体的重大危险源，危险化学品单位应当配备便携式浓度检测设备、空气呼吸器、化学防护服、堵漏器材等应急器材和设备；涉及剧毒气体的重大危险源，还应当配备两套以上（含本数）气密型化学防护服；涉及易燃易爆气体或者易燃液体蒸气的重大危险源，还应当配备一定数量的便携式可燃气体检测设备。

8. 应急演练及评估

依据《危险化学品重大危险源监督管理暂行规定》的规定，危险化学品单位应当制定重大危险源事故应急预案演练计划，并按照下列要求进行事故应急预案演练：

（1）对重大危险源专项应急预案，每年至少进行一次。

（2）对重大危险源现场处置方案，每半年至少进行一次。

应急预案演练结束后，危险化学品单位应当对应急预案演练效果进行评估，撰写应急预案演练评估报告，分析存在的问题，对应急预案提出修订意见，并及时修订完善。

9. 重大危险源档案

依据《危险化学品重大危险源监督管理暂行规定》的规定，危险化学品单位应当对辨识确认的重大危险源及时、逐项进行登记建档。重大危险源档案应当包括下列文件、资料：

（1）辨识、分级记录。

（2）重大危险源基本特征表。

（3）涉及的所有化学品安全技术说明书。

（4）区域位置图、平面布置图、工艺流程图和主要设备一览表。

（5）重大危险源安全管理规章制度及安全操作规程。

（6）安全监测监控系统、措施说明、检测、检验结果。

（7）重大危险源事故应急预案、评审意见、演练计划和评估报告。

（8）安全评估报告或者安全评价报告。

（9）重大危险源关键装置、重点部位的责任人、责任机构名称。

（10）重大危险源场所安全警示标志的设置情况。

（11）其他文件、资料。

10. 重大危险源向安全监管部门备案

依据《危险化学品重大危险源监督管理暂行规定》的规定，危险化学品单位在完成重大危险源安全评估报告或者安全评价报告后 15 日内，应当填写重大危险源备案申请表，连同规定的重大危险源档案材料，报送所在地县级人民政府安全生产监督管理部门备案。县级人民政府安全生产监督管理部门应当每季度将辖区内的一级、二级重大危险源备案材料报送至设区的市级人民政府安全生产监督管理部门。设区的市级人民政府安全生产监督管理部门应当每半年将辖区内的一级重大危险源备案材料报送至省级人民政府安全生产监督管理部门。

重大危险源出现重大变化的，危险化学品单位应当及时更新档案，并向所在地县级人民政府安全生产监督管理部门重新备案。危险化学品单位新建、改建和扩建危险化学品建设项目，应当在建设项目竣工验收前完成重大危险源的辨识、安全评估和分级、登记建档工作，并向所在地县级人民政府安全生产监督管理部门备案。

四、监督检查

1. 建立健全管理制度

依据《危险化学品重大危险源监督管理暂行规定》的规定，县级人民政府安全生产监督管理部门应当建立健全危险化学品重大危险源管理制度，明确责任人员，加强资料归档。

2. 及时报送

依据《危险化学品重大危险源监督管理暂行规定》的规定，县级人民政府安全生产监督管理部门应当在每年 1 月 15 日前，将辖区内上一年度重大危险源的汇总信息报送至设区的市级人民政府安全生产监督管理部门。设区的市级人民政府安全生产监督管理部门应当在每年 1 月 31 日前，将辖区内上一年度重大危险源的汇总信息报送至省级人民政府安全生产监督管理部门。省级人民政府安全生产监督管理部门应当在每年 2 月 15 日前，将辖区内上一年度重大危险源的汇总信息报送至原国家安全生产监督管理总局（应急管理部）。

3. 核销

依据《危险化学品重大危险源监督管理暂行规定》的规定，重大危险源经过安全评价或者安全评估不再构成重大危险源的，危险化学品单位应当向所在地县级人民政府安全生产监督管理部门申请核销。申请核销重大危险源应当提交下列文件、资料：

（1）载明核销理由的申请书。

（2）单位名称、法定代表人、住所、联系人、联系方式。

（3）安全评价报告或者安全评估报告。

此外，《危险化学品重大危险源监督管理暂行规定》明确："县级人民政府安全生产监督管理部门应当自收到申请核销的文件、资料之日起30日内进行审查，符合条件的，予以核销并出具证明文书；不符合条件的，说明理由并书面告知申请单位。必要时，县级人民政府安全生产监督管理部门应当聘请有关专家进行现场核查。县级人民政府安全生产监督管理部门应当每季度将辖区内一级、二级重大危险源的核销材料报送至设区的市级人民政府安全生产监督管理部门。设区的市级人民政府安全生产监督管理部门应当每半年将辖区内一级重大危险源的核销材料报送至省级人民政府安全生产监督管理部门。"

4. 检查

依据《危险化学品重大危险源监督管理暂行规定》的规定，县级以上地方各级人民政府安全生产监督管理部门应当加强对存在重大危险源的危险化学品单位的监督检查，督促危险化学品单位做好重大危险源的辨识、安全评估及分级、登记建档、备案、监测监控、事故应急预案编制、核销和安全管理工作。

首次对重大危险源的监督检查应当包括下列主要内容：

（1）重大危险源的运行情况、安全管理规章制度及安全操作规程制定和落实情况。

（2）重大危险源的辨识、分级、安全评估、登记建档、备案情况。

（3）重大危险源的监测监控情况。

（4）重大危险源安全设施和安全监测监控系统的检测、检验以及维护保养情况。

（5）重大危险源事故应急预案的编制、评审、备案、修订和演练情况。

（6）有关从业人员的安全培训教育情况。

（7）安全标志设置情况。

（8）应急救援器材、设备、物资配备情况。

（9）预防和控制事故措施的落实情况。

同时，依据《危险化学品重大危险源监督管理暂行规定》的规定，安全生产监督管理部门在监督检查中发现重大危险源存在事故隐患的，应当责令立即排除；重大事故隐患排除前或者排除过程中无法保证安全的，应当责令从危险区域内撤出作业人员，责令暂时停产停业或者停止使用；重大事故隐患排除后，经安全生产监督管理部门审查同意，方可恢复生产经营和使用。县级以上地方各级人民政府安全生产监督管理部门应当会同本级人民政府有关部门，加强对工业（化工）园区等重大危险源集中区域的监督检查，确保重大危险源与周边单位、居民区、人员密集场所等重要目标和敏感场所之间保持适当的安全距离。

五、法律责任

1. 对未登记建档等违法行为的处罚

依据《危险化学品重大危险源监督管理暂行规定》的规定，危险化学品单位有下列行为之一的，由县级以上人民政府安全生产监督管理部门责令限期改正，可以处10万元以下的罚款；逾期未改正的，责令停产停业整顿，并处10万元以上20万元以下的罚款，对其直接负责的主管人员和其他直接责任人员处2万元以上5万元以下的罚款；构成犯罪的，依照刑法有关规定追究刑事责任：

（1）未按照本规定要求对重大危险源进行安全评估或者安全评价的。

（2）未按照本规定要求对重大危险源进行登记建档的。

（3）未按照本规定及相关标准要求对重大危险源进行安全监测监控的。

（4）未制定重大危险源事故应急预案的。

2. 未设置安全标志等违法行为的处罚

依据《危险化学品重大危险源监督管理暂行规定》的规定，危险化学品单位有下列行为之一的，由县级以上人民政府安全生产监督管理部门责令限期改正，可以处5万元以下的罚款；逾期未改正的，处5万元以上20万元以下的罚款，对其直接负责的主管人员和其他直接责任人员处1万元以上2万元以下的罚款；情节严重的，责令停产停业整顿；构成犯罪的，依照刑法有关规定追究刑事责任：

（1）未在构成重大危险源的场所设置明显的安全警示标志的。

（2）未对重大危险源中的设备、设施等进行定期检测、检验的。

3. 未进行辨识等违法行为的处罚

依据《危险化学品重大危险源监督管理暂行规定》的规定，危险化学品单位有下列情形之一的，由县级以上人民政府安全生产监督管理部门给予警告，可以并处5000元以上3万元以下的罚款：

（1）未按照标准对重大危险源进行辨识的。

（2）未按照本规定明确重大危险源中关键装置、重点部位的责任人或者责任机构的。

（3）未按照本规定建立应急救援组织或者配备应急救援人员，以及配备必要的防护装备及器材、设备、物资，并保障其完好的。

（4）未按照本规定进行重大危险源备案或者核销的。

（5）未将重大危险源可能引发的事故后果、应急措施等信息告知可能受影响的单位、区域及人员的。

（6）未按照本规定要求开展重大危险源事故应急预案演练的。

4. 未进行定期检查等违法行为的处罚

依据《危险化学品重大危险源监督管理暂行规定》的规定，危险化学品单位未按照本规定对重大危险源的安全生产状况进行定期检查，采取措施消除事故隐患的，责令立即消除或者限期消除；危险化学品单位拒不执行的，责令停产停业整顿，并处10万元以上20万元以下的罚款，对其直接负责的主管人员和其他直接责任人员处2万元以上5万元以下的罚款。

第二十六节　工贸企业有限空间作业安全管理与监督暂行规定

为了加强有限空间作业的安全管理和安全监管部门的监督，原国家安全生产监督管理总局（应急管理部）制定出台了部门规章《工贸企业有限空间作业安全管理与监督暂行规定》，自 2013 年 7 月 1 日起施行。2015 年 5 月 29 日，根据新的《安全生产法》，国家安全生产监督管理总局对《工贸企业有限空间作业安全管理与监督暂行规定》进行了修改。

一、适用范围

有限空间的范围很多，化工行业更多，危险物品的储存罐等都是有限空间。此外，公共场所也很多，如很多地下工作区域等。为此，《工贸企业有限空间作业安全管理与监督暂行规定》第一条规定："为了加强对冶金、有色、建材、机械、轻工、纺织、烟草、商贸企业（以下统称工贸企业）有限空间作业的安全管理与监督，预防和减少生产安全事故，保障作业人员的安全与健康，根据《中华人民共和国安全生产法》等法律、行政法规，制定本规定。"只有工贸企业的有限空间作业适用《工贸企业有限空间作业安全管理与监督暂行规定》，其他领域的有限空间作业遵循有关法律、法规和国家标准或者行业标准的规定。如化工行业中有限空间安全管理，有多部国家标准或者行业标准作出了规范。

依据《工贸企业有限空间作业安全管理与监督暂行规定》的规定，本规定所称有限空间，是指封闭或者部分封闭，与外界相对隔离，出入口较为狭窄，作业人员不能长时间在内工作，自然通风不良，易造成有毒有害、易燃易爆物质积聚或者氧含量不足的空间。工贸企业有限空间的目录由原国家安全生产监督管理总局（应急管理部）确定、调整并公布。

二、有限空间作业的安全保障

1. 安全生产规章制度和规程

安全生产规章制度和操作规程是保障生产经营单位安全生产的基础。为此，《工贸企业有限空间作业安全管理与监督暂行规定》明确规定："存在有限空间作业的工贸企业应当建立下列安全生产制度和规程：（一）有限空间作业安全责任制度；（二）有限空间作业审批制度；（三）有限空间作业现场安全管理制度；（四）有限空间作业现场负责人、监护人员、作业人员、应急救援人员安全培训教育制度；（五）有限空间作业应急管理制度；（六）有限空间作业安全操作规程。"

2. 安全教育和培训

人是安全生产的保护对象，也是安全生产的承担者。从业人员的安全素质和操作技能对安全生产至关重要。有限空间作业的风险很多，必须进行专门的培训。为此，《工贸企业有限空间作业安全管理与监督暂行规定》规定："工贸企业应当对从事有限空间作业的现场负责人、监护人员、作业人员、应急救援人员进行专项安全培训。专项安全培训应当包括下列内容：（一）有限空间作业的危险有害因素和安全防范措施；（二）有限空间作业的安全操作规程；（三）检测仪器、劳动防护用品的正确使用；（四）紧急情况下的应急处置措施。安全培训应当有专门记录，并由参加培训的人员签字确认。”

3. 登记记档

为了做到有限空间心中有数，便于管理，《工贸企业有限空间作业安全管理与监督暂行规定》规定：“工贸企业应当对本企业的有限空间进行辨识，确定有限空间的数量、位置以及危险有害因素等基本情况，建立有限空间管理台账，并及时更新。”

4. 按照作业方案施工

为了保证作业的安全，制定具体的作业方案是必要的。《工贸企业有限空间作业安全管理与监督暂行规定》规定：“工贸企业实施有限空间作业前，应当对作业环境进行评估，分析存在的危险有害因素，提出消除、控制危害的措施，制定有限空间作业方案，并经本企业安全生产管理人员审核，负责人批准。”

为了保证作业方案的实施，《工贸企业有限空间作业安全管理与监督暂行规定》规定：“工贸企业应当按照有限空间作业方案，明确作业现场负责人、监护人员、作业人员及其安全职责。”同时规定：“工贸企业实施有限空间作业前，应当将有限空间作业方案和作业现场可能存在的危险有害因素、防控措施告知作业人员。现场负责人应当监督作业人员按照方案进行作业准备。”

5. 隔离措施

为了保证作业地点的安全，《工贸企业有限空间作业安全管理与监督暂行规定》规定：“工贸企业应当采取可靠的隔断（隔离）措施，将可能危及作业安全的设施设备、存在有毒有害物质的空间与作业地点隔开。”

6. 作业程序

对于进入有限空间作业，必须遵循先通风、再检测、后作业的工作程序，在做好通风的基础上，加强有害气体检测，在有害气体浓度低于规定，保证安全的前提下，方可进入有限空间作业。《工贸企业有限空间作业安全管理与监督暂行规定》规定：“有限空间作业应当严格遵守‘先通风、再检测、后作业’的原则。检测指标包括氧浓度、易燃易爆物质（可燃性气体、爆炸性粉尘）浓度、有毒有害气体浓度。检测应当符合相关国家标准或者行业标准的规定。未经通风和检测合格，任何人员不得进入有限空间作业。检测的时间不得早于作业开始前30分钟。”

此外，《工贸企业有限空间作业安全管理与监督暂行规定》对检测的要求作出了明确规定：“检测人员进行检测时，应当记录检测的时间、地点、气体种类、浓度等信息。检测记录经检测人员签字后存档。检测人员应当采取相应的安全防护措施，防止中毒窒息等事故发生。”

对于有害物质的清洗，《工贸企业有限空间作业安全管理与监督暂行规定》还规定：“有限空间内盛装或者残留的物料对作业存在危害时，作业人员应当在作业前对物料进行清洗、清空或者置换。经检测，有限空间的危险有害因素符合《工作场所有害因素职业接触限值　第一部分化学有害因素》(GBZ 2.1）的要求后，方可进入有限空间作业。”

对于作业过程中，如何保证通风畅通，《工贸企业有限空间作业安全管理与监督暂行规定》规定：“在有限空间作业过程中，工贸企业应当采取通风措施，保持空气流通，禁止采用纯氧通风换气。发现通风设备停止运转、有限空间内氧含量浓度低于或者有毒有害气体浓度高于国家标准或者行业标准规定的限值时，工贸企业必须立即停止有限空间作业，清点作业人员，撤离作业现场。”

此外，《工贸企业有限空间作业安全管理与监督暂行规定》还规定：“在有限空间作业过程中，工贸企业应当对作业场所中的危险有害因素进行定时检测或者连续监测。作业中断超过30分钟，作业人员再次进入有限空间作业前，应当重新通风、检测合格后方可进入。”

7. 照明安全

为了防止照明电器发生故障，《工贸企业有限空间作业安全管理与监督暂行规定》规定：“有限空间作业场所的照明灯具电压应当符合《特低电压限值》（GB/T 3805）等国家标准或者行业标准的规定；作业场所存在可燃性气体、粉尘的，其电气设施设备及照明灯具的防爆安全要求应当符合《爆炸性环境　第一部分：设备通用要求》（GB 3836.1）等国家标准或者行业标准的规定。”

8. 劳动防护

为了加强从业人员的个体防护，筑牢保障人身安全健康的最后防线，《工贸企业有限空间作业安全管理与监督暂行规定》规定：“工贸企业应当根据有限空间存在危险有害因素的种类和危害程度，为作业人员提供符合国家标准或者行业标准规定的劳动防护用品，并教育监督作业人员正确佩戴与使用。”

9. 发包安全管理

实践中，工贸企业往往将有限空间作业发包给其他单位，为了加强发包后的管理，《工贸企业有限空间作业安全管理与监督暂行规定》规定：“工贸企业将有限空间作业发包给其他单位实施的，应当发包给具备国家规定资质或者安全生产条件的承包方，并与承包方签订专门的安全生产管理协议或者在承包合同中明确各自的安全生产职责。工贸企业应当对承包单位的安全生产工作统一协调、管理，定期进行安全检查，发现安全问题的，应当及时督促整改。”同时，《工贸企业有限空间作业安全管理与监督暂行规定》明确：“工贸企业对其发包的有限空间作业安全承担主体责任。承包方对其承包的有限空间作业安全承担直接责任。”

10. 其他安全要求

《工贸企业有限空间作业安全管理与监督暂行规定》规定：“工贸企业有限空间作业还应当符合下列要求：（一）保持有限空间出入口畅通；（二）设置明显的安全警示标志和警示说明；（三）作业前清点作业人员和工器具；（四）作业人员与外部有可靠的通信联络；（五）监护人员不得离开作业现场，并与作业人员保持联系；（六）存在交叉作业时，采取避免互相伤害的措施。”

此外，《工贸企业有限空间作业安全管理与监督暂行规定》要求：“有限空间作业结束后，作业现场负责人、监护人员应当对作业现场进行清理，撤离作业人员。”

11. 应急预案和事故报告

《工贸企业有限空间作业安全管理与监督暂行规定》规定，工贸企业应当根据本企业有限空间作业的特点，制定应急预案，并配备相关的呼吸器、防毒面罩、通信设备、安全绳索等应急装备和器材。有限空间作业的现场负责人、监护人员、作业人员和应急救援人员应当掌握相关应急预案内容，定期进行演练，提高应急处置能力。有限空间作业中发生事故后，现场有关人员应当立即报警，禁止盲目施救。应急救援人员实施救援时，应当做好自身防护，佩戴必要的呼吸器具、救援器材。

三、有限空间作业的安全监督管理

（1）依据《工贸企业有限空间作业安全管理与监督暂行规定》的规定，安全生产监督管理部门应当加强对工贸企业有限空间作业的监督检查，将检查纳入年度执法工作计划。对发现的事故隐患和违法行为，依法作出处理。安全生产监督管理部门对工贸企业有限空间作业实施监督检查时，应当重点抽查有限空间作业安全管理制度、有限空间管理台账、检测记录、劳动防护用品配备、应急救援演练、专项安全培训等情况。

（2）依据《工贸企业有限空间作业安全管理与监督暂行规定》的规定，安全生产监督管理部门及其行政执法人员发现有限空间作业存在重大事故隐患的，应当责令立即或者限期整改；重大事故隐患排除前或者排除过程中无法保证安全的，应当责令暂时停止作业，撤出作业人员；重大事故隐患排除后，经审查同意，方可恢复作业。

四、法律责任

（1）工贸企业有下列行为之一的，由县级以上安全生产监督管理部门责令限期改正，可以处5万元以下的罚款；逾期未改正的，处5万元以上20万元以下的罚款，其直接负责的主管人员和其他直接责任人员处1万元以上2万元以下的罚款；情节严重的，责令停产停业整顿：①未在有限空间作业场所设置明显的安全警示标志的；②未按照本规定为作业人员提供符合国家标准或者行业标准的劳动防护用品的。

（2）工贸企业有下列情形之一的，由县级以上安全生产监督管理部门责令限期改正，可以处5万元以下的罚款；逾期未改正的，责令停产停业整顿，并处5万元以上10万元以下的罚款，对其直接负责的主管人员和其他直接责任人员处1万元以上2万元以下的罚款：①未按照本规定对有限空间的现场负责人、监护人员、作业人员和应急救援人员进行安全培训的；②未按照本规定对有限空间作业制定应急预案，或者定期进行演练的。

（3）工贸企业有下列情形之一的，由县级以上安全生产监督管理部门责令限期改正，可以处3万元以下的罚款，对其直接负责的主管人员和其他直接责任人员处1万元以下的罚款：①未按照本规定对有限空间作业进行辨识、提出防范措施、建立有限空间管理台账的；②未按照本规定对有限空间作业制定作业方案或者方案未经审批擅自作业的；③有限空间作业未按照本规定进行危险有害因素检测或者监测，并实行专人监护作业的。

第二十七节　食品生产企业安全生产监督管理暂行规定

为加强食品生产企业的安全生产工作，防止和减少生产安全事故，保障从业人员的生命和财产安全，依据《中华人民共和国安全生产法》等有关法律、行政法规，原国家安全生产监督管理总局（应急管理部）制定了《食品生产企业安全生产监督管理暂行规定》。2015 年 5 月 29 日，根据新的《安全生产法》，国家安全生产监督管理总局对《食品生产企业安全生产监督管理暂行规定》进行了修改。

一、基本规定

1. 适用范围

根据《食品生产企业安全生产监督管理暂行规定》的规定，食品生产企业的安全生产及其监督管理，适用本规定。农副产品从种植养殖环节进入批发、零售市场或者生产加工企业前的安全生产及其监督管理，不适用本规定。本规定所称食品生产企业，是指以农业、渔业、畜牧业、林业或者化学工业的产品、半成品为原料，通过工业化加工、制作，为人们提供食用或者饮用的物品的企业。

2. 安全生产的监管

根据《食品生产企业安全生产监督管理暂行规定》的规定，原国家安全生产监督管理总局（应急管理部）对全国食品生产企业的安全生产工作实施监督管理。县级以上地方人民政府安全生产监督管理部门和有关部门（以下统称负责食品生产企业安全生产监管的部门）根据本级人民政府规定的职责，按照属地监管、分级负责的原则，对本行政区域内食品生产企业的安全生产工作实施监督管理。食品生产企业的工程建设安全、消防安全和特种设备安全，依照法律、行政法规的规定由县级以上地方人民政府相关部门负责专项监督管理。

二、安全生产的基本要求

1. 总体要求

根据《食品生产企业安全生产监督管理暂行规定》的规定，食品生产企业应当严格遵守有关安全生产法律、行政法规和国家标准、行业标准的规定，建立健全安全生产责任制、安全生产规章制度和安全操作规程。

2. 机构和人员要求

《食品生产企业安全生产监督管理暂行规定》明确规定："从业人员超过 100 人的食品生产企业，应当设置安全生产管理机构或者配备 3 名以上专职安全生产管理人员，鼓励配备注册安全工程师从事安全生产管理工作。前款规定以外的其他食品生产企业，应当配备专职或者兼职安全生产管理人员，或者委托安全生产中介机构提供安全生产服务。委托安全生产中介机构提供安全生产技术、管理服务的，保证安全生产的责任仍由本企业负责。"

此外，《食品生产企业安全生产监督管理暂行规定》明确规定："食品生产企业应当支持安全生产管理机构和安全生产管理人员履行管理职责，并保证其开展工作所必须的条件。"食品生产企业作出涉及安全生产的决策，应当听取安全生产管理机构以及安全生产管理人员的意见，不得因安全生产管理人员依法履行职责而降低其工资、福利等待遇或者解除与其订立的劳动合同。

3. 安全生产标准化

根据《食品生产企业安全生产监督管理暂行规定》的规定，食品生产企业应当推进安全生产标准化建设，强化安全生产基础，做到安全管理标准化、设施设备标准化、作业现场标准化和作业行为标准化，并持续改进，不断提高企业本质安全水平。

4. 建设项目“三同时”

《食品生产企业安全生产监督管理暂行规定》明确规定：“食品生产企业新建、改建和扩建建设项目（以下统称建设项目）的安全设施，必须与主体工程同时设计、同时施工、同时投入生产和使用。安全设施投资应当纳入建设项目概算。食品生产企业应当委托具备国家规定资质的工程设计单位、施工单位和监理单位，对建设工程进行设计、施工和监理。工程设计单位、施工单位和监理单位应当按照有关法律、行政法规、国家标准或者行业标准的规定进行设计、施工和监理，并对其工作成果负责。食品生产企业应当按照有关法律、行政法规的规定，加强工程建设、消防、特种设备的安全管理；对于需要有关部门审批和验收的事项，应当依法向有关部门提出申请；未经有关部门依法批准或者验收合格的，不得投入生产和使用。”

5. 隐患排查治理

《食品生产企业安全生产监督管理暂行规定》明确规定：“食品生产企业应当建立健全事故隐患排查治理制度，明确事故隐患治理的措施、责任、资金、时限和预案，采取技术、管理措施，及时发现并消除事故隐患。事故隐患排查治理情况应当如实记录，向从业人员通报，并按规定报告所在地负责食品生产企业安全生产监管的部门。”

6. 发包出租要求

《食品生产企业安全生产监督管理暂行规定》明确规定：“食品生产企业的加工、制作等项目有多个承包单位、承租单位，或者存在空间交叉的，应当对承包单位、承租单位的安全生产工作进行统一协调、管理。承包单位、承租单位应当服从食品生产企业的统一管理，并对作业现场的安全生产负责。”

7. 安全教育培训

《食品生产企业安全生产监督管理暂行规定》明确规定：“食品生产企业应当对新录用、季节性复工、调整工作岗位和离岗半年以上重新上岗的从业人员，进行相应的安全生产教育培训。未经安全生产教育培训合格的从业人员，不得上岗作业。”

8. 危险情况的处置

《食品生产企业安全生产监督管理暂行规定》明确规定：“食品生产企业应当定期组织开展危险源辨识，并将其工作场所存在和作业过程中可能产生的危险因素、防范措施和事故应急措施等如实书面告知从业人员，不得隐瞒或者欺骗。从业人员发现直接危及人身安全的紧急情况时，有权停止作业或者在采取可能的应急措施后撤离作业场所。食品生产企业不得因此降低其工资、福利待遇或者解除劳动合同。”

三、作业过程的安全管理

1. 作业场所的管理

为了保证作业场所的安全，根据《食品生产企业安全生产监督管理暂行规定》的规定，食品生产企业的作业场所应当符合下列要求：

（1）生产设施设备，按照国家有关规定配备有温度、压力、流量、液位以及粉尘浓度、可燃和有毒气体浓度等工艺指标的超限报警装置。

（2）用电设备设施和场所，采取保护措施，并在配电设备设施上安装剩余电流动作保护装置或者其他防止触电的装置。

（3）涉及烘制、油炸等高温的设施设备和岗位，采用必要的防过热自动报警切断和隔热板、墙等保护设施。

（4）涉及淀粉等可燃性粉尘爆炸危险的场所、设施设备，采用惰化、抑爆、阻爆、泄爆等措施防止粉尘爆炸，现场安全管理措施和条件符合《粉尘防爆安全规程》（GB 15577）等国家标准或者行业标准的要求。

（5）油库（罐）、燃气站、除尘器、压缩空气站、压力容器、压力管道、电缆隧道（沟）等重点防火防爆部位，采取有效、可靠的监控、监测、预警、防火、防爆、防毒等安全措施。安全附件和联锁装置不得随意拆弃和解除，声、光报警等信号不得随意切断。

（6）制冷车间符合《冷库设计规范》（GB 50072）、《冷库安全规程》（GB 28009）等国家标准或者行业标准的规定，设置气体浓度报警装置，且与制冷电机联锁、与事故排风机联动。在包装间、分割间等人员密集场所，严禁采用氨直接蒸发的制冷系统。

2. 危险化学品的管理

为了加强作业过程中危险化学品的安全管理，根据《危险化学品安全管理条例》等行政法规和国家标准、行业标准的要求，《食品生产企业安全生产监督管理暂行规定》明确规定："食品生产企业涉及生产、储存和使用危险化学品的，应当严格按照《危险化学品安全管理条例》等法律、行政法规、国家标准或者行业标准的规定，根据危险化学品的种类和危险特性，在生产、储存和使用场所设置相应的监测、监控、通风、防晒、调温、防火、灭火、防爆、泄压、防毒、中和、防潮、防雷、防静电、防腐、防泄漏以及防护围堤等安全设施设备，并对安全设施设备进行经常性维护保养，保证其正常运行。食品生产企业的中间产品为危险化学品的，应当依照有关规定取得危险化学品安全生产许可证。"

3. 安全检查

《食品生产企业安全生产监督管理暂行规定》明确规定："食品生产企业应当定期组织对作业场所、仓库、设备设施使用、从业人员持证、劳动防护用品配备和使用、危险源管理情况进行检查，对检查发现的问题应当立即整改；不能立即整改的，应当制定相应的防范措施和整改计划，限期整改。检查应当作好记录，并由有关人员签字。"

4. 消防管理

《食品生产企业安全生产监督管理暂行规定》明确规定："食品生产企业应当加强日常消防安全管理，按照有关规定配置并保持消防设施完好有效。生产作业场所应当设有标志明显、符合要求的安全出口和疏散通道，禁止封堵、锁闭生产作业场所的安全出口和疏散通道。"

5. 特种设备管理及警示标志

《食品生产企业安全生产监督管理暂行规定》明确规定："食品生产企业应当使用符合安全技术规范要求的特种设备，并按照国家规定向有关部门登记，进行定期检验。食品生产企业应当在有危险因素的场所和有关设施、设备上设置明显的安全警示标志和警示说明。”

6. 危险作业管理

《食品生产企业安全生产监督管理暂行规定》明确规定：“食品生产企业进行高处作业、吊装作业、临近高压输电线路作业、电焊气焊等动火作业，以及在污水池等有限空间内作业的，应当实行作业审批制度，安排专门人员负责现场安全管理，落实现场安全管理措施。”

四、监督管理

（1）根据《食品生产企业安全生产监督管理暂行规定》的规定，县级以上地方人民政府负责食品生产企业安全生产监管的部门应当将食品生产企业纳入年度执法工作计划，明确检查的重点企业、关键事项、时间和标准，对检查中发现的重大事故隐患实施挂牌督办。

（2）根据《食品生产企业安全生产监督管理暂行规定》的规定，县级以上地方人民政府负责食品生产企业安全生产监管的部门接到食品生产企业报告的重大事故隐患后，应当根据需要，进行现场核查，督促食品生产企业按照治理方案排除事故隐患，防止事故发生；必要时，可以责令食品生产企业暂时停产停业或者停止使用；重大事故隐患治理后，经县级以上地方人民政府负责食品生产企业安全生产监管的部门审查同意，方可恢复生产经营和使用。

县级以上地方人民政府负责食品生产企业安全生产监管的部门对食品生产企业进行监督检查时，发现其存在工程建设、消防和特种设备等方面的事故隐患或者违法行为的，应当及时移送本级人民政府有关部门处理。

五、法律责任

1. 食品生产企业的处罚

根据《食品生产企业安全生产监督管理暂行规定》的规定，食品生产企业有下列行为之一的，责令限期改正，可以处 5 万元以下的罚款；逾期未改正的，责令停产停业整顿，并处 5 万元以上 10 万元以下的罚款，对其直接负责的主管人员和其他直接责任人员处 1 万元以上 2 万元以下的罚款：

（1）未按照规定设置安全生产管理机构或者配备安全生产管理人员的。

（2）未如实记录安全生产教育和培训情况的。

（3）未将事故隐患排查治理情况如实记录或者未向从业人员通报的。食品生产企业不具备法律、行政法规和国家标准或者行业标准规定的安全生产条件，经停产整顿后仍不具备安全生产条件的，县级以上地方人民政府负责食品生产企业安全生产监管的部门应当提请本级人民政府依法予以关闭。

2. 监督检查人员的法律责任

根据《食品生产企业安全生产监督管理暂行规定》的规定，监督检查人员在对食品生产企业进行监督检查时，滥用职权、玩忽职守、徇私舞弊的，依照有关规定给予处分；构成犯罪的，依法追究刑事责任。

第二十八节 建筑施工企业安全生产许可证管理规定

为了严格规范建筑施工企业安全生产条件，进一步加强安全生产监督管理，防止和减少生产安全事故，根据《安全生产许可证条例》《建设工程安全生产管理条例》等有关行政法规，制定本规定。

一、基本规定

1. 适用范围

根据《建筑施工企业安全生产许可证管理规定》的规定，建筑施工企业，即从事土木工程、建筑工程、线路管道和设备安装工程及装修工程的新建、扩建、改建和拆除等有关活动的企业，必须依据本规定取得安全生产许可证。未取得安全生产许可证的，不得从事建筑施工活动。

2. 许可证的管理

根据《建筑施工企业安全生产许可证管理规定》的规定，国务院建设主管部门负责中央管理的建筑施工企业安全生产许可证的颁发和管理。省、自治区、直辖市人民政府建设主管部门负责本行政区域内前款规定以外的建筑施工企业安全生产许可证的颁发和管理，并接受国务院建设主管部门的指导和监督。市、县人民政府建设主管部门负责本行政区域内建筑施工企业安全生产许可证的监督管理，并将监督检查中发现的企业违法行为及时报告安全生产许可证颁发管理机关。

二、安全生产条件

建筑施工企业具备相应的安全生产条件是保证安全生产的前提，也是实施安全生产许可证的目的，为此，《建筑施工企业安全生产许可证管理规定》对建筑施工企业的安全生产条件作出了具体规定。

（1）建立、健全安全生产责任制，制定完备的安全生产规章制度和操作规程。

（2）保证本单位安全生产条件所需资金的投入。

（3）设置安全生产管理机构，按照国家有关规定配备专职安全生产管理人员。

（4）主要负责人、项目负责人、专职安全生产管理人员经建设主管部门或者其他有关部门考核合格。

（5）特种作业人员经有关业务主管部门考核合格，取得特种作业操作资格证书。

（6）管理人员和作业人员每年至少进行一次安全生产教育培训并考核合格。

（7）依法参加工伤保险，依法为施工现场从事危险作业的人员办理意外伤害保险，为从业人员交纳保险费。

（8）施工现场的办公、生活区及作业场所和安全防护用具、机械设备、施工机具及配件符合有关安全生产法律、法规、标准和规程的要求。

（9）有职业危害防治措施，并为作业人员配备符合国家标准或者行业标准的安全防护用具和安全防护服装。

（10）有对危险性较大的分部分项工程及施工现场易发生重大事故的部位、环节的预防、监控措施和应急预案。

（11）有生产安全事故应急救援预案、应急救援组织或者应急救援人员，配备必要的应急救援器材、设备。

（12）法律、法规规定的其他条件。

三、安全生产许可证的申请和颁发

1. 申请

根据《建筑施工企业安全生产许可证管理规定》的规定，建筑施工企业从事建筑施工活动前，应当依据本规定向安全生产许可证颁发管理机关申请领取安全生产许可证。

2. 提交的材料

根据《建筑施工企业安全生产许可证管理规定》的规定，申请领取安全生产许可证应当提供下列文件、资料：

（1）建筑施工企业安全生产许可证申请表。

（2）企业法人营业执照。

（3）本规定第四条规定的相关文件、材料。

3. 审查

根据《建筑施工企业安全生产许可证管理规定》的规定，建设主管部门应当自受理建筑施工企业的申请之日起45日内审查完毕；经审查符合安全生产条件的，颁发安全生产许可证；不符合安全生产条件的，不予颁发安全生产许可证，书面通知企业并说明理由。企业自接到通知之日起应当进行整改，整改合格后方可再次提出申请。建设主管部门审查建筑施工企业安全生产许可证申请，涉及铁路、交通、水利等有关专业工程时，可以征求铁路、交通、水利等有关部门的意见。

4. 有效期

根据《建筑施工企业安全生产许可证管理规定》的规定，安全生产许可证的有效期为3年。

5. 延期

根据《建筑施工企业安全生产许可证管理规定》的规定，安全生产许可证有效期满需要延期的，企业应当于期满前3个月向原安全生产许可证颁发管理机关申请办理延期手续。

此外，根据《建筑施工企业安全生产许可证管理规定》的规定，企业在安全生产许可证有效期内，严格遵守有关安全生产的法律法规，未发生死亡事故的，安全生产许可证有效期届满时，经原安全生产许可证颁发管理机关同意，不再审查，安全生产许可证有效期延期3年。

6. 变更

根据《建筑施工企业安全生产许可证管理规定》的规定，建筑施工企业变更名称、地址、法定代表人等，应当在变更后10日内，到原安全生产许可证颁发管理机关办理安全生产许可证变更手续。

7. 注销

根据《建筑施工企业安全生产许可证管理规定》的规定，建筑施工企业破产、倒闭、撤销的，应当将安全生产许可证交回原安全生产许可证颁发管理机关予以注销。

8. 补办

根据《建筑施工企业安全生产许可证管理规定》的规定，建筑施工企业遗失安全生产许可证，应当立即向原安全生产许可证颁发管理机关报告，并在公众媒体上声明作废后，方可申请补办。

四、监督管理

根据《建筑施工企业安全生产许可证管理规定》的规定，安全生产许可证颁发管理机关或者其上级行政机关发现有下列情形之一的，可以撤销已经颁发的安全生产许可证：

（1）安全生产许可证颁发管理机关工作人员滥用职权、玩忽职守颁发安全生产许可证的。

（2）超越法定职权颁发安全生产许可证的。

（3）违反法定程序颁发安全生产许可证的。

（4）对不具备安全生产条件的建筑施工企业颁发安全生产许可证的。

（5）依法可以撤销已经颁发的安全生产许可证的其他情形。

五、法律责任

（1）未取得许可证擅自生产的处罚。根据《建筑施工企业安全生产许可证管理规定》的规定，建筑施工企业未取得安全生产许可证擅自从事建筑施工活动的，责令其在建项目停止施工，没收违法所得，并处10万元以上50万元以下的罚款；造成重大安全事故或者其他严重后果，构成犯罪的，依法追究刑事责任。

（2）有效期满未办理延期手续继续生产的处罚。根据《建筑施工企业安全生产许可证管理规定》的规定，建筑施工企业安全生产许可证有效期满未办理延期手续，继续从事建筑施工活动的，责令其在建项目停止施工，限期补办延期手续，没收违法所得，并处5万元以上10万元以下的罚款；逾期仍不办理延期手续，继续从事建筑施工活动的，依照本规定第二十四条的规定处罚。

（3）违法转让的处罚。根据《建筑施工企业安全生产许可证管理规定》的规定，建筑施工企业转让安全生产许可证的，没收违法所得，处10万元以上50万元以下的罚款，并吊销安全生产许可证；构成犯罪的，依法追究刑事责任；接受转让的，依照本规定第二十四条的规定处罚。

（4）冒用安全生产许可证或者使用伪造的安全生产许可证违法行为的处罚。根据《建筑施工企业安全生产许可证管理规定》的规定，冒用安全生产许可证或者使用伪造的安全生产许可证的，责令其在建项目停止施工，没收违法所得，并处10万元以上50万元以下的罚款；造成重大安全事故或者其他严重后果，构成犯罪的，依法追究刑事责任。

（5）隐瞒有关情况或者提供虚假材料申请安全生产许可证的处罚。根据《建筑施工企业安全生产许可证管理规定》的规定，建筑施工企业隐瞒有关情况或者提供虚假材料申请安全生产许可证的，不予受理或者不予颁发安全生产许可证，并给予警告，1 年内不得申请安全生产许可证。

（6）欺骗、贿赂等不正当手段取得安全生产许可证的处罚。根据《建筑施工企业安全生产许可证管理规定》的规定，建筑施工企业以欺骗、贿赂等不正当手段取得安全生产许可证的，撤销安全生产许可证，3 年内不得再次申请安全生产许可证；构成犯罪的，依法追究刑事责任。

第二十九节　建筑起重机械安全监督管理规定

为了加强建筑起重机械的安全监督管理，防止和减少生产安全事故，保障人民群众生命和财产安全，依据《建设工程安全生产管理条例》《特种设备安全监察条例》《安全生产许可证条例》，制定本规定。

一、基本规定

1. 适用范围

建筑起重机械的租赁、安装、拆卸、使用及其监督管理，适用《建筑起重机械安全监督管理规定》。

2. 监督管理机构

根据《建筑起重机械安全监督管理规定》的规定，国务院建设主管部门对全国建筑起重机械的租赁、安装、拆卸、使用实施监督管理。县级以上地方人民政府建设主管部门对本行政区域内的建筑起重机械的租赁、安装、拆卸、使用实施监督管理。

二、安全生产条件

1. 对建筑起重机械出租单位的要求

（1）建筑起重机械需具备的证书

根据《建筑起重机械安全监督管理规定》的规定，出租单位出租的建筑起重机械和使用单位购置、租赁、使用的建筑起重机械应当具有特种设备制造许可证、产品合格证、制造监督检验证明。

（2）对建筑起重机械出租单位的要求

出租单位在建筑起重机械首次出租前，自购建筑起重机械的使用单位在建筑起重机械首次安装前，应当持建筑起重机械特种设备制造许可证、产品合格证和制造监督检验证明到本单位工商注册所在地县级以上地方人民政府建设主管部门办理备案。

出租单位应当在签订的建筑起重机械租赁合同中，明确租赁双方的安全责任，并出具建筑起重机械特种设备制造许可证、产品合格证、制造监督检验证明、备案证明和自检合格证明，提交安装使用说明书。

此外，有下列情形不得出租、使用建筑起重机械：

① 属国家明令淘汰或者禁止使用的；

② 超过安全技术标准或者制造厂家规定的使用年限的；

③ 经检验达不到安全技术标准规定的；

④ 没有完整安全技术档案的；

⑤ 没有齐全有效的安全保护装置的。

出租单位、自购建筑起重机械的使用单位，应当建立建筑起重机械安全技术档案。

建筑起重机械安全技术档案应当包括以下资料：

① 购销合同、制造许可证、产品合格证、制造监督检验证明、安装使用说明书、备案证明等原始资料；

② 定期检验报告、定期自行检查记录、定期维护保养记录、维修和技术改造记录、运行故障和生产安全事故记录、累计运转记录等运行资料；

③ 历次安装验收资料。

2. 建筑起重机械的报废、注销

根据《建筑起重机械安全监督管理规定》的规定，建筑起重机械有上述不得出租、使用建筑起重机械第 1、2、3 项情形之一的，出租单位或者自购建筑起重机械的使用单位应当予以报废，并向原备案机关办理注销手续。

3. 对建筑起重机械安装单位、使用单位的要求

根据《建筑起重机械安全监督管理规定》的规定，从事建筑起重机械安装、拆卸活动的单位（以下简称安装单位）应当依法取得建设主管部门颁发的相应资质和建筑施工企业安全生产许可证，并在其资质许可范围内承揽建筑起重机械安装、拆卸工程。

此外，建筑起重机械使用单位和安装单位应当在签订的建筑起重机械安装、拆卸合同中明确双方的安全生产责任。实行施工总承包的，安装单位应当与施工总承包单位签订建筑起重机械安装、拆卸工程安全协议书。

三、安装单位、使用单位、施工总承包单位、监理单位安全职责

1. 安装单位的安全职责

根据《建筑起重机械安全监督管理规定》的规定，安装单位应当履行下列安全职责：

（1）按照安全技术标准及建筑起重机械性能要求，编制建筑起重机械安装、拆卸工程专项施工方案，并由本单位技术负责人签字。

（2）按照安全技术标准及安装使用说明书等检查建筑起重机械及现场施工条件。

（3）组织安全施工技术交底并签字确认。

（4）制定建筑起重机械安装、拆卸工程生产安全事故应急救援预案。

（5）将建筑起重机械安装、拆卸工程专项施工方案，安装、拆卸人员名单，安装、拆卸时间等材料报施工总承包单位和监理单位审核后，告知工程所在地县级以上地方人民政府建设主管部门。

此外，安装单位应当建立建筑起重机械安装、拆卸工程档案，具体包括以下资料：

（1）安装、拆卸合同及安全协议书。

（2）安装、拆卸工程专项施工方案。

（3）安全施工技术交底的有关资料。

（4）安装工程验收资料。

（5）安装、拆卸工程生产安全事故应急救援预案。

建筑起重机械安装完毕后，使用单位应当组织出租、安装、监理等有关单位进行验收，或者委托具有相应资质的检验检测机构进行验收。建筑起重机械经验收合格后方可投入使用，未经验收或者验收不合格的不得使用。

2. 使用单位的安全职责

根据《建筑起重机械安全监督管理规定》的规定，使用单位应当履行下列安全职责：

（1）根据不同施工阶段、周围环境以及季节、气候的变化，对建筑起重机械采取相应的安全防护措施。

（2）制定建筑起重机械生产安全事故应急救援预案。

（3）在建筑起重机械活动范围内设置明显的安全警示标志，对集中作业区做好安全防护。

（4）设置相应的设备管理机构或者配备专职的设备管理人员。

（5）指定专职设备管理人员、专职安全生产管理人员进行现场监督检查。

（6）建筑起重机械出现故障或者发生异常情况的，立即停止使用，消除故障和事故隐患后，方可重新投入使用。

3. 施工总承包单位的安全职责

根据《建筑起重机械安全监督管理规定》的规定，施工总承包单位应当履行下列安全职责：

（1）向安装单位提供拟安装设备位置的基础施工资料，确保建筑起重机械进场安装、拆卸所需的施工条件。

（2）审核建筑起重机械的特种设备制造许可证、产品合格证、制造监督检验证明、备案证明等文件。

（3）审核安装单位、使用单位的资质证书、安全生产许可证和特种作业人员的特种作业操作资格证书。

（4）审核安装单位制定的建筑起重机械安装、拆卸工程专项施工方案和生产安全事故应急救援预案。

（5）审核使用单位制定的建筑起重机械生产安全事故应急救援预案。

（6）指定专职安全生产管理人员监督检查建筑起重机械安装、拆卸、使用情况。

（7）施工现场有多台塔式起重机作业时，应当组织制定并实施防止塔式起重机相互碰撞的安全措施。

4. 监理单位的安全职责

根据《建筑起重机械安全监督管理规定》的规定，监理单位应当履行下列安全职责：

（1）审核建筑起重机械特种设备制造许可证、产品合格证、制造监督检验证明、备案证明等文件。

（2）审核建筑起重机械安装单位、使用单位的资质证书、安全生产许可证和特种作业人员的特种作业操作资格证书。

（3）审核建筑起重机械安装、拆卸工程专项施工方案。

（4）监督安装单位执行建筑起重机械安装、拆卸工程专项施工方案情况。

（5）监督检查建筑起重机械的使用情况。

（6）发现存在生产安全事故隐患的，应当要求安装单位、使用单位限期整改，对安装单位、使用单位拒不整改的，及时向建设单位报告。

四、监督管理

根据《建筑起重机械安全监督管理规定》的规定，建设主管部门履行安全监督检查职责时，有权采取下列措施：

（1）要求被检查的单位提供有关建筑起重机械的文件和资料。

（2）进入被检查单位和被检查单位的施工现场进行检查。

（3）对检查中发现的建筑起重机械生产安全事故隐患，责令立即排除；重大生产安全事故隐患排除前或者排除过程中无法保证安全的，责令从危险区域撤出作业人员或者暂时停止施工。

五、法律责任

1. 出租单位、自购建筑起重机械的使用单位违反规定的处理

根据《建筑起重机械安全监督管理规定》的规定，出租单位、自购建筑起重机械的使用单位，有下列行为之一的，由县级以上地方人民政府建设主管部门责令限期改正，予以警告，并处以5000元以上1万元以下罚款：

（1）未按照规定办理备案的。

（2）未按照规定办理注销手续的。

（3）未按照规定建立建筑起重机械安全技术档案的。

2. 安装单位违反规定的处理

根据《建筑起重机械安全监督管理规定》的规定，安装单位有下列行为之一的，由县级以上地方人民政府建设主管部门责令限期改正，予以警告，并处以5000元以上3万元以下罚款：

（1）未履行《建筑起重机械安全监督管理规定》第十二条第（二）、（四）、（五）项安全职责的。

（2）未按照规定建立建筑起重机械安装、拆卸工程档案的。

（3）未按照建筑起重机械安装、拆卸工程专项施工方案及安全操作规程组织安装、拆卸作业的。

3. 使用单位违反规定的处理

根据《建筑起重机械安全监督管理规定》的规定，使用单位有下列行为之一的，由县级以上地方人民政府建设主管部门责令限期改正，予以警告，并处以5000元以上3万元以下罚款：

（1）未履行《建筑起重机械安全监督管理规定》第十八条第（一）、（二）、（四）、（六）项安全职责的。

（2）未指定专职设备管理人员进行现场监督检查的。

（3）擅自在建筑起重机械上安装非原制造厂制造的标准节和附着装置的。

4. 施工总承包单位违反规定的处理

根据《建筑起重机械安全监督管理规定》的规定，施工总承包单位未履行《建筑起重机械安全监督管理规定》第二十一条第（一）、（三）、（四）、（五）、（七）项安全职责的，由县级以上地方人民政府建设主管部门责令限期改正，予以警告，并处以5000元以上3万元以下罚款。

5. 监理单位违反规定的处理

根据《建筑起重机械安全监督管理规定》的规定，监理单位未履行《建筑起重机械安全监督管理规定》第二十二条第(一)、(二)、(四)、(五)项安全职责的,由县级以上地方人民政府建设主管部门责令限期改正,予以警告,并处以5000元以上3万元以下罚款。

6. 建设单位违反规定的处理

根据《建筑起重机械安全监督管理规定》的规定，建设单位有下列行为之一的，由县级以上地方人民政府建设主管部门责令限期改正，予以警告，并处以5000元以上3万元以下罚款；逾期未改的，责令停止施工：

（一）未按照规定协调组织制定防止多台塔式起重机相互碰撞的安全措施的；

（二）接到监理单位报告后，未责令安装单位、使用单位立即停工整改的。

7. 建设主管部门的工作人员违反规定的处理

根据《建筑起重机械安全监督管理规定》的规定，建设主管部门的工作人员有下列行为之一的，依法给予处分；构成犯罪的，依法追究刑事责任：

（1）发现违反本规定的违法行为不依法查处的。

（2）发现在用的建筑起重机械存在严重生产安全事故隐患不依法处理的。

（3）不依法履行监督管理职责的其他行为。

第三十节　建筑施工企业主要负责人、项目负责人和专职安全生产管理人员安全生产管理规定

为了加强房屋建筑和市政基础设施工程施工安全监督管理，提高建筑施工企业主要负责人、项目负责人和专职安全生产管理人员（以下合称“安管人员”）的安全生产管理能力，根据《中华人民共和国安全生产法》《建设工程安全生产管理条例》等法律法规，制定本规定。

一、基本规定

1. 适用范围

根据《建筑施工企业主要负责人、项目负责人和专职安全生产管理人员安全生产管理规定》的规定，在中华人民共和国境内从事房屋建筑和市政基础设施工程施工活动的建筑施工企业的“安管人员”，参加安全生产考核，履行安全生产责任，以及对其实施安全生产监督管理，应当符合本规定。

2. 监督管理

根据《建筑施工企业主要负责人、项目负责人和专职安全生产管理人员安全生产管

理规定》的规定，国务院住房城乡建设主管部门负责对全国“安管人员”安全生产工作进行监督管理。县级以上地方人民政府住房城乡建设主管部门负责对本行政区域内“安管人员”安全生产工作进行监督管理。

二、安全生产考核合格证书的申请与颁发

1. 申请

根据《建筑施工企业主要负责人、项目负责人和专职安全生产管理人员安全生产管理规定》的规定，安管人员应当通过其受聘企业，向企业工商注册地的省、自治区、直辖市人民政府住房城乡建设主管部门（以下简称考核机关）申请安全生产考核，并取得安全生产考核合格证书。

2. 考核

根据《建筑施工企业主要负责人、项目负责人和专职安全生产管理人员安全生产管理规定》的规定，安全生产考核包括安全生产知识考核和管理能力考核。安全生产知识考核内容包括：建筑施工安全的法律法规、规章制度、标准规范，建筑施工安全管理基本理论等。安全生产管理能力考核内容包括：建立和落实安全生产管理制度、辨识和监控危险性较大的分部分项工程、发现和消除安全事故隐患、报告和处置生产安全事故等方面的能力。

3. 颁发

根据《建筑施工企业主要负责人、项目负责人和专职安全生产管理人员安全生产管理规定》的规定，对安全生产考核合格的，考核机关应当在20个工作日内核发安全生产考核合格证书，并予以公告；对不合格的，应当通过“安管人员”所在企业通知本人并说明理由。

4. 有效期

根据《建筑施工企业主要负责人、项目负责人和专职安全生产管理人员安全生产管理规定》的规定，安全生产考核合格证书有效期为3年，证书在全国范围内有效。

5. 延期

根据《建筑施工企业主要负责人、项目负责人和专职安全生产管理人员安全生产管理规定》的规定，安全生产考核合格证书有效期届满需要延续的，“安管人员”应当在有效期届满前3个月内，由本人通过受聘企业向原考核机关申请证书延续。准予证书延续的，证书有效期延续3年。对证书有效期内未因生产安全事故或者违反本规定受到行政处罚，信用档案中无不良行为记录，且已按规定参加企业和县级以上人民政府住房城乡建设主管部门组织的安全生产教育培训的，考核机关应当在受理延续申请之日起20个工作日内，准予证书延续。

6. 变更

根据《建筑施工企业主要负责人、项目负责人和专职安全生产管理人员安全生产管理规定》的规定，“安管人员”变更受聘企业的，应当与原聘用企业解除劳动关系，并通过新聘用企业到考核机关申请办理证书变更手续。考核机关应当在受理变更申请之日起5个工作日内办理完毕。

7. 遗失

根据《建筑施工企业主要负责人、项目负责人和专职安全生产管理人员安全生产管理规定》的规定，“安管人员”遗失安全生产考核合格证书的，应当在公共媒体上声明作废，通过其受聘企业向原考核机关申请补办。考核机关应当在受理申请之日起5个工作日内办理完毕。

三、安全生产责任

1. 主要负责人责任

根据《建筑施工企业主要负责人、项目负责人和专职安全生产管理人员安全生产管理规定》的规定，主要负责人对本企业安全生产工作全面负责，应当建立健全企业安全生产管理体系，设置安全生产管理机构，配备专职安全生产管理人员，保证安全生产投入，督促检查本企业安全生产工作，及时消除安全事故隐患，落实安全生产责任。

主要负责人应当与项目负责人签订安全生产责任书，确定项目安全生产考核目标、奖惩措施，以及企业为项目提供的安全管理和技术保障措施。

主要负责人应当按规定检查企业所承担的工程项目，考核项目负责人安全生产管理能力。发现项目负责人履职不到位的，应当责令其改正；必要时，调整项目负责人。检查情况应当记入企业和项目安全管理档案。

2. 总承包企业责任

根据《建筑施工企业主要负责人、项目负责人和专职安全生产管理人员安全生产管理规定》的规定，工程项目实行总承包的，总承包企业应当与分包企业签订安全生产协议，明确双方安全生产责任。

3. 项目负责人责任

根据《建筑施工企业主要负责人、项目负责人和专职安全生产管理人员安全生产管理规定》的规定，项目负责人对本项目安全生产管理全面负责，应当建立项目安全生产管理体系，明确项目管理人员安全职责，落实安全生产管理制度，确保项目安全生产费用有效使用。

项目负责人应当按规定实施项目安全生产管理，监控危险性较大分部分项工程，及时排查处理施工现场安全事故隐患，隐患排查处理情况应当记入项目安全管理档案；发生事故时，应当按规定及时报告并开展现场救援。

工程项目实行总承包的，总承包企业项目负责人应当定期考核分包企业安全生产管理情况。

4. 企业安全生产管理机构专职安全生产管理人员责任

根据《建筑施工企业主要负责人、项目负责人和专职安全生产管理人员安全生产管理规定》的规定，企业安全生产管理机构专职安全生产管理人员应当检查在建项目安全生产管理情况，重点检查项目负责人、项目专职安全生产管理人员履责情况，处理在建项目违规违章行为，并记入企业安全管理档案。项目专职安全生产管理人员应当每天在施工现场开展安全检查，现场监督危险性较大的分部分项工程安全专项施工方案实施。对检查中发现的安全事故隐患，应当立即处理；不能处理的，应当及时报告项目负责人和企业安全生产管理机构。项目负责人应当及时处理。检查及处理情况应当记入项目安全管理档案。

四、监督管理

根据《建筑施工企业主要负责人、项目负责人和专职安全生产管理人员安全生产管理规定》的规定，县级以上人民政府住房城乡建设主管部门应当依照有关法律法规和本规定，对“安管人员”持证上岗、教育培训和履行职责等情况进行监督检查。

县级以上人民政府住房城乡建设主管部门在实施监督检查时，应当有两名以上监督检查人员参加，不得妨碍企业正常的生产经营活动，不得索取或者收受企业的财物，不得谋取其他利益。有关企业和个人对依法进行的监督检查应当协助与配合，不得拒绝或者阻挠。

县级以上人民政府住房城乡建设主管部门依法进行监督检查时，发现“安管人员”有违反本规定行为的，应当依法查处并将违法事实、处理结果或者处理建议告知考核机关。

考核机关应当建立本行政区域内“安管人员”的信用档案。违法违规行为、被投诉举报处理、行政处罚等情况应当作为不良行为记入信用档案，并按规定向社会公开。“安管人员”及其受聘企业应当按规定向考核机关提供相关信息。

五、法律责任

（1）隐瞒有关情况或者提供虚假材料申请安全生产考核的处罚。根据《建筑施工企业主要负责人、项目负责人和专职安全生产管理人员安全生产管理规定》的规定，“安管人员”隐瞒有关情况或者提供虚假材料申请安全生产考核的，考核机关不予考核，并给予警告；“安管人员”1年内不得再次申请考核。

（2）欺骗、贿赂等不正当手段取得安全生产考核合格证书的处罚。根据《建筑施工企业主要负责人、项目负责人和专职安全生产管理人员安全生产管理规定》的规定，“安管人员”以欺骗、贿赂等不正当手段取得安全生产考核合格证书的，由原考核机关撤销安全生产考核合格证书；“安管人员”3年内不得再次申请考核。

（3）涂改、倒卖、出租、出借或者以其他形式非法转让安全生产考核合格证书的处罚。根据《建筑施工企业主要负责人、项目负责人和专职安全生产管理人员安全生产管理规定》的规定，“安管人员”涂改、倒卖、出租、出借或者以其他形式非法转让安全生产考核合格证书的，由县级以上地方人民政府住房城乡建设主管部门给予警告，并处1000元以上5000元以下的罚款。

（4）对建筑施工企业的处罚。根据《建筑施工企业主要负责人、项目负责人和专职安全生产管理人员安全生产管理规定》的规定，建筑施工企业未按规定开展“安管人员”安全生产教育培训考核，或者未按规定如实将考核情况记入安全生产教育培训档案的，由县级以上地方人民政府住房城乡建设主管部门责令限期改正，并处2万元以下的罚款。

建筑施工企业有下列行为之一的，由县级以上人民政府住房城乡建设主管部门责令限期改正；逾期未改正的，责令停业整顿，并处2万元以下的罚款；导致不具备《安全生产许可证条例》规定的安全生产条件的，应当依法暂扣或者吊销安全生产许可证：①未按规定设立安全生产管理机构的；②未按规定配备专职安全生产管理人员的；③危险性较大的分部分项工程施工时未安排专职安全生产管理人员现场监督的；④“安管人员”未取得安全生产考核合格证书的。

（5）“安管人员”未按规定办理证书变更的处罚。根据《建筑施工企业主要负责人、项目负责人和专职安全生产管理人员安全生产管理规定》的规定，“安管人员”未按规定办理证书变更的，由县级以上地方人民政府住房城乡建设主管部门责令限期改正，并处1000元以上5000元以下的罚款。

（6）主要负责人、项目负责人未按规定履行安全生产管理职责的处罚。根据《建筑施工企业主要负责人、项目负责人和专职安全生产管理人员安全生产管理规定》的规定，主要负责人、项目负责人未按规定履行安全生产管理职责的，由县级以上人民政府住房城乡建设主管部门责令限期改正；逾期未改正的，责令建筑施工企业停业整顿；造成生产安全事故或者其他严重后果的，按照《生产安全事故报告和调查处理条例》的有关规定，依法暂扣或者吊销安全生产考核合格证书；构成犯罪的，依法追究刑事责任。主要负责人、项目负责人有前款违法行为，尚不够刑事处罚的，处2万元以上20万元以下的罚款或者按照管理权限给予撤职处分；自刑罚执行完毕或者受处分之日起，5年内不得担任建筑施工企业的主要负责人、项目负责人。

（7）专职安全生产管理人员未按规定履行安全生产管理职责的处罚。根据《建筑施工企业主要负责人、项目负责人和专职安全生产管理人员安全生产管理规定》的规定，专职安全生产管理人员未按规定履行安全生产管理职责的，由县级以上地方人民政府住房城乡建设主管部门责令限期改正，并处1000元以上5000元以下的罚款；造成生产安全事故或者其他严重后果的，按照《生产安全事故报告和调查处理条例》的有关规定，依法暂扣或者吊销安全生产考核合格证书；构成犯罪的，依法追究刑事责任。

（8）县级以上人民政府住房城乡建设主管部门及其工作人员违反规定的处罚。根据《建筑施工企业主要负责人、项目负责人和专职安全生产管理人员安全生产管理规定》的规定，县级以上人民政府住房城乡建设主管部门及其工作人员，有下列情形之一的，由其上级行政机关或者监察机关责令改正，对直接负责的主管人员和其他直接责任人员依法给予处分；构成犯罪的，依法追究刑事责任：①向不具备法定条件的“安管人员”核发安全生产考核合格证书的；②对符合法定条件的“安管人员”不予核发或者不在法定期限内核发安全生产考核合格证书的；③对符合法定条件的申请不予受理或者未在法定期限内办理完毕的；④利用职务上的便利，索取或者收受他人财物或者谋取其他利益的；⑤不依法履行监督管理职责，造成严重后果的。

第三十一节　危险性较大的分部分项工程安全管理规定

为加强对房屋建筑和市政基础设施工程中危险性较大的分部分项工程安全管理，有效防范生产安全事故，依据《中华人民共和国建筑法》《中华人民共和国安全生产法》《建设工程安全生产管理条例》等法律法规，住房和城乡建设部制定本规定，自2018年6月1日起施行。

一、基本规定

1. 适用范围

房屋建筑和市政基础设施工程中危险性较大的分部分项工程（以下简称“危大工程”）安全管理，适用本规定。

2. 危大工程范围的制定

根据《危险性较大的分部分项工程安全管理规定》的规定，危大工程及超过一定规模的危大工程范围由国务院住房城乡建设主管部门制定。省级住房城乡建设主管部门可以结合本地区实际情况，补充本地区危大工程范围。

3. 监督管理机构

根据《危险性较大的分部分项工程安全管理规定》的规定，国务院住房城乡建设主管部门负责全国危大工程安全管理的指导监督。县级以上地方人民政府住房城乡建设主管部门负责本行政区域内危大工程的安全监督管理。

二、建设、勘察、设计单位对危大工程的前期保障义务

1. 建设单位

根据《危险性较大的分部分项工程安全管理规定》的规定，建设单位应当依法提供真实、准确、完整的工程地质、水文地质和工程周边环境等资料。

建设单位应当组织勘察、设计等单位在施工招标文件中列出危大工程清单，要求施工单位在投标时补充完善危大工程清单并明确相应的安全管理措施。

建设单位应当按照施工合同约定及时支付危大工程施工技术措施费以及相应的安全防护文明施工措施费，保障危大工程施工安全。

建设单位在申请办理安全监督手续时，应当提交危大工程清单及其安全管理措施等资料。

2. 勘察单位

根据《危险性较大的分部分项工程安全管理规定》的规定，勘察单位应当根据工程实际及工程周边环境资料，在勘察文件中说明地质条件可能造成的工程风险。

3. 设计单位

根据《危险性较大的分部分项工程安全管理规定》的规定，设计单位应当在设计文件中注明涉及危大工程的重点部位和环节，提出保障工程周边环境安全和工程施工安全的意见，必要时进行专项设计。

三、对施工单位专项施工方案的要求

1. 专项施工方案的编制

根据《危险性较大的分部分项工程安全管理规定》的规定，施工单位应当在危大工程施工前组织工程技术人员编制专项施工方案。

实行施工总承包的，专项施工方案应当由施工总承包单位组织编制。危大工程实行分包的，专项施工方案可以由相关专业分包单位组织编制。

2. 施工方案的实施

根据《危险性较大的分部分项工程安全管理规定》的规定，专项施工方案应当由施工单位技术负责人审核签字、加盖单位公章，并由总监理工程师审查签字、加盖执业印章后方可实施。

危大工程实行分包并由分包单位编制专项施工方案的，专项施工方案应当由总承包单位技术负责人及分包单位技术负责人共同审核签字并加盖单位公章。

3. 施工方案的论证

根据《危险性较大的分部分项工程安全管理规定》的规定，对于超过一定规模的危大工程，施工单位应当组织召开专家论证会对专项施工方案进行论证。实行施工总承包的，由施工总承包单位组织召开专家论证会。专家论证前专项施工方案应当通过施工单位审核和总监理工程师审查。

专家应当从地方人民政府住房城乡建设主管部门建立的专家库中选取，符合专业要求且人数不得少于 5 名。与本工程有利害关系的人员不得以专家身份参加专家论证会。

专家论证会后，应当形成论证报告，对专项施工方案提出通过、修改后通过或者不通过的一致意见。专家对论证报告负责并签字确认。

专项施工方案经论证需修改后通过的，施工单位应当根据论证报告修改完善后，重新进行施工方案的实施。

专项施工方案经论证不通过的，施工单位修改后应当按照本规定的要求重新组织专家论证。

四、施工单位、监理单位、监测单位的现场安全管理义务

1. 施工单位的现场安全管理义务

根据《危险性较大的分部分项工程安全管理规定》的规定，施工单位应当在施工现场显著位置公告危大工程名称、施工时间和具体责任人员，并在危险区域设置安全警示标志。

专项施工方案实施前，编制人员或者项目技术负责人应当向施工现场管理人员进行方案交底。

施工现场管理人员应当向作业人员进行安全技术交底，并由双方和项目专职安全生产管理人员共同签字确认。

施工单位应当严格按照专项施工方案组织施工，不得擅自修改专项施工方案。

施工单位应当对危大工程施工作业人员进行登记，项目负责人应当在施工现场履职。

项目专职安全生产管理人员应当对专项施工方案实施情况进行现场监督，对未按照专项施工方案施工的，应当要求立即整改，并及时报告项目负责人，项目负责人应当及时组织限期整改。

施工单位应当按照规定对危大工程进行施工监测和安全巡视，发现危及人身安全的紧急情况，应当立即组织作业人员撤离危险区域。

对于按照规定需要验收的危大工程，施工单位、监理单位应当组织相关人员进行验收。验收合格的，经施工单位项目技术负责人及总监理工程师签字确认后，方可进入下一道工序。

危大工程验收合格后，施工单位应当在施工现场明显位置设置验收标识牌，公示验收时间及责任人员。

危大工程发生险情或者事故时，施工单位应当立即采取应急处置措施，并报告工程所在地住房城乡建设主管部门。建设、勘察、设计、监理等单位应当配合施工单位开展应急抢险工作。

施工单位应当建立危大工程安全管理档案。

施工单位应当将专项施工方案及审核、专家论证、交底、现场检查、验收及整改等相关资料纳入档案管理。

2. 建设单位的现场安全管理义务

根据《危险性较大的分部分项工程安全管理规定》的规定，因规划调整、设计变更等原因确需调整的，修改后的专项施工方案应当按照本规定重新审核和论证。涉及资金或者工期调整的，建设单位应当按照约定予以调整。

危大工程应急抢险结束后，建设单位应当组织勘察、设计、施工、监理等单位制定工程恢复方案，并对应急抢险工作进行后评估。

3. 监理单位的现场安全管理义务

根据《危险性较大的分部分项工程安全管理规定》的规定，监理单位应当结合危大工程专项施工方案编制监理实施细则，并对危大工程施工实施专项巡视检查。

监理单位发现施工单位未按照专项施工方案施工的，应当要求其进行整改；情节严重的，应当要求其暂停施工，并及时报告建设单位。施工单位拒不整改或者不停止施工的，监理单位应当及时报告建设单位和工程所在地住房城乡建设主管部门。

监理单位应当建立危大工程安全管理档案。监理单位应当将监理实施细则、专项施工方案审查、专项巡视检查、验收及整改等相关资料纳入档案管理。

4. 监测单位的现场安全管理义务

根据《危险性较大的分部分项工程安全管理规定》的规定，监测单位应当编制监测方案。监测方案由监测单位技术负责人审核签字并加盖单位公章，报送监理单位后方可实施。

监测单位应当按照监测方案开展监测，及时向建设单位报送监测成果，并对监测成果负责；发现异常时，及时向建设、设计、施工、监理单位报告，建设单位应当立即组织相关单位采取处置措施。

五、监督管理

根据《危险性较大的分部分项工程安全管理规定》的规定，设区的市级以上地方人民政府住房城乡建设主管部门应当建立专家库，制定专家库管理制度，建立专家诚信档案，并向社会公布，接受社会监督。

县级以上地方人民政府住房城乡建设主管部门或者所属施工安全监督机构，应当根据监督工作计划对危大工程进行抽查。

县级以上地方人民政府住房城乡建设主管部门或者所属施工安全监督机构，可以通过政府购买技术服务方式，聘请具有专业技术能力的单位和人员对危大工程进行检查，所需费用向本级财政申请予以保障。

县级以上地方人民政府住房城乡建设主管部门或者所属施工安全监督机构，在监督抽查中发现危大工程存在安全隐患的，应当责令施工单位整改；重大安全事故隐患排除前或者排除过程中无法保证安全的，责令从危险区域内撤出作业人员或者暂时停止施工；对依法应当给予行政处罚的行为，应当依法作出行政处罚决定。

县级以上地方人民政府住房城乡建设主管部门应当将单位和个人的处罚信息纳入建筑施工安全生产不良信用记录。

六、法律责任

1. 建设单位违反规定的处理

根据《危险性较大的分部分项工程安全管理规定》的规定，建设单位有下列行为之一的，责令限期改正，并处 1 万元以上 3 万元以下的罚款；对直接负责的主管人员和其他直接责任人员处 1000 元以上 5000 元以下的罚款：

（1）未按照本规定提供工程周边环境等资料的。

（2）未按照本规定在招标文件中列出危大工程清单的。

（3）未按照施工合同约定及时支付危大工程施工技术措施费或者相应的安全防护文明施工措施费的。

（4）未按照本规定委托具有相应勘察资质的单位进行第三方监测的。

（5）未对第三方监测单位报告的异常情况组织采取处置措施的。

2. 勘察单位违反规定的处理

根据《危险性较大的分部分项工程安全管理规定》的规定，勘察单位未在勘察文件中说明地质条件可能造成的工程风险的，责令限期改正，依照《建设工程安全生产管理条例》对单位进行处罚；对直接负责的主管人员和其他直接责任人员处 1000 元以上 5000 元以下的罚款。

3. 设计单位违反规定的处理

根据《危险性较大的分部分项工程安全管理规定》的规定，设计单位未在设计文件中注明涉及危大工程的重点部位和环节，未提出保障工程周边环境安全和工程施工安全的意见的，责令限期改正，并处 1 万元以上 3 万元以下的罚款；对直接负责的主管人员和其他直接责任人员处 1000 元以上 5000 元以下的罚款。

4. 施工单位违反规定的处理

根据《危险性较大的分部分项工程安全管理规定》的规定，施工单位未按照本规定编制并审核危大工程专项施工方案的，依照《建设工程安全生产管理条例》对单位进行处罚，并暂扣安全生产许可证 30 日；对直接负责的主管人员和其他直接责任人员处 1000 元以上 5000 元以下的罚款。

施工单位有下列行为之一的，依照《中华人民共和国安全生产法》《建设工程安全生产管理条例》对单位和相关责任人员进行处罚：

（1）未向施工现场管理人员和作业人员进行方案交底和安全技术交底的。

（2）未在施工现场显著位置公告危大工程，并在危险区域设置安全警示标志的。

（3）项目专职安全生产管理人员未对专项施工方案实施情况进行现场监督的。

施工单位有下列行为之一的，责令限期改正，处1万元以上3万元以下的罚款，并暂扣安全生产许可证30日；对直接负责的主管人员和其他直接责任人员处1000元以上5000元以下的罚款：

（1）未对超过一定规模的危大工程专项施工方案进行专家论证的。

（2）未根据专家论证报告对超过一定规模的危大工程专项施工方案进行修改，或者未按照本规定重新组织专家论证的。

（3）未严格按照专项施工方案组织施工，或者擅自修改专项施工方案的。

施工单位有下列行为之一的，责令限期改正，并处1万元以上3万元以下的罚款；对直接负责的主管人员和其他直接责任人员处1000元以上5000元以下的罚款：

（1）项目负责人未按照本规定现场履职或者组织限期整改的。

（2）施工单位未按照本规定进行施工监测和安全巡视的。

（3）未按照本规定组织危大工程验收的。

（4）发生险情或者事故时，未采取应急处置措施的。

（5）未按照本规定建立危大工程安全管理档案的。

5. 监理单位违反规定的处理

根据《危险性较大的分部分项工程安全管理规定》的规定，监理单位有下列行为之一的，依照《中华人民共和国安全生产法》《建设工程安全生产管理条例》对单位进行处罚；对直接负责的主管人员和其他直接责任人员处1000元以上5000元以下的罚款：

（1）总监理工程师未按照本规定审查危大工程专项施工方案的。

（2）发现施工单位未按照专项施工方案实施，未要求其整改或者停工的。

（3）施工单位拒不整改或者不停止施工时，未向建设单位和工程所在地住房城乡建设主管部门报告的。

监理单位有下列行为之一的，责令限期改正，并处1万元以上3万元以下的罚款；对直接负责的主管人员和其他直接责任人员处1000元以上5000元以下的罚款：

（一）未按照本规定编制监理实施细则的；

（二）未对危大工程施工实施专项巡视检查的；

（三）未按照本规定参与组织危大工程验收的；

（四）未按照本规定建立危大工程安全管理档案的。

6. 监测单位违反规定的处理

根据《危险性较大的分部分项工程安全管理规定》的规定，监测单位有下列行为之一的，责令限期改正，并处1万元以上3万元以下的罚款；对直接负责的主管人员和其他直接责任人员处1000元以上5000元以下的罚款：

（一）未取得相应勘察资质从事第三方监测的；

（二）未按照本规定编制监测方案的；

（三）未按照监测方案开展监测的；

（四）发现异常未及时报告的。

7. 建设主管部门或者所属施工安全监督机构人员违反规定的处理

根据《危险性较大的分部分项工程安全管理规定》的规定，县级以上地方人民政府住房城乡建设主管部门或者所属施工安全监督机构的工作人员，未依法履行危大工程安全监督管理职责的，依照有关规定给予处分。

第三十二节 海洋石油安全生产规定

为了加强海洋石油安全生产工作，防止和减少海洋石油生产安全事故和职业危害，保障从业人员生命和财产安全，2006 年 2 月 7 日，国家安全生产监督管理总局制定了《海洋石油安全生产规定》，自 2006 年 5 月 1 日起施行，原石油工业部 1986 年颁布的《海洋石油作业安全管理规定》同时废止。根据新修订的《安全生产法》等规定，2013 年 8 月 29 日和 2015 年 5 月 26 日国家安全生产监督管理总局对本规定进行了修正。

一、适用规范

根据《海洋石油安全生产规定》的规定，在中华人民共和国的内水、领海、毗连区、专属经济区、大陆架以及中华人民共和国管辖的其他海域内的海洋石油开采活动的安全生产，适用本规定。

根据《海洋石油安全生产规定》的规定，海洋石油作业者和承包者是海洋石油安全生产的责任主体。作业者是指负责实施海洋石油开采活动的企业，或者按照石油合同的约定负责实施海洋石油开采活动的实体。承包者是指向作业者提供服务的企业或者实体。

二、监管体制

由于海洋石油分布区域的特殊性，沿海省级安全生产监督管理部门不负责海洋石油开采的安全监管工作，由国家安全生产监督管理部门及其设在中石油、中石化、中海油的分支机构负责。根据《海洋石油安全生产规定》，原国家安全生产监督管理总局（应急管理部）对海洋石油安全生产实施综合监督管理。原国家安全生产监督管理总局（应急管理部）设立海洋石油作业安全办公室（以下简称海油安办）作为实施海洋石油安全生产综合监督管理的执行机构。海油安办根据需要设立分部，各分部依照有关规定实施具体的安全监督管理。

三、海洋石油开采的安全生产保障

1. 基本要求

海洋石油属于矿产资源，作业者、承包者属于生产经营单位，根据《海洋石油安全生产规定》的规定，作业者和承包者应当遵守《安全生产法》等有关安全生产的法律、行政法规、部门规章、国家标准和行业标准，具备安全生产条件。

2. 承包的规定

为了明确作业者、承包者的安全生产职责，《海洋石油安全生产规定》明确：“作业者应当加强对承包者的安全监督和管理，并在承包合同中约定各自的安全生产管理职责。”

3. 主要负责人及相关人员的要求

根据《海洋石油安全生产规定》的规定，作业者和承包者的主要负责人对本单位的安全生产工作全面负责。作业者和从事物探、钻井、测井、录井、试油、井下作业等活动的承包者及海洋石油生产设施的主要负责人、安全管理人员应当按照原国家安全生产监督管理总局（应急管理部）的规定，经过安全资格培训，具备相应的安全生产知识和管理能力，经考核合格取得安全资格证书。

根据《海洋石油安全生产规定》的规定，作业者和承包者应当对从业人员进行安全生产教育和培训，保证从业人员具备必要的安全生产知识，熟悉有关的安全生产规章制度和安全操作规程，掌握本岗位的安全操作技能。出海作业人员应当接受海洋石油作业安全救生培训，经考核合格后方可出海作业。临时出海人员应接受必要的安全教育。特种作业人员应当按照原国家安全生产监督管理总局（应急管理部）有关规定经专门的安全技术培训，考核合格取得特种作业操作资格证书后方可上岗作业。

4. 建设项目的要求

加强建设项目的安全管理，严格依法实施建设项目“三同时”是海洋石油开采的重点。《海洋石油安全生产规定》明确要求：“海洋石油建设项目在可行性研究阶段或者总体开发方案编制阶段应当进行安全预评价。在设计阶段，海洋石油生产设施的重要设计文件及安全专篇，应当经海洋石油生产设施发证检验机构（以下简称发证检验机构）审查同意。发证检验机构应当在审查同意的设计文件、图纸上加盖印章。”

《海洋石油安全生产规定》明确规定：“海洋石油生产设施应当由具有相应资质或者能力的专业单位施工，施工单位应当按照审查同意的设计方案或者图纸施工。海洋石油生产设施试生产前，应当经发证检验机构检验合格，取得最终检验证书或者临时检验证书，并制订试生产的安全措施，于试生产前 45 日报海油安办有关分部备案。”同时规定：“海洋石油生产设施试生产正常后，应当由作业者或者承包者负责组织对其安全设施进行竣工验收，并形成书面报告备查。经验收合格并办理安全生产许可证后，方可正式投入生产使用。”

5. 作业现场的规定

为了加强现场安全管理，根据《安全生产法》等相关规定，结合海洋石油开采的特点，《海洋石油安全生产规定》从 6 个方面作出了规定：

（1）明确作业者和承包者应当向作业人员如实告知作业现场和工作岗位存在的危险因素和职业病危害因素，以及相应的防范措施和应急措施。

（2）明确作业者和承包者应当为作业人员提供符合国家标准或者行业标准的劳动防护用品，并监督、教育作业人员按照使用规则佩戴、使用。

（3）明确作业者和承包者应当制定海洋石油作业设施、生产设施及其专业设备的安全检查、维护保养制度，建立安全检查、维护保养档案，并指定专人负责。

（4）明确作业者和承包者应当加强防火防爆管理，按照有关规定划分和标明安全区与危险区；在危险区作业时，应当对作业程序和安全措施进行审查。

（5）明确作业者和承包者应当加强对易燃、易爆、有毒、腐蚀性等危险物品的管理，按国家有关规定进行装卸、运输、储存、使用和处置。

（6）明确作业者和承包者应当保存安全生产的相关资料，主要包括作业人员名册、工作日志、培训记录、事故和险情记录、安全设备维修记录、海况和气象情况等。

6. 专业设备的检验

海洋石油开采中专业设备尤其重要，为了加强专业设备的检验，保证安全使用，《海洋石油安全生产规定》明确要求："海洋石油的专业设备应当由专业设备检验机构检验合格，方可投入使用。专业设备检验机构对检验结果负责。"

7. 海洋石油作业设施的要求

根据《海洋石油安全生产规定》的规定，海洋石油作业设施首次投入使用前或者变更作业区块前，应当制订作业计划和安全措施。作业计划和安全措施应当在开始作业前15日报海油安办有关分部备案。外国海洋石油作业设施进入中华人民共和国管辖海域前按照上述要求执行。

8. 守护船的特殊要求

根据《海洋石油安全生产规定》的规定，作业者和承包者应当建立守护船值班制度，在海洋石油生产设施和移动式钻井船（平台）周围应备有守护船值班。无人值守的生产设施和陆岸结构物除外。

9. 井控程序和防硫化氢措施

为了认真吸取事故教训，《海洋石油安全生产规定》明确规定："作业者或者承包者在编制钻井、采油和井下作业等作业计划时，应当根据地质条件与海域环境确定安全可靠的井控程序和防硫化氢措施。打开油（气）层前，作业者或者承包者应当确认井控和防硫化氢措施的落实情况。"

10. 海洋石油生产设施的检验

海洋石油生产设施的质量十分重要，为了加强生产设施的检验，保证安全使用，《海洋石油安全生产规定》明确要求："在海洋石油生产设施的设计、建造、安装以及生产的全过程中，实施发证检验制度。海洋石油生产设施的发证检验包括建造检验、生产过程中的定期检验和临时检验。发证检验工作由作业者委托具有资质的发证检验机构进行。发证检验机构应当依照有关法律、行政法规、部门规章和国家标准、行业标准或者作业者选定的技术标准实施审查、检验，并对审查、检验结果负责。作业者选定的技术标准不得低于国家标准和行业标准。"同时规定："海油安办对发证检验机构实施的设计审查程序、检验程序进行监督。"

四、监督管理

1. 监管职责

为了加强和规范对海洋石油开采的安全生产监督管理工作，《海洋石油安全生产规定》明确了海油安办及其各分部对海洋石油安全生产履行的6项监督管理职责：

（1）组织起草海洋石油安全生产法规、规章、标准。

（2）监督检查作业者和承包者安全生产条件、设备设施安全和劳动防护用品使用情况。

（3）监督检查作业者和承包者安全生产教育培训情况；负责作业者，从事物探、钻井、测井、录井、试油、井下作业等的承包者和海洋石油生产设施的主要负责人、安全管理人员和特种作业人员的安全培训考核工作。

（4）监督核查海洋石油建设项目生产设施安全竣工验收工作，负责安全生产许可证的发放工作。

（5）负责海洋石油生产设施发证检验、专业设备检测检验、安全评价和安全咨询等社会中介服务机构的资质审查。

（6）组织生产安全事故的调查处理；协调事故和险情的应急救援工作。

同时，《海洋石油安全生产规定》还明确："监督检查人员必须熟悉海洋石油安全法律法规和安全技术知识，能胜任海洋石油安全检查工作，经考核合格，取得相应的执法资格。"

2. 监督检查职权

为了加强安全生产监督检查，根据《安全生产法》等法律法规，《海洋石油安全生产规定》明确了海油安办及其各分部依法对作业者和承包者执行有关安全生产的法律、行政法规和国家标准或者行业标准的情况进行监督检查，行使以下职权：

（1）对作业者和承包者进行安全检查，调阅有关资料，向有关单位和人员了解情况。

（2）对检查中发现的安全生产违法行为，当场予以纠正或者要求限期改正。

（3）对检查中发现的事故隐患，应当责令立即排除；重大事故隐患排除前或者排除过程中无法保证安全的，应当责令从危险区域内撤出作业人员，责令暂时停产停业或者停止使用；重大事故隐患排除后，经审查同意，方可恢复生产和使用。

（4）对有根据认为不符合保障安全生产的国家标准或者行业标准的设施、设备、器材予以查封或者扣押，并应当在15日内依法作出处理决定。

同时规定，监督检查人员在进行安全监督检查期间，作业者或者承包者应当免费提供必要的交通工具、防护用品等工作条件。

五、应急预案与事故处理

1. 应急救援组织

海洋石油开采风险高、危害大，为此，《海洋石油安全生产规定》明确规定："作业者应当建立应急救援组织，配备专职或者兼职救援人员，或者与专业救援组织签订救援协议。"

2. 应急预案

为了规范海洋石油方面的应急预案，针对海洋石油开采的特点，《海洋石油安全生产规定》明确规定，作业者、承包者在实施作业前编制应急预案。应急预案应当报海油安办有关分部和其他有关政府部门备案。应急预案应当包括以下内容：作业者和承包者的基本情况、危险特性、可利用的应急救援设备；应急组织机构、职责划分、通信联络；应急预案启动、应急响应、信息处理、应急状态中止、后续恢复等处置程序；应急演习与训练。

同时规定，应急预案应充分考虑作业内容、作业海区的环境条件、作业设施的类型、自救能力和可以获得的外部支援等因素，应能够预防和处置各类突发性事故和可能引发事故的险情，并随实际情况的变化及时修改或者补充。

事故和险情包括以下情况：井喷失控、火灾与爆炸、平台遇险、飞机或者直升机失事、船舶海损、油（气）生产设施与管线破损/泄漏、有毒有害物质泄漏、放射性物质遗散、潜水作业事故；人员重伤、死亡、失踪及暴发性传染病、中毒；溢油事故、自然灾害以及其他紧急情况等。

3. 救援及报告

根据《海洋石油安全生产规定》的规定，当发生事故或者出现可能引发事故的险情时，作业者和承包者应当按应急预案的规定实施应急措施，防止事态扩大，减少人员伤亡和财产损失。当发生应急预案中未规定的事件时，现场工作人员应当及时向主要负责人报告。主要负责人应当及时采取相应的措施。

事故和险情发生后，当事人、现场人员、作业者和承包者负责人、各分部和海油安办根据有关规定逐级上报。海油安办及其有关分部、有关部门接到重大事故报告后，应当立即赶到事故现场，组织事故抢救、事故调查。

4. 事故调查

根据《安全生产法》《生产安全事故报告和调查处理条例》等规定，《海洋石油安全生产规定》明确：“无人员伤亡事故、轻伤、重伤事故由作业者和承包者负责人或其指定的人员组织生产、技术、安全等有关人员及工会代表参加的事故调查组进行调查。其他事故的调查处理，按有关规定执行。”这里讲的有关规定，是指《生产安全事故报告和调查处理条例》。

5. 事故统计

根据《海洋石油安全生产规定》的规定，作业者应当建立事故统计和分析制度，定期对事故进行统计和分析。事故统计年报应当报海油安办有关分部、政府有关部门。承包者在提供服务期间发生的事故由作业者负责统计。

六、法律责任

鉴于《安全生产法》等法律、行政法规对海洋石油开采的大多数违法行为已经作出了相应规定，《海洋石油安全生产规定》对有关违法行为作出补充规定，作业者和承包者有下列行为之一的，给予警告，并处3万元以下的罚款：

（1）未按规定执行发证检验或者用非法手段获取检验证书的。

（2）未按规定配备守护船，或者使用不满足有关规定要求的船舶做守护船，或者守护船未按规定履行登记手续的。

（3）未按照本规定第三十四条的规定履行备案手续的。

（4）未按有关规定制订井控措施和防硫化氢措施，或者井控措施和防硫化氢措施不落实的。

同时规定，《安全生产法》等法律、行政法规对安全生产违法行为的行政处罚另有规定的，依照其规定。

参 考 文 献

[1] 中国安全生产协会注册安全工程师工作委员会，中国安全生产科学研究院．安全生产法及相关法律知识（2011 年版）[M]．北京：中国大百科全书出版社，2011.
[2] 阚珂，杨元元．中华人民共和国安全生产法释义 [M]．北京：中国民主法制出版社，2014.
[3] 国务院法制办公室公交商事法制司，国家安全生产监督管理局政策法规司．中华人民共和国安全生产法读本 [M]．北京：中国市场出版社，2014.
[4] 赵铁锤．中国煤矿安全监察实务 [M]．北京：中国劳动社会保障出版社，2003.
[5] 沈宗灵．法学基础理论 [M]．北京：北京大学出版社，1995.
[6] 卢云．法学基础理论 [M]．北京：中国政法大学出版社，1999.
[7] 石茂生．法理学基本问题 [M]．北京：当代世界出版社，2002.
[8] 张廉，杨卫东，刘丹．政府依法行政教程 [M]．北京：国家行政学院出版社，2013.
[9] 高铭暄，马克昌．刑法学（第二版）[M]．北京：北京大学出版社，2005.
[10] 杨春洗，杨敦先，郭自力．中国刑法论（第三版）[M]．北京：北京大学出版社，2005.
[11] 周道鸾，张军．刑法罪名精释（第三版）[M]．北京：人民法院出版社，2007.
[12] 应松年，刘莘．行政处罚法理论与实务 [M]．北京：中国社会出版社，1996.
[13] 马怀德．行政法与行政诉讼法 [M]．北京：中国法制出版社，2005.
[14] 姜明安．行政法与行政诉讼法学 [M]．北京：北京大学出版社，高等教育出版社，2005.
[15] 张树义．行政法与行政诉讼法学 [M]．北京：高等教育出版社，2007.
[16] 杨海坤，章志远．行政法学基本论 [M]．北京：中国政法大学出版社，2004.
[17] 王连昌．行政法学 [M]．北京：中国政法大学出版社，1999.
[18] 何永坚．中华人民共和国职业病防治法解读 [M]．北京：中国法制出版社，2012.
[19] 信春鹰．中华人民共和国劳动合同法释义 [M]．北京：法律出版社，2007.
[20] 孟燕华．职业安全卫生法律基础与实践 [M]．北京：中国劳动社会保障出版社，2007.
[21] 全国人大常委会法制工作委员会行政法室．中华人民共和国社会保险法解读 [M]．北京：中国法制出版社，2010.
[22] 全国人大常委会法制工作委员会．突发事件应对法释义 [M]．北京：法律出版社，2007.
[23] 阚珂，蒲长城，刘平均．中华人民共和国特种设备安全法释义 [M]．北京：中国法制出版社，2013.

后　　记

因国家机构改革，原国家安全生产监督管理总局承担的有关职能并入应急管理部，凡书中提及的“国家安全生产监督管理总局”“国务院安全生产监督管理部门”，实践应用中请分别对应“应急管理部”“国务院应急管理部门”。

读者在阅读过程中，若对教材有任何意见和建议，请通过电子邮件的形式反馈。

E - mail：zhuanshi@ chinasafety. ac. cn